# 济南年鉴

JINAN YEARBOOK

（2023）

中共济南市委党史研究院
（济南市地方史志研究院）编

方志出版社

图书在版编目（CIP）数据

济南年鉴. 2023 / 中共济南市委党史研究院（济南市地方史志研究院）编. —北京 ： 方志出版社，2023. 11
ISBN 978-7-5144-5875-6

Ⅰ. ①济… Ⅱ. ①中… Ⅲ. ①济南—2023—年鉴
Ⅳ. ①Z525.21

中国国家版本馆CIP数据核字（2023）第244213号

责任编辑 高孟君
责任校对 张玉霞
责任印制 梅中英
出 版 者 方志出版社
地　　址 北京市朝阳区潘家园东里9号（国家方志馆4层）
邮　　编 100021
网　　址 http://www.zgfzcb.cn
发　　行 方志出版社图书营销中心（010-67110500）
印　　刷 山东黄氏印务有限公司
开　　本 889毫米×1194毫米 1/16
印　　张 26.5
字　　数 752千字
版　　次 2023年11月第1版
印　　次 2023年11月第1次印刷
定　　价 298.00元

# 编辑说明

一、《济南年鉴》坚持以马克思列宁主义、毛泽东思想、邓小平理论、“三个代表”重要思想、科学发展观、习近平新时代中国特色社会主义思想为指导，坚持辩证唯物主义和历史唯物主义的立场、观点和方法，全面、系统地记载济南市政治、经济、文化、社会、生态文明建设诸方面的基本面貌和发展变化情况，为各行各业提供咨询服务，为续修地方志储备资料，为读者了解济南、研究济南提供帮助。

二、《济南年鉴》采用分类编辑法，主体内容划分为类目、分目、条目3个层次。卷首设置反映济南风光、各行各业发展成就和活动的彩页，正文后设置综合性主题索引。《济南年鉴（2023）》系首次出版以来的第三十五卷。为更好地反映全市基本情况，全书框架结构与往年相比，栏目名称、排列顺序、所辖分目均有调整。调整后，正文设30个类目：（1）特载；（2）大事记；（3）济南概貌；（4）中国共产党济南市委员会；（5）济南市人民代表大会；（6）济南市人民政府；（7）中国人民政治协商会议济南市委员会；（8）纪检监察；（9）民主党派；（10）群众团体；（11）外事·台港澳事务；（12）法治；（13）军事；（14）经济监督管理；（15）经济开发园区；（16）工业·信息产业；（17）农业；（18）商贸服务业；（19）财税·金融；（20）交通·邮电；（21）城乡建设·生态环境保护；（22）教育；（23）科学技术；（24）文化·旅游；（25）医疗健康；（26）体育；（27）社会生活；（28）区县；（29）人物；（30）附录。

三、《济南年鉴（2023）》主要记述2022年度济南市行政区域内的大事要闻，卷首彩页个别图片适当突破年度界限；对首次在本年鉴中记载的行业、事业或工作，简要回溯其历史情况。卷首彩页及特载栏目中个别内容延至2023年。

四、本年鉴的条目由济南市市直各部门、各县区和有关的中央、省驻济单位负责撰写，均经过各自单位负责人的审阅。为示负责，撰稿人署名于条目或分目之后的括号内，单位审稿人员列名单于卷首。主要数据以统计公报为准，因个别供稿单位统计口径不同等原因，有的数据在不同条目中不尽一致，使用时请注意出处。

五、数字用法、标点符号用法分别采用国家标准《出版物上数字用法》（GB/T 15835—2011）、《标点符号用法》（GB/T 15834—2011），计量单位采用国家技术监督局1993年12月发布的《量和单位》系列国家标准。

## 中共济南市委党的文献编审委员会
## （济南市地方史志编纂委员会）

**主　任**　陈　阳

**副主任**　李旭东　高　冰　史宏捷

**成　员**　王玉跃　赵善海　王发棠　程　锦　李冠伟
丁国春　孙夕良

## 《济南年鉴（2023）》编审委员会

**主　审**　陈　阳

**主　编**　史宏捷

**副主编**　牛继兴　王　音　吴春国　毕泗国
纪福道

**编　委**　李贞锋　张云雷　曹　智　丁爱军
李洪德　亓军华

## 《济南年鉴（2023）》编辑部

**编辑部主任**　王　炜

**编辑部副主任**　张　阳

**编　　辑**　（以姓氏笔画为序）
王　炜　谷　雪　张　阳　魏添乐

**彩页设计**　王　炜　张　阳

# 撰稿单位审稿人员

| | | | | | | |
|---|---|---|---|---|---|---|
| 丁林桥 | 于　红 | 马怀明 | 马效恩 | 王　东 | 王化峰 | 王发棠 |
| 王志刚 | 王国顺 | 王益华 | 王喜东 | 亓子明 | 仇东升 | 尹红梅 |
| 孔　静 | 石　玮 | 叶　辉 | 叶　霖 | 田　明 | 冯　毅 | 吕灿华 |
| 朱玉明 | 朱志恒 | 乔　森 | 任骁瑞 | 刘　卫 | 刘　动 | 刘　欣 |
| 刘　学 | 刘　勤 | 刘文柱 | 刘宇霞 | 刘国亭 | 齐　峰 | 齐怀栋 |
| 闫志强 | 米文芃 | 安纪文 | 许　伟 | 许庆忠 | 孙　罡 | 孙夕良 |
| 孙德龙 | 苏　楠 | 杜广才 | 李　艳 | 李　莉 | 李玉诚 | 李际军 |
| 李国祥 | 李明强 | 李敬德 | 杨　勇 | 杨永斌 | 杨同峰 | 杨清波 |
| 汪　鹏 | 张　勇 | 张　涛 | 张文臣 | 张伟超 | 张江涛 | 张振民 |
| 张海平 | 张鲁宁 | 郇庆国 | 苑　斌 | 国　亮 | 周之勇 | 庞　龙 |
| 孟兆军 | 胡　辉 | 昝圣煜 | 姜秀志 | 神法军 | 费克迎 | 秦立华 |
| 贾玉东 | 夏　庆 | 翁向勇 | 高　冰 | 唐　庆 | 展宝贞 | 曹　青 |
| 常　忠 | 董怀敏 | 蒋济东 | 韩延才 | 程立杰 | 谢天目 | 虞　凯 |
| 管圣喜 | 燕　军 | 鞠　浩 | 魏　斌 | | | |

龙湖湿地　（济南新旧动能转换起步区　供稿）

2022年4月5日，省委常委、市委书记刘强（前中）到济南新旧动能转换起步区调研

（济南新旧动能转换起步区　供稿）

2022年6月15日，市委副书记、市长于海田（前中）到济南国际医学科学中心调研

（济南国际医学科学中心　供稿）

2022年6月9日，市人大常委会主任韩金峰（前左二）到市中区石崮寨村，调研乡村振兴发展情况
（市人大常委会办公厅　供稿）

2022年6月28日，市政协主席雷杰（左二）带队到长清区调研经济社会发展和区县政协工作情况
（市政协办公厅　供稿）

2023年5月23日，市委副书记杨峰（前左二）到商河县、济阳区调研“三夏”生产准备工作及种业发展情况

（市委办公厅　供稿）

济南黄河“百里黄河风景区”

（张庆民　摄）

中国共产党济南市第十二次代表大会于2022年4月9—12日举行　（陈长礼　摄）

2022年4月12日，中国共产党济南市第十二届委员会第一次全体会议选出新一届市委常委会　（陈长礼　摄）

2022年5月17日，济南市"提升城市软实力 创建文明典范城"动员大会召开　（市委宣传部　供稿）

2022年9月27日，"山东这十年·济南"主题新闻发布会召开　（市委宣传部　供稿）

2022年10月27日，市委理论学习中心组围绕深入学习贯彻党的二十大精神开展集体学习研讨

（市委宣传部　供稿）

2022年11月16日，济南市领导干部党的二十大精神专题学习班开班式在市委党校召开　　（市委组织部　供稿）

2022年7月29日，2022跨国公司（济南）高层对话会在济南举行　　（市投资促进局　供稿）

2022年8月27日，全国微生态大会院士论坛暨中国感染病学大会在济南开幕　　（济南国际医学科学中心　供稿）

2022年9月15—19日，第三届中国国际文化旅游博览会在济南举办　　（市委宣传部　供稿）

2022年11月6—8日，第五届中国企业论坛在济南举办　　（市国资委　供稿）

2022年5月24日，济南国际传播中心成立仪式举办　　（济南日报报业集团　供稿）

2022年8月30日，全国“人民满意的公务员”和“人民满意的公务员集体”表彰大会在北京举行，甸柳新村街道办事处被中共中央、国务院表彰为全国“人民满意的公务员集体”。图为甸柳新村街道党政班子成员到陈叶翠实景教育基地追寻陈叶翠足迹，重温入党誓词，汲取前进力量　　（甸柳新村街道办事处　供稿）

2022年9月24日，济南市为首批49名寻亲成功的济南战役无名烈士举行立碑仪式　　（市退役军人事务局　供稿）

2022年10月14日，济南最美职工发布仪式在济南广播电视台演播大厅举行　　（市总工会　供稿）

数字经济产业园　　　　（济南新旧动能转换起步区　供稿）

国际标准地招商产业园　　（济南新旧动能转换起步区　供稿）

中科新经济科创园　（济南新旧动能转换起步区　供稿）

风凰大桥　　（济南新旧动能转换起步区　供稿）

比亚迪厂区　　（济南新旧动能转换起步区　供稿）

崔寨新城　（济南新旧动能转换起步区　供稿）

2022年9月30日，济高高速建成通车　（范瑶　摄）

2022年11月16日，黄东联络线建成通车　（齐鲁晚报　供稿）

2022年12月30日，济南至莱芜高速铁路开通运营　　（济南轨道交通集团　供稿）

2022年12月31日，大西环济南段建成通车　　（山东高速集团　供稿）

2022年1月17日，商河通用机场、济南商河机场正式投入运营　　（济南轨道交通集团　供稿）

山东高等技术研究院　　（市科技局　供稿）

2022年7月27日12时12分，济南高新区济南量子技术研究院参与研制的世界首颗量子微纳卫星“济南一号”在酒泉卫星发射中心搭载“力箭一号”运载火箭成功发射 （济南高新区量子技术研究院　供稿）

树兰（济南）国际医院 （济南城投集团　供稿）

2022年7月5日，济南市援助甘肃省临夏州医疗卫生队启程　　（市卫生健康委　供稿）

2022年11月30日，第八届济南国际合唱节管乐专场音乐会在济南举行　　（马晓莉　摄）

马山片区安置房建设基本完工　　（济南城投集团　供稿）

2023年7月28日，济南历城第二中学女子足球队在摩洛哥首都拉巴特夺得第27届世界中学生足球锦标赛女子组冠军
（济南历城第二中学　供稿）

山东大学“国家大学科技园”　（市中区大学科技园服务中心　供稿）

目　录

特　载

大　事　记

济南概貌

中国共产党济南市委员会

济南市人民代表大会

济南市人民政府

中国人民政治协商会议
济南市委员会

纪检监察

民主党派

群众团体

外事·台港澳事务

法　治

经济开发园区

工业·信息产业

农 业

商贸服务业

财税·金融

交通·邮电

城乡建设·
生态环境保护

教 育

科学技术

文化·旅游

医疗健康

体　育

社会生活

区 县

人 物

附 录

索 引

# CONTENTS

## Special Records



## Chronicles of Events



## Overview of Jinan



## Jinan Municipal Committee of the Communist Party of China



## Jinan Municipal People's Congress



## Jinan Municipal People's Government

## Jinan Municipal Committee of the Chinese People's Political Consultative Conference



## Discipline Inspection and Supervision



## Democratic Parties



## Mass Organizations



## Foreign Affairs and Taiwan, Hong Kong & Macao Affairs



## Rule of Law

## Military Affairs



## Economic Supervision and Administration



## Economic Development Park



## Industries and Information Industry



## Agriculture



## Commerce and Trade Service Industry

## Medical Treatment and Health



## Sports



## Social Life



## Districts and Counties



## People



## Appendixes



## Index

# 在2023年“项目突破年”工作动员大会上的讲话

（2023年1月28日）

中共山东省委常委、济南市委书记 刘 强

市委市政府决定把今年确定为“项目突破年”，主要任务是通过持续、大规模、高质量的项目谋划、项目建设，推动强省会建设各项任务落实落地，推动济南在绿色低碳高质量发展先行区建设中走在前、作示范，以实际行动贯彻落实党的二十大精神，坚决拥护“两个确立”、做到“两个维护”。

刚才，市委市政府与各区县（功能区）、有关市直部门和市属一级企业，签订了2023年度重点目标任务责任书。责任书就是军令状，必须不折不扣完成好。下面，围绕抓好“项目突破年”，我讲三点意见：

**第一，要充分认识把今年确定为“项目突破年”的重要意义**

项目投资、项目建设是推动经济社会发展的重要载体。抓项目就是抓发展，谋项目就是谋未来。全市上下要进一步树立“项目为王”的工作理念和工作导向，以更加坚定的决心、更加专业的办法、更加有力的举措，高质量推进各领域项目谋划和项目建设。

首先，项目建设是推动经济社会发展的重要动力。今天的投入就是明天的产出，现在的项目就是未来的增加值。从我市发展实践看，2012年以来，全市经济社会持续保持健康发展态势，地区生产总值年均增速达到7.7%、高于全国1个百分点，总量十年翻了一番多。取得这样的成绩，持续抓项目扩投资的有力拉动是重要原因之一。十年来，全市投资规模持续大幅增长，投资年均增幅超过12%，投资增速与地区生产总值增速，总体上呈现高度正相关关系。从15个副省级城市近5年数据看，经济总量增长快的城市，其投资增速也往往较高。厦门、成都、南京居副省级城市地区生产总值年均增速前三位，3市固定资产投资年均增速也均居前列。从企业层面看，经过分析研判，今年全市预计可新增3家营收过百亿元工业企业，其中两家是2019年以来新引进项目落地转化结出的硕果。通过近年来持续大抓招商引资、项目建设，不仅扩大了全市经济总量，也为人口导入、市场培育和民生改善带来了积极而深远的影响。

其次，项目化是推动工作落实的有效方法。项目化，就是通过对工作任务进行系统梳理，把措施分解到最小颗粒度，明确组织方式、运作模式、管理结构和考核标准，形成一套量化、规范化、可视化的工作闭环推进体系，从而推动工作的有效落实。项目化推进，一方面有利于将预期经济目标按进程和时段分解为一个个具体子项目，使长期规划与中短期计划更加协调，把发展蓝图变成实化、可操作的具体建设目标；另一方面有利于推动具体工作科学运作，提高工作质效。

市委围绕贯彻落实党的二十大精神，对市第十二次党代会确定的强省会建设重点任务进行了进一步优化完善，形成了以267项具体任务为主要内容的工作推进体系。今天会上印发的《济南市深化新旧动能转换推动绿色低碳高质量发展三年行动计划（2023—2025年）》，根据267项具体任务，聚焦经济社会发展十大领域，谋划形成了三年内必须突出抓好的100项重点任务和第一批1301个重点项目，以项目化为抓手，系统推进绿色低碳高质量发展，推进强省会建设各项任务落地见效。刚才签订的2023年度重点目标任务责任书，与往年最大的不同之处，是在“自下而上”自主提报的基础上，更加注重“自上而下”的统筹谋划，体现的是市委市政府对各区县（功能区）、有关市直部门、市属一级企业的定位，要求各级各部门在全市发展大局中谋划本部门本地区的工作，自觉拉高标杆、加压奋进。

再次，项目建设成效是检验干部能力作风的重要标准。我多次与大家分享过，看干部就要看项目，看项目也是看干部。项目从谋划、推进到竣工验收，往往面临许多现实挑战，需要解决很多棘手问题，最能检验干部应对处理复杂问题的能力水平和锲而不舍的工作作风。从这个意义上说，项目谋划和建设成效的高低，直接反映干部的能力强不强、作风实不实。各区县（功能区）要重点在主观上找问题、找方法、找进步台阶，切实增强抓项目的紧迫感、责任感，在项目谋划、招引、建设等方面全力以赴、狠下功夫。

### 第二，“项目突破年”的重点任务

行动计划确定了第一批1301个项目共划分为十个领域，这十个领域既是我们贯彻《国务院关于支持山东深化新旧动能转换推动绿色低碳高质量发展的意见》的具体行动计划，也是市第十二次党代会确定的重点领域。

一要在科技创新领域求突破。深入实施创新驱动发展战略，推动科技创新能力持续增强。一是建强科创平台载体。加快首个国家实验室济南基地、3家省实验室建设，推进泉城实验室争创国家实验室基地，支持推荐高校或企业申报全国重点实验室，大力建设新型研发机构。二是强化科创企业梯次培育。鼓励引导企业加大研发投入，全社会研发经费投入占比达到2.75%，新增高新技术企业不少于900家；实施产业链“双链长制”，培育新增单项冠军、瞪羚、专精特新等企业总数300家以上。三是强化关键核心技术攻关。实施科技计划项目“揭榜挂帅”等机制，大力突破关键核心技术，推进“服务器高端芯片”等4个省级重大科技示范工程建设。推动我市中标的国家级产业基础再造和高质量发展专项任务加快实施。四是提高科技成果转化水平。制定《济南市科技成果转化“倍增计划”行动方案（2023—2025年）》，进一步建强“1+6+N”科技成果转移转化平台，推进黄河技术转移中心建设。五是打造区域人才集聚高地。推进“济青国家级吸引和集聚人才平台”创建工作，进一步优化产业领军人才实施细则等人才政策“双30条”，全市人才总量持续增加。

二要在产业发展领域求突破。进一步深入实施工业强市战略，加快形成现代化产业体系。一是推动链式集群发展。制定《加快建设工业强市三年行动计划》和10个标志性产业链群行动方案，发挥好“双链长制”作用，确保全年规模以上工业增加值持续增长。实施产业集群培优培强工程，集中力量打造集成电路、空天信息等6大产业共同体，全市“十强产业”增加值占比逐步提升。二是加快发展数字经济。加快“星火·链网”超级节点（济南）、标识解析二级节点、工业互联网平台等重大项目建设应用，确保数字经济占比达到48%以上、数字经济核心产业规模达到6000亿元。三是优化提升产业园区。做好开发区扩区调区工作，一方面要把现有空间利用好，严把项目落地质量关，切忌“剜到篮里就是菜”；另一方面进一步拓展开发区未来发展空间，着力提高亩产效益和投资强度，招引更多大项目、好项目落地，实现更快更高质量发展。四是促进现代服务业提质增效。制定《济南市2023年度服务业发展工作要点》和《济南市加快服务业发展的若干政策》，落实好新调整的总部企业认定办法，做好政策梳理和企业库动态调整工作。五是提升金融服务实体经济质效。加快全市统一的融资服务平台建设进度，深入推进数字人民币应用试点，开展好上市后备资源培育行动，切实提高金融业增加值。

三要在扩大内需领域求突破。持续狠抓项目投资，推动消费提质升级，全市经济社会发展的内生动力持续增强。一是扩大有效投资。健全项目滚动策划储备建设机制，强化项目监测服务，确保全生命周期管理服务系统按时上线。对于基础设施投资，抓好基础设施项目建设，加大交通和水利等基础设施项目督促力度。对在建及拟实施新型基础设施项目，加快建设进度，推动项目尽快见效。聚焦“信息、融合、创新”三大新基建领域，坚持示范带动、差异化推进，抢占未来发展赛道。对于工业投资，大力推进山钢新旧动能转换、山东重工绿色智能制造产业城等高质量工业项目，持续推进千项技改、千企转型“双千”工程。对于房地产投资，加快全市房地产项目开工及建设进度，房屋开发新开工面积和建安投资保持增长。对于扩大投资的要素保障，用好专项债和政策性开发性金融工具等，确保专项债规模继续保持全省领先。用好项目精准用地联合审查工作机制，确保审查通过必供地。实施重大项目新增土地指标提前预支政策，保障急需开工项目用地。二是恢复扩大消费。紧盯消费市场动态，及时出台促消费各专项政策，推进社会消费品零售总额快速增长。加快推进泉城路国家级智慧商圈提升，打造老商埠、印象济南夜间消费集聚区。三是推动房地产市场平稳健康发展。做好房地产调控政策持续优化，充分利用国家支持试点城市市场化购置存量住房扩大租赁供应的金融政策；切实做好保交楼、保民生工作，支持刚性和改善性住房需求。四是有序实施城市更新。加快建设明府城、老商埠、上新街等历史风貌保护类城市更新项目，稳步推进棚户区改造，确保完成目标任务。

四要在生态建设领域求突破。打好污染防治攻坚战，推动产业结构、能源结构、交通运输结构等持续优化，发展方式绿色转型的步伐不断加快。一是坚决遏制“两高”项目盲目发展。严格实施产能、能耗、煤炭、碳排放、污染物排放减量替代制度，对不符合要求的“两高”项目一律不予批准。二是抓好生态保护修复。实施重要生态系统保护和修复重大工程，加快湿地公园保护提升，抓好黄河生态风貌带和南部山区环境整治PPP项目等建设，促进生态产品价值实现。三是坚决打赢污染防治攻坚战。加强大气污染综合治理，确保空气优良；完成沿黄地区入河排污口整治，确保国省控断面水质达标。推进“两个清零、一个提标”和城市内涝治理项目全面建设，持续推动雨污合流管线和雨污合流制小区的改造，开工建设金鸡岭、卧虎山等10座山体拦蓄截洪工程，完成东泺河、西泺河等10条河道综合治理工程。四是建设完善新型能源体系。加快推进石横电厂外热入济项目，确保今年供暖季建成投产运营，全市能耗强度较2020年要降低9%以上，全市可再生能源装机规模要达到330万千瓦以上，新能源汽车保有量要达到12万辆以上。五是加快形成绿色低碳生产生活方式。加快传统产业绿色化改造，新增市级及以上绿色工厂30家。抓好国家再生水利用配置试点城市建设，扎实推进再生水利用工程项目。做好新增绿色建筑和新开工装配式建筑等工作。完善生活垃圾分类收运处置体系，完成装修垃圾分拣中心建设，城区生活垃圾回收利用率达到38%以上。

五要在改革开放领域求突破。不断深化改革扩大开放，持续增强发展活力。一是抓好重点领域改革。建立完善国资国企“一利五率”经营指标体系，确保企业资产总额、营业收入和利税不断增长。拓展成本预算绩效管理试点范围，确保一般公共预算收入中税收占比继续提高。开展排污权有偿使用和交易试点。争取国家要素市场化配置综合改革试点尽快获批。二是打造一流营商环境。完善“条例＋规划＋方案＋清单”四位一体的制度体系，一体推进工程建设项目“策划即储备、拿地即开工、建成即使用、验收即发证”，加快推进“一件事一次办”，确保全市25项“一件事”落实落地。三是深化科创金融改革试验区建设。制定科创金融专营（特色）机构评价办法，强化科创E贷等科创金融产品和服务创新，加快知识产权交易市场建设，办好2023年中国（济南）科创金融论坛，争创资本市场金融科技创新试点城市。四是推动外贸外资扩量提质。深化实施外贸主体培育行动，支持外贸骨干企业做大做强，全年货物进出口增幅要高于全省平均增幅。建立外资企业全生命周期协同监管服务工作机制，全市实际使用外资要切实提高。五是建设高能级开放平台。加快山东跨境电商产业园和中欧（济南）绿色制造产业园建设。推进“齐鲁号”欧亚班列（济南）集结中心建设，中欧班列年开行量要超过800列。推进国家综合货运枢纽补链强链建设，加快机场二期改扩建工程建设，确保小清河正式通航。六是积极推进招商引资。加快推进招商引资“九大行动”，用好投行化招商模式，争取新增一批央企子公司或分支机构落户。规范市场机构跨区县迁移工作，鼓励“眼睛向外”、做大增量，防止内卷内耗、零和博弈。

六要在区域协调发展领域求突破。坚决扛起省会担当，积极推动区域联动融合发展，济南的辐射带动力不断增强。一是推进现代化济南都市圈建设。编制完善济南都市圈发展规划，争取尽快获批。推动“米字型”高铁网基本成型，加快建设济郑高铁济南段，确保年底前具备通车条件；积极推进济滨高铁建设，完成德商铁路前期工作，建成济南至潍坊高速公路，开工济南至宁津、章丘至庆云、商河至武城等高速公路，加快绕城大北环、京台高速齐河至济南段等7条高速公路项目建设。二是加快新旧动能转换起步区建设。立足新时代现代化田园城市定位，推进国土空间、生态保护、启动区3个综合性规划和16个专项规划审批实施。聚焦培育“6+4+2”重点产业，加快推进国电投黄河流域氢能产业基地等重大项目建设，推动比亚迪新能源汽车项目加快产能爬坡、早日达产。推进G104黄河复线桥、黄岗路隧道、G308公铁两用桥、轨道交通7号线、9号线等交通项目建设，推动黄河体育中心、电视塔等项目建设，建设省实验鹊华中学等20余个中小学、幼儿园项目，建成山大二院北院区，确保2023年起步区（直管）地区生产总值快速增长。三是大力发展县域经济。兼顾培育本土企业和“双招双引”，进一步壮大县域实力。各区县加强对固定资产投资、规模以上工业增加值等指标的过程管控，缩短监测周期，及时开展预调微调。商河县、平阴县积极争创省级县城城镇化试点。四是加快重点片区建设。按进度推动五大超高层建设，确保“山”“河”“泉”3座高层按期交付。中科院电工所园区全面交付使用，理化所项目一期全面投用，生态环境中心项目园区建设基本完成，同时积极做好与中科院的对接工作。推动广安门医院济南医院、山东大学齐鲁医院争创国家医学中心，实现齐鲁中科现代微生物技术研究院、微生态生物医学省实验室等重点项目投入运营。国际医学科学中心尽快完善大部制管理体系，建立健全竞争性选人用人机制和精准高效的绩效考评体系。

七要在增强文化软实力领域求突破。持续巩固文明城市创建成果，积极创建全国文明典范城市，推动文化软实力不断提升。一是创建文明典范城市。尽快发布年度工作方案和文明城市创建百件实事清单，实施“提升城市软实力创建文明典范城”十大攻坚行动，确保顺利通过全国文明典范城市、全国文明城市各项测评。二是提升公共文化服务供给能力。启动建设市博物馆新馆，完成市档案馆新馆、市城市规划馆前期工作，全年组织各级群众性文化活动2000场次以上。三是加快发展文旅产业。加快推动文化创意产业发展，推动泉城国际文化创意产业园创建省级文化产业示范园区。加快推进明水古城、长鹿白云湖休博园等重点文化旅游项目建设，争创国家文化产业和旅游产业融合发展示范区。四是增强文化影响力。推进“泉·城文化景观”申遗，推动以“二安”为代表的诗词文化保护传承和活化利用。办好中国国际文化旅游博览会、济南国际泉水节等重大活动，进一步增强“东亚文化之都”影响力。

八要在乡村振兴领域求突破。深入实施乡村振兴战略，全市农业农村面貌发生历史性变化。一是提高粮食综合生产能力。严格落实耕地保护党政同责，全市粮食面积稳定在725万亩以上，粮食总产量稳定在295万吨水平；完成三大主粮作物完全成本保险全覆盖，降低农民保费负担比例。二是实施种业振兴行动。加快国家种子实验室济南基地、省农作物种质资源库二期、山东未来畜禽种业国家现代农业产业园等重点项目建设，新招引1家以上国际一流种业集团或国内行业领先种业集团落地。三是巩固拓展脱贫攻坚成果。完善“4321”防返贫动态监测机制，保障农村居民人均可支配收入增长。加快推进零工市场和零工之家建设，支持农民工就业创业。四是创建优势特色产业集群。加快发展精致果蔬、高端花卉等十大农业优势主导产业，确保新增规上农产品加工企业数量，农业产业集群整体规模持续提升。五是扎实推进乡村建设，持续推进农村人居环境整治提升五年行动（2021—2025），全年创建400个清洁村庄、40个省级美丽乡村示范村；加大农村基础设施建设力度，全年新改建农村公路70公里，养护工程1100公里，全市农村生活污水治理行政村占比达到67%。

九要在民生保障领域求突破。坚持在发展中保障和改善民生，扎实做好就业、社保、医疗、教育、养老等各项工作，民生保障水平稳步提升。一是促进高质量充分就业。抓好济南黄河人力资源服务产业园项目，年内实现城镇新增就业15万人以上，帮助就业困难人员实现新增就业7000人以上，零就业家庭保持动态清零。二是健全社会保障体系。进一步扩大社会保险覆盖面，城镇职工基本养老、城乡居民基本养老、工伤、失业保险参保人数分别提升，基本医疗保险参保率达到96%以上。推动困难群众11项保障标准分别提高5%以上。拓展多渠道租赁住房供应体系，新筹集保障性租赁住房3.5万套（间）。三是建设高质量教育体系。新建改扩建幼儿园35所、中小学校20所，推进盛福高中、山东（济南）智能仿真公共实习实训基地等重点项目，加快山东大学龙山校区（创新港）建设、空天信息大学筹建。四是健全养老服务体系。加快四级养老服务网络建设，全年试点建设2000张“家庭养老床位”，全市新增护理型床位不少于1000张，社区养老服务设施覆盖率达到100%。五是提升卫生健康服务水平。加快广安门医院济南医院建设。将更多符合条件的互联网医院纳入医保协议管理，运营好山东省互联网医保大健康服务平台；完成市区两级疾控体系改革，推进建设传染病多点触发预警信息系统平台，推动公共卫生“六大中心”项目建设。

十要在筑牢安全底线领域求突破。坚持统筹发展和安全，坚决守牢粮食、能源、金融、安全生产、社会稳定等“一排底线”。一是提升防灾减灾救灾能力。进一步健全避险避灾设施和应急避难场所建设，实现应急物资储备供给动态基本平衡，力争人均应急避难场所面积达到2平方米，市级应急物资储备达到4万人规模。二是强化粮食能源安全。加大成品粮油储备力度，满足市场需求；加快济南港华安子坡LNG储配站和“陇电入鲁”济南段工程项目建设，确保全市发电供热企业电煤、气和汽油等能源安全。三是加强社会治安综合治理。加快网格化服务管理、“数智警务”、政法机关跨部门大数据办案等数字社会治理平台建设，创建数字社会治理示范城市。紧盯黑恶势力惯常案件实施攻坚，以集群打击形成高压震慑。加快构建完善立体化信息化社会治安防控体系，织紧织密覆盖全市的四级巡防网络，创建全国社会治安防控体系建设示范城市。推行重点工程项目“保护性执法”“警务助理”制度，依法查处非法阻工案事件，全力优化营商环境。四是防范化解金融风险。开展“无非法集资社区”建设，持续排查化解重点领域金融风险，守住不发生区域性、系统性金融风险底线。引导金融机构稳定金融信贷，对发展前景较好的房地产企业，帮助其用好以“三支箭”政策组合为代表的融资工具，降低企业杠杆率。

**第三，“项目突破年”必须要转作风、提能力**

项目建设是一项实打实、硬碰硬的工作，关键在人、关键在干。各级要切实转变作风、提高能力、健全保障，主动担当作为，以大项目促进大投资、推动大发展、展现大作为。

（一）在能力层面，要重点提升三种能力。一是提升前瞻预判能力。各行业主管部门要强化对本行业本领域的运行监测，把“瞻前顾后”与“左顾右盼”结合起来，找准自身发展方位，准确把握发展速度规模、指标构成和变化态势，形成及早发现、科学应对、精准校验的运作机制。构建能够及时反映经济发展质效的分析模板，建立完善经济运行信息系统，以周为最小单元组织经济运行分析，做到“日监测、周分析、月调度”。二是提升实战实操能力。要提高专业能力，聚焦项目谋划、储备、引进、建设等关键环节，熟练掌握融资渠道、政策体系、组织立项等工具和要件，切实成为抓项目懂经济的行家里手。要吃透上级相关政策精神，找准与我市发展的契合点，既要把握住禁止性条款的“红线”，又要研究好支持性条文的“空间”，真正把政策用足用好，做到创造性落实。三是提升有效落实能力。坚持“突出重点、讲求细节、压实责任、形成闭环”，围绕确定的项目清单，建立项目监测机制和联席会议制度，雷厉风行抓问题解决、抓项目推进。要把法治思维贯穿各项工作始终，严格按照法定权限和法定程序行使权力、履行职责，每一项措施、每一个环节都要符合法律法规的规定，干一件成一件，确保不留遗憾。

（二）在作风层面，要坚决做到“三个不”。一是不打“糊涂仗”。这次会上签订的重点目标任务责任书、下发的三年行动计划，就是全年的重点任务清单。各级各部门要以此为遵循，制定好落实方案，把任务分解到岗位、明确到人员，把措施细化到月、精确到周，以周保月、以月保季、以季保年，确保全面圆满完成。要强化项目立项、要素供给、规划施工、竣工验收等重点环节管控，落实好行政审批、中介服务等各项保障，真正做到心中有数、脑中有策、手中有招，坚决避免因情况掌握不全面、研究谋划不到位，影响工作落实的成效。二是不搞“花架子”。干任何工作都要实事求是，搞虚报浮夸甚至弄虚作假，最终只能是搬起石头砸自己的脚。特别是对于项目建设来说，质量是项目的生命，真实是质量的前提。从项目签约到推进建设，再到运行监测，各个环节都要把真实性作为首要要求，紧盯项目开工率、资金到位率、投产达产率等关键指标，摸准实际情况，确保取得实实在在、经得起检验的工作成效，千万不能轰轰烈烈走过场。汇报情况、汇总数据都要有一说一，既不能夸大其词，也不能掩盖问题，不要报自娱自乐的“神仙数”，坚决防止搞“面子工程”，甚至玩“数字游戏”，特别要严厉打击欺上瞒下行为。三是不当“太平官”。项目建设是艰苦工作，必定面临多种困难和问题，也最能考验干部的能力水平。我们既要以“马上办”的行动干事，也要以“钉钉子”的韧劲做事，更要以实打实的作风保障工作推进。在项目报批、对上争取等过程中，很多时候能不能办成，就看跑了多少趟，就看我们的诚意有多大。要有“撞上南墙也不回头”的韧劲和恒心，咬紧牙关、坚持不懈，直到把事情办成办好。在项目招引过程中，也会遇到许多新情况新问题，有时候还需要通过“一事一议”突破常规，这些都需要领导干部敢于担当、敢于负责、敢于拍板、敢于决策。对用地报批、资金保障、指标争取、征地拆迁等关键环节和重点问题，要迎难而上、积极化解。当前，我们经常要面对“既要、又要、还要、更要”的局面，很多工作难度很大甚至看似不可能完成，但只要拿出认真的态度和积极的行动，不怕事、不推事，坚持坚持再坚持，就一定能够有所突破。市纪委监委、市委组织部要针对项目建设推进中的作风问题，加大监督执纪和问责处理力度；同时，要按照“三个区分开来”标准，对肯负重、敢担当、真干事的干部容错保护、表彰激励，在全市树立干事创业的鲜明导向。

（三）在保障层面，要突出强化三项机制。一是分兵把口的责任落实机制。市级领导同志要在推进“项目突破年”中发挥好表率作用，分别领衔攻坚本领域的重大事项、重大改革，统筹研究重要任务、协调解决重大问题。市直各部门单位要完善清单化、工程化、项目化抓落实的责任机制，把好制度设计、政策制定等方面的“最初一公里”，解决好中间环节的“中梗阻”问题，坚决纠治形式主义、官僚主义问题，打通工作落实的“最后一公里”，形成工作闭环。各区县（功能区）要找准定位，围绕十个领域的重点任务，立足区域发展实际，制定好行动计划和工作清单，明确时间表、路线图，既为一域争光、又为全局添彩。二是纵横贯通的经济网格机制。经济网格是直通各类市场主体的“神经末梢”，建设经济网格是做好经济监测运行的有效抓手，也是党建引领基层治理的创新举措。要抓紧做好经济网格的优化调整；抓好队伍组建、人员管理、业务培训等工作，统一数据采集标准和工作流程，强化信息化系统支撑，推动经济网格尽快发挥作用。三是精准精细的督导考核机制。市“两办”要将督查重点向项目倾斜，发现需跨地区跨部门跨层级解决的事项，要及时提请有关市领导召开专题会议研究解决，并跟进督办协调。市发展改革委要发挥好项目监测系统作用，建立完善“日监测、周调度、月通报”的项目建设督导机制，促进项目快推进、快建设。市“四进”服务队要主动靠前、深入一线开展实地督导，及时发现报告并帮助解决问题。市纪委监委、市委组织部要加大项目在整体考核中的权重，并将考核结果与选人用人、评先树优结合起来。

同志们，空谈误国、实干兴邦，大道至简、实干为要。现在，蓝图已经绘就，中央的要求很明确，省委的要求也很具体，关键看我们怎么干。世界上的事情都是干出来的，要撸起袖子加油干，实干苦干拼命干。干，才是马列主义；不干，半点马克思主义都没有。

# 政府工作报告

## ——在济南市第十八届人民代表大会第二次会议上

（2022 年 12 月 26 日）

济南市市长　于海田

各位代表：

现在，我代表市人民政府，向大会报告工作，请予审议，并请市政协委员和列席人员提出意见。

### 一、2022 年工作回顾

2022 年是新一届政府履行职责的第一年，也是济南发展进程中极具考验、极不平凡的一年。在全党全国各族人民迈上全面建设社会主义现代化国家新征程、意气风发向第二个百年奋斗目标进军的关键时刻，党的二十大胜利召开，深刻阐释了新时代坚持和发展中国特色社会主义的一系列重大理论和实践问题，科学擘画了全面建设社会主义现代化国家、全面推进中华民族伟大复兴的宏伟蓝图，为各项工作指明了前进方向，确立了行动指南，极大激发了泉城儿女奋进新征程、建功新时代的豪情壮志。一年来，我们坚持以习近平新时代中国特色社会主义思想为指导，深入学习贯彻落实党的二十大精神，坚决落实习近平总书记对山东、对济南工作的重要指示要求，完整、准确、全面贯彻新发展理念，按照省委、省政府决策部署，在市委坚强领导下，锚定“勇当排头兵、建设强省会”目标不动摇，踔厉奋发、笃行不怠，有效应对各种困难和挑战，全力以赴推动高质量发展、促进高效能治理、打造高品质生活，较好完成了市十八届人大一次会议确定的目标任务，谱写了新时代社会主义现代化强省会建设的崭新篇章。

（一）坚持人民至上、知重负重，疫情防控和经济社会发展实现高效统筹。面对疫情防控的严峻形势，坚决贯彻习近平总书记关于疫情防控工作重要指示批示精神和党中央决策部署，及时调整完善各项防控措施，全面提升核酸检测、流调溯源、隔离转运、医疗救治、服务保障等能力水平，成功打赢“3·29”疫情阻击战，有效应对秋冬季疫情冲击，持续抓好常态化疫情防控和应急处置，确保“三不停”“三不断”，最大限度保障了人民群众生命安全和身体健康。面对经济下行的巨大压力，坚定扛起稳定经济重大政治责任，高效落实四批稳中求进高质量发展政策清单，出台助企纾困 25 条政策，为中小微企业提供担保贷款 168 亿元，减税退税降费超过 1000 亿元，帮助 3.8 万家中小微企业及个体工商户融资 527.9 亿元，市场主体增至 149.7 万户。制定促进消费 24 条措施，开展“泉城购”2022 济南消费季活动，发放消费券 2.17 亿元，新引进商业品牌首店 55 家。精心包装策划储备优质项目，“七网”建设加快推进，260 个市级重点项目完成投资 2320.8 亿元。加大外贸主体培育力度，深入推进跨境电商综合试验区建设和全面深化服务贸易创新发展试点工作，新增进出口实绩企业 1656 家，预计全年完成进出口 2190 亿元、同比增长 15% 左右，跨境电商进出口额增长 50% 以上。预计全市地区生产总值超过 1.2 万亿元，一般公共预算收入可比增长 8%，固定资产投资增长 5%，社会消费品零售总额达到 4820 亿元。

（二）坚持抢抓机遇、放大优势，重大国家战略加快落地见效。深入落实黄河流域生态保护和高质量发展战略，全面开展入黄支流综合整治，实施济西、白云湖等湿地公园保护修复，完成黄河百里风景区中心景区景观提升工程，节水典范城市建设有序推进，黄河下游绿色生态走廊建设形成景观效果。奋力在山东绿色低碳高质量发展先行区建设中当引领作示范，谋划推动 41 项重大政策和 258 个重大项目。济南新旧动能转换起步区加速起势，发展规划获批实施，“1+4+16+N”规划体系逐步完善，创新推出产业正面清单、产业机会清单、重点产业示图、产业准入机制等“四张清单”，黄河大道一期建成通车，山大二院北院区、黄河体育中心等公共服务项目加快推进，中科新经济科创园、国际招商产业园等高端平台加快布局，零碳智慧创新运营中心项目荣获“全球人居环境规划设计奖”，比亚迪新能源乘用车项目整车下线，累计签约141个高端优质项目、总投资超过3300亿元。科创金融改革试验区建设全面推进，设立科技支行等特色银行机构20家、科技特色保险机构7家，新增上市及过会企业8家，金融机构本外币存贷款余额均超过2.5万亿元。数字济南建设全面铺开，构建起“1+4+N”总体框架体系，统筹数字机关、数字政府、数字经济、数字社会一体推进，数字经济占比达到47%，跃居2022全国数字经济城市排行第6位，入选全国首批数字化绿色化协同转型发展综合试点城市。新增5个国家工业互联网标识解析二级节点和18家省级工业互联网平台，116个项目入选省数字经济重点项目，数量均居全省首位。建成开通国家级互联网骨干直联点，新建5G基站1.3万个，宽带下载速率跃居全国第4位。

（三）坚持创新驱动、工业强市，新旧动能转换提档升级。科技创新策源功能不断强化，齐鲁科学城加快规划建设，世界首个电磁橇设施成功运行，量子国家实验室济南基地建设全面推进，新获批全国、省重点实验室各5家，新增国家企业技术中心1家、省级新型研发机构14家，空天信息大学校区改造加快推进，济南跃居2022全球科研城市100强第36位。创新创造活力加速迸发，科技创新标准化城市试点工作、知识产权强市示范城市建设扎实推进，新增国家级专精特新“小巨人”企业50家，全社会研发综合投入占比达到2.68%，技术合同成交额同比增长28%。高层次人才加快集聚，人才政策双“30条”有效落实，新备案省级院士工作站6家。工业经济支撑作用日益凸显，四大主导产业规模持续壮大，集成电路、新能源汽车等战略性新兴产业蓬勃发展，新获批省“十强”产业“雁阵形”集群4个、领军企业4家、省级战略性新兴产业集群2个，8家企业入选中国制造业500强。“济南一号”“泉城一号”成功发射，济南成为全国首个完成商业航天“通信、导航、遥感”卫星全面布局的城市。现代服务业提质发展，新认定总部企业12家，获批省级服务业创新中心8个，新增省级工业设计中心22家，国家AAAAA级物流企业达到19家。

（四）坚持完善功能、提升品质，省会综合承载力明显增强。圆满完成“三区三线”划定任务，国土空间总体规划基本编制完成，27项市级空间类专项规划加快编制。中央商务区加速崛起，累计签约入驻各类优质企业6500余家，入选“中国商务区综合竞争力20强”。国际医学科学中心重大项目加快建设，山东中医药大学国际医学科学中心校区正式启用。泉城路商圈获评首批全国示范智慧商圈，明府城、老商埠、上新街、明水古城等重点片区城市更新改造稳步推进，中央活力区、长清大学城、东部枢纽产业城等载体功能持续增强。南部山区生态保护与修复成效明显，生态产品价值试点取得阶段性成果。济莱高铁即将通车，小清河济南段航道和济南港主体工程顺利完工，轨道交通二期6条线路、至济阳有轨电车全面开工，国际机场二期改扩建、济滨高铁等重大项目启动建设。城市供水、供热、燃气“一张网”加快形成，新建改造供水管网100公里、燃气管网598公里，新增集中供热面积1500万平方米，系统改造市政雨污合流管网180公里。工商河开埠文化风貌带全线贯通，卧虎山—锦绣川水库连通工程基本完成。新建公园55处、绿道130公里。乡村振兴取得新进展，新建高标准农田27.5万亩，实现粮食生产“十九连丰”，种业振兴行动加快推进，植物基因编辑核心技术填补国内空白，未来畜禽种业国家现代农业产业园开工建设，莱芜区获评国家级农产品产地冷藏保鲜试点区，新建成市级田园综合体6个，平阴玫瑰镇、长清五峰山街道入选全国“一村一品”示范村镇，三涧溪等3个片区入选首批乡村振兴齐鲁样板省级示范区。美丽宜居乡村建设圆满完成，31个城镇开发边界外安置区全部竣工交付并分房到户。深入推进农村人居环境整治提升五年行动，新完成1000个清洁村庄创建，商河县获评“四好农村路”全国示范县。城市软实力显著提升，建成全省首个区域性国际传播中心，创新打造“泉城发布厅”“理响泉城”等宣传品牌，精心策划开展“东亚文化之都”济南活动年百场活动，推出《三泉溪暖》

等一批文艺精品，齐长城国家文化公园等重大文化项目开工建设，勇夺全国文明城市年度测评“四连冠”，全国文明典范城市创建扎实推进，“天下泉城”更有底气、更具韵味、更富魅力。

（五）坚持深化改革、扩大开放，发展内生动力充分释放。大力实施“十大改革创新行动”，改革热度指数保持全国前列。高标准完成国企改革三年行动任务，市属国有企业综合管理水平显著提高，资产总额达到1.7万亿元。扎实开展民营经济高质量发展十大专项行动，3家企业入围中国民营企业500强。营商环境持续优化，建成“泉惠企”服务企业综合平台，紧盯“五不”问题，全力推进“六办”，“在泉城·全办成”品牌影响力不断扩大。启动实施现代农业特色产业集群提质、“一村一业、一村一策”、农村“三变”改革，土地流转率提高到43.3%，农民合作社达到1.1万余家。对外开放能级大幅提升，自贸试验区累计新设企业4.7万余家，19项首创性成果在全国复制推广。综合保税区实现争先进位，进出口额达到460亿元。中欧班列累计开行突破2200列，国际航空货邮吞吐量稳定在5万吨以上。第五届进博会济南团交易金额全省第一。高水平举办承办中国企业论坛、中国算力大会、世界先进制造业大会、中国国际文化旅游博览会等全国性、国际性重大活动，中国—加勒比发展中心落户济南。深入开展招商引资“九大行动”，创新实施投行化招商模式，成功举办跨国公司高层对话会、济南绿色低碳高质量发展（上海）推介会等重大专题招商活动，吉利智慧新能源整车等一批产业项目落地见效。预计全年实际使用外资30亿美元左右、增长10%以上。

（六）坚持生态优先、绿色发展，生态环境质量持续改善。污染防治攻坚战向纵深推进，$PM_{2.5}$浓度改善10.3%，空气质量综合指数改善6.5%。国控河流断面好Ⅲ类水体比例达到100%，小清河出境断面年均水质创纪录达到地表水Ⅱ类标准，农村生活污水治理率达到57.35%。土壤污染风险得到全面管控，受污染耕地均实现安全利用，生活垃圾实现“零填埋”。实施新一轮“四减四增”行动，新增11个绿色发展工业园区、78家绿色工厂，可再生能源发电装机容量达到294.8万千瓦，清洁能源发电量占比提高至19.5%，新能源汽车保有量突破10万辆，测土配方施肥推广面积超过350万亩。生态保护修复成效显著，完成造林1.16万亩、森林抚育8万亩。重点泉群保持19年持续喷涌。省会高质量发展的绿色更浓、成色更足、底色更实。

（七）坚持用情用力、兜牢底线，民生保障水平稳步提升。把保障和改善民生作为一切工作的出发点和落脚点，23件民生实事圆满完成，民生支出占比达到80%。实施扩大中等收入群体计划，预计城乡居民人均可支配收入增速高于GDP增速。出台支持高校毕业生就业创业40条政策，城镇新增就业17.3万人。普惠性幼儿园覆盖率超过89%，完工新建改扩建中小学校30所、新增学位5万个，义务教育“双减”政策全面落实。国家产教融合试点城市建设加快推进，校企共建产业学院达47个。广安门医院济南医院获批国家区域医学（疗）中心建设项目，市中心医院东院区正式启用，新建社区医院6家，智慧中药房达到7家。居民医保财政补助标准提高到每人每年670元，四级医保服务体系全面建成，养老、医疗、工伤、失业保险基本实现法定人群全覆盖。城乡低保标准分别提高到每人每月995元、770元。新建改扩建体育公园4处，建设各类养老服务设施193处，0～3岁婴幼儿千人口托位数达到4.15个、居全省首位，槐荫区获评医养结合高质量发展创新引领区。开工建设保障性租赁住房40129套（间），改造老旧片区46个、惠及居民5.7万户，棚改安置房新开工7864套、基本建成31335套。建成18处一刻钟便民生活圈。完成2.78万户清洁取暖改造任务。新增公共图书馆面积4.9万平方米，打造泉城文化驿站28家，累计建成泉城书房44个。平安济南建设成效显著，常态化扫黑除恶斗争取得新战果，成为全国唯一连续12年命案全破的省会城市、全国毒情最轻重点城市。生产安全事故起数、死亡人数分别下降47.3%和32.2%。对口支援与东西部协作工作成效明显。民族宗教、双拥共建、档案史志、地震气象、人民防空、妇女儿童、慈善、红十字、残疾人、仲裁等工作都取得新成绩。

（八）坚持扛牢责任、提高效能，政府自身建设全面加强。深入学习贯彻党的二十大精神，积极推动党的二十大精神入脑入心、见行见效。推动党史学习教育常态化长效化，党员干部理想信念更加坚定。数字政府建设加快推进，依申请政务服务事项可网办率达到99%以上。12345市民热线服务水平不断提升，全年共为民服务1200万件次。建立与市人大、市政协常态化沟通联络机制，依法接受人大及其常委会的监督，自觉接受政协的民主监督，办理市人大代表建议443件、政协提案568件。扎实推进巡视巡察、生态环境保护督察反馈问题整改，审计监督保障执行、促进发展作用不断强化，行政执法监督体系加快构建。坚持政府带头过“紧日子”，市直预算单位公用经费标准和一般性支出压减20%。纵深推进党风廉政建设和反腐败斗争，严格落实中央八项规定及其实施细则精神，驰而不息纠“四风”树新风。大力弘扬“严真细实快”工作作风，深入开展作风能力提升行动。加强工作闭环管理，建立完善全链条工作推进体系，政府系统狠抓落实的能力持续提升。

各位代表！事非经过不知难，成如容易却艰辛。上述成绩的取得，是习近平总书记作为党中央的核心、全党的核心掌舵领航的结果，是习近平新时代中国特色社会主义思想科学指引的结果，是省委、省政府和市委坚强领导的结果，是市人大、市政协和社会各界监督支持的结果，是全市人民团结奋斗、顽强拼搏的结果。在此，我代表市人民政府，向全市人民和参与城市建设的劳动者，向各位人大代表、政协委员，向各民主党派、工商联、无党派人士、各人民团体，向离退休老同志，向中央、省在济单位和各类驻济机构，向驻济人民解放军、武警官兵、消防救援人员，向所有关心支持济南发展的港澳台同胞、海外侨胞和国际友人，表示衷心的感谢和崇高的敬意！

同时，我们也清醒认识到，经济社会发展中还存在不少矛盾问题。主要有：城市能级和核心竞争力还不够强，制约高质量发展的结构性矛盾还比较突出；数字化转型的广度和深度有待拓展，先进制造业、现代服务业发展亟须提档升级，县域经济和民营经济发展还不够充分；基础设施建设仍然存在短板，教育、医疗、养老、托育等公共服务供给能力仍不够强，老百姓还有不少“急难愁盼”问题亟待解决；城市精细化管理水平和安全韧性有待提高，一些领域风险隐患不容忽视；政务服务效能和水平仍需持续提升，等等。对这些问题，我们将进一步加大工作力度，采取有效措施努力加以解决。

## 二、2023年工作总体要求和主要预期目标

2023年是全面贯彻落实党的二十大精神的开局之年，是实施“十四五”规划承上启下的关键一年，也是济南深入贯彻落实黄河重大国家战略、加快建设新时代社会主义现代化强省会的重要一年。做好新一年的工作意义重大，影响深远。

当前，我市发展依然面临着许多风险挑战，国际环境动荡不安，疫情影响不可忽视，我国经济恢复的基础尚不牢固，需求收缩、供给冲击、预期转弱三重压力仍然较大，稳增长、稳就业、稳物价三大任务艰巨繁重，更好统筹疫情防控和经济社会发展、更好统筹发展和安全还存在许多两难多难问题。但更要看到，经过多年接续奋斗，省会高质量发展的基础更加坚实，形成了十大发展优势：战略红利交汇叠加、交通网络四通八达、科技创新实力雄厚、数字赋能势头强劲、人才保障基础坚实、金融服务优势突出、营商环境持续优化、消费市场潜力巨大、城市品质生态宜居、人文环境厚重淳朴。省会加快发展、跨越发展、领先发展的势能更加集聚，融入新发展格局、服务重大国家战略、辐射带动区域发展的地位更加凸显。明年我市重大基础设施迎来投资高峰期，重点工业项目进入达产期，经济运行处于周期性上升期。我们完全有条件、有底气在新一轮竞相发展中走在前、当先锋、作表率。

2023年全市经济社会发展的总体要求是：以习近平新时代中国特色社会主义思想为指导，全面贯彻落实党的二十大精神，牢牢把握以中国式现代化全面推进中华民族伟大复兴的使命任务，全面落实习近平总书记对山东、对济南工作的重要指示要求，深化落实黄河流域生态保护和高质量发展战略，坚持稳中求进工作总基调，完整、准确、全面贯彻新发展理念，主动服务和融入新发展格局，锚定“勇当排头兵、建设强省会”，着力推动高质量发展，更好统筹疫情防控和经济社会发展，更好统筹发展和安全，坚持工业强市战略不动摇，加快建设更具韧性的现代化产业体系，全面深化改革开放，大力提振市场信心，扎实推动共同富裕，在绿色低碳高质量发展上作示范，在全国副省级城市中争一流，奋力开创新时代社

会主义现代化强省会建设新局面。

经济社会发展主要预期目标是：地区生产总值增长5.5%以上；一般公共预算收入增长6%左右；规模以上工业增加值增长6%左右；固定资产投资增长6.5%左右；社会消费品零售总额增长5.5%左右；城乡居民人均可支配收入分别增长5.5%左右和5.5%以上；居民消费价格涨幅控制在3%左右；完成省下达的节能减排降碳约束性指标和环境质量改善目标。

实现上述目标，必须坚决把党的二十大作出的战略部署作为根本遵循，牢牢把握高质量发展这个首要任务，以咬定青山不放松的执着、行百里者半九十的清醒，以更加饱满的工作热情、更加务实的工作举措、更加过硬的工作作风，自信自强、守正创新，狠抓落实、埋头苦干，努力在百舸争流中奋楫争先、勇立潮头。

我们必须在忠诚拥护"两个确立"、坚决做到"两个维护"中坚定高质量发展方向。"两个确立"是党在新时代取得的重大政治成果，是战胜一切艰难险阻、应对一切不确定性的最大确定性、最大底气、最大保证。我们要自觉把"两个确立""两个维护"作为第一立场、第一原则和第一要求，坚定不移做到一切发展思路依此来谋划，一切发展布局依此来展开，一切发展举措依此来制定，一切发展成效依此来衡量，坚定不移推动省会高质量发展，确保各项工作始终沿着习近平总书记指引的方向前进。

我们必须在"勇当排头兵、建设强省会"中增创高质量发展优势。山东走在前，省会理应勇当排头兵；山东建设强省，省会必须先强起来。我们要树立"排头兵"的境界格局、思路理念、标准追求，在深入落实黄河重大国家战略中展现更大作为，紧紧抓住建设绿色低碳高质量发展先行区这一战略机遇，用活用足"强省会"这一战略优势，聚焦聚力工业强市这一战略举措，建好建优新旧动能转换起步区这一战略重点，奋力在推动绿色低碳高质量发展上当标兵作示范，谱写加快建设新时代社会主义现代化强省会新篇章。

我们必须在锐意改革创新中激活高质量发展动能。改革创新是高质量发展的动力源泉，济南要实现弯道超车、迎头赶上，就必须用好改革这"关键一招"，用活创新这"第一动力"。我们要聚焦经济社会发展中的堵点、痛点、难点，聚焦广大人民群众所思、所想、所盼，聚焦激发全社会创新、创造、创业活力，坚持以改革推动创新、以创新驱动发展，切实落实"两个毫不动摇"，支持国有企业和民营企业改革发展，加快推进"放管服"改革、要素市场化改革等一系列重点领域改革，坚决破除体制机制障碍，让干部敢为、地方敢闯、企业敢干、群众敢首创，让市场无形之手、政府有形之手、企业创新之手、群众勤劳之手高效协同，为实现高质量发展提供澎湃动力。

我们必须在坚持人民至上中凝聚高质量发展合力。来自人民、依靠人民、为了人民，是中国共产党的发展逻辑和胜利密码。我们要把人民对美好生活的向往作为奋斗目标，想人民之所想，行人民之所嘱，紧紧抓住人民最关心最直接最现实的利益问题，采取更多惠民生、解民忧、暖民心举措，不断增强人民群众获得感幸福感安全感。我们要充分尊重人民群众的主体地位，支持鼓励全体人民和各类市场主体敢于有梦、勇于追梦、勤于圆梦，在经济发展、城市建设、社会治理等各领域挑大梁、当主角，更好汇聚起坚不可摧的人民力量。

我们必须在更好统筹发展和安全中守牢高质量发展底线。谋发展、保安全，始终是人心所向、人民福祉所在。我们要清醒认识、科学应对经济发展环境的复杂性、严峻性、不确定性，深入总结运用高效统筹疫情防控和经济社会发展中形成的宝贵经验，进一步增强"时时放心不下"的责任感、"事事耽误不得"的紧迫感、"处处如履薄冰"的危机感，坚决守住守好粮食、能源、产业链供应链、金融、安全生产、生态环境、食品药品、公共卫生、意识形态、社会稳定安全等"一排底线"，做最充分的准备，努力争取最好的结果，切实以新安全格局保障新发展格局。

## 三、2023年重点工作安排

按照统筹兼顾、突出重点的原则，着重抓好以下十个方面的工作。

### （一）着力融入服务重大战略，加快增强省会引领带动力

纵深推进黄河重大国家战略落地落实。严格贯彻落实《黄河保护法》，依法推进黄河流域生态保护

和高质量发展。打造黄河生态轴，加快黄河生态风貌带鹊华公园、中央公园建设，统筹做好徒骇河、大寺河等河道生态景观打造，保护提升济西、白云湖、玫瑰湖等湿地公园，筑牢生态保护屏障。打造黄河安全轴，加强黄河防洪减灾工程建设，提升主槽行洪输沙能力，实施鹊山水库、玉清湖水库除险加固工程，推进北大沙河、大寺河等12条河道综合治理，推动河湖“清四乱”常态化规范化，保障母亲河长久安澜。强化水资源刚性约束，加快打造节水典范城市。打造黄河发展轴，加快两岸基础设施互联互通，全力推进黄岗路隧道、济南黄河大桥复线桥等6条跨河通道建设。建成济郑高铁，加快构建“一字型”沿黄大通道，积极培育沿黄九市公共资源交易一体化市场，推动建设沿黄中心城市绿色智慧物流协同创新中心。打造黄河文化轴，加快推进黄河国家文化公园、市博物馆（新馆）等重点项目建设，提升“四季泉城·大美黄河”活动品牌影响力，创新黄河文化保护传承。

加快起步区聚势突破。立足新时代现代化田园城市定位，推进国土空间、生态保护、启动区3个综合性规划和16个专项规划审批实施。加速大桥组团建设，精心打造示范区，高标准推进中交一公局总部、中电建市政集团山东区域总部、黄河金融中心等项目建设，着力构建大疏大密、错落有致的城市形象。加速培育“6+4+2”重点产业，建设省属企业新动能项目总部集群，提升中科新经济科创园等平台载体功能，加快比亚迪产业园二期、国电投氢能产业基地等项目建设，支持黄河国际会展中心高品质运营。加速完善新城区功能，全面加快太平水库、大桥水厂、崔寨再生水厂等市政基础设施规划建设，积极推动黄河体育中心、电视塔等重点项目建设，建成山大二院北院区，启用城市运营中心智能运行中枢，建设全球领先的“数字孪生城市”。

打造绿色低碳高质量发展示范。坚持把推动绿色低碳高质量发展作为总抓手，加快转变经济发展方式、优化经济结构、转换增长动力，创造更多标志性成果。深入实施“十大创新”行动，协同推进新型工业化、信息化、城镇化、农业现代化，大力践行全面节约战略，有序实施碳达峰碳中和，推动基本公共服务均等化、普惠化、便捷化。完善政策支持体系和工作推进机制，谋划实施一批绿色低碳高质量发展重大项目，推动部分区县、园区、企业开展绿色低碳高质量发展综合示范，为全省建设绿色低碳高质量发展先行区作出济南贡献。

建设现代化济南都市圈。编制实施济南都市圈发展规划，全面增强省会辐射带动能力。加强核心圈层同城化发展，推动城际客运公交化运营，积极构建一小时通勤圈，研究实施“莱热入泰”“外热入济”等供热管网项目，统筹大泰山地区生态保护修复，加快推进济泰、济淄同城化和济齐融合发展。加强紧密圈层协作发展，积极推进济滨高铁建设、德商铁路前期工作，建成大西环、济南至潍坊高速公路，开工济南至宁津、章丘至庆云、商河至武城等高速公路，加快基础设施、产业发展、市场融通、公共服务一体化发展。加强辐射圈层联动发展，探索“双向飞地”“异地孵化”“共管园区”等跨区域产业合作新模式，培育济青科创智造廊带，引领山东半岛城市群做大做强。

### （二）着力保持经济稳定增长，加快提升发展质量效益

持续扩大项目投资。健全项目滚动策划储备建设机制，完善全生命周期管理服务体系，畅通审批服务和要素保障绿色通道，全力抓好500个市重点项目。聚焦强链条塑优势，大力推进山钢新旧动能转换、重工绿色智能制造产业城、正泰智能电气装备区域总部等一批高质量产业项目。聚焦增活力提品质，推进宋刘城中村改造等城市更新项目，推动中央商务区、中央活力区、国际贸易中心等城市新片区加快成形起势。聚焦补短板强功能，加快实施全域交通一张网、轨道交通四网融合等重点基础设施项目，大力推进大明湖排水分区等3个中心城区雨污合流管网改造和城市内涝治理项目，提速水利、能源等领域重大工程建设。用好专项债和政策性开发性金融工具，策划实施一批PPP项目，稳步推进基础设施REITs试点，推动更多项目进入国家、省支持范围，鼓励和吸引更多民间资本参与重大工程和补短板项目建设。严格政府投资项目代建制管理，提升财政资金使用效益。

提高招商引资质效。深入推进招商引资“九大行动”，进一步完善政策支持体系。加强投行化招商，推进招商智库建设，加大政府投资基金助力产业和园

区发展的力度，加强专业评估和资本赋能，投资引进一批未来产业和战略性新兴产业项目。加强产业链招商，发挥龙头企业、园区平台作用，精准绘制招商图谱，加快建设国际招商产业园，大力开展以企招商、以商招商、委托招商，积极引进一批百亿级头部企业项目和10亿元以上关键配套项目。加强央企、省企招商，争取新增10家央企子公司或分支机构落户，吸引省属企业新设公司总部和实体性项目落地。加强展会招商，用好广交会、进博会、服贸会等高端平台，新策划一批有影响力的城市招商推介活动。加强境外招商，在欧洲、日本及中国香港等地设立国际投资促进联络站，加快海峡两岸新旧动能转换产业合作区建设，引进落地一批高质量外资项目。实际使用外资保持平稳增长，制造业外资占比达到15%以上。

促进消费恢复扩大。积极对标建设国际消费中心城市，着力提高省会消费能级和吸引力。健全常态化促消费机制，优化提升“泉城购”济南消费季活动，保持汽车、家电等大宗消费稳定增长。打造高品质消费地标。推动泉城路国家级智慧商圈持续提升，促进老商埠、印象济南建设夜间消费集聚区，加快泺口服装城等传统商贸市场转型升级。推动百花洲、曲水亭街等建设商旅文体融合特色街区。新引进知名首店、品牌店、旗舰店50家以上，促进“老字号”创新发展。培育高品质消费供给。大力发展数字消费、绿色消费、健康消费、时尚消费，壮大化妆品、家电数码、纺织服装、农特产品等特色电商产业链。营造高品质消费环境。推进消费基础设施改造，新打造20个一刻钟便民生活圈。加强县域商业体系建设，开展新能源汽车、绿色智能家电下乡活动，改造提升一批基层供销社，加快释放农村消费潜力。高质量办好日本（山东）进口商品博览会、北方消费品博览会等展会活动。

推动外贸增量提质。深化实施外贸主体培育行动，大力引进外贸综合服务平台，支持150家外贸骨干企业做大做强，新增进出口实绩企业1500家以上，全市进出口增幅高于全省平均水平。深化通关便利化改革，推广国际贸易“单一窗口”，加强出口信贷支持，组织开展组团“出海”，帮助外贸企业抢订单、拓市场。高标准建设国家服务贸易创新发展试点、国家数字服务出口基地、国家中医药服务出口基地、国家文化出口基地，推动特色优势产品更快“走出去”。加快跨境电商综合试验区建设，提速山东丝路跨境电商项目，新建海外仓4个，跨境电商进出口实现稳定发展。支持有条件的功能区在境外设立产业园区，支持企业开展对外投资合作，推动外经外贸协同发展。积极扩大先进技术、重要设备、能源资源、优质消费品等进口，创建国家进口贸易促进创新示范区。

加快民营经济发展。实施骨干民营企业攀登行动，新培育营业收入过10亿元企业10家、过百亿元企业1家，推进优质中小企业梯度培育，形成大企业顶天立地、小企业铺天盖地格局。开展民营经济发展示范创建，大力弘扬企业家精神，依法平等保护各类企业合法权益。全面构建亲清政商关系，营造重商亲商安商良好氛围。落实国家、省减税降费政策措施，优化实施纾困贷等政策，更大力度为市场主体纾困解难。建设全市统一的融资服务平台，完善政府性融资担保、财政贴息等政策，优化普惠性融资服务，促进中小微企业融资增量扩面降本。

当前，各类市场主体面临较大经营困难和生存压力，从业者的难处和艰辛我们感同身受。但我们更坚信，只要我们提振信心、政企同心，风雨同舟、守望相助，就一定能共克时艰、渡过难关，留住青山常在，赢得美好未来！

### （三）着力推进科教强市人才兴市，加快构筑强省会建设战略性支撑

建设高质量教育体系。全面贯彻党的教育方针，落实立德树人根本任务。强化学前教育优质普惠发展，开工新建改扩建幼儿园35所，普惠性幼儿园覆盖率达到90%以上。推进义务教育优质均衡发展，开工新建改扩建中小学校20所，巩固拓展“双减”成效。坚持高中阶段学校多样化发展，加快省实验中学鹊华校区、盛福高中建设。健全校企双元育人机制，全面推进国家产教融合试点城市和职业教育创新发展高地建设。规范民办教育发展，稳步推进民办义务教育治理。持续深化市校融合发展战略，加快山东大学龙山校区、空天信息大学建设，高水平打造长清大学城、章丘大学园区，推动校地共建创新共同体、产业学院、科技成果转化平台。加快发展教育新基建，推进国家级信息化教学实验区建设。深化教育领域综合改革，

建设高素质教师队伍。

创建国家区域科技创新中心。聚力锻造国家战略科技力量，加快量子国家实验室济南基地、3家省实验室建设，推进泉城实验室争创国家实验室基地，支持高校、院所、企业建设全国重点实验室。加快齐鲁科学城建设步伐，全力推进中科院理化所二期、空间应用中心等工程建设，打造北方先进激光研究与高端制造基地，提升中科院济南科创城引领带动能力。支持山东产业技术研究院、山东高等技术研究院、山东区块链研究院、济南通用超算平台等平台载体做大做强，新增新型研发机构5家。抓好科技型企业梯度培育，新增高新技术企业900家。建强用好国家科创金融改革试验区，办好2023中国（济南）科创金融论坛，加快建设提升中央科创区，设立和引进一批特色化科创金融专营机构和地方金融组织，大力发展风险投资、创业投资，积极开展知识产权质押融资、保险、交易，支持科技企业利用多层次资本市场直接融资。深化科技体制改革，实施“揭榜挂帅”“技术总师负责制”等机制，赋予科研单位更多自主权。加大多元化科技投入，全社会研发经费投入占比达到2.75%。塑强“创在济南”品牌，激发各类创业创新主体活力和创造力，完善“众创空间+孵化器+加速器+产业园”全链条孵化体系，着力打造“双创”高地。加快科技成果转移转化，健全完善科技成果评价机制，推进黄河技术转移中心建设，全市技术合同成交额力争突破700亿元。

打造人才集聚高地。积极融入国家人才战略布局，共建济青人才集聚平台。突出“高精尖缺”导向，优化提升海右系列重点人才工程，着力培养引进集聚一批科技领军人才和高水平创新团队、卓越工程师、齐鲁大工匠、高技能人才和青年科技人才。推进院士之家建设，新设一批院士专家工作站。实施高校优秀毕业生接续培养计划、百万大学生留济计划，接续开展“才聚泉城高校行”巡讲活动。发挥好侨梦苑·国际人才港等平台作用，加快引进落地一批高科技人才项目。高标准建设国家级人力资源服务产业园。健全人才安居保障体系，加快推进人才会客厅、人才公园等项目建设，拓展“泉城人才金卡”服务领域，让各类人才在济南工作生活更加安心舒心顺心。

### （四）着力建设现代化产业体系，加快实体经济高质量发展

坚持工业强市不动摇。坚定不移把制造业高质量发展作为主攻方向，实施加快建设工业强市三年行动，推动四大主导产业集聚发展，打造标志性产业链群，“四新”经济增加值增速高于全省平均水平。依托头部企业，集聚政策、资源，着力构建产业链、供应链、资金链、人才链、创新链紧密衔接、更具韧性的产业组织形式，打造集成电路、新能源汽车、工程机械、空天信息、透明质酸、生物质材料等产业共同体。突破集成电路产业，以汽车半导体芯片和能源电子为主攻方向，发挥比亚迪半导体引领作用，大力引进上下游关键配套企业；发挥山大晶体所和天岳、晶正等骨干企业作用，加快技术突破和创新成果产业化步伐。发力新能源汽车产业，依托比亚迪、吉利等龙头企业，加强零部件制造等领域精准招商，完善整车配套体系；加快公共充电网络布局和集中式充换电站建设，做优新能源汽车产业生态。培育新能源工程机械“新势力”，加快临工重机电动化整机提质扩能，带动电控系统、高端液压系统等配套项目本土建设，搭建形成有国际影响力的绿色工程机械产业基地。高点推进空天信息产业，以未来导航低轨卫星导航增强系统为带动，以筹建空天信息大学提供人才支撑，推进济钢与国内相关机构合作，建设行波管、卫星总装、火箭发动机等产业项目。加快世界透明质酸谷建设，发挥华熙、山东福瑞达集聚作用，塑强塑优医美产业品牌。扩大生物质材料产能，依托圣泉集团建设10万吨生物基碳材料产业园，集聚一批电池、电子化学品、纺织品创新应用企业。提质装备制造业，支持重汽、电工电气、二机床等骨干企业做大做强，提升重卡、电力设备、数控机床等优势产品竞争力，提升激光装备产业技术水平和发展规模。壮大信创产业，推进与中国电子集团合作，支持浪潮集团、中孚信息等骨干企业融合发展，塑强产业核心竞争力。做强生物医药产业，加快推进齐鲁制药生物药超大规模制备等项目，提高原研药、首仿药、中药等创新能力和产业化水平，争创国家级战略性新兴产业集群。做优精品钢产业，加快推进泰钢不锈钢制品生产基地等项目，大力发展装配式建筑材料、先进高分子、粉末冶金等

产业。实施产业链"双链长制"，培育专精特新、瞪羚、单项冠军、独角兽企业300家以上，新增过百亿制造业企业2家。深入推进千项技改、千企转型"双千"工程，加快实现"老树发新枝"。

推动服务业高端化发展。大力发展总部经济、枢纽经济、楼宇经济，引进培育总部企业10家，打造一批省级现代服务业集聚示范区。大力发展工业设计，支持龙头企业、高校院所等建立研发设计中心，加快塑造"济南设计"品牌。提升金融服务实体经济质效，发展产业数字金融，积极推进数字人民币应用试点，力争金融业增加值达到1120亿元。开展上市后备资源培育"荷尖行动"，新增上市及过会企业10家左右。提速商贸服务型国家物流枢纽、国家骨干冷链物流基地建设，加快推进中国北方生活消费品（济南）分拨中心、国家综合货运枢纽补链强链项目建设，培育壮大电商、冷链、汽车等物流服务业态，打造区域性航空货运中心。深化文化旅游融合发展，加快宋风古城、长鹿白云湖旅游休博园等重点项目建设，发展影视动漫、电子竞技、沉浸式演艺等新兴业态，创建一批主题旅游示范基地。加快生活性服务业标准化品牌化，推动家政、护理、养老、托幼等社区家庭服务业提质扩容。

发力突破未来产业。抢占量子信息产业发展先机。发挥量子保密通信"京沪干线"重要节点城市优势，支持山东量子、国迅量子芯发展壮大，拓展"量子+"应用示范，加快量子科技产业化进程。提升人工智能产业规模能级。深化"双区同建"，加快人工智能智算中心、人工智能岛、人工智能谷等平台建设，力争人工智能产业规模达到千亿级。加强前沿产业跟踪突破。聚焦元宇宙、未来通信、智能仿生、扩展现实、基因编辑、类脑智能等领域，积极引进布局一批带动性强的产业项目，加快技术研发和应用推广，打造未来发展新引擎。建立支持未来产业发展政策体系，加强专利布局、人才储备、平台建设、场景开发，加快建设未来产业先导区。

厚植产业发展沃土。积极推进闲置用地盘活、低效用地再开发、存量用地改造升级，加强标准地和新型产业用地供给，做好精准供地联合审查。优化开发区功能布局，积极推进中小微企业园建设，调优调增产业发展空间。健全政府性引导基金体系，积极引进全国知名创投机构，鼓励龙头企业、高校院所、社会资本设立种子基金、天使基金。加快建设研发设计、小试中试、检验检测等公共服务平台，加强应用场景培育，支持首台（套）装备、首批次材料、首版次软件推广应用。完善用地、用能等差别化政策，全力保障重点产业要素供给。开展市场化供需对接，积极推广本地优势产品。加强产业标准体系建设，争创全国质量强市示范城市。

各位代表，坚持工业强市、构建现代化产业体系，就是夯实高质量发展之基，就是积蓄强省会腾飞之势。我们要始终保持战略定力，不懈奋斗、久久为功，打造产业发展新高地，再创济南工业新辉煌！

### （五）着力建设数字济南，加快塑造省会发展数字优势

加强数字机关建设。全方位、深层次推动机关数字化改革，健全完善一体化协同办公体系，实现机关核心业务数字化运行。加快推进机关办文、办会、办事、督办等数字化建设，大力推进公务员、事业人员全周期管理一件事等机关多跨协同应用，提高机关内部办事效能。持续推广"山东通"应用，全市上线应用系统数量达到60个以上。推进机关内部事项上网运行，有系统支撑的市级机关业务事项数量达到1000项以上。

加强数字政府建设。构建高效协同指挥体系，提升城市大脑功能，强化系统整合、数据融合、机制聚合，实现海量数据资源"一脑统管"。构建智能便捷服务体系，优化完善"一网通办"，大力推进"居民码"应用体系建设，推动政务服务事项网上运行应上尽上。构建泛在智慧惠民体系，社保公共服务综合网办率达到98%以上，拓展医保移动支付应用场景，实现公积金贷款不见面审批，学前教育、义务教育入学报名网上办。构建数据赋能创新体系，完善泉城链、政保通等应用建设，高标准建设数据创新中心，加快电子政务量子应用研究实验室建设，为公共数据安全提供有力支撑。

加强数字经济建设。积极推进数字经济立法，探索建立数据资源体系和数据价值体系。加快数字产业化发展，加大软件名城提档升级力度，培育一批名园

名企名品，探索开放开源科创平台建设，完善提升新一代信息技术装备产业链，推动工业互联网产业创新发展，打造集成电路产业全产业链，软件和信息技术服务业规模突破4500亿元，电子信息制造业产业规模突破1500亿元。加快产业数字化发展，积极开展数字化绿色化协同转型发展试点，推动企业“上云用数赋智”，实施“工赋泉城”专项行动，建设一批智能化工厂、数字化车间，加快建筑业数字化转型，深化服务业数字化发展，推进农业数字化升级，打造工业互联网示范项目20个、数字化建造试点项目200个以上，网络零售额增长12%以上。加快算网一体化发展，积极融入“东数西算”工程，大力推进国家生态环境大数据监测超算云中心、国家健康医疗大数据中心（北方）等行业级数据中心建设，加快中国算谷公共算力平台建设和应用场景开放。数字经济占比达到48%以上，数字经济核心产业规模达到6000亿元。

加强数字社会建设。加快提升数字化治理水平，创建数字社会治理示范城市。迭代升级“济南交通大脑”，打通人、车、路、网数字闭环，主城区应用智能交通信号灯的路口达到90%。完善社会治理核心要素数据库，优化提升“雪亮工程”。打造城市安全运行综合监测预警指挥中心，开展重点区域风险监测感知网络建设。加快打造数字社区，集约建设智慧社区平台、智慧安防小区，打造“平安细胞”。加快推进数字乡村建设，实施“宽带乡村”工程，发展乡村数字化教育，打造一批农村电商品牌，推动数字技术在农业农村广泛深入应用。

优化数字发展环境。持续提升泛在智能感知新型数字基础设施，加快5G网络深度覆盖，推动建设区块链、隐私计算等数据要素流通基础设施。统筹数据资源一体化支撑体系，健全政务数据全生命周期管理制度，促进数据融合、共享交换、安全开放，筑牢数字支撑底座。加速数字技术应用场景建设，大力发展数字商务、数字文旅、数字贸易，构筑多元化数字产业生态。

各位代表，数字化浪潮生机勃发、方兴未艾，我们要乘势而上、纵深推进数字济南建设，相信不久的将来，我们一定能够建成全国领先的数字先锋城市，广大泉城市民一定能够体会到更多可见可触可感的“数字”实惠！

### （六）着力推动改革开放纵深发展，加快激发动力活力

持续打造一流营商环境。对标高标准国际经贸规则，加快推进行政审批服务立法，研究出台打造一流营商环境政策举措升级版。纵深推进“在泉城·全办成”改革，深化“极简审批”，优化“智惠导服”体系。完善提升“泉惠企”综合智慧平台，推动更多惠企政策无感智享、应享尽享。推广市场主体登记全程网办、不见面审批，推动更多事项掌上办、自助办、一次办。加快创建“无证明城市”，推出更多政务服务国家标准。全面推进“双随机、一公开”、互联网+监管、跨部门综合监管、信用监管等方式，积极探索符合新经济、新业态特点的监管模式，依法严厉打击制售假冒伪劣、侵犯知识产权等违法行为。

持续深化重点领域改革。深入推进国资国企改革，完善中国特色国有企业现代公司治理，开展市属国有企业创新驱动高质量发展专项行动，实施一流企业培育计划，加快企业市场化转型。持续优化开发区体制机制和考核评价体系，强化考核结果运用，激励开发区争先进位、提档升级。统筹推进“三医联动”改革，加快分级诊疗服务体系建设，深化公共卫生改革攻坚，促进公立医院高质量发展。推动预算绩效管理提质增效，加快盘活利用行政事业单位各类国有资产，提升资产资源统筹能力和资产运营收益。

持续完善提升大开放体系。增强国际陆港枢纽功能，推进“齐鲁号”欧亚班列（济南）集结中心建设，中欧班列年开行量突破800列，实现小清河正式通航。加快推进国际机场二期改扩建工程，年内客货吞吐量达到1300万人次、14.4万吨。健全自贸试验区济南片区政策共享、协同开放机制，加强综保区与起步区联动创新。提升中欧绿色制造产业园、中德企业合作区、中欧装备制造特色小镇、侨梦苑等载体功能，增强国际合作项目承接能力。深化与“一带一路”国家和地区、RCEP成员国交流合作，积极参与山东中日韩地方经贸合作示范区创建。完善城市国际化服务设施，新增涉外服务港8个、国际化社区（街区）3个、国际化学校5家。

（七）着力提高规划建设治理水平，加快彰显省会城市魅力

高标准推动城市规划建设。实施市级国土空间规划，加快区县、街镇级国土空间规划编制，加强城市设计和风貌管控，强化各类规划刚性约束。加快济南至微山、商河至高青、大北环等高速公路建设，推进经十路、工业北路快速路东延。开工建设首条云巴线路，加快轨道交通二期6条线路和至济阳有轨电车项目建设。做好城市TOD综合开发，推进济南站南广场、市立五院综合体等项目建设。统筹推进供水、供热等建设更新，新建改造供水管网80公里、供热管网60公里。深入实施城市更新行动，高标准推进明府城、上新街、老商埠、洪家楼等历史街区保护提升和活化利用，年内改造老旧小区9.9万户，新开工棚改安置房8012套、基本建成11427套，加快黄河南岸零散工业区转型升级，推进城中村、近郊村拆迁改造。加强重点泉群保护，推进市民泉水直饮工程，巩固国家园林城市建设成果，新建各类公园100处、绿道100公里，加快千佛山广场改造、佛慧山周边景观提升，持续推进城区河道有水工程，真正让泉城市民仰观山色、俯听泉韵。

扎实推进以人为核心的新型城镇化。实施县域经济发展攻坚行动，重点突破县域工业，大力支持县域特色产业集群培育。建立市域产业协作联动机制，引导主城区外迁产业向县域有序转移，加快各类要素向县域集聚，增强县域综合承载能力。持续深化户籍制度改革，保障进城落户农民合法权益，推动城镇基本公共服务均等化、优质化、可及化，城镇化率提高1个百分点左右。实施更加开放的人口政策，畅通产业就业聚人、优质服务引人、优美环境留人途径，让新市民真正融入城市生活。优化城镇化布局，支持长清、章丘、济阳等加快融入主城区，提升莱芜—钢城省会城市副中心建设水平，支持商河、平阴争创省级县城城镇化建设试点。稳妥推动国家、省城乡融合发展试验区建设。

提升泉城文化软实力。深入学习宣传贯彻党的二十大精神，坚持用习近平新时代中国特色社会主义思想凝心铸魂。以建设“十大之城”为总抓手，统筹推动文明培育、文明实践、文明创建，争创首届全国文明典范城市。深化拓展新时代文明实践中心建设，运用好红色资源，传播好红色文化，积极弘扬社会主义核心价值观。加快城子崖、大辛庄等考古遗址公园和齐长城国家文化公园建设。实施非遗活态传承工程，建设泉水文化生态保护实验区，持续推进“泉·城文化景观”申遗。推动传统文化资源创造性转化、创新性发展，打造诗城词都、曲山艺海、书香济南、海右文艺等文化品牌。积极推进泉水博物馆规划建设，新建8个泉城书房，壮大泉城图书馆联盟，构建“15分钟文化服务圈”。办好济南国际泉水节、中国国际文化旅游博览会等一批文化活动。建强“新黄河”等新媒体宣传集群矩阵，做强济南国际传播中心，持续提升“天下泉城”美誉度和影响力。

提高城市治理现代化水平。加强城市精细化管理，做好城市家具保洁、绿化亮化美化、广告牌匾整治、建筑外立面提升等工作，深入实施“三高”沿线环境综合整治。开展交通拥堵综合治理十大行动，推进医院、学校、商圈等重点区域交通拥堵治理，推广共建共治共享停车管理模式。规范城市物业管理，积极营造和谐社区。全力建设韧性城市，抓好城市体检。积极推进“两个清零、一个提标”，实现历下区、长清区等7个区县雨污合流管网清零。全力构建更高水平平安济南，常态化开展安全生产“审计式”监督检查服务，加强食品药品安全监管，持续抓好“食安济南”建设，坚决防范化解各类金融风险，强化社会治安整体防控，推进扫黑除恶常态化，大力解决信访积案和突出问题，争创全国市域社会治理现代化试点合格城市。深化全民国防教育，做好退役军人服务保障工作，争创全国双拥模范城“十连冠”。

（八）着力促进农业农村现代化，加快打造乡村振兴齐鲁样板省会标杆

大力发展现代农业。牢牢守住耕地红线，加强耕地“非粮化”管控，建成高标准农田23.4万亩，粮食总产量稳定在295万吨水平。推进现代农业产业集群高质量发展，加快培育粮油食品、高效畜牧、精致果蔬等十大优势主导产业，新培育市级农业龙头企业30家，农业产业化示范联合体10个。推进济南农高区、莱芜农高区联动发展。支持商河建设国家粮食储备物流产业园。实施中国北方种业之都建设五年行动，

做大做强农作物种子、蔬菜种苗、畜禽良种等优势板块。健全完善“一村一业、一村一策”推进机制，扶持1000个村实施产业项目，打造一批乡土产业名品村。提升泉水人家品牌影响力和知名度。建设山东预制菜产业园，改造提升4个田园综合体，大力发展都市现代农业，构建“接二连三”的农业全产业链。建设完善县乡村三级流通服务网络，优化农村寄递物流体系，推进60个农产品冷链物流设施和产地冷藏保鲜设施项目建设。

建设宜居宜业和美乡村。持续开展农村人居环境整治提升，巩固农村改厕成果，因地制宜开展农村供水工程规划建设，推进924个行政村生活污水治理，实现清洁村庄创建全覆盖。推进“四好农村路”建设，新改建70公里、养护道路1100公里。扎实开展农村低收入群体危房改造，加强传统村落和历史文化名镇名村保护利用。创建40个省级美丽乡村示范村，打造8个泉韵乡居美丽乡村样板区。

持续深化农村改革。发展新型农村集体经济，深入推进农村“三变”改革，强化试点村指导服务，激发乡村内生动力。完善农村产权交易、农业融资担保、产权信息管理“三台共建”模式，推动集体资产股权质押贷款增量扩面。加强乡村振兴政策集成改革试点县、省级农村改革试验区等建设，稳妥推进农村集体经营性建设用地入市试点。稳步推进全域土地综合整治，优化农村生产、生活、生态空间格局。巩固拓展脱贫攻坚成果，健全完善防返贫动态监测帮扶机制，深化衔接乡村振兴集中推进区建设，让脱贫基础更加稳固、成效更可持续。深化东西部协作、对口支援和济南临沂协作帮扶。

### （九）着力增进民生福祉，加快提高人民生活品质

因时因势优化疫情防控。坚持人民至上、生命至上，完整、准确、全面贯彻习近平总书记关于疫情防控的重要指示精神和党中央部署要求，准确把握疫情防控的新形势新任务，认真落实新阶段疫情防控各项举措，最大程度保护人民生命安全和身体健康，最大限度减少疫情对经济社会发展的影响。持续提升医疗救治能力水平，保障好群众的就医用药，重点抓好老年人和患基础性疾病群体的防控，顺利渡过流行期，确保平稳转段和社会秩序稳定。建立公共卫生一体化管理综合平台，持续深化“数字防疫”质效。

促进高质量充分就业。把稳就业放在更加突出的位置，健全就业促进机制，全年新增城镇就业15万人以上。积极落实高校毕业生各类补贴政策，持续开展“选择济南 共赢未来”等系列活动，帮助毕业生更好择业、更快就业。支持农民工就业创业，加快推进零工市场、零工公寓规范化建设。支持和规范发展新就业形态，完善从业劳动者权益保护。推动职业培训质效双升，促进创业带动就业。实施扩大中等收入群体计划，稳步提高最低工资标准，多渠道增加居民财产性收入，一步一个脚印走好共同富裕之路。

织密织牢社会保障网。深入推进全民参保计划。强化“一老一小”服务保障，推进养老保险精准扩面，加快四级养老服务网络建设，建成长者食堂200处，社区养老服务设施覆盖率达到100%，推动家庭托育点规范化建设，打造“泉心托”品牌，加快建设国家儿童友好城市。进一步提高居民医保财政补助标准，推动按疾病诊断相关分组付费改革。完善生育支持配套政策措施，发放二孩三孩生育补贴。实现城乡适龄妇女“两癌”免费检查全覆盖。拓展多渠道租赁住房供应体系，支持国有企业团购商品房调节租赁住房供给，探索推进保障性租赁住房公募REITs，新筹集房源3.5万套（间）。全力做好保交楼工作，支持刚性和改善性住房需求，推动房地产业向新发展模式平稳过渡。扩大法律援助覆盖面。加快建设社会救助综合改革实验区，各类社会救助标准提高5%以上。大力发展慈善事业，培育社区基金100个。

扎实推进健康济南建设。加快国际医学科学中心建设步伐，支持山东大学齐鲁医院争创国家医学中心，推进广安门医院济南医院建设，打造医疗康养产业聚集区。建成公共卫生“六大中心”、市中医医院东院区等项目，联合首都医科大学宣武医院共建国家区域医疗中心。抓好县域医共体和社区医院建设，提升家庭医生签约服务质量与规模。扎实推进全国首次中药饮片联盟采购工作，打造提升“智慧中医药服务”品牌，加快鲁澳大健康科技园、扁鹊康养生态谷等项目建设。广泛开展全民健身运动，探索推出泉城特色“四季系列”体育旅游精品赛事。

习近平总书记多次强调，“要坚持把人民群众的小

事当作自己的大事。”前期，我们面向全体市民广泛征求意见，遴选确定了18件民生实事，提交本次会议审议。我们将坚决兑现承诺，加力加速落实，真正把工作做到老百姓的心坎上，让泉城市民的日子越过越红火、生活越来越幸福！

（十）着力改善环境质量，加快夯实绿色发展生态本底

深入打好污染防治攻坚战。坚决打赢重污染天气消除、臭氧污染防治、柴油货车污染治理三个标志性战役，$PM_{2.5}$控制在44微克/立方米以内，空气优良天数比率达到62.5%，完成省下达的年度空气质量改善指标。加强河流断面水质预警，强化入河湖排污（水）口监督管理，确保国省控断面水质达标，深化国家再生水利用配置试点城市建设。严格用途变更“一住两公”地块土壤调查评审，加强污染地块土壤修复和风险管控全过程监管。

统筹推进生态保护修复。推进自然保护地优化整合，加快健全自然保护地体系。完成造林绿化1.2万亩，森林抚育8.8万亩。加强南部山区自然生态景观保护，推进生态系统生产总值核算工作。严格“空天地”一体化自然资源执法监管，推进农村乱占耕地建房和违建别墅问题整治。加快925处历史遗留矿山生态修复治理。大力推进河长制湖长制，高标准推进大汶河、巨野河等11条美丽幸福河湖建设。

加快建设“无废城市”。推动钢铁、采矿、化工等重点行业绿色化改造，开展企业清洁生产审核，创建绿色工厂30家以上、无废工业园区1个。新增绿色建筑1000万平方米以上，新开工装配式建筑700万平方米以上。推进建筑垃圾综合利用，建成装修垃圾分拣中心。完善生活垃圾分类收运处置体系，加快莱芜、章丘生活垃圾焚烧发电等项目建设。完善废旧物资循环利用体系，推动二手商品交易和再制造产业发展。

积极稳妥推进碳达峰碳中和。制定实施碳达峰工作方案，开展低碳、近零碳排放示范工程建设。积极参与全国碳排放权交易。高标准推进新一轮“四减四增”行动，坚决遏制“两高”项目盲目发展。统筹使用污染物排放总量指标，实行污染物削减量预支，推动重点行业开展节能降碳改造。推进煤炭清洁高效利用，提高太阳能、风能、氢能、生物质能等新能源和可再生能源利用规模，加快发展储能设施。确保完成省下达的能耗双控目标任务。

各位代表，良好生态环境是最公平的公共产品，是最普惠的民生福祉。我们一定谋在长远、干在当下，持续改善环境质量，让泉城青山常在、绿水长流、空气常新，让人与自然和谐共生的美丽画卷始终生机盎然！

## 四、全面加强政府自身建设

新时代社会主义现代化强省会建设的使命任务，对政府工作提出了新的更高要求。我们要切实加强政府自身建设，持续提升履职能力和治理效能。

坚决做到立场坚定、对党忠诚。深刻领悟“两个确立”的决定性意义，增强“四个意识”、坚定“四个自信”、做到“两个维护”，把忠诚核心、紧跟核心、捍卫核心体现到实际工作中、体现到具体实践中、体现到一言一行中。深入开展主题教育，深刻学习领会习近平新时代中国特色社会主义思想的世界观和方法论，始终以理论上的清醒保证政治上的坚定。自觉对标党的二十大作出的战略部署，谋深谋实谋细贯彻落实的方法路径和工作举措，确保党的二十大精神在济南落地生根、开花结果。

坚决做到依法行政、秉公用权。深入贯彻落实习近平法治思想，争创全国法治政府建设示范市。深化行政执法体制改革，加大关系群众切身利益的重点领域执法力度，努力让人民群众感受到公平正义就在身边。全面落实重大决策程序制度，切实做到科学决策、民主决策、依法决策。全面提升政务公开质量和实效。依法接受人大及其常委会的监督，自觉接受政协的民主监督，主动接受社会和舆论监督。严格执行市人大及其常委会决议决定，支持市政协建好用好商量平台，认真办理人大代表建议和政协委员提案。深入开展“八五”普法宣传教育，推动尊法学法守法用法在全社会蔚然成风。

坚决做到勤政为民、实干担当。把为民造福作为最大政绩，坚持在发展中保障和改善民生，不断实现人民对美好生活的向往。坚持把抓落实作为政府工作的生命线，大力弘扬“严真细实快”作风，健全“督考合一”工作机制，突出重点、讲求细节、压实责任、形成闭环，不断提高政府执行力。畅通群众诉求

表达渠道，持续提升12345热线数字化、信息化、智能化水平，打造泉城“总客服”。发扬唯实求真精神，大兴调查研究之风，深入基层一线，认真倾听群众心声，积极回应群众关切，切实解决群众难题。充分调动企业家、各类人才、各级干部和广大人民群众的积极性，营造干事创业的良好氛围，激发经济社会发展的内生动力。

坚决做到作风过硬、廉洁从政。始终保持“两个永远在路上”的清醒与坚定，深入贯彻全面从严治党战略方针，推动政府系统党风廉政建设向纵深发展。坚持以严的基调强化正风肃纪，严格落实中央八项规定及其实施细则精神，持续深化纠治“四风”，严明纪律要求、弘扬新风正气。精准规范用好问责利器，督促党员干部正确行使权力。加大审计监督力度，完善审计查出问题整改长效机制。保持反腐败政治定力，持续深化不敢腐、不能腐、不想腐一体推进，确保干部清正、政府清廉、政治清明，切实以好作风好形象奋进新时代。

各位代表，新时代新征程，承载光荣与梦想，呼唤奋斗与担当。让我们更加紧密地团结在以习近平同志为核心的党中央周围，在省委、省政府和市委的坚强领导下，牢记“三个务必”，弘扬伟大建党精神，坚定信心、同心同德，埋头苦干、勇毅前行，以实际行动落实党的二十大精神，奋力开创新时代社会主义现代化强省会建设新局面！

## 《政府工作报告》名词解释

**1.“三不停”“三不断”：**即全面统筹疫情防控和经济社会发展，按照不停产、不停工、不停运“三不停”原则，保障城市整体运行不断、市民群众基本生产生活不断、重点项目生产建设不断“三不断”。

**2.“七网”：**即综合立体交通网、现代物流网、能源保障网、城市市政公用设施网、现代水网、新型基础设施网和农村基础设施网。

**3.“1+4+16+N”规划体系：**“1”即国务院批复的《济南新旧动能转换起步区建设实施方案》；“4”即起步区发展规划、国土空间规划、生态保护规划及启动区控制性规划；“16”即节水型城市、蓝绿空间、产业发展等16个专项规划；“N”即根据发展时序和形势需要，适时启动编制园林绿化、夜景照明、未来社区等相关专业规划。

**4.“1+4+N”总体框架体系：**“1”即围绕推进数字济南建设，制定了加快数字济南建设的意见，目标是打造全省领跑、全国一流的数字城市，率先建成数字先锋城市；“4”即推进数字机关、数字政府、数字经济、数字社会四大核心领域建设；“N”即由数字纪检、数字组工、数字法治、数字统战、数字防疫等相关重大专项体系建设构成的开放式应用场景体系。

**5.人才政策双“30条”：**即2022年6月27日印发实施的《济南市人才服务支持政策（30条）》和《济南市人才发展环境政策（30条）》。

**6.“三区三线”：**“三区”即城镇、农业、生态空间；“三线”即生态保护红线、永久基本农田保护红线和城镇开发边界。

**7.“五不”问题：**即数据不共享、系统不衔接、部门不协同、制度不完善、交互不畅通等问题。

**8.“六办”：**即标准办、网上办、掌上办、集成办、自助办、一口办。

**9.“一村一业、一村一策”：**即实施千村梯次提升、集约服务推广、村级产业强基、集体经济跃升、乡村创业创富、乡村特产畅通、镇村同创共兴、产业链化升级等8项重点任务行动，通过制定落实一对一、点对点扶持政策，培植形成可持续、能富民的主导产业，加快推进乡村产业振兴。

**10.农村“三变”改革：**即“资源变资产、资金变股金、农民变股东”改革。

**11.招商引资“九大行动”：**即“顶格”招商引领、园区招商突破、产业招商聚焦、全球招商推广、投行化招商攻坚、数字化招商创新、要素统筹保障、营商环境提升、招商人才培育等九大行动。

**12.河湖“清四乱”：**即清理整治河湖管理范围内的乱占、乱采、乱堆、乱建等突出问题。

**13.“6+4+2”重点产业：**“6”即二产的智能车、新能源、新材料、中国芯、机器人、元宇宙；“4”即三产的新金融、新电商、新会展、泛航空；“2”即一产的现代种业和休闲农业。

**14.“十大创新”行动：**即科技研发创新、人才引育创新、营商环境创新、数字变革创新、产业生态创新、要素保障创新、风险防控创新、文化宣传创新、民生改善创新、推进落实创新。

15. 轨道交通四网融合：即干线铁路、城际铁路、市域（郊）铁路、城市轨道交通“四网融合”的一体化轨道交通体系。

16. 基础设施 REITs：即基础设施领域不动产投资信托基金，指依法向社会投资者公开募集资金形成基金财产，通过基础设施资产支持证券等特殊目的载体持有基础设施项目，由基金管理人等主动管理运营上述基础设施项目，并将产生的绝大部分收益分配给投资者的标准化金融产品。

17. TOD：即“以公共交通为导向”的城市发展模式（Transit Oriented Development），其特点在于以公共交通站点为中心，建立集工作、商业、文化、教育、居住、交通等混合功能为一体的城区。

18. “十大之城”：即信仰坚定的红色之城、底蕴深厚的文化之城、闻名中外的天下泉城、美美与共的温暖之城、品牌荟萃的魅力之城、创新创意的活力之城、功能完善的品质之城、融通内外的开放之城、高效和谐的善治之城、生活美好的幸福之城。

19. 交通拥堵综合治理十大行动：即空间规划引领行动、路网建设提升行动、交通堵点治理行动、出行需求调控行动、公交分担提升行动、停车管理优化行动、交通管理执法行动、绿色低碳倡导行动、智慧交通建设行动、社会共治共享行动。

20. “两个清零、一个提标”：即城市建成区雨污合流管网清零、黑臭水体清零、城市污水处理厂出水水质标准提升。

21. 社区基金：即由具有公募资质的慈善组织与社区基金发起人签订协议设立并进行管理的，用于特定村（社区）内公益慈善事业发展的专项基金。该基金接受慈善组织统一管理，不具备独立法人资格，不得以独立名义开展募捐。

22. 公共卫生“六大中心”：即市疾病预防控制中心、市精神卫生中心、市急救指挥调度中心、市应急医疗储备保障中心、市急救创伤中心、省公共卫生临床中心。

23. 县域医共体：即以县级医院为龙头、乡镇卫生院为枢纽、村卫生室为基础，县乡村三级医疗卫生机构分工协作、三级联动的县域医疗服务体系。

24. “一住两公”地块：即住宅、公共管理与公共服务用地。

栏目校对　王　炜

## 1月

**6日** 《济南日报》报道，国家知识产权局发布全国首批地理标志运用促进重点联系指导名录，“平阴玫瑰”榜上有名，成为济南市首个入选国家地理标志运用促进工程项目的地理标志产品。

**8日** 市委经济工作会议召开。省委常委、市委书记孙立成主持会议并讲话；会议对2021年全市经济工作进行总结，对2022年全市经济工作作出部署。

**9日** 在2021中国足协杯决赛中，山东泰山队力克上海海港队，第七次夺得该项赛事冠军，并时隔15年再次夺得“双冠王”。这也是球队第三次成为中国足坛联赛、足协杯双料冠军。

**10日** 济南新旧动能转换起步区专家咨询委员会成立暨第一次会议召开。省委常委、市委书记，济南新旧动能转换起步区党工委书记孙立成出席会议并讲话，为专家委员代表颁发聘书；国际欧亚科学院院士、中国城市科学研究会理事长仇保兴出席会议，市委副书记，济南新旧动能转换起步区党工委副书记、管委会主任边祥慧主持会议并介绍起步区有关情况。会议听取关于济南新旧动能转换起步区相关规划设计方案的情况介绍。专家委员就相关规划情况进行讨论发言，形成规划咨询意见。

**13日** 市委常委会扩大会议暨2021年度区县委书记和市直有关党（工）委书记全面从严治党述责述廉和抓基层党建工作述职评议会议召开。

**17日** 省委常委、市委书记孙立成在舜耕山庄会见日本Laox株式会社执行董事、Laox中国区集团总裁傅禄永一行。

**18日** 济南黄河凤凰大桥通车活动举行。省委常委、市委书记孙立成出席活动并宣布大桥通车。

**19日** 济南市委统筹疫情防控和经济运行工作领导小组（指挥部）组织开展新冠肺炎疫情应急处置全要素实景演练。

**20日** “承诺有声、践诺有行——我为群众办实事典型案例展播”百佳案例评议活动在济南日报报业集团举行。

**21日** 济南市党史学习教育总结会议召开。会议学习贯彻习近平总书记关于党史学习教育的重要指示要求，贯彻落实中央党史学习教育总结会议、山东省党史学习教育总结会议精神，对巩固拓展党史学习教育成果进行安排部署，动员全市上下以强烈的历史主动精神奋进新征程、建功新时代，以优异成绩迎接党的二十大胜利召开。

**是日** 《济南日报》报道，2021年济南年度中欧班列开行总数跻身全国前十，达到历史最高水平。2021年，济南中欧班列累计开行764列次，增长41%；进出境集装箱6.2万箱次，增长40.9%；进出口值72亿元，增长22.9%。

**是日** 《济南市优化营商环境条例》公布。该条例于2021年12月10日由济南市第十七届人民代表大会常务委员会第二十四次会议通过，2022年1月21日经山东省第十三届人民代表大会常务委员会第三十三次会议批准，自2022年3月1日起施行。

**28日** 市委召开人大工作会议，学习贯彻习近平总书记在中央人大工作会议上的重要讲话精神，落实省委人大工作会议要求，对加强和改进新时代全市人大工作进行安排部署。

**29日** 农历新春佳节即将到来之际，省委书记李干杰在济南走访慰问老党员、困难群众、优抚对象，代表省委、省政府送去关心关怀和新春祝福。省市领导孙立成、刘强和蒋晓光陪同走访。

是日 按照换届工作安排，省委常委、市委书记孙立成与区县换届提名人选进行集体谈话。会议传达全省县（市）区党政正职集体谈话会精神。

是日 全省安全生产视频会议召开，学习贯彻习近平总书记关于安全生产的重要论述，落实全国安全生产电视电话会议部署要求，总结2021年安全生产工作，分析面临的形势，部署2022年重点工作，全力保护人民群众生命财产安全、维护社会大局安全稳定。济南市设立分会场收听收看会议实况。

31日 省委副书记、省长周乃翔到省应急指挥中心、省委统筹疫情防控和经济运行工作指挥部，看望慰问值班值守工作人员，调度安全生产、疫情防控等工作，代表省委、省政府向全省节日期间坚守岗位的干部职工致以新春祝福和诚挚问候。

## 2月

9日 中共济南市纪委十一届七次全体会议召开。出席全会的有市纪委委员47人，列席114人。省委常委、市委书记孙立成出席全会并讲话。

是日 济南市2022年工作动员大会举行。

14日 省政协主席葛慧君到中共山东早期历史纪念馆参观，并就济南市协商平台建设及经济社会发展情况进行调研。

15日 市委农业农村委员会召开第四次全体会议。

16日 平安济南法治济南建设暨全市政法队伍教育整顿总结会议召开。会上，宣读《关于表扬2016—2020年济南市法治政府建设和“七五”普法依法治理工作先进单位和先进个人的通报》，通报全市政法队伍教育整顿情况。

是日 市委、市政府新闻发布会召开，围绕泉城企业突出贡献人才评选活动的相关情况进行介绍解读。

16—17日 中共中央政治局委员、全国人大常委会副委员长王晨在山东就人大代表工作进行调研，听取在基层的部分全国人大代表意见建议，与代表互动交流。调研期间，王晨到企业、高校和社区，看望全国人大代表，共同研究履职尽责、更好为群众服务工作。全国人大常委会委员、全国人大宪法和法律委员会副主任委员、全国人大常委会法制工作委员会主任沈春耀；省委书记、省人大常委会主任李干杰；省委副书记，省人大常委会副主任、党组书记杨东奇陪同调研。

18日、19日 济南市12个区县陆续召开党代会，选举产生新的区县党委、纪委领导班子。

19日 全省春季农业生产视频会议召开。济南市设立分会场收听收看会议实况，随后召开全市春季农业生产视频会议，对全面抓好春季农业生产进行安排部署。

21日 全市宣传部长会议召开。

22日 市第十二次党代会筹备工作领导小组召开会议，研究部署市党代会筹备工作。

是日 全国工会就业创业服务系列活动启动仪式暨“就业创业·兴业齐鲁”线上招聘会在济南举行。中华全国总工会副主席、书记处书记、党组成员魏地春出席仪式并讲话；省委常委、统战部部长，省总工会主席张江汀致辞。此次活动由全国总工会主办，山东省总工会和济南市总工会承办，以“工创美好生活、职达共同富裕”为主题。

23日 山东未来网络研究院、山东未来集团揭牌暨全球首张确定性网络发布活动在济南举行。

25日 全省2022年春季重大项目集中开工活动在济南人工智能科技谷中区项目建设现场举行。

是日 全市组织部长会议召开。

是日 济南市产业人才促进会成立大会暨济南工程职业技术学院现代产业学院签约仪式在济南举行。黄河流域产业人才研究院同步举行揭牌仪式。

26日 济南市人民政府与华润（集团）有限公司战略合作协议签约活动举行。省委常委、市委书记孙立成和华润集团董事长王祥明出席活动并见证签约。

27日 省委常委、市委书记孙立成会见华为技术有限公司董事、轮值董事长徐直军一行。

28日 山东省召开中国（山东）自由贸易试验区工作领导小组会议，济南市设立分会场收听收看会议实况。

是日 山东未来畜禽种业国家现代农业产业园项目签约仪式在龙奥大厦举行。

## 3月

**1日** 全省疫情防控工作视频会议召开。济南市设分会场收听收看会议实况，随后召开全市疫情防控工作视频会议。

**2日** 市委农村工作会议召开。

**7日** 市委理论学习中心组举行集中学习研讨，学习贯彻习近平总书记在省部级主要领导干部学习贯彻党的十九届六中全会精神专题研讨班上的重要讲话精神，深刻领悟、全面把握全会精神和全会决议，进一步统一思想、凝聚共识，坚定信心、勇毅前行，奋力开创新时代社会主义现代化强省会建设新局面。

**8日** 全市国有企业改革发展工作会议召开。

**9日** 《济南日报》报道，槐荫区人民法院向一名家长发出家庭教育指导令，依法督促和引导失职监护人正确履行监护职责。这是2022年1月1日《中华人民共和国家庭教育促进法》正式施行后，济南市发出的首份家庭教育指导令。

**10日** 市委政法工作（扩大）会议暨市域社会治理现代化试点城市建设“百日攻坚行动”动员部署会议召开。

**15日** 济南新旧动能转换起步区2022年春季重点项目集中开工活动举行。此次集中开工20个重点项目，总投资约455亿元，年度投资约155亿元。

**16日** 中共山东省委常委、济南市委书记孙立成主持召开座谈会，就《市第十二次党代会报告》征求各民主党派、市工商联负责人和无党派人士代表的意见和建议。

**24日** 山东省创新发展研究院通报2021年山东省区域科技创新能力评价情况，并发布《山东省区域科技创新能力评价报告2021》，济南市综合科技创新指数连续第四年名列全省第一。

**28日** 济南市领导干部会议召开，宣布中央关于济南市领导班子主要负责同志职务调整的决定。省委书记李干杰出席会议并讲话，孙立成、王宇燕、刘强、韩金峰、于海田、殷鲁谦、雷杰出席会议。会上，王宇燕宣读中央和省委有关通知。中央批准，刘强同志任中共济南市委书记，孙立成同志不再担任中共济南市委书记职务。

**是日** 省委副书记、省长周乃翔到济南市莱芜区调研统筹疫情防控和经济社会发展工作，先后深入山东朗进科技股份有限公司、济南家家悦供应链管理有限公司、中国重汽集团智能网联（新能源）重卡项目进行调研。省委常委、市委书记刘强，市委副书记、市政府党组书记于海田，省政府秘书长宋军继，市委常委、秘书长蒋晓光，市政府秘书长王品木参加调研。

**31日** 省委常委、市委书记刘强主持召开座谈会，就党代会报告征求各界人士代表的意见和建议。

**是日** 市委副书记、代市长于海田就《政府工作报告》向市人大常委会征求意见建议。市人大常委会党组书记韩金峰出席会议，市人大常委会主任殷鲁谦主持座谈会。

**是日** 全国安全生产电视电话会议召开。济南市设分会场收听收看会议实况，随后召开全市会议。

**是日** 意大利法拉帝集团香港上市挂牌仪式在山东济南、香港联交所、意大利萨尔尼科视频连线举行。

## 4月

**1日** 省委常委、市委书记刘强到济南火车站、长途汽车总站等地调研督导重点场站疫情防控工作。

**3日** 省委书记李干杰到济南调研节日期间安全生产、疫情防控、市场保供等工作情况，看望值班值守工作人员。

**5日** 近日，中央文明办通报2021年全国文明城市年度测评结果。在30个省会、副省级全国文明城市中，济南市以96.88分的优异成绩，连续第四年位列省会、副省级城市组别第一名。

**8日** 中国共产党济南市第十二次代表大会在市委党校会议中心举行预备会议。

**9日** 中国共产党济南市第十二次代表大会，在市委党校会议中心开幕。大会由于海田主持。刘强代表中国共产党济南市第十一届委员会向大会作报告，题目是《牢记嘱托 砥砺奋进 勇当“三个走在前”排头兵 奋力开创新时代社会主义现代化强省会建设新局面》。

**10日** 从市生态环境局获悉，小清河水质均值首次达到地表水Ⅱ类标准，连续第四年创造新的历史纪录。

**12日** 中国共产党济南市第十二次代表大会在市委党校会议中

心闭幕。大会选举出由63名委员、12名候补委员组成的中共济南市第十二届委员会，选举出中共济南市纪律检查委员会委员45名，选举出济南市出席省第十二次党代会的代表64名。大会一致通过《中国共产党济南市第十二次代表大会关于市第十一届委员会报告的决议》，通过《中国共产党济南市第十二次代表大会关于市第十一届纪律检查委员会工作报告的决议》。

是日 中国共产党济南市第十二届委员会第一次全体会议举行。全会选举中国共产党济南市第十二届委员会常务委员会委员、书记、副书记，刘强当选书记，于海田、杨峰当选副书记；通过中国共产党济南市第十二届纪律检查委员会第一次全体会议的选举结果。

是日 中国共产党济南市第十二次代表大会选举产生的中共济南市第十二届纪律检查委员会，在市委党校举行第一次全体会议。全会选举产生新一届市纪委常委和书记、副书记，报市委十二届一次全会通过。杨光忠当选市纪委书记。

13日 省委常委、市委书记刘强到历下区调研。

是日 市委副书记、代市长于海田主持召开中欧（济南）绿色制造产业园建设工作专题会议。

14日 《济南日报》报道，省发展改革委印发通知，公布国家产教融合试点城市名单，济南市成为全省唯一入选城市。

是日 中共济南市委召开民主协商会议，向市各民主党派、工商联和无党派人士通报市第十二次党代会情况，并就市十八届人大一次会议、市政协十五届一次会议议程和有关人事安排情况进行民主协商，听取意见建议。

15日 副省长孙继业到济南调研疫情防控工作。

17日 济南市政协委员优秀履职奖颁奖仪式在山东会堂举行，市政协主席雷杰为获奖委员颁奖，这是市政协首次设立该奖项。

18日 中国人民政治协商会议第十五届济南市委员会第一次会议开幕。

19日 济南市第十八届人民代表大会第一次会议在山东会堂开幕。

21日 中国人民政治协商会议第十五届济南市委员会第一次会议闭幕。市政协十五届一次会议举行选举大会，雷杰当选为主席。

22日 济南市第十八届人民代表大会第一次会议闭幕。出席会议的507名人大代表以无记名投票的方式，选举韩金峰为市十八届人大常委会主任，雷天太、巩宪群、刘大坤、王勤光、黄贵利为市人大常委会副主任，陈勇为市人大常委会秘书长，38人为市人大常委会委员；选举于海田为市人民政府市长，王宏志、孙斌、王桂英、王茂祯、任庆虎、马保岭、韩伟为副市长；选举杨光忠为市监察委员会主任；选举李向阳为市中级人民法院院长，鲍峰为市人民检察院检察长（须报经省人民检察院检察长提请省人大常委会批准）。

26日 省委常委、市委书记刘强督导检查疫情防控工作，先后到济南万科城出入口、甸柳新村、诚基中心出入口、宽厚里商业街区入口、舜玉小区出入口、王官庄小区等查看管控措施落实和社区运行管理情况。

是日 市委副书记、市长于海田到历下区、济南高新区、历城区等地督导检查疫情防控工作。

是日 “2022东亚文化之都·中国济南活动年”以线上方式正式启幕。文化和旅游部副部长张旭，市委副书记、市长于海田，山东省文化和旅游厅厅长王磊，日本驻青岛总领事馆总领事井川原贤，韩国驻青岛总领事馆总领事金敬翰出席仪式并先后致辞。

27日 省委常委、市委书记刘强主持召开全市“双招双引”工作专题调度会。

是日 省委常委、市委书记刘强主持召开数字机关建设工作专题推进会议。

是日 市工商联、市民营经济发展局联合市发改委、市市场监管局，召开民营企业疫情防控座谈会。

28日 济南市召开庆祝“五一”国际劳动节劳模座谈会。

是日 省委常委、市委书记刘强和市委副书记、市长于海田到高新区调研督导疫情防控工作。

29日 省委常委、市委书记刘强和市委副书记、市长于海田到历城区调研督导疫情防控工作。

30日 省委书记李干杰到济南，先后深入济南市历城第一中学、山东电力设备有限公司、维尔康肉类水产批发市场、历城区名辉豪庭小区等调研疫情防控工作和假日生产情况。

是日 市委副书记、市长于

海田主持召开全市节日期间及重点领域安全生产工作会议，对做好“五一”假期安全生产工作再部署、再落实。

## 5月

**1日** 省委常委、市委书记刘强调研高三复学复课工作时指出，要始终把师生生命健康安全放在第一位，落细疫情防控措施，抓好学校教学管理，做好心理引导和健康教育，为广大师生营造安全放心的学习生活环境。

**是日** 市委副书记、市长于海田到济南高新区部分企业调研，了解企业生产经营情况。

**3日** 济南市委统筹疫情防控和经济运行工作领导小组（指挥部）办公室发布《关于依法惩处违反疫情防控法律法规行为的通告》。

**5日** 省委常委、市委书记刘强主持召开部分重点企业和重点项目工作座谈会。市委副书记、市长于海田出席座谈会。

**6日** 省委常委、市委书记刘强调研信访工作。

**7日** 省委常委、市委书记刘强和市委副书记、市长于海田到浪潮集团调研。

**是日** 济南市收听收看全国、全省自建房安全专项整治工作会议。随后，济南市召开专项整治工作会议。

**9日** 市委理论学习中心组举行集体学习研讨，深入学习习近平总书记提出的“五个必由之路”重要认识，深刻理解“五个必由之路”的重大理论意义、实践意义，与学习领会中国共产党百年奋斗历史经验相贯通，进一步坚定历史自信，强化历史自觉，担当历史重任，自觉用习近平新时代中国特色社会主义思想武装头脑、指导实践、推动工作，切实履行新时代赋予的职责使命，奋力开创新时代社会主义现代化强省会建设新局面。

**是日** 济南市全面恢复地铁线网正常运行。

**10日** 市人大常委会启动环境保护法执法检查。

**11日** 济南市举行“学习贯彻庆祝中国共产主义青年团成立100周年大会精神”活动。

**是日** 省委常委、市委书记刘强调研重点企业复工复产情况。

**是日** 济南收听收看省政府第五次廉政工作会议暨省政府全体会议。会后，召开市政府第一次廉政工作会议暨市政府全体会议。

**12日** 市委副书记、市长于海田会见韩国驻青岛总领事金敬翰一行。

**13日** 省委常委、省纪委书记、省监委主任夏红民到济南市调研督导。

**是日** 市委副书记、市长于海田在龙奥大厦会见日本驻青岛总领事井川原贤一行。

**14日** 省委副书记、省长周乃翔到济南新旧动能转换起步区调研。省和市领导刘强、曾赞荣、于海田、孙斌、李国强等参加调研。

**15日** 济南市普通高中、初中和中职学校未返校年级学生回到校园，恢复线下学习。

**17日** 市委、市政府召开“提升城市软实力、创建文明典范城”动员大会。省委常委、市委书记刘强出席会议并讲话，市委副书记、市长于海田主持会议并讲话。

**是日** 全市加强新时代廉洁文化建设工作会议暨党员干部警示教育大会召开。

**18日** 市委、市政府召开驻济省属国有企业座谈会。省委常委、市委书记刘强出席会议并讲话，市委副书记、市长于海田主持会议并讲话，市人大常委会主任韩金峰、市政协主席雷杰、市委副书记杨峰出席会议。

**是日** 全市防汛抢险桌面推演暨防汛工作视频会议召开。

**是日** “泉城购”2022济南消费季启动。该活动由济南市人民政府主办，市商务局、济南广播电视台承办，旨在积极创建国际消费中心城市，激发消费增长动能，增强省会消费吸引力和辐射力。

**19日** 济南、青岛国家级互联网骨干直联点建成开通仪式暨山东省数字经济重大项目集中签约系列活动在山东大厦举行。省委书记李干杰出席活动，省委副书记、省长周乃翔讲话。

**是日** 国务院安委会综合检查组第五组组长、交通运输部副部长赵冲久带领检查组到济南检查安全生产工作。副省长凌文，市委副书记、市长于海田陪同。

**20日** 省推进济南新旧动能转换起步区建设工作领导小组召开第一次会议，听取起步区建设进展情况汇报，研究《济南新旧动能转换起步区发展规划（2021—2035年）》等相关规划，审议有关文件，安排部署重点任务。省委书记、省推进济南新旧动能转换起步区建设工作领导小组组长李干杰，省委副书记、省长、省推进济南新旧动能转换起步区建设工作领导小组组长周乃翔出席会议并讲话；省委常委、市委书记刘强，市委副书记、市长于海田和领导小组成员出席。

是日　省人大常委会副主任王良率调研组到济南，就《山东省人民代表大会常务委员会关于加强山东现代水网建设的决定（草案）》开展立法调研。市人大常委会主任韩金峰参加调研。

是日　省政府办公厅印发《关于做好中国（山东）自由贸易试验区制度创新成果推广工作的通知》，由市发展改革委提报的“建设项目全生命周期信用监管模式”作为最佳实践案例在全省推广复制。

22 日　济南—淄博同城化合作推进会召开，贯彻落实省委、省政府推进省会经济圈一体化发展的相关工作部署和要求，加快推动济淄同城化建设。省委常委、济南市委书记刘强，市委副书记、市长于海田和淄博市委书记江敦涛，市委副书记、市长马晓磊出席会议并进行座谈交流。

23 日　全省防汛抗旱工作视频会议召开，济南市设分会场收听收看。随后，接续召开全市防汛抗旱工作会议。

24 日　市人大常委会主任韩金峰到齐鲁制药集团和博科控股集团调研。

是日　济南国际传播中心正式成立。

是日　市委机构编制委员会召开第一次会议。

27 日　参加省第十二次党代会的济南代表团召开建团会议，推选刘强为济南代表团团长，于海田、杨峰为副团长。

28 日　市委、市政府召开“坚定信心促发展全力以赴稳经济”系列发布会第一场，围绕济南市出台的《济南市促进消费持续恢复发展的若干措施》进行发布解读。

是日　中国共产党山东省第十二次代表大会开幕，济南市组织各级党员干部收看大会开幕式。

## 6月

2 日　省委常委、市委书记刘强到济南火车站、济南西站调研督导交通场站疫情防控工作。

是日　由山东省委、省政府主办，省商务厅、发改委、海洋局共同承办的山东与世界 500 强连线现代海洋产业合作专场在济南举行。

6 日　省委书记李干杰，省委副书记、省长周乃翔到济南市检查夏季高考准备工作。

是日　济南市—武隆区东西部协作联席会议在舜耕山庄召开。

8 日　省委常委、市委书记刘强和市委副书记、市长于海田在龙奥大厦会见中国交通建设集团有限公司党委书记、董事长王彤宙，党委副书记、总经理王海怀一行。

9 日　省委常委、市委书记刘强，市委副书记、市长于海田在龙奥大厦会见济南市全国公安系统英雄模范立功集体代表。

是日　有“齐鲁第一高”之称的山东国际金融中心 428 米超高层项目核心筒正式封顶，成为泉城济南的新地标。

10 日　市委副书记、市长于海田主持召开承接北京非首都功能疏解工作专题会议。

11 日　省委常委、市委书记刘强和市委副书记、市长于海田在舜耕山庄与全国工商联副主席、正泰集团董事长南存辉一行，就深化合作进行座谈交流。

13 日　为深入贯彻落实习近平法治思想和《中国共产党政法工作条例》，市委理论学习中心组举行集体学习会，邀请山东政法学院党委书记李玉福作专题辅导报告。

14 日　“牢记总书记嘱托 奋力走在前开新局”全市乡村振兴工作现场会召开。

15 日　在“腾飞吧！山东高端装备制造”山东重工新科技成果展上，中国重汽、潍柴动力联合发布全国首台商业化氢内燃机重卡，标志着双方在推进多元能源转型、助力我国“双碳”战略中又取得里程碑式的重大科技突破。

15 日、17 日　省人大常委会党组副书记、副主任孙立成带领调研组到济南市，就《山东省齐长城保护条例（草案）》开展立法调研。市人大常委会主任韩金峰参加调研。

16 日　省委常委、市委书记刘强和市委副书记、市长于海田在龙奥大厦与中国电力建设集团有限公司党委副书记、总经理王斌一行，就深化合作进行座谈交流。

是日　省委常委、市委书记刘强和市委副书记、市长于海田在龙奥大厦会见中国建筑集团有限公司党组副书记、总经理张兆祥一行。

是日　《济南市人民政府 山东

黄河河务局合作框架协议》在龙奥大厦签署。

**是日** 十二届市委第一轮巡察工作动员部署会召开。

**17日** “青春新济南共赢新发展”2022届济南大学生毕业典礼活动在山东博物馆南广场举行。

**是日** 山东省召开中央生态环境保护督察整改推进会。会议结束后，济南市接续召开贯彻落实会议，安排部署相关工作。

**是日** 市委副书记、市长于海田在龙奥大厦会见西藏日喀则市委副书记、市长卓锋率领的日喀则市党政代表团一行。

**18—21日** 济南市党政代表团先后到烟台、青岛、潍坊，学习考察3市在招引、建设、服务先进制造业、新兴产业、现代服务业等领域好的经验和做法，对标对表找差距，聚力攻坚补短板，共同落实黄河重大国家战略，推进山东半岛城市群协同发展，促进济青都市圈高水平协作。

**20日** 第三届跨国公司领导人青岛峰会举办期间，济南市举办城市推介暨与跨国公司先进制造业高层交流会。峰会期间，济南市共有19个项目签约。

**23日** 济南市食品药品安全委员会全体（扩大）会议召开。

**24日** 由中国国际商会、中国国际贸易促进委员会山东省委员会、山东省科学技术厅、济南市人民政府、德国机械设备制造业联合会联合主办的2022世界激光产业大会在济南山东国际会展中心开幕。大会以“激遇济南 光耀未来”为主题，会期3天。

**是日** 省委常委、市委书记刘强在凯宾斯基酒店会见泰国驻华大使阿塔育・习萨目一行。

**27日** 省委常委、市委书记刘强，市政协主席雷杰在龙奥大厦会见浙江省新生代企业家联谊会执行会长、每日互动股份有限公司董事长兼总经理方毅一行。

**28日** 市信访工作联席会议召开第一次会议。

**29日** “七一”前夕，省委常委、市委书记刘强，市委副书记、市长于海田走访看望部分正市级老同志老党员。

**是日** 市委副书记、市长于海田先后到天桥区无影山新村四区、山东第一医科大学第三附属医院等督导全国文明典范城市创建工作。

**是日** 市委人才工作会议召开。

**30日** 全市双招双引工作会议召开。

**是日** 省委、省政府在济南召开全省国有企业创新驱动高质量发展工作会议。济南市设分会场收听收看会议实况。

## 7月

**1日** 市直机关党的建设工作座谈会召开。

**2日** 市委、市政府召开驻鲁金融机构座谈会。

**3日** 全国政协经济委员会调研组到济南市围绕“健全常住地提供基本公共服务制度”开展专题调研。

**3—4日** 山东省委常委、济南市委书记刘强率领济南市党政代表团赴重庆市武隆区，推动两地东西部协作走深走实。重庆市委常委、常务副市长陆克华参加活动。在济南市・武隆区东西部协作联席会议上，双方签署《济南市人民政府武隆区人民政府2022年东西部协作工作协议》。

**5日** 济南市黄岗路穿黄隧道工程开工活动举行。

**5—6日** 山东省、济南市党政代表团赴甘肃临夏回族自治州，考察对接东西部协作工作，推动两地协作走深走实。山东省委副书记、省长周乃翔，甘肃省委常委、常务副省长程晓波，山东省委常委、济南市委书记刘强，山东省副省长孙继业参加活动。

**6日** 济南・临夏东西部协作联席会议在甘肃临夏回族自治州东乡族自治县召开。

**6—7日** 省委书记李干杰先后到潍坊市、淄博市、济南市，实地检查指导防汛备汛工作。

**8日** 鲁商生活服务股份有限公司香港上市活动在山东大厦举行。

**10日** 省委常委、市委书记刘强督导全国文明典范城市创建工作。在现场会上，播放创建工作明察暗访纪实片，通报近期创建工作重点问题。

**11日** 全国人大宪法和法律委员会主任委员李飞带领全国人大调研组一行，到济南新旧动能转换起步区开展黄河保护法立法调研。全国人大常委会法工委副主任许安标，省人大常委会副主任王良，市人大常委会主任韩金峰参加调研。

**是日** 市委民族工作会议暨全市宗教工作会议召开。

**12日** 中国中医科学院广安门

医院济南医院项目启动活动举行。

**14日** 全国医改工作电视电话会议、全省医改工作会议召开。济南市设分会场收听收看会议。

**15日** 2022日本（山东）进口商品博览会在济南国际会展中心开幕。

**16日** 济南弗迪电池项目通线活动举行。省委常委、市委书记刘强，市委副书记、市长于海田与比亚迪股份有限公司董事长兼总裁王传福参加活动。

**是日** 济南高新区与微医集团在龙奥大厦签署《微医控股有限公司总部项目进区协议》。

**是日** 第七届全国铸造行业职业技能竞赛决赛在平阴县开幕。

**17日** 《济南日报》报道，济南金控集团期货子公司江海汇鑫期货收到证监会颁发的经营证券期货业务许可证，完成期货公司总部从辽宁沈阳到山东济南的迁址工作，标志着济南正式拥有第一家总部期货公司，填补了期货行业市属企业空白。

**18日** 全国人大华侨委员会副主任委员罗保铭带领调研组，到济南市就侨务工作落实“发展全过程人民民主、扩大人民有序政治参与”的情况开展调研。

**21日** 以“新密码、新安全、新基建”为主题的2022数据安全高峰论坛暨山东区块链研究院成果发布活动在济南举行。

**25日** 德州市党政代表团到济南考察交流，对接有关工作。省委常委、济南市委书记刘强，市委副书记、市长于海田和德州市委书记、市人大常委会主任田卫东，市委副书记、市长朱开国参加活动。

**27日** 世界首颗量子微纳卫星“济南一号”在酒泉卫星发射中心搭载“力箭一号”运载火箭成功发射。“济南一号”量子微纳卫星的成功研制，将使我国在世界上首次实现基于微纳卫星和小型化地面站之间的实时星地量子密钥分发，构建低成本、实用化的天地一体化量子保密通信网络。

**28日** 市委副书记、市长于海田在喜来登酒店会见出席2022跨国公司（济南）高层对话会暨第二届中日产业创新发展交流大会的嘉宾代表。

**是日** 深圳证券交易所山东基地在济南揭牌。

**是日** 第五届中国·济南新动能国际高层次人才创新创业大赛正式启动。

**29日** 2022跨国公司（济南）高层对话会暨第二届中日产业创新发展交流大会在济南举行。

**30日** 由工业和信息化部、山东省人民政府共同主办的2022中国算力大会在山东会堂开幕。省委书记李干杰出席大会并致辞，省委副书记、省长周乃翔主持。大会发布2022中国算力大会成果，举行算力基础设施重点项目签约启动仪式。

**31日** 全国文明典范城市创建工作推进会召开，讲评前一阶段工作开展情况，重点查摆存在的突出问题，对创建工作再部署、再推进、再发力。

**是日** 山东微波电真空公司建设的空间行波管自动化生产线通过验收，并与航天九院签订采购协议。这是国内首条拥有完全自主知识产权的空间行波管自动化生产线。

**是日** 济南轨道交通产业园开工活动举行。市委副书记、市长于海田出席活动并宣布开工。济南轨道交通产业园是依托济南重工规划打造的轨道交通高端装备产业园，拟建设国内领先的轨道交通全产业链发展聚集区。

## 8月

**1日** 省委副书记、省长周乃翔到黄河济南段巡河，检查指导黄河、东平湖防汛工作，并主持召开全省防汛工作视频调度会。

**是日** 第二十三届中国专利奖评选揭晓，济南市共有5项发明专利获奖，其中中国专利金奖1项、银奖2项、优秀奖2项。

**2日** 市属国有企业党建工作座谈会召开。

**是日** 《济南市人民政府中国农业发展银行山东省分行合作协议》在龙奥大厦签署。

**5日** 全国人大常委会委员、全国人大民族委员会副主任委员乃依木·亚森带领调研组一行，到济南市就贯彻中央民族工作会议精神情况开展调研。全国人大常委会委员、全国人大民族委员会副主任委员李锐参加调研。

**6日** 全市重点人群核酸检测工作专题会议召开，安排部署疫情防控有关工作。

**7日** 济南市“提升城市软实力创建文明典范城”志愿者誓师大会暨“一城大爱暖泉城”文明实践活动启动仪式在济南大明湖超然楼

广场举行。

8日　济南新旧动能转换起步区党工委会议召开。

9日　研究《济南站南广场整体改造设计方案》专题会召开。

10—11日　中共中央书记处书记、中央统战部部长尤权在山东调研。尤权到济南槐荫区、历下区、历城区、市中区，考察民营企业、律师事务所，调研企业创新发展情况和新的社会阶层人士统战工作情况；走访宗教活动场所，了解坚持我国宗教中国化方向的实践经验。省委书记李干杰陪同调研。

10—12日　全市人大工作座谈会召开。市人大常委会主任韩金峰出席会议并讲话。

11日　省委常委、市委书记刘强和市委副书记、市长于海田在舜耕山庄贵宾楼会见中国农业发展银行党委书记、董事长钱文挥一行。

是日　《济南日报》报道，全省首个民主法治研究院——西李民主法治研究院在济南市长清区文昌街道西李村揭牌成立。这是济南市贯彻落实乡村振兴战略部署、推进社会治理现代化的重要探索，是全面推进新时代法治乡村建设的一项创新举措。

12日　济南市、山东大学校地合作座谈会召开。

是日　《济南市人民政府中国邮政储蓄银行股份有限公司战略合作协议》在龙奥大厦签署。

15日　省委常委、市委书记刘强和市委副书记、市长于海田在龙奥大厦会见北京大学党委书记郝平一行。

16日　小清河复航工程S309侯辛桥正式通车。

17日　全省经济社会发展重点工作部署会议在济南召开。市委副书记、市长于海田在济南分会场出席会议。

是日　《济南日报》报道，济南市在全国首次创新推出二手房“带押过户”登记新模式。

是日　起步区首条骨干道路黄河大道一期工程正式建成通车。

18日　以“空天赋能智创未来”为主题的2022年空天信息产业发展高峰论坛在济南举行。省委书记李干杰出席论坛并致辞，省委副书记、省长周乃翔出席。论坛上，空天信息产业联盟成立。

是日　省委常委、市委书记刘强和市委副书记、市长于海田在舜耕山庄会见国网山东省电力公司董事长、党委书记蒋斌一行。

是日　市属国有企业发展工作座谈会召开，专题研究市属国有企业高质量发展工作，推动市属国有企业做强做优做大。

是日　由山东航空执飞的济南遥墙—东京成田客运航线成功首航。

20日　全市新时代法治乡村建设工作会议在历城区召开。

22日　东营市党政代表团到济南考察交流。省委常委、济南市委书记刘强，市委副书记、市长于海田，市人大常委会主任韩金峰和东营市委书记杨国强，市委副书记、市长陈必昌参加活动。

是日　第四届中国新媒体发展年会在山东济南举行。

23日　黄河流域自贸试验区联盟启动暨对外开放高质量发展大会在济南开幕，主题为“自贸试验区赋能黄河流域高质量发展”。商务部党组书记、部长王文涛视频致辞，省委副书记、省长周乃翔出席并致辞。

是日　加快推进数字济南建设工作专题会召开，研究推进数字济南建设相关工作。

是日　济南市·山东重工座谈交流会在中国重汽集团召开。

25日　第七届中国非物质文化遗产博览会在济南舜耕国际会展中心开幕。博览会以“连接现代生活绽放迷人光彩”为主题，共有全国各地332名非遗传承人、284个非遗项目参展参演。

25—26日　2022年全国非物质文化遗产保护工作会议在济南召开。文化和旅游部党组书记、部长胡和平，文化和旅游部党组成员、副部长饶权，省委常委、宣传部部长白玉刚，市委副书记、市长于海田出席会议。

26日　“大气霾化学”基础科学中心启动会暨“大气环境模拟系统”开工仪式在济南举行。中国科学院副院长、党组成员、中科院院士张涛，省委常委、市委书记刘强出席活动并致辞。

是日　齐鲁科学城科创母基金签约仪式在山东大厦举行。

27日　济南遥墙机场二期改扩建工程建设推进会在遥墙国际机场举行。省委书记李干杰出席会议并讲话，省委副书记、省长周乃翔主持会议。

是日　为期3天的全国微生态大会院士论坛暨中国感染病学大会在济南开幕。

29日 全市疫情防控工作专题会议召开，分析当前形势，部署下步工作任务。

是日 济南市新生代企业家联谊会成立。

是日 先进制造业强省建设工作会议召开。省委常委、市委书记刘强，市委副书记、市长于海田在济南分会场收听收看会议。

30日 济南市重点招商项目视频集中签约仪式举行。此次签约活动，全市共签约项目198个，项目总投资额逾1500亿元，合同外资额约12.01亿美元。

31日 由工业和信息化部、山东省人民政府共同主办的2022世界先进制造业大会在山东大厦举行开幕式暨主论坛。省委书记李干杰出席开幕式并致辞，联合国第八任秘书长、博鳌亚洲论坛理事长潘基文视频致辞，省委副书记、省长周乃翔主持。

## 9月

2日 省人大常委会副主任、党组副书记张江汀率调研组到济南调研侨资企业经营情况，并听取对山东省华侨权益保护立法的意见建议。市人大常委会主任韩金峰陪同调研。

3日 市委副书记、市长于海田带队前往武汉等地走访企业、精准考察招商，宣传推介济南，加快推进更多高端高质项目落地济南。

5日 山东省第二十五届运动会在日照香河体育公园闭幕。在该届省运会上，济南体育健儿获258枚金牌、181枚银牌、191枚铜牌，奖牌总数位列全省首位，团体总分并列全省首位。

6日 命名为“泉城一号”的快舟一号甲固体运载火箭在酒泉卫星发射中心点火升空，以“一箭双星”方式，将微厘空间一号S3/S4试验卫星送入预定轨道，发射任务取得成功。至此，济南成为国内首个完成商业航天“通信、导航、遥感”三个重要领域全面布局的城市。

是日 《济南市人民政府 中铁十四局集团有限公司战略合作协议》在龙奥大厦签署。

是日 以“助创典范城 彰显软实力”为主题的第十届济南国际泉水节开幕。

7日 济南市学习贯彻《习近平谈治国理政》第四卷暨“中国梦·新时代·新征程”百姓巡回宣讲活动启动。

8日 省委常委、市委书记刘强和市委副书记、市长于海田在龙奥大厦会见中国光大集团股份公司党委书记、董事长王江一行。

9日 省委副书记、省长周乃翔到济南市历城第二中学走访慰问，代表省委、省政府向全省广大教师和教育工作者致以节日祝福和诚挚问候。市委副书记、市长于海田参加活动。

是日 省委常委、市委书记刘强到济南特殊教育中心，看望慰问学校教师，代表市委、市政府向全市广大教师和教育工作者致以节日问候。

10日 省委书记李干杰在济南调研节日期间市场保供工作，代表省委、省政府向全省广大人民群众和坚守工作岗位的干部职工致以节日祝福和亲切问候。

是日 省委常委、市委书记、市常态化疫情防控和处置工作指挥部总指挥刘强深入济南遥墙国际机场、济南火车站、济南西站等重点交通场站一线，调研督导疫情防控工作。

13日 省委常委、市委书记刘强，市委副书记、市长于海田在龙奥大厦与上海国际集团党委副书记、总裁刘信义一行座谈，就深化双方合作进行沟通交流，并共同见证《济南金融科技基金投资协议》《历下区人民政府 上海国际集团资产管理有限公司战略合作协议》签署。

是日 省委常委、市委书记刘强和市委副书记、市长于海田在喜来登酒店与华润（集团）有限公司党委书记、董事长王祥明以及党委副书记、总经理王崔军一行座谈交流。

14日 市委副书记、市长于海田，市人大常委会主任、省慈善总会会长韩金峰在舜耕山庄会见中华慈善总会会长宫蒲光一行。

是日 由市委组织部、市委党校、市委党史研究院联合举办的“学四史 向未来”迎接党的二十大专题研讨班在市委党校开班。

15日 第三届中国国际文化旅游博览会、首届中华传统工艺大会在济南开幕。省委书记李干杰，省委副书记、省长周乃翔出席巡馆活动。该届展会以“博览中华手造 共享文旅盛会”为主题。

是日 《济南市人民政府 中国建设银行股份有限公司山东省分行服务济南市建设科创金融改革试验

区战略合作协议》《济南新旧动能转换起步区管理委员会 中国建设银行股份有限公司山东省分行战略合作协议》在龙奥大厦签署。省委常委、市委书记刘强，市委副书记、市长于海田会见中国建设银行行长张金良一行，并共同见证签约。

**15—16日** 全国“幸福家园”村社互助工程现场观摩暨总结推进会在济南召开。第十三届全国人大社会建设委员会副主任委员、中华慈善总会会长宫蒲光，副省长孙继业，市人大常委会主任、省慈善总会会长韩金峰，副市长王桂英、韩伟参加活动。

**16日** 全国人大常委会委员、全国人大环资委副主任委员王洪尧、吕彩霞率调研组到济南开展水生态环境综合治理情况调研。

**20日** 省委书记李干杰在济南调研基层党建工作。李干杰先后到章丘区三涧溪村、伊莱特能源装备股份有限公司、历下区建筑新村街道和平新村社区同基层干部群众深入交流、广泛调研。

**22日** 全省统一战线“走在前、开新局”系列活动启动仪式暨高层次人才走进济南“侨梦苑”活动举行。省委常委、统战部部长徐海荣，市委副书记、市长于海田出席并致辞。

**23日** 市委、市政府召开数字济南建设推进大会。

**是日** 济南市庆祝2022年中国农民丰收节活动暨现代农业成果展开幕。

**24日** 省委副书记、省长周乃翔到济南新旧动能转换起步区调研。周乃翔到龙湖立交、鹊山水库、安置西区、都市阳台，实地了解起步区功能布局、跨河交通、生态水系、公共服务设施、示范项目建设等情况。

**25日** 省委常委、济南市委书记刘强赴临沂市开展协作帮扶和对口合作活动。临沂市委书记任刚参加活动。

**26日** 济南市人民政府与中国电力建设集团有限公司在喜来登酒店签署战略合作协议。

**27日** 中共济南市委“山东这十年·济南”主题新闻发布会在龙奥大厦举行。省委常委、市委书记刘强介绍情况并回答记者提问，市委副书记、市长于海田回答有关提问。市委新闻发言人，市委常委、宣传部部长戴龙成主持发布会。来自境内外近40家媒体的50余名记者参加发布会。

**是日** 市委统战工作会议召开。

**是日** 中国共产党历次代表大会专题图片展暨济南市“史敢当”宣讲团巡回宣讲启动活动举行。

**28日** 市政协“商量”暨重点提案督办活动举行。

**是日** 山东第一医科大学附属中心医院（济南市中心医院）东院区启用活动举行。

**29日** 全国总工会党组书记、副主席、书记处第一书记陈刚率队到济南调研工会工作。全国总工会副主席、书记处书记、党组成员马璐，省委常委、统战部部长、省总工会主席徐海荣，省总工会党组书记、常务副主席刘贵堂，市委副书记杨峰，市委常委、市总工会主席刘科参加活动。

**30日** 山东省、驻济部队暨济南市在英雄山革命烈士纪念塔广场举行烈士公祭活动。

**是日** 黄河流域生态保护和高质量发展专项督察反馈问题整改工作推进会议召开。

**是日** 省委常委会召开会议，听取《关于支持济南新旧动能转换起步区建设发展的若干措施》及配套政策措施有关情况的汇报。

## 10月

**1日** 省委书记李干杰到济南市，深入临工重机股份有限公司、汉峪消防救援站、历城区荷花路街道袁家庄主粮种植基地等生产工作一线，调研节日生产、安全生产、秋收秋种等工作，代表省委、省政府向全省广大人民群众致以节日祝贺，向在节日期间坚守工作岗位的广大干部职工表示诚挚问候。

**是日** 省委副书记、省长周乃翔到省应急指挥中心，看望慰问国庆假日期间值班值守人员，并调度、部署安全防范和疫情防控工作。

**5日** 被誉为“天下第一泉”的济南趵突泉地下水位蹿升至30.22米，创下1966年以来最高地下水位纪录。

**6日** 省委副书记、省长周乃翔到商河县贾庄镇东双庙村瑞泰家庭农场、国家农作物品种展示示范中心调研秋收秋种工作。

**11日** 副省长凌文到济莱高铁项目调研，察看工程建设、联调联试等情况。市委副书记、市长于海田参加活动。

**12日** 中国潍柴—德国凯傲携手十周年暨凯傲“中国第二故乡”

济南总部点亮景观塔活动举行。

**是日** 市人大常委会主任韩金峰带队到历城区调研乡村振兴工作。

**是日** 济南量子技术研究院团队与中国科学技术大学潘建伟团队等单位合作，首次在国际上实现百公里级的自由空间高精度时间频率传递实验，时间传递稳定度达到飞秒量级。

**14 日** 全市标准化创新发展暨知识产权强市示范城市建设工作会议召开。

**18 日** 市国土空间规划委员会主任委员会召开第三次会议，研究审议《济南市建筑垃圾处理专项规划（2021—2035 年）》等规划议题。

**20 日** 中央电视台报道，近日，世界首个电磁驱动地面超高速试验设施——“电磁橇”阶段性建成并成功运行。该项目是中科院济南科创城齐鲁中科电工先进电磁驱动技术研究院承担的重大创新项目。

**21 日** 全市产业项目推进情况专题调度会召开。

**24 日** 市委常委会召开扩大会议，传达学习党的二十大精神，研究贯彻落实意见。省委常委、市委书记刘强主持会议并讲话。

**是日** 全市常态化疫情防控工作专题会议召开，分析当前防控形势，部署下步工作任务。

**25 日** 市政府党组（扩大）会议暨市政府党组理论学习中心组集体学习举行，学习贯彻党的二十大精神。市委副书记、市长、市政府党组书记于海田主持会议并讲话。

**是日** 市人大常委会党组召开扩大会议，学习贯彻党的二十大精神。市人大常委会主任、党组书记韩金峰主持会议并讲话。

**是日** 市政协党组召开扩大会议，学习贯彻党的二十大精神。市政协党组书记、主席雷杰主持会议并讲话。

**27 日** 市委理论学习中心组举行集体学习，学习贯彻党的二十大精神。省委常委、市委书记刘强主持并讲话，市人大常委会主任韩金峰、市政协主席雷杰、市委副书记杨峰和市委常委参加学习。

**31 日** “中国重汽 与世界共赢”——国内首家单月出口重卡突破 10000 辆活动在山东大厦举行。省委常委、市委书记刘强；市委副书记、市长于海田；山东重工集团党委书记、董事长，中国重汽集团党委书记、董事长谭旭光出席。

**是日** 市委副书记、市长于海田深入广场、便民市场、社区等地，实地督导全国文明典范城市创建工作。

**是日** 全市安全生产工作视频会议召开。

## 11月

**1 日** 济南市黄河流域生态保护和高质量发展工作推进会举行。省委常委、市委书记刘强出席并讲话，市委副书记、市长于海田主持，市人大常委会主任韩金峰，市委副书记杨峰和市级领导出席。

**2—4 日** 市委副书记、市长于海田带队赴上海走访企业、考察招商。

**5 日** 济南新旧动能转换起步区首批合作机会清单发布会暨跨国公司恳谈会在上海举办，济南新旧动能转换起步区首批 25 条合作机会清单亮相进博会。该清单涵盖绿色建造、新能源、智能制造、生态环保、金融五大领域，总投资约 1222.7 亿元。

**6 日** 第五届中国企业论坛企业家恳谈会在济南举行。省委副书记、省长周乃翔主持并讲话。会上，济南市委副书记、市长于海田推介济南发展相关情况，中国核工业集团有限公司董事长余剑锋等 7 位企业家先后发言。国务院国资委党委委员、秘书长彭华岗出席恳谈会并讲话。

**7 日** 第五届中国企业论坛市长会客厅活动在济南举行。省委常委、市委书记刘强主持会议并讲话，国务院国资委党委委员、秘书长彭华岗致辞，市委副书记、市长于海田作主旨发言，市人大常委会主任韩金峰、市政协主席雷杰出席活动。

**8 日** 市食品药品安全委员会全体（扩大）会议召开。

**是日** 十二届市委第二轮巡察工作动员部署会召开。

**9 日** 由工业和信息化部、山东省政府共同主办的 2022 全国中小企业数字化转型大会在山东国际会展中心开幕。省委书记李干杰致辞，工业和信息化部党组书记、部长金壮龙视频致辞，省委副书记、省长周乃翔主持并宣布大会开幕。开幕式上，发布《中小企业数字化水平评测指标（2022 年版）》《中小企业数字化转型指南》，为工业互联网平台创新合作中心山东分中心、工业互联网数字化转型促进中心（中小企业服务）揭牌，启动

“十城千企”中小企业数字化服务行活动、互联网基础资源赋能百万中小企业数字化行动。

**是日** 在2022全国中小企业数字化转型大会主论坛上，市委副书记、市长于海田宣布《济南市中小企业数字化转型行动方案》。

**10日** 省委副书记、省长周乃翔到济南深入村居、企业、科研院所等与干部群众、企业职工、科研人员面对面交流，宣讲党的二十大精神。

**是日** 海峡两岸产业合作区建设推进会暨大健康产业合作泉城论坛在济南举行。省委副书记、省长周乃翔，省委常委、统战部部长徐海荣，中共中央台办、国务院台办经济局局长张世宏，全国台湾同胞投资企业联谊会会长李政宏出席，市委副书记、市长于海田主持。

**是日** 省委常委、市委书记刘强在舜耕山庄会见全国妇联副主席、书记处书记吴海鹰一行。

**14日** 学习贯彻党的二十大精神省委宣讲团报告会暨市委宣讲团宣讲动员会举行。

**15日** 全市常态化疫情防控追检和社区管控工作专题会召开。

**是日** 第十一次友好省州领导人峰会系列活动启动仪式暨“儿童与绿色发展”主题活动在山东大厦举行。活动现场发布《儿童友好济南倡议》。

**16日** 省委副书记、省长周乃翔到济南市接待群众来访，协调解决信访事项。

**是日** 济南市领导干部党的二十大精神专题学习班开班式在市委党校举行。省委常委、市委书记刘强出席并讲话，市人大常委会主任韩金峰、市政协主席雷杰出席。

**17日** 提升济南黄河流域中心城市辐射带动作用实现高质量发展座谈会在济南召开。

**20日** 《济南日报》报道，山东济南临沂城市群综合货运枢纽补链强链实施方案通过国家评审，成功入选国家首批补链强链城市，济南、临沂将获国家30亿元的奖补资金，用于综合货运枢纽补链强链项目建设。

**22日** 省委书记李干杰到济南市调研疫情防控工作。

**30日** 落地济南新旧动能转换起步区的新能源乘用车及零部件产业园项目实现首台整车下线。省委常委、市委书记刘强出席首台整车下线活动，市委副书记、市长于海田和比亚迪股份有限公司董事长王传福出席活动并致辞。

## 12月

**1日** 省委常委、市委书记、济南疫情应急处置工作省市区一体化现场指挥部总指挥刘强调研重点企业生产和重点项目建设。

**2日** 市委副书记、市长于海田主持召开市政府常务会议。会议听取《关于2022年市政府为民办实事完成情况和2023年为民办实事建议征集情况的汇报》《关于济南市城市供水突发事件应急预案修订情况的汇报》《济南市残疾预防行动计划（2022—2025年）》编制情况的汇报《关于加快推进济南气象高质量发展的意见》起草情况的汇报、关于《济南市生物医药与大健康产业高质量发展三年行动计划（2023—2025年）》编制情况的汇报。

**3日** 济南日报报道，中共济南市委全面依法治市委员会执法协调小组于日前印发《济南市开展“规范执法、惠企利民”行动实施方案》，在全市行政执法部门（单位）部署开展“规范执法、惠企利民”行动。该行动自2022年12月初开始，至2023年11月底结束。

**4日** 市委常委会召开会议，传达中共中央、全国人大常委会、国务院、全国政协、中央军事委员会告全党全军全国各族人民书，沉痛悼念江泽民同志。

**12日** 市委理论学习中心组举行集体学习，学习习近平总书记关于“三农”工作的重要论述，学习《中国共产党农村工作条例》《地方党委和政府领导班子及其成员粮食安全责任制规定》；学习习近平法治思想和习近平总书记关于常态化开展扫黑除恶斗争的重要指示精神，学习反有组织犯罪法，以实际行动推动党的二十大精神在济南落地落实。

**13日** 全市医疗救治工作专题视频会召开，对新冠肺炎医疗救治体系建设工作进行安排部署。

**14日** 省委常委、市委书记刘强接待群众来访，倾听来访群众诉求，现场分析问题，研究解决方案。

**是日** 市委副书记、市长、济南疫情防治省市区一体化指挥部总指挥于海田调研亚定点医院建设。

**15日** 《济南日报》报道，在平阴县孔村镇炭素产业集聚区，炭素电极产业逆势上扬，11月底首次突破百亿元大关，成为平阴县第二个百亿级产业。

**是日** 浪潮一体化大数据中心项目在济南启动。

**16日** 中国共产党济南市第十二届委员会第二次全体会议举行。

**是日** 市委副书记、市长于海田参加市领导信访接待日活动。

**17日** 市委副书记、市长于海田主持召开市政府常务会议，研究《政府工作报告》起草、“十四五”时期优化营商环境等事项。

**20日** 市委经济工作会议召开。省委常委、市委书记刘强主持会议并讲话；市委副书记、市长于海田总结2022年全市经济工作，对2023年全市经济工作作出安排部署；市政协主席雷杰、市委副书记杨峰和副市级领导干部出席会议。

**26日** 济南市第十八届人民代表大会开幕。大会执行主席、主席团常务主席刘强、韩金峰、雷天太、巩宪群、刘大坤、王勤光、黄贵利、陈勇等出席大会。韩金峰主持大会开幕式。于海田代表市政府向大会作政府工作报告。

**是日** 中国人民政治协商会议第十五届济南市委员会第二次会议开幕。市政协主席雷杰，副主席王京文、刘梦海、王伯芝、赵居安、刘勤、王建森、刘霞，市政协机关党组书记郅良在主席台前排就座。中共山东省委常委、济南市委书记刘强，市委副书记、市长于海田出席会议。雷杰代表政协第十五届济南市委员会常务委员会作工作报告。

**27日** 全市农村地区疫情防控和健康服务工作会议召开，部署农村地区疫情防控和健康服务工作。

**30日** 济南至莱芜高速铁路开通运营首发活动举行。副省长凌文出席活动，并宣布济莱高铁开通运营。市委副书记、市长于海田出席活动并致辞。

（市委党史研究院）

栏目编辑 王炜 张阳

# 济南概貌

## 地理·历史

**【位置 面积】** 济南位于山东省中部，地理坐标为北纬35.99°～37.54°、东经116.22°～117.97°。济南是中国东部沿海经济文化大省——山东省的省会，全省政治、经济、文化、科技、教育和金融中心，重要的交通枢纽。四周与德州、滨州、淄博、泰安、聊城等市相邻。因地处古四渎之一的“济水”（故道为今黄河所据）之南而得名，素有“天下泉城”美誉。总面积10244.45平方千米。

（年鉴编辑部）

**【地形 地貌】** 济南地处鲁中南低山丘陵与鲁西北冲积平原交接带，南依泰山，北跨黄河，地势南高北低，呈现由南向北依次为低山丘陵、山前冲积—洪积倾斜平原和黄河冲积平原的地貌形态。地层南老北新，南部以古生界石灰岩为主，北部以新生界松散堆积物为主。大地构造处于华北板块的华北坳陷区的济阳坳陷（Ⅰa）和鲁西隆起区之鲁中隆起（Ⅱa）的衔接地带。北部为济阳坳陷、淄博—茌平坳陷，南部为鲁中隆起，属向北倾斜的单斜构造。

（年鉴编辑部）

**【土地资源】** 截至2022年年底，济南市土地总面积102.44万公顷，其中耕地34.26万公顷、园地10.14万公顷、林地24.44万公顷、草地2.70万公顷、湿地0.04万公顷、城镇村及工矿用地19.11万公顷、交通运输用地2.08万公顷、水域及水利设施用地6.01万公顷。

（市自然资源和规划局）

**【矿产资源】** 济南市矿产资源较为丰富，能源矿产（煤、石油、天然气、地热等）、金属矿产（铁、钴、铜、铝、金等）、非金属矿产（水泥用灰岩、熔剂用灰岩、冶金用白云岩、长石、化肥用蛇纹岩、耐火黏土、高岭土、饰面用花岗岩、建筑石料用灰岩、建筑用砂、砖瓦用黏土等）、水气矿产（矿泉水等）均有分布。

在全市赋存所有矿产资源中，地热、煤、铁、石油、天然气、耐火黏土以及山石（主要有石灰岩、白云岩、花岗岩等）资源储量较为丰富。地热资源主要分布于商河、济阳、历城、槐荫、章丘、长清、平阴等地；煤炭资源主要分布于济南城区以东的济东煤田和沿黄地区的黄河北煤田，另外在莱芜盆地南缘也有分布；铁矿主要分布于市区的东部和莱芜盆地中偏东部，其中莱芜区牛泉至张家洼一带是山东省富铁矿重要赋存区之一；石油、天然气资源主要分布于商河县，由北向南为商河油田、曲堤油田和玉皇庙油田；耐火黏土主要分布于章丘东部；山石资源储量丰富、分布较广，在济南市区南部、章丘区南部、长清区、莱芜区、钢城区及平阴县均有分布。

全市累计发现矿产55种，查明资源储量的矿产32种，其中能源矿产4种，为煤、石油、天然气、地热；金属矿产5种，为金、铁、银、钴和铜矿；非金属矿产21种，主要为耐火黏土、石灰岩（熔剂用灰岩、水泥用灰岩、建筑石料用灰岩）、白云岩（冶金用白云岩）、花岗岩（饰面用花岗岩、建筑用花岗岩）等；水气矿产2种，为矿泉水和地下水。查明各类矿产地260处，其中能源矿产59处：石油天然气3处、煤矿22处、地热34处，金属矿产61处：铁矿56处、金矿1处、铜矿4处，非金属矿产100处，水气矿产40处；大型矿产地40处、中型矿产地81处、小型及小型以下矿产地（点）139处。

（市自然资源和规划局）

【河流 湖泊】 济南市共有主要河流 136 条，分属黄河、淮河、海河三大水系，全市骨干河道总长 2466 千米。有水库 406 座。有省级河道 6 条，分别是黄河、小清河、徒骇河、德惠新河、大汶河及南水北调干线；市级河道 15 条，分别为巨野河、龙脊河、韩仓河、大辛河、大寺河、齐济河、北太平河、玉符河、临商河、土马河、北大沙河、汇河、赢汶河、兴济河、陡沟河。有省级湖泊 1 处，芽庄湖；市级湖泊 14 处，分别是卧虎山水库、锦绣川水库、狼猫山水库、玉清湖水库、鹊山水库、雪野水库、乔店水库、大冶水库、杨家横水库、白云湖、东湖水库、大明湖、华山湖、济西湿地。在山区北麓有众多泉群出露，市区就有趵突泉、黑虎泉、五龙潭、珍珠泉四大泉群分布。

（市城乡水务局）

【年度气候】 2022 年，全市气温偏高、降水偏多、日照偏多。

气温 2022 年，全市平均气温 14.7℃，为 1951 年有气象记录以来第五位高值，较常年（常年值为全市 7 个国家气象观测站 1991—2020 年 30 年平均值，下同）偏高 0.6℃，较 2021 年偏低 0.2℃。各地年平均气温在 13.7℃（商河）～15.6℃（市区）之间，各地均较常年偏高，其中莱芜较常年偏高 0.9℃。最冷月 12 月平均气温 -1.0℃，较常年偏低 1.7℃；最热月 6 月平均气温 27.6℃，较常年偏高 1.8℃。年极端最低气温 -14.3℃（商河），出现在 12 月 23 日早晨；年极端最高气温 40.8℃（商河），出现在 6 月 25 日白天。全年≥0℃的积温为 5481.9℃，为 1951 年有气象记录以来第六位高值，较常年多 219.2℃，较 2021 年少 44.3℃。全市寒冷日数（日最低气温≤-10.0℃，下同）商河 19 天，济阳 8 天，章丘 1 天，其他各地没有出现。全市炎热日数

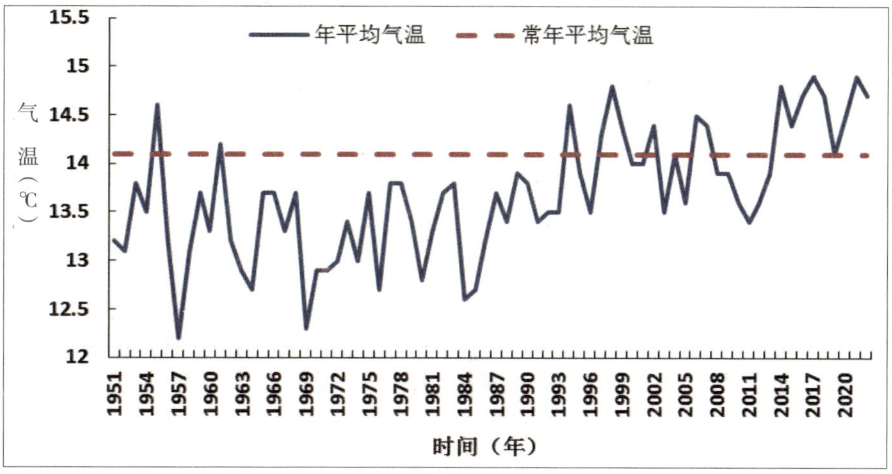


图 1 1951—2022 年济南市逐年平均气温

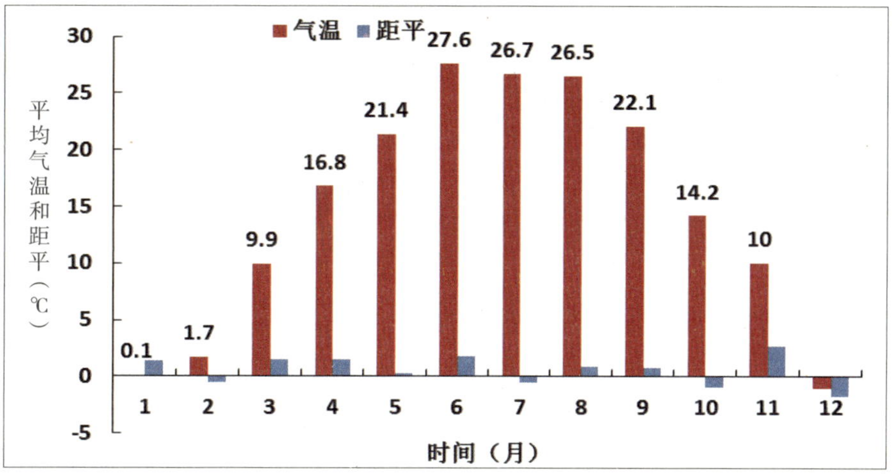


图 2 2022 年济南市各月平均气温和距平

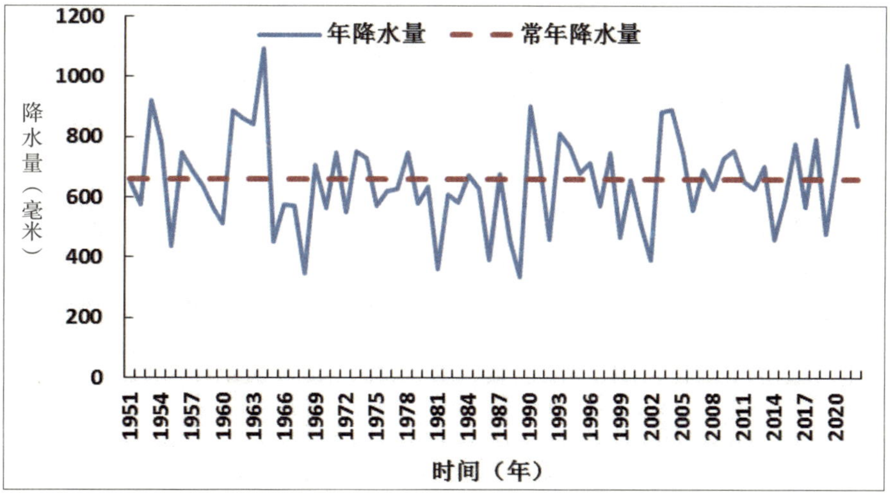


图 3 1951—2022 年济南市逐年降水量情况

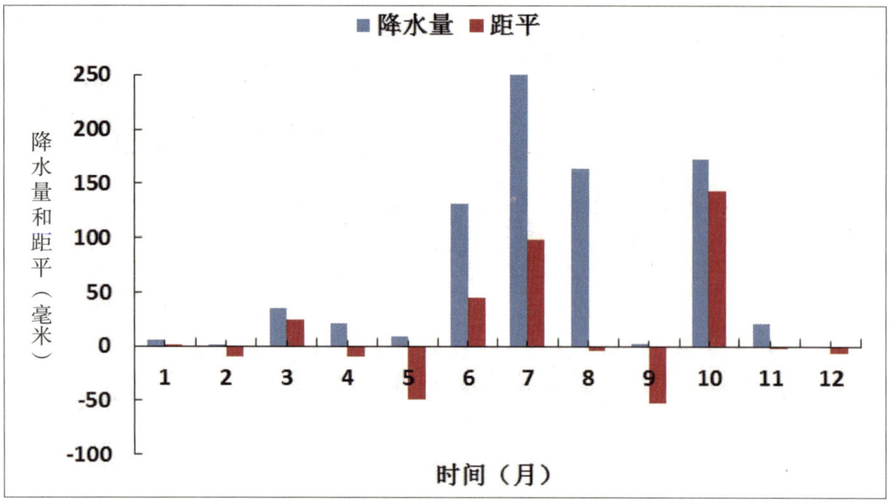


图4　2022年济南市各月降水量和距平

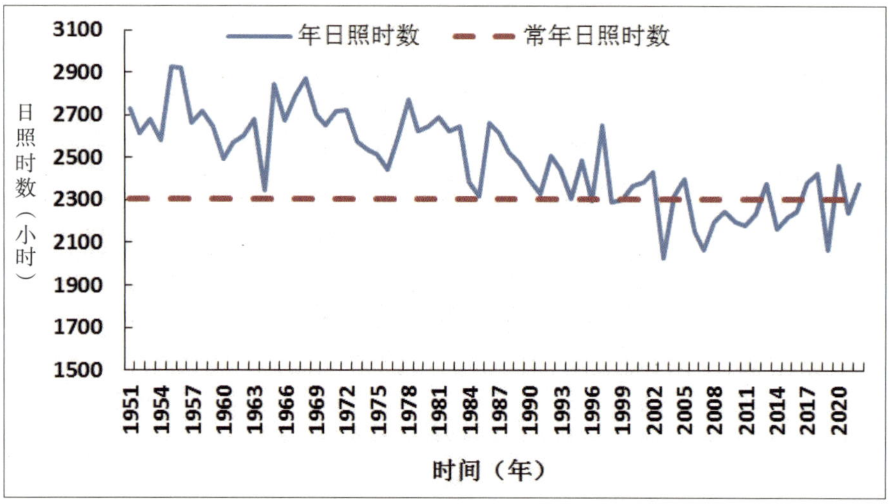


图5　1951—2022年济南市逐年日照时数情况

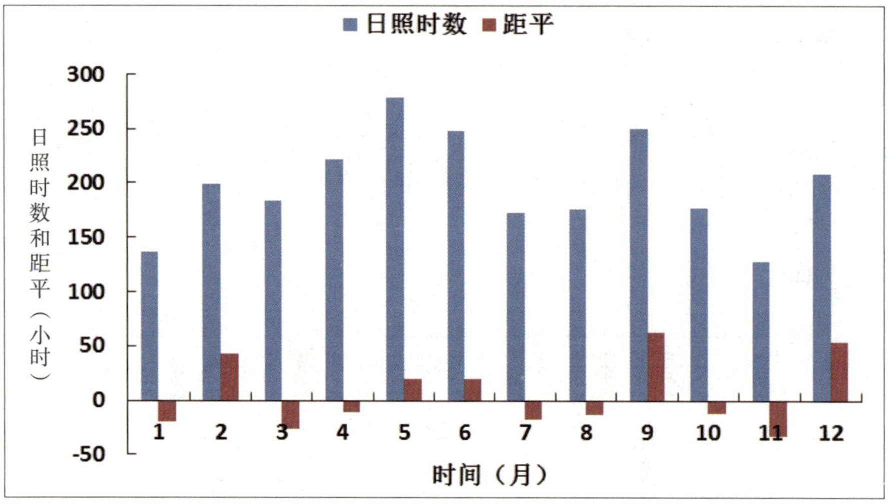


图6　2022年济南市各月日照时数和距平

（日最高气温≥35.0℃，下同）29天，各地在9天（章丘）～23天（济阳）之间；全市酷热日数（日最高气温≥40.0℃）市区出现1天，商河出现2天，其他各地未出现。

降水　2022年，全市平均降水量839.8毫米，较常年多181.6毫米，偏多27.6%，较2021年少99.5毫米。各地年降水量在727.7毫米（商河）～1040.5毫米（章丘）之间。各地均较常年偏多，其中章丘较常年多367.5毫米，偏多54.6%。

日照时数　2022年，全市平均日照时数2379.5小时，较常年多72.7小时，较2021年多136.8小时。各地年日照时数在2133.6小时（平阴）～2608.0小时（市区）之间。其中，长清、平阴较常年偏少67.4小时、170.6小时，其余各地均较常年偏多，市区较常年偏多338.5小时。　（王金霞）

【主要气候事件】　年内主要出现降雪、寒潮、暴雨、大雾、高温、大风、阶段性低温、强对流、台风、干旱等灾害性或高影响性天气。

降雪　1月10日出现小雨雪，全市平均降水量1.3毫米，长清最大2.2毫米；1月12日市区、章丘、济阳、商河、莱芜出现小雪；1月22日出现中到大雪，全市平均降水量4.3毫米，平阴最大5.4毫米。2月13日夜间大部地区有小雪，济阳最大0.7毫米。

寒潮　3月16—20日降温幅度10℃～12℃，除平阴外，其他各地最低气温均在0℃以下，济阳最低为-2.3℃。16—17日出现间歇性小雨和平均风力4～5级阵风7～8级的北风，市区金龟山极大风速21.1米/秒（9级）。

9月23日降温幅度6℃～8℃，商河国家气象观测站最低气温3.9℃，为有气象记录以来9月历史第二位低值（历史最低3.5℃）。

10月3—5日48小时降温幅度12℃以上，商河国家气象观测站降温幅度达18.3℃，最低气温出现在5日早晨1.4℃（商河）。9—10日受冷空气叠加影响，气温明显下降，10日早晨最低气温为-0.6℃（商河）。16—18日，受冷空气影响，过程降温幅度8℃左右，最低气温出现在18日早晨-0.4℃（商河）。

11月12—14日过程降温幅度10℃～12℃，最低气温出现在14日早晨-3.5℃（药乡）。11月28—30日气温断崖式下降，最大过程降温幅度16℃，全市最低气温-14.1℃（莱芜石云山），国家气象观测站最低气温-12.1℃（商河）。

12月12—14日过程降温幅度6℃～8℃，14日最低气温-15.5℃（莱芜和庄）。

暴雨　6月22—23日出现大到暴雨，全市132个测站中有48个站点超过50毫米，其中有6个站点超过100毫米，最大降水量125.3毫米（莱芜雪野湖）。

7月11—12日出现暴雨到大暴雨，局部特大暴雨，全市平均降水量98.6毫米，最大283.9毫米（章丘垛庄）。全市132个测站中有101个雨量超过50毫米，其中51个超过100毫米、3个超过250毫米。30日市区、长清、济阳等地出现短时暴雨，最大1小时降水量86.5毫米（市区十三中）。

8月8日出现大暴雨，全市平均降水量104.5毫米，最大234.1毫米（章丘辛寨）；全市132个测站中有128个站雨量超过50毫米，其中60个超过100毫米，最大1小时降水量96.6毫米（章丘辛寨）。

10月1—3日接连出现两次暴雨，全市平均累计降水量为170.2毫米，为有气象记录以来10月份降水量第一位多值。全市132个测站中有126个站超过100毫米，其中33个站超过200毫米，累计最大降水量260.4毫米（历城省建场馆）。

大雾　1月9日出现能见度小于500米的大雾，夜间商河、济阳局部地区能见度小于50米；市区及其他区县局部地区能见度小于200米。22日大部分地区出现能见度小于500米的大雾，局部地区能见度小于200米。

3月12—13日出现能见度小于200米的大雾，其中平阴、章丘最低能见度小于50米；13日夜间至14日上午除莱芜外，其他地区出现能见度小于500米的大雾，其中章丘最低能见度60米。25日下午至26日早晨，除莱芜和平阴外，其他地区出现能见度小于500米的大雾，其中长清、章丘最低能见度110米。30日凌晨至上午，市区、章丘、平阴出现能见度小于500米的大雾，其中章丘最低能见度不足50米。

5月9日夜间至10日上午，市区、章丘、商河、济阳、长清出现能见度小于500米的大雾，市区、章丘最低能见度小于200米。

11月7—8日济阳、商河出现能见度普遍小于500米，局部地区不足200米的大雾天气。21—22日早晨、22日夜间到23日，全部区县出现能见度小于500米、局部地区小于200米的大雾。28日，市区、长清、章丘等区县出现能见度小于500米的大雾。

12月8—10日除莱芜外，大部分地区出现能见度小于500米的大雾，最低能见度不足100米。

高温　6月共出现13个高温日，国家气象观测站最高气温达40.8℃（25日，商河）。16—22日连续7天最高气温均超过35℃，市区20日最高气温达到40.0℃，为6月中旬第二位高值。区域自动气象观测站最高气温为43℃。

8月2—7日出现持续性高温闷热天气，气温高、湿度大，国家气象观测站最高气温37.2℃（5日，济阳），区域自动气象观测站最高气温41.4℃（4日，章丘高官寨），其间，4—7日连续4天最低气温维持在29℃左右。　（王金霞）

【历史概况】　济南是国务院公布的历史文化名城。因地处古四渎之一“济水”（故道为今黄河所据）之南而得名。据考古发掘资料，远在9000年前的新石器时代早期，已有先民在此繁衍生息。距今4000—4500年前以磨光黑陶为特征的“龙山文化”，系因1928年首次发现于济南东郊龙山镇而被命名。夏代，龙山镇城子崖一带建有较大规模的城市。商周时代，济南为古谭国（东方方国，都城在今城子崖、平陵城一带）地。春秋战国时期，济南属齐国，称“泺”“鞍”“历下”等邑，为齐国西南边陲重镇。秦代，地属济北郡（郡治博阳，即今泰安）。西汉始置济南郡，郡治东平陵（今济南市章丘平陵城）。西汉前元十六年（前164），设济南国，首府东平陵。汉景帝三年

（前154），废济南国，复置济南郡。汉武帝时，济南郡辖东平陵、历城等14县，属青州刺史部。东汉建武十七年（41），济南郡复称济南国，辖14县，后改辖10县。魏晋南北朝时期，王朝屡屡更替，济南先后为三国魏、西晋、后赵、前燕、前秦、后燕、南燕、东晋、南朝宋、北魏、东魏、北齐、北周辖境，置郡置国，变化频繁。其间，济南郡治于西晋永嘉年间从平陵（即东平陵）迁至历城。从此，今济南市区成为历代郡国、州府的行政中心。南朝宋元嘉九年（432），在济南郡侨置冀州，济南为州、郡两级治所。北魏皇兴三年（469），改侨冀州为齐州，辖济南郡、东魏郡、太原郡等6郡、35县。隋开皇三年（583），撤郡并县，齐州仍治济南，辖历城等10县。大业三年（607），齐州改称齐郡。唐朝建立后，复称齐州，辖历城、章丘、长清等6县。唐天宝年间，齐州曾一度改称临淄郡、济南郡。五代时期，仍称齐州，先后为后梁、后唐、后晋、后汉、后周的辖境。北宋，齐州先后属京东路和京东东路。政和六年（1116），齐州升为济南府，辖历城、章丘、长清等5县。南宋建炎二年（1128）后，被金朝所据，仍为济南府，辖7县，属山东东路。其间，曾一度为原济南知府刘豫建立的伪齐辖境。元初，改为济南路，直隶于中央中书省。元至元二年（1265），辖棣州、滨州2州及历城、章丘、济阳、商河等11县。金元时期，济南先后为金山东东西路提刑司、元山东东西道肃政廉访司治所，是山东地区的监察中心。明初，复称济南府，辖泰安、德州、武定、滨州4州及历城、章丘、长清、济阳、商河等26县。明洪武九年（1376），山东最高行政机关承宣布政使司由青州迁至济南，济南成为山东省省会，全省政治、军事、经济、文化中心，全国重要的中心城市之一。清初，沿明朝建置。雍正二年（1724）、十二年（1734）调整区划，济南府改辖德州和历城、章丘、长清、济阳等1州、15县。

民国初期，撤销济南府，置岱北道，辖27县。1914年岱北道改称济南道，辖县未变。1925年，改辖历城、章丘、长清、济阳等10县。1929年7月，析历城县城厢及其四郊，正式设立济南市。时济南市面积175平方千米，人口40余万人。1948年9月，中国人民解放军华东野战军解放济南，设立济南特别市。1949年5月，复称济南市。1958年，历城县划归济南市。其后，章丘、长清县于1978年，平阴县于1985年，济阳、商河县于1990年陆续划归济南市管辖。1994年2月，济南市被正式确定为副省级城市。2016年12月，章丘撤市设区，济南市辖7个区、3个县。2018年9月，济阳撤县设区。2018年12月26日，国务院批复同意山东省调整济南市、莱芜市行政区划，撤销莱芜市，将其所辖区域划归济南市管辖；设立济南市莱芜区，以原莱芜市莱城区的行政区域为莱芜区的行政区域；设立济南市钢城区，以原莱芜市钢城区的行政区域为钢城区的行政区域。

（朱佩峰）

【行政区划】 2022年，济南市辖历下区、市中区、槐荫区、天桥区、历城区、长清区、章丘区、济阳区、莱芜区、钢城区、平阴县、商河县，共设10区、2县，132个街道、29个镇。

历下区（14个街道）：解放路街道、千佛山街道、趵突泉街道、泉城路街道、大明湖街道、东关街道、文化东路街道、建筑新村街道、甸柳新村街道、燕山街道、姚家街道、智远街道、龙洞街道、舜华路街道。

市中区（17个街道）：大观园街道、杆石桥街道、四里村街道、魏家庄街道、二七新村街道、七里山街道、六里山街道、舜玉路街道、泺源街道、王官庄街道、舜耕街道、白马山街道、七贤街道、十六里河街道、兴隆街道、党家街道、陡沟街道。

槐荫区（16个街道）：振兴街街道、中大槐树街道、道德街街道、西市场街道、五里沟街道、营市街街道、青年公园街道、南辛庄街道、段店北路街道、张庄路街道、匡山街道、美里湖街道、兴福街道、玉清湖街道、腊山街道、吴家堡街道。

天桥区（15个街道）：无影山街道、天桥东街街道、工人新村北村街道、工人新村南村街道、堤口路街道、北坦街道、制锦市街道、宝华街街道、官扎营街道、纬北路街道、药山街道、北园街道、泺口街道、桑梓店街道、大桥街道。

历城区（21 个街道）：山大路街道、洪家楼街道、东风街道、全福街道、荷花路街道、鲍山街道、唐冶街道、临港街道、华山街道、王舍人街道、郭店街道、港沟街道、仲宫街道、彩石街道、董家街道、柳埠街道、遥墙街道、巨野河街道，孙村街道、唐王街道、西营街道。

长清区（8 个街道、2 个镇）：文昌街道、崮云湖街道、平安街道、五峰山街道、归德街道、张夏街道、万德街道、孝里街道，马山镇、双泉镇。

章丘区（17 个街道、1 个镇）：明水街道、双山街道、枣园街道、龙山街道、埠村街道、圣井街道、普集街道、绣惠街道、相公庄街道、文祖街道、官庄街道、曹范街道、宁家埠街道、高官寨街道、白云湖街道、刁镇街道、黄河街道，垛庄镇。

济阳区（8 个街道、2 个镇）：济阳街道、济北街道、孙耿街道、回河街道、崔寨街道、太平街道、垛石街道、曲堤街道，仁风镇、新市镇。

莱芜区（8 个街道，7 个镇）：凤城街道、张家洼街道、高庄街道、鹏泉街道、口镇街道、羊里街道、方下街道、雪野街道，牛泉镇、苗山镇、大王庄镇、寨里镇、杨庄镇、茶业口镇、和庄镇。

钢城区（5 个街道）：艾山街道、里辛街道、汶源街道、颜庄街道、辛庄街道。

平阴县（2 个街道、6 个镇）：榆山街道、锦水街道，东阿镇、孝直镇、孔村镇、洪范池镇、玫瑰镇、安城镇。

商河县（1 个街道、11 个镇）：许商街道，殷巷镇、怀仁镇、玉皇庙镇、龙桑寺镇、郑路镇、贾庄镇、白桥镇、孙集镇、韩庙镇、沙河镇、张坊镇。（李　涛）

**【人口】** 截至 2022 年末，全市有常住人口 941.47 万人，比上年末增长 0.84%。常住人口城镇化率为 74.33%。（韩冰　吴培利）

**【民族】** 济南市共有 55 个民族，汉族、回族、蒙古族、藏族、苗族、维吾尔族、彝族、壮族、布依族、白族、朝鲜族、侗族、哈尼族、哈萨克族、满族、土家族、瑶族、达斡尔族、东乡族、高山族、景颇族、柯尔克孜族、拉祜族、纳西族、畲族、傣族、黎族、傈僳族、仫佬族、羌族、水族、土族、佤族、阿昌族、布朗族、毛南族、普米族、撒拉族、塔吉克族、锡伯族、仡佬族、保安族、德昂族、俄罗斯族、鄂温克族、京族、怒族、乌孜别克族、裕固族、独龙族、鄂伦春族、赫哲族、基诺族、珞巴族、门巴族。汉族人口占大多数，其他民族人数较少。

（韩冰　吴培利）

**【概况】** 2022 年，全市地区生产总值约 12027.4 亿元，比上年增长 3.1%。其中，第一产业增加值 420.5 亿元，增长 3.1%；第二产业增加值 4180.2 亿元，增长 3.2%；第三产业增加值 7426.7 亿元，增长 3.0%。三次产业构成比为 3.5 : 34.8 : 61.7。全市人均地区生产总值为 128287 元，增长 2.1%。

**【产业能级持续提升】** 新旧动能转换“五年取得突破”主要目标任务完成，四大主导产业总规模达 1.4 万亿元，新增省“十强”产业“雁阵形”集群 4 个、省战略性新兴产业集群 2 个、省特色产业集群 2 个。新增国家级专精特新“小巨人”企业 50 家、省级专精特新企业 583 家、省级“瞪羚”企业 178 家，新增 1 家主营收入过百亿元制造业企业。90 家企业入选“山东省 2022 年度高端品牌培育企业名单”，31 个品牌入选第一批“好品山东”品牌名单，均居全省首位。培育国家级装配式建筑产业基地 10 家，入选住建部首批全国创建“新城建”产业与应用示范基地城市。高端制造业加速崛起，比亚迪动力电池项目顺利通线、新能源乘用车项目整车下线，吉利智慧新能源整车项目竣工投产，临工重机超大型挖掘机项目开工建设。数字经济持续领跑，数字经济增加值占比达 47%，跃居 2022 全国数字经济城市排名第六位，举办首届中国算力大会。4 家企业入选工信部大数据产业发展试点示范项目，116 个项目入选省数字经济重点项目，建成 3 个千兆城市示范区，国家级互联网骨干直联点开通运行，新增国家工业互联网标识解析二级节点 5 个，新培育工业互联网应用创新示范项目 20 个，新建5G基站1.3万个，上云企业数量突破6万家。未来产业突破发展，山东微波电真空公司国内首条拥有完全自主知识产权的空间行波管自动化生产线通过验收，山东未来网络研究院建设完成全球首张5600千米确定性骨干网络，山东区块链研究院发布数据全生命周期安全服务产品等重大创新成果，“济南一号”“泉城一号”成功发射，成为全国首个完成商业航天“通信、导航、遥感”卫星全面布局的城市。现代服务业提档升级，出台加快总部经济发展的若干措施，新认定市级总部企业12家，认定首批（储备）特色产业楼宇16个，获批省级服务业创新中心8个。获批工信部第四批服务型制造示范城市，市知识产权服务业集聚区获批省级现代服务业集聚示范区，黄台电商产业园入选国家级电子商务示范基地，泉城路商圈入选首批全国示范智慧商圈。举办北方消费品博览会、日本（山东）进口商品博览会等各类展会76场。

【创新驱动成果丰硕】 高端创新平台加快建设，齐鲁中科光物理与工程技术研究院一期基本建成，山东省固体激光重点实验室获批筹建；齐鲁中科现代微生物技术研究院完成注册，医学中心园区主体建筑全部建成；齐鲁中科泰山生态环境研究院“大气霾化学”基础科学中心项目获批环境领域唯一国家级基础科学中心项目。合肥实验室济南基地量子科学大厦、中科院空天院济南园区一期等项目建设有序推进，国家机器人创新中心山东基地成立，山东高等技术研究院AMS数据中心成为AMS国际大科学工程最重要数据中心。获批全国重点实验室5家，新认定省重点实验室5家。创新主体活力增强，新增省级技术创新中心7家、制造业创新中心2家、创新创业共同体1家、新型研发机构14家、工程研究中心40家、企业技术中心16家，新备案省级院士工作站6家，均居全省第一。华熙生物获批国家企业技术中心。科技型中小企业入库7613家，同比提高31%，万人发明专利拥有量保持全省前列。创建吸引和集聚人才平台工作扎实推进，新引进培养国家级人才60人，新入选省级泰山人才工程49人，空天信息大学筹建工作顺利推进。科技创新亮点纷呈，远距离量子保密通信研究取得重要进展，实现658千米量子密钥分发，地面超高速电磁驱动测试轨道运行速度保持世界最高，舜丰生物自主研发的植物基因编辑工具打破国外技术垄断。

【区域战略有效落实】 贯彻黄河流域生态保护和高质量发展战略，黄河下游“十四五”防洪工程（济南段）开工建设，黄河防洪工程绿化提升和黄河百里风景区中心景区景观提升工程完工。节水典范城市建设加快推进，入选国家再生水利用配置试点城市。推动成立黄河流域自贸试验区联盟、城市信用联盟，建设黄河流域骨干数字通道，数字黄河链可申请证明、证照及数据资源超过170项，住房公积金“数字黄河链”纳入省级大数据创新应用场景。省会经济圈一体化发展稳步推进，首届省会经济圈商事登记联席会议召开，推出异地认证互认、信用警示联用等机制，实施审批事项“异城同标”，成立经济圈检验检测联盟、小清河通航水域审批服务联盟，经济圈社会保险待遇资格“静默认证平台”上线运行。济南都市圈发展规划编制形成初步成果，城乡融合发展试验区建设取得明显进展，全市常住人口城镇化率提高1个百分点左右。重点片区建设加快推进，新旧动能转换起步区发展规划获省政府批复印发，国土空间分区规划和综合交通、市政基础设施等专项规划形成稳定成果，发布产业正面清单、重点产业示图、产业机会清单、产业准入机制“四张清单”，累计签约高端优质项目141个、总投资超过3300亿元；中央商务区累计建成高端载体300万平方米，“山”“泉”“河”三座超高层实现封顶；国际医学科学中心省肿瘤医院质子中心进入临床试验阶段，山东中医药大学国际医学科学中心校区正式启用；东部老工业区新增搬迁改造企业6家、累计完成89家，完成搬迁改造任务。乡村振兴步伐加快，新建高标准农田1.83万公顷，粮食总产296万吨以上。国家级产业强镇建设总数达6个，新创建国家级、省级农村产业融合发展示范园各1个，新建成市级田园综合体6个，实施市级农业发展服务试点项目49个。“三品一标”农产品有效用标总量1595个，家庭农场、农民专业合作社分别达7638家和1.18万家，市级以上农业龙头企业达492家，市级以上农业产业化示范联合体发展到32家。

【城乡环境持续优化】 生态环境持续改善，空气质量综合指数同比改善6.5%，排名退出全国168个重点城市倒数后30位，连续两年进位明显。国、省控断面和城镇饮用水水源地水质100%达标，国控断面优良水体比例达100%、水质指数全省第一。新建公园55处、绿道130千米，完成造林773.33公顷、森林抚育5333.33公顷，市中区、历城区获评国家生态文明示范区。基础设施配套持续完善，济南机场二期改扩建工程开工；黄东联络线、济莱高铁建成通车，济郑高铁、济滨高铁加快建设；济南至高青高速、京台高速济南至泰安段（改扩建）、大西环济南段建成通车，绕城高速东线、济广高速济南至菏泽段、高青至商河高速等5条新改建高速公路开工建设。入选国家首批综合货运枢纽补链强链城市。轨道交通二期6条线路、至济阳有轨电车项目全面开工，国道104黄河大桥复线桥、黄岗路隧道开工建设，省道103旅游公路主干路建成。小清河复航工程建成济南段航道及济南港主城港区、章丘港区主体工程。建成白云水库，基本完成卧虎山—锦绣川水库连通工程。城市品质显著提升，智慧泉城运行管理中心智慧城市平台获"IDC2022年中国区智慧城市大奖"，城市品质提升评价位列全省第一。全市主次道路机扫率、洒水率均达100%，主次道路深度保洁面积、建成区公厕密度均居全省首位。整治提升户外广告、牌匾标识25975处（块）。优化调整公交线路41条，填补公交线网空白41.7千米。新建、改造供水管线100千米，完成供热自管站（网）改造314个，涉及供热面积2500万平方米。累计建设换电站30座，充电设施保有量达5万个，新能源汽车保有量突破10万辆，入选国家新能源汽车换电模式应用试点城市。农村环境持续改善，完成1000个清洁村庄创建和723个薄弱村攻坚任务，新建改造"四好农村路"309千米，农村改厕智能化管护率达95%。城乡生活垃圾无害化处理率100%，资源化利用率70%以上。

【重点改革持续深化】 政务服务改革不断深入，"一网通办"稳步推进，全市依申请政务服务事项可网办率达99%以上，高频事项基本实现"一件事一次办"。推动"无证明城市"建设，实现345类电子证照同步制发，6800余个政务服务事项证照证明免提交办理，为14万余家新注册企业制作电子印章。创新企业登记"即时审批"模式，在省内率先推行个体工商户跨区域迁移。"爱山东·泉城办"APP上线应用服务2000余项，入选"2022数字政府创新成果与实践案例"。营商环境持续优化，157项"跨省通办"、314项"全省通办"事项全部实现，企业群众异地办事便利度大幅提升，"单一窗口"主要业务应用覆盖率达100%。打造"泉惠企"企业服务综合智慧平台，汇集发布各级惠企政策3100余条，公布"免申即享"政策清单104项，减税退税降费超过1000亿元，市场主体增至149.7万户。国企国资改革全面加强，国务院国资委确定的45项重点改革任务全面完成，31户企业完成混改，整合重组43户市属一级国有企业。高标准打造全国社会信用体系建设示范区，城市信用监测排名稳居全国前列，通过"信易贷"平台发放信用贷款415亿元。资源配置加快优化，持续优化"拿地即开工、建成即使用"和不动产登记"交房即办证"模式，印发工程建设项目审批制度改革方案4.0版。争取地方政府专项债券额度538.4亿元，连续三年全省第一。规范提升宅基地审批管理，80%的涉农街镇设立一窗受理服务窗口，累计流转土地15.27万公顷，土地流转率达43.3%。科创金融改革试验区建设全面启动，设立科技支行等特色银行机构20家、科技特色保险机构7家，推出专项信贷产品40余项，金融机构本外币存贷款余额均超过2.5万亿元。制订实施企业上市倍增行动计划，新增上市及过会企业8家。

【对外开放稳步推进】 持续加强招商引资，印发《关于开展招商引资"九大行动"的实施意见》，优化招商引资考核体系，进一步增强招商合力。引进落地国家电投黄河流域氢能产业基地、上药控股山东总部、华润雪花啤酒等一批产业项目，新招引洛可可、福特电马、蔚来NIOHouse等商业品牌首店55家。对外贸易取得突破，新增有进出口权企业2600家，新增进出口实绩企业1656家。新开通济南—墨西哥城、济南—东京、济南—特拉维夫货运航线，董家—黄岛海铁联运班列实现常态化运行，中欧班列总线路达13条，直接连通20个国家47个城市。推出“铁海E通”信息化监管模式，货物放行即时办结。自贸试验区济南片区累计推出650余项改革创新措施，形成265个创新案例和成果，累计新设企业4.7万余家，全国首创跨境易货数字贸易平台，实现通关、税务、外汇闭环管理，全国首创文化企业“出海”全链条服务体系。综合保税区跨境电商、保税维修等外贸新业态集聚起势。区域合作全面加强，高水平举办承办中国企业论坛、中国国际文化旅游博览会、世界先进制造业大会等全国性、国际性重大活动，中国—加勒比发展中心落户济南。与成都、西安、郑州等9个自贸片区（功能区）达成跨省通办合作意向。济南临沂对口合作扎实推进，东西部协作甘肃省临夏州、重庆市武隆区各项任务圆满完成。

**【民生保障更加健全】** 财政支出保障有力，一般公共预算支出用于民生和社会重点事业支出过千亿元，占比80%，23件为民办实事完成。贯彻国家、省有关要求，持续抓好常态化疫情防控和应急处置，最大限度保障人民群众生命安全和身体健康。居民收入稳步增长，脱贫攻坚成果持续巩固拓展，市场物价运行总体平稳。就业形势保持稳定，新增城镇就业17.3万人，超额完成年度任务，发放创业担保贷款4.5亿元。城乡低保标准分别提高到995元/月、770元/月，城乡特困人员供养标准分别提高到1492元/月、1356元/月，均居全省前列，为低收入群众发放价格临时补贴4300余万元。职工养老、工伤、失业、居民养老保险基本实现法定人群全覆盖。在全省率先实现住院、门诊跨省联网结算和省内个人账户“一卡通行”全覆盖。社会事业全面发展，开工新建改扩建中小学校幼儿园83所，普惠性幼儿园覆盖率超过89%。建成区县养老服务中心8处，启用新建养老设施193处，建成城市社区长者助餐场所497处、农村助餐站点1485处，入选全国首批积极应对人口老龄化重点联系城市。济南公共文化云平台上线运行，打造最美公共文化空间20个、泉城文化驿站28家，累计建成泉城书房44个。新建改扩建体育公园4处，建设大众健身场地238处。市中心医院东院区正式启用，广安门医院济南医院获批国家中医区域医疗中心建设项目。住房保障持续加强，开工保障性租赁住房40129套（间），超额完成年度任务，惠及5.7万户居民的46个老旧片区改造全部开工，城镇老旧小区改造、棚户区改造、发展保障性租赁住房工作获国务院督查激励。安全生产形势稳定，升级安全生产综合监管信息化平台，创新开展安全生产“审计式”监督检查，查改各类安全隐患11.1万项，生产安全事故起数、死亡人数同比分别下降47.3%、32.2%，未发生较大及以上生产安全事故。

（周靖雯）

鞠　浩
秘书长　蒋晓光*　李国强
副秘书长　黄贵利*　李旭东　何元清*　韩振国*
任广锋*　相振谨　李成刚　柏爱学（女）*
鞠　浩　吕英伟　谢金岭　殷保钦

## 中共济南市委员会及市委机构、事业单位、派出机构、临时机构

### 中国共产党济南市第十二届委员会

书　记　刘　强
副书记　于海田　杨　峰
常　委　王宏志　李　鹏　陈　阳（女）
杨光忠　戴龙成　孙　斌　吕　涛
翟　军　李国强　刘　科
委　员（按姓氏笔画为序）
于海田　马　利（女）　马志勇
马保岭　王士强　王秀成　王宏志
王茂祯　王国顺　亓　伟　边祥为
吕　涛　吕灿华　朱玉明　任广锋
任庆虎　刘　科　刘　强　刘小兵
刘艳秋（女）　刘敬涛　孙　斌
孙世会　孙战宇　孙常建　李　鹏
李光辉　李向阳　李旭东　李国祥
李国强　李季孝　杨　峰　杨光忠
杨传军　杨福涛　肖　辉　张　军
张　强　张庆国　张海平　陈　阳（女）
陈西武　郅　良（女）　郅　颂（女）
秦　蕾（女）　袁长奎　高淑贞（女）
黄晓广　曹殿军　扈书乘　续　明（回族）
韩　伟　韩金峰　程学锋　焦卫星
谢　堃　雷　杰（女）　鲍　峰
翟　军　潘建军　戴龙成　鞠正江
候补委员（按选举得票多少为序）
丁林桥　刁统武　王　纮　文东河
田　迎（女）　刘　动　肖　红（女）
张　熙　程　伟　冯　毅　赵寿娟（女）

### 市委机构

**市委办公厅（市档案局）**
主　任　黄贵利*　李旭东
副主任　赵　晖*　吕英伟（兼市档案局局长）*
郭爱武（女）*　周　雷　庄云锋
**市委组织部（市公务员局）**
部　长　陈　阳（女）
分管日常工作的副部长　马志勇*　韩振国
副部长　王　壮*　张　强　苏本宽*　宁延学
韩洪强　李开森
王玉跃（兼市公务员局局长）
**市委宣传部（市政府新闻办公室、市精神文明建设委员会办公室）**
部　长　杨　峰*　戴龙成
分管日常工作的副部长　周鸿雁（兼市精神文明建设委员会办公室主任）*
孙世会（兼市精神文明建设委员会办公室主任）
副部长　展宝贞　卞　文*
刘　勤（女）（兼市政府新闻办公室主任）*
赵善海　曹　湧（女）　虞　凯
**市委统一战线工作部（市民族宗教事务局、市政府侨务办公室）**
部　长　王拥华（女）*　翟　军
分管日常工作的副部长　王国顺
副部长　张　鹏*　于　红（女，回族）*　张　勇
王云国（兼市政府侨务办公室主任）
徐艳芳（女）
李　震（兼市民族宗教事务局局长）
**市委政法委员会**
书　记　雷天太*　吕　涛

说明：组织机构名单由各相关单位提供，原则上刊登党组（党委）书记、副书记，行政正、副实职领导，纪工委书记（纪委书记），统计时间截至2022年年底。*表示2022年内离职。

分管日常工作的副书记　李本海* 谢圣仁
副书记　姚怀祥* 辛全龙* 冯文进　孙德龙*
　　神法军

**市委政策研究室**

主　任　任广锋* 鞠　浩
副主任　林博斌* 常建法　鞠　浩* 孙　涛（挂职）
　　张晓刚
改革办专职副主任　谢金岭* 孙　鹏　张德聪

**市委网络安全和信息化委员会办公室（市互联网信息办公室）**

主　任　展宝贞
副主任　任晓策　韩　霞（女）　衣晓燕（女）
　　闫小虎

**市委机构编制委员会办公室**

主　任　张　强* 韩洪强
副主任　付道磊* 李秀美（女）* 李　民
　　王发棠　李　勇

**市委台港澳工作办公室（市政府台港澳事务办公室）**

主　任　韩永军
副主任　孟昭友　赵子龙* 徐　蓓（女）
　　叶　辉（女）　李志平

**市委市直机关工作委员会**

书　记　范立山* 尹红梅（女）* 李国强
分管日常工作的副书记　尹红梅（女）
副书记　路建玲（女）　韩　青（女）
　　解胜利　赵卫星

**市委巡察工作领导小组办公室**

主　任　李敬德
副主任　李志勇* 李春红（女）　张　霞（女）*
　　孙　龙　毛玫红（女）

**巡察一组**

组　长　苏　涛
副组长　徐苏东

**巡察二组**

组　长　高　山* 武善欣
副组长　葛广明

**巡察三组**

组　长　李晓磊* 刘兆华
副组长　董悦华* 刘建国

**巡察四组**

组　长　高立文* 董悦华
副组长　滕　伟

**巡察五组**

组　长　刘吉利* 刘玉志
副组长　李红兵

**巡察六组**

组　长　张德萍（女，回族）* 吕廷祥
副组长　王新会

**巡察七组**

组　长　陈　敏
副组长　刘泽涛

**市委老干部局**

局　长　苏本宽* 张　强
副局长　温洪军　李　智　仇东升　亢　文（女）
　　魏秋培（兼直属分局局长）

**市委机要保密局［市委保密委员会办公室（市国家保密局）、市密码管理局］**

局　长　尹红梅（女）* 赵　晖
副局长　王　敏（女）[兼市委保密办（市国家保密局）主任局长]
　　田　明　李　涛（兼市密码管理局局长）

## 事业单位

**市委党校（济南行政学院）、市社会主义学院**

校　长　孙立成（兼）* 陈　阳（女）（兼）
分管日常工作的副校长（副院长）
　　扈书乘（兼市社会主义学院院长）
副校长（副院长）　李庆铸　赵玉红（女）　闫志强
　　孟庆忠

**市档案馆**

馆　长　禚建基
副馆长　程立杰　祁莉红（女）* 崔曰仑*
　　李　伟* 郭　屹

**市委党史研究院（市地方史志研究院）**

院　长　刘　浩* 史宏捷
副院长　李贞锋　牛继兴　李作顺

**济南日报报业集团（党委）（济南日报社）**

董事长、党委书记、济南日报社社长　马　利（女）

总编辑、党委副书记、副董事长　张　楠

副总编辑　马　凯　单宝珠　谢鲁德　杜广才　宋文强

总 经 理　郑　凯*

济南日报社副总编辑　张阿娜（女）

**济南舜耕山庄（党委）**

党委书记　齐怀栋

总经理、党委副书记　李令红（女）（聘）

党委副书记　王　庆

副 总 经 理　黑伟钰（回族）（聘）　张东升（聘）　牛志轶（聘）

**市党员干部现代远程教育中心**

副主任　李星辰*　徐　蓓（女）

**济南老年人大学**

校　长　温洪军

专职副书记　李　鹏

副校长　李晓钟　李　鹏*　孙雪梅（女）　樊祥钦

## 派出机构

**济南高新技术产业开发区工作委员会**

书　记　王宏志

副书记　焦卫星*　任广锋　高恒心（挂职）

**济南综合保税区工作委员会**

书　记　王宏志

副书记　刘艳秋（女）*

**中国（山东）自由贸易试验区济南片区工作委员会**

书　记　王宏志

副书记　刘艳秋（女）*

**市南部山区工作委员会**

书　记　王　平

副书记　张士东

**济南新旧动能转换起步区工作委员会**

书　　记　孙立成*　刘　强

副 书 记　边祥慧（女）*　孙　斌　孙来斌

专职副书记　李国祥

## 临时机构

**市行政区划调整协调办公室**

主　任　谭　伟

副主任　李成革　刘祥军　郭　勇

## 济南市局以上单位党委（党组）

**市人大常委会党组**

书　记　殷鲁谦*　韩金峰

副书记　谭延伟*　雷天太

**市人民政府党组**

书　记　孙述涛*　于海田

副书记　王宏志

**政协济南市委员会党组**

书　记　雷　杰（女）

副书记　王拥华*　王京文　翟　军

**市中级人民法院党组**

书　记　张爱云（女）*　李向阳

副书记　李　杰

**市人民检察院党组**

书　记　鲍　峰

副书记　张守强

**市人大常委会机关党组**

书　记　姜　涛*　陈　勇

副书记　刘　民*　吕洪涛

**市政协机关党组**

书　记　倪志纯*　刘艳秋（女）*　郅　良（女）

副书记　高　斌*　韩明东

**市政府办公厅党组**

书　记　王品木

副书记　朱玉明*　高　冰

**市发展和改革委员会党组**

书　记　谢　堃

副书记　李冠伟

**市教育局党组**

书　记　王　纮

注：2023年10月25日，孙述涛涉嫌受贿一案，由国家监察委员会调查终结，最高人民检察院依法以涉嫌受贿罪对孙述涛作出逮捕决定。

副书记　陈爱民

**市科学技术局党组**

书　记　陈西武

副书记　高冬梅（女）

**市工业和信息化局党组**

书　记　汲佩德

副书记　吕春明* 魏　斌

**市公安局党委**

书　记　吴德生* 王茂祯

副书记　王　健* 徐春华

**市民政局党组**

书　记　孙义洪* 苏　楠（女）

**市司法局党委**

书　记　谢圣仁* 孙德龙

副书记　周　瑛*

**市财政局党组**

书　记　王勤光* 周之勇

副书记　林　军* 单　哲

**市人力资源和社会保障局党组**

书　记　王　壮* 宁延学

**市自然资源和规划局党组**

书　记　吕　涛* 任庆虎

副书记　牛长春

**市生态环境局党组**

书　记　肖　红（女）

副书记　翟立哲

**市住房和城乡建设局党组**

书　记　陈　勇* 亓　伟

副书记　何桂昌* 安纪文

**市城市管理局党组**

书　记　孙世会* 许宗生

副书记　何继文　韩　军*

**市城乡交通运输局党组**

书　记　曹殿军

副书记　张　明

**市城乡水务局党组**

书　记　李季孝

副书记　王传成

**市农业农村局党组**

书　记　曹　军

副书记　于兆刚*

**市园林和林业绿化局党组**

书　记　王国富

**市商务局党组**

书　记　孙战宇

**市文化和旅游局党组**

书　记　郅　良（女）

副书记　苏　文（女）

**市卫生健康委员会党组**

书　记　马效恩

副书记　庞　涛* 张志强* 杨玉华（女）*
　　　　柏爱学（女）　马红薇（女）

**市退役军人事务局党组**

书　记　韩延才

**市应急管理局党委**

书　记　刘　动

副书记　周晓冬*

**市审计局党组**

书　记　黄厚安* 丁林桥

副书记　许荣利

**市人民政府外事办公室党组**

书　记　田　迎（女）* 刘瑞玲（女）

副书记　刘学东*

**市人民政府国有资产监督管理委员会党委**

书　记　李旭东* 张海平

副书记　董　黎*

**市市场监督管理局党组**

书　记　刘永浩* 朱云生

副书记　许司东

**市体育局党组**

书　记　孔　杰

**市统计局党组**

书　记　程　伟

副书记　唐　军*

**市医疗保障局党组**

书　记　李文秀（女）

**市国防动员办公室党组**（2022 年 12 月设立）

书　记　王友进

**市人民防空办公室党组**（2022 年 12 月撤销）

书　记　杨庆绪*

副书记　安纪文*

**市人民政府研究室党组**

书　记　丁林桥*　石　玮

副书记　潘大海

**市地方金融监管局党组**

书　记　冯　毅

副书记　贾洪斐

**市投资促进局党组**

书　记　鞠正江*　李洪伟

副书记　吴　涛

**市行政审批服务局党组**

书　记　赵寿娟（女）

**市信访局党组**

书　记　韩振国*　李成刚

副书记　董俊生

**市大数据局党组**

书　记　张海灵*　张　熙

**市口岸和物流办公室党组**

书　记　孙志刚*　翟立波

副书记　李广霞（女）

**市民营经济发展局党组**

书　记　孟学峰

副书记　闫一大

**市总工会党组**

书　记　王京文*　刘　科*　吕灿华

副书记　傅金峰*　吕灿华*

**市妇女联合会党组**

书　记　刘　勤（女）*　田　迎（女）

副书记　刘　霞（女）*

**市科学技术协会党组**

书　记　张广勇*　贾文涛

副书记　毕于义*

**市文学艺术界联合会党组**

书　记　李经发*　刘　浩

副书记　蒋济东

**市归国华侨联合会党组**

书　记　米文芃（女，回族）

**市社会科学界联合会党组**

书　记　石　玮*　卞　文

**市残疾人联合会党组**

书　记　于　红（女，回族）

**市工商业联合会党组**

书　记　张　鹏*　张　勇

副书记　刁建国

**市红十字会党组**

书　记　武善欣*　刘　勤（女）

副书记　郭向芳（女）*

**中国国际贸易促进委员会济南市分会党组**

书　记　张　喆

**市法学会党组**

书　记　辛全龙*

**市机关事务服务中心党组**

书　记　高　冰*　宋爱军（女）

**市地震监测中心党组**

书　记　王　欣*　张振民

**济南住房公积金中心党组**

书　记　杨永斌

副书记　任立新

**市供销合作社党组**

书　记　张国松*　黄　波（女）

副书记　黄　波（女）*　李长春

**济南仲裁委员会办公室党组**

书　记　王　伟

副书记　魏玉良*

**济南社会科学院党组**

书　记　马军远*　付道磊

副书记　张华松*

**济南广播电视台党委**

书　记　文东河

**济南公共资源交易中心党组**

书　记　董怀敏

**济南职业学院党委**

书　记　王春光*　苏旭勇

副书记　苏旭勇*　尹元华（女）

**济南工程职业技术学院党委**

书　记　张慧青（女）* 刘雅涵（女）

副书记　杨长军　吴学军

**济南幼儿师范高等专科学校党委**

书　记　李海平

副书记　刘海峰　成　刚

**莱芜职业技术学院党委**

书　记　董海燕* 孔祥敏

副书记　孔祥敏* 徐运国　毕玉海

**济南监狱党委**

书　记　卜海晶

**市政府资金结算中心党组**

书　记　林　军* 李玉诚

副书记　苗兴臣

**市技师学院党委**

书　记　李冬利

副书记　杜喜亮* 王　诚　赵洪芹（女）

**莱芜技师学院党委**

书　记　陶常青

副书记　高立峰　付　萍（女）*

**市中心医院党委**

书　记　苏国海

副书记　宋勇峰（聘）　张　易

**济南护理职业学院党委**

书　记　张振民* 周　敬（女，回族）

副书记　石万鹏　刘传富* 姜秀杰（女）

（市委组织部）

## 济南市第十八届人民代表大会常务委员会、专门委员会及所属工作部门

### 济南市第十八届人民代表大会常务委员会

主　任　韩金峰

副主任　雷天太　巩宪群（女）　刘大坤
王勤光　黄贵利

秘书长　陈　勇

副秘书长　刘　民* 王永金* 吕洪涛　袁淑玲
袁　磊　许国华*

委　员（按姓名笔画为序）

马道佳（回族）　王永胜　王宏伟（女）
王春光　车夕奇　田　迎（女）
付修琍（女）　白　龙（回族）
冯　威（女）　吕灿华　吕洪涛
刘吉利　衣光军　孙义洪　孙志刚
孙贵民　孙　罡　李全福（回族）
李旭东　李　彬　李　雷　杨长军
杨庆绪　张世顺　张　蓉（女）
张　熙　陈　敏　林　军　林　霞（女）
范立山　卓长立（女）　金丽霞（女）
周鸿雁　周　瑛　柳建增　段迎军
袁淑玲（女）　袁　磊　徐　琳
高　山　高淑贞（女）　诸葛利
崔少良　韩振国　彭子钢　谭　欣（女）

### 第十八届人民代表大会专门委员会

**法制委员会**

主任委员　雷天太

副主任委员　白　龙（回族）　衣光军

**教育科学文化卫生委员会**

主任委员　王勤光

副主任委员　周鸿雁　王春光

**监察和司法委员会**

主任委员　黄贵利

副主任委员　金丽霞（女）

**民族侨务外事委员会**

主任委员　巩宪群（女）

副主任委员　李　雷

**城乡建设环境保护委员会**

主任委员　王勤光

副主任委员　杨庆绪　段迎军

**财政经济委员会**

主任委员　刘大坤

副主任委员　孙志刚　彭子钢　林　军

**农业与农村委员会**

主任委员　巩宪群（女）

副主任委员　孙贵民

**社会建设委员会**

主任委员　黄贵利

副主任委员　孙义洪　唐　军　诸葛利

## 市人大常委会工作部门

**办公厅**

主　任　刘　民*　吕洪涛

副主任　李　雷*　王益华　孙　伟*　贾　文*
　　　　田　兵　刘德国　朱向栋

**研究室**

主　任　袁　磊

副主任　于学农*　孙　伟　张　帆

**人事代表工作室**

主　任　吕洪涛*　李　彬

副主任　孟宪永　杜　军

**法制工作室**

主　任　唐淑英（女）*　白　龙（回族）

副主任　张　瑞*　赵之祥　何修冬

**教育科学文化卫生工作室**

主　任　白　龙（回族）*　王春光*

副主任　曹凤俊*　吕　玲（女）*　张　蓉（女）

**监察和司法工作室**

主　任　金丽霞（女）

副主任　王方涛*　张永强　孟祥勇

**民族侨务外事工作室**

主　任　王金宗*　李　雷

副主任　常　宁　刘德国*

**城乡建设环境保护工作室**

主　任　段迎军

副主任　李斌祥　刘正伟*

**财政经济工作室**

主　任　彭子钢

副主任　杨桂钊　贺方金

**预算工作室**

主　任　崔瑞宁*　林　军*

副主任　朱贺之

**农业与农村工作室**

主　任　孙贵民

副主任　马景海　王　刚

**社会建设工作室**

主　任　诸葛利

副主任　于学农

（田文懿）

# 济南市人民政府及工作机构、市属局级以上机关事业单位

## 济南市人民政府

市　长　孙述涛*　于海田

副市长　王宏志　吴德生*　王桂英（女）
　　　　孙　斌　尹清忠*　吕　涛*　王茂祯
　　　　任庆虎　马保岭　韩　伟

秘书长　王品木

副秘书长　朱玉明*　高　冰　刘艳秋（女）*
　　　　石　玮　韩振国*　李怀东　李成刚
　　　　吕廷祥*　张　蓉（女）*
　　　　张启军（挂职）*　李百全*
　　　　廖建宁（女）　刘念成　楚　波
　　　　吴　剑

## 市政府工作机构

**市政府办公厅**

主　任　朱玉明*　高　冰

副主任　廖建宁（女）*　刘念成*　吴　剑*
　　　　车金星*　亓军杰　王　青　权　娜（女）

**发展和改革委员会**

主　任　谢　堃

副主任　李冠伟　管圣喜　张　倩*　李光辉*
　　　　时　波　马　俊

**教育局**

局　长　王　纮

副局长　陈爱民　方　辉　刘绍辉　宋　豫
　　　　李　艳（女）

**科学技术局（济南市外国专家局）**

局　长　陈西武（兼市外国专家局局长）

副局长　高冬梅（女）　刘德志*　王　芳（女）
　　　　贾文涛*　张　宾（兼市外国专家局副局长）*

**工业和信息化局**

局　长　汲佩德
副局长　吕春明*　魏　斌　杨福涛*　朱　牧　黎　毅
　　　　王冲鹊（女）（挂职）*　徐　磊（女）
　　　　文海生

**公安局**

局　长　吴德生（兼）*　王茂祯（兼）
政　委　王　健*　徐春华
副局长　徐春华*　张　军*　贾延昭*　刘　刚
　　　　刘宜武　李海峰　曹凤阳　郑　宏
副政委　吴　海　郑　宏*

**民政局**

局　长　孙义洪*　苏　楠（女）
副局长　成文元　苏　楠（女）*　李越千
　　　　张鲁宁*　郭爱武（女）　部银成（土家族）

**司法局**

局　长　谢圣仁*　孙德龙
副局长　周　瑛*　皇甫庆森　李泰吉　陈其军
　　　　王春平

**财政局**

局　长　周之勇
副局长　单　哲　李玉诚　张海波　王传秋

**人力资源和社会保障局**

局　长　王　壮
副局长　张维国　杨富基　姜秀志　王卫东

**自然资源和规划局**

局　长　吕　涛（兼）*　任庆虎（兼）
副局长　牛长春　张　辉　付　英（女）
　　　　王秀波*　刘　卫*　王　科*　林海铭*
　　　　申玉德

**生态环境局**

局　长　肖　红（女）
副局长　翟立哲　秦立华　杜世勇　阴　浩*
　　　　毕泗柏　钱毅新　杨荣泉

**住房和城乡建设局**

局　长　陈　勇*　亓　伟
副局长　何桂昌*　安纪文　吴　力*　陈　红（女）
　　　　武兆军　张恒志　李　军

**市城市管理局（市综合行政执法局）**

局　长　孙世会（兼市综合行政执法局局长）*
　　　　许宗生（兼市综合行政执法局局长）
副局长　韩　军*　何继文　黄爱民　宋道勇
　　　　秦国芬（女）　曹　明（女）*　许　强
　　　　王海泉　刘　真　常　忠（挂职）

**城乡交通运输局**

局　长　曹殿军
副局长　张　明　罗卫东　张宝文*　姚福林
　　　　姜春华　杨　勇　毛贤强　王兆杰（兼）

**城乡水务局（泉水保护办公室）**

局　长　李季孝（兼泉水保护办公室主任）
副局长　王传成　赵承忠*　亓子明　朱丹彤
　　　　陈学峰（兼泉水保护办公室副主任）

**农业农村局**

局　长　曹　军
副局长　高继锋　谢天目　王奉光　赵建民
　　　　周增禄*　黄延仁*　李新军
　　　　徐　蓓（女）（挂职）

**园林和林业绿化局**

局　长　王国富
副局长　刘　卫　郑兆亮*　杨　波　仇裕岭*
　　　　高树金*

**商务局**

局　长　孙战宇
副局长　王志刚　张　娟（女）*　滕志超
　　　　李晓军　刘燕飞　卜繁钢　高德海

**文化和旅游局**

局　长　郅　良（女）（兼新闻出版广电局局长、文物局局长）
副局长　崔大庸*　苏　文（女）
　　　　孙　亮（兼新闻出版广电局副局长）
　　　　郭象峥*　孙　静（女）　魏晓林*
　　　　于　苇（女）（兼文物局副局长）
　　　　闫险峰　任骁瑞

**卫生健康委员会**

主　任　马效恩
副主任　杨玉华（女）*　张良华　侯廷成

米宽庆　胡　博　耿　杰　阮师漫（女）

**退役军人事务局**

局　长　韩延才

副局长　安玉成* 林秀亭　任春雨　赵玉辉（女）

祝守国　贾红刚（挂职）　周继强（挂职）

**应急管理局**

局　长　刘　动

副局长　周晓冬* 刘慕平　王联华　张　磊

魏　强　崔　健　孟国锋　唐　庆（挂职）

张德聪（挂职）

**市审计局**

局　长　黄厚安* 丁林桥

副局长　许荣利　李传凤（女）*　张传堂

吴冬梅（女）*　刘　安

**市政府外事办公室**

主　任　田　迎（女）*　刘瑞玲

副主任　李茂鑫* 李　玉　李兴春　庞　龙

宫俊卿（女）

**国有资产监督管理委员会**

主　任　李旭东* 张海平

副主任　董　黎* 沈文涛　谢红兵　王志军

李　咏　张良通　周　蒨（女）

纪　军

**市场监督管理局**

局　长　王建森* 朱云生

副局长　许司东　杨先杰* 孙建忠* 邱　锐*

李学忠　孙邦勇　马怀明* 王玉强

**体育局**

局　长　孔　杰

副局长　刘　新* 赵晨光　刘　岩（女）

王建军　张居忠

**统计局**

局　长　程　伟

副局长　谈友军　李士营　卜繁钢* 孙夕良

张兴利

**医疗保障局**

局　长　李文秀（女）

副局长　徐配印　刘航英　彭　鑫

**人民防空办公室**

主　任　杨庆绪*

副主任　安纪文* 亓　峰　刘　洪* 马成龙

秦润胜

**市政府研究室**

主　任　丁林桥* 石　玮

副主任　潘大海　徐龙义　刘庆需　杨同鲁

**地方金融监管局（市金融工作办公室）**

局　长（主　任）　冯　毅

副局长（副主任）　贾宏斐　郦　弘　李洪伟*

张新波

**投资促进局**

局　长　鞠正江* 李洪伟

副局长　吴　涛　党文庆　贺旭艳（女）

孙文彬（挂职）　徐　磊（女）（挂职）

**市行政审批服务局**

局　长　刘　霞（女）

副局长　石丽华（女）　马学凯（回族）

王全民　张鲁宁　楚　波* 蔡廷秀*

**信访局**

局　长　韩振国* 李成刚

副局长　杨学斌* 刘玉志* 董俊生　祝　辉*

卞良彪　周宪东（回族）

赵　莉（女）（挂职）*

杨清波（挂职）*　邵　东

**大数据局**

局　长　张海灵*

副局长　赵炳跃* 刘大永　曹　青（女）　王　玮

**口岸和物流办公室**

主　任　孙志刚* 翟立波

副主任　李广霞（女）　杜红波　蒋友和　夏　庆

钟召波

**民营经济发展局**

局　长　孟学峰* 潘荣庆

副局长　闫一大　高振刚　张　涛　程文军（女）

燕　军　王泽昊　李　琦*

## 其他行政事业机构

**机关事务服务中心**

主　任　高　冰* 宋爱军（女）

副主任　张文臣　宋爱军（女）*　牛世亮*

　　　　安玉成　费克迎* 齐怀珠

**地震监测中心**

主　任　王　欣* 张振民

副主任　郭世金* 刘训涛　郑卫国

**住房公积金中心**

主　任　杨永斌

副主任　任立新　王　钟　祁莉红（女）　张培礼*

　　　　徐朝晖

**供销合作社**

理事会主任　张国松* 黄　波（女）

监事会主任　黄　波（女）*　李长春

理事会副主任　亓希山　刘景涛* 齐玉鹏　张兰明

监事会副主任　亓　明　王　健

**仲裁委员会办公室**

主　任　王　伟* 衣光军

副主任　魏玉良* 刘昌国　朱志恒　谢　频

　　　　韩公胜

**社会科学院**

院　长　马军远* 付道磊

副院长　张华松* 王国庆　张　伟　齐　峰

**广播电视台**

台　长　文东河

总编辑　（空　缺）

副台长　温　健　迟　蕾（女）　许　伟（女）

　　　　隗　铜

**济南公共资源交易中心**

主　任　董怀敏

副主任　牛连平　张　岩　李晶玉（女）

**市政府资金结算中心**

主　任　林　军* 李玉城

副主任　苗兴臣　潘荣庆* 王　鲁　田　波　黄治修

**市中心医院**

院　长　苏国海* 宋勇峰

副院长　汪运山* 李　云* 肖凌凤（女）

　　　　王树美（女）　华永新　宁　斌

　　　　张　涌　温　清　方永奇（挂职）

**济南护理职业学院**

院　长　石万鹏

副院长　朱荣清　尹守峰　吕金凤（女）*

　　　　高　天

**国家税务总局济南市税务局**

局　长　张　津* 任　征

副局长　杨永军　孔　静（女）　杨新华*

　　　　牟　新　姜常春

**国家统计局济南调查队**

队　长　高　宏（女）

副队长　刘传云（女）*　乔　森

**气象局**

局　长　阎丽凤（女）*　张洪广

副局长　周　军* 杨志利* 郜庆国

**黄河河务局**

局　长　崔保卫*

副局长　刘九杰　赵建勇　檀中原　宋振利

　　　　俞宪海　苑　斌

## 派出机构

**济南高新技术产业开发区管委会**

主　　任　王宏志（兼综合保税区管委会主任、自由贸易试验区管委会主任）

常务副主任　焦卫星* 任广锋

副 主 任　刘艳秋* 郭　凯　陈安彪　高鹏霄

　　　　　张　磊　李怀东* 刘　松　陈　哲

　　　　　李　涛

纪工委书记　刘金光* 马　超

**国家信息通信国际创新园服务中心**

主　　任　王宏志（兼）

副 主 任　陈安彪

**莱芜高新区管委会**

主　　任　王喜东* 于炳基

副 主 任　周光学　张鸣剑　刘　健　薛寒冰

　　　　　亓军祥

纪工委书记　张帮新

**南部山区管委会**

主　　任　王　平

副 主 任　张士东　张子信　王　震

段振峰（挂职）*

刘　亮* 刘兆河* 段谋夏*

纪工委书记　崔智涛

**济南新旧动能转换起步区管委会**

主　　任　边祥慧（女）（兼）*　孙　斌

副 主 任　孙来斌　黄　斌（挂职）　徐春义

纪工委书记　张亦农* 范立山

**济南国际医学科学中心管委会**

主　　任　张　济

副 主 任　白　涛* 李建华（蒙古族）　张士东*

国　亮　徐宁波　周　谊

纪工委书记　曹士亮* 王群峰

（各相关单位）

## 政协第十五届济南市委员会及工作部门

### 政协第十五届济南市委员会

主　　席　雷　杰（女）

副 主 席　王京文　刘梦海　王伯芝　赵居安

刘　勤（女）　王建森

刘　霞（女）

副厅级干部　董　杰　吕凤华（女）　刘安庆*

李兴实

秘 书 长　赵居安（兼）*　郅　良（女）

副秘书长　韩明东　毛华铭　刘　燕　孙　远

徐　琳　张爱波　逄曙光（女）

卢　林

常务委员（按姓名笔画为序）

丁小玲（女）　于　红（女）

于慧东　马　利（女）　马效恩

王文生　王方晨　王传秋　王　克

王克芳（女）　王　纮　王国顺

王孟杰　王柏华　王钦军　王　亮

王洪新（女）　王振东

王翠香（女）　文东河　方　浩

孔　杰　石　玮　卢　林

叶　霖（女）　印　东（女）

冯　毅　吕凤华（女）　乔　谦

刘　佳（女）　刘　浩　刘　斌

刘　燕　刘传勇　刘明翠（女）

刘祖亭　刘艳秋（女）

刘雅涵（女）　齐加新（女）

米文芃（女）　阮师漫（女）

孙　远　孙义俊　孙武虎　麦家荣

李　明　李　莉（女）　李广华

李文秀（女）　李成刚　李兴实

李季孝　李宗清　李树忱　李轶锋

李洪光　李根英（女）

杨玉华（女）　杨美红（女）

杨晓刚　吴　磊　宋　蔚（女）

张　岩（女）　张　玲（女）

张　泉　张　健　张　强　张　鹏

张　薏（女）　张巧良　张发军

张爱波（女）　陆建林

陈淑平（女）　邵　莉（女）

邵红升　林东明　林海铭　欧润光

郅　良（女）　罗跃成　周　震

孟云霞（女）　赵　宁（女）

赵　华　赵卫良　郝　伟　段伦仲

侯俊平　逄曙光（女）　施教毕

姚虎明　容　蓉（女）　黄　刚

曹　军　扈书乘　韩明东　韩洪强

韩慧健　释弘恩　谢圣仁　潘荣庆

魏　新

注：2022年12月28日，市政协十五届二次会议补选王孟杰、杨玉华（女）、曹军为常务委员。

## 市政协工作部门

### 办公厅

主　任　高　斌（兼）* 　韩明东（兼）

副主任　段明曾　李志宏*　付映千　王海涛

### 研究室

主　任　孙　远（兼）

副主任　陈文忠*　马思超*　张伟超

### 委员活动工作室

主　任　高肖玉（女）*　王孟杰*　乔　谦

副主任　李连军　宋军言　张伟超*

### 提案委员会

主　任　乔　谦*

副主任（按姓名笔画为序）

王　亮　王文生　印　东（女）

齐加新（女）　张连福　林海铭

孟云霞（女）　赵　勇　高　冰

温希军

### 经济科技委员会

主　任　韩明东*　陈文忠

副主任（按姓名笔画为序）

于希明　冯　毅　孙战宇　孙晓雷*

李　军　杨美红（女）　陆建林

孟学峰　赵　宁（女）　赵秋峰

祝春华（女）　常　忠

### 农业和农村委员会

主　任　翟宏国*　李广华

副主任（按姓名笔画为序）

于瑞民　王濯缨　史会剑　李季孝

李根英（女）　张振民　黄　刚

曹　军

### 人口资源环境委员会

主　任　张福俭*　杨玉华（女）*

副主任（按姓名笔画为序）

马思超　王安忠　叶　霖（女）

孙武虎　刘　斌　刘炳龙*　朱茂丽（女）

邵　莉（女）　张　鹏　曹殿军

### 社教卫体和法制委员会

主　任　张　岩（女）*

副主任（按姓名笔画为序）

马效恩　王　纮　王翠香（女）

孔　杰　刘海萍（女）　刘雅涵（女）

李冬利　邹　蓬　姜录臣　昝圣煜

贾红刚　韩延才

### 港澳台侨和外事委员会

主　任　高　琳

副主任（按姓名笔画为序）

王云国　米文芃（女）　李　莉（女）

李洪伟　张　喆　沈　缤　姚　桢

韩永军　程禹铭

### 文化文史和学习委员会

主　任　翟旭东*　贺　伟

副主任（按姓名笔画为序）

石　玮　刘　玲（女）　刘　浩

刘文忠　汪　鹏　杨晓刚　陈国华

郅　良（女）　倪秀珍（女）

（市政协办公厅）

## 中共济南市纪律检查委员会、济南市监察委员会及所属工作部门

## 中共济南市第十二届纪律检查委员会

书　记　杨光忠

副书记　朱玉明　刘国亭　孙义俊

常　委　杨光忠　朱玉明　刘国亭　孙义俊　史宏捷*

李敬德　王　欢（女）　李红雨　刘广东

丁晓红（女）

秘书长　刘广东

委　员（按姓名笔画为序）

丁晓红（女）　马　超　王　欢（女）

王　菲（女）　王　蒙　王云刚　王树刚

牛力强　史宏捷　毕朝暾　吕卫东

吕艳凤（女）　朱玉明　刘　安　刘　磊

刘广东　刘国亭　孙义俊　阴　浩　苏　涛

李开森　李永实　李红雨　李国华　李海峰

李敬德　杨　力　杨光忠　位　健　张　生
张本才　张家才　陈　鹰（女）　陈延喜
范立山　赵洪芹（女）　陶明礼　桑逢德
黄建强　曹士亮　鹿　霆　彭　敏（女）
韩秉林　焦念强　路建玲（女）

**济南市监察委员会**

主　任　杨光忠
副主任　朱玉明　刘国亭　孙义俊　赵玉海*
魏莉萍（女）*
委　员　满　斌（兼）*　刘兆华（兼）*
阴法义（兼）*　史宏捷（兼）*
李敬德（兼）　王　欢（女）（兼）
李红雨（兼）　位　健　毕朝暾

## 市纪委监委工作部门

**办公厅**

主　任　刘广东*　周继强

**组织部**

部　长　牛力强

**宣传部**

部　长　陈　鹰（女）

**研究室**

主　任　任大宏

**党风政风监督室**

主　任　毕朝暾*　李海燕（女）

**信访室（挂市国家公职人员违法违纪举报中心牌子）**

主　任　胡玉宣*　靳宗兵

**案件监督管理室**

主　任　位　健*　刘树明

**第一监督检查室**

主　任　吴云霞（女）

**第二监督检查室**

主　任　张家才

**第三监督检查室**

主　任　张庆英（女）*　刘冰剑

**第四监督检查室**

主　任　马　超*　李　俊（女）

**第五监督检查室**

主　任　刘树明*　张　莉（女）

**第六监督检查室**

主　任　乔希萍（女）

**第七监督检查室**

主　任　刘启彦

**第八审查调查室**

主　任　杨宏伟（女）

**第九审查调查室**

主　任　李　凯

**第十审查调查室**

主　任　黄建强

**第十一审查调查室**

主　任　祝　磊

**第十二审查调查室**

主　任　吕洪宾

**第十三审查调查室**

主　任　肖　敏

**案件审理室（挂政策法规室牌子）**

主　任　陈延喜

**纪检监察干部监督室**

主　任　马丽媛（女）*　杨朝水

## 市纪委监委派驻纪检监察组

**派驻第一纪检监察组**

组　长　刘大海*　李星辰

**派驻第二纪检监察组**

组　长　李　雪（女）

**派驻第三纪检监察组**

组　长　王　勇*　张庆英（女）

**派驻第四纪检监察组**

组　长　刘加星

**派驻第五纪检监察组**

组　长　刘友祯*　韩　英（女）

**派驻第六纪检监察组**

组　长　郭尚兰（女）

**派驻第七纪检监察组**

组　长　李　强*　梁晓华（女）

**派驻第八纪检监察组**
组　长　李海燕
**派驻第九纪检监察组**
组　长　卢国栋
**派驻第十纪检监察组**
组　长　梁宗义
**派驻第十一纪检监察组**
组　长　王佚如（女）
**派驻第十二纪检监察组**
组　长　王金岭
**派驻第十三纪检监察组**
组　长　杨　斌
**派驻第十四纪检监察组**
组　长　郑玉岭* 胡玉宣
**派驻第十五纪检监察组**
组　长　于晓辰
**派驻第十六纪检监察组**
组　长　张贵芳（女）
**派驻第十七纪检监察组**
组　长　于维禄
**驻市人大机关纪检监察组**
组　长　王　旭* 吕卫东
**驻市政协机关纪检监察组**
组　长　董国瑞
**驻市中级人民法院纪检监察组**
组　长　李　庆
**驻市人民检察院纪检监察组**
组　长　马国胜
**驻市教育局纪检监察组**
组　长　李永实
**驻市公安局纪检监察组**
组　长　吴　海* 焦念强
**驻市生态环境局纪检监察组**
组　长　王瑞云
**驻市城乡交通运输局纪检监察组**
组　长　高　峰
**驻市审计局纪检监察组**
组　长　曲学良* 马丽媛（女）
**驻市国资委纪检监察组**
组　长　芦　青

（市纪委）

## 济南市中级人民法院

院　长　张爱云（女）* 李向阳
副院长　李　杰　张　生　郑　玉（女）*
　　　　毕于军　王　成　王洪伟　贾玉东

（市中级人民法院）

## 济南市人民检察院

检察长　鲍　峰
副检察长　张守强　宋　蔚（女）　韩　清
　　　　　陈艺英　张江涛　韩秉林　唐骁鹏

（市人民检察院）

## 民主党派

**中国国民党革命委员会济南市第九届委员会**
主任委员　王伯芝
副主任委员　衣光军　姚虎明　王化峰（驻会）
　　　　　　李铁锋　齐加新（女）
秘书长　倪秀珍（女）
**中国民主同盟济南市第十四届委员会**
主任委员　巩宪群
副主任委员　李兴实　张爱波（女）
　　　　　　李会芹（女）　王振东
　　　　　　刘明翠（女）　邵　莉（女）
秘书长　昝圣煜
**中国民主建国会济南市第十四届委员会**
主任委员　王建森
副主任委员　王翠香（女）　丁保国* 孙　罡
　　　　　　阮师漫（女）　韩慧健　王　亮
秘书长　姚　桢（女）
**中国民主促进会济南市第十一届委员会**
主任委员　潘荣庆
副主任委员　陈学中　徐　琳　叶　霖（女）

王洪新（女） 赵 华
秘 书 长 刘海萍（女）

**中国农工民主党济南市第十二届委员会**

主任委员 刘传勇
副主任委员 逄曙光（女） 林 霞（女）
李洪光 刘 斌
秘 书 长 汪 鹏

**中国致公党济南市第七届委员会**

主任委员 王桂英（女）
副主任委员 袁淑玲（女） 李 莉（女）
卢 林 李 明 方 浩
秘 书 长 李 莉（女）（兼）

**九三学社济南市第十二届委员会**

主任委员 刘 霞（女）
副主任委员 付修琍（女） 王文生
赵 宁（女） 黄 刚 张 健
秘 书 长 翁向勇

（各民主党派）

## 群众团体

**济南市总工会第十七届委员会**

主 席 王京文* 刘 科
常务副主席 傅金峰* 吕灿华
副 主 席 刘祖亭 李兴家 戚淑斌 蒲玉全
申世平

**共青团济南市第十七届委员会**

书 记 张 熙* 贾 文
副书记 孟云霞（女） 王 玺 孙 华

**济南市妇女联合会第十四届执委会**

主 席 刘 勤（女）* 田 迎（女）
副主席 刘 霞（女）* 刘雅涵（女）*
王 萍（女）* 刘瑞玲（女）（挂职）*
包 昆（女） 迟 蕾（女）
赵 莉（女）

**济南市科学技术协会第九届委员会**

主 席 衣光军* 吴 臻
副主席 张广勇* 毕于义* 韩 平* 贾文涛
胡 辉（女） 李 武

**济南市文学艺术界联合会第六届委员会**

主 席 张 望
副主席 李经发* 刘 浩 蒋济东 刘艳丽（女）
张鸿福

**济南市归国华侨联合会第九届委员会**

主 席 米文芃（女，回族）
副主席 孙洪成 王洪禹 刘作宗 董一鸣
阮师漫（女） 马 进

**济南市社会科学界联合会第五届委员会**

主 席 杨 峰（兼）* 戴龙成（兼）
副主席 石 玮* 卞 文 李 莉（女）
郭 涛

**济南市残疾人联合会第七届执行理事会**

理 事 长 于 红（女，回族）
副理事长 程立杰* 刘红卫（女）* 张 伟（女）*
宋文静（女） 孟照龙（挂职）

**济南市工商业联合会第十五届执委会**

主 席 刘梦海
常务副主席 张 勇
副 主 席 刁建国 刘延国 韩光美（女）
黄庆涛 胡振宇 李 燕（女）
陆建林 林 擘 孙 倩（女）
梁志银（女） 韩 震 邢宪卿
孙武虎 滕林行 王永胜 魏东晓
施乾平 甘宜梧
秘 书 长 孙国栋

**济南市红十字会**

会 长 王桂英（女）（兼）
常务副会长 武善欣* 刘 勤（女）
副 会 长 郭向芳（女）* 李 宁（女）

**中国国际贸易促进委员会济南市分会（中国国际商会济南商会）**

会 长 张 喆
副会长 张 伟（女）* 周 波 张铁军

**济南市台湾同胞联谊会第七届理事会**

名誉会长 吴远潮
会 长 袁大川
副 会 长 张 玲（女，高山族） 聂爱华（女）
刘 栋 韩 晗（高山族）

高　雁（女）　叶　江
秘书长　徐　波

**市法学会第五届理事会**

会　　长　吕　涛（兼）
常务副会长　辛全龙

**济南市计划生育协会**

会　　长　王桂英（女）（兼）
常务副会长　庞　涛* 柏爱学
副 会 长　高振海　张令军*
赵　莹（女）（兼秘书长）

（各相关单位）

## 部分企业集团

**济南城市投资集团有限公司**

董 事 长　聂　军* 武　伟
总 经 理　武　伟* 殷光伟
副总经理　高　烈　马　莹（女）　姜建生
孙明达
纪委书记　陶明礼

**济南城市建设集团有限公司**

董 事 长　张海平* 史海成
总 经 理　史海成* 许为民
副总经理　安玉坤　许为民* 徐文东　林　华*
孙培梁* 张　建
纪委书记　刘学谦（女）

**济南轨道交通集团有限公司**

董 事 长　陈思斌* 高树金
总 经 理　王伯芝
副总经理　哈月亭　潘　军　杨晓东　丁　强
徐勤伟　靳凤玉　刘凤洲
纪委书记　哈月亭

**济南金融控股集团有限公司**

董 事 长　王玉柱
总 经 理　孔令伟
副总经理　童金根* 汤传海　韩　冰　王鲁豫
纪委书记　申世红

**济南文旅发展集团有限公司**

董 事 长　陈国华（满族）
总 经 理　白　冰（满族）
副总经理　张广宇* 潘大波* 崔家新　王　锋
王学军　陈会生
纪委书记　朱爱华（女）*　华淑美（女）

**济南产业发展投资集团有限公司**

董 事 长　史同伟* 黄　蓓（女）
总 经 理　黄　蓓（女）*
副总经理　王浩涛　王明波（回族）　张现成*
孟　新　郑莹莹（女）
纪委书记　卢　刚

（各相关单位）

栏目编辑　王炜　张阳

# 中国共产党济南市委员会

## 综 述

【全市党组织和党员概况】 2022年年底，济南市共有党组织37839个。其中，党委1689个，党组599个，党总支1932个，党支部33619个。共有党员639075名。其中，预备党员8921名，占1.40%；女党员178450名，占27.92%；少数民族党员7489名，占1.17%。1921年7月至1949年9月入党的1027名，占0.16%；1949年10月至1966年4月入党的19916名，占3.12%；1966年5月至1976年10月入党的63735名，占9.97%；1976年11月至2002年10月入党的266708名，占41.73%；2002年11月以后入党的287689名，占45.02%。35岁及以下的106306名，占16.63%；36岁至55岁的243178名，占38.05%；56岁及以上的289591名，占45.31%。大专以上文化程度的338573名，占52.98%；中专文化程度的60951名，占9.54%；高中（中技）文化程度的103246名，占16.16%；初中及以下文化程度的136305名，占21.33%。公有制单位在岗职工党员191175名，占29.91%；非公有制单位在岗职工党员61777名，占9.67%；社会组织单位在岗职工党员8611名，占1.35%；农牧渔民党员157704名，占24.68%；学生党员4853名，占0.76%；离退休党员177591名，占27.79%；其他党员37364名，占5.85%。

（张文广）

【强化理论武装】 深化落实“第一议题”制度，习近平总书记每次发表重要讲话、作出重要指示批示，都第一时间跟进学习。2022年，市委常委会学习117篇，理论学习中心组学习14次。统筹抓好各级党委理论学习中心组、干部集中轮训、基层党员干部学习，实施习近平新时代中国特色社会主义思想教育培训工程，培训县处级以上干部2.2万余名。（市委办公厅）

【学习宣传贯彻党的二十大精神】 坚持把学习宣传贯彻党的二十大精神作为首要政治任务，党的二十大召开后，迅速召开市委常委会扩大会议组织传达学习，举行市委理论学习中心组学习研讨和专题学习班，召开市委十二届二次全会，研究通过《中共济南市委关于深入学习宣传贯彻党的二十大精神的决议》，组建市委宣讲团开展集中宣讲，迅速兴起学习宣传贯彻热潮。

（市委办公厅）

【锻造高素质干部队伍】 完成区县、镇领导班子换届，分批次、分领域有序调整优化市管班子，调整市管干部1362人。实施强省会干部能力提升计划，从中央、省直部门、省属企业、高校引进108名干部人才来济挂职，选派227名干部到急难险重岗位、重点任务一线挂职锻炼。实施新时代年轻干部培养选拔“海右计划”，建立一批年轻干部成长实训基地，组织100名干部双向交流任职。激励干部担当作为，表扬疫情防控担当作为“出彩型”好干部180人、好团队29个，实施容错纠错96人次，为186名党员干部澄清正名。（市委办公厅）

【加强基层党组织建设】 推进城市基层党建示范市建设，加强新业态新就业群体党建，在全省率先打造新就业群体“成长学院”，优化调整网格1.6万个。开展村“两委”班子“后评估”，342个“强基”村实现整顿转化。开展“上一线、察实情、练本领、促发展”群众工作教育实践活动，办理实事3126件，解决问题1611个。（市委办公厅）

【落实意识形态工作责任制】 召开市委意识形态和宣传思想工作领导小组会议3次，组织意识形态领域风险排查6次，对市属14家高校和部分区县、市直部门开展专项督查。巩固壮大主流思想舆论，成立全省首个国际传播中心，推动“泉城发布厅”提档升级，让正能量产生大流量。做好新时代统战工作，打造“参東”品牌，推动成立济南市新生代企业家联谊会，做好民族、宗教、港澳台和海外统战、侨务工作。　　（市委办公厅）

【持之以恒正风肃纪反腐】 持之以恒纠“四风”、树新风，查处“四风”问题625起、处理780人，给予党纪政务处分573人。一体推进不敢腐、不能腐、不想腐，处置问题线索11673件，给予党纪政务处分3038人；查处群众身边腐败和作风问题1241起，给予党纪政务处分1114人，反腐败斗争压倒性胜利持续巩固发展。持续深化政治巡察，开展黄河流域生态保护和高质量发展上下联动专项巡察，对13个市直部门单位进行常规巡察，对村（社区）开展“提级＋联动”巡察。初步构建起党委统一领导、党政齐抓共管、纪委监委组织协调、相关部门各司其职、全社会共同参与的廉洁文化建设工作格局。

（市委办公厅）

【深化落实黄河重大国家战略】 坚决落实“四水四定”，牢牢把握“四项原则”“五项重点任务”，推进中央生态环境保护督察、省委黄河流域生态保护和高质量发展专项巡视等反馈问题整改，全面开展入黄支流综合整治，有序推进节水典范城市建设，白云水库建成蓄水，卧虎山—锦绣川水库连通工程、杨家横水库增容工程基本完成，黄河下游“十三五”防洪工程（济南段）投入使用，黄河下游绿色生态走廊建设形成景观效果。新旧动能转换起步区加速起势，发展规划获批实施，“1+4+16+N”规划体系逐步完善，黄河大道一期建成通车，山大二院北院区、黄河体育中心等公共服务项目加快推进，中科新经济科创园、国际招商产业园等高端平台加快布局，比亚迪新能源乘用车项目整车下线，累计签约136个高端优质项目、总投资超过3100亿元。

（市委办公厅）

【提升城市功能品质】 全面推进“十大之城”建设，实现全国文明城市年度测评“四连冠”，完成全国文明典范城市综合测试。济莱高铁、黄东联络线、济高高速公路全线通车，轨道交通二期6条线路加快建设，济南机场二期改扩建工程、济滨高铁、至济阳有轨电车工程正式开工。改造老旧片区46个、惠及居民5.7万户，筹集保障性租赁住房40129套（间），棚改安置房新开工8107套、基本建成31978套。探索推进公园城市建设，新建公园55处、绿道130千米，全市泉水共有1209处，重点泉群持续喷涌19年。创新公共文化服务供给，累计建成泉城书房44个，打造新型阅读空间51处、泉城文化驿站28家。

（市委办公厅）

【推进重点领域改革】 实施“十大改革创新行动”，改革热度指数保持全国前列。高标准完成国企改革三年行动任务，市属国有企业实现营业收入1831.99亿元，同比增长7.2%。开展民营经济高质量发展十大专项行动，3家企业入围中国民营企业500强。深化要素市场化改革，探索生态资源权益市场化交易，推动水权交易改革，启动用能权交易试点。推动农村土地经营权规范有序流转，累计流转土地面积15.48万公顷。　　（市委办公厅）

【推进对外开放】 深度融入“一带一路”，推进自贸试验区济南片区、济南综合保税区、章锦保税区等高能级平台建设，中欧班列开行801列、占全省38.94%，入选国家首批综合货运枢纽补链强链城市。开展重点外贸服贸企业“1150”行动，新增外贸注册企业2732家、实绩企业1913家，外贸进出口2208.9亿元、同比增长13.9%。推进跨境电子商务综合试验区建设，跨境电商交易额250亿元、增长1.08倍。开展招商引资“九大行动”，全市实际使用外资达31.37亿美元、同比增长18.02%，总量居全省第二。

（市委办公厅）

【中国共产党济南市第十二次代表大会】 于2022年4月9—12日举行。中国共产党济南市第十二次代表大会，是在开启全面建设社会主义现代化国家、向第二个百年奋斗目标进军新征程的重大历史节点上，在加快建设新时代社会主义现代化强

省会的关键时期，召开的一次十分重要的会议。大会选举出由63名委员、12名候补委员组成的中共济南市第十二届委员会，选举出中共济南市纪律检查委员会委员45名，选举出济南市出席省第十二次党代会的代表64名。大会一致通过《中国共产党济南市第十二次代表大会关于市第十一届委员会报告的决议》，通过《中国共产党济南市第十二次代表大会关于市第十一届纪律检查委员会工作报告的决议》。

【市委十二届一次全会】 中国共产党济南市第十二届委员会第一次全体会议，于2022年4月12日举行。出席全会的有市委委员52人、候补委员11人。市纪律检查委员会委员列席会议。刘强主持会议并作了讲话。全会选举中国共产党济南市第十二届委员会常务委员会委员、书记、副书记；通过中国共产党济南市第十二届纪律检查委员会第一次全体会议的选举结果。

【市委十二届二次全会】 中国共产党济南市第十二届委员会第二次全体会议，于2022年12月16日举行。出席全会的有市委委员48人、候补市委委员8人。不是市委委员、候补委员的市人大常委会、市政府、市政协党组成员，市纪委副书记列席会议。全会由市委常委会主持。省委常委、市委书记刘强讲话。全会深入学习贯彻党的二十大精神，传达学习省委十二届二次全会精神，听取和讨论刘强受市委常委会委托作的工作报告，审议通过《中共济南市委关于深入学习宣传贯彻党的二十大精神的决议》。

【市委重要专题会议】 2022年，济南市委召开的重要专题会议有：市委经济工作会议、2021年度区县委书记和市直有关党（工）委书记全面从严治党述责述廉和抓基层党建工作述职评议会议、济南市党史学习教育总结会议、市委统筹疫情防控和经济运行工作领导小组（指挥部）会议、济南市2022年工作动员大会、空天信息大学济南市筹建工作领导小组会议、全市信访稳定工作专题会议、市第十二次党代会筹备工作领导小组会议、济南市南部山区违法建设问题专题会议、全市校园疫情防控工作视频会议、党代会报告征求各界人士建议座谈会、经济运行分析会、全市“双招双引”工作专题调度会、数字机关建设工作专题会议、济南市庆祝“五一”国际劳动节劳模座谈会、省市区（县）联合指挥部疫情防控工作例会、区县委书记统筹疫情防控和经济运行工作座谈会、重点企业和重点项目工作座谈会、济南新旧动能转换起步区规划建设推进专题会议、全市党的二十大及省党代会维稳安保工作部署会议、济南市“提升城市软实力 创建文明典范城”动员大会、驻济省属国有企业座谈会、全市加强新时代廉洁文化建设工作会议暨党员干部警示教育大会、全市防汛工作专题会、“牢记总书记嘱托 奋力走在前开新局”全市乡村振兴工作现场会、学习贯彻省第十二次党代会精神省委宣讲团宣讲报告会、市委人才工作会议、全市双招双引工作会议、市直机关党的建设工作座谈会、全市文明典范城市创建工作现场会、市委民族工作会议暨全市宗教工作会议、全国文明典范城市创建工作推进会、社会治理数字化工作专题会议、市属国有企业党建工作座谈会、济南市落实黄河流域生态保护和高质量发展战略工作专题会、全市宣传思想文化工作座谈会、加快推进数字济南建设工作专题会、集成电路产业发展专题会议、济南遥墙国际机场二期改扩建工程建设推进会、全市重大项目策划储备和资金争取工作专题会、党建引领基层治理工作专题会、济南古城（明府城片区）保护提升工作专题会议、数字济南建设推进大会、市委统战工作会议、生物医药产业发展专题会议、智能制造与高端装备产业发展专题会议、集成电路产业发展专题会议、全市基础设施项目策划储备工作专题会议、济南市黄河流域生态保护和高质量发展工作推进会。

【重要决策决定】 1月7日，市委办公厅、市政府办公厅印发《关于进一步促进总部经济发展的意见》，就进一步促进总部经济发展作出安排部署。

1月7日，市委办公厅、市政府办公厅印发《关于进一步支持企业专精特新发展的若干政策措施》，就进一步支持企业专精特新发展作出安排部署。

2月11日，市委、市政府印发《关于成立济南市科创金融改革试验区领导小组的通知》，就成立济南市科创金融改革试验区领导小组作出安排部署。

2月28日，市委、市政府印发《关于表彰全市“攻坚克难好干部”“攻坚克难好团队”的决定》，表彰全市“攻坚克难好干部”“攻坚克难好团队”。

3月11日，市委办公厅印发《关于进一步规范前置审核程序提高市委文件质效的通知》，就进一步规范前置审核程序提高市委文件质效作出安排部署。

3月24日，市委办公厅、市政府办公厅印发《济南市农村人居环境整治提升五年行动实施方案（2021—2025年）》，就济南市农村人居环境整治提升五年行动作出安排部署。

4月28日，市委、市政府印发《关于表彰济南市劳动模范和先进工作者的决定》，表彰济南市劳动模范和先进工作者。

5月11日，市委印发《关于改进工作作风的若干规定》，就改进工作作风作出安排部署。

5月16日，市委、市政府印发《关于表扬2021年度高质量发展综合绩效考核获奖单位的通报》，表扬2021年度高质量发展综合绩效考核获奖单位。

5月17日，市委、市政府印发《关于表扬2021年度全国文明典范城市创建工作突出贡献集体和突出贡献个人以及模范市民的决定》，表扬2021年度全国文明典范城市创建工作突出贡献集体和突出贡献个人以及模范市民。

6月2日，市委、市政府印发《关于表扬“济南市疫情防控担当作为‘出彩型’好干部”的决定》，表扬“济南市疫情防控担当作为‘出彩型’好干部”。

6月27日，市委、市政府印发《济南市人才服务支持政策（30条）》《济南市人才发展环境政策（30条）》，就人才服务支持政策和人才发展环境政策进行部署安排。

7月7日，市委办公厅印发《关于加强和改进新时代市县政协工作的实施意见》，就加强和改进新时代市县政协工作进行部署安排。

7月19日，市委印发《中国共产党济南市委员会工作规则》，就市委工作规则进行部署安排。

7月23日，市委、市政府印发《济南市建设科创金融改革试验区实施方案》，就济南市建设科创金融改革试验区进行部署安排。

7月25日，市委、市政府印发《关于开展招商引资“九大行动”的实施意见》，就开展招商引资“九大行动”进行部署安排。

8月7日，市委、市政府印发《关于公布第二批“济南市疫情防控担当作为‘出彩型’好干部好团队”名单的通知》，公布第二批“济南市疫情防控担当作为‘出彩型’好干部好团队”名单。

8月11日，市委办公厅、市政府办公厅印发《数字济南建设工作推进方案》，就数字济南建设工作进行部署安排。

8月18日，市委办公厅印发《推进惠企政策精准高效兑现工作方案》，就推进惠企政策精准高效兑现工作方案进行部署安排。

8月18日，市委办公厅印发《关于深化提升城市基层党建引领基层治理的实施意见》，就深化提升城市基层党建引领基层治理进行部署安排。

9月12日，市委办公厅、市政府办公厅印发《济南市建设一流营商环境实施方案》，就济南市建设一流营商环境进行部署安排。

9月19日，市委、市政府印发《关于纵深推进“在泉城·全办成”改革全面加强政务服务体系建设的实施意见》，就纵深推进“在泉城·全办成”改革全面加强政务服务体系建设进行部署安排。

9月19日，市委办公厅印发《关于在黄河流域生态保护和高质量发展中进一步激励干部担当作为的六条措施》，就在黄河流域生态保护和高质量发展中进一步激励干部担当作为进行部署安排。

10月8日，市委办公厅、市政府办公厅印发《关于建立“一村一业、一村一策”推进机制推动乡村产业振兴的实施意见》《关于进一步深化农村“三变”改革的指导意见》，就建立“一村一业、一村一策”推进机制推动乡村产业振兴、进一步深化农村“三变”改革进行部署安排。

10月14日，市委办公厅、市政府办公厅印发《济南市关于深入打好污染防治攻坚战的实施方案》，就深入打好污染防治攻坚战进行部署安排。

10月25日，市委、市政府印发《关于表扬北京冬奥会、冬残奥会空气质量保障工作贡献突出集体和个人的通报》，表扬北京冬奥会、冬残奥会空气质量保障工作贡献突出集体和个人。

11月1日，市委印发《关于认真学习宣传贯彻党的二十大精神的通知》，就认真学习宣传贯彻党的二十大精神进行部署安排。

11月4日，市委办公厅、市政府办公厅印发《市属国有企业创新驱动高质量发展八大专项行动方案》，就市属国有企业创新驱动高质量发展八大专项行动进行部署安排。

11月19日，市委办公厅印发《关于全市各级党组织进一步加强党内法规制度学习的通知》，就全市各级党组织进一步加强党内法规制度学习工作进行部署安排。

12月16日，市委印发《关于深入学习宣传贯彻党的二十大精神的决议》，就深入学习宣传贯彻党的二十大精神进行部署安排。

12月31日，市委、市政府印发《济南市优化生育政策促进人口长期均衡发展实施方案》，就济南市优化生育政策促进人口长期均衡发展进行部署安排。

（市委办公厅）

【概况】 2022年，全市组织系统坚持以习近平新时代中国特色社会主义思想为指导，围绕迎接党的二十大和学习贯彻党的二十大精神，坚定践行新时代党的建设总要求和新时代党的组织路线，锚定“走在前、开新局”，以高质量组织工作服务保障现代化强省会建设，各项工作取得新进展新成效。

坚持用习近平新时代中国特色社会主义思想武装党员干部 把学习贯彻习近平新时代中国特色社会主义思想和党的二十大精神作为首要政治任务，筑牢广大党员干部坚定拥护“两个确立”、坚决做到“两个维护”的思想根基。实施“习近平新时代中国特色社会主义思想教育培训工程”，完成党的十九届六中全会精神专题培训，抓好市第十二次党代会精神学习贯彻。发挥各级党校（行政学院）主阵地作用，分期分批对全市县处级以上干部进行全覆盖培训，培训2万余人。举办市管干部专题学习班2期，培训2130人。全市161个镇街党校培训基层党员23.6万余人次；各级讲党课3万余场次，济南市党课《有危险、我先上》入选中组部精品党课选编，是全国唯一入选的省会城市和副省级城市。

提高政治站位服务中心大局 坚持组织路线服务保证政治路线根本定位，在落实党中央决策部署、服务现代化强省会建设中发挥组织优势、组织功能。服务保障疫情防控。动员2.1万个党组织、23.4万名党员参与村居防控，下拨党费5400万元支持抗疫，出台《关于在疫情防控一线考察识别领导班子和领导干部的实施意见》，表扬疫情防控担当作为“出彩型”好干部180人、好团队29个；印发《关于进一步做好在疫情防控一线考察识别和激励关爱干部工作的通知》，抽调市直单位4849人、区县14722人下沉社区参与防控。服务保障黄河重大国家战略。有针对性地配备适应沿黄区县发展需要的干部，7个沿黄区县98名党政班子成员中，熟悉“三农”、环保等领域的干部占41.8%，有街镇党政正职、援藏等艰苦吃劲岗位经历的干部占63.3%。近两年选派51名干部到起步区挂职，选派起步区3名干部到浦东新区随岗锻炼；制定《起步区创新管理体制和绩效激励机制实施方案》。抓好黄河流域生态保护和高质量发展专项巡视反馈问题整改落实。服务保障全市重点工作。聚焦经济发展一线，到12个省级以上开发区开展专题调研和实地评估，对排名全市后三位的开发区管委会主任进行调整，对领导班子和干部队伍进行全面优化。聚焦全国文明典范城市创建，出台《在创建全国文明典范城市工作中强化考察评价和激励监督的实施意见》。

锻造堪当现代化强省会建设重任的高素质干部队伍 坚持新时代好干部标准，选优配强各级领导班子。高标准做好市党代会和市人代会、市政协会组织选举工作，完成换届各项任务。换届后，区县党政班子平均年龄下降3.3岁，有街镇党政正职经历的占61%，全日制大学以上学历的占比提高12%。坚持分批次、分领域有序调整优化市管班子，先后提请市委常委会会议研究干部议题27次、涉及1362人。面向省直部门、驻济高校引进专业化年轻干部，从省财政厅、省工信厅、省国资委、省金融监管局、山东大学引进5名市管干部。加强国企干部队伍建设，出台《市属企业领导人员管理规定》。开发新时代好干部和公务员培训“海右教案”，是全国首部贯穿公务员职业成长全链条的本土培训教材。开展换届后领导干部履职能力培训，举办提升数字化素养、优化营商环境等专题培训班，开设泉城干部大学堂及“空中课堂”37期。实施“海右科创金融人才引进培养计划”，实施新时代年轻干部培养选拔“海右计划”。开展年轻干部专题调研，动态掌握副科级以上干部2885人，全市共配备“75后”市管干部280余人、“80后”正处级干部460余人。打造40个年轻干部成长实训基地和70个实训项目，落实年轻干部配备专项预审机制，培养选拔优秀年轻干部常态化机制更加健全。从严从实加强干部管理监督，破解日常管理监督难题。加强选人用人监督，审核干部任前事项报告47批次、任前干部人事档案693卷，为选准用好干部提供坚实保障。出台《干部监督信息收集管理使用办法》。出台《关于健全“选育管用”全链条工作机制大力培树公务员先进典型的实施意见》，济南市1人、1个集体分别获评全国人民满意的公务员和公务员集体。开展“听心声、察实情、鼓干劲、促发展”谈心谈话活动；开展打击诬告陷害信访举报专项行动，查处诬告陷害信访举报6起，为5名干部澄清正名。创新优化全市高质量发展综合绩效考核，出台《市管领导班子和领导干部年度考核结果运用实施办法》和公务员平时考核、年度考核实施办法。巩固拓展公务员职务与职级并行制度实施成效，完成市级公务员招录和公开遴选，推进公务员分类改革。打造全市公务员全周期管理一件事集成改革平台，荣获2022政务行业信息化卓越解决方案。

加强基层党组织建设　推进城市基层党建引领基层治理。出台《关于深化提升城市基层党建引领基层治理的实施意见》，制定《关于深化基层治理网格化服务管理体系建设的实施意见》等配套文件。深化党建引领网格化治理，优化调整网格1.6万余个，将专职网格员纳入社区工作者队伍管理。加强“泉城红色物业”建设，物业企业全部实现党的组织覆盖，小区物业服务覆盖率达98%。实施村级党组织分类推进整体提升三年行动，开展村“两委”班子“后评估”，确定“示范”村756个、“创优”村3600个、“强基”村342个，调整54名不胜任村党组织书记，推动“强基”村全部实现转化提升。出台村干部特别是“一肩挑”人员管理监督36条措施，发挥好1010名驻村第一书记和580名工作队队员作用，回引363名在外人才返乡创业任职，选聘985名“乡村振兴工作专员”，80%的村实现“一村一名大学生”。规范提升村党组织领办合作社2822家，新建42个“乡村振兴党建联合体”，落实财政资金2550万元扶持51个村实施25个连片发展项目，年收入10万元以下的村全部清零，50万元以上的村超过30%。创新突破两新组织党建工作，新评选命名100家市级两新组织示范点。在18个重点楼宇建立“楼委会”制度，在14个产业园区推行“工业社区”建设，新成立高端装备、新一代信息技术等产业链党委和党建联盟45个。统筹做好各领域党建工作，全年新发展党员8734人。发挥市委党的建设工作领导小组办公室统筹协调作用，加强对全市党建工作的统筹谋划、整体推进。从严组织2.6万名基层党组织书记开展抓基层党建述职评议考核，召开全市基层党建工作重点任务推进会，督促各级抓好落实。

实施人才强省会战略　全方位培养引进用好人才，全市人才总量突破260万人，获评“2022年度最佳引才城市”“外国专家眼中最具吸引力城市”。召开市委人才工作会议，制定《加强和改进新时代济南人才工作的实施意见》，实施市、区县两级党委书记抓人才工作项目35个。创建国家级吸引和集聚人才平台。出台《济南市人才服务支持政策（30条）》《济南市人才发展环境政策（30条）》。举办第五届中国（济南）新动能创新创业大赛。推进国家和省、市三级重点人才工程，入选国家级人才计划60人、省级泰山系列人才工程49人，人数均创历年新高。开展“才聚泉城高校行”巡讲活动，在21所重点高校设立人才工作联络站，与98所高校建立战略合作关系。推进中科院济南科创城建设，新认定院士工作站6家、专家工作站24家。新建5家海外创新驿站，完成海外预孵化项目119个，推荐海外人才项目725个。建设“数聚才智”平台，推行“免申即享”“免审即享”服务，设立“高层次人才服务专窗”，为877人发放人才服务金卡，备案“人才贷”业务99笔，实施人才安居工程，发放博士后生活和留济补贴5171万元、生活和租房补贴3.32亿元、购房补贴3.77亿元。

（郝　雨）

【强化党的创新理论武装】 坚持以政治建设为统领，始终把学习贯彻习近平新时代中国特色社会主义思想作为首要任务，推进“习近平新时代中国特色社会主义思想教育培训工程”，举办“习近平新时代中国特色社会主义思想”研修班和“学四史、向未来”迎接党的二十大专题研讨班，开展党的十九届六中全会精神专题培训、党的二十大精神学习培训等工作，累计轮训市管干部4300余人次。指导各区县（功能区）和市直各部门（单位）、市管企业开展集中轮训，实现全市县处级（平阴、商河为乡科级）以上领导干部教育培训全覆盖。抓好市第十二次党代会精神学习宣传贯彻，印发《发挥干部教育工作优势，做好市第十二次党代会精神学习宣传贯彻的工作方案》，推动全市广大党员干部学习贯彻市第十二次党代会精神。（苏 越）

【做好出席市第十二次党代会代表推选工作】 2022年1月7日，市委召开党代表选举工作会议安排部署代表推选工作，全市43个选举单位严把标准条件，严格履行程序，严谨规范操作，组织开展代表推选工作。截至3月30日，选举产生600名出席市第十二次党代会代表。其中，各级领导干部346名、占57.7%，各类专业技术人员125名、占20.8%，各条战线先进模范人物115名、占19.2%，解放军和武警部队代表14名、占2.3%。

（罗 莎）

【做好出席党的二十大代表候选人初步人选推荐提名和出席省第十二次党代会代表推选工作】 省委分配济南市出席党的二十大代表候选人初步人选推荐名额5名，出席省第十二次党代会代表名额64名。严把标准条件，充分发扬民主，广泛组织动员基层党组织和党员参与酝酿推荐工作，在征求执纪执法部门和省委组织部意见的基础上，经市委常委会会议、市委十一届十六次全体会议审议通过，刘强、郅颂、张海燕、高淑贞、侯阿曼5人为济南市出席党的二十大代表候选人初步人选推荐人选。4月9—12日，召开中国共产党济南市第十二次代表大会以无记名投票方式，选举于海田等64人为济南市出席省第十二次党代会代表，其中党员领导干部37名、占57.8%，生产和工作一线党员27名、占42.2%。（罗 莎）

2022年2月25日，全市组织部长会议召开　（市委组织部 供稿）

【新时代基层干部主题培训】 研究制定《济南市新时代基层干部主题培训行动计划实施方案》，围绕“乡村振兴”“党建引领基层治理”两大主题，突出街镇党（工）委书记、村（社区）党组织书记、第一书记等10类重点培训对象，创新谋划开展“示范引领培训”“分级分类施训”“基层政策宣讲”“名师名课送教”“云端网络赋能”五项行动，打造“市级抓重点培训、区县抓普遍培训、街镇抓兜底培训、部门抓系统行业培训”纵向到底、横向到边的工作格局，全市举办各类培训班次900余期，组织辅导报告会260余次，开展各类网络培训60余期，累计培训基层干部7万余人次，基层干部队伍整体素质显著提升。（苏 越）

【基层治理创新】 整合市城市基层党建联席会议、市城乡社区治理工作领导小组职能，成立市委党建引领基层治理工作领导小组。指导区县落实《关于推动街镇赋权增能的若干措施》，在114个街道、801个社区实行兼职委员制，吸纳1910多名驻地企事业单位、两新组织党组织负责人为兼职委员，推动辖区各类资源力量融入治理。制定《基层党建引领基层治理街镇工作质效评估办法》及实施细则。开展红色物业示范社区（小区）、示范企业创建活动，济南市5家物业企业、6个物业项目获评全省“齐鲁红色物业”星级服务企业、服务项目。加强社区物业党建联建，建立多部门参与的物业综合执法机制。制定出台《关于进一步规范和加强物业企业党建工作的通知》《济南市住宅小区物业服务质量综合评价办法》《关于加快推进住宅小区业主委员会建设工作的意见》等8个文件，推动物业企业党组织覆盖率达100%，小区物业服务整体覆盖率达98%。出台《关于深化基层治理网格化服务管理体系建设的实施意见》，优化调整1.6万个网格设置，全部建立网格党支部或党小组，把基层治理基础事项全部纳入网格。出台《关于加强城乡社区网格员队伍规范化建设的指导意见》，将社区专职网格员纳入社区工作者队伍管理，2022年全市新招录1910名社区专职网格员。建立健全“社区工作者—社区两委成员—社区书记”梯次成长链条，分级分批对社区书记进行全员轮训，推动45.6%的社区工作者取得社会工作职业资格证书。修订完善《济南市社区工作者管理办法》，面向社会公开招聘2589名社区工作者，每万名城镇常住人口配备社区工作者13.7人，达到核定总量的75.9%。加强“泉新泉驿”党群服务中心品牌建设，全市建设各级各类党群服务中心2216个，平均每平方千米2.6个，形成遍布城区的15分钟服务圈。在500个社区新配备自助服务终端，在110个社区实行24小时不打烊服务。

（王东伟）

【创新加强新领域新业态党建工作】2022年，市委组织部实施两新组织党建提升行动，扩大党在新兴领域的号召力，推动两新组织党建工作打开新局面，取得新成效。采取区域统建、产业联建、发展党员倾斜等措施，持续深化建组织扩覆盖工作，推动全市两新组织党组织覆盖率达80%。开展“一行业一特色”创建，推动各级新组建行业党组织60个。开展第二批市级党建示范点命名工作，市级示范点总数超过100家。以全省新业态新就业群体党建示范区建设为契机，组织开展新业态新就业群体摸排、关心关爱、有效融入城市基层治理、骨干队伍建设5项重点机制创新攻关。在全省率先打造新就业群体“成长学院”，将党的工作延伸到配送站点、新就业群体身边，在中央商务区启动建设近5000平方米的省市一体的新业态新就业群体党群服务中心，建立450余处暖心驿站，推动1.3万多名外卖员、快递员等到社区报到，促进融入社区、参与治理和志愿服务。完善省级以上开发区企业党建管理体制，在18个重点楼宇探索建立“楼委会”制度、14个特色产业园区探索“工业社区”建设，建立“一站式”党群服务中心。在高端装备、新一代信息技术、生物医药等12个重点产业，建立产业链党委和党建联盟45个、覆盖企业930余家。

（王东伟）

【抓党建促乡村振兴】以村级党组织分类推进整体提升三年行动为抓手，推动农村基层党建高质量发展。中组部《组工信息》《党建研究》及《人民日报》、中央电视台等多次推广有关经验做法，中组部“乡村组织振兴齐鲁行”活动两次走进济南市。开展村班子“后评估”，组织308名区县领导班子成员对4698个村全部走访调研一遍，调整不胜任不合适人员54名。市级举办3期村党组织书记示范培训班，带动实现2.3万名村干部培训全覆盖。深化“乡村振兴大比武”，805名优秀书记受到区县通报表扬。新选聘985名大学生“乡村振兴工作专员”到村任职。实施村党组织领办合作社规范提升行动，新布局42个“乡村振兴党建联合体”，扶持51个村实施25个连片发展项目，优化整合1010名第一书记和581名工作队队员，实施产业项目1203个，全市年收入10万元以下的村全部“清零”，50万元以上的村超过30%。制定《加强对村干部特别是“一肩挑”人员管理监督的实施办法》。推进村改社区基层党建和治理难题集中攻坚，121个攻坚对象全部完成攻坚任务，46个实现转型。投入1490万元打造4个乡镇党建综合阵地试点，落实村党组织书记走访群众“户户到”、组建党员志愿服务队等措施，推动村党组织办成“微实事”1.2万件。

（袁金征）

【援藏和东西部对口协作】2022年，济南市坚持输血造血相结合，发挥全市产业优势、科教优势、人力优势，组织开展援藏干部轮换，持续推进与甘肃省临夏州、重庆市武隆区对口帮扶工作。2月，选派1名干部赴重庆市武隆区挂职，于3月底赴渝参加培训并开展帮扶工作。5月，研究确定第十批援藏干部人才16名；7月下旬，第九批与第十批援藏干部人才完成工作交接。全年落实济南市对口协作帮扶资金，支持当地民生、教育、交通等基础设施建设。在白朗县开展医疗援助，组织筛查斜视、弱视、白内障等各类患者4000余人，为1100余人实施免费治疗；开展“鲁藏一家亲，共圆学子梦”等捐赠活动，累计捐款11万元，资助300余名困难学生。在临夏州出台消费、物流奖补政策，编印《临夏州特色农产品及企业推介名录》，为临夏州引进商贸物流类企业17家，开通临夏至济南直达班车（冷链+厢式货车）专线，全年实现临夏农特产品销售额9.12亿元。在武隆区组织支医专家开展“鲁渝有约·山东支医千村行”义诊活动，推介武隆区农特产品到济南市进食堂、进市场，销售农特产品4441.76万元。加强专技人才培养，在白朗县组织开展医疗、教育、农业等领域各类培训11次、400多人；在武隆区组织开展乡村振兴干部示范培训班3期，选派107名专技人才开展“三支”工作，重点打造“鲁渝协作济南班”；在临夏州组织临夏州务工人员到济南阳光大姐培训学员1400余人次，挂牌成立“劳务输出基地”，帮助1.2万余名临夏农村劳动力实现就业。加强双向交流挂职，选派优秀干部到当地挂职的同时，组织受援地区党政干部到济南市市直单位、区县挂职，跟岗学习城市管理、经济建设、乡村振兴等先进经验。（赵恒宁）

【抓好各级领导班子和干部队伍建设】 落实新时代党的组织路线和好干部标准，打造忠诚干净担当的高素质干部队伍。分批次、分领域有序调整优化市直部门（单位）领导班子，做好市管干部日常调整。修订《市管领导班子和领导干部年度考核结果运用实施办法》《市政府参事工作办法》《市管干部职级晋升政策》，制定干部任前公示、任职谈话等制度，开展干部任职回避整改，干部队伍建设规范化程度得到提升。研究制定《济南新旧动能转换起步区创新管理体制和绩效激励机制实施方案》《关于完善济南国际医学科学中心管理体制和绩效激励机制的实施方案》，围绕优化组织架构、规范干部队伍管理、创新激励机制等重点，明确支持政策，激发干事活力。（王沛储）

【抓实干部日常考察识别】 聚焦全市中心大局，全方位、多角度、近距离接触了解干部，开展干部日常考察识别。聚焦疫情防控，印发《关于在疫情防控一线考察识别领导班子和领导干部的实施意见》《关于进一步做好在疫情防控一线考察识别和激励关爱干部工作的通知》，组建考察督导组下沉一线，强化在重大斗争一线选人用人鲜明导向。聚焦助力经济发展，赴全市12个省级以上开发区开展专题调研，形成表现优秀干部、表现一般干部等清单。聚焦全国文明典范城市创建，研究出台《关于在创建全国文明典范城市工作中强化考察评价和激励监督的实施意见》，加强对创城一线干部全方位考察和全过程跟踪问效。（王沛储）

【加大干部正向激励力度】 坚持以“出彩型”好干部引领打造“出彩型”城市，分两批即时推选表扬全市疫情防控担当作为“出彩型”好干部180名、好团队29个。会同市委宣传部、济南电视台组织举办“泉城发布厅”启动仪式暨济南市“出彩型”好干部、好团队系列事迹发布活动。接续编辑出版“在奋斗中出彩”系列丛书第4辑《攻坚克难的奋斗者》。印发《关于进一步落实关心关爱干部各项措施的通知》。对全市576名不同类型问题干部建立台账，一对一重点帮扶。（王沛储）

【开展“上一线、察实情、练本领、促发展”群众工作教育实践活动】 以市直机关干部下沉一线助力抗疫为契机，开展“上一线、察实情、练本领、促发展”群众工作教育实践活动，聚焦10项工作内容，细化52项工作措施，市直1102个机关党支部联系对接2850个街道社区和企业等基层一线单位，开展调研9460余次，帮助基层解决问题2100多个，组建机关社会志愿者、应急预备队和青年先锋队等涵盖61000余人次的“三支队伍”，推动机关党员干部全员下基层、全面受教育、全程抓落实。（王沛储）

【完成全国和省人大代表、政协委员推选工作】 按照中央要求和省委部署，成立工作专班，严格标准条件，在各单位广泛推荐、反复沟通、联合审查、深入考察的基础上，向省委分别推荐新一届全国和省人大代表初步人选12名、65名，全国和省政协委员4名、72名，各项结构比例均符合要求。提前谋划、精心组织市十八届人大二次会议，完成选举组织工作，省委、市委提名的候选人全部顺利当选。

（王沛储）

**【推进国有企业领导人员管理制度建设】** 研究印发《济南市市属企业领导人员管理规定》，突出党管干部原则，强化党建引领，在职位设置、选拔任用、职业经理人、考核评价、薪酬与激励、管理监督、培养锻炼等11个方面，细化80条具体措施和内容，涉及企业领导人员选拔、使用、管理、监督、退出等全链条工作。在严格遵循中央和山东省规定的基础上，系统总结国有企业改革实践做法，分别在选拔任用、职业经理人、考核评价、培养锻炼、退出5个方面进行探索创新，建立起有别于党政领导干部、体现济南市国有企业特点的领导人员管理制度。

（李继瑞）

**【制定实施新时代年轻干部培养选拔“海右计划”】** 干部队伍建设规划办公室围绕全市干部队伍建设主线，制定实施新时代年轻干部培养选拔“海右计划”，聚焦“选育管用督”提出22项具体措施，打造高素质专业化年轻干部队伍。建立定期推优制度，组织各单位每半年推荐一次优秀年轻干部。开展专题调研，直接掌握局、处、科三级优秀年轻干部1400余名。实施“泉城优储计划”，5年内面向重点高校引进不少于1000名优秀人才。实施选调生“稳量拓源提质计划”，5年招录600名左右，对100余名优秀选调生实行清单培养，2022年统筹全市编制资源，拿出197个优质岗位招录选调生。完善集中储备制度，换届前“综合调研”和换届“后评估”相结合，集中储备一批“好苗子”。聚焦城市更新、基层治理、项目建设等领域，打造110个实训基地和项目，市县联动选派2456名年轻干部历练提升。启动年轻干部“上下交流计划”，推荐100人上下交流任职，其中选派“80后”“85后”“90后”年轻干部交流任街道党政正副职62名。新提拔年轻市管副职，一律先到信访、应急、城管、投促等吃劲岗位锻炼1年。建立年轻干部应急预备队和青年先锋队，2022年发动5000余人次投入疫情防控等急难险重任务。启动优秀年轻干部“配备提升计划”，将2022年定为“基础提升年”，制定具体量化提升目标，梯队建设效果明显。2022年，共配备“75后”市管干部280余名，“80后”正处级460余名，“85后”副处级360余名。建立年轻干部配备专项预审机制，把培养选拔抓在平时，新提拔40岁左右中层正职和36岁左右中层副职150余人。实施“英才集聚计划”，面向驻济高校院所、省直单位引进7名市管年轻干部，从5家金融机构引进27名金融人才。坚持优先配备，各级党政班子成员出现空缺时，优先考虑配备优秀年轻干部。建立教育预防机制，将廉政教育作为中青班、选调生培训班等“必修课”，选取本土典型案例编发年轻干部违纪违法警示录，提醒警钟长鸣。制定“八小时之外”监督办法，破解日常监督难题。设立“心声”谈话室，谈话年轻市管干部100余人。建立负面清单告知提醒制度，已向50余名年轻市管干部反馈问题300余个。制定“导师帮带”办法，为年轻干部精准匹配1200余名成长导师。

（郑祥文）

**【巩固拓展公务员职务与职级并行制度实施成效】** 树牢树实职级晋升导向，强化组织把关，突出正向激励。2022年，为1227名市直部门一级至四级调研员职级调整进行备案。用好用活职级职数资源，研究制定优化一级调研员统筹数使用办法，化解因机构改革、区划调整等原因造成的超编超职数、中层干部晋升困难等问题。推动公务员分类改革扩面增效，指导市审计局完成职级套转和任职资格首次评定等改革工作。

（曹亚坤）

**【创新开发“海右”学习教案】** 围绕建设堪当民族复兴重任的高素质干部队伍，以“怎样当好”为主题，创新开发全国首部贯穿公务员职业成长全链条的本土培训教材，结集出版《新时代好干部和公务员培训“海右教案”》系列丛书。首批开发11个系列、138篇案例。在济南电视台泉城发布厅举办“海右学习教案”发布活动，550余万人次观看直播；在“学习强国”开设数字阅读专题，首批推出2个系列教案，上线3天阅读量突破100万人次。

（曹亚坤）

**【完成市直参照管理单位重新认定工作】** 坚持服务区划调整、服务改革大局，聚焦涉改单位“撤、并、改、分”（单位撤销、单位合并、单位职能改变、单位分设）四种关键类型，做好区划调整政策、机构改革政策两个衔接，推进完成市直参照管理单位重新认定。济南市市直参照管理单位由区划调整、机构改革前105个（含原莱芜市市直参照管理单位）调整为改革后45个，实现机构精简、职能优化、效能提升。（曹亚坤）

【人民满意的公务员和集体推荐评选】济阳区济北街道党建办副主任江昊杰和历下区甸柳街道办事处分别获评全国“人民满意的公务员”和“人民满意的公务员集体”，9名个人和6个集体获全省“人民满意的公务员”和“人民满意的公务员集体”表彰，在全省各地市中获奖数量最多。（庄会伟）

【印发出台人才政策“双30条”】2022年6月29日，市委人才工作会议召开，对推动新时代济南人才工作高质量发展进行全面部署。会上，印发出台《济南市人才服务支持政策（30条）》《济南市人才发展环境政策（30条）》（简称“人才政策‘双30条’”），按照与人才直接相关和间接相关，将完善提升后的人才政策，分为人才服务支持、人才发展环境2个类别，以政策清单的方式予以整体呈现，让人才更加便捷高效享受政策红利。8月8日，一揽子出台人才政策“双30条”60个配套实施细则。聚焦人才服务保障、人才队伍建设、高校院所建设、校地合作、研发机构建设、人才生态等方面，推出更具含金量的政策措施，特别在一流人才队伍建设方面，着眼于增强科技竞争力和城市发展软实力，优化升级青年人才、产业人才支持政策，增加哲学社会科学类人才政策，支持方式更加精准，政策体系更加完善。（谭玉珺）

【举办第五届国际高层次人才创新创业大赛】2022年7月，启动实施第五届中国（济南）新动能创新创业大赛，设立加拿大、澳大利亚、匈牙利、比利时、韩国5个国外预赛区和北京、深圳、杭州、西安、成都5个国内预赛区，分为大数据与新一代信息技术、智能制造与高端装备、生物医药与大健康、现代农业与低碳环保、新能源与新材料5个领域，吸引40余个国家的3994个项目报名参赛，比上届大赛增加1121个，报名数量再创新高。11月5—6日，在济南举办决赛评审，评选出获奖项目45个，其中一等奖5个、二等奖15个、三等奖25个。突出服务产业和落地导向，建立符合项目成长规律的全链条、全周期落地服务机制，全力提高项目落地率和成果转化率，累计落地项目136个，引进博士以上高层次人才197人，其中25个大赛获奖落地项目纳入“海右名家”产业领军人才工程支持范围，支持引进类创新人才（团队）4人（个）、创业人才（团队）21人（个）。（谭玉珺）

【加强对干部全方位管理和经常性监督】多轮次组织相关政策法规培训，推动各单位严格执行程序规定、规范选拔任用工作。严格审核把关，推进“凡提五必”，审核干部任前事项报告47批次，对13个单位开展选人用人专项检查。强化“一报告两评议”结果运用，对评议分值较低单位开展专项检查，找准问题根源，明确整改措施。制定《选人用人易发问题“负面清单”》，防止问题屡查屡犯。开展涉组涉干信访举报“降量退位”集中攻坚，制定《加强组织部门信访举报工作业务规范化建设的意见》，

2022年9月16日，第五届中国（济南）新动能创新创业大赛北京赛区开幕式在中国科技会堂举行

（市委组织部 供稿）

2022年10月10日，市委组织部举办“喜迎二十大 创新走在前”济南市优秀党课展示观摩暨送课下基层活动（市委组织部 供稿）

加强源头预防，开展4轮风险隐患排查，中组部、省委组织部转办件大幅下降。查核个人有关事项报告6413人，查核一致率达95.12%，实现“五年连升”。开展省委黄河流域生态保护和高质量发展专项巡视整改和市委专项巡察整改监督，推动完成问题整改。完成中组部“加强组织部门对领导干部日常监督研究”课题调研任务。出台《市管领导干部经济责任审计对象分类管理办法》，制定《市管领导干部履行经济责任以及自然资源资产管理和生态环境保护责任常见问题防范清单》，出台《关于对市管干部进行监督预警的办法》《干部监督信息收集管理使用办法》《市管干部重大疾病报告和身心健康状况评估办法（试行）》。（李德刚）

**【构建推动高质量发展综合绩效考核体系】** 深化高质量发展综合绩效考核体系，优化考核方式方法，发挥好考核“指挥棒”作用。优化完善考核领导机构，调整合并原市考评委员会、市事业单位考核委员会，设立市委考核工作领导小组，加强党委对考核工作的统一领导。坚持“省考带市考、市考促省考”，创新设置“争先进位”加减分，对标省考核评价标准，实行省市统一指标、统一标准、统一方法、统筹推进，推动省市考核的深度融合、一体实施。优化调整考核分类分组，打破考核“舒适圈”。督促省考核责任部门设置责任专班，构建“建立台账、督办落实、考核评估、跟踪问效”工作机制，创建全市综合绩效考核监测信息化平台，强化“红黄牌”预警制度，实现考核工作在平常，压力传导在日常。系统总结梳理创新创优考核5年来的经验做法，在全市掀起改革创新、争先创优的热潮。（车 腾）

**【党员教育工作提质增效】** 制定印发《济南市党员教育专家库建设管理办法（试行）》《济南市党员教育师资库建设管理办法（试行）》《济南市党员教育内容资源建设办法（试行）》《济南市镇（街道）党校（党员教育中心）规范化建设管理办法（试行）》4个规范性文件，编撰建成济南市党员教育培训阵地、专家师资、教材资源3个体系库。全年开展各类培训1523期，培训基层党组织书记和党员30.6万余人次。评出首批8个市级街镇党校“样板校”。编辑印发《党员教育公开课》《优秀党课25讲》等视频合辑和纸质教材。组织开展全市优秀党员教育片征集评选活动，综合评出80部获奖作品和10个先进单位。12部作品在全省评比中共获14个奖项。6部作品在全国评比中分获二、三等奖，党课《有危险 我先上》入选中组部全国精品党课选编。全市累计开展讲党课活动3万余场，参与党员近80万人次；举办“喜迎二十大 创新走在前”济南市优秀党课展示观摩暨送课下基层活动。创新《时代风采》党建栏目播出形式，策划推出《党旗在疫情防控一线高高飘扬》《区县组织部长访谈》等系列专题，全年制播节目50期，省委组织部《齐鲁先锋》党建栏目播出典型专题21期。升级改版“泉城党建”手机APP。在《光明日报》、中组部“共产党员网”发布信息32篇，全国远程教育频道发布视频教材55部，省委组织部“灯塔—党建在线”平台发布信息291篇。（张其美 祝宝源）

**【概况】** 2022年，市委编办做好深化重点领域改革攻坚、统筹优化编制资源、推进机构编制评估问效、

加强机关自身建设四个方面重点工作，强化主动服务、能力提升、作风建设三个保障，机构编制工作服务保障大局的能力和水平不断提升。

**【服务保障强省会建设】** 聚焦服务保障黄河重大国家战略，赋予起步区限额内自主设立、调整内设机构及其领导职数权限，推动建立更加灵活高效的内部管理机制，在全国国家级新区中率先建立专用引才编制池。适应南部山区日益加重的工作任务，核增管委会领导职数，调整优化机构设置；参与国际医学科学中心高质量发展有关方案制定；在济南临港经济开发区和济北经济开发区分别设立济南国际陆港、海峡两岸新旧动能转换产业合作区管理机构。加强市企业服务中心机构职能建设，在12个区县设立企业服务中心。服务保障“数字济南”建设，优化市工业和信息化局、市大数据局职责和内设机构。会同市委组织部等部门制定《海右“人才驿站”管理使用办法》，建立高层次人才周转编制池服务招才引智工作。累计有37家新型研发机构经事业单位法人登记落户济南。

**【统筹优化机构编制资源】** 适应医疗卫生事业发展需要，在3个市管功能区专门设立疾病预防控制机构，重新明确市中心医院、市第八人民医院、市机关医院和区县部分公立医院人员控制总量、内设机构、领导职数。适应全市义务教育“双减”改革、校园疫情防控、学校应急管理工作实际需要，加强校外培训监管和学校应急管理工作力量，制定中小学教职工编制周转使用实施办法，会同教育部门完成全市新一轮中小学教职工核编工作，实现全市中小学编制全面达标。坚持机构编制资源向基层一线倾斜，在12个区县健全未成年人保护工作体系，明确专门承担文物保护工作的机构并下沉事业编制45个，按照“人编同调”原则，将839个事业编制划转至莱芜区、钢城区。机关事业单位用编进人计划坚持减上补下，向街镇层面下达计划2100余个。

**【健全完善风险防控工作体系】** 健全完善三级信访工作体系，明确信访工作人员配置最低量化标准，下沉街镇事业编制322个，全市共配备3675名信访工作人员，增长51.5%。完善和明确88个市直部门（单位）安全生产工作职责。加强市和区县应急管理综合执法队伍建设，调整优化机构设置和职能配置，向4个区县下沉执法编制23个。探索开展向市公安机关下放机构编制管理权限工作，并出台管理办法，配套开发信息系统。聚焦交通领域基层执法力量不足等问题，会同市交通运输局探索建立市域范围内黄河流域“交通运输执法联盟”，调整优化市和区县交通运输执法机构和执法队伍，构建联防、联控、联治“一体化大交通”执法模式。

**【规范创新机构编制管理】** 完成市级17个群团机关“三定”规定修订，规范各群团机关部门领导职务名称，优化机构设置、人员编制及领导职数配备。制定印发部门职责分工协商协调和职责边界清单动态管理等制度；研究界定有关大气污染防治、代驾、住建等领域工作职责，为市民服务热线提供疑难工单责任部门核定建议；组织市直部门动态调整809项权责事项。开展承担“十大创新”任务部门（单位）职能运行监管和安全生产重点领域部门专项监管评估，将市级机关职能运行成效纳入全市高质量发展综合绩效考核。制定《济南市事业单位机构编制管理办法》，开展事业单位改革回头看，研究提出38个事业单位机构编制调整意见。探索按行业（领域）组建专业委员会开展市属副局级及以下事业单位绩效考核，提升事业单位履职能力。精简市直部门内设机构4个、事业单位11个，处级领导职数21名，收回编制81个，同时聚焦发展所需、群众关切，同向配置机构编制资源。选取4个区县开展《中国共产党机构编制工作条例》贯彻落实情况专项督导，选取10个市直部门（单位）开展机构编制事项跟踪问效，推动问题整改。聚焦机构编制数字化、智慧化、体系化建设目标，协调组织、人社、财政等部门合力推进信息共用平台建设。

（朱咏涛　秦伟）

**【概况】** 2022年，市委老干部局全面落实全国、全省老干部局长会议精神和市委关于做好离退休干部工作的部署要求，统筹推进疫情防控和全市老干部工作，顺利完成全

年各项工作任务。

【离退休干部党的建设工作】 开展“优化党建活动阵地体系建设、发挥阵地作用”专题调研，形成调研报告，上报中组部老干部局；将离退休干部党建工作考核纳入全市高质量发展综合绩效考核；成立工作专班，研究制定《关于加强新时代离退休干部党的建设工作，助推强省会建设的实施意见》，并提交市委常委会研究印发；会同市委组织部，制定出台6个配套文件。健全完善“1+12+N”共享式离退休干部党建活动阵地体系，建成共享式离退休干部党员活动室175个，为全市1382个离退休干部党组织、4.4万多名党员提供学习活动场所，以这项工作为基础的创新项目获2022年度山东老干部工作创新奖第一名。开展“共筑中国梦·喜迎二十大”等系列主题党日活动，利用“山东老干部”APP实现离退休干部党组织换届提醒全覆盖。制定《关于在全市开展“本色家园”离退休干部示范党支部创建活动的实施意见》，推选确定第一批7个高质量党建活动阵地；开展离退休干部党建工作创新案例征集活动，优选12个典型案例。

【引导离退休干部助力强省会建设】 建成老干部志愿服务推进中心116个，打造老干部志愿服务实践基地100处。策划作用发挥项目100个，开展离退休干部助力黄河重大国家战略“七个一”系列主题活动400余场次。组织形式多样的品牌志愿服务活动，评选表扬全市作用发挥优秀项目30个、领军人物10个。组织“五老”深入学校、社区、家庭开展各类主题宣讲130余场，市关工委手拉手孤困儿童志愿服务团对接帮扶孤困儿童500余名。市委老干部局获评2022年度全省关心下一代工作先进集体。

【聚焦文化养老】 打造区域性“开放式”老干部活动室16处，建成“芳华剧场”99处。推动济南老年人大学中心校区建设，中心校区二期新建项目总投资5.16亿元，建成后济南老年人大学建筑面积达8.22万平方米，位居全国前列，能够满足6万名老年人入学需求。总投资2.2亿元的济南老年人大学莱芜校区迁建工程正在推进。开展同城战略合作，推进师资共享交流，推进数字校园建设，开发学员视频回放系统。举办第九届“泉城乐”系列文体活动，策划开展五大类“泉城乐”系列活动143场，参与老干部达7万余人。

2022年11月18日，济南老年人大学声乐系举行各教学班千人同唱一首歌《领航》活动
（济南老年人大学　供稿）

【提升离退休干部服务保障水平】 深化离休干部“一对一”联系关怀机制，完善离休干部“一对一”服务管理信息台账。推广离休干部家庭医生签约服务工作，全市1822名离休干部均纳入保健对象，定点医疗和医疗护理机构分别扩大到25家和10家。对15名易地安置离休干部以电话沟通、寄送慰问信等形式进行慰问，做好39名省属特困企业离休干部“两费”和待遇差审核认定；开展特殊困难离休干部及遗属救助工作，发放特困救助金及物资约50万元；春节前，组织全市做好走访慰问工作。做好老干部来信来访工作，做好市属破产改制企业离休干部移交区县服务管理经费保障工作，拨付补助经费54万元；服务疫情防控大局，做好市直机关、事业单位离退休人员疫苗接种工作。

（王仁选）

【概况】 2022年，市委巡察机构认真学习贯彻习近平总书记关于巡视工作的重要论述和党中央重大决策部署，全面贯彻巡视工作方针，扛牢政治责任，强化政治监督，根据市委要求和市委巡察工作领导小组安排，推进全年巡察任务。十二届市委第一轮巡察按照省委巡视工作部署，开展黄河流域生态保护和高质量发展上下联动专项巡察。第二轮对市国资委和市管国企、市属高校进行常规巡察，对村（社区）开展“提级+联动”巡察，发挥巡察利剑作用，推动济南巡察工作高质量发展。

【联动贯通凝聚监督合力】 2022年6月22日至8月22日，按照省委巡视统一安排，选调227名市县干部组建8个巡察组，对承担黄河重大国家战略重点任务的133个市县职能部门、功能区及沿黄镇（街道）开展黄河流域生态保护和高质量发展上下联动专项巡察。巡察期间，向省委巡视组报告联动工作6次，联动会商56次，发现问题1400个，移交问题线索25件，其中立案5件。召开全市巡察工作会议暨“四项监督”统筹衔接工作推进会，传达学习上级精神，讲解《济南市纪委监委关于进一步加强“四项监督”统筹衔接的实施细则（试行）》，总结经验做法，部署工作任务。市委常委、市纪委书记、监委主任杨光忠在全省巡视巡察工作会议上围绕发挥市级巡察机构统筹作用，推动省会巡察工作高质量发展主题介绍相关经验做法。

【创新方式延伸监督触角】 市委巡察机构创新组织方式，整合监督力量，探索实施对村（社区）“提级+联动”巡察，对莱芜区2个镇及所辖93个村（社区）党组织开展巡察，着重对群众反映问题强烈、风险突出、矛盾集中、“三资”富集的村（社区）党组织进行巡察。巡察期间发挥巡审联动、“室地巡”联合优势，推动专业力量深度参与巡察，共发现问题981个、问题线索37件，立行立改事项17项，其中市委巡察组发现224个问题、巡审联动发现5类12个方面问题，推动解决一批群众急难愁盼问题，为提升基层治理水平、助力乡村振兴提供坚强政治保障。

【夯实整改责任】 统筹推进巡察整改和成果运用，深化制度创新，强化制度供给。聚焦巡察“后半篇”4个关键环节的有序衔接，细化指导性条款，优化机制流程，固化实践探索的可行举措，制定出台加强巡察反馈、移交、整改、成果运用4项基本制度，明确细化6个责任主体工作任务104项，规范优化工作链路105条，健全完善运行机制10项，增强制度的系统性、集成性、协同性。着眼破解巡察整改主责意识不强、整改质效标准不高、整改监督方法不多等难题，以市委办公厅名义印发《关于加强巡察整改和成果运用工作的若干措施》，聚焦重点问题督办、情况通报、材料联审、整改公开、持续整改、成效评估、督促检查、追责问责八项重点工作，不断压实整改责任，整改成效全面跃升。

【“数字赋能”助推提速增效】 加快巡察综合信息管理平台建设，推动接入外部监督数据1.27亿条，其中“黄河重大国家战略”相关数据2700万余条，构建公职人员、民生领域等

2022年6月16日，十二届市委第一轮巡察工作动员部署会召开 （市委巡察办 供稿）

10个类别60个数据模型，推动实现巡察机构与纪委监委党风政风监督、信访举报、案件监督管理等系统的数据联通。在十二届市委第一、二轮巡察中，对260余名巡察干部进行信息化应用能力提升培训，向巡察组提供12大类12629件监督数据巡前资料包。选派8名技术人员全程跟组指导，为巡察组提供数据比对27次、反馈信息33529条，精准发现问题的作用初步显现。开发“监督一点通”模块，巡察期间，发动群众通过扫描微信二维码方式进行“码上信访”“码上问卷”“码上测评”，收到信访件465件、问卷1113份，群众参与度和工作效率显著提高。2022年，中央巡视办领导、省委巡视办主要领导、市委主要领导先后实地调研巡察综合信息管理平台运行情况，均给予充分肯定。

（刘霞　刘亚欣）

## 宣传工作

【概况】　2022年，全市宣传思想文化战线坚持以习近平新时代中国特色社会主义思想为指导，紧扣学习宣传贯彻党的二十大主线，深入贯彻落实省市第十二次党代会精神，坚决围绕中心、服务大局，坚持守正创新、积极作为，努力推动宣传思想文化工作走在前、作表率，为加快建设新时代社会主义现代化强省会提供坚强思想保证、强大精神动力和有力文化支撑。

（张　胜）

【党的创新理论武装走深走实】　把学习宣传贯彻习近平新时代中国特色社会主义思想作为首要政治任务，制定党史学习教育常态化若干措施，印发提升理论学习中心组质效的通知，组织市委中心组学习14次，组建7个列席旁听工作组，开展督导582次。精心组织党的二十大精神宣讲，实施“一十百千万”宣讲工程，举办各类宣讲2.3万余场，受众700万人次。建强用好“理响泉城”理论平台，策划“学习吧，青年”等一批全媒体节目。

（张　胜）

【全面提升城市软实力】　以提升城市软实力为引领，出台“提升城市软实力　创建文明典范城”实施意见，全面推进“十大之城”建设，筹建北京大学城市软实力研究院（济南），形成软实力1.0到5.0的发展路径。建立宣传文化系统自媒体宣传集群矩阵，成立网络名人巡访团、泉城推介官、网络泉城代言人队伍，培育打造“观济南”等一批有影响力的微信公众小号，组织“一周一雄文”，推出《济南有高人》等60余篇点击量突破10万+的爆款文章。强化城市品牌打造，举办泉城主题曲、城市品格关键词征集等活动，推出“好客山东·‘泉’在济南”等宣传口号。在全省率先成立济南国际传播中心，策划《新时代泉边故事》等系列视频300余部，宣传片《泉甲天下》登录纽约时代广场大屏，海媒机构账号粉丝总量超26万人，覆盖1.9亿名海外受众，获评“海外媒体关注城市”。

（张　胜）

【巩固壮大强省会主流舆论】　做好党的二十大，省、市第十二次党代会等重大主题宣传报道，出台二十大精神宣传报道实施方案，开设“二十大进行时”等专题专栏，刊播稿件1.3万余篇。聚焦市委中心工作开展“一月一主题”宣传，组织开展“走在前　开新局”行进式主题采访活动，举办发布会146场，全方位展示“济南优势”“济南机

2022年6月22日，学习贯彻省第十二次党代会精神省委宣讲团宣讲报告会举行

（市委宣传部　供稿）

遇”“济南魅力”。强化疫情防控宣传，成立工作专班，稳妥处置“南部山区违法违章建筑整治”“长清未成年人被殴打案”等多起舆情。推进媒体融合，“新黄河”客户端下载量突破4850万人次，全媒体矩阵用户6580万人次，全国传播力影响力显现。（张　胜）

**【激发文化事业产业发展活力】** 印发《“十四五”文化济南建设规划纲要》，制定鼓励文艺创作十项措施，《三泉溪暖》《警察荣誉》在央视播出广受好评。策划推出“放歌新时代”系列文化活动56项，新建泉城书房6家，打造最美公共文化空间20个、阅读空间23个、泉城文化驿站28家，筹建新型阅读空间57处，举办第十二届“书香泉城”全民阅读节活动1200场，开展“一村一年一场戏”演出4400余场，放映农村公益电影5万余场。推动黄河文化保护传承弘扬，实施9项重点文保工程，推进城子崖大辛庄考古遗址公园及齐长城、黄河国家文化公园建设，完成87处不可移动革命文物建档立档。出台文旅领域促消费政策措施17条，制定文化数字化行动计划，建成山东手造（济南）展示体验中心，明水古城、宋风古城等在建项目进展顺利，爱奇艺、9363军工文化产业园等项目签约落地，举办中国文旅博览会、中国新媒体年会等文化会展活动。

（张　胜）

**【落实意识形态工作责任】** 落实省委“1234567”工作法，建立全市宣传舆论统一指挥工作机制，健全宣传引导七大机制。从严落实意识形态工作责任制，出台新媒体管理暂行办法，对市属高校和部分区县（功能区）、市直部门、经济开发区开展专项督查，建立意识形态阵地台账，召开会商研判会议12次，组织风险排查6次，发出告知书3份、重点提醒6期，备案论坛、讲坛等活动8项，推动责任落实落地。（张　胜）

**【开展“强国复兴有我”群众性主题宣传教育活动】** 印发《关于迎接党的二十大胜利召开组织开展“强国复兴有我”群众性主题宣传教育活动的工作方案》，设计四大类12项活动，在全市城乡开展“强国复兴有我”群众性主题宣传教育活动。

（刘　冰）

**【创建“泉城发布厅”】** 济南市创新典型宣传做法，创建“泉城发布厅”，对全市先进典型和先进品牌进行统一发布、宣传和推广，2022年9月开始，先后发布济南市“出彩型”好干部好团队、济南最美教师、济南最美职工、“海右学习教案”、最美税务人5场发布活动，推出各类典型113名。（刘　冰）

**【建立全市全民国防教育工作体制机制】** 根据中央、省委全民国防教育工作领导小组要求，印发《贯彻落实〈关于加强和改进新时代全民国防教育工作的若干措施〉责任分工的方案》，组建市委全民国防教育工作领导小组，指导各区县组建相应工作机构。在第二十二个全民国防教育日主题宣传周期间，集中开展以“新时代爱国强军谱新篇”为主题的系列宣传教育活动，在全社会营造关心、支持、参与和建设强大国防的氛围。（刘　冰）

**【组建济南市网络名人巡访团】** 团结凝聚全市网络名人，组建济南市网络名人巡访团，发挥其网络影响力和动员力方面优势，扩大舆论传播版图。巡访团成立以来，创作推出原创文章、长篇评论、短视频作品数百篇，数十篇有深度、有影响力的“10万+”雄文，网上正面舆论强势强劲。（范　非）

**【开展党委（党组）理论学习中心组学习】** 制定《市委理论学习中心组2022年集体学习方案》，组织市委中心组集体学习14次，印发《全市县级以上党委（党组）理论学习中心组2022年理论学习安排意见》，印发《关于进一步提升党委（党组）理论学习中心组学习质效有关事项的通知》。出台《党委（党组）理论学习中心组学习列席旁听办法（试行）》，全年开展列席旁听582次。编印《学习文汇》，刊发市委中心组成员交流发言材料，为市委中心组成员个性化配送学习图书690册。（刘海洋）

**【提升打造“理响泉城”理论平台】** 树立“内容为王，精品为要”理念，加强传播手段和话语方式创新，提升打造“理响泉城”理论平台，构建集理论学习、理论研究、理论宣传、理论转化“四位一体”的立体化理论传播新格局。在媒体开设“深入学习贯彻习近平新时代中国特色社会主义思想”专栏，刊发理论文章20余篇。《习近平谈治

2022年8月17日，“理响泉城”品牌矩阵发布仪式暨“中国梦·新时代·新征程”百姓宣讲报告会举行 （市委宣传部 供稿）

国理政》第四卷发行50余万册，在全省领先。荟萃200多名国内各领域专家学者，成立“理响泉城”智库，刊登系列理论文章200余篇。构建报纸、电视、网站、刊物、客户端等多维一体的“4+N”融媒体传播矩阵，强化理论宣传广度，相关工作先后被《大众日报》《济南通讯》和市委办公厅《每日信息》刊登。（刘海洋）

【哲学社会科学研究】 围绕市委、市政府中心工作，开展理论研究，推出具有现实指导意义、决策参考价值的较高水平研究成果，为建设新时代现代化强省会提供理论支撑和智力支持。发布2022年度课题立项通知，设城市软实力提升专题研究、基础理论研究、应用对策研究三类，共立项176项课题。完成2021年立项的市哲学社会科学规划课题审核结项工作，共有6项重大课题、93项重点和一般课题完成结项。（刘海洋）

【党的二十大精神宣传报道】 组织市属各媒体在重要版面时段，开设《聚焦二十大》专版，《二十大进行时》《二十大代表风采》等专栏，“新时代新征程新伟业”《二十大报告@济南》等专题，推出《领航——济南市庆祝党的二十大胜利召开特别报道》“迎接二十大 强国复兴有我”“喜迎二十大 放歌新时代”等系列综述和主题宣传，市属各媒体累计刊播稿件5000余篇，为党的二十大胜利召开提供舆论支持。（刘 斌）

【召开喜迎二十大主题系列发布会】 “勇当排头兵 建设强省会”喜迎二十大系列新闻发布会全面介绍党的十八大以来各区县经济社会发展成就，反映济南市统筹疫情防控和经济社会发展的举措和成效，为二十大胜利召开营造良好舆论氛围。共召开15场发布会，其中发布济南成就1场、发布各区县成就14场。2022年9月27日，举办中共济南市委“山东这十年·济南”主题新闻发布会，省委常委、市委书记刘强，市长于海田出席；市委常委、宣传部部长戴龙成主持发布会。全面介绍党的十八大以来济南深入贯彻落实习近平总书记重要指示要求取得的历史性成就、发生的历史性变革和新一届市委“勇当排头兵、建设强省会”的重大决策部署。（苏 婷）

【做好疫情防控新闻发布会】 2022年1月、3月、11月，济南市发生本土新冠疫情后，立即启动新闻发布应急机制，在24小时内迅速召开第一场发布会，通报疫情防控最新进展，积极回应社会关切，全年共召开疫情防控新闻发布会66场。制定《疫情防控新闻发布工作机制和工作流程》，聚焦群众关心的热点问题，共回应群众关心问题170余个。（苏 婷）

【成立济南国际传播中心】 中心集内容生产、平台运营、全域传播、交流互动于一体，是山东省首个国际传播中心。全年策划推出《将幸福装进“口袋”》《家门口的中医馆》《理想之城》等视频200多部，发布帖文（视频）2600多篇，海媒账号粉丝量突破30万人，以丰富的信息资讯、独特的济南视角、广阔的世界眼光向海外讲好济南故事，传播济南声音，推动提升济南国际知名度影响力。（钱海潮）

【加大友城外宣力度】 向英国友城巴斯、法国友城雷恩投放宣传稿件300余篇、外宣品13600余份（册）、《Hello泉·城》等宣传片和短视频100余个。在雷恩孔子学院、巴斯大学开设“中华文化之角·尼山书屋”，推动中华文化走出去。举办法国雷恩 & 中国济南国际友城结好20周年济南建筑图片展等活动。

（钱海潮）

【文艺作品创作】 2022年5月25日至6月12日，乡村振兴题材电视剧《三泉溪暖》在中央电视台综合频道（CCTV-1）首播，在山东卫视和济南电视台黄金时间播出，社会影响广泛。5月28日，现实主义题材电视剧《警察荣誉》在中央电视台电视剧频道（CCTV-8）经典剧场首播，在中央电视台综合频道（CCTV-1）二轮播出并在爱奇艺同步播出。8月25日，第八届鲁迅文学奖获奖名单公布，济南作家路也的诗集《天空下》获奖。 （李菁菁）

【培育壮大文化产业】 全市规模以上文化及相关产业企业实现营业收入960亿元，增长10.8%。济南出版产业集群2022年营收达348.03亿元，同比增长1.50%，济南数字影音产业集群2022年营收达160.03亿元，同比增长7.18%。创新推出《明湖秀》《泉城记忆》等演艺项目，“一湖一环”、齐鲁风情八号路等文旅产品成为新亮点，累计评定“泉城人家”精品民宿449个，培育工业旅游、研学旅游、体育旅游、康养旅游、畜牧旅游以及省级文旅康养强县等融合示范基地（点）200余处，济南入选“全国十大工业旅游目的地城市”。连续举办六届文旅惠民消费季活动，投入惠民消费资金逾1.2亿元，综合带动文旅消费25亿元，7个街区景区被评为国家和省级夜间文旅消费集聚区，获首批国家文化和旅游消费示范城市称号，上榜“全国夜间经济十佳城市”“中国夜经济十大影响力城市”。

（王若峰 张宏）

【举办第三届中国国际文化旅游博览会】 2022年9月15—19日，第三届中国国际文化旅游博览会、首届中华传统工艺大会（以下简称博览会）在济南举办。博览会以“博览中华手造、共享文旅盛会”为主题，设置山东国际会展中心和山东手造展示体验中心两大主会场，总展览展示面积逾12万平方米，吸引26个国家驻国内相关文旅机构、25个省市区和省内16市的2700余家展商参展，展品数量达55万件，参观人数近50万人次，交易总额达5.22亿元，比上届增长19.5%。博览会首次面向全社会征集群众喜闻乐见的系列活动90多项，策划组织全省优秀舞台剧目展演、“手造天团”技艺展示等系列专题活动195场。

（厉晓伟）

【举办第四届中国新媒体发展年会】 2022年8月，济南市举办第四届中国新媒体发展年会，市委常委、宣传部部长戴龙成做主旨演讲，宣传推介泉城历史文化、文明气质、城市形象、区位优势，解读济南产业发展政策和营商环境。年会邀请人民日报社、新华网、央视网、光明日报社、中国新闻社等中央、省、市（副省级）媒体和自媒体等100余家媒体相聚泉城，举办“直播济南·全国新媒体采风活动”。

（王建平）

【加强国有文化企业发展顶层设计】 出台《济南市属文化企业双效考核评价办法》，新引入行业对标指标，对企业经济效益按国务院行业标准，对标对表、分级考核。修订《济南市市管国有文化企业负责人薪酬管理暂行办法》《市属国有文化企业规模系数取值表》，重新界定市国有文化企业发展规模的衡量指标，改进企业负责人绩效薪酬和任期激励的管理措施，完善正向激

2022年7月6日，在舜耕会堂举行2021年度“爱涌泉城”公益评选颁奖暨“温暖之城”城市软实力指数提升行动启动仪式

（市委宣传部 供稿）

励机制。修订《济南市国有文化资产管理理事会工作规则》，明确监管范围、监管程序，实现管人管事管资产管导向相统一，构建权责明确、管理科学的国有文化资产监督管理体系。（李　珊）

【概况】　2022年，济南市勇夺全国文明城市年度测评“四连冠”，完成全国文明典范城市综合测试，文明创建“济南模式”在全国推广。深化新时代文明实践中心建设，实施“十大爱心”行动，倡树新时代美德健康生活方式，拓展省会大剧院等文明实践基地14处，开展志愿服务6万余场次，打造曲水亭街美德健康生活方式示范点。开展“强国复兴有我”群众性主题宣传教育活动，四大类12项系列活动精彩纷呈。出台典型选树宣传实施办法，创建“泉城发布厅”，发布第八届全市道德模范，典型选树宣传实现新突破。实施全环境立德树人教育，评选“新时代好少年”40人。实施乡村文明行动，开展农村“双美”、移风易俗等专项行动，文明村镇建设提质增效。（张　胜）

【召开济南市“提升城市软实力 创建文明典范城”动员大会】　2022年5月17日，市委、市政府召开“提升城市软实力 创建文明典范城”动员大会，总结全国文明城市“四连冠”实践经验，安排部署“提升城市软实力 创建文明典范城”工作任务。会议书面印发《关于表扬2021年度全国文明典范城市创建工作突出贡献集体和突出贡献个人以及模范市民的决定》《“提升城市软实力 创建文明典范城”实施意见》《“提升城市软实力 创建文明典范城”2022年“十大攻坚行动”实施方案》等材料。省委常委、市委书记刘强出席会议并讲话，市委副书记、市长于海田主持会议并讲话，市人大常委会主任韩金峰、市政协主席雷杰、省委省直机关工委分管日常工作的副书记石光亮、市委副书记杨峰、省委宣传部副部长魏长民出席会议。（刘　玲）

【全市文明办主任会召开】　2022年2月21日，全市文明办主任会召开。会议贯彻落实全国、全省文明办主任会议精神，回顾总结2021年精神文明建设工作，安排部署2022年精神文明建设重点任务，提出要在奋力争创全国文明典范城市、深化拓展新时代文明实践、持续加强农村精神文明建设、显著提升文明单位建设管理水平、扎实推动家庭家教家风建设、改进加强未成年人思想道德建设、落细落实公民道德建设重点任务、深入推进诚信建设制度化、培育养成文明健康生活方式、全面提高精神文明建设法治化水平10项精神文明建设重点工作上走在前。（刘　玲）

【济南市在2021年全国文明城市年度测评中位列省会、副省级城市第一名】　2022年3月29日，中央文明办通报2021年全国文明城市年度测评结果。在30个省会、副省级全国文明城市中，济南市以96.88分的优异成绩，连续第四年位列省会、副省级城市组别第一名，受到中央文明办通报表扬，实现全国文明城市创建“四连冠”和全国文明典范城市创建“开门红”。（刘　玲）

【全国文明典范城市创建工作现场会召开】　2022年7月10日，省委常委、市委书记刘强先后到济南海鲜大市场及周边、纬九路社区市场及周边和槐荫区新时代文明实践中心督导全国文明典范城市创建工作，在槐荫区新时代文明实践中心召开全国文明典范城市创建工作现场会，播放创建工作明察暗访纪实片，通报近期创建工作重点问题，与会人员就有关具体问题进行交流发言。（刘　玲）

【印发“倡树美德健康生活、建设美好幸福家园”农村文明创建“双美”行动方案】　2022年10月18日，市精神文明建设委员会印发《济南市“倡树美德健康生活、建设美好幸福家园”农村文明创建“双美”行动方案》的通知，明确农村文明创建“双美”行动重点任务，实施美德健康生活提升和美好幸福家园建设两大工程。（梁　刚）

【开展道德模范和身边好人选树宣传工作】　开展“我推荐我评议身边好人”活动，评选“济南好人”129名，46人荣登“山东好人榜”，济南市公安局新旧动能转换起步区分局大桥派出所副所长袁艺芳，入选二季度“中国好人榜”。3月3日，在济南广播电视台举办“厚道齐鲁

地 美德山东人”山东好人月度发布（1—3 月）暨道德模范与身边好人现场交流活动；9 月 9 日，召开济南市学习宣传贯彻习近平总书记给“中国好人”李培生、胡晓春重要回信精神座谈会；11 月 3 日，在市公安局举办 2022 年第三期“济南好人榜”发布仪式暨“身边好人在身边”宣讲报告会。（梁　刚）

【推动文明实践工作提质扩面、提档升级】 以深化“五为”文明实践志愿服务和倡树新时代美德健康生活方式为抓手，推动文明实践工作提质扩面、提档升级，助力文明典范城市创建和城市软实力提升，形成“软实力 + 文明实践”工作新格局。制定市新时代文明实践中心、所、站三级评估验收标准；拓展文明实践阵地，打造省会大剧院、市全民健身中心、市图书馆等 14 个市级新时代文明实践基地。承办全省“五为”文明实践志愿服务活动启动仪式，天桥区西区社区被省委宣传部列为“五为”志愿服务建设试点社区；在疫情防控中，组织八个“一对一”志愿服务队伍 5000 余支，服务群众逾千万人次。根据乡村、社区、学校、机关、企业各自特点，打造一批倡树新时代美德健康生活方式特色亮点。其中，历下区大明湖街道“四加”工作法得到省委宣传部肯定，曲水亭街片区被列为全省示范点。（田　建）

【筹备北京大学城市软实力研究院（济南）建设】 2022 年 8 月 15 日，省委常委、市委书记刘强和市委副书记、市长于海田在龙奥大厦会见北京大学党委书记郝平一行，双方就加强新旧动能转换、城市软实力提升、大数据发展、医学研究、人才培养等方面的市校合作进行交流。为落实会见精神，加快济南城市软实力提升，市委宣传部对接北京大学，筹备北京大学城市软实力研究院建设工作，先后完成选址规划、十大建设任务拟定和合作协议起草及合法性审查、研究院组织架构建立、章程拟定等工作。

（刘鸣扬）

2022 年 3 月 5 日，在泉城广场举办山东省暨济南市“五为”文明实践志愿服务活动启动仪式

（市委宣传部　供稿）

【概况】 2022 年，中共济南市委网络安全和信息化委员会办公室（以下简称“济南市委网信办”）持续做大做强网上主流舆论，深化网络生态综合治理，筑牢网络安全屏障，统筹抓好信息化建设，各项工作齐头并进、成绩显著，为新时代社会主义现代化强省会建设提供有力支持保障支撑。获批国家数字化绿色化协同转型发展综合试点城市，落地域名根镜像服务器和国家域名解析节点项目，获省委网信办组织的“习语润心——跟着总书记学文史哲宣讲优秀组织奖”“2022 年国家网络安全宣传周山东省活动表现突出单位”等称号。

【市委网络安全和信息化委员会举行第四次会议】 2022 年 6 月 25 日，市委网络安全和信息化委员会第四次会议召开，学习贯彻习近平总书记关于网络强国的重要思想，传达学习中央网络安全和信息化委员会第五次会议、省委网络安全和信息化委员会第四次会议精神，书面听取市委网信委 2021 年工作情况的汇报，审议通过《中共济南市委网络安全和信息化委员会 2022 年工作要点》《济南市贯彻落实〈国家网络空间安全战略〉工作措施》《济南市提升全民数字素养与技能行动实施方案》《济南市数字化绿色化协同转型发展实施方案》《济南市深入推进互联网协议第六版（IPv6）规模部署和应用实施方案（2022—2025年）》等文件，对做好网络安全和信息化工作作出安排部署。

**【举办2022“打卡中国·最美地标——你好，山东”网络国际传播走进济南活动】** 2022年8月30日，由国家网信办网络传播局指导，山东省委网信办、中央广电总台国际在线主办，济南市委网信办等承办的2022“打卡中国·最美地标——你好，山东”网络国际传播走进济南活动启动。活动邀请来自格鲁吉亚、韩国、巴基斯坦、菲律宾等多个国家的视频博主和中央广电总台多语种工作室网红主播，实地探访超然楼、趵突泉公园、云鼎大厦、宏济堂中药文化产业园等地，用国际化视野、国际化表达讲好济南好故事、传播济南好声音。

**【举办“创文明典范，看实力济南”全国网络媒体行活动】** 2022年9月7日，由中共济南市委网信办、山东省互联网传媒集团主办，大众网·海报新闻承办的“创文明典范，看实力济南”全国网络媒体行活动启动，来自人民网、新华网等中央重点新闻网站，今日头条、新浪等国内知名商业网站，河北新闻网、澎湃新闻等地方重点新闻网站和大众日报、山东电视台等省内重点媒体的30余家网络媒体记者，深入济南中央商务区、山东世博动漫、积成电子股份有限公司等地实地采访，展示济南市在推动高质量发展进程中全面提升软实力的新部署、新举措、新进展。

**【编制《济南市数字乡村发展行动计划（2022—2025年）》和《济南市数字乡村发展统筹协调机制方案》】** 2022年10月，济南市委网信办完成《济南市数字乡村发展行动计划（2022—2025年）》编制工作，从基础设施、智慧农业、新业态新模式等八个方面制定重点工程和重点任务表，发挥信息化对乡村振兴的驱动引领作用。2022年11月，制定印发《济南市数字乡村发展统筹协调机制方案》，明确统筹协调机制的主要职责、工作规则以及市委组织部等44个成员单位的工作职责，推进数字乡村建设，为乡村振兴注智赋能。

**【入选数字化绿色化协同转型发展（双化协同）综合试点】** 2022年11月9日，中央网信办、国家发展改革委、工业和信息化部、生态环境部、国家能源局联合印发通知，确定在全国10个地区首批开展数字化绿色化协同转型发展（双化协同）综合试点，济南市成功入选。试点工作自2023年1月开始，为期2年，重点围绕数字产业绿色低碳发展、传统行业“双化协同”转型、城市运行低碳智慧治理、“双化协同”产业孵化创新、“双化协同”政策机制构建等方面探索可复制、可推广经验。

（陈　亮）

**【概况】** 2022年，市委统战部学习贯彻习近平总书记关于做好新时代党的统一战线工作的重要思想和党的二十大精神，组织“统一战线献礼党的二十大”主题宣传教育，在无党派人士、党外知识分子中开展“喜迎二十大、同心跟党走”主题教育活动，持续开展民营经济人士理想信念教育，在新的社会阶层人士中开展“凝聚新力量·筑梦新时代”主题教育，连续22年开展民族团结进步宣传月活动，指导宗教界开展“爱党爱国爱社会主义”主题教育等活动，举办“共绘同心圆、建功新时代”济南市各民主党派喜迎中共二十大书画笔会暨线上书画展、“喜迎二十大、凝新促发展”座谈会等系列活动，团结引导党外人士坚定不移听党话、感党恩、跟党走。协助市委召开市委统战工作会议、市委民族工作会议暨全市宗教工作会议。

**【服务省会高质量发展】** 打造“参柬”品牌，搭建党外人士参政议政的“直通车”，为市委、市政府科学决策提供参考依据，多篇调研报告进入市委、市政府决策。省委常委、统战部部长徐海荣和市四大班子主要领导对《参柬》专报作出批示，新华网、中央统战部官网、《中国统一战线》杂志以及《济南日报》、“爱济南”等媒体进行宣传报道。开展“同心同向广交友·凝心聚力促发展”连心行动，采取登门拜访等多种方式听取意见建议，帮助解决困难。全市统一战线192名领导干部与1422名党外人士联谊交友，收集意见建议700余条，帮助解决问题380余件。

【提升新型政党制度效能】 组织各类协商活动55次，其中会议协商17次、书面协商38次。组织和支持各民主党派开展重点考察调研活动17次、专项民主监督9次，30多篇协商监督建议被市委、市政府主要领导批示，助推党委、政府决策实施。

【做好民营经济统战工作】 推动成立济南市新生代企业家联谊会并召开座谈会，省委常委、市委书记刘强与新生代企业家代表座谈交流。开展“访民企、结同心、办实事”活动，走访企业200余家。设立“亲清驿站”17个，召开驻济商协会会长恳谈会，推动统战工作向商会组织有效覆盖。

【做好无党派人士和党外知识分子工作】 实施“凝心·六聚”工程，落实党员领导干部与党外知识分子联谊交友等制度。成立全省首家中学领域党外知识分子联谊会，组织开展“凝聚巾帼力量，助力黄河战略”等活动。推动成立市欧美同学会国别分会。

【推进新的社会阶层人士统战工作】 选聘35名“城市推荐官”“泉城文化海外推荐官”，开展“向世界推荐济南”行动，“济南网络人士国际传播平台矩阵”上线，“寻美·济南”暨“网眼看泉城”活动获“2021年度寻美·中国地市级贡献奖”，2名网络人士获“2021年度寻美·中国网络人士贡献奖”。完成济南社组联换届工作。

【提升民族工作水平】 打造全市民族工作“泉润花开石榴红”品牌，实施乡村振兴示范民族村创建和民族团结进步“6+N”工程，建设铸牢中华民族共同体意识研究基地、体验基地、实践教育基地和主题公园，开通“民族团结号”公交专线。济南市2个项目被国家民委选为“各族群众互嵌式发展计划示范试点”项目。

【巩固宗教工作平稳局面】 坚持我国宗教中国化方向，打造5处宗教中国化教育实践基地；坚持全面从严治教，开展崇俭戒奢教育活动；落实宗教工作三级网络两级责任制，开展宗教领域重点问题治理，提高宗教工作规范化、法治化水平。

【推进“侨梦苑”建设】 召开济南“侨梦苑”建设工作推进会以及全省统一战线“走在前、开新局”系列活动启动仪式暨高层次人才走进济南“侨梦苑”活动，达成合作协议107个，协议金额500多亿元。

【加强外联外宣工作】 深化“百家侨社和侨语济南”外联外宣工作机制，举办“向世界推介济南”活动，聘请25名“泉城文化海外推荐官”。举办港澳台侨中秋联谊会，密切与港澳台企业和代表人士联系。

【党外干部队伍建设】 狠抓党外代表人士的发现培养、使用管理，加强与市委组织部的沟通协调，在市政府部门配备党外干部，推荐党外干部到区县任领导班子副职。协助做好市政协换届工作，做好新一届全国和省人大

2022年6月23日，济南市“民族团结号”公交专线在市公交集团正式启动

（市委统战部　供稿）

代表、政协委员推荐提名工作。

（杨　泉）

【概况】 2022年，市委政研室（改革办、财经办）学习宣传贯彻党的二十大精神，推进综合文稿、调查研究、深化改革、财经工作提质增效，提升机关党建、决策咨询、办公保障服务水平，推动政研改革财经工作迈上新台阶、取得新成效。连续五年获评“经济社会发展综合考核先进单位”。获首批国家级节约型机关、全国文明城市创建先进集体、济南市优化营商环境优秀单位等称号。市委决策研究中心（市委《济南通讯》编辑部）被中央政策研究室评为“学刊用刊调研工作先进集体”。

【综合文稿起草】 累计起草市委各类讲话、文件、致辞、汇报等综合文稿1230余篇、370余万字，多篇文稿获市委主要领导批示肯定。精心起草市第十二次党代会报告。系统研究济南未来发展的目标定位和思路举措，高质量起草党代会报告。其间，完成市委十一届十六次全会、大会预备会议、党员领导干部会议、代表团团长会议主持讲话等，以及新闻发布会发布词等相关材料，累计起草系列文稿70余篇、20余万字。服务保障省委黄河专项巡视工作。先后起草省委巡视组进驻见面沟通会、动员会上的讲话，济南市《工作汇报》、沟通提纲等文稿10余篇、70余万字。完成贯彻党的二十大精神系列材料。完成在讨论党的二十大报告时、学习贯彻习近平总书记在参加广西代表团讨论时的重要讲话精神、省委党的二十大精神专题学习班、市委常委会（扩大）会议、市委党的二十大精神专题学习班上的讲话等文稿。

【调查研究】 围绕市委中心工作，加强战略问题、前瞻性问题、重大问题、热点难点问题研究，共完成调研报告106篇，《决策参考》39期，得到副市级以上领导批示139人次。针对山东产业技术研究院、空天信息产业、低轨卫星导航增强系统、生物医药产业等高端前沿领域，全面分析现状和存在问题，提出针对性对策。围绕耕地保护、粮食应急加工、电动汽车基础设施、绿色建筑、数字黄河链、东亚文化之都、新就业形态、家政服务等主题，提出意见建议。完成人口结构、房地产风险排查、轨道交通建设、教育事业、固体废物综合利用处置、农业产业化集群发展等专项调研报告，40篇调研报告获市委主要领导肯定性批示。先后参与省委山东产研院综合评估、济莱合并成效评估等重大专班工作，撰写有关重大项目调研报告3篇。起草的《实现乡村善治的平阴实践》《党建引领网格化赋能基层善治》等调研报告，分别被中央政研室《学习与研究》和省委《山东通讯》等媒体刊发。

【全面深化改革】 以改革创新思维，强化统筹协调，坚持实战实用，推动市委深改委各项任务落实。牵头制定贯彻落实省“三个十大”2022年行动计划，市委深改委2022年工作要点，细化分解济南市贯彻落实党的二十大精神267项重点任务分工。牵头制定“济南人才政策双30条”和《推进惠企政策精准高效兑现工作方案》等，参与《关于加快数字济南建设的意见》《济南市数字政府建设方案》制定；协同推进济南新旧动能转换起步区综合改革试点、莱芜区系统集成改革试点，基于5G物联网技术的保税展销新模式、东西协同构建黄河文化“出海”全链条服务体系4项创新举措入选商务部拟在全国复制推广改革试点经验。提炼上报济南市改革典型90余篇，其中7篇获省委改革办肯定推广，“深化新旧动能转换，济钢转型发展焕发新活力”经验做法入选“中国改革2022年度地方全面深化改革典型案例”。策划组织“改革激活力、建设强省会”济南改革融媒行活动，集中采访报道全市主要改革成效，编发各类稿件1500余篇。

【财经工作】 先后组织召开4次市委财经委会议，完成各类专题报告217篇，其中95件获得市领导批示，起草各类讲话60篇，研究通过《关于开展招商引资“九大行动”的实施意见》等文件转化为市委决策。加强经济运行分析研判。做好月度、季度、半年、全年经济运行分析和疫情等重点因素影响分析，及时对全市经济运行状况分析研判，先后起草疫情形势下促进济南市消费复苏的分析建议等多篇经济分析报告。将房地产业、软件业、市场主体运行、居民收入等行业分析纳入月度、季度报告，为市委提供决策参考。加强重点领域和产业研究。先后围绕数字经济、生物经济、高技术制造业、投行化招商、工业互联网、基础设施投融资、绿色金融发展、新能源汽车充换电设施建设等重点领域，以及激光、量子、集成电路、预制菜、软件服务业、商用密码、服务贸易等产业开展专题研究，完成各类调研报告16篇。加强重点工作推进落实。梳理省市经济工作会议、财经委会议和常委会重要任务事项及有关政策清单，推动重点任务落实。定期调度推进列入省重点基础设施项目土地要素支撑和建设进展情况。组织对数字经济发展、工业互联网、“高校20条”“新高校20条”等政策实施情况开展专项评估。

【决策咨询信息服务】 加强和改进决策咨询信息服务，每周汇总整理室（办）文稿素材，更新维护“中央厨房”信息库，全年提供素材110篇次。每周归集汇总市委主要领导文稿，共计738篇、300余万字。编制《2022年专家智库工作实施方案》，组织专家学者围绕中心工作开展课题研究，为市委科学决策和决策正确实施提供智力支持，完成委托研究课题5项。

【党刊编辑工作】 牢牢把握正确政治方向和舆论导向，宣传贯彻习近平新时代中国特色社会主义思想，宣传贯彻党的二十大精神，宣传贯彻省委工作要求和市委工作安排；重点做好“新思想引领新征程”“奋进新征程、建功新时代”“学习贯彻市第十二次党代会精神”“勇当排头兵、建设强省会”“统筹疫情防控和经济社会发展”“认真学习贯彻党的二十大精神”等主题宣传报道，营造加快强省会建设的良好舆论氛围。全年编辑出版《济南通讯》12期，刊发各类文稿图片450余篇（幅）。市委决策研究中心（《济南通讯》编辑部）被评为全市党委信息工作表现突出集体。

（刘立东）

【概况】 2022年，市委机要保密局在全省率先完成业务系统换代升级。实现应急系统与指挥系统联调对接，完成全省唯一应急通信备份中心建设。严格执行全年24小时“双人在岗值班、领导带班、应急预备队待命”工作机制，累计完成中央以及省、市、县四级信息传递近2万次，实现“无事故、无错情、无差错”目标。深入全市146家相关单位开展“全覆盖”“拉网式”“地毯式”实地检查，成立“7×24小时不间断服务”技术保障小组，全天候排除故障54次。

【加强保密工作】 深化“四纳入一评议”工作机制，将保密工作纳入各级党委（党组）重要议事日程、纳入全市高质量发展综合绩效考核、纳入党委巡察、纳入各级领导班子和领导干部综合考核评价内容，对区县党委保密委履职能力进行评议，推动保密工作责任制落实落细。开展保密宣传教育“进机关、进乡村、进社区、进学校、进企业、进单位”活动，受众10万余人次。统筹组织开展进驻式保密检查、保密巡察、“双随机”抽查等专项检查50余次，实现市、县两级机关单位全覆盖，督促整改问题200余个，依法查处失泄密案件，严肃处理相关责任人员。

【服务数字济南发展】 制定出台《商用密码高质量发展行动计划》，加快推进济南密码应用与创新示范基地、国家金融业密码应用研究中心建设发展，引入孵化密码企业7家、承接国家重点项目4个、获发明专利授权8项；参与筹办“2022数据安全高峰论坛暨区块链研究院成果发布活动”。推动密码应用与安全性评估作为前置条件纳入全市信息化项目评审内容，指导32家单位、服务91个政务信息系统顺利通过密码应用方案评审。提升互联网保密监测平台效能，实现监管预警处置全时段全过程全覆盖，有效阻断、处置失泄密风险隐患215起，为省市党代会、中高考等重大会议活动提供技术支持180余次。

（于明华）

【概况】 2022年，市委研究通过《济南市党校（行政学院）、社会主义学院系统“十四五”时期发展规划》。市委党校（济南行政学院）

提升教学培训、宣传宣讲、科研咨政、行政后勤等各项工作质效。全年举办各类培训班次130个，培训学员1.2万余人次。大峰山现场教学基地接待各类培训和参观学习3万人次。市委党校（济南行政学院）获全国党校（行政学院）第十四届科研和决策咨询工作先进单位奖、全省党校（行政学院）系统创新案例评估优秀等次第一名，继续保持省级文明单位称号。

【学习把握落实党的二十大精神】 把党的二十大精神纳入主体班次教学重要内容，征集开发新专题15个，制作党的二十大精神微党课5堂。选派4名干部专家参加市委宣讲团，组建61人的全市党校（行政学院）系统学习宣传贯彻党的二十大精神宣讲团开展宣讲。撰写专题研究论文15篇，在《济南日报》刊登党的二十大精神理论阐释文章25篇，形成咨政报告8篇。举办“党的二十大精神”系列理论研讨会3次。《济南市委党校学报》刊发研究文章30余篇。2022年11月1—20日，承办省委、市委党的二十大精神专题学习班3期，培训学员2000余人。

【教学培训】 做优理论武装，将习近平新时代中国特色社会主义思想作为教学中心内容，专题课程增至41个，课时占比达到理论教育的57.9%。2堂课分获全省社会主义学院系统教学竞赛一、二等奖，2个微视频作品分获“习语润心——跟着总书记学文史哲”云宣讲活动一、二等奖，3堂课分获全省党校系统青年微党课竞赛一等奖、二等奖、优秀奖，2堂课获评全市优秀党课。做优党性教育，新打造“学·源”党建品牌，创新“三同”锻炼教学，拓展“1+7+X”党性教育，编印现场教学名录，探索“导师导学+现场讲解”教学模式。大峰山现场教学基地入选首批“山东省中华优秀传统文化、革命文化、社会主义先进文化专题实践教学基地”。做优能力培训，联合市委组织部打造15个改革攻坚案例现场教学点，编写《新时代好干部和公务员培训“海右学习教案”》，首次承办住建部发展保障性租赁住房专题研究班，举办黄河国家战略、数字化素养提升等6期专题培训。制定《主体班次学员违反校规校纪处理办法》《主体班次学员回访制度》《学员现实表现写实评价表》等制度，形成管理闭环。建成济南市干部心理健康关爱中心，投入主体班次教学使用。

【科研咨询】 健全完善科研管理机制，对年度考核、职称评聘、创新工程教学科研业绩评价、教研咨一体化项目管理进行修订完善。组织3场国家社科基金项目论证申报专题辅导交流会，立项2022年度重大科研培育项目5项。完善智库建设机制，挂牌成立“黄河流域生态保护和高质量发展研究中心”并举办首届专题研讨会。在济南新旧动能转换起步区、济南市公安局分别成立黄河流域生态保护和高质量发展科研基地、研究实践基地。全年取得科研成果232项，在《光明日报》等高层次报刊发表论文18篇，出版学术专著5部，获准立项省部级等各类课题50项，获省、市级领导签批决策咨询成果14项，其中省部级领导签批9项，同比提高12个百分点。

【一体发展】 加强区县党校（行政学校）建设，推进区县党校（行政学校）分类建设“三年行动计划”，联合市委组织部在全省率先完成区县党校（行政学校）办学质量评估，在全省党校（行政学院）系统有关会议上介绍经验。6个区县党校新校2022年年底建成，2个区将新校建设纳入“十四五”规划。加强党校分校建设，新设立市委党校分校5家，总数达30家，培训学员6万余人次，制定《市委党校分校建设考评办法》。加强街镇党校建设，联合市委组织部印发《济南市镇（街道）党校（党员教育中心）规范化建设管理办法（试行）》，组织全市镇（街道）党校（党员教育中心）样板校评选工作。全市161个镇街全部设立党校，培训基层党员23.6万余人次。

（亓法存）

【概况】 2022年，市委党史研究院坚持以习近平新时代中国特色社会主义思想为指导，以喜迎党的二十大、学习宣传贯彻党的二十大精神为主线，高水平谋划开展“献礼二十大”系列活动，高标准服务黄河国家重大战略实施，高质量助力新时代现代化强省会建设。全年

受到中指办、省人大、省委党史研究院以及市委、市人大、市政协等领导批示表扬9次，扶贫志编修、组织史编纂等多项工作走在全国前列。

【举办“喜迎二十大 奋进新征程”图片巡展】 与市委组织部、市委宣传部、市直机关工委等联合，于9月27日举办“喜迎二十大 奋进新征程”——中国共产党历次全国代表大会专题图片展开展暨市“史敢当”宣讲团巡回宣讲启动仪式，并在高新区、新旧动能转换起步区等地巡展。省委常委、市委书记刘强等市四大班子主要领导出席活动并给予充分肯定，中央党史和文献研究院官网、省委办公厅《今日信息》《济南日报》等予以刊发报道。

【举办“喜迎二十大 建功新时代”主题征文研讨交流活动】 以“喜迎二十大 建功新时代”为主题，与市委组织部联合组织开展主题征文和研讨交流活动。评出优秀作品28篇，精选14篇有重要学术理论、资政建议和典型实践价值的作品，呈报市领导和有关部门单位参考。

【举办“学四史 向未来”迎接党的二十大专题研讨班】 由市委组织部主办、市委党史研究院承办，于9月12—16日在市委党校举办，邀请中央党史与文献研究院、省委党校等专家学者对市直有关部门单位、各区县从事党史宣传、党性教育理论工作的业务骨干作专题培训，并录制宣讲视频4个，取得良好效果。

【组织开展“喜迎二十大·初心耀泉城”党史宣讲系列活动】 以市委党史研究院“史敢当”志愿服务队为基础，广泛吸纳市、区党史专家，成立济南市“史敢当”宣讲团，持续推进党史宣讲“六进”工作。先后到历城区、济南城发集团、济南边检站、市公安局特巡警支队、武警驻济某部、南辛庄街道6个社区等处宣讲，累计受众上万人。

【联合策划推出一批红色系列专题片】 组织录制的“共产党早期组织为何能在济南创建”党课视频，被评为2022年度市直机关优秀党员教育电视片一等奖，并在“灯塔”党建在线上展播。与济南广播电视台新闻综合频道合作，推出大型红色经典党史文化系列专题片“说济南 红色街巷”118期。与市吕剧团合作打造红色精品剧目《长歌尽美》。参加建设廉洁文化融媒体节目《泉城清风》首期访谈录制。参加“喜迎二十大 初心耀齐鲁”——山东省党史史志系统党史宣讲活动录制，视频在齐鲁晚报·齐鲁壹点上展播。

【完成《中共济南简史（1921—2021）》初稿撰写】 成立编纂工作小组，严格按照党的三次“历史决议”，对照《中国共产党的一百年》等的最新分期和表述，广征材料、精心打磨，按计划编写完成大纲和正文初稿。

【党史编修】 坚持“一突出、两跟进”，鲜活记录习近平新时代中国特色社会主义思想在济南的生动实践，接续编纂出版《新时代济南现代化强省会建设实录（第二辑）》。修订出版《中共济南历史大事记（1919—1949）》。加大党内文献资料收集整理力度，征集编印《济南市重要文献选编（2017—2022）》。编纂完成《中国共产党山东省济南市组织史资料（1921—2020）》及《中国共产党山东省莱芜市组织史资料（1926—2018）》，工作走在全国前列。

2022年10月14日，举办“喜迎二十大 建功新时代”主题征文研讨交流会暨党史史志成果展开展仪式

（市委党史研究院 供稿）

**【开展资政辅治研究】** 编制《济南市党史史志工作规划（2021—2025年）》，以“两办”名义转发，并指导10个区县制定工作规划或实施方案。策划申报《习近平与济南——重要文献史料的征集与研究》课题，并成功获批全省党史史志系统唯一一个2022年度中央党史和文献宣传专项引导资金重点项目。以此为牵引，在全市实施13个党史史志类课题项目研究，形成资政报告14篇。其中，《以立法为红色文化保护构筑“硬支撑”——关于法治化保护传承济南红色文化的思考与建议》，被市人大常委会主任韩金峰给予高度评价并批示相关部门研究落实；《坚持党建引领高质量保护传承弘扬黄河文化》，被评为2022年度全市机关党建优秀研究成果二等奖。

**【打造宣教矩阵】** 坚持正确党史观和大历史观，每逢重要时间节点，撰写署名文章，在《济南日报》《山东党史》《济南调研》等刊发发声。持续强化对党史作品、资料、展陈的审读把关和史料支持力度，全年组织审读省纪委“邓恩铭反腐专题展”等展陈大纲10个，为话剧《英雄山》等提供权威资料5万余字。推进党史学习教育常态化长效化，在“中共济南历史网”“济南史志”微信公众号开设“学习宣传贯彻党的二十大精神”“铭记历史 缅怀先烈”“志说泉城”等专题专栏，策划专题“回顾革命”推文25期。发挥中共山东早期历史纪念馆宣教主阵地作用，策划VR全景“云展馆”，推出网上展馆。全年被中央党史和文献研究院刊用信息10篇、省委《今日信息》刊用1篇、省委党史研究院刊用27篇、市委《每日信息》刊用3篇，并被评为2022年山东党史史志网先进供稿单位。与长清区委联合主办“缅怀峰山英烈 传承红色基因”纪念抗日战争胜利77周年红色文化论坛，与省委党史研究院、济阳区委共同举办济南市黄河历史文化研究成果发布会暨“讲好黄河故事 弘扬黄河文化”诗文歌咏会。

**【史志鉴编修】** 拓展地方史编研新领域，完成市委交办的《济南简史》编写出版任务。深化历史文化典籍开发，整理出版《历代黄河变迁图考》和《济南名山诗全编》。印发实施《济南市地方史编纂管理暂行办法》，启动编修《济南市地方史志志》。推进脱贫攻坚口述史资料征集和数据库建设，启动编纂《济南市全面建成小康社会大事记》，在全国范围内率先完成《济南市精准扶贫志》《济南市精准扶贫图志》编修出版任务。树立精品意识，完成《济南年鉴（2022）》编纂出版和上级年鉴组供稿任务。加大对镇村志编修和中国名镇名村志和齐鲁名镇名村志申报工作的指导支持力度，商河县《玉皇庙镇志》被列入中国名镇志系列丛书，14部镇村志被评为齐鲁名镇名村志。

［市委党史研究院（市地方史志研究院）］

**【概况】** 2022年，市委市直机关工委围绕全市经济社会发展总体部署，突出迎接、宣传、学习、贯彻党的二十大精神主线，围绕提升机关党建质量、统筹做好疫情防控工作，强化基层党组织政治功能和组织功能，科学谋划、狠抓落实，为全市经济社会发展作出机关党建贡献。2个党建成果在全国党建评比中获奖，2个成果获省级评比一等奖，3个创新案例在中国共产党新闻网展示。

**【党的政治建设】** 把深入学习贯彻习近平新时代中国特色社会主义思想作为首要政治任务，制发党的二十大和省、市党代会精神学习通知，指导直属党组织利用中心组学习、三会一课等开展学习，配发学习用书3.8万余套。组建市直机关宣讲团，成立机关青年理论学习小组，举办宣讲报告暨动员会等活动。深化模范机关建设26项年度重点任务，牵头召开市委模范机关建设专项小组会议，评选表扬先进单位39个。总结提炼模范机关建设经验做法，《旗帜》杂志2022年第3期专题刊发。落实意识形态工作责任制，督促各单位严格落实“第一议题”、理论学习中心组学习制度。加强机关党建宣传阵地建设管理，机关党建影响力和美誉度不断提升。

**【基层党组织建设】** 指导61个直属党组织完成换届选举和班子调整工作。指导做好党支部评星定级管理工作，首次评定四星级党支部979个、三星级党支部873个，命名表扬“五星级党支部”709个、示范党支部59个，拨付奖励经费118万元。开展党建创新案例评选活动，评选表扬2021年度机关党建“十佳创新案例”12个、“优秀创新案例”39个。年内培训党务干部、纪检干部、群团干部及专职兼职组织员400余人次，培训党员发展对象、入党积极分子400余人次，发展新党员345名。指导2500余个党支部开好组织生活会，评议优秀党员11928名。开展机关党建“灯下黑”问题专项整治，列出4个方面56条具体表现，组织机关各级党组织对照查摆问题843个、明确整改措施1347项。指导督促31个群团组织完成新建、换届、调整。开展青年理论集体学习602次、培训辅导讲座120场，开展社会志愿服务2.39万人次，向83个单位533名困难党员干部职工发放慰问金97万元。

【党风廉政和纪律作风建设】 指导督促各党组（党委）、机关党组织、党支部严格落实“三级三张清单”制度，开展抓党建述职评议工作，105个直属党组织现场述职、2500余个基层党支部逐级述职。整理党风廉政经验做法、制度规定和廉洁文化产品等129项，建成市直机关廉洁文化示范库。联合开展“济南市博物馆馆藏廉洁文化主题文物展”，累计参观3万余人次。全年审理市纪委监委派驻纪检监察组移送的违纪违法案件12件，建议给予党内警告处分9人，撤销党内职务行政撤职处分1人，留党察看处分1人，开除党籍开除公职处分1人。处置问题线索6起，立案1起，给予党内严重警告行政降级处分1人。实施机关作风提升专项行动。对第十一届市委巡察发现的机关党建问题开展“回头看”，79个单位梳理整改完成问题560个，建章立制81项。

【“争做强省会建设先锋队”主题实践活动】 贯彻落实市第十二次党代会精神，制定活动实施意见和活动配档表，列入工委书记抓基层党建重点突破项目。围绕争做“六个先锋”组织实施“六大行动”，指导各部门（单位）研究制定符合单位实际的实施方案和配档表及时报工委备案。70余个单位开展劳动竞赛200余项。举办“传承好家风 共筑文明城”济南市市直机关家风分享会，对2022年度获得“济南市最美家庭”和全国最美家庭获得者进行现场颁奖。推荐申报成功45个国家、省、市级荣誉集体和个人。2022年，市直部门确定公开承诺事项308项，评选表扬2021年度承诺践诺优秀项目49项。

【“上一线、察实情、练本领、促发展”群众工作教育实践活动】 与市委组织部联合开展市直机关“上一线、察实情、练本领、促发展”群众工作教育实践活动。牵头起草活动实施方案，汇总制定10项重点任务安排，联合组建工作专班，组织召开工作推进会；对教育实践活动10项重点任务实行“工程化、项目化、清单化”管理，推动活动深入开展。牵头起草《关于在创建全国文明典范城市工作中充分发挥机关党员干部示范带头作用的通知》和《关于在创建全国文明典范城市工作中强化考察评价和激励监督的实施意见》，对创城工作102个重点区域、788个老旧小区所在的51个街道，安排111个市直机关党组织进行结对，推动创城任务落实。

【省市机关联动“双报到”工作】 指导督促机关党组织重点围绕促进省会发展稳定、提升基层治理水平、服务社区群众、助力疫情防控、提升党建质量、创建文明典范城市等内容，与社区签订共建项目清单383张，确定实事项目1209个。市直部门单位党组织到“双报到”社区开展活动2542次，18989人次参与活动，投入资金223万元，帮扶困难群众899户，与省、区机关联合开展活动293次。开展“双报到”为民办实事优秀项目评选展示活动，对评出的省市区各50个优秀项目进行通报表扬并借助网上系统集中展示好经验好做法。

（张志伟）

栏目编辑　王　炜

【济南市第十八届人民代表大会】 济南市第十八届人民代表大会于2022年4月选举产生，有代表名额579名。市十八届人大一次会议实有代表569名。一次会议以来，补选市人大代表13名（槐荫：刘耀华、孙常印、唐军，莱芜：杜焕常、林殿玲、高山，钢城：朱应铭、牛志春、张蓉，平阴：陈敏、周瑛，商河：车夕奇、杨长军）。4名市人大代表调离（历下：张新本、房旭，市中：万京春，解放军：黄龙强）。1名市人大代表去世（槐荫：李启万）。截至2022年12月底，市十八届人民代表大会实有代表577名。 （王会磊）

【代表工作】 通过做实做活主任接待代表日、常委会组成人员集中联系代表、固定联系代表三项制度；通过常委会组成人员到代表联络站联系代表、接待群众；通过邀请相关代表参加调研、视察、执法检查等活动，打造新的特色鲜明、亮点突出的“双联”活动。6月下旬，在市委党校举办2022年市人大代表小组召集人及部分初任市人大代表培训班，提升市人大代表履职能力和水平，提高代表小组活动质量。全年培训市代表470人（次）、区县代表2500多人（次）。全市建立代表联络站580个，6000多名五级人大代表全部安排进站，做到街道、镇建站全覆盖。指导代表小组规范化、制度化、常态化开展活动，市人大35个代表小组组织活动160余次。组织代表参与部门行风监督、听证、督查考核等活动，推荐省、市代表350多人（次）。组织代表参加人大立法、执法检查、视察调研，组织代表参加行风评议、电视问政等社会活动560余人（次），人大代表参与管理国家事务的渠道不断拓宽。通过代表履职信息管理系统，创新实现代表建议无纸化办理，履职系统自动对569名市人大代表建立履职档案，树立代表意识和服务意识。7月12日，市委书记刘强到市人大常委会机关调研时察看代表履职信息管理平台使用情况，给予“走在了全市前列”的肯定。

（张 坤）

【代表建议办理】 市十八届人大一次会议以来，代表们共提出建议453件（会议期间422件、闭会期间31件），通过分析研究，经代表履职管理系统转交92个承办单位办理，代表所提建议均在法定期限内办理完毕并答复代表。从办理情况看，已被采纳、问题已经解决的446件，占总数的98.5%；正在解决和列入计划准备解决的5件，占总数的1%；因客观条件限制，暂时无法解决的2件，占总数的0.5%。依托代表履职平台及微信公众号，继续开展代表通过手机端对建议办理情况和办理态度进行双评价，真实反映代表意愿。4件代表评价不满意建议经再次办理后，最终代表对建议办理态度和办理结果满意和基本满意率均为100%。（尹相华）

【市第十八届人民代表大会第一次会议】 4月19—22日，在山东会堂举行。会议应到代表557名，实到代表507名。会议听取和审议济南市人民政府工作报告；审查、批准济南市2021年国民经济和社会发展计划执行情况的报告与2022年计划；审查济南市2021年预算执行情况的报告和2022年预算草案、批准济南市2021年市级预算执行情况的报告和2022年市级预算；听取和审议济南市人民代表大会常务委员会工作报告；听取和审议济南市中级人民法院工作报告；听取和审议济南市人民检察院工作报告；选举济南市第十八届人民代表大会常务委员会主任、副主任、秘书长、委员，选举济南市人民政府市长、副市长，选举济南市监察委员会主任，选举济南市中级人民法院院长、济南市人民检察院检察长；通过济南市第十八届人民代表大会各专门委员会组成人员。

【市第十八届人民代表大会第二次会议】 12月26—28日，在雪野湖国际会议中心举行。会议应到代表577名，实到代表398名。会议听取和审议济南市人民政府工作报告；审查、批准济南市2022年国民经济和社会发展计划执行情况的报告与2023年计划；审查济南市2022年预算执行情况的报告和2023年预算草案、批准济南市2022年市级预算执行情况的报告和2023年市级预算；听取和审议济南市人民代表大会常务委员会工作报告；听取和审议济南市中级人民法院工作报告；听取和审议济南市人民检察院工作报告；选举济南市出席山东省第十四届人民代表大会代表；选举济南市第十八届人民代表大会常务委员会委员，通过济南市第十八届人民代表大会有关专门委员会组成人员人选。

【市十七届人大常委会第二十五次会议】 2月24日，在市人大常委会会议厅举行。会议审议并表决济南市人民代表大会常务委员会关于召开济南市第十八届人民代表大会第一次会议的决定；审议《济南市物业管理条例（草案三审稿）》；审议并表决通过市政府、市监察委、市法院、市检察院提请的有关人事事项。书面审议市政府关于2021年法治政府建设工作情况的报告。

【市十七届人大常委会第二十六次会议】 3月29日，在市人大常委会会议厅举行。会议决定任命于海田为济南市人民政府副市长，并决定于海田为济南市人民政府代理市长；会议表决通过关于接受孙述涛辞去济南市人民政府市长职务请求的决定，并报市人民代表大会备案。

【市十七届人大常委会第二十七次会议】 4月13日，在市人大常委会会议厅举行。会议书面传达学习十三届全国人大五次会议精神；听取审议关于济南市第十八届人民代表大会第一次会议筹备情况的报告；审议济南市第十八届人民代表大会第一次会议议程（草案）；审议济南市第十八届人民代表大会第一次会议主席团、秘书长名单（草案）；审议济南市第十八届人民代表大会第一次会议计划预算审查委员会、议案审查委员会名单（草案）；审议决定济南市第十八届人民代表大会第一次会议列席人员名单（草案）；审议济南市人大常委会工作报告稿；听取审议济南市第十七届人民代表大会常务委员会代表资格审查委员会关于济南市第十八届人民代表大会代表资格审查情况的报告（草案）；决定接受金宗义、王毅辞去济南市第十七届人民代表大会常务委员会委员、相关专门委员会副主任委员职务的请求，报济南市人民代表大会备案。审议并表决通过市人大常委会主任会议、市政府、市检察院提请的有关人事事项。

【市十八届人大常委会第一次会议】 6月16日，在市人大常委会会议厅举行。会议传达学习中国共产党山东省第十二次代表大会精神；传达学习中国共产党济南市第十二次代表大会精神（书面），听取《济南市人民代表大会常务委员会关于学习贯彻中国共产党济南市第十二次代表大会精神的决议（草案）》的说明；听取审议市政府关于全市社会救助工作情况的报告；听取审议市政府关于城乡规划实施情况的报告；听取审议市政府关于全市乡村振兴工作情况的报告；听取审议市政府关于济南市企业国有资产（不含金融企业）管理工作情况的报告；听取审议市政府关于济南市2022年上半年新增政府债券资金收支安排及市级预算调整方案的报告；听取审议市政府关于2021年度全市环境状况和环境保护目标完成情况的报告；听取审议市人大常委会执法检查组关于检查全市《中华人民共和国环境保护法》贯彻实施情况的报告；听取审议关于提请任命济南市第十八届人民代表大会常务委员会代表资格审查委员会组成人员的报告；审议并表决通过市人大常委会主任会议、市政府、市监察委、市检察院提请的有关人事事项；书面审议市政府关于济南市2021年度全市国有资产管理情况的综合报告。

【市十八届人大常委会第二次会议】

8月24—25日，在市人大常委会会议厅举行。会议听取审议市法院关于“巩固政法队伍教育整顿成果，强化队伍建设，确保严格执法公正司法”情况的报告；听取审议市检察院关于“巩固政法队伍教育整顿成果，强化队伍建设，确保严格执法公正司法”情况的报告；听取审议市公安局关于“巩固政法队伍教育整顿成果，强化队伍建设，确保严格执法公正司法”情况的报告；听取审议市司法局关于“巩固政法队伍教育整顿成果，强化队伍建设，确保严格执法公正司法”情况的报告；听取审议市政府关于加强人力资本建设、助推强省会高质量发展情况的报告，并开展专题询问；听取审议市政府关于2022年上半年国民经济和社会发展计划执行情况的报告；听取审议市政府关于济南市2021年市级决算和2022年上半年预算执行情况的报告，审查济南市2021年市级决算草案并作出相应决议；听取审议市政府关于济南市2021年度市级预算执行和其他财政收支情况的审计工作报告；听取审议市政府关于《济南市院前医疗急救条例》贯彻实施情况的报告；审议市政府关于提请审议《济南市历下区等4个区“两规”一致性修改方案》的议案并作出相应决议；审议济南市人民代表大会常务委员会主任会议关于提请审议《济南市人民代表大会常务委员会关于促进儿童友好城市建设的决议（草案）》的议案；审议市政府关于提请审议《济南市黄河流域水资源集约节约利用规定（草案）》的议案；审议《济南市客运出租汽车管理条例（草案三审稿）》；审议济南市人民代表大会常务委员会主任会议关于提请审议《济南市人大常委会组成人员守则》等5项制度的议案；审议并表决通过市监察委、市法院、市检察院提请的有关人事事项。

【市十八届人大常委会第三次会议】

10月27日，在市人大常委会会议厅举行。会议传达学习中国共产党第二十次全国代表大会精神；听取审议市政府关于学前教育改革发展工作情况的报告；听取审议市政府关于山体保护工作情况的报告，并开展专题询问；听取审议市政府关于济南市科创金融改革试验区建设情况的报告；听取审议市人大常委会执法检查组关于检查全市《中华人民共和国残疾人保障法》和《山东省实施〈中华人民共和国残疾人保障法〉办法》《济南市保障残疾人合法权益的若干规定》贯彻实施情况的报告；审议市政府关于提请审议《济南市名泉保护条例（修订草案）》的议案；审议并表决通过市法院、市检察院提请的有关人事事项；书面审议市政府关于全市名泉保护工作情况的报告。

【市十八届人大常委会第四次会议】

11月23日，在市人大常委会会议厅举行。会议审议并表决济南市人民代表大会常务委员会关于召开济南市第十八届人民代表大会第二次会议的决定（草案）；听取审议市政府关于济南市2022年市级预算调整方案的报告，审查济南市2022年市级预算调整方案并作出相应决议；听取审议市政府关于2021年度济南市市级预算执行和其他财政收支审计查出问题整改情况的报告；审议《济南市黄河流域水资源节约集约利用规定（草案修改稿）》；审议市政府关于提请审议《济南市国土空间总体规划（2021—2035年）》的议案并作出相应决议；听取审议市人大常委会法制工作室关于2022年度备案审查工作情况的报告；审议并表决通过市法院、市检察院提请的有关人事事项；书面审议市政府关于济南高新区建设和发展情况的报告。

【市十八届人大常委会第五次会议】

12月24日，在雪野湖国际会议中心举行。会议听取审议关于济南市第十八届人民代表大会第二次会议筹备情况的报告；审议济南市第十八届人民代表大会第二次会议议程（草案）；审议济南市第十八届人民代表大会第二次会议主席团、秘书长名单（草案）；审议决定济南市第十八届人民代表大会第二次会议列席人员名单（草案）；审议济南市人大常委会工作报告稿；听取审议市政府关于市十八届人大一次会议以来代表建议办理情况的报告，审议市法院、市检察院、市人大常委会人事代表工作室关于市十八届人大一次会议以来代表建议办理情况的报告（书面）；审议《济南市名泉保护条例（修订草案修改稿）》，听取审议济南市第十八届人民代表大会常务委员会代表资格审查委员会关于个别代表的代表资格的报告；审议并表决通过市人大常委会主任会议提请的有关人事事项。

（张　丽）

【概况】 2022年，市人大常委会共任免政府组成人员、市人大常委会办事机构和工作机构工作人员、监察委员会组成人员、市中级人民法院、市人民检察院工作人员263人（次）。

【人事任免名单】 2022年2月18日，经市十七届人大常委会第六十三次主任会议研究，任命：张永强为济南市人大常委会监察和司法工作室副主任。免去：贾文的济南市人大常委会办公厅副主任职务。

2月24日，济南市第十七届人民代表大会常务委员会第二十五次会议表决通过，任命：刘国亭为济南市监察委员会副主任。李向阳为济南市中级人民法院副院长、审判委员会委员、审判员；决定：李向阳为济南市中级人民法院代理院长。任命：贾玉东为济南市中级人民法院副院长；温磊、李忠林、刘文明、韩刚为济南市中级人民法院审判委员会委员、审判员；李富建为济南市中级人民法院审判委员会委员、立案庭庭长；赵勇为济南市中级人民法院立案庭副庭长；李洪川为济南市中级人民法院刑事审判第一庭副庭长；王玉洲为济南市中级人民法院刑事审判第二庭副庭长；马立营为济南市中级人民法院民事审判第二庭副庭长；魏希贵为济南市中级人民法院民事审判第五庭副庭长；刘卫为济南市中级人民法院审判监督第一庭副庭长；赵军蒙为济南市中级人民法院审判员、审判监督第二庭副庭长；闫振华为济南市中级人民法院执行局执行第一庭副庭长；李树周为济南市中级人民法院执行局执行第三庭副庭长；万振驰、马进、王西伟、王倩、王猛、尹腾飞、刘恩勇、李杲、杨静、陈晓、周伟、岳秀娟、陶巧玲、曾庆姝、鞠荣荣为济南市中级人民法院审判员；张斌、王卉、万立波为济南高新技术产业开发区人民法院审判委员会委员；李青、任权为济南高新技术产业开发区人民法院审判员；李虹、郭一星、刘建、赵建新为济南市人民检察院检察员；杜晓涛为济南高新技术产业开发区人民检察院检察长、检察委员会委员、检察员；卢灵灵、刘芳为济南高新技术产业开发区人民检察院检察员；陈成、史晓利为济南市城郊地区人民检察院检察员。决定免去：鞠正江的济南市投资促进局局长职务。免去：连俊峰的济南市监察委员会副主任职务。郑玉的济南市中级人民法院副院长职务；杨芳艳的济南市中级人民法院立案庭庭长职务；田越洋的济南市中级人民法院审判委员会委员、审判员、知识产权法庭庭长职务；严琳琳的济南市中级人民法院审判委员会委员、审判员、破产审判庭庭长职务；王鸿翔的济南市中级人民法院审判委员会委员、审判员、审判监督第一庭庭长职务；邢景明、刘江的济南市中级人民法院审判委员会委员、审判员职务；刘卫的济南市中级人民法院立案庭副庭长职务；王玉洲的济南市中级人民法院刑事审判第一庭副庭长职务；李洪川的济南市中级人民法院刑事审判第二庭副庭长职务；马立营的济南市中级人民法院民事审判第一庭副庭长职务；魏希贵的济南市中级人民法院民事审判第二庭副庭长职务；闫振华的济南市中级人民法院民事审判第五庭副庭长职务；李树周的济南市中级人民法院审判监督第一庭副庭长职务；赵勇的济南市中级人民法院执行局执行第二庭副庭长职务；李虹的济南高新技术产业开发区人民检察院检察长、检察委员会委员、检察员职务；赵双民的济南市人民检察院检察委员会委员、检察员职务。

4月13日，济南市第十七届人大常委会第六十九次主任会议研究通过，免去：李雷的济南市人大常委会办公厅副主任职务；曹凤俊的济南市人大常委会教育科学文化卫生工作室副主任职务。

4月13日，济南市第十七届人民代表大会常务委员会第二十七次会议表决通过，任命：吕洪涛为济南市人大常委会副秘书长、办公厅主任；李彬为济南市人大常委会人事代表工作室主任；白龙为济南市人大常委会法制工作室主任；王春光为济南市人大常委会教育科学文化卫生工作室主任；李雷为济南市人大常委会民族侨务外事工作室主任；林军为济南市人大常委会预算工作室主任。免去：刘民的济南市人大常委会副秘书长、办公厅主任职务；王永金的济南市人大常委会副秘书长职务；吕洪涛的济南市人大常委会人事代表工作室主任职务；唐淑英的济南市人大常委会法制工作室主任职务；白龙的济南市人大常委会教育科学文化卫生工作室主任职务；王金宗的济南市人大常委会民族侨务外事工作室主任职务；崔瑞宁的济南市人大常委会预算工作室主任职务。决定任命：王茂祯为济南市公安局局长；孙德龙为济南市司法局局长；亓伟为济南市住房和城乡建设局局长；刘瑞玲为济南市人民政府外事办公室主任；李洪伟为济南市投资促进局局长；李成刚为济南市信访局局长；翟立波为济南市口岸和物流办公室主任。决定免去：吴德生的济南市公安局局长职务；谢圣仁的济南市司法局局长职务；陈勇的济南市住房和城乡建设局局长职务；田迎的济南市人民政府外事办公室主任职务；韩振国的济南市信访局局长职务；孙志刚的济南市口岸和物流办公室主任职务。批准任命：刘爱国为历下区人民检察院检察长；赵性雨为市中区人民检察院检察长；王海龙为槐荫区人民检察院检察长；封政为天桥区人民检察院检察长；王枢栋为历城区人民检察院检察长；景科为长清区人民检察院检察长；张红广为章丘区人民检察院检察长；张传文为济阳区人民检察院检察长；杨雪梅为莱芜区人民检察院检察长；王宜为为钢城区人民检察院检察长；赵双民为平阴县人民检察院检察长；刘军为商河县人民检察院检察长。批准免去：郭一星辞去槐荫区人民检察院检察长职务；刘建辞去历城区人民检察院检察长职务；赵建新辞去章丘区人民检察院检察长职务；张红广辞去钢城区人民检察院检察长职务；杜晓涛辞去平阴县人民检察院检察长职务；王枢栋辞去商河县人民检察院检察长职务。

5 月 5 日，经市十八届人大常委会第一次主任会议研究，任命：张蓉为济南市人大常委会教育科学文化卫生工作室副主任。免去：刘正伟的济南市人大常委会城乡建设环境保护工作室副主任职务。

6 月 13 日，经市十八届人大常委会第二次主任会议研究，免去：张瑞的济南市人大常委会法制工作室副主任职务。

6 月 16 日，济南市第十八届人民代表大会常务委员会第一次会议表决通过，决定任命：王品木为济南市人民政府秘书长；高冰为济南市人民政府办公厅主任；谢堃为济南市发展和改革委员会主任；王纮为济南市教育局局长；陈西武为济南市科学技术局局长；汲佩德为济南市工业和信息化局局长；王茂祯为济南市公安局局长；苏楠为济南市民政局局长；孙德龙为济南市司法局局长；周之勇为济南市财政局局长；王壮为济南市人力资源和社会保障局局长；任庆虎为济南市自然资源和规划局局长；肖红为济南市生态环境局局长；亓伟为济南市住房和城乡建设局局长；许宗生为济南市城市管理局局长；曹殿军为济南市城乡交通运输局局长；李华孝为济南市城乡水务局局长；曹军为济南市农业农村局局长；王国富为济南市园林和林业绿化局局长；孙战宇为济南市商务局局长；郅良为济南市文化和旅游局局长；马效恩为济南市卫生健康委员会主任；韩延才为济南市退役军人事务局局长；刘动为济南市应急管理局局长；丁林桥为济南市审计局局长；刘瑞玲为济南市人民政府外事办公室主任；张海平为济南市人民政府国有资产监督管理委员会主任；朱云生为济南市市场监督管理局局长；孔杰为济南市体育局局长；程伟为济南市统计局局长；李文秀为济南市医疗保障局局长；石玮为济南市人民政府研究室主任；冯毅为济南市地方金融监督管理局局长；李洪伟为济南市投资促进局局长；刘霞为济南市行政审批服务局局长；李成刚为济南市信访局局长；张海灵为济南市大数据局局长；翟立波为济南市口岸和物流办公室主任；潘荣庆为济南市民营经济发展局局长。任命：朱玉明为济南市监察委员会副主任；孙义俊为济南市监察委员会副主任；李红雨为济南市监察委员会委员；位健为济南市监察委员会委员；毕朝瞰为济南市监察委员会委员。免去：赵玉海的济南市监察委员会副主任职务；魏莉萍的济南市监察委员会副主任职务；满斌的济南市监察委员会委员职务；刘兆华的济南市监察委员会委员职务；阴法义的济南市监察委员会委员职务；陈艺英的济南市人民检察院副检察长、检察委员会委员、检察员职务；马建华的济南市人民检察院检察员职务。

8 月 17 日，经市十八届人大常委会第四次主任会议研究，任命：

田兵为济南市人大常委会办公厅副主任。

8月25日，济南市第十八届人民代表大会常务委员会第二次会议表决通过，任命：李敬德为济南市监察委员会委员；刘培森为济南市中级人民法院民事审判第一庭副庭长；韩梅为济南市中级人民法院破产审判庭副庭长；王齐亮为济南市中级人民法院执行局执行第二庭副庭长；孙辉妮、徐娜为济南市中级人民法院审判员；毛雪为济南高新技术产业开发区人民法院审判员；陶思颖为济南高新技术产业开发区人民检察院副检察长。免去：史宏捷的济南市监察委员会委员职务；韩梅的济南市中级人民法院民事审判第一庭副庭长职务；刘培森的济南市中级人民法院破产审判庭副庭长职务；崔宝宁的济南市中级人民法院审判员、破产审判庭副庭长职务；王齐亮的济南市中级人民法院执行局执行第三庭副庭长职务。

9月14日，经市十八届人大常委会第七次主任会议研究，任命：刘德国为济南市人大常委会办公厅副主任；朱向栋为济南市人大常委会办公厅副主任；孙伟为济南市人大常委会研究室副主任；张帆为济南市人大常委会研究室副主任；孟祥勇为济南市人大常委会监察和司法工作室副主任；王刚为济南市人大常委会农业与农村工作室副主任；于学农为济南市人大常委会社会建设工作室副主任。免去：孙伟的济南市人大常委会办公厅副主任职务；于学农的济南市人大常委会研究室副主任职务；王方涛的济南市人大常委会监察和司法工作室副主任职务；刘德国的济南市人大常委会民族侨务外事工作室副主任职务。

10月28日，济南市第十八届人民代表大会常务委员会第三次会议表决通过，任命：沈凤安为济南市中级人民法院审判员。免去：邹学博的济南市中级人民法院审判委员会委员、审判员职务；周进、宋希山的济南市人民检察院检察员职务。

11月15日，经市十八届人大常委会第十次主任会议研究，免去：吕玲的济南市人大常委会教育科学文化卫生工作室副主任职务。

11月23日，济南市第十八届人民代表大会常务委员会第四次会议表决通过，免去：许国华的济南市人大常委会副秘书长职务。任命：李耀勇为济南市中级人民法院审判委员会委员、立案庭庭长；李国才为济南市中级人民法院刑事审判第一庭庭长；王国辉为济南市中级人民法院审判委员会委员、刑事审判第二庭庭长；孙潇为济南市中级人民法院审判委员会委员、民事审判第一庭庭长；付雪玉为济南市中级人民法院审判委员会委员、民事审判第二庭庭长；刘军生为济南市中级人民法院审判委员会委员、知识产权法庭庭长；李富建为济南市中级人民法院民事审判第四庭庭长；孙红岩为济南市中级人民法院民事审判第五庭庭长；李毅斌为济南市中级人民法院审判委员会委员、破产审判庭庭长；刘继英为济南市中级人民法院审判委员会委员、行政审判庭庭长；陈明为济南市中级人民法院审判委员会委员、审判监督第一庭庭长；褚飞为济南市中级人民法院审判监督第二庭庭长；张振明为济南市中级人民法院执行局执行第一庭庭长；王齐亮为济南市中级人民法院执行局执行第二庭庭长；于文诚为济南市中级人民法院审判委员会委员、执行局执行第三庭庭长；林洁华、周宏、王倩为济南市中级人民法院审判委员会委员；曹强为济南市中级人民法院立案庭副庭长；尹逊航为济南市中级人民法院刑事审判第一庭副庭长；马进、魏吉锋为济南市中级人民法院刑事审判第二庭副庭长；许海涛、李莎莎为济南市中级人民法院民事审判第一庭副庭长；杨晓辉、闵雯、陈伟为济南市中级人民法院民事审判第二庭副庭长；杨莉为济南市中级人民法院知识产权法庭副庭长；李静为济南市中级人民法院民事审判第四庭副庭长；何菊红、尹腾为济南市中级人民法院民事审判第五庭副庭长；武峰为济南市中级人民法院破产审判庭副庭长；曹慧、李婷为济南市中级人民法院行政审判庭副庭长；尹腾飞为济南市中级人民法院审判监督第一庭副庭长；宋文华、陈晓为济南市中级人民法院审判监督第二庭副庭长。免去：李志忠、沈迎的济南市中级人民法院审判委员会委员、审判员职务；李锦铭的济南市中级人民法院审判委员会委员、审判员、刑事审判第一庭庭长职务；陈清霞的济南市中级人民法院审判委员会委员、审判员、刑事审判第二庭庭长职务；李富建的济南市中级人民法院立案庭庭长职务；孙红岩的济南市中级人民法院民事审判第一庭庭长职务；褚飞的济南市中级人民法院民事审判第五庭庭长职务；李国才的济南市中级人民法院行政审判庭庭长职务；胡友明的济南市中级人民法院审判监督第二庭庭长职务；于文诚的济南市中级人民法院执行局执行第一庭庭长职务；陈明的济南市中级人民法院执行局执行第二庭庭长职务；周宏的济南市中级人民法院执行局执行第三庭庭长职务；杨莉的济南市中级人民法院立案庭副庭长职务；孙潇、李耀勇、王农泽的济南市中级人民法院民事审判第二庭副庭长职务；刘继英的济南市中级人民法院民事审判第四庭副庭长职务；李静的济南市中级人民法院民事审判第五庭副庭长职务；张振明的济南市中级人民法院行政审判庭副庭长职务；林洁华的济南市中级人民法院审判监督第一庭副庭长职务；吴万秋的济南市中级人民法院审判监督第二庭副庭长职务；范芸的济南市人民检察院检察委员会委员、检察员职务。

12月24日，济南市第十八届人民代表大会常务委员会第五次会议表决通过，任命：衣光军为济南市第十八届人民代表大会法制委员会副主任委员；刘国栋为济南市第十八届人民代表大会城乡建设环境保护委员会委员。免去：衣光军的济南市第十八届人民代表大会城乡建设环境保护委员会委员职务；王春光的济南市人大常委会教育科学文化卫生工作室主任职务；林军的济南市人大常委会预算工作室主任职务。

（[illegible]）

**【《中华人民共和国环境保护法》贯彻实施情况执法检查】** 5月10日，市人大常委会执法检查组召开全体会议，听取市政府关于环境保护法贯彻实施情况的汇报；5月10—11日，执法检查组分5个小组，围绕绿色低碳发展、污染防治攻坚、生态保护修复等7个方面检查重点，对各区县进行全覆盖检查。6月16日，市十八届人大常委会第一次会议听取审议执法检查报告。

（党永贵）

**【《中华人民共和国残疾人保障法》《山东省实施〈中华人民共和国残疾人保障法〉办法》《济南市保障残疾人合法权益的若干规定》贯彻实施情况执法检查】** 9月8日，市人大常委会执法检查组召开全体会议，听取市政府关于全市贯彻实施残疾人保障"一法一办法一规定"情况的报告。9月9—15日，执法检查组分6个小组，围绕残疾人教育、康复、就业、社会保障和无障碍环境建设等检查重点，对各区县进行全覆盖检查，并督促22个市直部门开展自查。10月27日，市十八届人大第三次会议听取审议执法检查报告。

（李晓童）

**【加强人力资本建设、助推强省会高质量发展情况专题询问】** 8月24日，市十八届常委会第二次会议听取审议市政府关于加强人力资本建设、助推强省会高质量发展情况的报告，并举行联组会议，就济南市加强人力资本建设、助推强省会高质量发展情况开展专题询问。6位市人大常委会委员和市人大代表作为询问人分别围绕人口生育和结构、人口人才落户、高校毕业生就业、人才住房保障、职业教育培训、科技创新平台建设、信用体系建设、知识产权应用、人力资本金融创新、人力资本产业发展等方面问题进行提问和追问。市卫生健康委、公安局、人力资源和社会保障局、住房和城乡建设局、教育局、科技局、发展改革委、市场监管局、地方金融监管局、济南高新区管委会等部门负责人先后回答询问。市政府副市长韩伟到会听取意见并作表态发言。 （李晓童）

**【全市山体保护工作情况专题询问】** 10月27日，市十八届人大常委会第三次会议听取审议市政府关于山体保护工作情况的报告，并以联组会议形式对全市山体保护工作情况进行专题询问。5名指定询问人围绕规划引领作用发挥、山体保护办法实施、山体公园建设管理、修复治理资金保障、山体景观视廊保护等方面分别提出询问，3名市人大代表针对山林绿化、执法监管、资源利用等方面现场随机提问，市发展改革委、民政局、财政局、自然资源和规划局、生态环境局、园林和林业绿化局、文化和旅游局7个部门负责人到会接受询问，副市长任庆虎到会听取意见并作表态发言。

（党永贵）

栏目编辑 [illegible]

# 济南市人民政府

## 综 述

【概况】 2022年，济南市总面积10244.45平方千米，辖12个区（县），132个街道、29个镇，992个居委会、4699个村委会。年末常住总人口941.47万人，人口自然增长率-1.9‰。全年实现生产总值12027.4亿元，比上年增长3.1%。其中，第一产业增加值420.5亿元，第二产业增加值4180.2亿元，第三产业增加值7426.7亿元。固定资产投资增长3.8%，地方一般公共预算收入1001.1亿元，地方一般公共预算支出1225.6亿元。社会消费品零售总额4878.1亿元，货物进出口总额2208.9亿元。

（钟文英　李哲）

【高效统筹疫情防控与经济社会发展】 2022年，济南市委市政府带领全市人民科学统筹疫情防控和经济社会发展，坚定扛起稳定经济重大政治责任。坚决贯彻党中央决策部署，及时调整完善各项防控措施，最大限度保障人民群众生命安全和身体健康。高效落实四批稳中求进高质量发展政策清单，出台助企纾困25条政策，减税退税降费超过1000亿元，市场主体增至149.7万户。出台支持高校毕业生就业创业40条政策，城镇新增就业17.3万人。制定促进消费24条措施，发放消费券2.17亿元，新引进商业品牌首店55家。精心包装策划储备优质项目，260个市级重点项目完成投资2320.8亿元。加大外贸主体培育力度，新增进出口实绩企业1656家，全年完成进出口2208.9亿元。

（钟文英　李哲）

【新旧动能转化起步区加速起势】 2022年8月13日，《济南新旧动能转换起步区发展规划（2021—2035年）》经省政府同意印发实施，起步区“1+4+16+N”规划体系逐步完善。山大二院北院区、黄河体育中心等项目加速推进，8月17日黄河大道一期建成通车，起步区公共服务配套不断健全。中科新经济科创园、国际招商产业园等高端平台加快布局，12月5日比亚迪新能源乘用车及零部件产业园项目实现首台整车下线，起步区累计签约141个高端优质项目、总投资3365亿元，发展动能日益强劲。（钟文英　李哲）

【数字济南建设全面铺开】 2022年9月23日，济南市委市政府召开数字济南建设推进大会，构建形成“1+4+N”工作体系，全方位一体化推动数字机关、数字政府、数字经济、数字社会及重大专项体系建设，以数字赋能发展，用数字化变革引领各领域改革创新，为新时代社会主义现代化强省会建设实现新跨越塑造数字优势。2022年，全市数字经济规模超过5853亿元、占GDP比例达47%，数字经济核心产业规模占比达17%以上、稳居全省首位，在2022数字经济城市排行中居全国第六位。累计建成5G基站4万个，上云企业突破6万家，入选全国首批数字化绿色化协同转型发展综合试点城市，连续五年获评“中国领军智慧城市”，位列2022年度国务院督查激励“建设信息基础设施和推进产业数字化成效明显市”推荐名单第一名。

（钟文英　李哲）

【世界首个电磁橇设施成功运行】 2022年10月20日，阶段性建成的世界首个电磁推进地面超高速试验设施——“电磁橇”设施，在济南成功运行，对于吨级或以上物体最高推进速度可达每小时1030千米，创造了大质量超高速电磁推进技术的世界最高速度纪录。电磁橇设施是中国科学院与山东省、济南市开展战略合作的重大项目。设施成功运行是我国装备制造业的重大突破，对于交通领域、航天领域、电磁装备制造领域的发展将起到很大作用。（钟文英　李哲）

**【济莱高铁正式通车】** 2022 年 12 月 30 日，国内首条市域高铁济莱高铁正式开通运营。济莱高铁线路全长 117.49 千米，全线共设 6 座车站，设计时速 350 千米。济莱高铁是山东省会济南“米字形”高铁网的重要组成部分，建成通车后，不仅结束了济南市莱芜区、钢城区不通高铁历史，还将进一步完善山东省会济南“米字形”高铁网结构，便利沿线群众出行，对于加快建设交通强国山东示范区、打造“轨道上的山东”、促进省会经济圈一体化发展，均具有十分重要的意义。

（钟文英　李哲）

**【“济南一号”“泉城一号”成功发射】** 2022 年 7 月 27 日，量子卫星“济南一号”成功发射，这是世界首颗量子微纳卫星，是我国在世界上首次实现基于微纳卫星和小型化地面站之间的实时星地量子密钥分发，构建低成本、实用化的天地一体化量子保密通信网络。9 月 6 日上午，命名为“泉城一号”的快舟一号甲固体运载火箭在酒泉卫星发射中心点火升空，以“一箭双星”方式，将“微厘空间”低轨卫星导航增强系统 S3/S4 试验卫星送入预定轨道。“济南一号”“泉城一号”的成功发射，标志着济南成为全国首个完成商业航天“通信、导航、遥感”卫星全面布局的城市。

（钟文英　李哲）

**【基因编辑核心技术填补国内空白】** 济南高新区企业舜丰生物，拥有完全自主知识产权的 CRISPR-Cas12i 和 CRISPR-Cas12j 两个工具酶获得专利授权，填补了国内原创基因编辑核心专利的空白，打破国外基因编辑技术 CRISPR-Cas9 的垄断，并在国内首次实现技术出口。

（钟文英　李哲）

**【建成全省首个区域性国际传播中心】** 2022 年 5 月 24 日，济南国际传播中心正式成立，成为山东省第一个区域性国际传播中心。济南国际传播中心围绕泉城文化创作《新时代泉边故事·习近平新时代中国特色社会主义思想在济南的实践》《外国友人看泉城》《泉·城》《视听山东济南篇章》《航拍济南》等系列主题外宣视频共计 290 部，海内外累计总观看量逾 1 亿人次，对于济南深化对外交流、提升城市软实力和国际化水平、打造全省对外开放新高地，起到重要促进作用。

（钟文英　李哲）

**【实施招商引资“九大行动”】** 2022 年 8 月 3 日，济南市委市政府出台《关于开展招商引资“九大行动”的实施意见》，部署实施“顶格”招商引领、园区招商突破、产业招商聚焦、全球招商推广、投行化招商攻坚、数字化招商创新、要素统筹保障、营商环境提升、招商人才培育九大行动，着力构建“投促 + 部门 + 区县 + 园区”上下协同、纵横联动的招商工作体系，聚力推动“双招双引”取得新突破新成就。全年全市实际使用外资 31.57 亿美元，同比增长 18%，吉利智慧新能源整车等一批高质量项目落地见效。

（钟文英　李哲）

**【广安门医院济南医院获批国家区域医疗中心建设项目】** 2022 年 10 月 26 日，国家发展改革委、国家卫生健康委、国家中医药管理局联合公布第四批国家区域医疗中心建设项目名单，广安门医院济南医院入列，这是山东唯一一家中医类国家区域医疗中心建设项目。中国中医科学院广安门医院济南医院成功获批国家区域医疗中心建设项目，进一步提速中医药强省、强市建设进程。（钟文英　李哲）

**【中国—加勒比发展中心落户济南】** 2022 年 7 月 6 日上午，中国—加勒比发展中心正式揭牌，落户山东济南。该中心由外交部和山东省共同建设，将立足山东禀赋资源，利用济南综合平台，在减贫、粮食安全、抗疫和疫苗、发展筹资、气候变化和绿色发展、工业化、数字经济、互联互通八大领域深化同加勒比地区的交流合作，成为中加交往的新平台、合作的新典范、友好的新纽带。（钟文英　李哲）

**【成功举办一系列高端会议活动】** 2022 年 7 月 29 日，2022 跨国公司（济南）高层对话会暨第二届中日产业创新发展交流大会在济南举行，以“深化对日产业合作，赋能强省会高质量发展”为主题，突出企业主体作用，深化对日交流合作。7 月 30 日，2022 中国算力大会在山东济南开幕，以“算赋百业 力导未来”为主题，展示我国算力基础设施建设最新成果，加强国内外算力技术和产业交流合作，助力经济社会数字化转型。8 月 31 日，2022 世界先进制造业大会在济南开幕，大会以“新格局、新动能、新生态”为主题，开展高峰论坛、国际交流对接会、成果展示等多场活动，共签约 77 个制造业重点项目，合同金额 668 亿元。9 月 24 日，第四届中国企业论坛在济南举办，以“新发展格局下的企业：使命与路径”为主题，聚焦企业在新发展格局之下的高质量发展、机遇与挑战、企业社会责任等展开探讨。

（钟文英　李哲）

【文电办理与会议活动】 市政府全年制发综合性、政策性文件 24 件，市政府办公厅制发综合性、政策性文件 12 件。组织承办全市性政府会议 32 次、市政府常务会议 37 次。向国务院办公厅、省政府办公厅报送信息 1687 条，获国务院和省政府领导批示 115 条；编报《济南政务信息》等刊物 413 期，市领导批示 45 条次。被国务院办公厅评为“2022 年度全国政务信息工作先进单位”，被省政府办公厅评为“2022 年度政务信息工作成绩突出单位”。

（谭征　高书省　鲁法芝　赵紫玉）

【政务督查】 抓好《政府工作报告》191 项重点任务和 23 项为民办实事落实情况督查；督查调度 35 次市政府常务会议、421 个确定事项，印发督查通报 46 期。建立分级分时限办理和亮牌机制，督办市政府主要领导批示事项 2705 件。建立市政府主要领导交办事项、企业意见建议两项清单督查机制，督办交办事项 65 项、企业建议诉求 132 项。组织开展重点工作专项督查 42 次，印发督查专报 99 期。核查督办国务院、省两级“互联网 + 督查”问题线索 8392 件。办理全国人大代表建议 1 件、政协提案 1 件，省人大代表建议 8 件、省政协提案 20 件，市人大代表建议 443 件、市政协提案 568 件。2022 年 12 月，市政府办公厅督查二室被省政协评为先进提案承办单位。完成国务院稳增长稳市场主体保就业专项督查、省委省政府“1+3”重点工作督查等迎查保障。牵头推进国务院督查激励措施争取工作，2022 年 6 月，济南市两项工作作为 2021 年落实有关重大政策措施真抓实干成效明显地方，受到国务院办公厅通报表扬和督查激励；推荐历下区甸柳新村街道办事处为 2022—2023 年度国务院办公厅督查联系点。

（董桂金　卞学光　黄敬宗）

【热线服务】 “12345”热线全年受理各类市民诉求 1303.05 万件。推动热线数字化、信息化、智能化建设，梳理、审核热线系统功能 90 余项，开发实现六大项、24 小项系统功能，调整问题分类近 150 项，建设完成热线智能导航、质检、自动分类等智能化功能；推进市民诉求“一次办成、一次办好”，实现从受理到办理转变，热线直连供暖管家，供暖问题直办率提升 20%。强化督查督办，创新“合议”制度提级督办相关诉求 1 万余件；与 110、119、120 等紧急热线建立联动机制，实现政府职能部门及社会应急资源的高效联动；服务领导决策，撰写完成热线各类专报近 300 期，联动省市新闻媒体开展“热线基层行”系列活动，刊发相关新闻报道 400 余篇。主导制定的《政府热线大数据应用指南》等 4 项国家标准，已进入报审程序。创新区县二级平台管理模式，打造全市热线办理“一张网”的社会治理新模式，构建“产学研政用”五位一体的热线发展格局，被国务院办公厅选送作为依法治国的典型，在中宣部主办的“奋进新时代”主题成就展中央综合展区推介展示。

（张立伟）

【政务公开】 围绕基层政务公开标准化、规范化、特色化、数字化建设，推动济南市政务公开工作取得实效，国务院办公厅《政务公开工作交流》刊发《济南市开展政务公开创新试点，助力基层治理能力提升》，济南市基层政务公开工作经验得到全国推广。2022 年，全市政务公开工作在中国政府透明度指数报告中获全国地市级政府第四名。政府门户网站全年发布政务信息 23403 条，发布各类政策文件解读 157 条，发布市政府常务会相关议题与解读 51 次，直播市“两会”开幕式、市委市政府新闻发布会 139 场，直播、录播《作风监督面对面》电视问政 16 场。壮大新媒体矩阵，带动全市 696 家政务新媒体发挥好舆论宣传作用，唱响网上公开主旋律，其中“微博济南”“济南政务头条号”“济南政务微信号”发布信息 9601 条，粉丝总数达 186.6 万人。

（姚　芳）

## 重要会议与决策

**【市政府常务会议】** 2022年，召开市政府常务会议37次，研究议题198项，涉及全市重点专项规划、规范性文件议题50余项。集体审议《济南市工程建设领域保障农民工工资支付办法》《济南市医疗保障基金使用监督管理办法》《济南市应急物资保障暂行办法》《济南市门楼牌管理办法》《济南市互联网租赁自行车管理办法》等法规规章条例，推进经济社会领域与群众生产生活密切相关的法规规章的制定实施。

公众参与推动民主决策。先后多次邀请企业代表、政策相关方及法律顾问等列席会议，在《济南市“十四五”能源发展规划》编制、《济南市建设科创金融改革试验区实施方案》制定等议题的研究审议过程中发表意见，提升市政府议事决策效率和民主科学水平。

信息公开回应社会关注。坚持“公开为常态、不公开为例外”的原则，做好市政府常务会议信息公开工作，通过市政府网站、《济南日报》、广播电台以及新闻发布会等形式对《政府工作报告》、为民办实事事项等议题进行解读，保障社会公众知情权、参与权、监督权。

（谭　征）

**【市政府重要专题会议】** 2022年，济南市人民政府召开的重要专题会议有：中欧（济南）绿色制造产业园建设工作专题会，全市“黄码医院”布局设置专题会议，研究济南市“十四五”综合交通发展规划及工业北路快速路东延等道路规划建设工作专题会议，研究济南市城市规划编制工作专题会议，强化邮政快递行业疫情防控工作专题会议，房地产调控工作专题会议，全市重点指标落实工作专题会议，济南公交医院移交工作专题会议，济南奥体中心管理运营工作专题会议，专题研究《济南市医疗保障事业发展“十四五”规划》会议，研究盘活存量资产、扩大有效投资专题会议，省级及以上开发区扩区调区专题会议，专题研究省公共卫生临床中心设置管理工作会议，推进全市棚改项目及社区建设工作专题会议，市中区有关重点工作专题会议，推进全市棚改项目及社区建设工作专题会议，全市省级以上开发区发展工作专题会议，研究《济南市加快总部经济发展的若干措施》专题会议，空天信息大学推进校区建设专题会议，海峡两岸新旧动能产业合作区建设推进专题会议，空天信息产业发展高峰论坛筹备工作专题会议，深化校地战略合作携手推进若干重大项目专题会议，研究《济南市安全生产责任追究办法（试行）》专题会议，千佛山北广场规划建设专题会议，济南黄河生态风貌带规划专题会议，全市审计查出问题整改工作会议，研究济西国家湿地公园规划建设工作专题会议，研究《济南市城市更新专项规划（2021—2035）》专题会议，黄河流域生态保护和高质量发展专项督察反馈问题整改工作推进会议，研究《济南市中运量轨道交通第一期建设规划（2022—2024年）》专题会议，研究《济南市名泉保护条例（修订草案）》专题会议，研究济南市供热热源规划布局专题会议，研究济南市优化生育政策促进人口长期均衡发展专题会议，“一排底线”专题调度会议，全市标准化创新发展暨知识产权强市示范城市建设工作会议，研究千佛山北广场景观设计方案专题会议，研究古树名木公园规划、主城区行道树整治规划、起步区行道树规划专题会议，2021年度省级预算执行和其他财政收支审计未整改完成问题整改工作专题会议，研究未来导航项目和激光产业发展工作专题会议，研究雪山片区A13地块有关问题专题会议，全市产业项目推进情况专题调度会议。

（鲁法芝）

**【重要决策决定】** 济南市人民政府文件　1月14日，济南市人民政府印发《济南市社会信用管理办法》（济政发〔2022〕1号）。该办法共8章55条，分别从社会信用信息的归集和采集、社会信用信息的披露与应用、守信激励和失信惩戒、信用信息安全和信息主体权益保护、信用服务行业规范和发展、社会信用的环境建设做出明确规定。该办法自2022年2月1日起施行，有效期至2026年12月31日。

5月26日，济南市人民政府印发《济南市政府投资项目代建制管理办法》（济政发〔2022〕5号）。该办法明确，济南市行政区域内总投资1000万元（含）以上的非经营性政府投资项目原则上应当实行代建制，并对代建单位管理、职责分工，组织实施、资金管理、奖惩与监督等方面提出具体要求。该办法自2022年5月26日起施行，有效期至2027年5月25日。

6月30日，济南市人民政府印发《关于进一步深化预算管理制度改革的实施意见》（济政发〔2022〕6号）。文件以中共中央、国务院关于建立现代财税体制的决策部署为指引，提出加大财政统筹力度、深化部门预算改革、完善转移支付体系、强化预算约束、加强财政风险防控、做好财政信息公开工作、推进财政数字化改革7项重点任务。

9月8日，济南市人民政府印发《济南市推进企业上市倍增行动计划》（济政发〔2022〕15号）。文件提出要推动优质企业多渠道上市融资，加大后备资源挖掘储备力度，实施针对上市后备企业的精准化服务，加快推进国有企业进军资本市场，优化提升企业上市扶持政策，发挥私募股权投资支持企业上市功能和行业组织、中介服务机构作用，构建资本市场对接服务平台，帮助企业扫除上市障碍，进一步提升上市公司质量。

12月18日，济南市人民政府印发《关于加快推进济南气象高质量发展的意见》（济政发〔2022〕22号）。文件提出要补强气象基础设施短板，筑牢气象防灾减灾第一道防线，提升气象保障经济高质量发展水平，建立“山泉湖河城”生态气象保障体系，增强气象科技创新能力，夯实济南大城市气象高质量发展基础。

**济南市人民政府办公厅文件** 8月3日，济南市人民政府办公厅印发《济南市支持高校毕业生就业创业政策（40条）》（济政办发〔2022〕8号）。文件对有关政策进行整合集成优化，形成稳岗扩岗、基层就业、创业扶持、人才吸引、技能提升、就业服务六大方面40条政策清单，为吸引高校毕业生来济留济就业创业，打造强省会人才高地提供政策保障。

11月30日，济南市人民政府办公厅印发《济南市城市中低收入住房困难家庭租赁住房补贴保障标准及办理程序的规定》和《济南市新市民、青年人租赁住房补贴保障标准及办理程序的规定》（济政办发〔2022〕9号）。文件明确相关租赁住房补贴的申请条件、保障标准及补贴金额、申请方式及办理流程。

12月26日，济南市人民政府办公厅印发《济南市支持预制菜产业高质量发展十条政策措施》（济政办字〔2022〕11号），具体包括推动预制菜产业集聚集群发展、培优做强预制菜生产加工企业、优化预制菜冷链物流配送体系、支持建设优质原料生产基地、提升预制菜产业创新发展能力、加大预制菜产业双招双引力度、健全预制菜行业标准体系、加强预制菜产业品牌营销拓展、创新完善财政金融联动机制、强化预制菜产业发展组织推进10条政策。（赵紫玉）

**2022年济南市人民政府文件选目一览表**

表1

| 文件名称 | 发文字号 |
|---|---|
| 济南市人民政府关于印发济南市社会信用管理办法的通知 | 济政发〔2022〕1号 |
| 济南市人民政府印发关于推进中国（山东）自由贸易试验区济南片区贸易投资便利化改革创新若干措施的通知 | 济政发〔2022〕2号 |
| 济南市人民政府关于印发济南市2022年国民经济和社会发展计划的通知 | 济政发〔2022〕4号 |
| 济南市人民政府关于印发济南市政府投资项目代建制管理办法的通知 | 济政发〔2022〕5号 |
| 济南市人民政府关于印发济南市突发事件总体应急预案的通知 | 济政发〔2022〕6号 |
| 济南市人民政府关于组织开展济南市第三次土壤普查的通知 | 济政发〔2022〕7号 |
| 济南市人民政府关于进一步深化预算管理制度改革的实施意见 | 济政发〔2022〕8号 |
| 济南市人民政府关于印发济南市新型城镇化规划（2021—2035年）的通知 | 济政发〔2022〕9号 |
| 济南市人民政府关于全面实行行政许可事项清单管理的通知 | 济政发〔2022〕10号 |

续表 1

| 文件名称 | 发文字号 |
|---|---|
| 济南市人民政府关于全面加强和改进行政执法监督工作的意见 | 济政发〔2022〕12 号 |
| 济南市人民政府关于印发济南市水文管理办法的通知 | 济政发〔2022〕13 号 |
| 济南市人民政府印发关于进一步推进资本市场服务高质量发展的若干政策措施的通知 | 济政发〔2022〕14 号 |
| 济南市人民政府关于印发济南市推进企业上市倍增行动计划的通知 | 济政发〔2022〕15 号 |
| 济南市人民政府关于明确劳动保障监管管辖范围的通知 | 济政发〔2022〕16 号 |
| 济南市人民政府关于印发济南市“十四五”全民科学素质行动规划纲要实施方案的通知 | 济政发〔2022〕17 号 |
| 济南市人民政府印发关于加快生物医药与大健康产业高质量发展的若干措施的通知 | 济政发〔2022〕18 号 |
| 济南市人民政府关于划定济南市市管水闸与堤防管理范围和保护范围的通告 | 济政发〔2022〕20 号 |
| 济南市人民政府关于划定非道路移动机械高排放禁用区的通告 | 济政发〔2022〕21 号 |
| 济南市人民政府关于加快推进济南气象高质量发展的意见 | 济政发〔2022〕22 号 |
| 济南市人民政府关于印发济南市儿童友好城市建设方案的通知 | 济政发〔2022〕23 号 |
| 济南市人民政府关于落实国家标准化发展纲要促进高质量发展的实施意见 | 济政发〔2022〕24 号 |

## 2022 年济南市人民政府办公厅文件选目一览表

表 2

| 文件名称 | 发文字号 |
|---|---|
| 济南市人民政府办公厅关于加快发展保障性租赁住房的实施意见 | 济政办发〔2022〕1 号 |
| 济南市人民政府办公厅关于促进集成电路产业发展的意见 | 济政办发〔2022〕3 号 |
| 济南市人民政府办公厅关于印发济南市支持高校毕业生就业创业政策（40 条）的通知 | 济政办发〔2022〕4 号 |
| 济南市人民政府办公厅关于印发济南市加快总部经济发展的若干措施的通知 | 济政办发〔2022〕5 号 |
| 济南市人民政府办公厅关于印发济南市专业技术人员继续教育规定的通知 | 济政办发〔2022〕6 号 |
| 济南市人民政府办公厅关于印发济南市市场主体强制退出警示管理办法（试行）的通知 | 济政办发〔2022〕7 号 |
| 济南市人民政府办公厅关于转发鲁政办发〔2022〕15 号文件加快推动 12345 市民服务热线与 110 报警服务台高效对接联动工作的通知 | 济政办发〔2022〕8 号 |
| 济南市人民政府办公厅关于印发《济南市城市中低收入住房困难家庭租赁住房补贴保障标准及办理程序的规定》和《济南市新市民、青年人租赁住房补贴保障标准及办理程序的规定》的通知 | 济政办发〔2022〕9 号 |
| 济南市人民政府办公厅关于印发济南市残疾预防行动计划（2022—2025 年）的通知 | 济政办发〔2022〕10 号 |
| 济南市人民政府办公厅关于印发济南市支持预制菜产业高质量发展十条政策措施的通知 | 济政办发〔2022〕11 号 |
| 济南市人民政府办公厅印发关于进一步健全职工基本医疗保险门诊共济保障机制的若干政策措施的通知 | 济政办发〔2022〕12 号 |

# 应急管理

【概况】 2022年，全市生产安全事故起数、死亡人数继续保持“双下降”，未发生较大及以上生产安全事故，事故总量和死亡人数同比分别下降49.2%、35.4%；百亿元GDP事故死亡人数预估为0.87，完成济南市安全生产“十四五”规划确定的“百亿元GDP事故死亡人数控制在1.0以内”的目标任务。

【完善安全责任体系】 印发《济南市安全生产工作任务分工》《中共济南市委机构编制委员会关于进一步明确和完善市直部门（单位）安全生产工作职责的通知》《济南市党政领导干部安全生产责任追究办法（试行）》等制度规定。制定市、区县（功能区）、镇（街道）、社区（村居）各级各岗位人员安全生产职责清单，全面推行“网格化+实名制”监管，做到“定人、定格、定责”监管，属地管理责任、行业管理责任、行业监管责任、专项监管责任、其他管理责任落实率达100%。

【安全专项整治】 坚持以全力打好安全生产专项整治三年行动“收官之战”为抓手，健全安委会牵头抓总，专委会分工负责，成员单位抓落实工作机制，动态更新问题隐患清单和制度措施清单，统筹推进安全生产大检查、农村自建房、燃气安全百日攻坚行动等重点工作，累计查改各类问题隐患31.6万项，受理处置安全生产举报666件。建立每周调度通报工作机制，印发《济南市安全生产重点工作督查通报》42期。印发季度考评报告164份，量化排名区县、相关行业部门考评成绩，倒逼企业主体责任和行业监管责任落实。

【“数字化”监管】 研发“泉城安全”综合监管平台，建成“安全监管对象数据库”“安全监管责任数据库”，将1.3万余名监管人员、15.4万余家生产经营单位纳入平台管理并预留业务模块，随机抽查、实时监控企业隐患排查治理、安全教育培训、危险作业报备、监管人员履职尽责等情况。研究制定《济南市城市安全运行数字化建设工作方案》，组织各牵头部门拟制《城市安全运行数字化建设专项实施方案》。

【安全执法】 坚持重点行业领域执法“全覆盖”、一般生产经营单位执法“双随机”。全面推行“启动会+现场检查+沟通会+总结反馈会”“企业负责人+安全管理人员+岗位员工全过程在场”“执法+专家”三位一体执法模式，建立“事前释法、罚中说理、罚后释疑”工作机制。2022年，全市应急系统共检查企业5901家次，发现违法行为11222项，非事故立案1299起，罚款1620万元；申报应急管理部典型合格案件95件，涉及行刑衔接案例3起，报送率、合格率均达100%。设立安全生产“曝光台”，将216个非事故类较大处罚案件涉事企业纳入国家信用体系管理平台，形成安全生产法规制度不能违、不敢违的高压态势。

【提高自然灾害防治能力】 出台《济南市应急管理“十四五”规划》，修订《济南市突发事件总体应急预案》，完成非煤矿山、工贸行业、危险化学品安全生产以及地震、地质灾害等21个专项预案编修

2022年9月8日，济南市应急管理综合行政执法支队揭牌仪式在龙奥大厦举行

（市应急管理局　供稿）

2022年11月10日，济南市开展2022年地震应急综合演练　　（谢尚真　摄）

工作，确保突发事件应对处置有案可依、有案可循。出台《济南市应急物资保障“十四五”规划》《济南市应急物资保障办法》，建立《济南市应急物资生产企业名录》，市、区县两级储备3大类、37中类、210小类、90.3万件应急物资。将地震应急避难场所建设纳入《“提升城市软实力 创建文明典范城”百件实事项目清单》，规范完善地震应急避难场所370余处、1300余万平方米，可供700余万人疏散避险。出台《济南市应对灾害性天气紧急避险工作的实施意见》，建立应急类公益短信息发布平台、应急“白名单”平台、应急“屏台”三台合一应急类公益预警信息发布机制。

【提升应急处置能力】　完成市、区县两级森林防灭火指挥部办公室、防汛抗旱指挥部办公室职能划转，理顺森林防灭火、防汛抗旱指挥机制。制定《济南市灾害事故应急救援补偿办法》，分行业、分部门、分层级加强应急救援队伍建设，全市应急救援队伍共208支、17559人。落实《2022年度应急预案演练计划》，组织防汛救灾、森林灭火、地震救援、矿山暴雨天气停产撤人等综合性实战演练68次，开展山东鲁华物流有限公司“6·16”火灾事故、南部山区“7·12”暴雨灾害、槐荫区香桔市小区“8·14”燃气爆燃事故应急救援。升级改造市级应急指挥平台，推进“情指勤舆”一体化应急指挥中心建设，构建全市公共安全风险“一张图”。推进应急通信网建设，实现突发情况多点联动、迅捷处置。《济南市有效提高突发事件现场“可视化”》被省政府安委办、省应急管理厅刊发推广。

（吕东民）

【概况】　2022年，市政府研究室共起草市长讲话740余篇、有关副市长讲话320余篇，其他综合材料340余篇，文稿数量同比增加40%以上。完成各类调研报告22篇，获得省市领导批示20余人次。搜集编报国内外各类决策咨询信息300余篇，国办、省市政务信息采用33篇，市领导批示6篇。连续12年获得“省级文明单位”称号，获评第二批国家级节约型机关，在2022年市直部门（单位）党风政风行风评议中位列第三名。

【综合文稿起草】　起草市委经济工作会议、全市作风建设暨优化营商环境大会、全市领导干部会议、全市“双招双引”工作会议、全市美丽宜居乡村建设工作会议、市委疫情防控和经济运行工作会议、中共济南市委“山东这十年·济南”主题新闻发布会、济南市黄河流域生态保护和高质量发展工作推进会、济南绿色低碳高质量发展（上海）推介会、2022中国算力大会主论坛开幕式、2022年空天信息产业发展高峰论坛等重要会议文稿。起草的有关文稿在人民网、《经济日报》、《中国青年报》上刊发。

【政府工作报告起草】　创新开展“我向市长说句话”开门写报告活动，联合齐鲁晚报、济南日报报业集团、“12345”市民服务热线、济南广播电视台、市政府门户网站等媒体平台，广泛征求、充分吸纳群众意见建议，收到群众各类建言8万多条，进一步听民声、汇民意、聚民智。两会召开后，报告得到社会各界广泛好评。

【调查研究】 围绕贯彻黄河重大国家战略、加快起步区建设、推进工业强市、疫情防控、应对经济下行压力、数字济南建设、招商引资等市委、市政府中心工作，开展调查研究，完成各类调研报告22篇。其中，市委书记刘强批示5篇，市委副书记、市长于海田批示8篇，其他市领导批示4篇。关于加快济南新旧动能转换起步区建设、加大市场主体纾困解难、发展区块链产业等一批调研成果转化为推动高质量发展的有力举措，为市政府决策提供重要参考和智力支撑。

2022年9月21日，济南市行政审批服务局工程建设项目审批服务处被授予全省“人民满意的公务员集体”称号 （市行政审批服务局 供稿）

【决策咨询信息服务】 搜集编报国内外各类决策咨询信息300余篇。其中，推荐到国办2篇，在省市政务信息上刊发31篇，获得市领导批示6篇。组织开展2022年全市政府系统优秀调研成果评选。重新梳理确定49个涉及乡镇、村居、园区、企业等多层次调研基地，依托专家智库开展专家咨政活动。组织山东大学、山东社会科学院等专家学者，围绕全市中心工作开展课题研究，完成关于加快济南市民营经济高质量发展的建议、关于加快推进济南市文体旅产业融合发展的研究等委托研究课题。

（周显广 张娟）

【概况】 2022年，市行政审批服务局聚焦系统集成改革、数字化引领、全生命周期服务，持续提升政务服务标准化规范化便利化水平，“在泉城·全办成”品牌影响力不断扩大。工程建设项目审批制度改革在国家工改评估中连续三年争先进位，2021年度获全国第六，其中便利度指标全国第二，工程建设项目审批服务处获全省“人民满意的公务员集体”称号。

【优化营商环境】 实施营商环境创新提升行动，牵头组织编制《济南市“十四五”时期优化营商环境规划》，列入市政府2022年度重大行政决策事项。牵头制定全市建设一流营商环境实施方案，推出市场环境、投资环境、监管环境、政务环境、法治环境和人文环境等方面共计320项创新提升举措。全面梳理国家、省、市政策清单，发布优化营商环境政策汇编。推进数据不共享、系统不衔接、部门不协同、制度不完善、交互不畅通等“五不”问题整改，推动营商环境持续优化。济南市19项案例入选国家发改委《营商环境评价报告2021》《优化营商环境百问百答》。

【制度体系建设】 加快推进行政审批服务相关立法，形成立法草案及调研报告。以市委、市政府名义印发《关于纵深推进“在泉城·全办成”改革全面加强政务服务体系建设的实施意见》，在政务服务标准化、规范化、便利化、精准化、数字化方面探索创新，“在泉城·全办成”改革实现迭代升级。出台助力企业纾困若干措施和支持新旧动能转换起步区、自贸试验区济南片区发展的若干措施。

【重点领域改革】 创新企业登记“即时审批”模式，省内率先推行个体工商户跨区域迁移，探索市场主体集群注册登记，全市范围内企业开办实现一次登录、半日办结。在53个行业推行“一业一证”改革，推进“双全双百”工程，上线85个“一件事”主题集成服务。

泉惠企 · 济南市企业服务综合智慧平台 （市行政审批服务局　供稿）

持续深化跨域通办，完善“济泰行政审批服务一体化”工作机制，牵头推动省会经济圈企业开办同标办理。162 项“跨省通办”、314 项“全省通办”事项全部实现。创新推行市场主体歇业备案、代位注销改革，降低市场主体存续成本。市场准入退出更加便捷高效，全市市场主体突破 149.8 万户。优化提升“拿地即开工、建成即使用”审批模式，创新推行市政公用服务领域“无感审批 + 有感服务”、工程建设项目“联审联验、闭环管理”，国内率先实现建筑工程竣工验收备案“零材料”申报。完善工程建设项目审批管理系统，实现“清单之外无审批、流程之外无环节、指南之外无材料”。提升“山东 · 济南项目管家”服务水平，为 500 个市级重点项目提供精准定制服务。

【涉企服务“一口办理”】 打造“泉惠企”济南市企业服务综合智慧平台，汇集发布各级惠企政策 3200 余条，形成“惠企政策库”。打通统计、市场监管、税务等部门数据，汇集 149 万条市场主体信息，形成“市场主体库”。牵头起草并以两办名义印发深入推进惠企政策“一口办理”实施意见，推动惠企政策集中发布、集中解读、集中推送、集中兑现。推进“免申即享”政策扩面，发布两批 104 项“免申即享”兑现事项清单。集中开展惠企政策宣传推广月活动，在 5 期全民核酸检测贴纸印制“泉惠企”平台二维码，联合 38 家市直部门组建政策宣讲团，成立政策流动超市服务队，深入园区、商会、协会开展政策宣讲、服务企业活动，推进惠企政策“应知尽知”“应享尽享”。

【数字政务建设】 按照“数字济南”建设要求，牵头组建数字政府建设政务服务工作专班，梳理形成“标准办”“网上办”“掌上办”“自助办”“集成办”“一口办”任务清单，高标准推进数字政务建设。深化“不见面审批”，助力升级政务服务“一网通办”总门户，上线适老化“长者”模式，提升网站事项覆盖度和搜索精准度。推广电子证照证明应用，全局 304 项事项涉及的 418 项证照证明材料实现“免提交”。拓宽智慧审批途径，87 项事项实现无人工干预审批，33 项事项实现“云勘察”，建设资质 11 类 142 项事项“24 小时自动受理”。做优做强“智惠导服”平台，提供市区两级 3200 余项事项咨询引导服务，系统上线后累计咨询量 120 万余件，经验做法获国办“放管服”改革简报刊发。研发全市统一预约服务平台，市区两级 2800 余项政务服务事项实现“一网通约”。

【政务服务体系建设】 深化“一套标准管审批”，强化标准运行实施监督。推进《政务服务统一咨询服务工作规范》国家标准立项，发布《重点建设项目行政审批全程帮办服务规范》省级地方标准。实施自助终端倍增计划，列入全市 2022 年为民办实事，跨部门集成 200 余项高频政务服务事项，在全市布设 500 余台。

（刘启娜）

【概况】 2022 年，济南公共资源交易中心（含 9 个县区分中心）共完成各类交易 7 万余宗，交易额 3044 亿元，节支增资 220 多亿元。其中，政府采购交易 61119 宗，交易额 114.13 亿元；工程建设交易

3782宗，交易额2016.69亿元；国有建设用地挂牌交易312宗，交易额406.29亿元；国有产权交易105宗，交易额0.68亿元；矿业权交易20宗，交易额4.44亿元；金融资产交易268宗，交易额154.60亿元；农村产权交易703宗，交易额2.46亿元；其他交易461宗，交易额324.71亿元。2022年，济南公共资源交易中心获评全国公共资源交易十佳先进单位（市级）、中国公共资源交易跨区域合作联盟2022年度公共资源交易综合竞争力十强单位和“省级文明单位”称号。济南公共资源交易中心党组书记、主任董怀敏获评2022年度全国公共资源交易十佳先锋人物。济南公共资源交易中心交易一处获评全市“攻坚克难好团队”称号。济南公共资源交易中心高新分中心、历城分中心、平阴分中心获评山东省优秀区、市（县）“交易创新奖”。

【数智赋能打造智慧交易】 济南公共资源交易中心以新场所搬迁为契机，注重建筑智能化和交易智慧化的结合，开发建设27套智能管控系统，建设12个“四人不见面开标舱”、全市统一3D可视化调度中心和115个异地评标机位等，打造一个全方位智优服务（Any One）、全场景可视化管理（Any Where）、全天候运维监测（Any Time）、全时空系统智联（Any Thing）、多样化交互体验（Any Way）的“5A”智能化交易场所。打通与省综合评审专家库、政府采购专家库数据交互通道，建设市域公共资源交易一体化协调调度系统，该系统获评2022年度全国公共资源交易科技成果大赛二等奖。开发“专家费线上支付系统”“中标通知书在线签发、合同在线签订”等功能。打通与各行业数据交互通道，实现专家身份“一个通道、两次核验”，土地保证金“一键入库”等。持续拓展“电子证照”“移动CA”“掌上交易”“智能辅助评标”“BIM可视化评审”“大数据分析”“区块链”等数字化应用场景，服务质效得到全面提升。

【改革赋能打造阳光交易】 建立健全“信息发布员”“助企联络员”“社会监督员”“绿色通道”“容缺受理”等制度，加大服务保障力度。全年服务保障国家、区域、省、市重点项目400余个，投资额逾700亿元。建立健全“承诺+信用管理”准入制度，严格落实“三个无须”，发挥“网上商城”功能，普惠中小企业，全年1万多家中小企业通过“承诺”入驻网上商城。2022年4月，济南公共资源交易中心启动服务标准化建设，已完成239项核心标准制定工作。完成国家级标准《网络共享CA数字证书标准》编制试点任务。组织实施“招标计划提前发布”“资格后审+评定分离”“框架协议采购”等，交易活动更加规范透明。筑牢制度、数字、协同、信用和社会监督“五道防线”，营造“公开、公平、公正、公信”“风清气正、一尘不染”的交易环境。顶格落实政府采购惠企政策，全年免费为企业办理CA数字证书3万多张，免除其他各类收费近4亿元。扩容“政采E贷”融资平台，推广“电子保函”等，为5000多家企业减轻资金占压近16.5亿元，市场主体获得感、满意度持续增强，在市民热线民调中，满意率100%。

【开放赋能打造生态交易】 济南公共资源交易中心坚持国有性资源要素应进必进、集体性资源要素能进则进、社会性资源要素稳妥推进原则，扩大平台覆盖面和要素市场化配置范围。行政事业单位资产处置、农村集体产权交易、水权、电力、园林绿化租赁等项目实现进场常态化。以交易平台为基础，以各类专业市场为外延，强化系统互联互通、信息共建共享，致力于打造涵盖各类专业交易市场的综合服务体系。2022年，与山东金融资产交易中心实现数据交互，济南农村集体产权交易中心进入平台。推动省市公共资源交易一体化建设和跨区域公共资源交易一体化建设。配合山东省公共资源交易中心完成“数据交互应用”“区块链应用”“工程建设招投标及评标操作规范”等试点任务，在房屋、市政领域实现“一地注册、全省通识”。深化全国公共资源交易区块链、黄河流域高质量发展公共资源交易区块链联盟协作，打通18个省87家交易平台数据通道，实现跨区域CA数字证书互认共享，远程异地评标等业务协作常态化。

（陈　林）

【概况】 2022年，市信访局以改

2022年5月6日，省委常委、市委书记刘强到市信访局调研信访工作　　（王政　摄）

革创新、苦干实干、锐意攻坚，一体化抓好体制构建、闭环管理、积案化解、风险防控、责任落实，开展“双月攻坚”“百日攻坚”“工作质效提升攻坚”等行动，大量社会不稳定因素得到妥善处置，全市信访形势呈现平稳有序、整体向好态势。全国信访示范区县创建实现零的突破；人民网留言办理回复率和群众满意度名列全省第一，“治重化积”工作跃居全省第一；“数字信访”建设领先全省，省委副书记、省长周乃翔调研时给予肯定并要求全省推广，中央信访工作联席会议办公室专刊报中央办公厅、国务院办公厅并向全国推广，国务院副秘书长、国家信访局局长李文章批示给予肯定。

**【信访工作组织保障】**　市委、市政府高度重视信访工作，定期召开信访“双周例会”，随时调度和指挥处置重点集体上访事件。济南市在全省率先顶格设立信访工作联席会议，市委书记刘强和市长于海田担任双召集人，8名市委常委和副市级领导担任副召集人，各区县（功能区）、街镇也参照这一模式实现全覆盖，全市形成“党委统一领导、政府组织落实、信访工作联席会议协调、信访部门推动、各方齐抓共管”的新时代信访工作新格局，为信访工作规范高效开展提供坚强组织保障。

**【信访机构队伍建设】**　由市信访工作联席会议审议，以两办名义出台《关于进一步加强信访工作保障全市经济社会高质量发展的实施意见》；市委组织部、市委编办、市人力资源和社会保障局、市信访局联合印发《关于加强全市信访机构职能和工作力量的通知》，加强信访机构和干部队伍建设。市、区（县）两级住建、人社等信访任务重的部门一律单独设置信访处（科），市级住建、规划等重点部门配备10名以上专职信访干部，其他信访量大的部门配备不少于4人。各街镇明确专职信访人员，全市下放332个事业编制充实街镇一线信访工作力量。

**【信访运行机制实现新突破】**　按照“突出重点、讲究细节、压实责任、形成闭环”的原则，先后研究制定22项制度文件，建立“五办”（首办、交办、帮办、督办、查办）闭环工作机制，对信访业务实行“四化”（链条化、动态化、项目化、精细化）管理，规范和提升信访运行机制。对初信初访，严格落实首接首办、接诉即办、直转快办、跟踪督办、风险提醒、逾期问责等各环节责任，年内推动化解初信初访4.7万件，一次性化解率达95.3%。对重复信访，实施“一案双查”，逐案复盘倒查信访主体责任落实情况和信访行为合法性。

**【加强“治重化积”工作】**　从3月底开始，先后组织开展“双月攻坚”“百日攻坚”“工作质效提升攻坚”等行动，以上级交办的“治重化积”案件为基础，全面梳理各类重点事件，拉出台账、落实责任、集中交办、限期化解。对区县层面难以协调化解的问题，提到市级层面研究会商。2022年，市分管领导召开专案调度会27次，市信访局主要负责人召开会商协调会45次，市信访局组织局级领导干部带队成立8个督导组，“点对点”分赴区县和部门，实行包挂式、蹲点式督查督办。中央信访联席办交办重复信访事项化解率达99.85%，位居全省第一名。

【开展专项整治】 市委、市政府以访情为导向，以热点为重点，明确3名副市级领导牵头，组建涉法涉诉、城乡建设、劳动社保、金融监管4个专项组，按照“三管三必须”（管业务必须管信访，管行业必须管信访，管生产必须管信访）要求，全面落实信访主体责任，有针对性地开展专项整治，集中排查梳理重点领域信访突出矛盾，实行“一类一专班，一案一小组”，一大批政策性、群体性问题得到妥善解决。

【加强形势分析研判】 按照市领导全周期、多维度的指示要求，定期梳理分析信访数据，为市委、市政府科学决策提供参考。2022年，共计编发《每日信访动态》249期、《济南重点信访专报》16期、《济南信访简报》27期，呈报阶段性信访工作分析报告17篇。印发《信访督办函》《风险提醒函》《问责建议函》260余份，推动各级各部门单位采取针对性措施，及时化解矛盾。针对金融领域投资受损群体串联、城建领域延期交房和农民工工资拖欠等方面问题，及时提交专题报告，市委、市政府领导及时作出批示、专题研究解决，有效防范消除大量风险隐患。

【数字信访建设】 探索构建“1+451”工作体系，投资建设“市信访信息一体化中心”，统筹融通社会治理数字化服务管理、公安维稳一体化平台、市政府雪亮工程、视频接访约访四个平台，开发信访数据分析研判、预警信息排查处理、矛盾纠纷多元化解、重难点事项受理办理、信访业务考核评价五大应用系统，创新打造一网统筹、一网通办、一网掌控的“数字信访”，并首创设立“泉城帮办·随访连线”，对信访事项进行“一对一、多对一”专责随访和调度督查，建立覆盖市、区县（功能区）、街镇、村居四级的帮办服务网络体系。实施以来，3500多件群众“急难愁盼”问题得到及时就地解决，群众满意率达99.2%。

（刘海涛）

【概况】 2022年，济南市大数据局坚持以数字济南建设为主线，积极担当作为，狠抓工作落实，推进数字机关、数字政府和智慧城市建设以及数据创新应用工作，圆满完成承担的年度各项目标任务。济南市连续四年获全球智慧城市大奖，并获评“2022中国领军智慧城市”；数据中心规模数量保持全省首位，济南市及4个区县被纳入“国家数据直达基层试点名单”；“爱山东·泉城办”APP入选“2022数字政府创新成果与实践案例”；政务“一朵云”应用入选法治山东建设十大案例；在全省率先实施“公务员全周期管理一件事”集成改革，获评“2022政务行业信息化卓越解决方案”；启用全国首个大数据保险服务云平台——“政保通”数据服务平台，“保医通”“泉城链+普惠金融”等2项创新成果，双双入选2022年中国（山东）自由贸易试验区制度创新“最佳实践案例”；市委、市政府主要领导多次对“数字抗疫”工作给予充分肯定，认为其“为打赢今年疫情防控阻击战发挥了不可替代的重要作用”。

【数字济南建设】 会同两办等单位，制定出台《关于加快数字济南建设的意见》和数字机关、数字政府、数字经济、数字社会4个建设方案，同步推进数字纪检、数字组工等重大专项体系建设，建立起“1+4+N”总体框架体系，为数字济南建设提供路线图、施工图；组建由市领导牵头的7个工作专班，构建领导小组统筹、各级各部门协同、全社会参与的工作推进机制。

【数字抗疫】 组建数据战队，建成市疫情防控综合指挥平台，打通省级系统8个、市级系统15个，按照疫情防控“一件事”思路开展数字化流程梳理，构建全流程数字防疫管理体系。

【数字基建】 举办首届中国算力大会。建设城市大脑，完成市一体化大数据平台升级改造和统建区县应用节点建设，构建“一云多平台”创新模式。政务“一朵云”应用入选法治山东建设十大案例。15家数据中心入选省试点建设名单，数据中心标准机架数居全省首位。电子政务外网量子通信应用认证平台，获“山东省新型智慧城市网络安全优秀创新案例”。提升智慧泉城运行管理中心支撑能力，智管中心智慧城市平台获“IDC2022年中国区智慧城市大奖”。

【数字机关建设】　以两办名义正式印发《济南市数字机关建设方案》。全市党委和政府系统办公平台互联，实现电子公文互通；“两办”办公平台已部署对接至“山东通”平台；电子政务外网实现部门、区县、街镇、中心社区全覆盖。在全省率先实施“公务员全周期管理一件事”集成改革，获评“2022政务行业信息化卓越解决方案”。

【网上政务服务】　推动政务服务“一网通办”，实施市级自建业务系统改造对接，维护全链条业务、“一件事”及双全双百专区各集成服务正常运行。全市依申请政务服务事项可网办率达99%以上，“一件事”服务专区全链条网办事项达308项，均居全省前列。强化移动端非税缴费支撑功能，拓展移动端应用功能，新上线智能审批专区、查档申请、学籍学历查询等功能，“爱山东·泉城办”APP上线应用服务已达2000余项，入选“2022数字政府创新成果与实践案例”。

【“无证明城市”建设】　市电子证照库已归集证照数据455类，代理身份证、驾驶证、结婚证等省级高频证照131类，可供市级部门便捷共享应用。梳理公布3批“免提交”证明证照事项清单，1万余个事项实现电子证照证明“免提交”，在全省位居前列；完成60项电子证照证明在政务服务和社会生活场景应用，超额完成省定任务。在全市全面开展为新开办企业免费发放电子印章工作，为14万余家新开办企业制作电子印章。

【智慧城市建设】　章丘区通过省四星级建设试点终期验收，市本级、济阳区四星级建设试点通过省中期评估等待验收，其他区县自评均达到三星级建设标准。200个社区纳入省重点支持建设智慧社区名单，数量全省最多；建成智慧社区203个，超额完成全年任务；全市统一的智慧社区综合服务管理平台建成上线运行。济南市获评“2022中国领军智慧城市”。

【数据创新应用】　打造泉城链政务数据可信共享新模式，已在金融服务、政务服务等领域落地应用，省内14个城市复制推广。普惠金融领域，已有20家驻济金融机构的76款信贷产品接入“泉城链”平台，累计授信金额超过200亿元；保险领域，9家主流保险机构的40余款商业医保产品实现无纸化、线上化快速结算，最快赔付时间为2分钟。“保医通”“泉城链+普惠金融”2项创新成果，双双入选中国（山东）自贸区制度创新“最佳实践案例”。

【“政保通”服务平台建设】　该平台是全国首个大数据保险服务云平台，通过推动各类公共数据向商业保险机构全面开放，彻底消除政保之间数据壁垒，全方位赋能保险业数字化转型。平台已接入机动车登记、交通失信人员等五类数据，可实现机动车辆保险等商业险种快速理赔。

（郭　阳）

【基层民主建设】　在全国率先建立基层群众性自治组织法人备案制度，开展基层政权建设领域风险排

济南养老服务中心是山东省和济南市共建的大型示范性养老机构，占地面积285亩，有床位2100张

（济南养老服务中心　供稿）

查，推进城市社区调整和管理模式变更，制定村民委员会调整标准，配合做好村改社区规范治理工作。开展村务公开监督落实行动，修订完善村务公开目录，制定镇（街道）、村（社区）议事协商目录，规范提升 3 个全国村级议事协商创新试验点和 100 个市级示范点工作。

【社区建设】 在全省率先出台《社区服务综合体功能设置和服务指南》，高标准布局 5 处社区服务综合体，新建 27 处社区综合服务设施标准化示范点。修订社区工作者管理办法，编制社区工作者服务指导手册，招录社区工作者 2821 名，全省率先完成社区工作者普调增资。启动“新时代新社区新生活”服务质量提升行动，完善社区“一窗受理、全科服务”模式，开展社区固本强基等 14 个专项行动。

【提高依法行政水平】 强化依法行政，推进法治民政建设，出台《全市民政法治建设实施方案（2021—2025 年）》《2022 年全市民政法治政府建设工作要点》《济南市民政局 2022 年度行政执法监督计划》等系列文件，举办民法典专题培训，组织学法考法活动 200 余场次，开展“法治六进”等普法宣传。对 3 件规范性文件进行合法性审查和公平竞争审查，按时完成“双随机、一公开”抽查事项 7 项。

【民政基础设施建设】 推进养老服务设施建设，建成区县养老服务中心 8 处，集中启用养老设施 193 处，改造提升敬老院 18 处，补齐

历下区泉城路街道社会工作服务站聚焦困难群体服务，打造“全心泉益”基层服务品牌，营造“守望相助 邻里相亲”的和谐氛围 （高彦文 摄）

278 处既有小区养老设施，对 44 个地块提出养老设施配建意见，新建小区养老设施配建达标率达 100%，全市养老设施达 3883 处，居全省首位。加快公益性安葬（放）设施建设，完成全市国土空间规划殡葬专项规划编制，改造提升公益性安葬（放）设施 50 处。

【地名管理】 建立地名工作常态化督导机制，开展宣传贯彻《地名管理条例》“七进”活动，提报地名数据 47568 条，完成国家地名信息库数据质量建设行动。加强地名文化建设，编制第二批传统地名保护名录，印制首部传统地名保护图集和新版行政区划图，筹建全省首个地名文化主题社区。市中区入选民政部首批乡村地名服务试点，章丘区、市中区入选全省首批乡村地名管理试点，历下区“历下者”地名志愿服务模式被《民政部简报》推广。

【社会组织管理】 加强社会组织党的建设，开展社会组织综合党委下属党组织评星定级，加强无业务主管单位社会组织党建工作属地化管理，完成党组织书记述职评议，审核社会组织负责人人选 439 人次，市、区县两级社会组织党建入章比例达 100%，省暨市社会组织党建工作交流观摩会和全省社会组织党建品牌建设推进会相继在济南召开。强化社会组织管理服务，探索社会组织积分管理，开展社会组织内部治理、“僵尸型”社会组织、行业协会商会涉企收费等专项整治行动，整治“僵尸型”社会组织 184 家、非法社会组织 53 家。评选 AAA 级以上社会组织 14 家，6 家社会组织获评全省标杆社会组织。全省率先出台社区社会组织备案管理办法，打造社区社会组织创新发展基地 57 处，选拔培训骨干人才 7251 人，备案社区社会组织 25490 家，济南市在全省社区社会组织发展研讨会上作典型发言。引导社会组织发挥作

用，制定社会组织参与乡村振兴工作方案，动员651家社会组织投入1.61亿元助力乡村振兴，组织289家社会组织参与疫情防控，全市社会组织减免涉企收费898万元，提供工作岗位5386个。《中国民政》《中国社会组织》对济南市社会组织工作进行宣传，济南市社会组织参与东西部协作典型案例被推荐到民政部。

（李　涛）

【落实人才扶持政策】　做好补贴常态化申报审核，为1.88万人发放高层次人才生活和租房补贴2.33亿元，为657名博士后发放留济和生活住房补贴4954.4万元，为1314名TOP200海外高校留学人才发放补贴2216.2万元。累计发放泉城人才服务金卡30120张，为24名B类以上人才配备家庭医生。

【搭建人才发展载体】　实施专家服务基层计划，新增市级乡村振兴专家服务基地12家、省级（乡村振兴）专家服务基地4家、省级专家服务基层示范项目2个。成立全省首个乡村振兴专家服务团，全年开展活动711次。强化博士后平台支持力度，全年新增省博士后创新实践基地6家，新备案省博士后创新实践基地17家，为7家新设立博士后工作站（基地）拨付资金270万元，为13家博士后工作站（基地）科研项目拨付资助94万元。建成国家级技能人才培养载体重点项目13个，省级技能人才培养载体重点项目31个，数量居全省第一。4个留学人员项目入选人社部重点资助，资助数量位居全省第一；6家企业入选济南市留学人员来济创业启动支持计划。

2022年2月25日，省会经济圈2022年求职招聘直通车（济南站）暨就业服务主题交流活动在山东大学中心校区举行　　（市人力资源和社会保障局　供稿）

【开展招才引智】　开展“才聚泉城”名校行、省会经济圈云端引才等活动，与98所高校建立战略合作，正式签约1.1万人。新增技能人才3.5万人，新选拔泉城首席技师57名，2家企业入选齐鲁技能大师特色工作站。112名人才（团队）入选“海右名家”产业领军人才；35名“泉城学者”全部通过期满评估。年内获评齐鲁首席技师9名、山东省技术技能大师6名。运用“互联网+技能人才选拔”模式，选拔产生57名第三批泉城首席技师。各类人才净流入15.8万人，全市人才总量达263.6万人，近悦远来的人才生态加速形成。济南市获评2022年度最佳引才城市，入选外国专家眼中最具吸引力的城市。

【推进产业发展】　出台《关于加快推进新时代人力资源和人力资本服务业高质量发展的实施意见》，全市经营性人力资源服务机构达1500家，全年营业收入超过350亿元。人力资源服务产业园规模效应和集聚效应不断显现，入驻知名人力资源服务机构98家。探索发展人力资本服务产业，培育“人才有价”市场主体，人才授信5.8亿元，发放“身价贷”4.6亿元。

【探索灵活分配制度】　制定市属事业单位绩效奖金标准，根据岗位类别，统筹考虑义务教育教师、事业单位离休人员等特定群体，分别制定30项基础绩效奖标准和年度考核奖标准。深化公立医院薪酬制度改革，对不同层级不同性质公立医院实行薪酬总额管理，下放公立医院内部分配与高层次人才认定自主权实施以增加知识价值为导向的绩效工资分配政策，为 38 名实行年薪制的高层次人才兑现待遇 1332 万元，为 94 名实行协议工资制的高层次人才兑现待遇 2779 万元，为 146 名实行项目工资制的高层次人才兑现待遇 2986 万元。为 109 名一线医务人员核增一次性绩效工资 197 万元，人均发放 1.8 万元。为 4167 名一线人员审核临时性工作补助 1418 万元，最高每人每天 300 元。

2022 年 6 月 10 日，2022 年济南—临夏劳务协作协议签订仪式在济南市人力资源和社会保障局举行

（市人力资源和社会保障局　供稿）

【职称制度改革】　新增高级职称 6000 人、中级 1.23 万人，200 余名高层次人才通过“直通车”获评高级职称。放宽非公经济组织工程技术职务的申报条件，取消理工类专业限制，激发人才职称申报热情。实施高技能人才与专业技术人才贯通评价，在工程技术、农业技术、工艺美术、文物博物等八大领域打通两类人才之间的职业发展通道，促进技术技能人才融合发展。探索开展专精特新中小企业和制造业单项冠军企业职称申报举荐制。实施“定向评价、定向使用”基层职称制度，新增新型职业农民高级职称评审，832 名新型职业农民取得高、中、初级职称。开展专业技术二级、三级岗位评聘，聘用 22 名行业领军人才为二级岗位专家，在教育、卫生领域评审三级岗位专家 91 人。

【创新事业单位进人方式】　组织济南实验高中、济南市中心医院等事业单位赴北京师范大学、吉林大学、山东大学等知名高校现场宣讲引才政策，招聘清华大学、北京大学等名校博士、硕士研究生 100 余人。在济南市中心医院采用“团队招聘”方式引进人才，引进高层次人才团队 3 个。探索长期招聘新模式，济南市社会科学院、济南市中心医院、济南工程职业技术学院、济南幼儿高等专科学校、莱芜职业技术学院、钢城区人民医院 6 家单位发布高层次人才长期引进计划 161 人。

【乡村产业人才】　加强高素质农民培训，培训高素质农民 2673 人，培训农业劳动力专业技能3.6万人次。培育农村创业创新带头人，3 名创业创新带头人列入全国农村创业创新优秀带头人典型案例。针对五类农村实用人才开展 2022 年农村实用人才调查，全市农村实用人才总数突破 20 万人。开设跨境电商、手工编织等专题培训 100 余场次。组织 360 余名学员参加全市基层手工创作培训班。指导 19 个非遗项目参加“山东手造、优选 100”评选。

【农业科技人才】　推荐 2 名现代高效农业领域人才入选泰山产业领军人才工程创新领军人才项目（平台类）。支持 15 支十大农业特色产业科创团队开展项目，团队专家 102 人，副高级职称以上占比 75%，形成“首席专家 + 岗位专家 + 农业科技创新中心”的运作体系。组成 108 人专家团队开展“济南市乡村振兴专家服务行动”，完成农业专业技术培训指导 456 场，直接受益群众 9912 人。特聘 15 名专家加入全省首个济南乡村振兴专家服务团，开展基层服务活动 711 次，技术转换及项目落地 988 个，培训 1.72 万人次。新增市级乡村振兴专家服务基地 12 个、省级（乡村振兴）专家服务基地 4 个、省级专家服务基层示范项目 2 个。

【乡村公共服务人才】　深化校长教师交流轮岗的政策导向，推进中小学教师“县管校聘”管理体制改革，已有 2.4 万余名教师参加交流轮岗。率先在全省实施“以教龄突破岗位比例”的职称申报制度，有369名教师晋升中小学正高级教师职称，8名教师聘用在专业技术二级岗位，50名教师迈入“三级教授”行列，385名乡村中小学教师取得基层中小学正高级、副高级职称。加强乡村医生培训，完成2021年度基层卫生系列高级职称评审，通过基层系列正高11人、副高85人。强化基层医疗卫生人才储备，计划招聘人员4177人，完成招聘2362人、到岗2232人。提高乡村医生待遇水平，对在职在岗乡村医生参加基本养老保险予以每人每月600元补助。

【深化人才政策激励】 用编进人计划向农村中小学教学一线和基层农技人才、农村医学领域倾斜，全年用于基层农技人才、农村医学领域及街镇的计划共计1368名。招募160名“三支一扶”工作人员，安置152名省公费师范生到乡镇学校任教，安排777名学生到乡村学校实习支教。开展新型职业农民职称评定工作，将农民职称资格级别扩大到副高级，2022年评审通过新型职业农民高级职称人员59人、中级职称人员86人。实施“定向评价、定向使用”基层职称制度，102人取得正高职称，609人取得副高职称。加大乡村振兴人才先进推选力度，61人入选第九届“齐鲁乡村之星”，全市“齐鲁乡村之星”累计201名。出台“海右名士”专业人才乡村之星支持政策实施细则，组织第十批“海右”乡村之星评选，8人获评“齐鲁巾帼科技创新之星”。

（王　帅）

## 机关事务服务

【概况】 2022年，济南市机关事务服务中心统筹做好常态化疫情防控和机关事务工作，推进机关事务标准化信息化“两化融合”，提升后勤服务水平，厉行节约反对浪费，管理保障服务水平明显提升。龙奥大厦集中办公区等3家公共机构被国家机关事务管理局等四部委确定为公共机构生活垃圾分类和资源循环利用示范工作重点单位。济南市机关事务服务中心获全国文明典范城市创建工作突出贡献集体、全市模范机关建设工作先进单位等称号。

【机关事务信息化标准化建设】 做好数字机关建设规定动作，依托“山东通”实现市级党政机关集中办公场所门禁系统、餐卡、通勤卡等“机关事务一件事”线上一次办成；加强机关数字化场景应用，龙奥大厦全部餐厅实现刷脸就餐，济南机关事务微信公众号实现预约订餐、餐卡充值等10多项功能；完成全市1326家单位办公用房相关信息录入工作；加强公务用车平台使用管理，得到省机关事务管理局肯定，被确定为山东省首批公务用车管理专项领域创新引领实践单位。推进智慧机关事务平台建设，实现人员车辆、餐饮管理、能耗管理、公务用车等业务数据的关联汇总分析、数据报表展示、监测提醒等功能，提升机关事务精细化、高效化管理和辅助决策水平。加强全系统专业能力培训，组织实施党政机关会议服务、餐饮管理两项济南市地方标准，通过省级机关运行保障试点验收。论文《以机关食堂餐饮管理为切入点推进机关事务标准化信息化“两化融合”工作实践研究》获全国机关事务管理研究会评审二等奖。以《济南市机关事务资产管理和运行保障标准化试点》为题，申报第九批国家级社会管理和公共服务综合标准化试点项目。

【厉行节约反对浪费】 开展机关食堂反食品浪费工作成效评估和通报试点，全市190家机关食堂纳入试点范围，龙奥大厦食堂入选省机关事务管理局2021—2022年度公共机构能源资源节约最佳示范案例，食材综合利用率达90%以上，《山东机关事务》2022年第5期作了宣传报道，国家机关事务管理局实地调研后给予充分肯定。倡导党政机关生活垃圾分类，以龙奥大厦等办公区为重点，推进国家级公共机构

龙奥大厦集中办公区获国管局等四部委颁发的“公共机构生活垃圾分类示范点”奖牌（市机关事务服务中心　供稿）

生活垃圾分类和资源循环利用示范工作。持续推进节约型机关创建，截至2022年年底，全市共创建节约型机关520家，总体创建率达76.7%，高于国家确定的2022年度70%的创建目标。

【后勤服务保障】 围绕保障党政机关高效运转，提升基础物业服务品质，搞好会议活动服务保障，改进食堂餐饮服务，服务满意度保持在97%以上。优化提升龙奥大厦等集中办公区环境，对部分会议室、重点区域及各类设施设备进行升级改造和维修清洗，组织开展绿化、亮化提升工程。龙奥大厦被评为市级园林式单位，1人被评为全国文明典范城市创建工作突出贡献个人。协调省派济南市13个“四进”工作队及市派“四进”工作队食宿等后勤保障工作，支持“四进”工作开展。完成新增周转住房装修配备，顺利安排入住。

【重点项目建设】 根据2022年度市级重点项目安排，加快推进建筑面积6.89万平方米的济南老年人大学二期新建项目，项目进入装饰装修阶段。克服疫情影响，仅用15天完成建筑面积3000余平方米的市民服务热线大厅一期改造任务，增设坐席150个。

（姚成刚）

南部山区改扩建学校操场 （张鹏　摄）

【概况】 南部山区位于济南市的南部，地处北纬36°19′48″～36°34′49″、东经116°55′29″～117°19′37″之间，北至济南市中心城南边界，南至泰安界，西至历城与长清区界，东至章丘界。

2022年，全区总面积571平方千米，辖5个乡（镇、街道）、254个村（社区）。全年实现生产总值66.9亿元，比上年增长1.2%，其中第一产业增加值10.8亿元、第二产业增加值14.5亿元、第三产业增加值41.6亿元。固定资产投资21.49亿元，地方一般公共预算收入1.14亿元，地方一般公共预算支出1.64亿元，社会消费品零售总额22.9亿元。年末，金融机构本外币存款余额16.15亿元，金融机构本外币贷款余额3.03亿元。

农林牧渔服务业增加值11.61亿元。全区粮食播种面积0.27万公顷，粮食总产0.74万吨。无公害农产品、绿色食品、有机农产品和农产品地理标志获证企业11家。肉、蛋、奶总产0.85万吨，水产品总产0.13万吨。全区拥有农业机械总动力0.22万千瓦。规模以上工业增加值增长4.5%，实现主营业务收入13.1亿元，实现利润0.6亿元。高新技术产业产值占规模以上工业总产值比重达85.5%。全区有资质的建筑企业17家，完成建筑业总产值6.7亿元。

全区公路通车里程893.29千米，货物运输量300.6万吨。村镇建设投资0.35亿元。南部山区西营、柳埠、仲宫3个街镇空气质量分别位列全市162个街镇空气站点中的第一名、第三名和第九名，优良天数比例持续高于全市平均水平，空气质量保持良好。南部山区重点河流断面水质稳定达到地表三类及以上，1—12月在全省149个县（市、区、高新区、开发区）中排名第一。辖区2处“千吨万人”以上饮用水水源地持续达标，水质保持良好。南部山区共有5家国家A级旅游景区，其中AAAA级旅游景区4家、AAA级旅游景区1家，全年接待国内外游客79.06万人次，实现旅游消费总额0.65亿元。

有普通中学8所，在校生10375人；小学26所，在校生11736人。有博物馆1个（非国有博物馆），全国重点文物保护单位4处、省级文物保护单位4处、市级文物保护单位12处。医疗卫生机构249所，共有床位632张、卫生技术人员397人。新建公共健身场地16个。

年末职工基本养老、职工基本医疗、失业、工伤、生育保险参保人数分别达0.26万人、1.26万人、0.24万人、0.26万人、1.26万人。居民基本养老保险参保人数11.08万人，医疗保险参保人数14.8万人。城镇最低生活保障人数45人，年人均保障标准11940元；农村最低生活保障人数4500人，年人均保障标准9240元。全区有各类养老服务机构和设施145个，各类养老床位950张。安置残疾人员就业130人。

**【推进绿色发展】** 编制完成《南部山区新型城镇化和城乡融合发展规划（2021—2035年）》，开展生态产品价值核算、转换路径及典型案例分析研究，为实现南部山区生态产品价值提供科学依据。完成南部山区“三区三线”划定工作，划定永久基本农田1626.67公顷，生态保护红线184.24平方千米，城镇开发边界14.62平方千米，于2022年10月14日起启用“三区三线”划定成果。配合做好“1+3+N”规划编制工作，生态保护和高质量发展规划、生态保护规划以及基础设施规划已形成初步成果。推进农业高质量发展，举办“源味南山”区域公用品牌发布会及樱桃，珍珠油杏采摘节产品展销活动，通过搭建专业化、市场化、品牌化的高水平交流合作平台，助力农民增收。以点带面赋能文旅产业，西营街道民宿集聚区被评为2022年山东省旅游民宿集聚区；高而南邱村、锦绣川西商村和北坡村被评为第三批全省景区化村庄；柳埠苇沟村、西营葫芦峪村被评为省级乡村旅游重点村。巩固拓展脱贫攻坚成果与乡村振兴有效衔接，使用衔接资金7098万元，实施种植类、光伏类及产业配套基础设施30个项目，已全部建设完成。实施乡村建设行动，抓好第二批10个乡村振兴齐鲁样板村和省级示范村规划建设工作。

**【提升民生福祉】** 加快推进S103线旅游公路建设项目，路基、路面、桥涵等工程建设已全部展开作业且进展顺利。实施S317枣林至仲宫段大中修工程，实施“四好农村路”路网改造提升工程15千米，养护工程62.3千米。推进生活垃圾分类，提升改造100个分类亭，建设30个垃圾分类房，推进南部山区1个模范街办、100个模范村、12个模范小区和20个模范单位的创建工作，打造10个垃圾分类样板，持续强化示范引领作用。南山实验初中等3所新学校完成校舍改扩建、操场提升、厕所改造提升等面积近7万平方米，改造教师周转宿舍220套。南部山区院前急救网络全线建成，历城区人民医院与市中心医院的医联体建设日臻成熟，联合组织大型义诊8次。

**【守牢安全底线】** 防火方面，划定高火险区域2.5万公顷，设立封山禁火管控点340处，清理防火隔离带221千米，消除安全隐患，连续4年实现“零火灾”。防汛方面，推进水毁道路、桥梁等修复，153处A类水毁已完工152处，174处B类水毁已完工78处。提升指挥调度、会商研判、信息通信、抢险救援等体系建设，23座小型水库、38处病险塘坝、44处地质灾害点和15处重点河道实现“点对点”实时视

九如山民宿 （孙伟童 摄）

频监测。安全生产监管方面，检查生产经营单位7013家次，督促整改各类隐患6958项。抓好经营性自建房安全专项整治，排查经营性自建房2796栋，初判存在安全隐患的884栋，有针对性地提出整改要求。

（王吉东）

## 济南新旧动能转换起步区

【概况】 济南新旧动能转换起步区（以下简称“起步区”）位于济南市北部，西起济南德州界，东至小清河—白云湖湿地，南起黄河—济青高速，北至徒骇河。全区面积约798平方千米，包括太平、孙耿、桑梓店、大桥、崔寨、遥墙、临港、高官寨8个街道及唐王街道中西部区域、泺口街道黄河以北区域。截至2022年末，直管区面积450平方千米，为大桥、崔寨、孙耿、太平4个街道及泺口街道黄河以北区域。2022年年末，直管区常住人口18.57万人。

全年实现生产总值69.25亿元，比上年增长9.7%，其中第一产业增加值12.48亿元、第二产业增加值32.96亿元、第三产业增加值23.82亿元。固定资产投资268亿元，地方一般公共预算收入8.4亿元，地方一般公共预算支出52.1亿元，社会消费品零售总额72.0亿元，进出口总额12.4亿元。年末，金融机构本外币存款余额157.4亿元，金融机构本外币贷款余额71.3亿元。

农林牧渔服务业增加值12.88亿元。无公害农产品、绿色食品、有机农产品和农产品地理标志获证企业9家。肉、蛋、奶总产1.6万吨。全区拥有农业机械总动力48.2万千瓦，农作物耕种收综合机械化水平91.37%。2022年，全区工业增加值23.27亿元，营业收入58.5亿元，实现利润3.8亿元。高新技术产业产值占规模以上工业总产值比重达36.7%。全区有资质的建筑企业16家，完成建筑业总产值16.8亿元，实现增加值9.7亿元。

全区公路通车里程920.8千米，其中高速公路通车里程57千米。城镇化率达25.36%。全区空气质量综合指数同比改善5.5%，空气优良天数同比增加18天；大寺河主要指标首次达到“好三类”水质标准，达利河生态修复工程入选省级环保资金项目库，黄河沿岸106处固体废物完成排查整治。

有普通高等学校1所，在校生4510人。中等职业学校1所，在校生126人。普通中学5所，在校生3418人；小学19所，在校生9004人。获得市级及以上科学技术奖19项，专利申请量29件，授权专利20件。有非国有博物馆1个，全国重点文物保护单位1处、省级文物保护单位3处、市级文物保护单位4处。医疗卫生机构4所，共有床位210张，卫生技术人员258人。居民基本养老保险参保人数14.52万人，医疗保险参保人数15万人。

城镇最低生活保障人数109

龙湖立交龙湖湿地 （济南新旧动能转换起步区 供稿）

人，年人均保障标准12540元；农村最低生活保障人数2175人，年人均保障标准9768元。全县（区）各类养老服务机构和设施78个，各类养老床位1000张。社会福利企业2个，安置残疾人员就业62人。（以上数据统计范围为起步区直管区域）

【加快构建规划体系】 坚持把高水平规划作为建设发展的起笔，邀请国内外顶尖专家团队，编制完善“1+4+16+N”规划体系。发展规划已经省政府批复，国土空间（分区）规划“三区三线”划定方案获自然资源部批复同意，生态保护规划、大桥组团控制性详细规划成熟完善；综合交通、市政基础设施、地下空间等16个专项规划形成成果。

【承载能力持续增强】 坚持把完善基础设施摆在重要位置，累计开工市政道路约150千米，黄河济泺路隧道、黄河凤凰大桥、黄河大道一期（青银高速南段）建成通车，济南黄岗路穿黄隧道、济南黄河大桥复线工程加快建设。加快完善市政场站和公共服务设施，大桥水厂、引爆区再生水厂和崔寨再生水厂等加快建设，山大二院北院区、省实验中学鹊华校区、黄河体育中心等一批公共服务项目加快推进。按照智慧城市与现实城市同步规划、同步建设理念，探索运用“BIM+CIM”技术打造数字孪生城市系统，新型智慧城市运营指挥中心及绿色数字城市平台启动试运营。

【生态环境保护】 坚持把生态保护作为先决条件和重中之重，强力推进生态修复，累计新增绿地面积133.5万平方米，黄河北生态走廊示范段等生态工程具备景观效果。推进污染防治，空气质量综合指数同比改善4.9%，大寺河市级考核断面4项主要污染物首次达到“好三类”水质标准。探索绿色城市发展路径，加快布局“零碳未来生活社区”等超低能耗技术平台，零碳智慧产业园基础设施项目获“全球人居环境规划设计奖”。

【产业发展】 坚持把动能转换作为立区之本，编制起步区“十四五”产业发展规划及《产业正面清单》《重点产业示图》等“四张清单”，发布首批“机会合作清单”，主动对接京津冀、长三角和粤港澳大湾区实施精准招商，累计签约比亚迪新能源汽车等高端优质项目136个、总投资3142亿元。其中，济南先进动力研究所完成20兆瓦燃气轮机点火并实现首台套设备销售，新能源乘用车及零部件产业园实现整车下线，高精尖项目强势崛起、大中小企业融合发展的产业格局初步形成。

【增强创新活力】 坚持把改革创新作为根本动力，争取“四区”经验政策落地，对标深圳中国特色社会主义先行示范区全面开展综合改革试点，“新城建”产业与应用示范基地入选住建部试点。持续深化“大部制”改革成果，完成管委会运行体制改革，面向全球开展人员招聘，全面释放体制机制活力。推进行政审批“新区特办”，政务服务驿站、新业态食品经营等服务举措实现全省率先。全力破解要素制约，累计发行政府专项债券330.64亿元，在全省率先启动成片开发方案编制工作，提前开展“两规”一致性调整，保障起步区加快建设。

【民生保障】 坚持以人民为中心的发展思想，稳妥有序推进拆迁安置，累计完成105个村居、8.44万人拆迁工作，按照绿建二星标准开工建设总面积644万平方米的11个

建设中的国际会展中心　　（济南新旧动能转换起步区　供稿）

安置区，同步配套教育、医疗、养老、托育等服务设施，做优“15分钟生活圈”，打造安置保障示范工程。其中，鹊华九里居正在组织回迁。

（王书文　贾振中）

## 济南国际医学科学中心

【概况】　截至2022年年底，济南国际医学科学中心(以下简称医学中心)累计开工建设项目44个(建成15个)，开工面积732万平方米(建成295万平方米)、开工项目总投资658亿元。其中，2022年完成投资94亿元，新签约项目30个，新开工面积112万平方米。与广安门医院合作共建国家区域医疗中心正式获批；与广安门医院、山东大学共创中西医结合“双料”国家医学中心，得到国家发改委全力支持。

【招商工作】　全年新签约项目涵盖高端医疗教育、生物医药、健康医疗大数据、生物医药新技术等领域。举办2022中韩保健医疗合作交流会、第二十二届中华预防医学会微生态学学术会议暨国际感染病大会等4场大型会议活动，与韩国大邱庆北尖端医疗产业振兴财团签署中韩产业园合作备忘录。再次相约进博会开展全球推介，共签约10个产业合作项目和2300万美元采购订单，首次推出六大招商载体。

【项目建设】　2022年7月6日，省肿瘤医院质子中心获生态环境部审批，正式进入临床试验阶段；7月20日首位患者接受诊疗。齐鲁中科现代微生物技术研究院项目6月底建成；生物安全三级实验室（P3）完成楼宇建设，推进申报落地工作。山东中医药大学国际医学科学中心校区8月启用，入驻师生2000人。国家健康医疗大数据中心（北方）项目回购完成资产评估，并推进签约；项目正式电已接入，主中心实现初步投产运营。树兰（济南）医院按照2023年试运营目标，全面推进装饰安装及室外工程施工，院方同步开展人员招聘、医疗设备采购及医疗机构设置审批等工作。山东施尔明国际眼科与眼视光临床中心、济南市疾病预防控制中心迁建和新建济南市应急救援储备中心等项目，装饰及安装即将完成。广安门医院济南医院7月12日正式启动。污水处理厂正在进行基坑开挖及支护等施工。医疗硅谷片区文化设施地块、质兰大厦完成桩基施工。

【载体打造】　精准医学产业园（一期）、医疗健康科技创新产业园（一期）建成并承接项目入驻。国家健康医疗大数据中心（北方）产业园、海凭医疗器械产业园、全球医学创新加速营（SATOL）、复星·星未来等载体正在推进中，公共平台逐步形成。

【地名规划编制】　2022年4月20日，济南国际医学科学中心管委会进行地名规划编制工作，对规划新增的104条市政道路进行整体命名。命名道路主要集中在吴家堡街道、兴福街道、美里湖街道；具体位置东至腊山河西路北沿线、京台高速公路，西至津浦铁路、济西编组站，南至经十西路，北至黄河、济广高速公路。

【齐鲁中科现代微生物技术研究院初步运营】　2022年7月13日，齐鲁中科现代微生物技术研究院召开首届理事会第一次会议，审议通过研究院章程和理事会成员名单。齐鲁

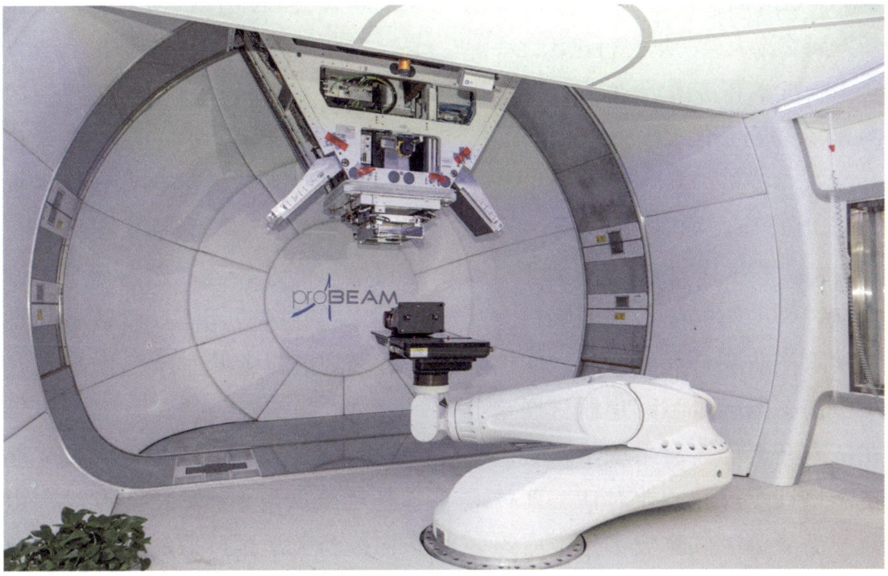


2022年7月，山东省肿瘤医院质子临床研究中心质子治疗系统投入临床试验

（济南国际医学科学中心　供稿）

中科现代微生物技术研究院设立重点工作全面完成，标志着研究院进入正式运营阶段。齐鲁中科现代微生物技术研究院分为济南国际医学科学中心园区和商河园区。其中，医学中心园区占地面积7.2公顷，建筑面积12.1万平方米，园区主体建筑已全部完成。

2022年8月13日，为期3天的第二届山东国际口腔医学学术产业联合大会暨第六届山东（济南）国际口腔医疗器材展览会在济南·山东国际会展中心开幕

（济南国际医学科学中心　供稿）

**【山东省肿瘤医院质子中心启动临床试验】**　2022年7月6日，济南国际医学科学中心“一号工程”——山东省肿瘤医院质子临床研究中心质子治疗系统正式获得生态环境部辐射安全许可证审批，完全具备开展临床试验的资质和条件。这也是国内首家省级肿瘤专科医院质子治疗系统投入临床试验。7月20日，首位患者接受诊疗。

**【济南—日本大健康产业合作对接会举办】**　2022年7月29日，济南—日本大健康产业合作对接会召开。该次合作对接会是2022跨国公司（济南）高层对话会暨第二届中日产业创新发展交流大会三场平行论坛之一。会上，日本和济南近70家企业机构的80余位嘉宾代表深化交流合作。

**【第二届山东国际口腔医学学术产业联合大会举办】**　2022年8月13日，为期三天的第二届山东国际口腔医学学术产业联合大会暨第六届山东（济南）国际口腔医疗器材展览会在济南开幕。大会采取学术交流、技能培训、口腔产业对话、新技术新产品展览、口腔数字化推广等多种形式进行，为广大口腔医学工作者提供良好的学习、交流平台。

**【2022中韩保健医疗合作交流会举办】**　2022年8月17日，在济南召开。开幕式上，济南国际医学科学中心与韩国大邱庆北尖端医疗复合园区签署中韩医疗科技产业园战略合作备忘录。80家中韩医疗机构、医疗企业通过线上、线下方式开展产品展示、业务交流与商务洽谈等活动。

**【全国微生态大会院士论坛暨中国感染病学大会举办】**　2022年8月27日，在济南开幕。大会以“线上+线下”方式邀请8位中国工程院院士、1位中国科学院院士及60余位全国著名专家学者参会并做学术报告，除全面介绍学科前沿研究外，还对学科产业转化、医药研发、诊断技术、临床应用等产学研密切结合领域的最新成果进行汇报交流。

**【山东中医药大学国际眼科与视光医学院建成启用】**　2022年9月，山东中医药大学国际眼科与视光医学院正式启用，迎来首批新生，1200余名学生也从长清和千佛山校区搬迁到新校区。这是济南国际医学科学中心重磅引进的、按照国际标准设立的一所大学，山东中医药大学国际眼科与视光医学院位于南北三号路以西，济齐路以北，占地面积约12公顷，总建筑面积约11.1万平方米，总投资约12.7亿元，是医学中心片区第二所医学高等教育院校。

**【中国中医科学院广安门医院济南医院获批国家区域医疗中心建设项目】**　2022年10月，国家发展改革委、国家卫生健康委、国家中医药管理局联合公布第四批国家区域医疗中心建设项目名单，中国中医科学院广安门医院济南医院入列，这也是山东省唯一一家中医类国家区域医疗中心建设项目。广安门医院济南医院新建项目选址济南国际医学科学中心医疗硅谷核心区域，占地面积7.6公顷，总建筑面积24万平方米，设置床位1000张，项目总投资约31亿元。

（姜哲　董莉）

栏目编辑　王　炜

【中国人民政治协商会议第十五届济南市委员会】 市政协十五届委员会于2022年4月换届产生，由30个界别组成。截至2022年年底，有委员560名，其中常委103名。下设办公厅、研究室、委员活动工作室和提案委员会、经济科技委员会、农业和农村委员会、人口资源环境委员会、社教卫体和法制委员会、港澳台侨和外事委员会、文化文史和学习委员会。

【举办新任政协委员培训班】 2022年6月14—22日举办，培训班分两个批次，采取视频方式进行，十五届市政协新任委员和部分政协机关干部500余人参加培训。市政协主席雷杰出席开班式并作动员讲话。培训期间，全国政协研究室原副主任、中国人民政协理论研究会原秘书长原冬平，全国政协委员、中国民航大学副校长吴仁彪，市政协一级巡视员李慎生作专题讲座，市政协研究室作关于市政协“数字平台”的使用说明，6名市政协委员进行交流发言。

【召开全市区县政协主席座谈会】 2022年7月26日召开。市政协主席雷杰出席会议并讲话。会议学习贯彻习近平总书记关于加强和改进人民政协工作的重要思想，学习贯彻中央《关于加强和改进新时代市县政协工作的意见》和省委、市委有关文件精神，传达学习市委主要领导在市政协机关调研时的讲话要求，座谈交流换届以来的政协工作，对下一步工作进行动员部署。各区县政协主席进行交流发言。

【举办“我心向党、喜迎二十大”书画展】 2022年9月20日开幕。市政协主席雷杰出席活动。书画展览为期7天，采取线上线下结合的方式进行，汇集历届市政协委员、济南政协书画院成员、市级各民主党派和工商联及区县政协推荐的书画艺术家、特邀嘉宾精心创作的近200幅书画作品。除现场展示外，所有作品在济南政协协商云平台媒体矩阵同步展出。

【文史资料工作】 策划征集2022年度《新时代济南政协文史丛书》和《人文济南丛书》，共4册，170.9万字。编印出版《济南市政协文化文史工作掠影》，征集出版《济南文史》4期。召开济南市政协助推乡村文化振兴“十百千”工作启动会议，征编《济南市乡村文化振兴丛书》，征编出版《高庄纵览》《普集纵览》《村庄纵览》，共130余万字，近900幅图片。加强文史馆平台建设，丰富完善文史资料研究和馆藏展陈，安装数字化存贮展示设备，试行文史书刊数字化存储和展示。

（丁 楠）

【政协第十五届济南市委员会第一次会议】 2022年4月18—21日召开。会议应出席委员560人，实到526人，部分驻港澳委员、会议列席人员通过远程视频方式参加全会。会议听取并审议批准雷杰同志代表十四届市政协常委会所作的工作报告和崔大庸同志代表十四届市政协常委会所作的提案工作报告。与会委员列席市第十八届人民代表大会第一次会议，听取并讨论市政府工作报告和其他有关报告。会议还审

2022 年 4 月 18 日，中国人民政治协商会议第十五届济南市委员会第一次会议在山东会堂开幕
（市政协办公厅　供稿）

议通过市政协十五届一次会议各项决议及关于市政协十五届一次会议提案审查情况的报告。经过民主协商，选举雷杰为政协第十五届济南市委员会主席，选举王京文、刘梦海、王伯芝、赵居安、刘勤、王建森、刘霞为政协第十五届济南市委员会副主席，选举赵居安为政协第十五届济南市委员会秘书长。大会共收到提案 588 件，立案 557 件。大会共收到大会发言 108 篇，其中口头发言 13 篇。

【政协第十五届济南市委员会第二次会议】 2022 年 12 月 26—28 日召开。会议应出席委员 560 人，实到 396 人。会议听取并审议批准市政协主席雷杰代表十五届市政协常委会所作的工作报告和市政协副主席刘霞代表十五届市政协常委会所作的提案工作报告。与会委员列席市第十八届人民代表大会第二次会议，听取并讨论市政府工作报告和其他有关报告。会议还审议通过市政协十五届二次会议各项决议及关于市政协十五届二次会议提案审查情况的报告。经过民主协商，选举郅良为政协第十五届济南市委员会秘书长。大会共收到提案 477 件，立案 463 件。大会共收到大会发言 115 篇，其中口头发言 9 篇。

【常务委员会会议】 十四届二十四次会议　2022 年 4 月 7 日召开。应到 133 人，实到 108 人。市政协主席雷杰主持会议并讲话。会议传达学习十三届全国人大五次会议、全国政协十三届五次会议精神；审议通过关于召开政协第十五届济南市委员会第一次会议的决定和会议有关事项；审议通过关于授权主席会议审议政协第十四届济南市委员会常务委员会第二十四次会议未尽事宜的决定；审议通过政协第十四届济南市委员会常务委员会工作报告；审议通过政协第十四届济南市委员会常务委员会提案工作报告并推举报告人；审议通过十五届济南市政协委员名单；审议通过政协第十四届济南市委员会各专门委员会工作总结；审议通过有关人事事项；讨论市委办公厅、市政府办公厅关于政协第十四届济南市委员会第五次会议提案办理情况的书面报告；讨论市中级人民法院、市人民检察院关于 2021 年工作情况的书面报告。

十五届一次会议　2022 年 4 月 21 日召开。应到 108 人，实到

2022 年 12 月 26 日，中国人民政治协商会议第十五届济南市委员会第二次会议在雪野湖国际会议中心开幕
（市政协办公厅　供稿）

108 人。市政协主席雷杰主持会议并讲话。会议审议通过政协第十五届济南市委员会主席、副主席分工方案；审议通过政协第十五届济南市委员会副秘书长名单；审议通过政协第十五届济南市委员会常务委员会关于设置专门委员会的决定；审议通过政协第十五届济南市委员会各专门委员会主任、副主任和组成人员名单。

十五届二次会议 2022 年 7 月 1 日召开。应到 108 人，实到 92 人。会议围绕“健全完善我市应急物资保障建设”进行专题议政，市政协主席雷杰主持会议并讲话，市委常委、副市长、高新区管委会主任王宏志到会听取意见并作讲话。会议传达学习《中国共产党政治协商工作条例》；举行大会发言，马奔、孙武虎、王柏华、袁文虎、李丽、刘叶、王传良 7 名委员、专家，围绕完善应急物资保障顶层设计、加强应急物资保障信息化建设等发言，提出意见和建议；审议通过《关于“健全完善我市应急物资保障建设”的建议案》；审议通过有关人事事项。

十五届三次会议 2022 年 10 月 13 日召开。应到 108 人，实到 95 人。会议传达学习中共十九届七中全会精神，围绕“助推科创金融改革试验区建设”进行专题议政，市政协主席雷杰主持会议并讲话，市政府副市长韩伟到会听取意见并作回应讲话。会议举行大会发言，范红丽、王文生、古欣、张华、危东、盛王民 6 名委员、专家，围绕推动金融产品和服务创新、提升科创金融风险管理能力和加强科创金融人才队伍建设等发言，提出意见和建议；审议通过《关于“助推科创金融改革试验区建设”的建议案》；审议通过有关人事事项。

十五届四次会议 2022 年 12 月 20 日召开。应到 108 人，因疫情原因，实到 55 人，会议议题已提前书面征求意见。市政协主席雷杰主持会议并讲话。会议传达学习中共二十大精神；传达学习市委十二届二次全会精神；审议通过《政协济南市委员会关于深入学习宣传贯彻中国共产党第二十次全国代表大会精神的决议》；审议通过关于召开政协第十五届济南市委员会第二次会议的决定和会议有关事项；审议通过关于授权主席会议审议政协第十五届济南市委员会常务委员会第四次会议未尽事宜的决定；审议通过政协第十五届济南市委员会常务委员会工作报告；审议通过政协第十五届济南市委员会常务委员会提案工作报告并推举报告人；审议通过政协第十五届济南市委员会各专门委员会工作总结；审议通过有关人事事项；讨论市委办公厅、市政府办公厅关于政协第十五届济南市委员会第一次会议提案办理情况的书面报告；讨论市中级人民法院、市人民检察院关于 2022 年工作情况的书面报告。

十五届五次会议 2022 年 12 月 25 日召开。应到 108 人，因疫情原因，实到 60 人，会议议题已提前书面征求意见。市政协主席雷杰主持会议并讲话。会议听取关于补选有关候选人协商名单的说明；听取关于选举办法（草案）、总监票人及监票人建议名单的汇报。

十五届六次会议 2022 年 12 月 27 日召开。应到 108 人，因疫情原因，实到 60 人，会议议题已提前书面征求意见。市政协主席雷杰主持会议并讲话。会议听取关于分组酝酿有关人事安排事项情况的汇报；听取政协第十五届济南市委员会第二次会议相关情况的汇报；审议通过政协第十五届济南市委员会第二次会议关于常务委员会工作报告的决议（草案）、政协第十五届济南市委员会第二次会议关于常务委员会提案工作报告的决议（草案）、政协第十五届济南市委员会提案委员会关于市政协十五届二次会议提案审查情况的报告（草案）、政协第十五届济南市委员会第二次会议政治决议（草案）。

（丁　楠）

【概况】 组织实施《2022 年度政协协商计划》，全年完成 2 次全体会议、2 次专题议政性常委会会议、2 次专题协商会、8 个专题“商量”等重点协商工作，推进对口协商、界别协商、提案办理协商、远程协商，协商成果得到市委、市政府的高度重视，许多建议被纳入决策程序。

【“促进消费提质升级”专题协商会】 2022 年 3 月 25 日召开。市政协主席雷杰主持会议。复旦大学教授、消费市场大数据实验室（上海）研究中心主任张伊娜围绕科学运用消费市场大数据，以远程视频方式作主旨发言。李少星、叶霖、邵明磊、赵华、李军、张金菊6名委员、专家和企业代表，就突出济南消费特色、发展新业态新模式、强化高质量产品供给、聚合优质资源、构建消费新平台、推进数字化转型等发言，提出意见和建议。市委常委、副市长孙斌到会听取建议。

【“促进专精特新企业成长壮大”专题协商会】 2022年7月22日召开。市政协主席雷杰主持会议。李少星、米文芃、陆建林、黄刚、李军、李涛、邓源硕7名委员、专家和企业代表，围绕优化“专精特新”企业发展环境、加大政策支持、打造服务体系、强化品牌赋能、激发企业活力等发言，提出意见和建议。市委常委、副市长孙斌到会听取建议。

【举行“商量”暨重点提案督办活动】 2022年9月28日举行。省委常委、市委书记刘强出席活动并讲话，市政协主席雷杰主持活动。马晓乐、张晓国、李建军、陈国忠、张华松、雍坚、李铭、张国华8名委员、专家和群众代表，围绕“品味泉城文化，讲好‘济南故事’”，就泉城的文化历史、泉脉与泉水水道保护、打响“济南名士多”文化名片、济南文旅产业创新发展、济南古城的历史文化等，进行交流讨论、协商互动，提出意见和建议。

【专题“商量”】 市政协全年共开展8个专题“商量”，“商量”中形成的很多意见建议转化为推动经济社会高质量发展的具体措施。市政协在全国政协贯彻落实中央政协工作会议精神“回头看”会议上作典型发言，到全国政协干部培训班介绍经验。省政协主席葛慧君给予批示肯定，要求为全省作出示范，创造更多经验。“商量”作为政协协商的案例，进入中央党校和中央社会主义学院的课堂。

2022年度济南市政协“商量”专题一览表

表3

| 时间 | 主题 | 承办单位 | 协办单位 | 协作部门 |
|---|---|---|---|---|
| 2022年3月 | 体育赋“城”长，一起向未来 | 社教卫体和法制委员会 | 济南日报报业集团<br>济南广播电视台<br>市九三学社<br>历下区政协<br>长清区政协<br>济阳区政协 | 市体育局 |
| 2022年3月 | 佛慧山景区改造提升 | 文化文史和学习委员会 | 济南日报报业集团<br>济南广播电视台 | 市园林和林业绿化局<br>市自然资源和规划局<br>市文化和旅游局 |
| 2022年6月 | 助推打造北方种业之都 | 农业和农村委员会 | 济南日报报业集团<br>济南广播电视台<br>历城区政协<br>长清区政协<br>济阳区政协<br>商河县政协 | 市农业农村局 |
| 2022年9月 | 深化泉水直饮工程，圆泉城人喝泉水梦 | 农业和农村委员会 | 济南日报报业集团<br>济南广播电视台<br>历下区政协<br>市中区政协 | 市城乡水务局<br>济南水务集团有限公司 |
| 2022年9月 | 推动婴幼儿照护事业发展 | 社教卫体和法制委员会 | 济南日报报业集团<br>济南广播电视台<br>市中区政协<br>历城区政协 | 市卫生健康委<br>市妇联 |

续表 3

| 时间 | 主题 | 承办单位 | 协办单位 | 协作部门 |
| --- | --- | --- | --- | --- |
| 2022 年 10 月 | 品味泉城文化，讲好济南故事 | 提案委员会 | 济南日报报业集团<br>济南广播电视台<br>市民革<br>市民进<br>历下区政府 | 市委宣传部<br>市城乡水务局<br>市文化和旅游局 |
| 2022 年 10 月 | 提升医养健康发展水平，健全我市养老服务体系 | 人口资源环境委员会 | 济南日报报业集团<br>济南广播电视台<br>市农工党<br>历下区政协<br>市中区政协<br>槐荫区政协 | 市民政局<br>市卫生健康委<br>市医保局 |
| 2022 年 11 月 | 抓住 RCEP 达成契机，加快推进高水平对外开放 | 港澳台侨和外事委员会 | 济南日报报业集团<br>济南广播电视台<br>市民建<br>市致公党<br>市九三学社<br>济阳区政协<br>莱芜区政协<br>平阴县政协<br>高新区管委会 | 市商务局<br>市口岸物流办<br>市侨联<br>泉城海关 |

（丁　楠）

【概况】　2022 年，推荐百余名委员参与各种社会监督、征求意见等活动，主要包括参加电视问政、听证会、座谈会，担任特邀监督员等。全年收集市政协委员，市级各民主党派、工商联，各区县政协，市政协各专门委员会，市政协特邀信息员等反映的社情民意信息 5000 余篇，向上级政协和市委、市政府领导整理报送近 2000 篇，其中全国政协采用 20 余篇，中央及省、市领导批示 3 人次。

【召开全市区县政协提案工作会议】 2022 年 11 月 4 日召开。会议传达学习中共二十大精神，通报市政协提案工作情况，12 个区县政协的相关负责人围绕各自提案工作亮点，进行交流发言。

【提案工作】　2022 年，广大政协委员和政协各参加单位共提出提案 638 件，立案 578 件。市政协抓好提案征集、提案审查、提案交办、办理协商、成果转化、双向评议等提案工作各环节，推动提案质量、办理质量实现“双提升”。强化重点提案遴选督办，建立党政主要领导阅批督办制度，市委、市政府主要领导各选取一件提案进行重点阅批督办；确定 9 个方面、27 件重点提案，由主席会议成员领衔督办。坚持和完善提案重点建议清单制度，通过编制《济南市政协提案工作制度汇编》等方式，加强对委员的提案知识培训，对 58 件优秀提案、35 个提案承办先进单位、40 名先进提案工作者进行表扬。与有关部门共同开展 2022 年济南市青少年模拟政协提案征集活动，评选出“十佳青少年模拟政协提案”“优秀青少年模拟政协提案”，产生良好社会反响。

（丁　楠）

**【《关于加强和改进新时代市县政协工作的实施意见》】** 根据《中国共产党政治协商工作条例》等党内法规规定要求和有关文件安排部署，结合济南实际，提出本实施意见，由济南市委办公厅印发。实施意见共8个部分（22条）：总体要求、提升专门协商机构效能、广泛凝聚共识、助推基层社会治理、加强联系指导、加强政协委员队伍建设、夯实工作基础、加强党的全面领导。

**【《关于政协政治协商成果领导批示件督办落实办法》】** 为全面贯彻落实《中国共产党政治协商工作条例》，健全完善政治协商成果运用和反馈制度，确保协商成果特别是领导批示要求全面准确及时落实，制定本办法。由济南市委办公厅、济南市人民政府办公厅、济南市政协办公厅联合印发。办法共3个部分：督办落实范围、督办落实主体、督办落实程序。

**【《中国人民政治协商会议济南市委员会常务委员会工作报告》】** 报告从5个方面回顾五年工作：加强政治建设、突出思想引领，团结奋斗的共同思想政治基础更加牢固；紧扣中心工作、服务发展大局，助推强省会建设；聚焦主责主业、创建“商量”平台，专门协商机构独特优势进一步凸显；发挥组织优势、增进团结联谊，为省会高质量发展汇聚共识合力；坚持改革创新、着力强基固本，履职能力水平不断提升。

**【《中国人民政治协商会议第十五届济南市委员会常务委员会工作报告》】** 报告从3个方面回顾2022年的重点工作：学习宣传贯彻中共二十大精神，广泛凝聚团结奋进的共识力量；持续完善提升“商量”平台，深化“有事好商量”的济南实践；加强“数字政协”建设，赋能政协工作高质量发展。报告从四个方面提出2023年的主要任务：以中共二十大精神为引领，筑牢团结奋斗的共同思想政治基础；以服务省会高质量发展为主线，凝聚强省会建设的智慧力量；以打造制度化协商平台为依托，画出团结奋斗最大同心圆；以提升履职水平为支撑，锤炼团结奋斗的本领能力。

**【《政协济南市委员会关于市政协委员履职量化考核的实施办法》】** 实施办法共6个部分：考核对象、考核原则、考核内容、计分标准及责任分工、组织实施、考核结果及应用。

**【《关于进一步做好区县政协“商量”工作的指导意见》】** 指导意见共4个部分：总体要求、工作原则、工作内容、组织落实。

（丁　楠）

栏目编辑　王　炜

# 纪检监察

## 综　述

【中共济南市纪律检查委员会（济南市监察委员会）】 截至2022年年末，中共济南市纪律检查委员会共有委员45人，其中常委9人。合署办公的中共济南市第十二届纪律检查委员会、济南市监察委员会内设22个室（厅、部），3个事业单位（市廉政教育中心、市纪委监委网络管理中心、市纪检监察服务保障中心）；17个综合派驻机构、10个单独派驻机构；机关在编人员206人，事业单位在编人员48人（市廉政教育中心11人、市纪委监委网络管理中心13人、市纪检监察服务保障中心24人），派驻机构在编人员150人。市委巡察办设在市纪委，为市委巡察工作领导小组日常办事机构，共有在编人员13人；市委巡察组编制在市纪委人员21人。

【学习宣传贯彻党的二十大精神】 市纪委监委把学习宣传贯彻党的二十大精神作为首要政治任务，通过召开常委会扩大会议、组织理论学习中心组集体学习研讨、开展基层宣讲等形式，掀起学习宣传贯彻热潮。深刻领悟“两个确立”的决定性意义，一以贯之学懂弄通做实习近平新时代中国特色社会主义思想，开展“第一议题”和理论学习中心组集体学习36次，机关党组织利用“三会一课”、主题党日、青年理论学习小组、“清风课堂”等多种载体开展学习交流。坚持理论联系实际，围绕解决管党治党实际问题、纪检监察工作难题和群众反映强烈突出问题，开展调查研究，不断深化对全面从严治党、党风廉政建设和反腐败斗争的规律性认识，相关经验做法和研究成果被《人民日报》《中国纪检监察报》《中国纪检监察》等媒体刊载。

（刘智　陈珊）

## 重要会议·重要活动

【中国共产党济南市第十一届纪律检查委员会第七次全体会议】 中国共产党济南市第十一届纪律检查委员会第七次全体会议，于2月9日举行。出席这次全会的市纪委委员47人，列席114人。省委常委、市委书记孙立成出席全会并讲话。市委常委，市人大常委会、市政府、市政协等有关领导出席会议。全会由市纪律检查委员会常务委员会主持。全会以习近平新时代中国特色社会主义思想为指导，全面贯彻党的十九大和十九届历次全会精神，认真学习领会习近平总书记在十九届中央纪委六次全会上的重要讲话精神，传达学习赵乐际的工作报告和省纪委十一届七次全会精神，总结2021年全市纪检监察工作，安排2022年任务，审议通过杨光忠代表市纪委常委会所作的《以推动纪检监察工作高质量发展的实绩迎接党的二十大胜利召开》工作报告。

【中国共产党济南市第十一届纪律检查委员会第八次全体会议】 4月6日，中国共产党济南市第十一届纪律检查委员会第八次全体会议召开。出席这次全会的市纪委委员46人，列席12人。全会由市纪律检查委员会常务委员会主持。全会审议并通过中国共产党济南市第十一届纪律检查委员会向中国共产党济南市第十二次代表大会的工作报告和市纪委十二届一次全会建议方案，同意将报告和方案提请中共济南市委十一届十六次全体会议审议。全会充分肯定十一届市纪委的工作。

一致认为，五年来，在省纪委监委和市委领导下，全市各级纪检监察机关坚持以习近平新时代中国特色社会主义思想为指导，全面贯彻党的十九大和十九届历次全会精神，增强“四个意识”、坚定“四个自信”、做到“两个维护”，忠实履行党章和宪法赋予的职责，始终保持正风肃纪、反腐惩恶的战略定力，围绕现代化建设大局发挥监督保障执行、促进完善发展作用，纪检监察工作高质量发展取得新成效。

【中国共产党济南市第十二届纪律检查委员会第一次全体会议】 4月12日，中国共产党济南市第十二届纪律检查委员会，在市委党校举行第一次全体会议。杨光忠主持会议。会议应到市纪委委员45名，实到42名。全会采取无记名投票方式，选举产生新一届市纪委常委和书记、副书记，报市委十二届一次全会通过。杨光忠当选市纪委书记并代表新一届市纪委常委会讲话。

【开展“规范化法治化正规化建设年”活动】 扎实开展“规范化法治化正规化建设年”活动，市纪委常委会审议并印发《市纪委监委关于深入推进“规范化法治化正规化建设年”活动的实施方案》，成立由市纪委监委主要负责人任组长的活动领导小组，在全省率先召开动员会议进行专题部署，定期听取全市活动情况汇报，分析“痛点”“堵点”，研究具体推进措施，年底全面回顾总结。领导小组办公室完善全市系统内部日常联系、督促调度、信息交流、成果运用机制，以“八抓八促”为主线，细化分解任务105项，建立抓落实的工作台账。在市纪委监委网站开设“规范化法治化正规化”专栏，在《济南日报》推出“以‘规范化法治化正规化’建设助推纪检监察工作高质量发展”专题报道，创刊《每周工作动态》《“规范化法治化正规化建设年”活动专刊》，推动信息互通、学习互动、工作互助、成果共享。坚持以制度建设为主线，以改革创新为动力，完善监督执纪执法制度体系和权力监督制约机制，开展纪检监察法规制度“大清理”“大调研”，推动形成一批程序类、实体类、协作类、束权类、巡察类制度性成果。《中国纪检监察报》、中央纪委国家监委和省纪委监委网站先后刊载多篇济南市经验做法；省纪委监委对全市活动情况开展专题调研、访谈，并给予充分肯定。

（王滨　刘智　梁亮）

【压紧压实管党治党政治责任】 协助市委抓好统筹谋划、监督检查、督促落实、约谈提醒、履责报告工作，推动主体责任和监督责任贯通协同、一体落实。督促执行党委（党组）落实全面从严治党主体责任规定，重点发现并推动解决贯彻落实党的路线方针政策和党中央重大决策部署不坚决、履行职责使命不到位、推进重大改革和重点工作不扎实、落实全面从严治党“两个责任”不到底、执行纪律作风要求不严格等突出问题。制定印发《济南市政治生态评价办法（试行）》，围绕政治立场、选人用人、廉洁从政等9个方面量化评价指标体系，为全面科学精准评价政治生态提供制度遵循。强化纪委监委专责监督，制定《关于进一步加强“四项监督”统筹衔接工作的实施细则(试行)》等制度规范，发挥纪委监委监督协助引导推动功能，与政法、行政执法、审计、财会、统计等监督主体建立12项协作配合制度。

【强化政治监督】 聚焦习近平总书记重要指示批示、党中央重大决策部署和省委工作要求、市委工作安排，紧盯“三新一高”、统筹疫情防控和经济社会发展、统筹发展和安全等强化监督，完善“建账、盘账、结账”工作法，深化运用“一台账、两清单、双责任、双问责”监督机制，推动党中央重大决策部署落地落实。把开展黄河流域生态保护和高质量发展专项监督作为政治监督的牵引抓手，紧盯5个方面68项重点任务开展清单式、靶向式监督，选取水资源、交通运输、农村“三资”管理等6个领域开展“小切口”治理，建立纪检监察监督与人大、财政、审计、绩效考评监督“五方协同”模式，开设《黄河监督哨》专题栏目，全市纪检监察机关查处涉及黄河重大国家战略问题138起251人。聚焦党中央稳增长促发展要求，加强对减税降费、稳岗扩岗、金融支持等政策落实情况的监督检查，保障政策落实落地。围绕农村乱占耕地建房、领导干部在农村违规建豪宅问题开展专项清理，深化美丽宜居乡村建设、住建领域安全生产、防汛救灾领域专项监督。监督推动南部山区违法违规建设专项整治，深挖背后的责任、作风和腐败问题，问责领导干部和公职人员108人。加强对省委专项巡视整改任务落实情况的监督，聚焦反馈的70个问题定期调度督查，推动巡视整改走深走实。严明政治纪律和政治规矩，全市共立案审查违反政治纪律案件6件，处分20人。

【履行监督基本职责】 探索完善“组组”协同监督、“室组”联动监督、“室地”联合监督、“室组地”联合办案等机制，规范和加强专项监督、巡察整改日常监督，推进纪律监督、监察监督、派驻监督、巡察监督在决策部署、力量整合、措施运用、成果共享上更系统集成、协同高效。加强对“一把手”和领导班子监督，印发《关于市纪委负责人同下级党委（党组）“一把手”党内谈话的意见》，采取谈心谈话、监督谈话、廉政谈话、约谈等方式谈话22人。制定谈心类谈话工作办法，对存在苗头性、倾向性问题的党员、干部进行教育提醒，向全市党员领导干部发放廉洁自律提示卡1.3万份。建立政治监督活页，健全完善领导干部廉政档案，规范审慎回复党风廉政意见6062人次。紧盯“权”和“责”，细化同级监督8项内容，破解同级监督难题。贯彻派驻机构工作规则，持续擦亮派驻监督探头，全市各级派驻机构开展谈话提醒人次、处置问题线索件数、报告驻在部门领导班子成员问题线索件数分别列全省第二、第三、第三位。全市纪检监察机关监督检查中发现问题线索占比达52.5%，较2021年提升40.5个百分点，高于全省9个百分点；运用“四种形态”批评教育帮助和处理13101人次，其中，第一种形态占76.4%，列全省首位，高于全省2.8个百分点。

【整治群众身边腐败和作风问题】 聚焦乡村振兴战略实施，开展村（社区）提级监督试点，指导基层探索实施“阳光问廉”“云上监督”等集体“三资”监督新模式，规范基层“小微权力”运行，全市查处涉农领域腐败和作风问题706起、处理825人。聚焦群众急难愁盼问题，紧盯中小学校配餐（食堂）管理、虚报冒领惠农惠民补贴资金、医疗保障基金监管等5个方面突出问题开展专项治理，全市共查处民生领域腐败和作风问题382起、处理407人，督促相关部门排查问题512个、制定整改措施551条。推进常态化“打伞破网”，全市共查处涉黑涉恶腐败和“保护伞”问题44起，处理54人，移送司法机关6人。做好来信来访来电网络举报受理工作，提升初次举报办理质效，治理重复访、越级访问题，全市纪检监察机关共接收信访举报4687件次，其中检举控告类2995件次，分别下降52.7%、42.5%。

【落实中央八项规定精神】 坚决查处违反中央八项规定精神问题，制定《关于推动落实中央八项规定精神深入纠“四风”树新风的实施方案》。紧盯“四风”新表现新动向，开展明察暗访、专项检查，深挖彻查作风问题背后的腐败行为和腐败案件中的作风问题。紧盯重要节点、关键人群和薄弱环节，严查违规收送礼品礼金、违规公款吃喝、违规发放津贴补贴等问题，严查不吃公款吃老板、私车公养、违规支出变通下账等隐形变异问题，对“酒杯中的奢靡之风”开展专项整治，严肃处理顶风违纪行为。全市纪检监察机关共查处享乐主义、奢靡之风问题293起，批评教育帮助和处理390人，其中给予党纪政务处分323人。落实重要节点通报曝光制度，全市共通报曝光违反中央八项规定精神典型案例66起、97人。深入整治形式主义官僚主义顽瘴痼疾。聚焦项目建设、乡村振兴、生态环保、营商环境等11个重点领域开展专项整治，着力纠治影响党中央决策部署贯彻落实、漠视侵害群众利益、加重基层负担的形式主义、官僚主义，严查不尊重规律、不尊重客观实际和群众需求的乱作为问题以及推诿扯皮、玩忽职守、不思进取的不作为问题。全市纪检监察机关共查处形式主义、官僚主义问题332起，批评教育帮助和处理390人，其中给予党纪政务处分250人。

【一体推进不敢腐、不能腐、不想腐】 始终保持惩治腐败高压态势，坚持有力削减存量、有效遏制增量，确保底线常在、后墙坚固。全市纪检监察机关共处置问题线索11673件，立案3356件，给予党纪政务处分3038人，移送检察机关60人，查处违纪、职务违法犯罪案件占比达58.6%。紧盯“关键少数”和重点领域，对权力集中、资金密集、资源富集的部门、行业和领域靶向治理，紧盯执法司法、粮食购销、开发区建设、供销、医药等领域集中治理，严肃查处一批严重违纪违法案件。坚持行贿受贿一起查，强化对行贿人的惩治惩戒，留置行贿人员14人。在高压震慑和政策感召下，全市有23人向纪检监察机关主动投案、109人主动交代问题。全市纪检监察机关通过办案挽回经济损失2.08亿元。做实以案促改、以案促治。坚持惩治震慑、制度约束、提高觉悟一体发力，以发现问题推动查补漏洞、以查办案件促进整改整治、以典型案例开展警示教育。针对监督检查和审查调查发现的问题，全市制发纪检监察建议书550份，推动完善权力运行监督制约机制；督促发生严重违纪违法案件的单位和有关主管部门党组织召开专题民主生活会，深入剖析问题根源，重塑风清气正的政治生态；摄制《永远吹冲锋号——济南市党员领导干部违纪违法典型案例警示录》等5部警示教育片，编印国有企业严重违纪违法干部忏悔录、功能区腐败案例汇编，强化以案说纪、说法、说德、说责。把以案促改、以案促治纳入日常监督和市委巡察重点，有效压实整改责任。把廉洁文化建设作为一体推进“三不腐”（不敢腐、不能腐、不想腐）的基础性工程，协助市委出台实施意见，召开加强新时代廉洁文化建设工作会议暨党员干部警示教育大会，举办“德润家风·清廉济南”泉城好家风巡讲、国有企业廉洁文化主题展等系列活动。

【激励干部担当作为】 坚持尽职免责、失职追责、精准问责，以规范问责推动干部负责，全市实施党内问责542起，问责党组织36个、党的领导干部565人。落实“三个区分开来”要求，健全完善容错纠错、澄清正名、查处诬告陷害、关爱回访工作机制，全市开展容错纠错96人次，为186名受到不实举报的党员干部澄清正名，联合组织部门、公安机关查处诬告陷害行为6起，关爱回访干部320人次。制定《在黄河流域生态保护和高质量发展中进一步激励干部担当作为的六条措施》，在全省率先实施激励担当作为风险备案制度。

【深化纪检监察体制改革】 完善市纪委监委领导班子成员工作分工，优化监督检查室联系单位分工，严格落实重大事项请示报告制度。围绕监督检查、审查调查等关键环节，加强上级纪委监委对下级纪委监委、派出机关对派驻机构的领导，推动双重领导体制具体化程序化制度化。指导区县监委完成首次向同级人大常委会报告专项工作。深化派驻机构改革，完善常委会统一领导、班子成员分工负责、监督检查室日常联系、相关职能部门指导服务的领导体系；指导7家市管企业纪检监察机构全面完成内设机构设置及人员配备工作；健全派驻机构与派出机关之间政治生态分析、问题线索督办、信息共享、办案协作等机制。

（王滨　刘智）

栏目编辑　谷　雪

# 民主党派

## 中国国民党革命委员会济南市委员会

【概况】 2022年，中国国民党革命委员会济南市委员会共发展新党员52名，其中具有民革政党特色的42人，占79%，中上层人士37人，占70%。截至2022年底，全市下辖1个区基层委员会、8个区总支部、50个支部，党员总数达到909人。

【思想建设】 市委会班子成员围绕中共二十大、黄河流域生态保护和高质量发展、中央统战工作会议等专题组织学习17次。制定下发《关于做好全市民革迎接中共二十大主题宣传工作的通知》和《民革济南市委会开展“矢志不渝跟党走、携手奋进新时代”政治交接主题教育实施方案》。开展线上中山精神宣讲、清明祭扫山东辛亥革命烈士墓暨辛亥革命精神宣讲、纪念济南“五三”惨案暨爱国主义精神宣讲及系列征文活动。举办“同文雅集·雨滴沙龙——喜迎二十大 共同品经典”《大学》读书会和征文活动，研读文章及读书心得在《团结报》整版刊发，活动视频在团结报团结网官微推送。组织新党员、基层骨干到中共一大代表邓恩铭等“四五”烈士纪念馆接受中共党史党性教育，举办“喜迎二十大 永远跟党走”诗歌朗诵会。承办由济南、太原、呼和浩特、郑州、西安、兰州、西宁、银川等八省会城市民革市委会共同主办的“喜迎二十大 同心绘未来”——民革沿黄省会城市黄河文化书画展，并邀请民革山东省内八城市友情参展，共展出一百余幅作品。组织党员参与省委会举办的“学习宣传贯彻中共二十大精神知识竞赛”，获评“最佳组织奖”。创刊《济南民革文史》，改版《济南民革》杂志，汇编有关制度、参政议政成果、“三个问题”大讨论征文集，与市政协文史委、中国文史出版社合作推出《携手奋进新时代 出彩民革人》一书，全年编辑、出版杂志和书籍7种。

【组织建设】 制定市委会机关联系基层工作制度，机关成立工作小组按区分工，班子成员分别带队到各区基层调研，开展中共二十大精神宣讲活动，落实市委会重点工作开展情况，调研示范支部、民革党员之家、社会法治共建实践站可视化

2022年6月，济南市政协副主席、民革市委会主委王伯芝带队赴兰州开展“观故居 走多党合作之路”主题教育活动

（市民革 供稿）

打造等。注重高层次人才发展和立体培养，优化调整基层组织领导班子，完成市中区、莱芜区届中调整工作。打造新党员培训精品课程，设计学习分享、红色诗歌咏诵会、结构化研讨等环节，促使新党员成长。

【参政议政】 全年累计报送社情民意信息1300余篇次，中共中央办公厅采用1篇，全国政协采用6篇，民革中央采用4篇，中共山东省委办公厅采用4篇，中共山东省委统战部《议政建言》采用1篇，省政协采用70余篇，省民革采用300余篇，中共济南市委办公厅采用16篇，市政协采用400余篇。被民革中央评为民革全国参政议政工作先进集体，被民革山东省委会评为民革山东省委会参政议政工作、反映社情民意信息工作作出突出贡献的先进集体。

【祖国统一工作】 民革中央两岸青年创新大联盟会员单位（丰泽海峡两岸青创中心）与民革省委会、《两岸青年》微信公众平台联合打造“两岸青年发展云讲座”，邀请两岸青年才俊谈方法、讲经验，为两岸青年交流提供平台。邀请中国国民党大陆事务部副主任邓岱贤先生来济交流。党员刘园园参加由国台办指导、中华中山文化交流协会主办的第十二届两岸青年创新创业论坛，致力于促进两岸青年互信认同。被民革中央评为民革全国祖统工作先进集体。

【服务社会】 累计200余名民革党员和机关干部参与新冠疫情一线防控工作，捐款捐物价值73万余元。主委王伯芝赴钢城区、商河县防疫站点、隔离点等督导检查疫情防控工作。在全市建成社会法治共建实践站1个总站和10个分站，面向社区、学校、商户等不同需求，开展普法讲座、免费法律咨询、一站式多元解纷、社会公益项目对接等各项社会服务。擦亮“同心·博爱”社会服务品牌，启动“博爱天使”“博爱护航”“同心联盟 书香驿站”“同心讲堂”“同心为莱 博爱共建”助教服务基地等系列品牌活动，打造“中山义工”新时代文明志愿者队伍，以“同文雅集 雨滴沙龙”为阵地，开展文化宣传、调研和志愿者服务。响应民革中央“情系乌蒙，爱洒纳雍”的号召，组织济南民革教育专家团赴纳雍县左鸠戛民族中学开展支教帮扶工作，并建立长期联系。组织泉城无偿献血志愿服务总队济南民革“博爱”支队无偿献血活动。全年全市各社会服务平台累计开展扶贫、义诊、法律服务、助学、慰问等社会服务工作40余次，服务群众超过2000人次。

（李金泽）

【概况】 2022年，民盟市委会在中共济南市委和民盟山东省委的领导下，在市委统战部的具体指导下，坚持以习近平新时代中国特色社会主义思想为指导，深入学习宣传贯彻中共二十大精神、民盟第十三次全国代表大会精神和市第十二次党代会精神，开展“矢志不渝跟党走、携手奋进新时代”政治交接主题教育，凝心聚力，担当作为，努力在“四新”“三好”参政党地方组织建设上实现新作为。

【思想宣传】 发挥民盟市委会网站、微信公众号等思想宣传主阵地作用，开设了“政治交接主题教育”“喜迎二十大·对党说句心里话”“民盟两会说”等专栏。济南民盟微信公众号推送429篇，泉城统战微信公众号采用65篇，在民盟网站刊发266篇。其中主题教育学习专栏，刊发民盟领导谈多党合作、中央省市重要会议精神等相关理论学习文章50多篇。济南日报刊发市委会主委巩宪群署名文章《同心奋斗走在前，履职尽责开新局》。利用市委会机关办公楼走廊新制作中国民主同盟概况、市委会历史沿革、亮点工作和机关干部学习专栏等主题栏目，打造机关建设文化墙。为喜迎中共二十大，开展了“讲述·非凡十年”征文活动，收到征文近30篇，其中5名盟员的文章在省盟评选中获奖。举办“矢志不渝跟党走、携手奋进新时代”文艺演出；“庆七一、迎盛会，对党说句心里话”主题演讲比赛；“喜迎二十大奋进新征程”主题笔会。

【参政议政】 做实民主监督，形成《关于加强全市区县级国土资源执法监察队伍建设的民主监督报告》，得到市领导批示，以及中共市委组织部、编办等部门的积极回应。在市政协十五届一次会议上，作了题为《引导优质公共资源布局，推动黄河之滨未来新城崛起成势》的大会发言，提交《树立节水优先理念，提升全民节水意识》等书面发言5篇，《不断深化ETC服务体系，助推济南市新型智慧城市建设》等集体提案10篇。在市政协十五届二次会议上，作了题为《做大做强全市节水产业，支撑强省会高质量发展》的大会发言，提交《高水平推进科创金融改革试验区建设，为“数字济南”建设赋能备力》等书面发言5篇，《立足全市实际，打造职教高地》等集体提案9篇。参与统战“参東”品牌创建工作，全年开展调研座谈12次，报送《议政建言专报》《参東》12篇。全年有21名市委委员提供信息素材239篇，占委员人数总数的43%，占信息总数的32.6%。在市规划设计研究院挂牌民盟市委会首家参政议政调研基地。面向基层组织和专委会开展课题招标，完成课题调研报告19篇。围绕“消除外国医学检测设备安全隐患”“当前粮食补贴政策效能”等主题精准约稿6次。全年共收到209名盟员报送社情民意信息732篇，其中21名市委委员提供信息素材239篇，占委员总人数的43%。上报社情民意信息433篇，全国政协采用5篇，盟中央采用16篇，省委办公厅采用2篇，省政协采用46篇。召开参政议政表彰会，对民盟济南市委会十一次代表大会以来在参政议政工作中做出贡献的20个基层组织、166名盟员进行表彰。

【组织建设】 民盟济南市十四届委员会，研究制定《民盟济南市第十四届主委会议、常委会议议事规则》，修订完善了《民盟济南市委员会专门委员会工作通则》《民盟济南市第十四届委员会主委会成员职责分工及联系基层方案》和《民盟济南市委员会机关联系专委会和基层组织分工方案》等一系列工作规程。分批次召开入盟积极分子见面会，上好入盟“预备课”，制定《入盟积极分子培养考察期表现鉴定表》，作为入盟评价的重要依据。全年新发展盟员62人，平均年龄44岁，大学以上学历占95.6%，中级职称以上占52.1%，高教界比例占13%，高优人才比例占26.1%。

【服务社会】 民盟市委会联合民盟幼高专支部“六一”儿童节向长清区孝里镇中心小学捐赠百余件文体用品，并进行心理健康辅导讲座。民盟学习专委会和民盟长清区基层委员会联合开展了“青苔花开”体育辅导系列活动。民盟莱芜区基层委员会和民盟教育总支部“爱心妈妈”助学活动。新建历下民盟“鲁盟建信·同心社区”、天桥民盟“鲁盟桥·同心社区”，开展送春联、法律、医卫进社区和扶贫助困等活动，得到来济考察调研的民盟中央谢经荣副主席的肯定。莱芜民盟“同心为莱”系列活动、市中民盟志愿服务队文明典范城市创建活动、槐荫民盟“伏暖环卫工”活动、民盟文化专委会送文艺下乡活动、民盟铁路总支携手市立一院支部送书画致敬白衣战士活动。

（朱　戈）

【概况】 2022年，中国民主建设会济南市委员会共发展会员71人，会员总数1706人，经济界占77.5%，各级人大代表、政协委员196人。现有基层组织37个，其中区级总支部8个（下辖33个支部），区级支部2个，市直属总支部1个（下辖4个支部），市直属支部26个。新成立青年工作委员会，现有经济、企业、财政金融、人资环、法制、理论、文化教育、妇女、青年工作、艺术、老龄等11个专门委员会。

【思想建设】 市委会加强新闻宣传，创建市委会理论研究工作机制，5篇理论文章被民建省委会表彰，3篇论文分别获评全市统战理论政策研究优秀成果二等奖、三等奖。各级媒体采用市委会稿件600余篇（幅），300余篇稿件被中央统战部、民建中央、民建省委采用和表彰，新闻稿件的采稿率和理论文章的获奖率实现提高。市委会被评为全省民建新闻宣传、主题征文工作先进单位，全市统战宣传工作先进单位一等奖。

【组织建设】 召开全市基层组织工作推进会，推动基层组织工作整体提升。新建成标准化会员之家两个，在丰富内涵、完善功能、凸显优势上提升建设水平；举办新会员培训班和骨干会员培训班，推荐骨干会员参加各类培训190余人次。落实《中国民主建国会内部监督条例》精神，成立民建济南市第十四届委员会内部监督委员会，对领导班子成员开展“矢志不渝跟党走，携手奋进新时代”政治交接主题教育宣讲情况、民主生活会和述职评议等工作进行监督。

2022年11月11日，民建济南市委直属十一支部走进济阳区唐庙小学，开展“天使四叶草”——关爱留守儿童公益活动

（市民建　供稿）

【参政议政】　参加市委、市人大、市政府、市政协组织的协商座谈会和市委统战部“参柬”调研活动20余次，围绕优化营商环境等课题，提出80余条意见建议，其中3篇建议得到市政府主要领导批示。在市政协十五届一次和二次会议上，共提交集体提案17件，市委会以《有效激发市场主体活力 助推强省会建设》和《全力推进泉水直饮 展现泉城独特魅力》为题作大会发言。参与市委统战部“参柬”工作品牌建设，组成“参柬”调研队伍，开展调研座谈10余次，报送《参柬》专报11篇，其中3篇建议得到采用。围绕推动泉水直饮工程、垃圾分类、发展循环经济等课题，开展5次专题调研，形成3篇调研报告，作为市政协十五届二次会议大会发言和市委统战部《参柬》专报报送材料。社情民意信息突破1000篇，其中1篇被省委主要领导批示，1篇被全国政协采用，4篇被民建中央采用，63篇被省政协采用，147篇被民建省委会采用，221篇被市政协采用。市委会被评为全省民建参政议政工作先进单位、市政协反映社情民意信息工作先进单位、全市统战信息工作先进单位一等奖。

【社会服务】　新增走进“儿童福利院”等4个系列公益活动，累计捐款捐物80万元，帮扶人数超过700人。在服务疫情防控上，下沉一线1300余人次，累计捐款捐物360余万元；在乡村振兴上，以加强东西协作交流、“希望小屋”建设、以购代捐等方式，向结对村镇开展助学、消费、产业帮扶。创新打造“关·助”品牌，走访会员企业30余家，调研座谈40余次，了解会员企业生产、经营等方面的实际困难，梳理印发济南市十大类234项惠企政策，帮助企业解读政策、用好政策。开展银企对接活动10余次，帮助企业解决融资难题。

（王勇钢）

2022年1月25日，民建市委会举办“天使四叶草”走进环卫工人公益活动

（市民建　供稿）

**【概况】** 2022年，中国民主促进会济南市委员会共发展会员52人，平均年龄38.5岁。截至年底，全市共有会员1267人，中高级以上职称876人。会员中教育、文化、出版、传媒主界别占67.4%；科技、医卫、政府部门及其他占32.6%。有各级人大代表、政协委员119人次。共有基层组织69个，其中区总支7个，基层支部62个。

**【思想建设】** 组织开展中共二十大精神，习近平总书记系列重要讲话精神，省、市党代会精神等专题学习活动7次；承办“共绘同心圆·建功新时代”——济南市各民主党派喜迎中共二十大书画笔会；举办“喜迎二十大·翰墨绘泉城”线上书画展，共展出40余幅民进开明画院书画家精心创作的书画作品；在微信公众号开辟“主题教育”学习专栏，集中报道主题教育开展情况、特色做法；结合济南民进成立65周年，开展会史、会的光荣传统教育活动。全年有2篇反映民进市委会履职经历和成果的文章在省委统战部微信公众号和《联合日报》刊发；民进中央网站、山东民进、各级统战系统等采用信息100余篇；微信公众号推送320期；出版《济南民进》会刊4期，制作会务展板5期，工作简讯12期。出版《2022年民进济南市委会工作纪实》。2022年，民进市委会被表彰为年度《民主》杂志宣教工作优秀集体，被民进山东省委表彰为自身建设工作先进集体。

**【组织建设】** 坚持“人才强会”战略，推动代表人士和后备人才健康成长。在民进山东省委会先进基层组织和优秀会员评选表彰中，全市21个基层组织被评为“民进山东省先进基层组织”，122名会员获评“民进山东省优秀会员”称号；65名会员被评为庆祝济南民进成立65周年优秀会员。依托“数字统战”建设，推进履职工作平台开发，提升信息化建设水平。民进市委会被民进中央评为“民进信息化建设先进集体”。

**【参政议政】** 参加中共济南市委举行的党外人士座谈会、情况通报会，围绕全市经济发展运行、党风廉政建设和反腐败工作等提出意见建议。参加党外人士“参柬”系列考察调研活动，围绕助力民营经济发展、优化营商环境等进行实地调研，建言献策。在年初各级两会上，共提交建议、提案164件，其中市政协大会口头发言1件，书面发言7件，集体提案10件，1件提案被列为市委主要负责同志阅批督办的重点提案。在年末各级两会上，提交建议、提案119件。其中，口头发言1件，书面发言5件，集体提案9件。召开2022年重点调研课题研讨会，共征集调研课题16件，形成4件议政建言专报。参与全市统一战线“参柬”品牌创建活动，报送参柬调研报告8篇，4篇入选，3篇作为参柬专刊得到批示。编辑出版调研成果汇编《集智聚力——襄助文化济南建设》，共收录2002—2022年间民进市委会提出的关于济南文化建设的调研成果54件。全年共上报社情民意信息239篇，其中民进中央采用4篇，省政协采用18篇，市政协采用125篇，省民进采用84篇，其中1篇得到中共山东省委主要领导批示。民进市

2022年7月19日至21日，民进济南市委会在山东省社会主义学院举办2022年新会员培训班

（市民进　供稿）

委会反映社情民意信息工作得到民进山东省委会的专项表彰。

【服务社会】 向济南公交集团、9个区的9个街道社区捐赠抗疫物资和生活保障品。打造“开明·微公益”社会服务新品牌。春节前夕，联合省委会启动“春联万家·奋力新征程”活动，组织会内书法家，走进5个乡村和社区，创作福字、春联、画作千余幅（副）赠送群众。开展“开明·微公益”义诊和慰问困难群众活动，助力乡村振兴；“七一”前夕开展走访老党员活动，为老党员义诊、捐赠物品。

（范玉晓）

【概况】 2022年，农工党济南市委会团结带领全市农工党员，履行参政党职能，为济南经济社会发展作出贡献。全年市委会获评农工党中央先进集体、农工党山东省委会“组织工作优秀市级组织”“全省助力乡村振兴县区行及‘情系三农’、‘同心助学’先进集体”“参政议政工作优秀市级组织”“全省调研和提案工作先进集体”“全省反映社情民意信息工作先进集体”，被市政协评为“社情民意信息先进集体”。

【思想建设】 启动“迎盛会聚共识强优势创佳绩”喜迎中共二十大系列活动，开展“矢志不渝跟党走、携手奋进新时代”政治交接主题教育，举办市委委员能力提升培训班、参政议政专题培训班、履职能力在线培训班，组织党员赴中共山东省委旧址和山东小三线纪念馆等地参观学习。“泉城农工”微信公众号开辟“政治交接主题教育”“喜迎二十大”专栏，建设“网上党员之家”。《中国统一战线》及杂志微信公众号刊登市委会9篇亮点活动，省委统战部微信公众号等媒体报道80余次。获评全市统战理论政策研究优秀成果一等奖1个、三等奖2个；宣传处（议政调研处）获评全市统战理论政策研究先进处室、全市统战宣传工作先进处室一等奖，办公室获评全市统战信息工作先进单位，26人获评“议政建言先进个人”。

【组织建设】 开展“新征程新作为新气象——主委走基层”系列活动，主委班子成员走进各区总支和市直支部宣讲精神、走访调研、座谈交流。年内新发展党员63名，新成立生态环境支部，完成个别支部届中调整工作。内部监督委员会召开三次全体会议，组织市委会班子成员、监委会委员及骨干党员到天桥区检察院、四五党性教育基地进行党性教育并开展廉洁风险预警提示活动。3个区总支部、6个市委会直属支部、10个总支下辖支部获评履职考核工作先进基层组织。开展特色创建活动，打造“书香农工”文化品牌，推出“初心讲堂”2.0提升活动，参加“歌颂新时代喜迎二十大”市直机关合唱展演活动、“喜迎二十大 奋进新征程”庆祝建党101周年主题演讲会、青年理论研习班、“同心共创文明城农工机关当先锋”、“慈心一日捐”等活动。机关干部中有8人获评农工党中央反映社情民意信息工作先进个人、省“四进”工作队期满考核优秀个人、“全国文明典范城市创建工作突出贡献济南市模范市民”、全市统战理论政策研究优秀成果一等奖三等奖、议政建言先进个人、全市统战信息工作先进个人等称号。

【参政议政】 各级人大代表、政协委员提交议案、提案100余件，《科学有序实施“双碳”行动促进经济社会绿色转型可持续发展》市政协大会口头发言、《加快赋能环保产业助力产业生态创新》等9篇集体提案引起相关部门重视，《关于坚持城乡融合发展全面推进我市乡村振兴的建议》集体提案被市政协评为优秀提案，《关于促进济南中医药产业创新发展的建议》集体提案被市政协评为重点督办提案。打造“参柬·农工呈”品牌，发挥“两库一群”作用，赴市生态环境局、环境监测中心、山东银丰生命科学院低温医学中心等地开展医疗卫生领域绿色低碳实现路径调研。《关于加快提升我市房地产市场热度助力我市经济平稳健康发展的建议》等8篇报告得到市委统战部“参柬”采用。上报社情民意信息300余件，农工党中央采用3件，省政协采用19件，农工党省委会采用80余件，市政协采用140件，5篇信息被评为“市政协优秀社情民意信息”。

【民主监督】 民主监督专门工作组赴市民族医院、市中区七里山社区卫生服务中心、槐荫区南辛庄社区卫生服务中心、吴家堡街道办事处社区卫生服务中心、章丘区口腔医院和普集街道社区卫生服务中心等地实地考察，与市卫健委、区县卫健局及基层医疗卫生机构相关负责人座谈，了解济南市基层医疗卫生机构建设存在的问题，针对全市基层医疗卫生服务体系完善、保障基层医疗人力资源供给和提升基层医疗服务能力等方面提出监督意见。

【社会服务】 在章丘区垛庄镇下琴子村建设“和融同心”工程实践基地并挂牌，开展“牵手民族村暖冬献爱心”活动。民族团结进步宣传月期间，深入饮虎池、永长街等民族社区，参与民族团结文艺会演、和融社区创建等活动。向济南公交公司捐赠防疫物资，启动“民族团结号”公交专线。教师节及中秋节期间，赴永长街回民小学、济南西藏中学看望教职工并捐赠节日慰问品，赴商河县开展“泉润花开石榴红、团结奋进新时代”主题活动，在张坊镇建立“和融同心”工程实践活动基地并揭牌，向商河县民族村捐赠价值10万元爱心物资。在莱芜区高庄街道塔子村建立首个“农工党助力乡村振兴实践服务基地”，开展“世界卫生日”“中国环境与健康宣传周”“助残日”等社会服务活动，深入济阳、商河、平阴等偏远乡镇村居开展“我们的节日”慰问义诊捐赠活动，农工党济南市书画院到莱芜区寨里镇大高村等地开展“乡村振兴文化建设行”“我们的节日”春节、重阳书画慰问笔会。党员下沉社区参与志愿服务向市中区、天桥区、槐荫区、莱芜区、高新区等捐赠防疫物资80余万元。农工党济南市医药卫生专委会获评济南市巾帼文明岗，同心抗疫医疗队获评济南市“身边好人”。

（农工党济南市委会）

【概况】 2022年，中国致公党济南市委员会发展党员38名，其中博士2人、硕士12人，中高级职称17人，具有“侨海”特色38人。新成立经济、科技、教育等11个专门委员会。截至年末，全市共有党员751名，平均年龄50.31岁。其中，大学以上学历665人，占88.55%；中高级以上职称484人，占64.45%；具有“侨海”特色564人，占75.1%。全市共有基层组织34个，其中总支部8个、支部26个。全年市委会获评致公党中央宣传思想工作优秀集体、社会服务先进集体，获评致公党山东省委会参政议政、专题调研、宣传思想、社会服务、组织建设、理论研究工作先进集体和反映社情民意信息工作优秀组织，3个基层组织获评致公党山东省委会先进集体。程文文获评中国致公党社会服务先进个人，蔡平平获评第五批全国中医临床优秀人才，张春清获2021年度山东省科技进步一等奖，20余人次获市级以上表彰奖励，150余人获评致公党山东省委会先进个人。

【思想建设】 领导班子成员及致公党员参加市级以上进修班和专题学习班20余人次。举办培训班2期，100余人次参加培训。部署开展“矢志不渝跟党走、携手奋进新时代”政治交接主题教育，围绕迎接中共二十大和学习宣传贯彻中共二十大精神、庆祝香港回归祖国25周年等主题，开展“喜迎二十大、奋进新时代”线上书画展、微视频宣讲、

2022年10月14日，致公党济南市委会在山东中国文学艺术博物馆举办“喜迎二十大　翰墨颂辉煌”主题书画展

（市致公党　供稿）

纪念征文、座谈会等活动20余次。出版《济南致公》2期，30余篇信息被中国统一战线杂志微信公众号、《人民政协报》、《山东侨报》等刊用，在“济南致公”微信公众号推送信息400余篇。5篇成果获评致公党山东省委会理论研究优秀成果，2篇成果获评全市统战理论政策研究优秀成果。

【参政议政】 全年报送《议政建言专报》《参柬》成果13件，《关于加快济南临空经济示范区高质量发展助推新旧动能转换的建议》等11件被采用，8件得到市委市政府主要领导签批。向市政协十四届五次会议提交大会发言1件、书面发言5件、集体提案6件。王桂英《关于加快新能源汽车推广应用的提案》被列为全国政协十三届五次会议重点督办提案，3件提案获评市政协优秀提案。190余件社情民意信息被采用，其中，《建议尽快启动我国“罕见病国家战略及行动计划”》被中央统战部《零讯》采用，2件被全国政协采用，17件被致公党中央采用，30件被省政协采用。5件调研成果获评致公党山东省委会参政议政优秀成果。市委会办公室获评全市统战信息工作、“参柬”品牌创建工作先进单位，6人获评市委统战部议政建言先进个人、统战信息工作先进个人，1人获评市政协先进提案工作者。

【服务社会】 开展各类社会服务活动40余次，捐赠款物100余万元，受益群众10余万人。推进“同心圆梦·助力教育”活动，为济南七科小学、黄巢小学和莘县张青营小学等捐赠价值2万余元的文体用品。打造“致公智慧课堂”公益品牌，向莱芜特殊教育学校、恒大名都社区小学捐赠价值15万余元学习用品。开展“守望相助·同心抗疫”活动20余次，累计捐赠抗疫物资价值60余万元。韩吉书携手山东省扶贫开发基金会向济阳区垛石街道捐款20万元助力乡村振兴。深入莱芜凤城高中、高而街道、山东大学附属儿童医院等地开展普法宣传、义诊活动10余次。开展关爱“城市美容师”、助力“齐鲁润春蕾”、捐建“希望小屋”、走访慰问敬老院福利院等活动，捐款捐物10余万元。

【对外联络】 参与共建“鲁港驿站”，开展多场两地合作交流活动。推动“统一会客厅”在山东中国和平统一促进会揭牌。联合槐荫区侨联在新世界阳光花园社区开展“同心惠侨”义诊活动，活动信息被《人民政协报》《山东侨报》报道。发挥“致公·同心——留学人员创业之家”和“参政议政联系点”作用，加强与海外友好侨团联谊交流，为济南市招商引智工作牵线搭桥。

（张贵军）

【概况】 2022年，九三学社济南市委员发展社员43人，主界别占比71%，中高级职称等重点人士占比87%。截至年末，全市社员934名，高级职称等高层次人才占比48%。社市委获评九三学社全国组织工作先进集体，2022年度九三学社全国市级组织十佳网站、十佳微信公众号。获评九三学社山东省2022年社会服务工作、参政议政工作先进集体、宣传工作先进集体、信息工作先进集体、组织信息系统工作先进集体。

【思想建设】 微信公众号开设“学习贯彻中共二十大精神”学习专栏，推送学习材料20余篇，刊发社员理论学习心得4期32篇。各基层组织开展报告会、研讨会、座谈会20余次。累计开展专题学习会等理论学习活动30余次，社会实践活动20余次，在微信公众号开设专栏，刊发各级组织主题教育开展情况、特色做法、先进典型宣传报道百余篇。打造“空中课堂”，及时转发中共中央及省市委重要会议精神和重大决策。开设“基层动态”版块，展现各基层组织社务工作风貌。推出“新征程上的社员风采”专栏，报道社员先进事迹。全年共推送文章400余篇，在山东统一战线微信公众号、爱济南新闻客户端等各媒体发表文章200余篇。

【参政议政】 报送《议政建言专报》5篇，其中《关于加快推进我市本地户籍农业人口就地就近城镇化的建议》被纳入《济南市新型城镇化规划（2021—2035）》。提交大会书面发言16篇，集体提案16篇。上报社情民意301篇，社中央采用3篇，省领导批示1篇，省政协采用25篇，社省委采用86篇，市委办

2022 年 9 月 3 日，九三学社济南市委员会举办“喜迎二十大 建功新时代”暨九三学社创建 77 周年庆祝活动 （市九三学社 供稿）

公厅采用 7 篇，市政协采用 133 篇。全年围绕“参柬”工作组织调研 10 余次，召开座谈会近 20 次，上报《参柬》7 篇，5 篇入选。调整成立科技、经济、法律、妇女工作等 8 个专门（工作）委员会，制定《专门（工作）委员会工作通则》。专委会结合优势特色专题开展实地调研、座谈交流 10 余次，提交高质量调研报告 10 篇。

【社会服务】 在莱芜区羊里街道营子村建立社市委第一家乡村振兴社会服务基地，组织社内外各类专家 50 余人，开展农业指导、法律咨询和义诊等活动。在长清区童善儿童关爱中心建立“志愿服务基地”，组织志愿者 100 余人对黄河滩区困境儿童进行心理辅导。“社会服务志愿队”开辟志愿服务新渠道，在山东省血液中心爱心献血方舱建立 10 余个爱心驿站，定期组织无偿献血。疫情防控期间，社市委发出“同心抗疫”倡议，集结机关干部及 40 余名社员成立“社会服务志愿队”深入社区、隔离点、交通要道助力一线防控工作。发起“捐赠行动”，短时间内向疫情防控一线捐赠 25 万余元的物资。

【组织建设】 主委带队赴长清、莱芜开展“走基层”调研活动，听取基层组织对班子建设的意见建议。在全市社员中开展“‘今年怎么看，今后怎么干’邀您建言”活动。内部监督委员会到历下、槐荫、市中、长清等基层开展工作调研，增强基层组织负责人的责任担当。在市政工程设计研究院等社员所在单位挂牌设立“社员之家”，突出发挥科研院所对主界别人才的“虹吸效应”。依托国内高校举办委员、骨干社员培训班，参与社员 100 人次。开展“喜迎二十大 建功新时代”评优活动，授予 10 名社员“‘非凡十年’突出贡献人物奖”，表扬 4 个“突出贡献集体”、8 个“优秀集体”及 93 名“优秀个人”。修订完善专项制度共计二十余项，印发《制度汇编》，打造办文、办事、办会工作的专业化流程。

（赵钰琳）

栏目编辑 魏添乐

# 群众团体

## 济南市总工会

【概况】 2022年，市总工会辖12个区县总工会，以及济南高新区总工会、南部山区总工会、新旧动能转换起步区总工会；14个局（委）工会和26个大企业工会；10个市级产业工会。全市有基层工会组织10041家，涵盖法人单位19626家。建会单位职工1291583人，其中，女职工480624人；工会会员1217237人，其中女会员454462人。工会专职工作人员7087人，兼职工作人员22964人。市总机关内设10个部室，总编制63人，下属3个事业单位。

【加强职工思想引领】 组织“筑梦泉城”劳模工匠宣讲团等各级工会宣讲骨干，开展宣传宣讲活动3200余场。弘扬劳模精神、劳动精神、工匠精神，在新媒体和移动传媒平台展播劳模专题栏目61期1000余次，选树“济南最美职工”10名，命名2021—2022年度济南市职工职业道德建设标兵单位20个、个人20名。举办新媒体原创作品大赛暨“劳动我最美”短视频互动活动，获山东工会新媒体原创作品大赛一等奖2个、二等奖1个、三等奖1个、优秀作品10个。做好12351职工热线工作，办理职工诉求事项588件，及时受理率、按期办结率、职工满意度均为100%。

2022年8月18日，济南市职工创新创效成果展示大会暨济南工匠创新交流论坛在济南工人文化宫举行 （市总工会 供稿）

【服务经济社会发展】 开展新时代劳动和技能竞赛，建设强省会“四项竞赛”被列入山东省黄河流域生态保护和高质量发展创新创优劳动竞赛项目。首次选树命名5名“济南大工匠”、选树命名30名“济南工匠”，8名职工获“齐鲁工匠”称号，1名职工获“齐鲁大工匠”称号，1名职工获“鲁班首席工匠”称号。全市职工获山东省职工优秀创新成果一等奖2项、二等奖2项、三等奖3项。3家企业获评山东省全员创新企业，4个工作室获评山东省劳模和工匠人才创新工作室。组织开展就业服务活动超500场，参与企业1万多家，提供岗位超过10万个。投入80余万元对工友创业园进行资金扶持，新培育市级工友创业园30家、选树市级农民工之星30名。举办泉城工创杯第二届工友创业大赛，并获全省工友创业大赛特等奖1个、一等奖1个、二等奖3

个、三等奖 1 个。强化劳模先进人物管理服务，获评全国五一劳动奖状 1 家、工人先锋号 2 个、五一劳动奖章 3 人，山东省五一劳动奖状 8 家、工人先锋号 6 个、五一劳动奖章 21 人。评选 144 名“济南市劳动模范”、55 名“济南市先进工作者”，召开 2022 年全市庆祝“五一”国际劳动节座谈会。落实劳模待遇，为各级先模人物发放一次性奖励、节日慰问金、荣誉津贴共计 283.45 万元；投入资金 184 万元帮扶救助各级困难劳模 129 人次；组织劳模疗休养 160 人次。

【提升服务职工质效】 落实《山东省工会劳动法律监督条例》，会同市人社局建立“一站互联”劳动法律监督协作机制。建立健全工会劳动法律监督组织，做实做强职工服务中心法律服务实体化机构，全市共办理劳动争议调解和法律援助服务 5963 件，帮助 6234 名职工追回劳动报酬等资金 1.085 亿元。深化女职工维权行动月活动，开展女职工权益保护知识宣传，惠及女职工 3.3 万人次。完成政府为民办实事项目一线职工“求学圆梦行动”，为 3405 名济南市一线职工发放专项补助资金 671 万元。开展送温暖活动，精准、及时开展各类救助，发放救助金 1666.8 万元，救助困难职工 2.6 万人次。组织 3800 名一线干部职工参加疗休养。加强服务阵地建设，全市 7 家工人文化宫线上线下开展职工教育培训、文体活动等 5226 场，服务职工 93 万人次。全市 13 家职工服务中心梳理编制服务事项 105 项，开展“泉心互助”“泉心工惠”“法助职工”等活动，服务职工 99.3 万人次。叫响“会聚良缘　泉城有约”婚恋服务品牌，举办 7 场相亲会，570 对单身职工牵手。工会户外劳动者驿站累计建设 558 家，开展各类服务活动 700 余场次，惠及职工群众 10 万余人。

2022 年 6 月 21 日，市总工会参加山东省第八届职工运动会　　（市总工会　供稿）

【激发创新发展活力】 推进新就业形态劳动者建会入会工作，向区县发放 1 万份建会入会、防疫关爱大礼包，全市培育 40 家（其中新就业形态 20 家）建会入会工作示范建设项目，每个给予 2 万元的经费补助。新建工会组织 2090 家，新发展工会会员 11.3 万人，其中新就业形态群体会员 4.9 万人。开展“县级工会加强年”专项工作，健全市总工会对口联系指导县级工会长效机制。推进“数字工会”建设，开发建设工会信息数据库，优化工会数据共享，提高各工会业务系统工作效能。做好“齐鲁工惠”APP 注册认证工作，共采集工会组织 14124 家，采集会员 146.4 万人，实名注册会员 109.8 万人，认证会员 97.2 万人。开展线上普惠活动 490 场，参与职工会员 25.8 万人。

（仰万里）

【概况】 2022 年，共青团济南市委员会全年发展团员 18325 名，逐步实现初、高中（中职）毕业生团学比控制在 20% 和 40%，保持毕业生团员组织关系“学社衔接”率在 90% 以上。贯通党、团、队育人链条，少先队推优入团、共青团推优入党机制全面规范。

【加强思想引领】 以“喜迎二十大、永远跟党走、奋进新征程”主题教育实践活动为统揽，用好“青年大学习”“青年宣讲团”“青马工程”“主题团队日”等载体，打造济南青年运动史馆、少先队队史馆，设计推出音乐党课，培训团干部、团员青年1万余人次。举办济南市学习贯彻庆祝中国共青团成立100周年大会精神座谈会。编印《青春心向党 百年再启程》画册，举办“青春心向党 建功新时代”济南青年运动历史展览，组织全市团员青年、各级团干部深入学习省第十二次党代会精神、市第十二次党代会精神。

【参与社会治理】 开展“青春战疫”行动，团市委系统190余名党员干部职工下沉社区、医院、建筑工地、隔离酒店，协助一线人员进行信息排查、核酸检测、数据“追阳”、防控督导等工作；组织动员21.8万人次青年志愿者、220支青年突击队、997个青年文明号集体投身到全市疫情防控一线。实施“青春社区”行动，建设“青春社区”75个，引入高校、社会组织等社会力量开展基层治理、文化教育、环境保护、扶老育幼等领域志愿服务活动540余场次，累计开展服务9万小时；开展大学生社区实践计划，组织18所高校近千个团支部与驻地社区结对共建，常态化开展社区服务活动。

【促进就业创业】 推进产学融合青年人才试验区建设，走访全市重点企业20余家，召开校企对接会、人才座谈会30余次。联合西安、郑州等城市共建黄河流域青年发展型城市青年美好生活联盟，规划建设青年发展友好大厦、青少年创新发展中心、青年终身教育中心等一批青年发展平台。起草《泉城青年创新创业扶持体系建设方案》，做强泉城青年创新创业扶持工作。加强银政企合作，用好“泉城青商贷”等金融产品，达成贷款意向8000余万元；启动“泉城青年创客税收扶持行动”，聚焦3个关键环节推出10条硬核举措；发布青创阵地70余个，每年为创业青年提供免费场地1万平方米、免费工位1000个以上。实施“青鸟计划”服务人才引育，精准推送岗位8535万个，促成来济就业意向2535个；连续第四年举办“青鸟助飞”优秀大学生来济实习实践服务，面向全市党政机关、企事业单位、基层一线征集实习岗位2125个，吸引9860名优秀大学生投递简历。

2022年2月22日，举办“青鸟助飞 逐梦泉城”2022黄河流域高质量发展青年人才空中招聘会 （秦浩 摄）

【护航青少年成长】 市委、市政府正式印发《青年发展友好型城市建设实施方案》，明确12大项、36小项、138条具体措施；青年发展友好型城市建设纳入市第十二次党代会报告、政府工作报告和“十四五”规划，并被列入全市“重点改革事项”，济南入选全国青年发展型城市建设试点和山东省首批青年发展友好型城市建设城市。连续两年举办“最高规格”济南大学生毕业典礼，庆祝驻济高校应届毕业生毕业。打造“青年驿站”106家，实现全市范围不少于100家驿站，提供每年不少于2万人次免费入住的服务目标。实施“希望小屋”项目关爱农村困境儿童，社会化募资超1600余万元，建设“希望小屋”1283个。在全市80个社区建立“济南市青少年宫社区服务站”，募集150万元资金。

【持续深化改革概况】 印发《关于进一步加强党建带团建推进县域共青团基层组织改革的若干措施》《推进县域共青团基层组织改革工作方案》等文件，推动县域共青团改革各项任务落实落地。制定出台《共青团济南市委机关深化改革实施方案》，团干部素养和工作效能得到提升。

（彭 冲）

【概况】 2022年，市妇联在《人民日报》客户端、《新华每日电讯》、《中国妇女报》等央级媒体刊发全市妇女工作做法102篇。六项工作在全国妇女儿童工作领域首创：济南市出台首个由地方人大通过的儿童友好城市建设决议；首推总保额32亿元的防疫公益保险，惠及5346名“妇家号”企业员工；首次向东西部协作地区万名低收入适龄妇女赠送总保额1亿元的“两癌”保险；组建首个妇联万屏宣传矩阵；首次牵头开通三甲医院“军嫂孕产绿色通道”；成立首家地市级妇联党校。

【思想引领】 各级妇联组织开展“巾帼心向党 喜迎二十大”群众性宣传教育活动，开展爱国主义教育快闪、“温暖‘习语’我来读”云接力等主题宣传。组建妇联万屏宣传矩阵，依托城市公交、地铁、公益大屏等9364块屏幕，以每天8个时段，日覆盖300万人次的频次播出，目前已制作、播出节目1680期次。举办“齐鲁女性”宣讲走进济南暨济南市妇联“乡音传习”宣讲启动仪式，开展百场宣讲活动，多措并举抓好《习近平走进百姓家》学习宣传。

【妇联建设】 创新实施“巾帼赋能”行动，先后开展活动166场次，服务1500余家企业，覆盖65万余人次。联合省电视台开展“出彩好品”推广活动，依托“万屏矩阵”传播平台，宣传产品3万余次。举办亚马逊跨境电商、科技兴农助农直通车及数字农业应用等专题培训127场次，惠及妇女56万人次。办好市政府民生实事项目，实施巾帼家政“百村万户”培训行动和“喜迎党的二十大，争做出彩好当家”专项行动，新建“出彩人家”社区（村）243个、户6.9万个；实施巾帼家政培训行动，培训妇女2.16万人次，安置就业22.3万人次，服务家庭18.9万户。

【家庭建设】 编制出台《济南市关于指导推进家庭教育的五年规划》，形成政府、家庭、学校、社会联动的家庭教育工作格局。常态化寻找“最美家庭”，选树全国、省、市级“最美家庭”134户。开展泉城家庭“童悦读”活动，发放“童悦读宝盒”1000份。举办第八届“小小演说家”少儿口才大赛。围绕弘扬“好家庭好家教好家风”，线上在济南新闻综合广播开设《出彩会客厅》全媒体宣传专栏，线下开展系列巡讲活动，以好家风涵养好社风。

【维权关爱】 设计发布“泉美好 童美好”形象标识，设计制作儿童友好公益广告，在经十路、旅游路等全市20多条主次干道、500多个公交站点广泛宣传。征集发布并完成“家门口的假期托管班”等20件妇女儿童民生实事。争取山东省低收入适龄妇女“两癌”保险试点项目落户济南市，为2.2万名低收入妇女免费办理总保额6.7亿元的“两癌”保险，为全市516名低收入“两癌”患病妇女实施救助207万元。发动8.5万人次参与“齐鲁润春蕾”募捐活动，筹集善款280余万元，争取省儿基会90万元物资救助5000名困境女童。联合市司法局建立22个妇女儿童法律援助工作站，为4748名妇女提供法律援助。推动建立相亲相爱的家庭关系，搭建

2022年11月15日，第十一次友好省州领导人峰会系列活动启动仪式暨“儿童与绿色发展”主题活动在山东大厦举行

（市妇联　供稿）

“1+13+200”三级婚调工作体系，为 2.1 万泉城家庭提供家门口的婚姻关系调试服务，在抖音、快手开通直播间，开展婚姻家庭普法，播放量超 3 亿次。

【改革创新】 在女性集中的两新组织开展“建家行动”，成立一批非公有制企业妇联、楼宇妇联、商圈妇联、区域妇女组织联盟，全市新建两新组织妇联 1500 个。在城管、消防救援系统新建系统妇联，在直播电商领域新建行业妇联。完善妇联执委项目领办、量化履职、述职评议等履职制度，培训各级妇联执委 1.6 万人次，6500 余个妇女之家、妇女微家提质增效，4 个项目入选全省最受妇女儿童欢迎的社会服务项目。

（乔　荃）

【概况】 2022 年，市科协联合《济南时报》开展“影响济南”科技人物推荐评选。在《济南日报》刊登共发表稿件 10 余篇，在“学习强国”平台发表稿件 1 篇。在党的二十大、全市两会、“5·30”科技工作者日、全国科普日等重大活动期间，利用“报纸 + 新媒体”的融媒体形式，对各项活动进行全方位的深入报道。

【开展乡村振兴专家志愿服务活动】 发挥全市乡村人才振兴专班成员单位职能，组织实施济南市乡村振兴专家服务行动。志愿服务团 108 名专家全年完成认定有效的农业专业技术培训指导 250 场，直接受益群众达 9000 余人。在全市范围内为基层农村专业技术协会提供集中统一年报服务，指导全市 89 家基层农技协会工作人员完成年度报告工作。

【“科创中国”试点城市建设促进科技经济深度融合】 在 2022 年“科创中国”试点城市（园区）建设情况评估报告中，济南市位列全国 65 个试点城市（园区）总排名第三，在山东省 5 个试点城市中位居第一。联络对接中国生物工程学会、中华中医药学会组建“科创中国”专属服务团，争取活动项目 4 个、经费 150 万元。争取省科协创新驱动协同创新基地项目 2 个。联系对接 20 家国家级、省级学会，组织省市学会成立学会服务站 9 家，开展路演、科技服务活动 80 余场，举办高端“会展赛”12 个，达成项目合作 56 对。发动 3751 家企业等上线应用“科创中国”融通平台，组织技术路演 34 场，为山东明仁福瑞达等企业量身提供解决方案 21 项。

【庆祝“全国科技工作者日”座谈会】 5 月 30 日，济南市庆祝“全国科技工作者日”座谈会在龙奥大厦举行。在全市组织开展了系列活动，选树了 130 名为济南市科技事业作出突出贡献，从事科研攻关、疫情防控、成果转化、科学普及、乡村振兴等工作的优秀科技工作者和青年创新先锋。

【推进院士专家工作站规范化建设】 修改完善《支持济南市院士专家工作站建设》政策以及配套实施细则，2022 年，柔性引进海内外院士专家及其创新团队成员 150 余人，其中院士团队均为海外引进。利用“泉惠企”“爱济南”等平台加大政策宣讲，实施线上申报，发动 68 家企事业单位与院士专家建立合作关系，新认定院士专家工作站 30 家。推动院士专家参与、开展市级以上重大科技项目 256 项；引导产业上下游共同技术开发，主持参与修订国家或行业标准 48 项，申请或获授权专利 455 项。

【招才引智工作】 济南离岸基地在中国科协 2022 年考核评估中，位列全国 12 个参评离岸基地第一名，获评“优秀”等级。探索建立“海投基金 + 总部空间（合作空间）+ 海外创新驿站 + 基地联盟”四位一体工作体系，被中国科协称为“离岸基地济南模式”。新设立海外创新驿站 5 家、合作空间 4 家。海外创新驿站共推荐海外人才项目 725 个，促成对接项目 217 个，落地人才项目 40 个。依托总部空间，引进海外科技人才企业 11 家，引进国家级、省级人才各 1 人、市级人才 5 人。联合海外创新驿站承办第五届中国·济南新动能创新创业大赛四个海外赛区预赛，征集项目 1038 个，落地项目 38 个。

【第五届中国（济南）新动能创新创业大赛美洲赛区预赛成功举办】 9 月 17 日，第五届中国（济南）新动能创新创业大赛美洲赛区预赛，在山东济南国家海外人才离岸创新创业基地举办。采用“线上 + 线下”

2022 年 9 月 17 日，第五届中国（济南）新动能创新创业大赛美洲赛区预赛在山东济南国家海外人才离岸创新创业基地举办　　（市科协　供稿）

方式进行赛事宣传和项目征集，在美洲地区共征集 260 余个项目，其中外籍项目有 91 个；参赛团队中近半数的申报人具有博士学位，其中高层次人才项目 19 个，大学教授项目 9 个，海外院士团队项目 3 个，国家高层次人才计划专家项目 3 个。经过与区县、园区进行对接，以及专家初审，共有 106 个项目参加美洲赛区预赛。

【“泉城科普”品牌建设推进公民科学素质全面提升】　第十二次中国公民科学素质抽样调查，济南市公民具备科学素质的比例达到 16.2%，稳居全省第一。承办山东省暨济南市“全国科普日”主场活动，开展系列活动 4643 场次，获评中国科协、省科协“2022 年全国科普日活动优秀组织单位”。新建社区科普体验中心、科普广场 15 处。组织社区科普大学授课 2000 余次。打造“泉城科普”全媒体传播体系，在济南电视台播出电视专栏 52 期，借助公交移动传媒系统播放科普短视频 530 次；在爱济南等网络平台推送科普知识，浏览量突破 350 万次。

【齐鲁大学生创新创业行动】　举办齐鲁大学生软件大赛、国际动漫游戏大赛、工业设计大赛、创客大赛、智能制造大赛、创业计划大赛、制冷空调设计大赛、营养健康菜创意大赛、服装设计大赛、人力资源大数据发展对抗大赛等 10 项科技竞赛。其中 9 项赛事被列入山东省大学生科技节赛事。大赛吸引国内外 300 所高校、8 万余名学生参赛，79 家企业支持参与大赛，近万名学生获得奖项，4000 余件作品获奖。

【创新科普展教新形式】　开展科普大篷车巡展活动，累计展出 140 场次，展出展品 2800 余件次，覆盖全市中小学校 120 余所，受众 12 万余人次，行程约 8000 公里，设计科普挂图 70 余套（件）。开设科技馆公众号——《科普万花筒》专栏，进行科普宣传，点击量突破 5 万次。

【探索“馆校合作”青少年科技教育新形式】　依托“小小科学家”公益科普课堂品牌活动，联手中国科协“科创助梦”、山东省科协科普“330”工程，开展科技研学、科普专家报告、流动科普巡展、科普课堂进校园、暑期科技体验活动等，全年累计服务 330 余所学校，近 900 课时，受众 40 万人次。

（施泉玉　张荫堂）

【概况】　2022 年，济南市归国华侨联合会深化“565”工作体系，推动侨联事业创新发展。截至年末，累计建成“侨驿站”21 家、“海外侨驿站”38 家、“侨胞之家”15 个。市侨联获评全市“学习强组”称号，机关多名党员分获全市“攻坚克难好干部”、学习强国“学习达人”、学习强国“优秀管理员”、济南慈善工作先进个人称号。

【助力强省会建设】　成立省会经济圈助力黄河生态保护和高质量发展联盟，举办“黄河根祖文化”研讨活动；中国侨联先后批准“北方华侨国际中心”落户济南、济南辛弃疾纪念馆、李清照纪念馆“二安”纪念馆为第十批“中国华侨国际文化交流基地”、济南高新区为“中国侨联新侨创新创业基地”。“省市一体‘三联’推进 做实做细‘双报

2022 年 9 月 17 日，第五届中国（济南）新动能创新创业大赛南欧赛区预赛开幕式在比利时布鲁塞尔举办　（市侨联　供稿）

到’工作”项目获评省市区机关联动“双报到”为民办实事优秀项目。助力“双招双引”，与长清主办第五届中国（济南）新动能创新创业大赛南欧赛区预赛，并协办北欧赛区预赛活动，30 个优秀项目进入决赛，8 个项目分获一、二、三等奖，9 名海外优秀人才和高层次人才、3 个院士项目落户济南，市侨联获优秀组织奖。与平阴联合举办平阴特色产业意大利专场推介会，推动济南市、平阴县分别与海外侨驿站签署合作协议，以平阴玫瑰为媒介宣传推介平阴。举办“2022 中欧医疗产业海智创新合作论坛”，济南大学与市人民医院医工交叉创新研究院揭牌。打造“创业中华·侨涌泉城”工作品牌，精心组织“侨商区县（功能区）行”、高层次人才走进济南“侨梦苑”等活动 8 次，力促优质项目向“侨梦苑”和“新侨创新创业基地”聚集。侨界人士李苏先生被授予中国侨联“侨界贡献奖”，侨商企业晶正电子获山东省科技进步一等奖。做好“参柬·侨声”和侨情专报等建言献策工作，3 篇被侨情专报采用，1 篇被《参柬》采用，获评“2022 年度全国侨联系统信息工作成绩突出单位”。

【深化为侨服务】　深化维权护侨，举办“八五”普法启动暨法工委工作会议，印发《济南市侨联“八五”普法规划》，推出法律惠侨十件实事，与市司法局签署“‘一带一路’法治护航机制”协议；举办“济南市海外侨驿站参与远程视频公证启动仪式”，10 家海外侨驿站与齐鲁公证处签约，成为“齐鲁公证处海外远程视频公证见证处”。打造“商量有侨”品牌，围绕“服务省市一体化”“支持新侨创新创业”等开展“商量有侨”10 余次，创建服务机制 4 个，助企纾困 20 余件次，1 个商量成果列入市政协重点提案督办。

【强化自身建设】　推进基层组织建设，建设“侨驿站”2 家、“海外侨驿站”8 家、“侨胞之家”6 个。推进基础建设，争创“模范机关”，开展“素质提升年”活动，举办“学有所思 侨有所为——全市侨联系统骨干素质提升培训班”；落实意识形态责任制，加强网站和微信公众号等宣传阵地建设，微信公众号全年推送文章 1000 余篇。《坚持 12345 工作思路 擦亮“好学·上进”侨联讲堂品牌》获 2022 年度全市机关党建优秀研究成果二等奖。

（济南市归国华侨联合会）

【概况】　截至年底，济南市共有台籍同胞 78 户、122 人，其中高山族同胞 16 户、25 人，回台定居台胞 10 人。

【思想引领】　联合省台联共同开展“矢志不渝跟党走 踔厉奋发开新局”学习宣贯彻党的二十大精神座谈交流专题活动；组织台胞台属参观济阳“山东省（济北）台湾工业园”；开展“大河奔腾新时代·我为黄河来”海峡两岸诗词朗诵，编写济南台胞同心战“疫”宣传纪实等。主动加强与岛内台胞联系，帮助台胞解祖国大陆政治制度、发展历史和辉煌成就，以及新冠疫情应对、疫苗接种等台胞关注的热点问题。

【为民服务】　开展“我为群众办实事”实践活动，解决广大台胞急难愁盼问题，累计走访台胞 80 余人次；帮助台胞协调子女入学事宜，协调解决台胞中考加分政策落实、身份证逾期办理等问题10件次；坚持为70岁以上老台胞登门贺寿；先后到21户老台胞、困难台胞家中开展中秋、春节走访慰问，到重病术后台胞家中看望慰问；帮助16户困难台胞、32户老台胞申请补贴补助。

【联谊活动】 结合重要传统节日，创办丰富的联谊活动，组织“喜迎冬奥 童话祝福”台胞少年儿童迎冬奥、“花开并蒂 两岸共芳”住济女台胞两岸婚姻家庭三八妇女节联谊、“清明缅怀祭英烈 红色家书颂初心”缅怀革命先烈、“两岸童声诵传承 心手相连向未来”台胞少年儿童庆六一、“爱心送考 助梦远航”为台籍考生送考、制作“相濡以沫最爱七夕”庆七夕短视频、“两岸一家‘泉’聚中秋”中秋云端联谊等活动。结合服务群体特点，自2011年始，坚持开展“温馨祝福送关怀”系列特色关爱活动，注重发动定居青年台胞投身志愿服务，组织台籍学生学考政策和志愿填报指导会等活动。

【对台交流】 组织6名青少年台胞参加第十九届台胞青年千人夏令营山东分营，两岸青少年结下深厚情谊；做好十五届市政协台联界别政协委员推荐工作，1名台胞当选十五届市政协常委，3名台胞担任十五届市政协台联界别委员。坚持“请进来、走出去”，加强中青年台胞培养，推荐4名台胞参加省台联培训班，1名台籍教师参加第七届大陆任教台湾教师座谈会，12名青年台胞参加全国台联第二十八届台胞青年冬令营开营式。

（济南市台湾同胞联谊会）

【概况】 2022年，市工商联聚焦“勇当排头兵、建设强省会”主题，开展服务民企“十大行动”，提升“两个健康”工作水平，谱写新时代工商联事业发展的新篇章。全年市工商联获评全国第二批“节约型机关”称号，被评为全国工商联2022年信息工作先进单位、全国工商联2022年调查点工作先进基层单位、全省工商联信息工作先进单位。

【政治引领】 开展“六个一”系列活动，开设“聚焦二十大 民企话心声”“聚力走在前 建功新时代”等主题专栏。召开民营企业疫情防控座谈会、驻济商协会会长恳谈会，出台“联心抗疫 助企纾困”15条措施，发布“同心抗疫 共克时艰”倡议书。联合发布济南市“民营企业100强”榜单，开展非公经济组织文明单位巡礼、商会风采等系列选树活动。举办新生代企业家观摩磋学专题培训班、学习贯彻党的二十大精神座谈会，组织赴自贸试验区济南片区考察交流，与浙江新生代企业家联谊会建立定期互访机制，赴宁波市开展精准招商等交流联谊活动。“济南市工商联精心打造促进新生代企业家健康成长平台”工作做法得到全国工商联副主席杨佑兴批示肯定。召开所属商（协）会党建工作联席会议，召开基层商会党组织建设观摩推进会，设立济南市工商联非公有制经济组织党建教育基地，举办市非公有制经济组织党建工作主题展，民营经济人士党史学习教育常态化长效化走深走实。

【参政议政】 市政协十五届一次会议上，提交大会发言2件，团体提案5件，济南总商会副会长孙武虎代表市工商联作题为《让民营企业在现代化强省会建设中转型升级健康发展》的大会发言。助力全市统一战线“参柬”品牌创建，围绕“工业强市”“融入全国统一大市场”“民营企业数字化转型”等专题深入调研，形成多篇调研成果，2篇被《参柬》刊载，多条意见建议被市委市政府领导批示。2篇获评2022年全国工商联系统调研报告、社情民意信息三等奖，1篇获评2022年度全省工商联系统优秀理论调研成果一等奖。建立骨干信息员队伍和季度通报制度，社情民意信息被全国政协、全国工商联、省政协采用32篇。

【经济服务】 在23家商（协）会、企业和区县工商联中设立“亲清驿站”，集中开展“春风行动”政企沟通活动12期，服务企业1000余家，帮助协调解决问题200余件。与中信银行、齐鲁银行、济南市银企协会、济南融资担保集团等金融机构达成战略合作，举办4期助企纾困金融宣讲、“春雨润苗”政策宣讲。助推连翔控股、磐升生物上市启动。联合银行、律协等机构赴专精特新企业走访调研，提供针对性的金融支持和法律指导。推进民营企业数字化转型，举办“智改数转”赋能民营经济高质量发展论坛。成立市直播产业商会，举办产业直播技术分享活动，助力培育壮大消费新业态新模式。与济南大学、济南工程职业技术学院等高校开展多领域交流合作，完善学校、工商联、商会和企业“四方合作机制”。助力高校毕业生就业，举办招聘会2场，提供岗位2万余个。推动涉案企业合规改革工作，与市检察院牵头成立市涉案企业第三方监督评估机制管理委员会，举办理论研讨会，建立专业队伍，办理案件20余起。牵头承办第五届中国企业论坛“市长会客厅”活动，得到全国政协副主席、全国工商联主席高云龙批示肯定。参与承办全国工商联“2022年民营经济标准创新周”山东专场活动，承办商（协）会会长迎春座谈会。促成全国工商联医药业商会、女企业家商会在济南注册。制定《所属商协会双招双引奖励考核办法》，组织开展驻济商会会长区县行活动，建立“双招双引联络站”35个。

【乡村振兴】 推进“万企兴万村”及东西部协作工作。组织111家企业参与“万企兴万村”行动，帮扶159个村，实施174个项目，到位投资金额14.4亿元，公益捐赠2186万元。组织企业到临夏州开展东西部协作考察，9家民营企业与9个村签订帮扶协议，与临夏州、武隆区开展消费帮扶120万元。

【组织建设】 召开市工商联第十五次代表大会和十五届一次执委会，市四大班子主要负责同志出席开幕式，会议选举产生第十五届执委会和领导班子。指导各区县工商联完成换届，加强基层工商联建设，市中区工商联获评全国首届“五好”标杆县级工商联。拓展组织网络，新成立所属商会6家。截至年底，市工商联所属商协会45家，作为行业主管的驻济异地商会28家。指导推动街镇商会注册登记工作，已完成注册登记111家，应登尽登率达到74.5%。成立市工商联人联，延伸工商联组织联络触角。开展商会品质提升行动。以“商会品质提升年”为抓手，做好“四好”商会创建工作，8家商协会获评2021—2022年度全国“四好”商会，23家商协会获评全省“四好”商会。

（姜庆鲁）

“万企兴万村”临夏行动
暨社会组织助力乡村振兴启动
济南市民营企业与结对共建村签约

2022年7月2—10日，济南市工商联考察团赴临夏州开展东西部协作考察对接工作，举办“万企兴万村”村企结对共建签约仪式 （市工商联 供稿）

## 济南文学艺术界联合会

【概况】 2022年，济南市文学艺术界联合会开展抗“疫”主题活动40多项，征集优秀抗疫题材作品2000多件。编辑出版《当代小说》12期，推出文学精品200余篇，140万字。“济南国际合唱节”获评2022年全国第二届学雷锋文艺志愿服务“时代风尚”“最美文艺志愿服务项目”。“济南国际合唱节”“美丽泉城随手拍”和“百姓春晚”3个新时代文明实践文艺志愿服务项目被山东省文联列为全省新时代文明实践文艺志愿服务复制推广的典型品牌项目。

【“喜迎二十大 美丽泉城随手拍”活动启动】 1月13日，由市文联主办的“我们的中国梦·文化进万家”2022“喜迎二十大 美丽泉城随手拍”在历城区王舍人街道恒大城社区启动，组织摄影志愿服务活动百余项，参与文艺志愿者1万余人，志愿服务时长3万多小时，取得良好的社会效益。

【2022济南音乐季】 由市文联主办的2022济南音乐季于5月23日正式上线。活动历时3个月，结合推进“十大之城”建设目标，分为红色传承、魅力泉城、幸福生活、活力创新、融合开放、历史文化六大主题，组织沿黄城市、驻济高校、文艺团体等200多个团体参与，3000余名音乐工作者和爱好者献唱，25场音乐会，4场音乐剧，展播歌曲500首，征集原创歌曲140首。

【“美丽泉城随手拍·黄河行”启动仪式暨“生态黄河”摄影展成功举办】 5月24日，由市文联主办的“喜迎二十大——美丽泉城随手拍·黄河行”启动仪式暨“生态黄河”摄影展在槐荫举办。展出150余幅优秀作品，从不同角度展示济南黄河流域在生态环境、文化旅游、文明创建等方面的发展与变化。

【举办“喜迎二十大，书写新黄河”文学采风创作活动】 6月9日，由市文联主办的“喜迎二十大，书写新黄河”文学采风创作活动在历城区荷花路街道付家沟村正式启动。从全市范围内抽调知名作家近百名，组织8个采风组，分赴济南境内黄河沿线平阴、长清、济阳、章丘、槐荫、天桥、历城及起步区等富有代表性的黄河文化资源地、黄河滩区改造、黄河重大工程现场采风创作，征集采风创作及征文优秀作品散文、纪实、诗歌、小说等250余篇并结集成册。

【“松雪归来”赵孟頫书法碑拓全国巡回展济南首展开幕】 8月5日，由济南和赵孟頫的家乡湖州等市联合举办，济南市文联等单位承办的“松雪归来——赵孟頫书法碑拓全国巡回展”济南首展开幕式在胶济铁路博物馆举办。赵孟頫故里湖州文化界代表，山东各界有关书画家及相关领导和人员参加。该次展出馆藏70件近200幅赵孟頫的书法碑拓作品，是学习研究赵孟頫书法艺术不可多得的艺术珍品和重要史料。

【济南“海右文学”精品图书精彩亮相山东书城】 8月17日，在首届山东省全民阅读大会暨齐鲁书香节在济南举办之际，由市文联主办的济南“海右文学”精品图书展在山东书城同时开展，12名济南知名作家携35部文学精品出席展会，其中2021年度济南“海右文学”精品工程扶持作品《大地之上》《泱泱》《大观园》《三十三个大海》等首次与读者见面。

【“大众讲坛·泉水文化大讲堂”开讲】 9月7日，由济南市文联、济南市黄河河务局等单位联合承办的“大众讲坛·泉水文化大讲堂”在山东省图书馆拉开帷幕。活动分三个环节，一是揭牌启动“大众讲坛·泉水文化大讲堂”全民阅读城乡一体化系列公益讲座活动，二是参观“沿黄九省万里黄河行摄影展”，三是市文联党组书记刘浩作《坚定文化自信，提升城市文化软实力》主题演讲，开启“大众讲坛·泉水文化大讲堂”第一讲。

【第八届济南国际合唱节成功举办】 由济南市文联等单位主办的第八届济南国际合唱节于2022年6月启动，活动历时6个月，组织100多支合唱团参与，辅导基层合唱团80余支，新建合唱培训基地2

2022年8月20日，济南市全民阅读朗诵大赛启动仪式节目展演在山东新闻大厦举行

（桑林恒 摄）

2022 年 9 月 20 日，《亮剑》“段鹏”饰演者济南籍演员张笑君受邀到济南调研考察并参加“我为家乡泉城代言”活动　　（徐雷　摄）

处，全年累计培训合唱骨干 300 余人，举办“云展播”音乐会 4 场，人民网、澎湃新闻、学习强国等央媒广泛转发推广，点播量 350 多万人次。合唱节得到来自法国、俄罗斯、匈牙利、捷克、波兰的世界著名指挥家、音乐家、教授等发来的祝福，并通过济南国际传播中心从 YouTube、facebook 平台进行全球同步直播。

【“省会十年蝶变 铁军奋进高歌”美术作品展开展】 10 月 20 日，由中共济南市委宣传部、济南市文学艺术界联合会、济南城市建设集团有限公司主办的“省会十年蝶变 铁军奋进高歌”美术作品展在大成美术馆开展。此次作品展特邀 52 名全国知名艺术家，聚焦新时代重大现实题材、黄河文化、“二安”文化、泉文化、红色文化及廉洁文化等主题，创作并展出 54 件作品，展现济南城市建设集团“城建铁军”在推动省会由“大明湖时代”迈向“黄河时代”的历史进程中履行国企担当、勇于攻坚克难的新时代风采。

（周会然）

【概况】 2022 年，全市贸促系统围绕产业质效升级、深化开放协作、发展环境优化三大改革创新行动等市委、市政府中心工作，凝心聚力，守正创新，高质量完成贸易投资促进、国际联络、商事法律、代言工商等工作任务。

【服务大局】 以“激遇济南·光耀未来”为主题创新举办 2022 世界激光产业大会，此次大会是 2022 年国内激光领域规模最大、层次最高的全球性激光产业盛会，同期展会面积 6 万平方米，现场成交激光设备 836 台（套），成交金额 24 亿元。第三届跨国公司领导人青岛峰会同期同地举办“跨国公司与中国”主题展，组织重汽、浪潮等 20 家行业领军企业参展，突出济南四大主导产业集聚发展、特色优势产业创新发展卓越成果。打造“贸促商学院”培训平台，精品课程 100 余学时，开展 24 场专题培训会，参训人员 2000 余人次。

【国际市场】 举办“2022 对话泉城·中国（济南）国际商协会产业对话”活动，来自 RCEP 成员国日韩新马泰等 12 国 20 家国际商协会参加，签署和发布 10 项合作项目。共建中国孔子基金会世界文明发展专项基金，促成莱芜职业技术学院与老挝国立大学合作打造“汉语桥——感受中国冶金创造之美”项目，拓展与 RCEP 成员国文化经贸深度合作。组织“抢抓 RCEP 机遇助企赋能”系列培训 8 场，精准提供 RCEP 关税减免指导，助企充分享受 RCEP 政策红利。

【提升形象】 举办 2020 迪拜世博会“山东活动周·济南日”活动，举行线上“一对一”洽谈 310 场，意向订单 200 条，意向成交额 1200 万元。参与“2022 对话山东产业合作交流会”韩日德 3 场活动，促成中韩医疗科技产业园项目、中日肿瘤免疫研发治疗中心项目签约。协助支会申请设立地方联络办公室及海外联络处，申请设立“中国—菲律宾商务理事会济南联络办公室（设在济阳区贸促会）”，共同做大“国际联络网”。

【营商环境】 成立全市贸促系统

外资企业服务工作专班，走访企业261家，电话调研企业296家，收集问卷69份，召开座谈会65场，协调相关部门解决或答复诉求42条。参与2022年度济南市营商环境调查研究工作，报送调查问卷148份，向中国贸促会报送营商环境优化典型案例1个。撰写报送22篇调研报告、政务信息等被国家、省市有关部门采用，2篇获上级领导同志批示，被市政府办公厅授予“政务信息工作突出单位”。全年签发原产地证书13204份，涉及贸易金额15.68亿美元，同比分别增长13%和34%；签发国际商事证明书1853份，ATA单证册15份。调解涉外商事法律贸易纠纷8起，涉及贸易金额18.8万美元。发布《“一带一路”国别法律研究》《国别营商环境指南》等经贸摩擦预警信息437篇。

【机关建设】 召开2022年全面从严治党暨党风廉政建设工作会议，逐级签订责任书。累计开展党风廉政教育活动5次，廉政提醒5次。推荐申报五星级支部1个，获评示范党支部1个。下沉社区和医院开展疫情防控工作总计31人。开展创城志愿服务活动5次36人次。

（常立立）

【概况】 2022年，市残联保障残疾人民生福祉、改善残疾人生活品质，聚力优化服务，推进残疾人事业取得新成效。济南市被国务院残工委办公室确定为“全国残疾预防重点联系地区”；济南市残疾人工作标准化建设、残疾人家庭无障碍改造与辅具适配融合发展的经验做法在全国会议上介绍推广。全市承办山东省第七届残疾人职业技能竞赛暨第一届残疾人展能节，取得17单项第一名、总分第一名的好成绩，市残联被省委、省政府表扬为“第十六届残奥会、第十三届冬残奥会有功集体”，获2022年山东省残疾人基层组织建设检查评估第一名，连续四年获评全省残疾人事业发展补助资金绩效评价第一名。在省第十一届残运会上，济南市残疾人运动员获99枚金牌。

【残疾人服务】 运用“社区＋社会组织＋项目＋志愿者”“四位一体”助残模式，打造集康复、托养、培训、维权、文体等服务为一体的综合性残疾人服务阵地——“如康家园”，让残疾人需求在社区之内得到基本满足。全市共建成61处“如康家园”。截至年底，全市有“如康家园”共106处，实现辅助性就业服务705人，日间照料服务1204人，社区康复服务1471人。

【残疾人康复】 “全国残疾预防重点联系地区”落户济南市，制定实施《济南市残疾预防行动计划（2022—2025年）》。运用“家庭医生签约＋康复服务”模式为主体，融合“互联网＋、残疾人之家＋、社会组织＋”等三种康复服务模式，满足不同类型不同级别残疾人的多样化康复服务需求，为16.61万名残疾人提供精准康复服务。打造“泉康”残疾儿童康复服务品牌，提升残疾儿童康复救助服务质效，为3787名0—17岁残疾儿童提供康复训练和救助。

【残疾人培训】 运用“闭环式”培训就业服务机制，举办培训班180期，培训残疾人3770人次。拓宽就业渠道，通过公益岗实现就业1965人，公益岗就业人数实现历史新高。利用残疾人集中就业、基地就业、灵活就业等方式为2770名残疾人找到合适岗位、实现就业，有就业需求的高校残疾人毕业生就业率达到100%。鼓励机关、企事业单位为残疾人创造就业岗位，投入1400余万元奖励102家超比例安置残疾人就业单位，超比例安置残疾人就业1778人。征收残疾人就业保障金7.1亿元，“按比例安置残疾人就业、高校残疾人毕业生就业、对超比例安排残疾人就业单位进行奖励”三项工作列全省第一。

【志愿助残】 建立健全“新时代文明实践志愿助残服务平台”，建立市残联“五为”志愿服务队。各区县、各专门协会开展助行、助浴、助乐等“六服务”志愿服务活动，全年“线上＋线下”为残疾人提供志愿服务。动员社会力量募集款物1692万元，开展“集福泉城＋”系列公益项目，惠及残疾人1.66万人次。

【残疾人维权】 市人大常委会组成执法检查组对一法一办法一规定的实施情况进行执法检查，修订《济南市停车场规划建设和管理条

2022年7月29—30日，山东省第七届残疾人职业技能竞赛暨第一届残疾人展能节在济南市山东国际会展中心举行 （市残联 供稿）

例》，为1244名残疾人办理机动车免费停车牌，实现免费停车“一次办好”。设立50个残疾人法律援助服务站，成为残疾人身边的“娘家人”，开展法律服务260件。创新残疾人辅具适配和家庭无障碍设施改造“融合”发展的工作模式，并在全国会议上介绍推广。制定实施《成立无障碍环境建设促进队伍加快推进无障碍环境建设工作方案》，建立无障碍环境建设督导长效工作机制。济南电视台新闻频道引入人工智能手语播报系统，让残疾人“共响”信息。

【“智慧残联”】 提升“智慧残联”信息化平台智能化水平，打通数据壁垒，及时更新残疾人数据库信息，与民政、人社、住建、卫健等14个部门实时共享27项目录333项具体信息，设置社会保障、培训就业、权益保障等16个子系统。残疾人可通过各级政务服务平台端口、智慧残联微信公众号等办理具体服务事项，实现惠残服务事项一网通办、全省通办、跨省通办和全流程闭环式服务。

【残疾人基层组织建设】 加强区县、街道（镇）、社区（村）三级基层残疾人组织网络，161个街道（镇）残联配备残疾人“一专两员”450名，6163个社区（村）残疾人协会均配备专职委员。制定实施《关于构建全市残联系统三级政策业务培训工作体系的实施方案》，建立健全“分级负责、条块结合、覆盖全员、各有侧重”的市、区县、街道（镇）三级培训体系。

（济南市残疾人联合会）

【概况】 2022年，济南市红十字会主动发挥党和政府人道领域联系群众的桥梁和纽带作用，多项工作走在全国、全省前列，为加快推进新时代社会主义现代化强省会建设贡献红十字力量。年内，在第六届全国红十字应急救护大赛中，济南市红十字会代表山东省参赛，以全国第三名的优异成绩获得大赛团体二等奖，参赛的5名红十字救护员均获个人奖项，这是山东省历届参赛最好成绩。

【应急培训】 修订完善《市红十字会应急救护师资管理办法》，建立省、市、区（县）、街（镇）四级联动师资队伍，确保随时调配、共享共用。制定《关于建立健全红十字救护师资激励机制的实施意见》，完善精神鼓励与授课待遇标准。开展救护师资等级认证，加大师资培训力度，推广使用中国红十字会总会“救在身边·红十字应急救护平台”，对市红十字会管理的救护师资进行了首次注册和年度注册。举办济南市首届红十字应急救护师资教学技能大赛。打造“四心连一线”创新工程，通过“基地建设+博爱家园，让社区居民安心”“生命教育+健康养老，让幸福院老人暖心”“急救宣传+公益培训，让学校家长放心”“健康教育+生育关怀，让新婚夫妇省心”四个主题活动，打通应急救护智慧物联“生命线”，提升公共场所应急能力。在山东新华东职业培训学校成立“济南市红十字应急救护培训基地”，为役前新兵开展红十字救护员培训，中央7台国防军事频道进行报道。全市红十字会系统通过电视、网络等线上线下渠道，开展应急救护普及培训671万人次，持证培训

1.5 万人次。

【人道救助】 全市红十字会系统累计募集救助款物 2788 万元，累计发放款物及免除医疗支出 2408 万元。“博爱泉城送温暖”活动，筹集价值 78.7 万余元的生活物资，帮助全市 3935 户 11805 人度过温暖寒冬。为 200 名 55 周岁以上困难妇女白内障患者完成“免费白内障手术治疗”，被纳入 2022 年为全市妇女儿童办 20 件实事和“提升城市软实力 创建文明典范城”百件实事。为 12 名先心病患儿和 45 名白血病患儿申请国家彩票公益金 183 万元。联合山东第一医科大学第三附属医院为 162 名困难尿毒症患者发放医疗救助金 34.69 万元。联合济南童康儿童医院资助贫困血管瘤儿童，为 11 名患儿减免医疗费用 1.58 万元。联合省眼科医院和山东光正眼科医院，在全市开展白内障公益复明工程，为 1954 名患者进行白内障免费手术，减免医疗费用 430.9 万余元。“助青春——圆梦大学”公益助学活动，向济南、临夏、武隆 38 名优秀学子颁发助学金 19 万元，在济南电视台举行公益助学行动十周年分享会。向东西部协作对口单位甘肃临夏、重庆武隆捐赠防疫物资及生活用品价值人民币 80 余万元，融入“推动区域协调发展、促进共同富裕”建设大局。与市中心医院联合开展“泉心 + 启航”人工心脏公益救助项目，为终末期心力衰竭患者每人一次性救助人工心脏费用 70 万元。坚持传统筹资与互联网筹资相结合，依托腾讯公益平台组织开展“5・8”人道公益日众筹活动，

2022 年 10 月 5 日，济南市红十字会组织造血干细胞捐献志愿者在济阳安大广场开展“庆国庆，喜迎二十大”无偿献血及宣传活动 （市红十字会 供稿）

动员 98 家企事业单位及志愿服务组织、4200 余名爱心人士参与募捐，募集善款 19.6 万余元，同时争取中国红基会和腾讯公益平台配捐近 10 万元。

【应急救援】 修订完善《市红十字会参与应对自然灾害、事故灾难和突发公共卫生事件应急预案》，明确省市县三级联动机制，增强应急响应能力。全市红十字应急救援队伍共参与救援、消杀、公益培训、防灾减灾等各类志愿服务 102 次，受益群众 60.5 万余人。推广使用总会灾害管理系统，以信息化建设提升应急管理能力，提升灾害响应速度和救灾效率。制定市红十字系统应急救援队伍建设意见，参与国家“十四五”重点研发项目课题项目论证，加入公安部北斗救援科研示范项目。举行黄河流域水上救援大练兵暨区县红十字水上应急救援志愿服务队成立仪式，整合规范全市 5 支红十字水上救援志愿服务力量，在孟家水库、凤凰湖、长清湖等水域展开多场水上抢险救援演练。联合公安、轨道交通等单位，开展网格化救援、无人机使用、警民合作、救援科研、反恐演练等活动，协助处置完成各类救援警情 7 起。联合龙口市红十字会接力送诊罕见“烟雾病”患儿，联合稼轩小学、槐荫外海实验学校等开展“关爱生命、救在身边”活动，联合山东电视台生活频道录制防溺水节目，走进校园开展防溺水现场教学。市红十字救援志愿服务项目获评全市首批“五为”文明实践志愿服务示范项目，市红十字应急救援队被市委宣传部、市文明办授予“济南市新时代文明实践中心红十字志愿服务队”。

【三献工作】 全市红十字会系统造血干细胞血样采集入库 1002 人份，捐献 12 人；全市已有 2 万余名志愿者加入中国造血干细胞资料库，136 名志愿者成功实现捐献，捐献

数位居全省前列。见证器官捐献实现 180 人，累计人体器官捐献见证 698 例，位居全省首位，为 2000 余名患者带去生的希望。遗体捐献登记 154 人，实现捐献 82 人，累计遗体捐献登记 4396 例，实现 651 例。角膜捐献登记 162 人，实现捐献 70 人，累计角膜捐献登记 2410 人，实现 472 例。在全市范围内有效增加流动献血车采集点 10 处，保证造血干细胞入库采集持续开展。联合浪潮集团为全市首例“熊猫血”造血干细胞捐献者举行欢送仪式。开展“六月风铃行动”，到省千佛山医院、市儿童医院、希望之舟特殊儿童关爱中心、爱尔眼科医院等，看望慰问血液病儿童、孤独症和脑瘫患儿等特殊儿童、眼疾患儿。开展“你好雷锋同志”、世界骨髓捐献者日系列三献宣传，感召更多爱心人士加入造血干细胞和无偿献血志愿者行列。开展以“生命的意义”为主题 2022 年清明节捐献者追思祈福仪式，弘扬奉献精神，向生命致敬。开展“重阳菊香”慰问留守老人送温暖活动。联合山东大学第二医院、山东德升生物工程有限公司，在泉城广场开展器官捐献红十字公益健步活动。

【志愿服务】 开展“你好雷锋同志”“校园守护”“风铃行动”等特色鲜明、形式多样的红十字志愿服务活动，在浪潮集团、市公安局轨交分局建立红十字志愿服务实践基地，打造内涵丰富的济南“红十字志愿服务”特色品牌。使用全国红十字志愿服务信息系统，指导各区县完成本级志愿服务队网上注册工作，规范注册流程和开展志愿服务项目，发展山东建筑大学和段店馨苑小区志愿者成立红十字志愿者服务队。开展以“三救三献”为主题的红十字志愿服务主题月活动。

【宣传传播】 紧扣“生命教育”主题，宣传“红十字生命教育”工作，传播红十字精神，普及红十字法律法规、人道公益众筹、防灾减灾等相关知识，全年发布新闻稿件 400 余篇次，获评“中国红十字会总会报刊宣传先进集体特等奖”。与济南广播电视台新闻频道合作，开展“省暨济南市红十字会纪念‘世界红十字日’公益众筹活动发布会”，观看直播数近 20 万人次。与“新黄河”客户端合作，打造“生命教育 爱涌泉城”宣传品牌，报道红十字工作者、志愿者下沉社区一线参与疫情防控感人事迹和“红十字生命教育”等内容。在腾讯朋友圈开展红十字公益广告宣传，曝光率 53 万余人次。制作、发放红十字知识问卷、宣传品 12000 份，在 3500 辆公交车、5200 块电视屏、22 块户外大屏、400 台室内楼宇电视、3741 块地铁车厢和站台屏幕播放红十字公益广告。

（苏　毅）

【概况】 2022 年，全市各级计生协会落实中共中央、国务院《关于优化生育政策 促进人口长期均衡发展的决定》为主线，聚焦生育支持和家庭健康促进，各项工作取得显著成绩，多项工作继续走在全国全省前列。济南市计划生育协会被推荐为“全国计生协系统先进单位”。

【组织建设】 市委印发《济南市计生协机关职能配置、内设机构和人员编制规定》，完善计生协职能职责。印发《关于进一步做好区县和街镇计划生育协会换届工作的通知》，12 个区县、161 个街（镇）、5658 个村（社区）全部完成换届，配齐配强计生协领导班子和工作人员。出台《关于加强新时期企事业单位计划生育协会的意见》，在市妇幼保健院率先成立计生协组织，推动企事业单位计生协建设。落实计生协基层组织规范化建设三年计划，在 129 个规范化建设先进单位的基础上，全年又创建 52 个先进单位，提高规范化建设水平。

【优化生育】 参与市《优化生育政策促进人口长期均衡发展实施方案》起草工作，提出 18 条措施建议，方案赋予计生协 9 项职责任务。申报全国首批新型婚育文化建设试点，在全市开展“一调研五行动”，构建新时代婚育新风尚。依托市计生协“一网两微两号”新媒体宣传阵地和市、县、乡、村四级 6000 多个微信联动群，构建线上线下齐发力，外宣内宣有机融合的宣传新格局。围绕“倡新型婚育文化促人口均衡发展”累计组织宣传活动 2600 场次，宣传人数 24.2 万多人次。济南市计生协报送、刊登在《中国人口报》上的《计生特殊家庭帮扶的济南路径》获全国计生协系统第三届好新闻评选二等奖。与省社科院人口学研究所、市委政研室联系对接，联合开展课题研究，探索新时代计生协参与人口与家庭发展工作的工作思路、具体路径和路线图。

【家庭健康】 与教育、妇联等五部门联合，出台《关于深入做好青春健康工作的实施方案》，拓展青春健康工作覆盖面。健全“专家顾问、讲师团、志愿者、同伴教育主持人”四支队伍，建成国家级青春健康教育基地4家、省级10家、市级21家。承办全省青春健康教育师资线上培训班，向全省400多名师资传授方法，分享经验。出台《济南市加强优生优育指导服务体系建设实施方案》等3个指导性文件，加强优生优育服务阵地和亲子辅导员队伍能力建设，新建国家级优生优育指导中心、“向日葵亲子小屋”3个，累建市区级指导中心42个，镇（街道）指导站、村（社区）“向日葵亲子小屋”430个。开展优生优育进万家、“三优三进”百场亲子活动、“妇幼健康惠民工程”，全市累计开展服务活动1000余场、空中课堂55场、社区巡回讲堂600余场次，受益人数达200余万人。

【生育关怀】 编制《济南市“暖心行动”工作手册》，提升暖心行动标准化、规范化和科学化水平。新建成国家级“暖心家园”1处，省级2处，市级55处。省计生协“暖心守护”项目落户槐荫区，为全区746名失独群体提供家庭医生签约增值服务。全市春节、中秋走访

2022年6月28日，纪念省计生协成立40周年现场宣传服务活动在济南莱芜区人民广场举行

（张衡 摄）

1.88万人次，生日关怀0.95万人，重点走访慰问3033户次，志愿服务2.03万户次，开展集体交流联谊活动646场，团体心理辅导321场，个案疏导1921户次。与市卫生健康委、市财政局联合下发《关于实施计生福利救助保障政策的意见》，争取财政投入1021万元，将计生特殊（特困）家庭、独生子女、计生专干五类重点群体的计生福利救助保险项目，纳入政府民生政策范畴。全市投入94万元，实施“春风送暖”工程，救助慰问计生特困（殊）家庭2091户。投入50.15万元，实施“圆梦助学”工程，帮助计生特困家庭大学生426名。

（冯新强）

【概况】 截至年底，全市辖12个区县法学会，135个基层法学会工作站，个人会员2456名，团体会员114个。市法学会机关设内设机构3个，研究会21个，聘请首席法律咨询专家20名、学术委员会委员36名、立法专家咨询委员会委员51名。

【学习习近平法治思想】 组织2022年“习近平法治思想”重大课题研究，向省委政法委、省法学会申报重大课题成果20项，获批结项15项，课题成果位居全省第一名。围绕“践行习近平法治思想、加快推进社会治理现代化”，组织参加第三十四届全国副省级城市法治论坛主题征文，征集论文166篇，获奖36篇，列副省级城市法学会第一名。

【护航重大国家战略】 聚焦落实黄河重大国家战略，开展2022年“黄河流域生态保护和高质量发展法治保障”专项课题研究，向省委政法委、省法学会报送课题成果10项，获批结项5项，申报数、结项数位居全省各市法学会第一名。开展

“第十七届环渤海区域法治论坛”主题征文，征集论文95篇，推荐优秀成果52篇。市法学会在全省法学会工作推进会议上作《勇当排头兵 开创新局面 奋力书写济南法学会高质量发展新篇章》典型发言。

【服务领导依法科学决策】 发挥智库专家示范带动作用，围绕市委市政府中心工作和全市政法工作大局，确定2022年度法学研究课题和首席法律咨询专家重点调研课题，召开专家座谈会3次，形成调研成果20项。

【参与地方立法】 组织立法专家咨询委员会委员主动参与《济南市黄河流域水资源集约节约利用规定》《济南市门楼牌管理办法》等6个地方性法规或政府规章的立法咨询论证，推动各研究会发挥各自专业优势积极参与地方立法，提供立法意见建议100余条，30余条立法建议或咨询意见被立法部门采纳。

【做实法治宣传服务】 推动“百名法学家百场报告会”法治宣讲，邀请3位全国知名专家分别为市委理论学习中心组、全市党委政法委系统和全市政法系统作习近平法治思想辅导报告。开展“美好生活·民法典相伴”主题宣传，利用新媒体推动开展民法典宣传进机关、进乡村、进社区等“十进”活动，民主与法制网、省法学会网站转发《多方聚力 融合展开——济南市法学会助推“美好生活·民法典相伴”活动落地生根》经验做法。开展《反有组织犯罪法》《济南市优化营商环境条例》等法治宣传活动5600余场次，发放宣传资料25万余册（份），开展各类法治服务活动1万余场次，惠及群众76万余人。《济南法治》全新改版，编辑出版6期，刊载文章近百篇。

2022年7月20日，济南市法学会召开推行首席法律咨询专家制度工作会议暨首席专家聘任仪式
（市法学会　供稿）

【举办泉城法治论坛】 9月28日，举办“优化营商环境，提升城市软实力”泉城法治论坛，邀请山东社科院法学研究所专家作主旨报告，5个政法单位、9名论文代表分别作工作交流和研讨发言，3名法学专家作点评发言，人民网、法治网、《济南日报》等媒体作专题报道。

（郭超　郭晓东）

栏目编辑　魏添乐

【概况】 2022年，济南外事工作坚持以习近平新时代中国特色社会主义思想和习近平外交思想为指导，在服务国家总体外交和新时代社会主义现代化强省会建设上作出外事部门贡献。中国—加勒比发展中心在济南成立，为中加共同发展和省会对外开放搭建了新平台。市外办入境疫情防控专班被表彰为全市疫情防控担当作为“出彩型”好团队。推进“类海外”环境建设，指导平阴县开展“国际化赋能乡村振兴”工程和槐荫区“齐鲁门户”等品牌。推进因公出国审批业务、APEC商务旅行卡等助企举措“网上办”“掌上办”，累计为全市268家企业办理APEC商务旅行卡2024人次。济南市英文网站连续3年入选“中国最具影响力外文版政府网站”名录。统筹国际云交流、国际友城教育展、国际友城留学生奖学金工作，向79个友城发送《济南市2022年国际合作机会清单》，与法国雷恩市签署结好20周年备忘录，邀请5国10所高校参加国际友城教育展。日韩柬俄等7个国家46名学生参加“2022济南市国际友城奖学金中国语言文化线上课程”。

【外事往来】 1月22日，济南市代表参加日本山口市主办的中日韩西四国线上街舞交流会。济南市、日本山口市、韩国昌原市、西班牙潘普洛纳市的7支舞蹈队伍近80名优秀舞者参会。

2月14日，日中经济协会上海事务所大分县经济交流室室长难波一尚访问济南，与市外办、市文旅局分别座谈，商谈东亚文化之都开幕式筹备相关工作。

3月11日，“Touching济南”·“我们的节日”国际青年植树踏青品牌活动举行。市人大常委会民侨外工作室、市外办以及在济南大学、济南职业学院学习的10个国家24名留学生代表参加活动。

4月13日，济南市青少年参加白俄罗斯维捷布斯克市举办的“2022中白合作年——青少年美术展览比赛”活动，6所高校及教育机构共投稿作品155幅，其中26幅作品获奖。

5月7日，平阴县玫瑰文化节线上举办，匈牙利科扎尔米什莱尼市市长和保加利亚卡赞勒格市“玫

2022年7月6日，中国—加勒比发展中心揭牌仪式暨中国—加勒比发展交流会在山东大厦举行

（市外办　供稿）

瑰皇后”向活动发来祝贺视频。

5月12日，市委副书记、市长于海田会见韩国驻青岛总领馆总领事金敬翰一行。双方表示将进一步加强交流，不断深化在经贸文化、人文教育等多领域的合作，更好实现共赢发展。

5月12日，市委副书记、市长于海田会见日本驻青岛总领事井川原贤一行。双方表示将进一步深化交流、拓展合作领域，携手打造中日友好合作典范。

5月13日，“青春山东，共享未来”国际青年交流大会在济南举办。

5月16日，“2022济南市国际友城奖学金中国语言文化线上课程”举办。日本、韩国、柬埔寨、以色列、墨西哥、俄罗斯、保加利亚等国家的56名学生报名参加。

5月17—18日，济南市参加21世纪海上合作委员会第二次全体会员大会暨“智慧海洋”论坛。

6月1日，潘基文基金会中方事务代表、潘基文中国事务助理杨锦汝一行3人访问市外办，探讨加强与济南文化、旅游等领域合作，促进互利共赢。

6月7日，柬埔寨王国驻济南总领事馆总领事山索峰访问市外办，双方就深化经贸合作和人文交流，推动济南与柬埔寨更多城市建立友好关系进行深入探讨。

6月13日，圭亚那网箱养鱼培训班开班仪式在济南举行。该次培训班由中国—加勒比发展中心主办，为期12天。中国驻圭亚那大使郭海燕、圭亚那农业部总司长拉姆拉吉、渔业司司长罗伯茨出席开班仪式并致辞。

6月13日，济南市代表参加世界城地组织执行局业务会议。

6月20日，省委常委、市委书记刘强会见住友商事株式会社专务执行董事、东亚总代表御子神大介一行，就进一步深化双方合作进行交流。

6月24日，省委常委、市委书记刘强会见泰国驻华大使阿塔育·习萨目一行。双方表示将继续深化交流，在产业、旅游、文化、教育等领域继续开展务实合作，推动实现共赢发展。

6月26日，第二届“济南国际友城教育展”在济举办。匈牙利、德国、韩国、英国、俄罗斯5个国家10所知名高校参展。

7月6日，中国—加勒比发展中心揭牌仪式暨中国—加勒比发展交流会在济南举行，加勒比5国驻华使节和中国驻加勒比9国大使线上线下参加活动。

7月7日，济南市向韩国水原市国际交流中心提交2022年水原小·中学生国际交流展参展作品50份。

7月7日，济南市向东北亚地区地方政府联合会秘书处提交NEAR青少年绘画作品41幅。

7月15日，2022日本（山东）进口商品博览会在济南国际会展中心开幕。

8月4日，市委副书记、市长于海田会见瑞典斯凯孚集团高级副总裁、亚太区及中国区总裁唐裕荣一行。双方表示将加强项目布局，推动交流合作，助力济南高质量发展。

8月29日，“泉城与吴哥对话”——中柬农业、职业教育宣介交流会在济南举行。市委副书记杨峰、柬埔寨驻济南总领事馆总领事山索峰、副市长韩伟出席活动。

9月6日，第十届济南国际泉水节正式启幕。保加利亚卡赞勒格市市长加琳娜·斯塔亚诺娃、俄罗斯下诺夫哥罗德市对外联络部主任玛利亚·康德拉蒂耶娃以信函和视频的方式为活动送上祝福。

9月7日，市委常委、秘书长李国强会见柬埔寨驻济南总领事馆总领事山索峰，就济南对柬各领域交流进行座谈。

9月9日，济南向英国考文垂、芬兰万达、佛得角普拉亚、埃塞俄比亚阿尔巴门奇、南非艾库鲁勒尼、纳米比亚温得和克、英国巴斯等友城和友好城市发送中秋祝福。

9月20日，山东省人民对外友好使者、济南高新区管委会投资促进部国际外联专员王赛博访问市外办，双方探讨关于与沙特塔伊夫开展友好交流事宜。

9月26日，第八届尼山世界文明论坛·尼山国际友城市长对话在济宁曲阜市举办，济南设活动分会场。

11月4日，第五届中国国际进口博览会暨虹桥国际经济论坛开幕式在上海举行。市委副书记、市长于海田，副市长韩伟，市政府秘书长王品木应邀出席开幕式。

12月3日，为庆祝中荷建交50周年，荷兰贸促会向济南市赠送4800颗郁金香种球，种植于泉城公园。

12月5日，市外办启动“国际

友城新年装饰品计划”，向11个国家共15个友好（合作）城市寄送布艺灯笼、中国结、兔子玩偶、春联、窗花、舞龙等422件中国特色新年装饰品。

【第二届“济南国际友城教育展”举办】 6月26日，第二届“济南国际友城教育展”在2022山东省高考招生咨询会的框架下举办。匈牙利、德国、韩国、英国、俄罗斯5个国家10所知名高校参展，让考生在家门口就可以接触各类国外名校教育资源，搭建市民对接多元化国际优质高等教育资源的桥梁。

【济南市与法国雷恩市签署建立友好城市关系二十周年谅解备忘录】 6月27日，“鲁布有约”山东省—布列塔尼大区友好交流年暨中法地理标志保护与发展论坛开幕式在济宁举行。济南市副市长韩伟出席活动，并与雷恩市副市长弗拉维·布凯努法签署建立友好城市关系二十周年谅解备忘录。

【中国—加勒比发展中心在济南揭牌成立】 7月6日，中国—加勒比发展中心揭牌仪式暨中国—加勒比发展交流会通过线上线下相结合的方式在山东大厦举行。交流会上，东营市与苏里南帕拉马里博市东北区签署建立友好合作关系意向书。烟台市与牙买加金斯敦市签署友好交流行动计划。济南大学与西印度大学莫纳分校签署友好交流合作备忘录。活动发布了3个合作项目，分别是中国—加勒比发展中心向加勒比国家提供抗疫物资、中心与圭亚那开展海洋渔业培训合作、中心国际信息交流平台上线。

【“泉城与吴哥对话”中柬农业、职业教育宣介交流会】 8月29日，“泉城与吴哥对话”——中柬农业、职业教育宣介交流会在济南召开。会上，柬埔寨繁荣公司与山东高速民生集团签订战略合作协议、济南市长清区人民政府与山东高速民生集团签订战略合作协议。此前围绕推动中柬农业合作交流，长清区、山东高速与柬方进行多次沟通，并在合作事项上达成了初步意见和共识。

（张志国　程路　胡松锐）

【概况】 2022年，市委台港澳办坚持以习近平新时代中国特色社会主义思想为指导，贯彻新时代党解决台湾问题的总体方略和党中央关于台港澳工作的决策部署，围绕中心、服务大局，推动全市港澳台工作高质量发展。

【创新融通平台】 建立省、市、区三级联席会议推进机制，持续加快推进海峡两岸新旧动能转换产业合作区建设，举办“海峡两岸产业合作区建设推进会暨大健康产业合作泉城论坛”“深化济港合作交流会”活动，提升济台港澳经贸合作的层次和深度。全年新增台资项目18个，注册资本1.1亿美元，新增港资项目120个，注册资本48.8亿美元。

【创新交流载体】 举办“‘泉’家幸福”“济南·基隆邻里节”“情系母亲河”等活动40余次，擦亮“家文化”品牌，中央电视台《海峡两岸》栏目5次跟踪报道，《人民日报》等中央媒体宣传报道70余篇次。“智融两岸 共赢未来”“齐鲁风 两岸情”“济港澳青年交流季”等活动内容不断丰富。

【创新服务机制】 开展港澳台企业服务提升行动，编制《济南市落实“农林22条措施”实施细则及办事

2022年6月9日，省会经济圈暨山水圣人中华文化枢轴城市台港澳工作协同发展战略合作框架协议签字仪式在济南舜耕山庄召开 （宋阳　摄）

2022 年 11 月 10 日，海峡两岸产业合作区建设推进会暨大健康产业合作泉城论坛项目签约仪式在山东大厦举行　（市委台港澳办　供稿）

指南》，召开圆桌恳谈会 12 次，征集意见建议 110 余条，帮助港澳台同胞解决实际困难 80 余件，出台《济南市涉台港澳突发事件应急预案》和《济南市台港澳办涉台港澳突发事件处置工作办法》，全年稳妥处置 10 起涉港澳台突发事件。

**【省会经济圈暨山水圣人中华文化枢轴城市台港澳工作协同发展联席会议】** 6 月 9 日，省会经济圈暨山水圣人中华文化枢轴城市台港澳工作协同发展联席会议在济南舜耕山庄召开。会上，济南、淄博、东营、济宁、泰安、聊城、德州、滨州 8 市台港澳办（台办）主要负责人共同签署《省会经济圈暨山水圣人中华文化枢轴城市台港澳工作协同发展战略合作框架协议》。

**【“济港携手 同开新局”深化济港合作交流会】** 8 月 25 日，“济港携手 同开新局”深化济港合作交流会在济南召开。济南市政府副市长韩伟、山东省台港澳办副主任尹晓民、香港特别行政区政府驻上海经济贸易办事处主任蔡亮出席会议并致辞。来自 8 个省（市）香港商会和 5 个香港地区的商会团体，以及在内地港企港商代表参加会议。

**【港澳台中秋联谊会】** 9 月 7 日，济南市港澳台中秋联谊会举行，活动由济南市委市政府主办，以“深情携手迎中秋 同心聚力开新局”为主题，旨在让港澳台各界人士了解中华传统节日和民俗风情，叙乡情、话友情、谋发展，共庆中秋佳节。

**【海峡两岸产业合作区建设推进会暨大健康产业合作泉城论坛】** 11 月 10 日，海峡两岸产业合作区建设推进会暨大健康产业合作泉城论坛在济南举行。省委副书记、省长周乃翔，省委常委、统战部部长徐海荣，中共中央台办、国务院台办经济局局长张世宏，全国台湾同胞投资企业联谊会会长李政宏出席，济南市市长于海田主持。

**【“大河之畔 鹊华烟雨”两岸文化创享雅集暨绿水青山鲁台名家书画联展活动】** 11 月 14 日，由济南市台港澳办、济南市社科联、历城区人民政府联合主办的“大河之畔 鹊华烟雨”两岸文化创享雅集暨绿水青山鲁台名家书画联展活动在历城区华山会客厅成功启动。两岸历史文化专家、学者、书画家代表以及部分住济台胞共计 40 余人参加活动。

（台港澳办公室）

栏目编辑　魏添乐

# 法　治

## 人大立法

【立法工作】 2022年，市人大常委会完成《济南市客运出租汽车管理条例》《济南市黄河流域水资源节约集约利用规定》《济南市名泉保护条例》三件地方性法规的制定修改工作，对《济南市控制吸烟条例》进行立法调研论证。通过《济南市人大常委会地方立法向市委请示报告的规定》。

【对有关规范性文件进行审查】 按照监督法和省、市有关规范性文件备案审查规定的要求，全年共接收市政府、市监察委员会、市中级人民法院、市人民检察院、区县人大及其常委会报送备案的规范性文件23件。协助全国人大常委会和省人大常委会完成交办的黄河保护法等16件法律法规草案的征求意见工作。

（市人大常委会法制工作室）

**2022年济南市人大常委会制定修改的地方性法规一览表**

表4

| 法规名称 | 市人大常委会通过时间 |
|---|---|
| 济南市客运出租汽车管理条例 | 2022年12月1日 |
| 济南市黄河流域水资源节约集约利用规定 | 2022年11月23日 |
| 济南市名泉保护条例 | 2022年12月24日 |

## 政法委

【概况】 2022年，全市政法系统认真贯彻落实中共中央决策部署和省、市党代会精神，以护航党的二十大胜利召开为主线，以服务保障强省会建设为主题，聚力平安建设、法治建设两大战略目标，抓好防风险、保安全、护稳定、促发展各项工作，持续巩固省会社会大局稳定、人民群众安居乐业的良好局面。

【维护社会稳定】 以做好党的二十大维稳安保工作为牵引，坚决守好“一排底线”，完成党的二十大、北京冬奥会、省市党代会等一系列重大维稳安保任务。构建维护国家政治安全“1548”工作体系，实施维护政治安全“四大工程”，市法制教育中心获得“平安山东建设先进集体”称号。成立市党的二十大维稳安保指挥部，建立全市矛盾预警处置一体化工作体系，健全完善10项工作机制，落实“T+2”预警反馈闭环、“1+3+N”调度研判等制度，成功预警处置各类聚集事件，实现“六个不发生”“三个不出事”工作目标。开展社会稳定风险评估，完善“人防＋技防＋网格”管理模式，对重点群体等严格落实管控措施，创新“四步两卷”工作法，党的二十大维稳安保决战期间实现省、市主要领导“零督办”效果，市委政法委被省委、省政府授予“党的二十大维稳安保工作表现突出集体”。全面加强社会面综合防控，常态化推进扫黑除恶斗争，打掉涉黑组织1个、涉恶势力犯罪集团7个、涉恶势力团伙8个，查扣涉案资产1776万元。深入开展打击整治养老诈骗专项行动，破获案件468起，追赃4.14亿元，破案率99.79%。推进社会治安防控体系示范城市建设，依法严厉打击黄赌毒、盗抢骗、食药环等突出违法犯罪，八类暴力案件破案率居全省第一。

【服务经济社会发展】 出台服务强省会建设等意见措施233条，打好“减、免、缓、优、招”惠企利民组合拳，为实现“疫情要防住、经济要稳住、发展要安全”提供法治保障。出台全市政法系统服务保障黄河战略、起步区建设两个工作要点，统筹协调政法机关实施“黄河安澜·生态警务”，打造涉黄河生态保护案件专门团队，推行“河（湖、林）长+检察长”协助机制，建成全省首家公益诉讼大数据指挥中心，创新绘制黄河流域公益诉讼地图，建设黄河流域（济南）公共法律服务中心暨山东（济南）中央法务区。优化提升法治化营商环境，围绕全市500个重大项目，协调政法机关推行保护性执法，打击恶意逃废债等违法犯罪，审结一审知识产权案件3516件。开展依法保护市场主体和涉企案件执法司法检查专项行动，执结涉企案件6.4万起、金额78.83亿元，服务保护企业1.2万家。

【推进数字社会法治建设】 按照数字济南建设统一部署，牵头成立市数字社会工作专班，以打造“一总线七平台”（数字社会业务协同服务总线和深化政法机关跨部门大数据办案、行政执法监督服务、“一站式”矛盾纠纷多元化解、社会稳定服务管理、网格化服务管理、基层社会治理数字化、市域社会治理数字化7个平台）为抓手，构建“1+3+N”数字社会体系和“1+4+4+N”数字法治体系。梳理全市414个信息化业务系统，关联87个社会治理相关系统，整合16个业务系统，开发建设网格管理等9个应用系统，围绕“人、地、物、事、情、组织”六大要素，建成人员位置、空间地理、网格动态和网格队伍4大基础数据库，实现社会治理数据资源“一图展示、一点即现”。建立数字法治科技创新、安全保障、运维管理体系，推进政法机关跨部门大数据办案平台应用，实现审查逮捕、移送起诉等23项业务网上协同办理，通过平台协同案件处置16508件。建设全市统一的行政执法监督平台，加快全市涉案财物集中管理中心和平台建设。构建“15851”网格工作体系，科学划定基础、专属、直属、经济4类网格17359个，完善“2+1+N+X1+X2”网格联动机制，创新组建电子网格员队伍，开发“智慧网格”APP，打造“互联网+群防群治”体系，形成90余万人的格群共治力量，通过网格处置事件27.5万件，办结率达99%。构建“1234689”矛盾纠纷多元化解工作体系，加快“一站式”矛盾纠纷多元调解中心建设，打造社会治理ODR（即一站式矛盾纠纷多元化解平台），建成市、区县、街镇、社区（村居）四级多元矛调中心（工作站）5753个，实现“一站式受理、一揽子调处、全链条服务”，调处化解矛盾纠纷2.1万余件，诉前成功化解纠纷3.8万件。加快雪亮工程建设提档升级，市委政法委承担完成的社会治理数字化项目获2022年度山东省科学技术进步奖一等奖。

【法治济南建设】 协调推进全面依法治市，以争创全国法治政府建设示范市为抓手，完善政府立法、政府法律顾问评价考核等工作机制，创新开展“四位一体”述法工作。成立习近平法治思想济南律师宣讲团，实现党政理论学习中心组、法治工作部门等“六大领域”宣讲全覆盖，受众5.8万余人。挖掘“章丘经验”，打造新时代法治乡村建设新经验。推动在济南设立山东知识产权法院，省委办公厅批复同意。构建党委政法委牵头抓总、各方配合的执法司法监督“一个格局，三个机制”，出台政法领域全面深化改革分工方案、执法司法权力运行改革实施方案等文件，全市员额法官人均结案数等改革指标居全省首位。开展“四查四清四到位”专项行动、百案评查等专项监督，530件重点涉法涉诉信访案件已化解526件，化解率99.25%。健全完善法律服务体系，坚持有案必收、有困必助、有需必援，协调办理司法救助案件236件、发放救助金319.9万元，网上立案14万件，“智慧办案”被评为全省创新实践案例。举办“优化法治营商环境，提升城市软实力”泉城法治论坛，论坛成果获市委主要领导批示肯定。全市两级法学会全面推行首席法律咨询专家制度，组建100人首席专家库，开展重大课题研究46项，组织“双百”“基层行”等活动1.2万场次，济南市法治文化基层行专题片在全省会议上展播，《民主与法制时报》头版头条报道推广。

（李道珍）

【全面依法治市】 完善法治建设体制机制，创新开展“四位一体”述法工作，市委、市政府主要领导先后对依法治市工作作出批示26次。创新实施法治考核“1+5”工作机制，推动法治济南建设走深走实。实施“宪法的力量——我在做”行动，成立全国律师行业首个习近平法治思想“律师宣讲团”，在全市范围巡回宣讲192场，12万人次参加。总结提炼“党的领导、现代治理、法治为民”新时代法治乡村建设新内核，创新乡村治理8个机制平台。全市培训村居“法治带头人”“法律明白人”2.3万余人，30%的村（社区）达到创建标准。

【法治政府建设】 出台《黄河流域水资源集约节约利用规定》《济南市门楼牌管理办法》，调研《济南市土地征收管理办法》等项目，以高质量立法引领保障城市治理。创新构建五大行政执法监督体系，建设数字行政执法监督平台，促进严格规范公正文明执法。在全省率先制定政府法律顾问考核评价办法等3个制度文件，全链条规范法律顾问管理工作，全省党政机关法律顾问工作经验交流会在济南召开。

【法治乡村建设】 按照习近平总书记关于法治中国、平安中国、健康中国、美丽中国、数字中国、诚信中国的内涵要求，总结提炼“党的领导、现代治理、法治为民”新时代法治乡村建设新内核，创新乡村治理8个机制平台。8月，召开全市新时代法治乡村（社区）建设工作会，市委副书记杨峰出席会议并作部署，全市培训村居“法治带头人”“法律明白人”23194人，30%的村（社区）达到创建标准。

（王　栋）

【概况】 2022年，全市公安机关锚定“走在前”总目标，按照“12565”总体思路，做好战疫情、防风险、保安全、护稳定、促发展各项工作，构建具有济南公安特色的职能体系、警务体系、治理体系、执法体系、数智赋能体系、队伍建设体系“六大体系”。中央和省、市领导45次批示褒扬，省公安厅考核有26项位居前三，其中16项位居第一、3项第二、7项第三，获“全省优秀市级公安局”称号。全局354个集体、1357名个人受到表扬奖励。

【完成党的二十大安保维稳任务】 围绕省委、省政府“六个不发生、三个不出事”和公安部“五个严防、三个确保”目标要求，全警停休、全员在岗，经受住政治大考、忠诚大考和党性大考，取得近年来重大安保最佳效果，向党和人民交上一份满意的“济南公安”答卷。

【打击违法犯罪活动】 坚持“以打开路”，专门成立“严打办”统筹全局打击工作，部署开展严打整治“利剑”等各类专项行动，发起围剿违法犯罪凌厉攻势。全年共打掉黑社会性质组织1个、恶势力犯罪集团7个、涉恶势力团伙8个，破获刑事案件1.69万起，刑事拘留1.03万人，刑事破案数、拘留数和扫黑战果位居全省第一，行政拘留数创历史新高，刑事警情、可防性案件分别同比下降17.3%、35.2%、14%。济南成为全国唯一实现连续12年命案全破的省会城市。

【搭建“四级巡防”体系】 为进一步强化显性用警、街面屯警，提升街面巡防密度、快速反应速度，创新搭建“四级巡防体系”，在社会关注热点部位设置“一级巡防平台”，在人员密集、大流量交通路段等部位设置“二级巡防平台”，在治安热点部位设置“三级巡防平台”，在保安用户单位设置“四级巡防平台”，精细落实“1、3、5分钟”快反机制，将330名铁骑、21.5万余名泉城义警、13万名保安员纳入巡防网格，每天7000余名警力、760余台警车驻巡街面、动中备勤，街面见警率、管事率显著提高。

【法治公安建设】 以执法规范化建设为引领，坚持执法质量与效率并举、打击处理与调解教育并重、过罚相当与宽严相济并行，创新推行行政处罚“四张清单”，行政案件结案率70.4%，创历史新高；行政快办率77.06%、全省第[illegible]；推行“一站式”执法办案管理中心模式，

2022 年 7 月 6 日，济南市公安局历城区分局王舍人庄派出所民警在社区警务室社调解群众矛盾纠纷
（市公安局　供稿）

刑事案件入中心率达 90.83%，市公安局获评首届“山东省行政执法标兵集体”。

【数智警务建设】　深刻认识数字化、智慧化与公安现代化的内在联系，融入“数字济南”建设总体布局，深入实施“数智警务”建设战略，创新搭建“1516N”总体架构体系，牵引完善实战化警务运行机制，助推公安工作质量变革、效率变革、动力变革。

【完善安保体系】　以“情指行”一体化建设为牵引，推进“省市一体”“党政一体”“全警一体”有机融合，在省公安厅支持下设立“机制办”，建立全市信访工作一体化机制，实行“1+3+N”党政一体化安保维稳会商，搭建省委、省政府、龙奥大厦、山东大厦四大防控圈，形成更科学、高效的维稳体系，实现优势有机融合、工作统筹发力，确保省会安全稳定。

【“黄河安澜·生态警务”获评全省公安机关十大创新经验】　创新优化“黄河安澜·生态警务”品牌，明确“1166”生态警务工作思路，构筑“一廊两带三区多点”工作格局，先后配齐 527 名生态警长、警务助理，建立 381 处联建工作站，侦破生态环保领域案件 251 起，破获涉重汽、浪潮、福牌阿胶等知识产权领域案件 155 起，打掉全省首起建筑渣土运输领域黑社会性质组织，为建设新时代社会主义现代化省会城市贡献公安智慧和力量。“黄河安澜·生态警务”获评全省公安机关十大创新经验。

【持续深化公安“放管服”改革】　推出《抗疫情保民生优服务护发展 15 项措施》《服务经济社会高质量发展十项举措》等便民利企举措，打造外籍人才出入境服务绿色通道，在全国副省级城市中率先实施“零门槛”落户政策，近两年迁济人口总量 23 万余人，位居全省第一。推广“红旗窗口”“全科警长”“一窗通办”，升级扩容“e 警通”平台，15 类 170 项高频服务实现一网办、自助办、刷脸办，平台活跃度全省首位。倡树“说行办成”理念，97% 的市级交管业务下放基层，90% 的交管业务“网上办理”，全国首创“远程交通违章处理模式”，市车管连续六届获评“全国一等车辆管理所”，考评成绩位列全国第四、全省第一。

【构建“省市一体化”工作机制】　建立常态化请示汇报、跟进服务等机制，拓展升级“省市资源一体共享”“省市人才一体培育使用”“试点创新一体推进”“警务保障一体统筹”等工作范畴，承办各类现场会 16 次，落地全国全省各类试点项目 12 项，开展各类走访活动 1500 余次，解决需求 900 余条，协调支援济南市抗疫警力 7300 名，出动支援滨州、枣庄、菏泽、济宁等地抗疫警力 7 批次 660 名，形成上下联动、共同发展的格局。

【提升交通安全治理水平】　紧盯“人车路企”交通风险要素，狠抓道路交通事故预防“减量控大”“两路两车”专项整治，健全完善道路交通“3+4”综合治理机制，推行重点驾驶人“全生命周期管理”，持续严打酒醉驾、“三超一疲劳”、无证驾驶等严重违法行为。2022 年，累计排查交通安全隐患 9.57 万处，查处酒醉驾 1.32 万起，超载 3.28 万起、超员 4426 起、涉牌涉证违法 1.20 万起，全年死亡人数同比减少 147 人，事故起数同比下降

11.06%，全省交通事故预防“减量控大”考核排名第三。

（刘纯　蔡蒙）

【概况】　2022年，全市检察机关始终坚持为大局服务、为人民司法，全面履行法律监督职能，各项工作实现新发展、新进步，为新时代社会主义现代化强省会建设提供司法保障。共办理各类案件3.3万件，制发检察建议625件，52起案件入选最高检、省检察院典型案例。全省检察业务考核评价中，纳入报表的96项指标有60项位居第一。4个业务条线8名干警在全国、全省业务比赛中获标兵、能手称号，25个集体、44名个人获评“全国普法宣传先进个人”“全省攻坚克难示范院”“齐鲁最美检察官”等称号。

【维护社会稳定】　将护航党的二十大胜利召开作为重大政治任务，全力推进平安济南、法治济南建设，共批准逮捕971件1162人，提起公诉5821件7259人。常态化推进扫黑除恶斗争，批捕黑恶犯罪13件18人，起诉18件199人，聚焦六大重点领域发出检察建议38件。深入落实新时代“枫桥经验”，全面推开矛盾化解前置机制，促成刑事和解177件。

【融入数字济南建设】　加快数字济南建设，召开两级院数字检察建设推进大会，出台《济南数字检察规划》，推动与数字济南互联互通、共融共用，3.13万件检察工作数据纳入共享数据池。加快建设全市检察大数据中心和数字检察融合支撑中台，健全完善办案监督、为民服务、检务管理三大数字应用系统，以大数据赋能推动法律监督由个案向类案、由被动向主动、由办理向治理变革，市委主要领导批示肯定，《济南日报》予以整版报道。深度拓展应用全省政法跨部门大数据办案平台，办理案件1.7万件，数量全省第一。系统推开10个业务条线数字办案平台建设，其中刑事执行平台与派驻监狱检察室实现数据联通，监控、案卷和法律文书审查实现一网通办；民事、行政监督平台累计评估线索1170条，已成案313件。

【服务中心工作】　坚持全流域视角，“四大检察”融合发力，服务保障黄河重大国家战略，起诉非法采砂、侵占河道滩涂等破坏环境资源犯罪36件76人，针对流域生态保护办理公益诉讼案件92件，探索“司法+督促生态修复”办案模式，推动相关行政部门拆除违章建筑1.8万平方米，清理河道24千米、渣土垃圾700余吨。建成全省检察机关首个黄河生态保护大数据指挥中心，创新绘制“黄河公益诉讼电子地图”，接入248个监控探头，标记486处关键点位，发现监督线索49件。保障起步区、自贸区建设，设立派驻起步区检察工作站和自贸检察办公室，构建信息直通、需求调研、法律服务等多个平台，常态化开展“送法律、送政策、送服务”活动，联系企业400余家，组织“法治会诊”解决涉法难题192个。出台涉自贸案件集中办理暂行规定，办理涉自贸案件361件。

【优化法治营商环境】　立足检察职能，出台11条措施服务保障济南科创金融改革试验区建设，办理破坏

2022年11月8日，市检察院向济南市各民主党派、工商联和无党派人士通报工作情况

（市检察院　供稿）

金融管理秩序犯罪124件255人，发出风险预警类检察建议168件；组建两级院知识产权检察办公室，办理侵犯知识产权犯罪27件。强化对民营企业的司法保护，对符合法定条件的涉案企业人员不批捕28人、不起诉194人，提出轻缓刑量刑建议315人，监督涉企“挂案”全部清零。对30家涉案企业启动合规监督程序，让“带病”企业实现“司法康复”。

【民生保障】 严厉打击群众身边犯罪，起诉故意杀人、故意伤害、绑架等严重暴力犯罪622件724人，“两抢一盗”等多发性侵财犯罪734件861人，起诉网络赌博、侵犯公民个人信息等利用网络实施的犯罪171件299人。看紧百姓“钱袋子”，起诉传销、电信诈骗、非法吸收公众存款等经济犯罪253件532人。推进打击整治养老诈骗专项行动，办理坑老骗老案件51件，挽回经济损失5.1亿元。结合检察办案，救助生活陷入困境的受害方287人，发放救助金391.7万元，救助规模连续6年保持增长。食品药品安全方面，起诉制售有毒有害食品、假药劣药等犯罪69人，提出惩罚性赔偿金77.7万元。

【提升诉源治理效能】 坚持抓前端、治未病，依法准确适用认罪认罚从宽制度，量刑建议采纳率逾98.46%，从源头减少上诉、申诉案件产生，促进社会内生稳定。落实“群众来信件件有回复”，推动“12309”检察服务中心实体建设与“网上办”“掌上办”相融合，接受群众来信来访7343件次。深度应用智能接访辅助系统，98%的信访事项当场或次日即可办理，重复访比例下降8%。在社会各界选任首批50名听证员，10个业务条线实现检察听证全覆盖，累计开展听证726件。推进检察听证进村庄、上地头，在老百姓家门口把理说清、把法讲透，公平正义更可知可感可信。

2022年3月17日，市检察院走进民营企业（商会）开展企业涉法问题解读

（市检察院 供稿）

【未成年人检察】 严厉打击侵害未成年人犯罪，批捕91件110人，起诉158件201人。依法对主观恶性不大的80名未成年人决定附条件不起诉。贯彻落实家庭教育促进法，结合办案开展家庭教育指导145人次，制发督促监护令374件。持续做好教职员工违法犯罪信息查询工作，将校外培训机构从业人员纳入查询范围，对21批次八千余名拟入职人员开展准入查询。进一步擦亮“法治进校园”检察品牌，两级院检察长、203名检察官走上讲台宣讲法治教育课，受教育学生、家长达25.6万人次。

【刑事检察】 关口前移加强刑事立案与侦查活动监督，在市、县两级公安机关设立侦查监督与协作配合办公室，监督立案127件175人、撤案177件201人，追捕、追诉463人。落实少捕慎诉慎押刑事司法政策，不批捕349人、不起诉3034人。以提出抗诉、再审检察建议方式强化对刑事审判活动的监督。做实刑事执行检察，纠正刑罚变更执行、强制医疗、社区矫正等领域违法问题744件。实现对监狱、看守所“派驻+巡回”检察全覆盖，参与最高检、省检察院部署的监狱跨域交叉巡回检察，累计发现并推动整改问题187件。

【民事检察】 以深入贯彻民法典为抓手，进一步加强民事检察工作，受理各类民事监督案件1828件。与审判机关、公安机关通力协作，健全对虚假诉讼、虚假仲裁的防范、发现和追究机制，办理监督案件23件。依法履行民事支持起诉职能，坚决支持农民工、老人、儿童等特殊群体拿起法律武器，维护自身合法权益，办理案件479件，帮助农民工等追讨欠款358.6万元。

【行政检察】 受理各类行政监督案件551件，提出审判监督检察建议54件、行政执行监督检察建议296件。推进行政争议实质性化解，促进解决行政争议226件，多方联动、多元对接、延伸履职，化解一起长达21年的行政纠纷，实现案结事了人和。针对国家生育政策调整后，仍有当事人因原有社会抚养费征收问题被纳入失信被执行人的情况，开展专项监督，发出检察建议69件，推动对18名当事人依法解除“老赖”限制措施。坚持个案办理与类案监督有机结合，就没收违法建筑物行政处罚执行不到位等多发问题，深入分析研判，提出专业意见，推动在市级层面出台《济南市违法用地上建筑物没收处置办法》，促进依法行政。

【公益诉讼检察】 依法履行公共利益代表神圣职责，出台关于加强公益诉讼一体化办案机制的意见，立案公益诉讼370件，办理诉前程序案件315件，提起公益诉讼36件。办理文物和文化遗产保护、特殊群体无障碍环境建设等新领域案件202件，依法起诉全省首起危害国家重点保护植物公益诉讼案。办理的一起非法占用农用地案件，会同相关行政部门持续8年推动，解决困扰村民的老大难问题。

【职务犯罪检察】 不断强化与监委的主动对接、有效衔接，提前介入职务犯罪案件调查24件，提起公诉52件57人，依法办理新疆生产建设兵团原副司令员杨某某、中国人保集团原副总裁沈某等一批大要案。办理某区粮食储备库工作人员职务犯罪案件中，检察机关针对背后暴露出的管理漏洞，及时提出检察建议，推动当地粮食购销监管体系得到有效完善，入选全省典型案例。依法立案查办司法工作人员职务犯罪，与市监委会签互涉案件线索移送和协作机制，立案侦查12件12人。

（仇莉莉）

【概况】 2022年，济南市中级人民法院（以下简称“济南中院”）履行职责使命，推进改革创新，加强自身建设，各项工作取得新发展。全市法院共受理各类案件215982件，审执结219041件；其中，济南中院受理案件24911件，审执结25344件；诉讼服务、行政审判、数字法院建设等工作受到中央政法委、最高人民法院和省法院表彰，涌现出“全国优秀法官”“齐鲁政法英模”“齐鲁最美法官”等一批先进典型，省、市领导先后45次作出批示。24个案例入选最高人民法院典型案例。

【平安济南建设】 强化刑事审判打击职能，审结一审刑事案件6071件，判处7628人。常态化开展扫黑除恶斗争，审结一、二审涉黑涉恶犯罪案件36件168人，财产刑执行到位4505万元，移送涉黑涉恶线索22条，围绕重点行业整治提出司法建议36份，助力“黑财清底”“伞网清除”“行业清源”。开展打击整治养老诈骗专项行动，审结假借“养老服务”“保健卡返利”等名义非法吸收公众存款、诈骗老年人的犯罪案件14件64人，挽回损失2.8亿元。坚持宽严相济，依法对1730名被告人判处非监禁刑。推进减刑假释案件实质化审理，办理减刑假释案件1643件。

【优化法治化营商环境】 围绕打造全国营商环境标杆城市，制定优化营商环境40条措施，出台保护企业家合法权益10条意见，审结一审商事案件50053件。服务工业强市战略，落实班子成员联系重点企业制度，开展“益企护航”“执行护企”活动，助力企业纾困解难，促进实体经济发展。服务全国首个科创金融改革试验区建设，审结一审金融纠纷类案件16289件，发布金融审判白皮书，邀请16家驻济金融监管部门、金融机构座谈交流，切实维护金融市场秩序、防范化解金融风险。服务新旧动能转换，完善市场主体救治和退出机制，审结破产清算案件120件，助力13家企业“涅槃重生”。加大对关键领域、核心技术和新产业新业态的保护力度，审结一审知识产权案件4192件，2个案例入选最高人民法院知识产权典型案例。济南中院作为法院系统唯一代表在全国保护种业知识产权打击侵权专项会议上作典型发言。

【维护群众利益】 贯彻实施《民法典》，妥善化解民生领域矛盾纠纷，审结一审民事案件59136件。服务“保交楼、稳民生”大局，审结建设工程、商品房买卖等纠纷案件8081件。推进社会主义核心价值观融入裁判文书，引领社会风气向上向善，“养女墓碑刻名维权案”入选最高人民法院人格权司法保护典型案例。宣传贯彻《黄河保护法》，服务保障黄河流域生态保护和高质量发展，完善“三合一”审判机制，审结一审环境资源案件1383件。服务黄河滩区迁建，在全省最大的迁建安置区长清孝里镇孝兴家园社区设立法官工作室，妥善化解纠纷372件。服务美丽乡村建设，保障农民宜居宜业，审结“三农”案件221件。完善人民法庭诉前调解、网上立案等服务，打通服务群众“最后一公里”。

【支持法治政府建设】 依法履行司法审查职责，办结一审行政诉讼案件3390件、非诉执行案件778件。保障济郑高铁、山东重工智能园区等重点项目推进，参与违建别墅、农村乱占耕地建房等清查整治活动，办结相关案件471件。加强与行政机关的良性互动，发布行政审判白皮书，编印行政应诉指导手册。有效发挥行政争议审前和解中心作用，实质性化解纠纷811件，行政诉讼案件同比下降14.9%。

【加强执行工作】 针对综合治理执行难的情况，实行公证执行、悬赏执行、律师调查令等做法，执结案件106352件。强化善意文明执行理念，建立“预失信”“预罚款”制度，给暂时失信但有履行意愿的被执行人留出自动履行空间；对积极履行义务的被执行人及时解除限制措施、恢复信用。开展“小微大爱”“泉城清薪”等专项执行行动，加大对拖欠中小微企业账款、农民工工资案件的执行力度，执行到位12.5亿元。

2022年6月9日，济南中级人民法院召开打击整治养老诈骗专项行动新闻通报会

（市法院　供稿）

【助推市域社会治理创新】 参与“一站式”矛盾纠纷调解中心建设和无讼社区（乡村）创建，针对审判中发现的物业管理、个人信息保护、青少年犯罪预防等问题提出司法建议399份，从源头上防范风险、化解纠纷。做好风险隐患排查化解工作，开展“治重化积”百日攻坚等行动，创造安全稳定的社会环境。济南中院在全国法院执行信访推进会上作经验交流。持续开展“八五”普法、“法治六进”“双报到”等活动，深入基层普法宣传460余次，发布稿件3100余篇，济南中院被评为“全国政法新媒体先进单位”。

【优化诉讼服务】 坚持和发展新时代“枫桥经验”，推进人民法院调解平台进乡村、进社区、进网格，吸纳228家调解组织、1365名社区网格员、调解员入驻平台，打造“小柿暖心办”“法官驿站”等品牌，诉前化解纠纷4.2万件，矛盾纠纷分层递进化解成效显著，全市法院一审民商事案件收案同比下降1.8%。升级“一站式”诉讼服务体系，推行“即来即办、一次办好”“肩并肩”帮办代办、网上申请“日理日清”，办结“暖冬行动”“禾苗计划”等实事项目380项。坚持扶危济困，为161名生活困难当事人减免诉讼费40.7万元、司法救助47人151万元。济南中院被评为“全省法院诉讼服务示范先进集体”。

2022 年 3 月 1 日，济南中院举行新任员额法官宪法宣誓仪式　　（市法院　供稿）

【深化改革创新】　巩固繁简分流改革试点成果，强化简案速裁、繁案精审，42% 的民商事案件通过速裁程序快速办结，速裁案件一审服判息诉率 95.9%。推进审级职能定位改革试点，推动各类纠纷分层递进解决，99.3% 的纠纷在两审之内实质性解决。细化审判监督管理，健全审判委员会、专业法官会议制度，完善重大疑难复杂等“四类案件”识别监管机制，强化院庭长监管职责，实施全流程节点管控，促进“类案同判、同案同释”。加强对下业务指导，定期开展案件质量评查，严格审限管理，审判态势全面向好。员额法官人均办案 310 件，居全省法院首位。融入数字济南建设，完善互联网司法和在线诉讼服务，网上受理立案申请 37.4 万件，在线开庭 3.7 万件，电子送达 269 万件次，做到疫情防控和审判执行“两不误”。“政务数据办案辅助平台”被评为全国政法智能化建设创新案例。

（王晓璐）

【概况】　坚持以习近平法治思想为指引，按照“讲政治，为人民”“大格局，为社会”“立权威，树形象”“会服务，高质量”“敢斗争，倡清风”“大智慧，高效率”工作思路，统筹推进全面依法治市，创新开展行政立法、行政执法、刑事执行、公共法律服务，为建设新时代社会主义现代化强省会提供法治保障。

【保障经济社会发展】　健全重大事项法治保障机制，为轨道交通、济南国际机场二期建设等省市重大项目提供公证服务等 500 余场次。服务保障黄河重大国家战略实施，指导济南新旧动能转换起步区打造公共法律服务中心，推动合作制公证机构入驻，设立起步区首个司法鉴定机构。持续优化法治营商环境，适用“四张清单”办理免予、减轻、从轻行政处罚案件 15 万件，受益主体 10 万家。深化证明事项告知承诺制，推进“无证明城市”创建，减少群众提交证明材料 1400 余万份。出台“惠企业、保民生、促发展”12 条措施，开展法治宣讲 233 场、企业免费“法治体检”1500 家，提供法律就业岗位 1600 个。推动省市区一体在中央商务区打造近 10 万平方米的济南中央法务区，20 余家法律服务机构达成入驻协议。

【提升公共法律服务能级】　加快实体、热线、网络、能动“四大平台”融合发展，出台《公共法律服务事项清单》，推进服务标准化。创新公证服务模式，在全国率先实现二手房“带押过户”登记新模式，率先开展海外侨驿站参与远程视频公证。“诉前调解 + 赋强公证”金融纠纷化解新模式入选中国（山东）自由贸易试验区 57 项制度创新成果。持续擦亮“温暖法援”品牌。法律援助列入市政府为民办实事项目，发布法援便民电子地图，办理案件 2 万余件。成立全省首家“12348”热线人民调解委员会，新设热线法律咨询工作室 10 家，全年热线接听 24 万件，实现“线上 + 线下”联动破解群众法律难题。

【防范化解风险】　统筹监狱疫情防控和监管安全，济南监狱实现第 15 个监管安全年和第 26 个生产安全年，济南第二监狱智慧防疫消毒仓项目申报全国政法智能化建设创新案例。深化社区矫正“四方联动”经验，创新“智慧矫正”手段，安

2022年8月2日，济南市12348热线人民调解委员会正式揭牌　　（市司法局　供稿）

置帮教人员无再犯罪，矫正对象实现有效管控。建成“一站式”矛盾纠纷多元调解中心，开展“调解护稳定、喜迎二十大”矛盾纠纷排查化解专项活动，全市累计化解矛盾纠纷2.1万件。

【创新述法工作】　组织12个区县、3个功能区向市委常委会述法，推动法治建设职责有效落实。在6月举办的市委理论学习中心组学习习近平法治思想专题辅导报告会上，5位市领导述法交流，开创全国高规格集体述法先河。

【成立“习近平法治思想宣讲团”】成立全国律师行业首个“习近平法治思想宣讲团”，在全市范围巡回宣讲192场，12万人次参加，实现党政部门党委（党组）理论学习中心组、法治工作部门、行政执法队伍、法律服务队伍、市属高校、各类企业“六大领域”宣讲全覆盖，人民网、法治日报等多家媒体刊发报道。

【实施“宪法的力量—我在做”行动】以现行宪法实施40周年为契机，开展基层治理、生态环保等20项专项行动，持续组织开展“宪法的力量——我在做”行动，把宪法条文转化成一项项动态行动，推动宪法由静态宣传向动态实践转变，《法治日报》等媒体宣介推广济南市做法。

【打造中央法务区】　按照“新平台、高集聚、全链条、广辐射”功能定位，10月举行签约启动仪式，推动省、市、区一体在中央商务区打造近10万平方米的中央法务区，建设全国一流市级公共法律服务中心、金融服务中心、国际调解中心、数字法治中心等十大中心，打造区域法治服务新高地、全国最大的中央法务区。已有20余家法律服务机构达成入驻协议。

【立法保障城市治理】　落实《立法法》《规章制定程序条例》规定，编制《济南市政府立法工作程序指导》，明确立法程序和格式规范，不断提高立法质量和水平。围绕加强城市精细化管理、完善社会治理、保护生态环境，制定出台《黄河流域水资源集约节约利用规定》《济南市门楼牌管理办法》等5部政府规章，数量居全国副省级城市第三位、全省首位。调研《济南市土地征收管理办法》等项目，强化各项工作的制度保障。

【构建五大行政执法监督体系】　紧紧扭住行政执法这个法治政府建设关键环节，在全省率先出台加强和

2022年10月12日，市司法局与历下区政府签订共建中央法务区合作协议
（市司法局　供稿）

改进行政执法监督工作的意见和行为规范、监督联动、监督程序、证据规则和监督裁判 5 个配套文件，构建起具有鲜明泉城特色、较强引领性和创新性的行政执法监督工作体系。建设数字行政执法监督平台，强化部门间横向联动，实行全方位、全过程、全周期、全闭环管理，促进严格规范公正文明执法。

【建立政府法律顾问评价考核机制】 围绕依法服务政府重大决策、涉法事务，为充分调动政府法律顾问工作积极性，在全省首个制定政府法律顾问考核评价办法、履职管理办法、使用工作程序 3 个制度文件，从管理、使用、考核、评价四个方面全链条规范政府法律顾问管理工作，实现工作制度化、规范化、法治化。9 月 21 日，全省党政机关法律顾问工作经验交流会在济南召开，推广济南市的做法和经验。

（王　栋）

【概况】 2022 年，济南仲裁办紧扣全省“十大创新”任务要求和全市“12 项改革创新行动”，坚持以党的政治建设为统领，统筹抓好疫情防控和仲裁服务，主动融入市域社会治理，年内受理案件近 4000 件，争议标的额突破“百亿”元大关，其中知识产权等领域仲裁业务量领先全省、走在全国前列，助力济南市打造市场化法治化国际化营商环境和服务“六个现代化强省会”建设取得新成效。被评为全省仲裁工作先进单位，获全省仲裁公信力奖，擦亮“全国仲裁公信力十佳机构”的营商环境品牌。

【提升仲裁公信力】 开展仲裁理论研究、强化两支队伍建设、狠抓办案质效。编撰《济南仲裁委员会保险仲裁案例选》，为推动仲裁理论研究、提升仲裁员素质能力、加强仲裁机构业务传承积累判例、提供了教材、强化了载体。年内裁处案件 3759 件，同比增长 30%，结案率达 95.7%；严格落实案件核阅、专家评议制度，严把案件质量关，仲裁公信力和品牌影响力不断提升。

【推动法治济南建设】 深入贯彻全面依法治国战略部署，深度融入市域社会治理，在推动法治济南建设中积极作为。举办“2022 中国金融仲裁与法治论坛暨第三届黄河仲裁发展高端论坛”，建设中国（山东）自贸试验区国际仲裁院，推出商事纠纷仲裁服务“五全”行动。贯彻“先调后裁”非诉解纷原则，引导仲裁当事人通过调解、和解方式化解矛盾纠纷；对进入仲裁程序的案件，采取退还仲裁费用、商协会斡旋等措施，促成近 50% 的案件以调解或和解方式结案，实现案结事了人和。开展“仲裁服务进百企”活动，走访调研驻济央企、市重点企业 60 余家，通过“台报网微端”刊发信息 200 余篇，推动仲裁服务向更多领域辐射延伸，为法治济南建设做出贡献。

【实践创新】 在仲裁工作领域大胆探索、先行先试。主动破题“数字仲裁”建设，建成省内仲裁行业首个“集约化送达服务平台”；完善“仲裁员二维码名册”，与网上立案、缴费、开庭等初步构成“数字仲裁”服务系统，发挥传输快、零接触的优势，为疫情防控期间仲裁服务插上数字双翼。贯彻《国家标准化发展纲要》，参与制定发布《仲裁制度推广机构建设规范》，申报“仲裁法律服务综合标准化”国家试点项目，引领行业标准化建设。引入调解、公证、评审赋能仲裁服务，与泉城公证处联合办理仲裁案件 25 件，提供公证法律咨询上百次，开展仲裁前争议评审 14 次，涉及造价金额 23 亿元。

【跻身“百亿仲裁俱乐部”】 济南仲裁办锚定“打造一流仲裁机构，建设区域仲裁中心”目标，构建“仲裁链”推动仲裁能级跃升，借力调解、公证、评审“赋能”，健全多元化解纠纷机制，推动“数字仲裁”建设，提升仲裁标准化水平，领跑行业发展。全年共受理案件 3953 件，争议标的额 103.48 亿元，突破百亿大关，业务覆盖全国 100 余个地市，其中知识产权、保险、买卖、建设工程等领域仲裁业务量在全省领先、居全国前列，跻身“百亿仲裁俱乐部”，全面开启济南仲裁发展新局面。

【举办 2022 中国金融仲裁与法治论坛暨第三届黄河仲裁发展高端论坛】 12 月 9 日，由中国仲裁法学研究会、中国案例法学研究会、省仲裁发展促进会、济南仲裁委员会

2022 年 12 月 9 日，“2022 中国金融仲裁与法治论坛暨第三届黄河仲裁发展高端论坛”在济南举办　　（市仲裁办　供稿）

主办，中国仲裁法学研究会金融专业委员会、恒丰银行股份有限公司承办的 2022 中国金融仲裁与法治论坛暨第三届黄河仲裁发展高端论坛在济南举办。鉴于疫情防控要求，论坛以线上直播的形式开展，主题是“金融法治、金融安全与仲裁服务”。10 余位仲裁与金融行业专家发表主旨演讲。论坛通过“大众网·海报新闻”全程直播，观看人数逾 28 万人次，有效增进沿黄河流域仲裁机构的交流与合作，为仲裁更好服务金融法治建设，助力全市科创金融改革试验区发展做出有益探索。

**【建成“集约化送达服务平台”】** 整合仲裁案件信息化管理系统、网上存证平台和三大通信运营商大数据资源，建成省内仲裁行业首个“集约化送达服务平台”。2022 年该平台建成后，共执行送达任务 12000 余次，节约送达时间 90% 以上，节约经费 50 余万元，有效化解仲裁法律文书“送达难、送达慢、送达贵”问题，提高了仲裁当事人维护合法权益的时效性和体验感。该项目被中国（山东）自贸试验区济南片区评为“优化法治化营商环境十大创新案例”。

**【参与构建非诉解纷体系建设】** 发挥仲裁制度优势，贯彻“先调后裁”非诉解纷原则，修订完善《济南仲裁委员会调解规则》和《调解员名册》，引导仲裁当事人通过调解、和解方式化解矛盾纠纷。2022 年，在立案前免费为当事人调解纠纷 1300 余件，争议金额 17 亿元；对已经进入仲裁程序的案件，优化办案流程，提高办理质效，2022 年裁处案件 3759 件，同比增长 30%，结案率达到 95.7%。采取退还仲裁费用、引入商协会斡旋等措施，促成近 50% 的案件以调解或和解方式结案，为实现案结事了人和、提升市域社会治理效能贡献仲裁智慧和力量。

（刘启超）

栏目编辑　谷　雪

【概况】　2022年，济南警备区各级党委深入贯彻党中央、中央军委和习近平主席决策指示，学习贯彻党的二十大精神，旗帜鲜明举旗铸魂，聚焦中心练兵备战，突出主业深化准备，大抓基层夯实基础，改进作风狠抓落实，统筹推进疫情防控和部队各项建设，完成年度工作任务，各项建设发展呈现稳步向上、跨越提质的良好局面。

【思想建设】　始终把学习宣传贯彻党的二十大精神作为首要政治任务，推动党的创新理论进入思想深处、融入思维理念、转入实践行动。统筹推进“忠诚维护核心、矢志奋斗强军”主题教育和省军区“忠诚·担当·尽责”实践活动，配合开展强军故事会、书画摄影展等“十个一”系列活动，增强教育的吸引力感召力。高标准推进济南革命军事馆和县（区）军事历史展陈建设。推进双拥共建和军民共建社会主义精神文明活动，组织开展“双清单、三助力”试点建设。

【应急应战准备】　持续深化学战研战活动，紧跟国际局势加强军情研究。推进体系制案落案，滚动修订行动计划，调整国防动员指挥编组运行。参加防汛抗洪、疫情防控、应急维稳等急难险重任务，组织黄河险工险段、城市洼地现地勘察和济南市防汛抢险演练、城市低洼地区应急处置演练，参加抢险救灾和疫情防控行动。开展军事职业教育，学习计划完成率达100%。

【国防动员建设】　推进动员体系建设，深化国防动员准备，不断提高组织动员力、快速反应力、支援保障力。紧紧扭住提高兵员征集质量，精准征兵、廉洁征兵，完成各类兵员征集任务。

【部队基础建设】　贯彻《军队基层建设纲要》，加强帮抓帮建，基层建设实现稳步快速发展。召开基层建设推进会，明确建设标准、规范建设秩序。开展“五美”先进典型评选表彰，营造创先争优浓厚氛围。开展警示性法纪教育，筑牢官兵安全思想防线。以安全管理工作“十项机制”和预防工作“十二个过一遍”“五情分析表”为抓手，抓实部队安全管理工作。

2022年7月12日，济南市长清区人武部组织民兵到被淹的崮云湖坡庄村搜救转移受灾群众

（李振华　摄）

**【提升综合保障效能】** 开展饮食保障、医疗救护、装备抢修等后勤专业训练。加强后勤行业整肃治理，规范物资采购、工程建设、营房管理等业务办理流程。整饬军车运行秩序，开展“军车交通安全月”活动。做好为老服务保障，干休所与共建单位常态开展中医诊疗、专科义诊等服务活动87场次。

（吴慎宝　李普宁）

**【概况】** 2022年，武警济南支队坚持稳中求进工作总基调，树牢问题导向、目标导向、结果导向，老老实实抓基层打基础保稳定，部队建设发展总体呈现固基蓄势、破平增色的良好态势。

**【思想建设】** 推动习近平新时代中国特色社会主义思想入心入脑入行，突出改造人的思想、和谐内部关系。50讲“周讲习语”，使理论更亲切。14期“青春论坛”、3期“焦点辩论会”、8课“分层教育”、12节“强军勇担当”微课堂，使教育更走心。升级史馆，举办主题党（团）日、军营好声音、军事文化体育运动会、“一队一品”展演、群众性读书等文体活动，使力量更凝聚。

**【练兵备战工作】** 落实按纲施训周期运行法，组织官兵分批轮训、专业教练员队伍培训，编写全课目教案，大抓军事体育训练，开展岗位竞赛、创破纪录、军事体育运动会等群众性练兵活动，特战中队在总队比武中勇夺3项第一。完成省“党代会”、省“两会”重大活动安保等专项任务，成功处置执勤险情多起，支队被总队表彰为“执勤先进支队”。

**【基层基础建设】** 把主要心思和精力投放到基层，蹲点帮建全覆盖，开展“学、知、用”纲要、大练基本功、集中过“三日”、组织建设规范周等活动，优化按纲建队考评办法。发挥安全工作协调督导机制作用，升级改造安全设施，组织涉网涉密、车辆、枪弹等系列教育整治活动，规范零散人员、警士参谋、文职人员、借调人员管理，开展7次安全大检查活动，整改隐患367处。

（武警济南支队）

**【概况】** 济南市人民防空办公室创新推进防空警报建设，在全省率先实现全市防空警报“语音播报”鸣放，解决警报信号“听得到、听不懂”的问题。推进防空警报安装建设，防空警报数量连续五年位居全省第一。牵头联合西安、郑州两市人防系统，组织举办以人防指挥协同、模拟跨区支援为背景的黄河流域中心城市人民防空协同训练。联合省会经济圈6市人防系统，举行省会城市群人防机动指挥系统跨区支援协同训练。编制《济南市人民防空工程专项规划（2021—2035）》。持续做好CBD中央商务区、济南医学科学中心、齐鲁科创大走廊、济南遥墙机场二期扩建等重点工程、重点项目建设服务保障。

**【黄河流域中心城市人民防空联合训练】** 贯彻落实《黄河流域中心城市人民防空战略合作框架协议》，2022年6月15—17日，联合郑州、西安组织黄河流域中心城市人民防空跨区支援协同训练。训练以黄河为纽带、以中心城市为载体、以联合防空为核心、以备战打赢为导向、以协同发展为前提，组织开展以市级指挥联动、模拟跨区机动、系统展开保障、应急支援行动、人防技能培训等为主要内容的人民防空综合训练，提高合作城市指挥通信效能和信息处置能力，提升应急支援行动的精准性、及时性、有效性。

**【优化防空警报体系建设】** 结合济南城市发展建设实际，发挥省会基础条件、科技实力等方面优势，通过开展基于物联网的警报管理系统建设，创新开发警报器短报文转语音广播功能，调整网点布局、增加警报点密度、提高质量、加强高技术应用等举措，防空警报管理智能化、信息化水平明显提升。建成布局合理、手段多样、管理科学、灵敏可靠的省会防空警报报知网络，实现城市建成区范围警报音响全覆盖。

**【优化提升“人防工程维护管理巡查系统”】** 按照国家、省、市“数字政府”建设相关要求，对“济南市人防工程维护管理巡查系统”进行优化提升，总结编制 2 个省级标准。该系统包括“人防工程信息数据库、维护管理系统、移动端巡查 APP、工程抽查（网格化管理）APP、济南人防地图小程序”五大功能模块，将防空地下室及早期人防工程全部纳入网格进行管理，可实时展现每个工程基本信息、巡查情况、工程现状、存在问题和整改情况，解决基层监管难题，确保人防工程保持良好状态。

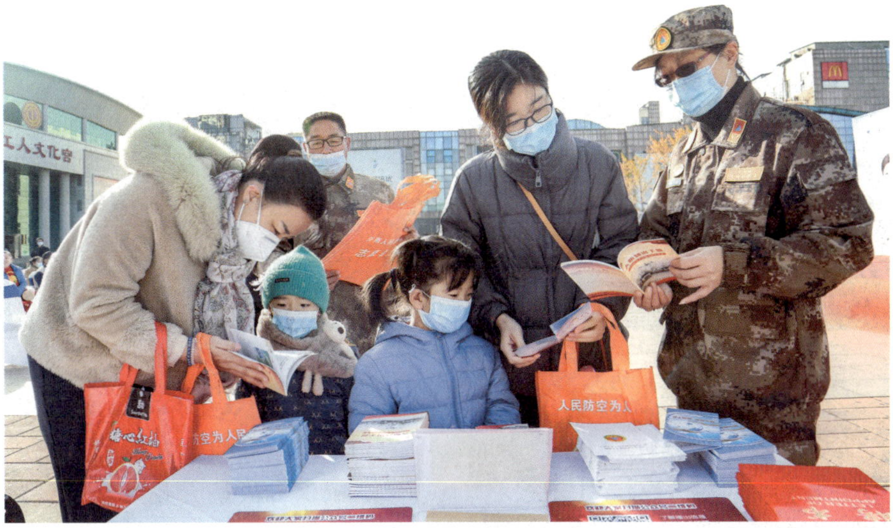


2022 年 11 月 13 日，开展人防宣传教育进社区活动　　（市人防办　供稿）

【人防宣传教育工作】　开展人防教育“五进”活动，推动人防教育进机关，接待市直部门参观市人防指挥中心 15 批次。深化人防教育进企业，开展宣传教育送法上门，现场服务 115 次。创新打造精品教学公开课，受教育学生 131.39 万人次。社区人防宣传教育制度化、经常化开展活动 108 次，受教育市民 230 余万人次。发挥官方网站、微信公众号主阵地作用，在国家级媒体发稿 12 篇，省级媒体发稿 172 篇，市级媒体发稿 173 篇。

【服务社会民生】　持续推进人防工程平战结合使用向“人民性、公益性”转型升级，继续向 1 万个家庭免费发放人防战备应急包。持续擦亮“要纳凉到人防”品牌，放大“百姓大舞台”效应，打造佛慧山“济南人防初心长廊”。

（马现军　张　莹）

栏目编辑　王　炜

**【推动重大战略规划落实】** 贯彻落实《国务院关于支持山东深化新旧动能转换推动绿色低碳高质量发展的意见》，研究制定《济南市深化新旧动能转换推动绿色低碳高质量发展三年行动计划（2023—2025年）》。落实黄河重大国家战略，编制《济南市“十四五”推动黄河流域生态保护和高质量发展实施方案》，起草《山东省沿黄九市公共资源交易一体化协同发展合作方案》，牵头成立黄河流域城市信用联盟。谋划建设济南都市圈，形成初步规划成果。推动省会经济圈一体化发展，制定《省会经济圈“十四五”一体化发展规划推进落实任务分解方案》，加快推动济淄、济德同城化。 （周靖雯）

**【推动经济平稳运行】** 建立重点先行指标监测制度，开展工业、投资、消费等主要经济指标运行情况分析，做好全市经济形势研判。研究出台《济南市应对疫情冲击助企纾困若干政策措施》，做好国务院稳经济一揽子政策措施、省四批“稳中求进”高质量发展政策清单落实，确保释放最大政策红利。做好粮食、能源保供，推动280个粮食应急供应网点改造提升，全市粮食应急保障体系基本形成闭环。督促23家城燃企业自建储气设施保持应储尽储，南曹范LNG调峰储配站调试运行，全市形成天然气储备能力近1.2亿立方米，超出省定目标。督促全市在营780家成品油零售经营网点库存可用天数保持在2天以上，持续保障全市成品油可用天数7天以上。建立重要输电通道联合防控工作机制，制定《济南市油气长输老旧管道及高后果区专项整治攻坚行动实施方案》。 （周靖雯）

**【持续扩大项目投资】** 加强项目督导，开展项目服务月活动，共争取省级四类重点项目118个，居全省前列，260个市级重点建设类项目全部开工，完成投资2320.8亿元，投资完成率127.8%。建立全市项目策划储备工作联席会议制度，健全重点项目闭环管理体系，研究开发全市建设项目全生命周期管理服务系统。编制2022年政府投资计划，研究修订政府投资项目代建制管理办法。争取政策资金，争取政府专项债券额度538.4亿元，连续三年位列全省第一。28个政策性开发性金融工具项目通过国家审核，13个项目完成基金投放61.1亿元，投放额度和投放率均居全省首位。78个项目列入设备购置贷款贴息项目清单，贷款需求48.4亿元，268个项目通过制造业中长期贷款审核，年内贷款需求192.7亿元。拓宽债券发行通道，全年获国家批复注册企业债券4支，注册总规模65.7亿元。建立存量资产盘活机制，印发实施《济南市盘活存量资产扩大有效投资行动计划》，分两个批次启动66个项目盘活工作。拓展民间资本参与路径，梳理摸底全市基础设施REITs底层资产，研究支持基础设施REITs发展政策措施，编制《基础设施REITs试点辅导手册》400余册。谋划推进重大基础设施项目，协调保障济南机场二期改扩建工程、济滨高铁工程、轨道交通7号线一期工程、轨道交通9号线一期工程等顺利获批。研究编制《济南低运量轨道交通第一期建设规划》，按照“四网融合”要求推进济南都市圈轨道交通网规划研究。

（周靖雯）

**【全面加快新旧动能转换】** 培育壮大空天信息产业，研究起草《加快空天信息产业高质量发展的若干措施》，举办空天信息产业发展高峰论坛，成立空天信息产业联盟。“通导遥”三大核心领域协同突破，世界首颗微纳量子卫星“济南一号”、未来导航S1-S6低轨卫星成功发射，中科卫星AIRSAT星座首批4颗遥感卫星加快生产。打造新能源汽车全产业链，印发《济南市新能源汽车产业发展规划（2022—2025年）》，成功争取比亚迪新能源整车项目通过国家窗口指导，并于11月实现首辆车下线，济南比亚迪半导体8英寸高功率芯片项目投产。加强产业平台载体培育，推荐高新区人工智能、市中区能源互联网产业集群入选第二批省级战略性新兴产业集群，推荐华熙生物获批国家企业技术中心，获批40家省级工程研究中心和16家省级企业技术中心，增量、总量居全省首位。新获批省“十强”产业“雁阵形”集群4个、领军企业6家，居全省首位。优化服务业政策体系，研究出台《济南市加快总部经济发展的若干措施》《济南市促进消费持续恢复发展的若干措施》，新认定总部企业12家，新获批省级现代服务业集聚示范区1个、服务业创新中心8个，济南市知识产权服务业集聚区获批省级现代服务业集聚示范区。落实特色产业楼宇奖励、总部企业高层次人才奖励等资金约1.55亿元，惠及企业近600家。开展“双创”工作，研究制定《济南市加快推进大众创业万众创新工作方案（2022—2025年）》，新增备案创业投资企业6家，133家企业入选“山东省创业投资被投项目库”。（周靖雯）

**【推动区域协调发展】** 加强区域产业统筹，印发《关于进一步规范市场机构跨区县迁移工作促进区域协调发展的若干政策措施》，统筹协调市域重大产业项目布局、企业迁移、园区共建等重大问题。推进新型城镇化和城乡融合发展，印发实施《济南市新型城镇化规划（2021—2035年）》，推动商河县玉皇庙镇玻璃智造特色小镇、济南高新区中欧装备制造特色小镇等6个特色小镇纳入全省管理清单，63个项目纳入2023年山东省新型城镇化重点项目名单。推动县域经济发展，历城区、章丘区、钢城区分别获评2021年度全省县域经济高质量发展差异化评价专项奖，5个县域较2020年实现位次前移。印发《关于推动县域创新驱动发展的实施意见》，研究提出支持济阳区破解难题加快发展的专项政策。加快发展乡村新业态，商河县农村产业融合发展示范园被认定为国家级示范园，莱芜区农村产业融合发展示范园被认定为省级农村产业融合发展示范园。推动特殊地区转型发展，编制省内首个特殊类型地区专项规划，配套编制推动制造业竞争优势重构打造“产业名城”、推动工业遗产保护利用打造“生活秀带”工作方案，细化老旧厂房改造利用实施路径。开展对外协作，打造济南—临夏协作新模式，实施产业就业、示范村建设等项目191个。巩固济南—武隆协作成果，实施援助项目31个。加强济南—临沂对口合作，研究起草两地合作实施方案。推进援藏工作。（周靖雯）

**【深化重点领域改革】** 开展国家要素市场化配置综合改革试点争取工作，形成综合改革试点实施方案和61条申请授权事项，提出50项综合改革试点事项诉求。加强社会信用体系建设，印发《济南市社会信用管理办法》《济南市“十四五”社会信用体系建设发展规划》，“信易贷”工作作为典型案例入选国家发改委《优化营商环境百问百答》。创新公共资源交易综合管理，在全省率先建立招标计划提前发布制度，完成首个采用“评定分离”招投标方式的施工总承包项目。入选国家水利工程电子招投标监管试点城市并以全省第一名成绩通过验收。推广电子保函服务，支持15家金融机构全流程电子化开具保函。推动农村集体产权交易和金融企业国有资产纳入全市统一交易平台。推动绿色低碳发展，印发《济南市“十四五”绿色低碳循环发展规划》，开展碳排放底数摸排及重点领域碳达峰路径研究，制定全市碳达峰工作方案。入选省级建立健全生态产品价值实现机制市域试点，发布全省首个县级层面CEP核算成果。开展整县（区）屋顶分布式光伏规模化开发试点，推动章丘区、历城区等区县6个乡镇、42个乡村创建省绿色能源发展行动标杆乡标杆村。持续开展“两高”项目梳理排查，对全市453个“两高”项目按照“合规类”“完善手续类”“整改提升类”“关停退出类”四种类别进行分类处置。（周靖雯）

**【着力增进民生福祉】** 推动社会事业健康发展，争取广安门医院济南医院项目获批国家区域医疗中心建设项目，推进齐鲁医院创建国家医学中心、中心医院与宣武医院合作创建神经科区域医疗中心工作。研究起草《济南市积极应对人口老龄化重点联系城市工作方案》《济南市普惠托育服务发展规划（2021—2025）》，入选全省第一批国家儿童友好城市建设培育库。加快国家产教融合试点城市建设，39 家企业入选全省第二批产教融合型企业建设培育入库名单，居全省首位。推进家政服务业提质扩容，“阳光大姐”商标被认定为中国家庭服务行业首个“中国驰名商标”。做好重要民生商品价格调控，制定《关于完善济南市重要民生商品价格调控机制的实施方案》，建立全市生猪猪肉市场价格调控工作机制，出台新冠肺炎疫情防控期间哄抬价格违法行为认定政策。阶段性调整价格临时补贴联动机制，全年累计发放价格临时补贴 4363 万余元，惠及 81 万人次。优化重点焦点领域价格形成和传导机制，完善修订天然气价格上下游联动机制，出台工业蒸汽价格定价及管理办法。研究修订分区域差异化停车收费政策，开展新能源出租车运价结构优化政策研究。调整医疗废物集中处置收费标准，规范行业收费行为。优化充电设施供给，印发《济南市新能源汽车充电基础设施建设运营管理办法》及细分环节政策规定，取消小区物业对充电桩安装证明环节，打通安装“最后一公里”。全市充电基础设施保有量达 50057 个，公共充换电站达 578 座，入选国家新能源汽车换电模式应用试点城市。（周靖雯）

**【印发《关于进一步规范市场机构跨区县迁移工作促进区域协调发展的若干政策措施》】** 为进一步加强产业发展市级统筹，促进区域协调发展，于 9 月 8 日印发《关于进一步规范市场机构跨区县迁移工作促进区域协调发展的若干政策措施》，从积极营造公平发展环境、建立健全市级统筹机制、规范完善迁移补偿机制等 3 个方面提出政策措施。

（张烈帅）

**【印发《关于进一步加强市级规划统筹管理的实施意见》】** 为更好发挥规划战略导向作用，有效解决规划数量过多、质量不高、衔接不充分、交叉重叠等问题，于 9 月 23 日印发《关于进一步加强市级规划统筹管理的实施意见》（济政办字〔2022〕48 号），建立市级规划统筹联席会议制度，围绕建立健全市级规划体系、完善规划管理机制、提高规划编制质量、推动规划有效落实落地等 4 个方面，进一步完善规划统筹长效机制。（张烈帅）

**【印发起步区发展规划】** 8 月 16 日，《济南新旧动能转换起步区发展规划（2021—2035 年）》由省政府办公厅正式印发。起步区将按照五年成形、十年成势、十五年成城的“三步走”发展目标，建设着眼未来发展的希望之城、绿色智慧宜居的幸福之城，打造新时代现代化田园城市。（何　敬）

**【投资结构不断优化】** 全市固定资产投资规模持续扩大，投资结构显著优化。其中，工业投资快速增长，同比增幅达 15.2%，拉动全市投资增长 2.1 个百分点，占全市投资比重为 15.5%，占比同比提高 1.2 个百分点。基础设施投资发挥较强的逆周期调节作用，同比增长 17%。“四新”经济投资大幅增长，同比增速 16.8%，占全市投资比重达 40.1%，占比同比提高 4.5 个百分点。社会领域投资保持较高增速，全年同比增长 26.5%，其中卫生和社会工作投资增长 74.2%，拉升社会领域投资 30.4 个百分点。

（张　笑）

**【通达能力持续提升】** 黄东联络线、济莱高铁分别于 11 月 16 日、12 月 30 日正式开通运营。济滨高铁、遥墙国际机场二期改扩建工程获批并开工建设。轨道交通 9 号线一期工程、7 号线一期工程取得批复并开工建设，城市轨道交通第二期建设规划 6 条线路均已开工。京台高速济南至泰安段改扩建、绕城高速公路二环线西环段、济南至高青高速建成通车，绕城高速二环线北环段、济广高速济南至菏泽段、京台高速齐河至济南段、济潍高速、高青至商河、济南至微山高速济南至济宁新机场段、济南绕城高速小许家至遥墙机场段、小许家至港沟段等新改建高速公路工程加快推进。（吴　建）

**【解决企业融资需求】** 推动企业债券融资，提升直接融资比重。发挥“企业债券国家直通车城市”政策优势，撬动更多社会资金有序进入全市重点领域和重大项目建设。2022 年，国家批复注册企业债券 4 支总规模达 65.7 亿元，年内正式发行债券 4 支，融资到账总金额 26.2

亿元。推动制造业中长期贷款签约落地，发挥银行等金融机构间接融资作用。着重从“项目端”和“资金端”入手，促进重大项目与金融资本精准对接，2022 年，完成 47 个项目签约，签约总金额 89.77 亿元，投放使用资金 30.89 亿元。

（乔晓双）

【新能源汽车产业全面起势】 6 月，比亚迪新能源整车项目完成备案，连同比亚迪高功率芯片、动力电池项目，济南市成功引进比亚迪新能源汽车全产业链项目，构筑济南新能源乘用车产业开局破题、高台起势的“新引擎”，为济南再造一个千亿能级新产业。（韩旭林）

【提升服务业发展能级】 落实济南市服务业发展联席会议制度，分行业、分区县抓好服务业指标运行监测和重点任务落实。制定出台《济南市加快总部经济发展的若干措施》《济南市促进消费持续恢复发展的若干措施》《济南市 2022 年服务业发展工作要点》等政策文件。新认定市级总部企业 12 家，认定两批 27 个市级（储备）特色产业楼宇，首批认定市级两业融合发展试点企业 9 家，新获批省级现代服务业集聚示范区 1 个、服务业创新中心 8 个、两业融合发展试点企业 3 家，推进服务业集聚发展、创新发展、融合发展。2022 年，全市实现服务业增加值 7426.7 亿元，同比增长 3.0%，占地区生产总值的比重为 61.7%。其中，现代服务业实现增加值 4492.3 亿元，增长 3.7%，占服务业增加值比重为 60.4%。（陈　磊）

【拓宽招商渠道】 组建京津冀鲁协同发展企业联盟，搭建中央企业、中关村产业园区等与济南市园区、项目对接赋能通道，服务企业 300 余家。依托央企城，打造“京沪会客厅”市级招引平台，举办招商推介会等活动 40 余场。高标准建设山东人才大厦，谋划黄河流域高层次人才科技创新论坛暨黄河科创基地，利用齐鲁软件园、创新园、山东工研院打造网安核心区契机，拓展与山东协同创新中心等机构合作，推动人才大厦在全市布局，省市共建人才招引高地。推动黄台大健康产业智谷项目搭建线上线下推介平台，依托与山东工研院、山东健康集团等战略合作，打造省市养老大健康示范基地。（王　芳）

【举办空天信息产业发展高峰论坛】 8 月 17—18 日，举办 2022 年空天信息产业发展高峰论坛，李干杰、周乃翔、张海波、凌文等省领导，刘强、于海田、孙斌等市领导，以及刘韵洁、樊邦奎、陆军、曹喜滨、蒋兴伟、王桥、周成虎、龚健雅、吴一戎、杨金才、张铁柱 11 名院士专家出席活动。联合 159 家科研院所、高校、龙头企业等单位共同发起成空天信息产业联盟，秘书处设在齐鲁空天信息研究院。

（丁姝琪）

【率先完成“通导遥”全面布局】 成功发射 9 颗低轨卫星，包括世界首颗微纳量子卫星“济南一号”，未来导航 S1–S6 低轨卫星，齐鲁 1 号、4 号高分辨率商业遥感卫星，成为国内首个完成商业航天“通导遥”全面布局的城市。（丁姝琪）

【山东省低空监测网技术重点实验室获批筹建】 依托齐鲁空天信息研究院，在前期建设济南市低空网示范验证系统项目，组织开展山东省低空监测网工程总体论证等工作基础上，中科院空天院副院长、齐鲁院执行院长付琨带领创建山东省低空监测网技术重点实验室。9 月 13 日，山东省低空监测网技术重点实验室正式获批依托齐鲁院筹建，建设期三年。以山东省低空监测网技术重点实验室为载体，研究解决制约低空开放和低空经济发展的“网络构建、传感器探测、智能处理、系统级应用”等低空领域共性技术问题，形成低空监测网技术行业标准、技术体制，推动济南打造低空产业发展创新高地。（丁姝琪）

【印发实施新型城镇化规划】 7 月，《济南市新型城镇化规划（2021—2035 年）》印发实施，该规划围绕“农业转移人口市民化、城镇化布局、智慧化、绿色化、均衡化、双向化”等重要领域，从顶层设计明确全市新型城镇化的主要目标、重点任务和实施路径，是指导全市新型城镇化的宏观性、基础性、战略性规划。（杜　娟）

【加快推动全市特色小镇规范健康发展】 2 月，全市商河县玉皇庙镇玻璃智造特色小镇、高新区中欧装备制造特色小镇、商河县贾庄高端精纺特色小镇、雪野旅游区养生休闲度假特色小镇、长清区归德建筑产业化特色小镇、马鞍山清宁康养森林特色小镇 6 个特色小镇纳入全省特色小镇清单统一管理，将特色

小镇建设成为经济高质量发展的新平台、新型城镇化建设的新载体、城乡融合发展的新支点。（杜　娟）

【推进黄河滩区迁建后续工作】 外迁安置工程土地复垦工作全部完成，旧村台改造提升工程、长平滩区护城堤工程竣工验收。研究制订滩区迁建后续工作任务台账，印发《关于推进黄河滩区居民迁建后续发展 进一步巩固滩区迁建成果的实施意见》。研究提出长清区外迁安置工程资金缺口问题初步解决方案，争取省政府同意长清旧村台改造提升工程结余资金用于外迁安置工程。完成黄河流域生态环境警示片“长清区敷衍应对黄河滩区居民迁建工作”问题整改，顺利销号。

（李　明）

【创建农村产业融合发展示范园】 商河县农村产业融合发展示范园被国家发展改革委等5部委联合认定为国家级示范园，成为全市第一家国家级示范园；莱芜区农村产业融合发展示范园被省发展改革委等5部门联合认定为省级农村产业融合发展示范园。根据省发展改革委等5部门关于开展第四批国家和省级农村产业融合发展示范园申报的工作部署，指导莱芜区编制完善示范园创建工作方案，组织开展园区用地审查等各项前期工作，完成迎接省评审专家组的现场调研工作，并正式行文推荐莱芜区申报创建国家级示范园。（程显涛）

【强化公共资源交易综合管理】 济南市以全省第一名成绩通过国家水利工程招投标电子监管试点城市验收，纵向实现水利项目招投标监管“国家—省—市—区县”四级联动。在全省率先开展招标计划提前发布制度，被省发展改革委确定为全省首批4个试点城市之一。组织开展首批“评定分离”项目，开通电子营业执照扫码登录功能，电子营业执照下载应用量居全省前列。推广电子保函服务，支持15家金融机构全流程电子化开具保函。印发《关于进一步优化投标保证金管理制度的通知》，对进入公共资源交易平台交易的工程建设项目，下调投标保证金收取比例，降低公共资源交易成本。（张　娜）

【严格收费管理】 规范幼儿园因疫情防控闭园的退费行为。1月，印发《关于进一步明确幼儿园收费有关问题的通知》（济发改成本〔2022〕21号），明确“幼儿园因公共卫生安全等不可抗力因素停园（班）的，应当按停园（班）的实际工作日天数退还保教费、住宿费和伙食费”的退费政策。阶段性降低国有景区门票价格。6—9月，对全市包括天下第一泉风景区、千佛山风景区在内的13个国有景区实行门票半价的优惠政策。（赵鹏飞）

【促进“一老一小”服务发展】 编制《济南市积极应对人口老龄化重点联系城市工作方案》，通过国家评审。印发实施《济南市“一老一小”整体解决方案》，在国家评审中获批全省第一名，并作为示范方案向全省推广。6月，国家发展改革委、民政部、国家卫健委联合印发《关于做好积极应对人口老龄化重点联系城市有关工作的通知》，济南市成功入选第一批积极应对人口老龄化重点联系城市（区）名单。

（王海诚）

【推进儿童友好城市建设】 编制《济南市儿童友好城市建设方案》，在全省评审中获评第一名。12月2日，省发展改革委、省妇儿工委办印发《关于印发山东省国家儿童友好城市建设培育名单的通知》（鲁发改社会〔2022〕1015号），济南市以专家评审得分第一名的成绩纳入全省第一批国家儿童友好城市建设培育库。（王海诚）

【概况】 2022年，市国资委统筹强党建、抓改革、优监管、促发展、防风险各项工作，推动市属国资国企高质量发展。截至2022年12月，市属国有企业资产总额17352.05亿元，同比增长15.9%；累计实现营业收入1831.99亿元，同比增长7.2%；已交税费总额89.69亿元，同比增长26.5%。

【国资国企改革】 国务院国资委确定的45项重点改革任务全面完成，各项工作指标名列全省前茅。山东省冶金科学研究院有限公司、济南金衢公路勘察设计研究有限公司、山东和同信息科技股份有限公司3户企业入选“国家科改示范企业”，是济南市继济南二机床入选国企改革“双百行动”后，市属国有企业再次入选国家级国企改革专项行动。完成企业混改项目23个，涉及资产总额13.49亿元、引进投资额3.81亿元。济南能源集团成功收购上市公司神思电子，济钢集团所属国铭铸管公司IPO有序推进。整合重组43户市属一级国有企业，初步形成一批优势企业集团，其中资产过千亿元的有5户、过百亿元的有14户。

【国企高质量发展】 2022年，市属企业计划投资项目222个，计划总投资8199.2亿元，年度计划总投资857.8亿元。全年实际完成投资1148.5亿元，完成全年计划投资的133.9%。承担市级以上重点建设项目34个（包含6个省级重点项目），计划总投资3098.7亿元，年度计划投资395亿元，全年实际完成投资471亿元，完成年度计划投资119.2%。完成第一批存量盘活任务，共涉及7个项目、总投资39.2亿元。保障城市供水、供气、供热、公交、地铁等重大民生需求。全市地方储备粮达61.01万吨，储备油7900吨。做好疫情防控，2022年，累计为6109户小微企业和个体工商户、普惠性民办幼儿园减免租金4.5亿元。

【国资监管】 突出管资本，改革国有资本授权经营体制，试点推进济南城投集团、济南建设集团、济南产发集团3户企业，改组建为国有资本投资公司，济南国有资产运营管理集团改组建为国有资本运营公司。修订完善企业负责人经营业绩考核办法，"一企一策"制定差异化考核措施，精准设置关键性、引领性指标，实行分级分类精细考核，建立高质量发展指标考核体系。树立国资国企"一家人"理念，开展"上一线、察实情、练本领、促发展"活动，分类分步破解企业难题。常态化开展"两代表一委员"走进国企活动，邀请党代表、人大代表、政协委员先后走进能源集团等多家企业，为企业改革献计献策、共谋发展。

【党建引领】 结合新一轮企业改革重组，调整理顺14家市属一级企业党组织关系，新设党委7个、党支部158个，充实基层党支部书记464人，构建起"三级四层"组织架构。开展党支部评星定级，共评选出216个五星级党支部。指导一级企业全部落实党委研究决定事项、前置研究讨论事项及负面事项"三张清单"，推动"党建入章""双向进入、交叉任职"等向二、三级企业有效延伸。推进市属企业经理层任期制与契约化管理，市属一级企业外部董事占多数实现全覆盖。成立市国资委党校，开展干部职工理论和业务轮训，提升干部综合素质能力。

【济南能源集团收购神思电子】 神思电子2022年7月8日公告，济南能源集团所属子公司济南能源环保科技有限公司拟以"协议受让+表决权委托"的方式收购神思电子的控制权。

【市属国有企业发展工作座谈会召开】 2022年8月18日，市属国有企业发展工作座谈会召开，专题研究市属国有企业高质量发展工作。市委副书记、市长于海田主持会议并讲话。会上，市国资委汇报国资国企工作情况，12户市属国有企业负责人汇报企业基本情况、存在问题和下一步发展打算。市委常委、副市长、济南高新区管委会主任王宏志，市政府秘书长王品木参加会议。

2022年9月7日，济南市第二届"国企楷模·我们的榜样"主题活动总结大会在雪野湖国际会议中心召开

（市国资委 供稿）

2022 年 5 月 18 日，驻济省属国有企业座谈会召开　（市国资委　供稿）

【济南建工集团有限公司、济南国有资产运营管理集团有限公司揭牌】 2022 年 9 月 26 日，济南建工集团有限公司、济南国有资产运营管理集团有限公司揭牌仪式举行。济南建工集团将立足“引领、拓展、管控、服务”的职能定位，进一步做大做强济南建筑产业规模实力，打造具有济南特色的国内一流建筑品牌。济南国有资产运营管理集团将立足于服从服务全市改革发展大局，努力让国有资本更多投向战略性、前沿性领域，提高国有资本专业化、市场化运营能力，打造具有核心竞争力和较强影响力的国有大型企业集团。

【第五届中国企业论坛在山东济南举办】 2022 年 11 月 6—8 日，第五届中国企业论坛在山东省济南市举办。本次论坛以“中国企业新征程新跨越”为主题，300 多位中外嘉宾以线上或线下方式展开交流。第五届中国企业论坛由国务院国资委、全国工商联、山东省人民政府和新华通讯社指导，国务院国资委新闻中心、山东省国资委、济南市人民政府和经济参考报社共同主办。论坛发布《中央企业高质量发展报告（2022）》和《2022 中国企业舆论传播报告》等，举行科学家讲坛、中外企业家对话以及 5 场平行论坛。

（马　哲）

【概况】 2022 年，济南市自然资源和规划局认真落实市委主要领导对自然资源和规划工作提出的“法治化、科学化、规范化、数字化”要求，坚持主动服务、创新服务、协同服务、全程服务、亲清服务，奋力拼搏，真抓实干，2 项工作被自然资源部通报表彰，8 项工作作为典型案例在全国全省推广，获全国第三次国土调查先进集体、工业强市建设工作表现突出单位等称号。

【国土空间规划】 完成“三区三线”划定任务，对接各区县（功能区）、市直部门、政府投资平台等空间需求，划定耕地 33.55 万公顷（永久基本农田 29.57 万公顷）、生态保护红线 1240.59 平方千米、城镇开发边界 1456.03 平方千米，相关成果已经自然资源部同意，作为建设项目用地报批的依据。加快国土空间规划编制与报批。市级国土空间总体规划成果已经市人大常委会审议通过并报自然资源部审查。加快编制起步区、南部山区、长清、章丘、济阳、莱芜、钢城国土空间分区规划。推进黄河生态风貌带、齐鲁科创大走廊等 10 余项重点区域规划研究。加快编制 27 项市级空间类专项规划，编制《济南市中心城道路网优化及近期建设规划》，完成《济南市城市停车规划》，开展停车资源普查。完成《城市地下空间总体规划》和 2 个试点片区控制性规划，有效统筹城市地下空间利用。

【土地管理】 耕地保护　落实耕地保护目标责任制，推动“田长制”落实，济南市被确定为全省首个“田长制”应用场景试点城市；健全耕地保护“双指标 + 资金”激励机制，奖励范围及额度均居全省首位。严格耕地“占补平衡”，依法补充耕地 826.67 公顷。

建设用地管理　优化重点项目精准用地联合审查，强化省市县三级联动，压茬推进土地征收成片开发方案编制和“两规”一致性处理。全市供应土地 5333.33 公顷，其中划拨 3426.67 公顷、出让 1906.67 公顷。供应工业用地 960 公顷，约占出让土地的 50%；供应“标准地”8209 公顷、新型产业用地（M0）

15.6公顷、标准厂房用地63.93公顷，省级以上经济技术开发区等重点区域内工业用地全部实行“标准地”供应。完善土地二级市场线上线下交易平台和建设用地使用权转让、出租、抵押制度。处置批而未供4220公顷、闲置土地156公顷，均超额完成省自然资源厅下达的任务目标。低效用地再开发、存量工业用地升级改造典型案例被自然资源部发文推广。

土地储备　创新推出“用地清单制”，把过去由企业拿地后办理的12项审批事项，调整为出让前由政府部门完成，缩短项目建设周期3～6个月、节省用地成本约3万元/亩，相关做法被省工改组在全省推广。探索将土地储备模式由市场主导型向政府主导型模式转变，以自然资源大数据为底板，综合应用地理信息、遥感、倾斜摄影等技术手段，建成市级“智慧储备”系统。

【地质矿产管理】　绿色矿山建设　印发《济南市绿色矿山建设提升行动工作方案》，分类提出绿色矿山推进计划。通过对全市26家绿色矿山、2家第四批省级遴选矿山开展绿色矿山“回头看”，加强对已入库绿色矿山动态监管，移出省级绿色矿山名录矿山1家。坚持创新驱动矿业产业升级，推荐的“大水矿床井下顶板灰岩倾斜帷幕注浆堵水采矿技术”入选自然资源部矿产资源节约和综合利用先进适用技术目录。

生态修复　推进黄河流域生态保护和高质量发展战略涉及自然资源和规划领域的100余项重点任务。编制《济南市国土空间生态修复规划（2021—2035年）》，构建“一屏一带、多廊多点”的全域生态空间格局。推进919处历史遗留矿山生态修复，强化矿产督查和科技管矿，加快实施绿色矿山提升行动。建立四级地质灾害防治责任体系，对235处地质灾害隐患点，特别是19处重点隐患点加强监测防治和督导检查，连续20年地质灾害“零伤亡”，相关做法入选自然资源部《全国地质灾害防治经验模式及典型做法》并在全国推广。

【测绘管理】　推进山东省新型基础测绘体系建设国家试点——济南试点区域各项任务，编制完成济南试点区域实施方案，完成黄河流域济南段470平方千米高精度地形级地理场景建设和中心城区100平方千米地下建构筑物二维图元和三维模型建库。建成济南市城市信息模型（CIM）基础平台（一期）和国土空间基础信息平台，开展新型基础测绘济南试点区域项目，打造“泉城图”品牌，提供内容丰富、形式多样、更新及时的泉城地图服务。

【调查监测】　公布第三次国土调查成果，摸清全市自然资源家底。开展2021年度国土变更调查。2022年，济南市共接收国家遥感监测图斑41680个，面积21234.33公顷。开展全市2022年度森林、草原、湿地专项调查监测工作。

【不动产登记】　在全国率先推广二手房“带押过户”登记模式，创新“双预告登记”、公证提存等服务监管机制，降低交易成本约90%。全国首创的不动产登记“云柜台”全面开发完成，“三维”确权登记落地实施，开启电子档案便利化改革，600万页档案完成数字化，对外提供电子档案查询114万条（次）。完成不动产存量电子证照生成，应用电子证照152万余次，累计475万余次。解决历史遗留项目99件，涉及约2.49万户，建筑面积292.18万平方米。

【执法监察与信访】　推广“空天地”一体化自然资源执法监管场景应用，开展矿产资源“越界开采”“乱采滥挖”专项督导检查、打击“洗洞”盗采金矿专项整治，推进农村乱占耕地建房和违建别墅问题整治。联合公安部门完善行刑衔接合作机制，打击“沙霸”“矿霸”、渣土等领域违法犯罪行为，立案查处土地、矿产资源违法案件185宗。做好信访工作，被自然资源部评为“全国自然资源系统先进单位”，全年共接待群众来访27批次、227人次，电话来访38人次，未发生越级访、到省访和进京访。办理人民来信748件，民生连线142件，受理率和按时办结率均为100%。承办“12345”市民服务热线受理市民反映事项8214件，满意率99.95%，满意率在全市名列前茅。

（彭　飞）

【概况】　2022年，市市场监管局

高效统筹疫情防控和市场监管工作，强监管、优服务、守底线、保安全，以高效能市场监管助力全市经济社会高质量发展。在全省率先制定实施《“双随机、一公开”监管工作规范》（DB3701/T31—2022）地方标准，实现对部门系统内部和部门联合“双随机、一公开”监管的全流程整合。推进国家食安城复审迎检工作，相关经验做法被市场监管总局在全国推广。设立全国首个医药创新服务中心，上市药品评价性抽检合格率100%，创新药实现零的突破。特种设备监管效能持续提升，全市7800余条7690千米城镇燃气压力管道法定检验率实现从零到全覆盖。严厉打击成品油“自流黑”违法行为，完成中央环保督察“回头看”反馈意见33个问题一次性销号复核，被市场监管总局通报表彰为“产品质量安全监管保障贡献突出集体”。市政府印发《济南市建设国家知识产权强市示范市工作方案》，济南市成功入选首批国家知识产权强市建设示范城市；全面完成知识产权运营服务体系建设各项目标任务，在第三批重点城市绩效评价中取得第一名；平阴玫瑰入选全国地理标志保护示范区、全国地理标志运用促进工程名录。在全省市级政府质量工作评议中连续三年获评A级。在全省率先开展市级公共服务质量监测试点，在2021年公共服务质量监测中位列全省第一位。开展“铁拳”“清风”等专项行动，查办案件18386件，罚没金额6160万元，入选国家级典型案例4件。

**【执法监督】** 对《济南市市场主体强制退出办法》《关于落实国家标准化发展纲要促进高质量发展的实施意见》及《济南市建设国家知识产权强市示范城市实施方案（2022—2024年）》等7份规范性文件进行合法性初审，确保制定主体适格、程序内容合法、形式要件齐全。制定发布《行政处罚案件法制审核办法》《行政处罚案件负责人集体讨论办法》等法制审核制度。2022年，审核案件32件，组织集体讨论会议83件次，召开听证会15场次。分解市场监管行政执法职权，确定行政执法责任，对22项行政许可、671项行政处罚、20项行政强制、3项行政裁决、1项行政确认、30项行政检查、18项其他行政权力的法律依据、执法机构和岗位、岗位职责、法律责任逐一明确。组织对全市市场监管系统2020年9月1日至2022年4月1日期间办结的5651件行政处罚案件，开展全面自查自纠，对区县选送的45份案卷进行评查，其中4份被评为全省优秀案卷。对需要进行现场查验和专家评审的审批许可事项，做到随到随审、快速沟通、压茬推进、快速流转、“不接触”送达，最大限度降低疫情对评审、审批的影响。

**【信用监督管理】** 在全省率先制定实施《“双随机、一公开”监管工作规范》（DB3701/T31—2022）地方标准，实现对部门系统内部和部门联合“双随机、一公开”监管的全流程整合。扩大实施双随机监管部门的参与面，从2020年的23个部门扩展到2022年的34个部门，实现“监管部门全覆盖”。制定并动态更新《济南市部门联合“双随机、一公开”监管抽查事项清单（第二版）》，联合抽查事项达157项，是2020年联合抽查事项的2.7倍，实现监管事项全覆盖。除法律法规明确规定外，实现“抽查公示全覆盖”。实施《包容审慎信用监管若干措施》，给予企业容错改正机会。2022年，有1350家企业未被列入经营异常名录。统筹组织全市两次大规模部门联合双随机抽查，涉及73项抽查任务、检查对象户次1.74万，大幅提高联合抽查比例至30%以上。推动“市场主体强制退出”国家局试点，以市政府办公厅名义印发《济南市市场主体强制退出警示管理办法（试行）》，对5169家企业实施“强退警示”，对1261家企业发出拟“除名”公告。承接“重点监管事项清单化管理”国家局试点，印发《济南市重点监管事项清单化管理试点工作推进方案》。推动《济南市加强和规范事中事后监管实施方案》各项任务落实，“事中事后模块化智慧监管模式”被省政府作为最佳实践案例推广。指导单用途商业预付卡领域、医疗服务领域2项“综合监管一件事”改革，成为全省“揭榜挂帅”改革试点创新成果。组织开展打击整治养老诈骗专项行动。“规范执法检查活动”典型案例入选国家发改委《优化营商环境百问百答》。

**【反不正当竞争和反垄断】** 2022年5月，市委办公厅、市政府办公厅联合印发《关于进一步严格规范文件合法性审查和公平竞争审查程序的通知》，各区县也相继制定相同文件，提升市直各部门、各区县党委、政府对公平竞争审查工作的重视程度。7月，印发《济南市重大政策措施公平竞争审查会审试点实施方案》，12个区县参照市级方案出台本级实施方案。开展制止滥用行政权力排除、限制竞争执法专项调查行动、要素保障类政策措施反垄断执法调查清查和限制共享单车企业市场准入摸排等工作，清理清查要素保障类政策措施96件，涉及政府规章4件、行政规范性文件42件、其他政策文件50件；配合省市场监管局赴有关区县开展反垄断协查4次。牵头完成打击侵权假冒2021年度省级绩效考核，成绩位列全省一档前列；印发《济南市2022年度打击侵权假冒重点工作实施方案》。2022年，为8个区县提供专业知识咨询和文件会审研判，召开会审会商专题会议5次。全年开展重点领域反不正当竞争宣传指导2次，建立商业秘密保护指导站、示范企业、示范基地5个，立案6件、结案2件，罚没款40万元。组织开展查处网络购物型、网络投资理财型及其他损害群众利益、破坏社会稳定的网络传销违法活动。2022年，立案查处网络传销案件4件，已结案3件，罚没款400.6万元，移送公安机关涉传案件1件。

【网络交易监督管理】 组织开展网络交易经营主体“四亮”（亮照、亮证、亮规、亮标）集中整治行动，抽查整治主体10770户。在全市范围内开展网络市场监管专项行动，处置上级交办违法线索58条，督促网络交易平台删除违法商品信息101条，责令整改网站129个（次），查处案件112起。印发《推进线下购物七日无理由退货活动工作方案》，截至2022年年底，全市有无理由退货单位4.4万家，为消费者退货14.6万件。《打造放心消费自律联盟 推动消费维权社会共治》被省市场监管局评为“放心消费在山东”创建活动“十佳案例”。联合市公安局、城管局等8部门印发《济南市农贸（集贸、批发）市场集中整治攻坚行动方案》，联合市商务局印发《关于农贸市场整治成效联合验收方案》。印发《关于对利用合同格式条款侵害消费者权益违法行为开展专项整治行动方案》、发布《规范网络交易合同行为提醒告诫书》。2022年，检查各领域经营企业1099家，收集、排查合同格式文本469份，指导、约谈企业90家，规范格式条款99条，立案查处6起。

【广告监督管理】 对山东广播电视台等6家媒体单位广告发布情况，以及广告业务承接登记、审核、档案管理制度建立执行情况进行现场监督检查，规范媒体单位广告审查，保障广告发布合法合规。联合相关区局针对部分民营医疗机构、电梯广告发布媒介、报社及报纸发行单位，召开广告发布行政约谈会议，督促整改典型违法广告问题。制定出台《互联网广告发布审核指导会商制度》，受到国家市场监管总局肯定。全年制发案件转办函181件，处置各级广告监测违法广告线索860条次，处置办结率100%。加强户外广告监管，会同城市管理部门开展打击整治违法“小广告”专项行动。牵头起草全市医疗美容行业治理实施方案，针对国家、省专班派发的重点线索以及“有照有证”“有照无证”“无照无证”市场主体清单，逐户现场核查，分类处置有关问题。2022年，全市广告业营业收入138.8亿元，同比增长39.2%，增速列全市现代服务业第二位。

【价格监督检查】 围绕政府部门、水电气暖行业、中介机构、协会商会、金融、航运交通、进出口环节等领域，加强价格行为监管，查处不执行政府定价或政府指导价、收取不合理费用的违法违规行为，立案查处14家，已退款363.72万元，罚没款15.80万元，为企业减轻负担376.48万元。2022年，全市检查校外培训机构58家、幼儿园74家、义务教育阶段学校87家、高级中学10家、中等职业学校7家和高等职业学校1家，发现个别高中、幼儿园存在价格公示不规范问题，均责令限期改正，未发现价格违规现象。组织全市开展医疗机构价格和收费专项整治，全市检查各类医疗机构152家，药店、门诊118家，罚没款320万元。对市属粮食企业经营行为，在夏粮收购期间与市发改委开展联合全覆盖检查两轮，对6家粮库涉嫌价格违规线索移交执法支队和区局处理。对全市停车领域明码标价及收费行为进行全覆盖拉网式检查；加强重点时段市场价格日常监管，稳定节日期间市场物价。疫情期间，全市出动检查人员20290人次，检查重点药店、商店、超市等市场主体20480余家，处置投诉举报783起，发放告诫函10394份，同时对3家公司哄抬价格违法行为立案调查。

【质量发展工作】 牵头协调12个市直部门单位做好2021年度市级政府质量工作评议，济南市评议结果为A级，市级政府质量工作评议连续三年获评A级，受到市政府主要领导批示肯定。开展质量提升行动，会同23个市直有关部门单位制定出台《济南市质量提升2022年行动计划》。部署开展“质量强县”创建工作，推动“质量强市”向区县纵深推进，历下区入选2022年度山东省质量强县（区）。组织举办2022年济南市“质量月”活动启动仪式。在2021年公共服务质量监测中济南市成绩优异，位列参评城市全国第十五位、全省第一位。先后印发《关于2021年济南市公共服务质量监测情况的通报》《关于转发〈关于市场监管总局2021年全国公共服务质量监测结果及我省情况的通报〉的通知》，为部门开展质量提升活动和领导决策提供参考依据。印发《2022年度济南市高端品牌企业培育方案》，组织企业参与2022年度山东省高端品牌企业申报，90家企业入选，历年获评总数持续位列全省首位。济南市31个品牌入选第一批“好品山东”名单，数量居全省首位。长清区上榜2022年度山东省优质产品创建基地名单，3家企业被认定为“山东省优质产品基地龙头骨干企业”。推动“泉质享”质量基础设施一站式服务平台线上线下整合和协同服务，平台已入驻企业1809家、省内外服务机构302家，帮扶企业510家，累计节约成本500余万元，创造经济效益1200万元。

【产品质量安全监督管理】 制定《2022年济南市重点工业产品监管目录》，涵盖八大类179种重点产品，完成抽查5000个批次。组织开展对不合格产品处理情况的联合检查，召开不合格产品质量约谈会，对连续两次以上不合格的4家企业进行约谈，指导企业整改。聚焦危险化学品等10类重点产品质量安全隐患排查，组织176家生产企业全面自查，发现问题120个，指导企业全部整改完毕。聘请技术专家对114家重点工业产品和食品相关产品生产企业开展日常监督检查，发现问题467个，指导企业整改落实。组织全市市场监管人员对1085家电动自行车销售企业进行全面检查，对发现问题督促企业整改落实。开展“儿童和学生用品安全守护行动”。将全市夹心彩钢板和电力设备产品2个行业103家生产企业全部纳入质量技术帮扶对象，建立技术专家与生产企业联系制度，长期为企业提供技术咨询和答疑解惑；对市电力设备产品质量技术帮扶案例得到省市场监管局高度肯定，并被推荐参加市场监管总局优秀案例评选活动。对煤炭制品100%抽检，打击非法销售劣质煤炭行为；加强挥发性有机物质量监管，抽查涂料、胶黏剂、油墨、清洗剂等产品81个批次；加强塑料制品监管，与市农业农村局联合对农用地膜集中销售农贸市场和农资专卖店进行监督检查，确保销售地膜符合国家标准；加强成品油质量监管，将全市登记在册的加油站和生产批发企业全部纳入监督抽查范围，抽查成品油800个批次。

【食品安全协调】 在高质量发展综合考核中，“守好食品安全底线”考核指标权重占考核总权重的2%，全市建立健全分层分级、层级对应的包保工作机制，近1.2万名市、县、乡、村级包保干部，分别包保8.7万余家A、B、C、D级食品生产经营主体，并实行“三清单一承诺”（责任清单、任务清单、督查清单，责任与任务承诺书）制度，济南市经验做法被市场监管总局和省市场监管局推广。调整成立以市长为主任的市食药安委，健全风险会商、定期调度、年度报告、责任约谈、考核评议等工作机制，加强街（镇）食药安办规范化建设。在全市开展3轮次督导检查，通过食安城省级复审，全市食品安全群众满意度为93.47%。聚焦重点食品生产企业、连锁经营企业、网络平台企业、学校食堂等排查处置风险隐患，牵头组织开展全市食品安全“守查保”专项行动和“周末查食安”等活动，全市检查130407家，检查覆盖率100%，发现风险问题3869个，完成处置率100%。

【食品生产安全监督管理】 开展食品添加剂“两超”等突出问题专项整治，督促企业建立添加剂“三定三查一检”等制度。指导企业以将食品安全标准落实到生产全过程，督促企业持续合规生产。开展食品生产环节信息化追溯工作，推广应用“山东食链”，全市上链率达100%。建立全市食品生产企业“三张清单”（食品安全风险清单、措施清单和责任清单），指导企业高质量开展食品安全自查。全市建立区域性风险隐患排查机制，严防发生系统性、区域性食品安全问题。牵头开展整治食品网络虚假宣传暨违法广告“净网”行动，清理涉嫌违规广告信息175条，立案调查企业3家。建立食品安全信用监管制度和工作机制，创新实施食品生产企业信用分类监管，建立食品生产企业信用风险分类专业模型并投入使用。市市场监管局对38家多次不合格、舆情和投诉举报等问题线索企业开展飞行检查。持续开展乳制品、肉制品质量提升行动，规范儿童用乳粉生产行为，促进产业高质量发展。组织全市食品生产企业继续开展产品验证检验工作。全面推进食品生产加工聚集区共建实验室，提高聚集区内企业、小作坊食品的出厂检验率。截至2022年年底，全市共有获证食品生产企业1205家、食品小作坊1502家。

**【食品流通安全监督管理】** 全市137家大中型食品销售企业全部配备食品安全总监和食品安全员，8840家小型食品销售企业全部配备食品安全员。联合市行政审批服务局对上争取，成为全省6家开展新业态食品经营备案试点地市之一，在起步区率先开展试点。推广应用“山东食链”，流通环节激活率、上链率全部达100%，位居全省前列。联合市农业农村局印发《关于深化食用农产品产地准出和市场准入推进信息化追溯体系建设的通知》。落实农贸批发市场驻场监管、“快检+互联网”、定量监督抽检、扫码追溯、半年检查制度，匡山市场被省市场监管局确定为全省典型市场。组织实施食用农产品委托检测，全市完成食品快检65万余批次，合格率99.87%。牵头全市农村假冒伪劣食品整治；建立“三类排查”风险隐患清单和整改台账；组织对27家多批次抽检不合格食品销售者开展飞行检查，发现案件线索3件；部署开展冷鲜肉和生鲜食品专项检查；组织校园周边食品安全专项整治和售酒问题治理。推动成立济南市流通行业食品安全联盟，3.5万余家销售经营企业入会，推动行业自律、社会共治。全市出动监管执法人员3400余人次，检查畜禽产品加工和经营单位1765家，对索证索票落实不到位的39家单位，责令限期改正。组织经营性自建房安全隐患排查，对食品经营业户进行复查，复查市场主体3307户。

**【餐饮服务食品安全监督管理】** 实施校园食品安全守护行动，压实学校食品安全校长负责制、校外供餐单位食品安全主体责任，对辖区学校食堂、校外供餐单位落实全覆盖检查。印发《关于加强校外供餐食品安全监管工作的通知》和《关于开展校外供餐单位食品安全风险隐患排查整治方案》。截至2022年年底，全市90%的学校食堂、60%的养老机构食堂和50%的中型及以上餐饮单位均达到“清洁厨房”要求。加强连锁餐饮监管，督促指导连锁总部与门店开展自查，强化日常监督检查，改善连锁餐饮单位饮食消费环境。全市有连锁餐饮总部18家、分店1053家。强化网络订餐食品安全监管，持续督促第三方平台和入网餐饮服务提供者严格履行主体责任，确保规范经营和加工操作。做好重大活动食品安全保障工作，累计承担重大活动保障任务102次。聘用检测机构对学校（幼儿园）食堂300家、养老机构食堂140家、集体用餐配送单位和中央厨房110家、城市综合体400家和大型连锁餐饮300家餐饮单位，开展食品安全第三方评价工作。

**【药品安全监督管理】** 修订完善《济南市药品安全事件应急预案》，以市政府办公厅名义印发，建立起27个部门参与的药品安全事件应急管理机制。市区（县）两级均建立起集中打击整治危害药品安全违法犯罪工作机制。制定药品质量安全主体责任清单、负面清单20条，打击制售假药劣药等违法行为。制定全市年度医疗机构配制中药制剂监督检查计划及《医疗机构配制中药制剂监管工作手册》，开展中药制剂抽检70批次，检查医疗机构制剂室20余家次，以监督抽检推动药品安全监管效能提升。联合市总工会举办2022年度全市药品检验检测技能竞赛活动。指导哨点医院开展重点监测和上市后评价研究，获得省药品不良反应监测立项课题6个，居全省首位。开展“国际禁毒日”预防药物滥用进社区、进医院科普宣传活动。

【药品市场监督管理】 会同市公安局联合印发《关于深入开展药品安全专项整治行动的实施方案》，制定印发《济南市药品经营专项整治工作方案》，对4374家药品零售企业、6247家药品使用单位、430余家疫苗接种单位，进行全覆盖监督检查；集体谈话、约谈药品零售企业140余家次；全市查办案件453件，罚没款359.27余万元，吊销药品经营许可证3件，移送公安机关案件2件。推动山东省立医院等8家省哨点开展主动监测，指导医院利用CHPS、HIS系统，采用“实时监测”和“回顾性监测”两种方法，对重点患者进行重点监测，重点关注药物流失、滥用现象。制定《济南市禁毒委员会工作规则》。采取全区域网格化监管、全覆盖检查、全过程追溯、全品种委托、全面驻点监督“五全”监管措施，加强新冠病毒疫苗质量监管。督促药店对于国家药品集采中选品种、血液制品等实现扫码追溯，全市药店除注销、停业等原因外，全部入住省市场监管局药品追溯系统或者“码上放心”追溯系统，入驻率100%。2022年，完成全市抽检1110批（省级监督抽检210批、市级监督抽检900批）。探索基层监管新模式，以提升基层药品监管能力为抓手，培养药品GSP社会检查员。开展全市药品安全事件应急处置演练，强化应对突发药品安全事件的协调配合、高效处置能力，减轻或消除突发事件造成的危害。采用区县市场监管局日常检查、市市场监管局督导检查方式，加大药店疫情防控监督检查力度。2022年，全市各级市场监管部门检查药店7862家次，约谈121家，限期整改193家，停业整顿54家，公开曝光7家。对全市80余家连锁总部的企业负责人进行集体谈话，并对药店疫情防控工作进行培训。与市卫健委联合印发《济南市药品使用单位“规范化药房”建设实施方案》，开展“规范化药房”建设，规定药品使用单位“规范化药房”应具备“六有（有人员、有制度、有场所、有设备、有票据、有记录）”基本标准。启动济南市“慢病关爱行动”，通过第三方医药电商平台数字化赋能慢病患者药品供给。全市24小时药店由2021年的59家增长到230余家，服务夜间消费者共计90余万人次。

【医疗器械监督管理】 与市卫健委、医保局、行政审批局联合开展医疗器械经营企业专项整治“春雷行动”；与市行政审批局和产业园区建立“审管联动、市县互动、多元共治、打建结合”常态化治理机制，推动医疗器械第三方物流企业发展；组织开展药品安全专项整治、医疗器械质量安全风险隐患排查治理、装饰性彩色隐形眼镜和医疗美容医疗器械专项整治行动。2022年，检查医疗器械经营企业13983家、使用单位5245家；加大对违法违规行为查处力度，责令整改305家，警告90家，立案164件，罚没款164.28万元，处置“国家医疗器械网络交易监测平台”移交的违法线索60件。对医用口罩、新冠病毒抗原检测试剂、医用防护服等疫情防控医疗器械产品开展全覆盖监督检查，对全市参与新冠病毒检测的23家第三方医学检验机构实施全覆盖指导检查。联合市卫健委、医保局开展调研，出台《推进医疗器械唯一标识（UDI）实施应用工作方案》，济南市4家单位入选省级UDI示范单位。科学制定济南市2022年医疗器械抽检计划，组织开展2批次国抽、25批次省抽样工作，完成率达100%；对1批次抽检不合格样品进行立案查处。依据市政府出台《印发关于加快生物医药与大健康产业高质量发展的若干政策措施的通知》，完成6家企业9个项目的材料审核，对符合条件的企业兑付奖补资金390万元。

【化妆品监督管理】 完成“线上净网线下清源”专项行动，全系统对接化妆品电子商务经营者318家，通过督促、引导，286家企业建立化妆品经营管理相关制度，131件违法违规化妆品被清理；摸排线上化妆品销售店铺333家，行政约谈电商企业15次，责令整改16家，查处化妆品网络违法案件6起，罚没款16.4万元。参与药品安全专项整治行动，全系统摸排线下化妆品实体经营店3931家，发现风险隐患110条，发现各类问题线索72条，责令整改75家，移送异地或协查违法线索2条；办理化妆品案件125起，罚没金额129万元。2022年，全市新增省级化妆品不良反应监测哨点4家，共有监测哨点7家。按期完成国家级20个批次、省级45个批次、市级110个批次的化妆品监督抽检工作。强化科普宣传和法规宣贯，被评为“2022年全省化妆品安全科普宣传周优秀单位”。

【特种设备安全监察】 组织开展特种设备安全生产三年整治和安全生产大检查行动，全市累计检查各类特种设备单位5481家，下达安全监察指令书802份，查封扣押各类非法违法设备54台套，立案处罚294起，经济处罚601万元，实现特种设备安全源头治理、精准治理、综合治理，完善特种设备安全责任体系。组织开展特种设备生产使用单位日常监督检查，全年共计监督检查1429家单位；开展节假日和重要会议活动特种设备安全专项督导检查。组织开展城镇燃气安全排查整治，历时9个月，全市7800余条7700千米城镇燃气压力管道法定检验率实现从零到全覆盖的突破。开展气瓶安全专项整治。推动双重预防体系建设，企业端双重预防机制数据完备率99.9%。主动对接推动加氢项目，全省7座加氢站中，济南占4座，排在全省第一位。

【计量工作】 截至2022年年底，共建立社会公用计量标准347项，CNAS认证项目501项，市级社公标增长率连续三年超过10%，为企业测量大数据的准确性、一致性和可溯源性提供法制保障。持续推进产业计量测试中心建设，山东省汽车零部件精密加工产业计量测试中心、山东省氢能产业计量测试中心正式筹建，投资建设600平方米双智赋能中心，为相关产业提供“三全一前”的精密测量和计量技术服务。对10个重点领域开展计量专项监督检查15次，抽查1637家企业在用计量器具19446台件，抽检定量包装商品生产经营企业65家271批次。开展全市能源计量审查工作；联合济南市水务局，开展能效水效标识使用监督检查。受市场监管总局、省市场监管局委托组织起草《国家注册计量师监管规则》《山东省两高行业计量器具配备和使用管理办法》等政策性文件。推行“互联网+计量检定”工作模式，企业通过网上申报、设备邮寄、颁发电子证书等方式完成送检，累计颁发电子证书20万余份。

【标准化工作】 调整标准化工作领导小组，统筹推进标准化创新发展重点工作。印发《济南市人民政府关于落实国家标准化发展纲要促进高质量发展的实施意见》，被市政府列入2022年度重大行政决策事项。省政府批准济南市建设科技创新标准化城市试点，制定《济南市建设科技创新标准化城市（试点）工作方案》并获省市场监管局批复。召开全市标准化创新发展暨知识产权强市示范城市建设工作会议，市政府和省市场监管局签订《推进济南市标准化创新发展战略合作协议》；建立《济南市标准化创新发展重点建设项目任务清单》，初步梳理126项重点建设项目，明确项目责任主体和建设期限。2022年，全市企事业单位制定发布国际标准5项、国家标准210项、行业标准112项、省地方标准92项，数量居全省首位。截至2022年年底，全市累计制定国际和国外先进标准46项、国家标准2835项、行业标准3951项、省地方标准4595项、市级地方标准33项，自我公开声明企业标准40910项、团体标准1553项，初步构建覆盖经济社会各领域，以国际和国外先进标准为引领、国家和行业标准为基础、团体和企业标准为主体、地方标准为补充的新型高质量发展标准体系。建设技术标准创新中心培育库，一期获批高端铸造锻压装备、高吸收性树脂材料、高档数控机床3个山东省技术标准创新中心。

【知识产权保护】 建立济南知识产权法庭、中国（济南）知识产权保护中心、知识产权维权援助中心、知识产权仲裁中心、知识产权纠纷人民调解委员会等平台，区县知识产权调解组织实现全覆盖；与市公安局联合出台《关于加强两法衔接建立知识产权保护重点联系机制的意见》，共同建立济南市知识产权协同保护警务工作站。开展知识产权保护专项行动，查处专利、商标等知识产权侵权假冒案件，依法惩治恶意侵权、群体侵权、重复侵权等行为，对群众反映强烈、社会舆论关注度高、侵权假冒多发的电商、展会、驰名商标、涉农地理标志等重点领域和区域重拳打击，整治到位。推进全省首批专利侵权纠纷行政裁决试点，入选全国首批知识产权纠纷快速处理试点。建立行政保护技术调查官制度，形成行政调解、技术支撑、专家咨询、行政裁决于一体的专利侵权纠纷处理模式。开展山东省首例专利行政裁决与行政确权联合审理，推进案件高效、高质量办理。建立知识产权行政调解司法确认机制，实现全省首例知识产权纠纷行政调解协议司法确认。以地理标志培育赋能乡村振兴，平阴玫瑰入选国家地理标志产品保护示范区和国家地理标志运用促进工程名录。提升知识产权服务效能，高标准建设1.24万平方米济南知识产权服务业集聚区。至2022年年底，已引进高端服务机构24家。

【外商投资企业登记管理】 2022年，全市新设立外资企业373户。截至2022年年底，全市实有外商投资企业3891户，同比增长2.77%；实有外商投资企业注册资本、投资总额分别为3891.25亿美元、3634.54亿美元，同比分别增长2.18%、2.06%。发挥市、区（县）、经济园区三级帮办服务机制作用，330户外资企业通过帮办服务落户济南，2180户外资企业通过帮办服务办妥各类登记事务。帮助山东浪潮数字服务有限公司、中石化、中铁十局、西门子等200多家企业解决登记难题，“全程（泉城）帮”服务品牌在全市外商投资企业中收获良好口碑。主动对接淄博、泰安、聊城、德州、滨州、东营、济宁等市市场监管局，签订《山东省省会经济圈暨黄河流域外商投资企业登记注册协同合作协议》。疫情期间，帮助多家因相关人员滞留外地、无法办理业务的外资企业，通过协同合作方式及时办理相关登记。历下区、天桥区、莱芜区、商河县4个区县市场监管局新获市场监管总局外商投资企业登记授权。

【进口集装箱疫情防控专班工作】 抓好“山东冷链”系统注册使用，坚决遏制“断链”“线下经营”等违法违规行为，先后处理断链预警1100条，济南在线进口冷链企业497家全部注册使用“山东冷链”追溯系统，确保每批货物来源可查、去向可追，实现进口食品全程追溯。开展进口冷链食品动态摸排检测，加强重点人员管理。进入济南的进口冷链食品全部纳入专仓，严格执行检测消毒，落实专仓规范作业、闭环管理、“三集中一隔离”和离仓审批流程及专仓出仓证明，15个省市跨省互认。2022年，市区两级专仓共消杀货物10.3万吨，检出阳性货物14批437.89吨；检查企业29129家次，停业整顿126家，立案6家。

（王伊娟）

【概况】 2022年，市统计局深化统计现代化改革，加强经济运行监测，坚持依法科学治统，夯实统计基层基础，努力为加快建设新时代社会主义现代化强省会提供统计服务保障。“七人普”研究课题报告结题，完成2021年和2022年季度市级及各区县GDP统一核算工作，建立起步区全域“影子”统计工作机制和核算体系，开展“四新”经济、“十强”产业监测，全面对接黄河流域生态保护和高质量发展统计监测。（韩冰　吴培利）

【完成重大国情国力调查和常规统计工作】 “七人普”40余篇研究课题报告结题，414张主要数据汇总表编辑审核，初步完成人普年鉴编辑工作。“五经普”筹备试点走在全省前列，整理企业名录57.6万条、纳税名录68.6万条，提前完成清查底册，为全面普查奠定基础。高标准开展行业查询和数据模板采集，石灰和碳素行业数据采集模板被省统计局采用并全省推广。做好工业、投资、贸易、人口、社科、农村、能源、服务业8个专业24项统计报表，均100%完成上报验收，“四下”抽样调查试点逐步开展，1%人口抽样调查、事业单位调查、城市基本情况统计、金融业统计、统计用区划代码和城乡划分代码更新维护等重点调查工作按期推进。及时对接上级统计部门，全面开展市级生产总值核算，完成2021年和2022年季度市级及各区县GDP统一核算工作，2022年全市GDP增长3.1%，继续保持高于全国平均水平。科学研究制定《季度市级生产总值统一核算方案》，规范实施“基础数据审核—反馈审核意见—初步数据核算—初步数据复核—结果审定—结果反馈”工作法。巩固区县生产总值统一核算成果，开展“四新”经济、民营经济、现代服务业等派生产业核算，试算起步区全域生产总值。（韩冰　吴培利）

【加强经济运行监测】 推进“事前、事中、事后”全流程经济运行监测，对区县党委、政府主要负责人进行培训，形成每月多轮次分析报告机制，为市委、市政府决策提供统计保障。2022年，报送专业分析368篇，被市委、市政府主要领导批示24篇次，国家领导批示5篇次，被各级媒体采用55篇，被省统计局、国家统计局采用95篇，中办、国办采用16篇次。印发《济南市统计局统计数据使用和提供管理办法（试行）》。2022年，向市发改委、工信局、人社局等30多个部门提供数据近200次，牵头办理民生连线事项54次。研究出台《济南市统计局高质量发展统计监测体系》，开展“四新”经济、“十强”产业监测，全面对接黄河流域生态保护和高质量发展统计监测。组织开展基本公共服务满意度调查、牵头包容普惠创新指标申报和考核、“双招双引”等全市重点工作涉统事项完成。（韩冰　吴培利）

【发挥统计监督职能】 提请市委、市政府学习《关于更加有效发挥统计监督职能作用的意见》，市统计局配套制定实施方案，系统开展全面清理纠正违反统计法律法规文件和做法。主动对接市纪委、市委巡察办，建立同纪检、巡视监督贯通协作工作制度。利用执法检查、数据质量核查、统计开放日等平台开展统计法宣传，持续开展统计法辅导讲座进党校。围绕“四个必查”，研究制定市级专项纠治工作方案，组成15个专项督导组，到各区县开展专项纠治督导。印发《部门联合“双随机、一公开”集中检查实施方案》《2022年统计“双随机”执法检查工作实施方案》等，采取市区县联合检查与区县自查相结合方式，共执法检查企业320家，核查5902家企业（项目）入退库材料。9月25—29日，济南市组成统计执法检查工作组赴淄博市开展异地检查。11月9—16日，济宁市统计局检查组到济南市开展异地互查，抽查长清区、高新区、商河县51家企业，未发现统计违法行为。

（韩冰　吴培利）

【“四上”单位实现新突破】 采用摸底调研方式，开展大型企业集团调查，为单位纳统打基础。召开工作调度会，与发改、工信、住建、商务等部门密切协调，实行月调度进展情况，加强对全市“上规入库”工作进行季度进展情况通报，全市“四上”单位总量突破13000家。依托“政务云”，整合税务、市场监管、行政审批等多部门数据资源，建立“达标、准四上、种子”单位储备数据库，提高上规入库工作效率，支撑全市经济社会发展目标。（韩冰　吴培利）

【开展起步区经济全域统计监测】 市统计局在充分论证的基础上，研究构建起步区全域统计机制，在全域统计机制中设置综合实力、创新智慧、产业支撑、绿色生态、开放合作、幸福宜居六大方面64项具体指标，基本涵盖起步区高质量发展的方方面面。由市统计局牵头，市发展改革委、科技局、公安局等21家部门（单位），以及天桥区、历城区、章丘区、济南高新区、起步区共同参与，按照责任分工，对起步区主要经济指标相关数据进行定期测算提报。起步区全域“影子”统计工作机制和核算体系，采取适当方式对区域内指标数据进行合理分劈与归集，较好解决了跨区域数据生成难、汇集难等问题，保证数据的客观性、趋势性、可延续性。这项工作无经验可循，属全国首创。（韩冰　吴培利）

【统计调查工作】 2022年，济南市高效统筹疫情防控和经济社会发展，加快落实稳民生经济一揽子政策和接续政策措施，创新动能继续增强，共享发展稳步推进，全市民生经济运行持续恢复，发展质量稳步提升。数据显示，2022年，济南市粮食实现增产丰收，畜牧业生产稳中向好，居民人均可支配收入

2022年7月5日，市统计局有关人员到泺口服装市场进行调研　（市统计局　供稿）

2022 年 6 月 8 日，国家统计局济南调查队在商河县开展夏粮整割整测试点现场调查工作

（国家统计局济南调查队　供稿）

稳步增长，居民消费价格指数涨势平稳。（李　静）

【粮食产量创历史新高】　粮食播种面积、总产、单产实现“三增”，保持连续 4 年增长。2022 年，济南市全年粮食播种面积 48.46 万公顷，比上年增加 953.33 公顷，同比增长 0.2%；粮食总产量 296.2 万吨，比上年增加 3.1 万吨，同比增长 1.1%，为历史新高；粮食平均单产 407.49 千克 / 亩，比上年增加 3.49 千克 / 亩，增长 0.9%。夏粮总产量 139.7 万吨，平均单产 424.1 千克 / 亩，均为近 10 年来最高水平。秋粮总产量 156.5 万吨，比上年增加 2.7 万吨，平均单产 393.7 千克 / 亩，均为稳定增长态势。（徐　昊）

【畜牧业生产总体稳中向好】　生猪稳产保供成效明显。2022 年，全市生猪出栏 209.60 万头，同比增长 9.2%。能繁母猪存栏 10.40 万头，同比增长 0.8%。全年猪肉产量 16.89 万吨，同比增长 9.5%，全市生猪产能稳定，猪肉供应充足。牛存栏 16.86 万头，同比减少 1.7%，略有回落；羊存栏 77.73 万头，同比增长 5.7%；家禽存栏 2488.34 万只，同比减少 9.94%。2022 年，全市肉、蛋、奶产量分别达 29.10 万吨、26.99 万吨、43.43 万吨，肉和奶的产量同比增长 6.5% 和 3.1%，蛋产量同比下降 11.5%。（吕　牧）

【居民人均可支配收入稳定增长】　城乡居民收入差距进一步缩小。2022 年，济南市居民人均可支配收入 48827 元，同比增长 4.5%。分城乡看，城镇居民人均可支配收入 59459 元，同比增长 3.5%；农村居民人均可支配收入 23844 元，同比增长 5.6%。2022 年，济南市农村居民收入增速比城镇居民收入增速快 2.1 个百分点。城乡居民人均可支配收入比值为 2.49，比上年下降 0.05 个百分点，城乡居民收入差距进一步缩小。（薛立娣）

【居民消费价格指数涨势平稳】　月度环比价格涨跌互现。2022 年，济南市居民消费价格总水平（CPI）同比上涨 1.4%，涨幅较上年同期回落 0.1 个百分点。从居民消费的八大类商品及服务项目价格构成看，呈“七涨一降”态势。其中，除居住价格同比小幅下降 0.2% 外，交通通信、食品烟酒、生活用品及服务、衣着、其他用品及服务、教育文化娱乐、医疗保健价格分别上涨 4.3%、2.3%、1.6%、1.0%、0.7%、0.6%、0.4%。

（侯小娜　潘正浩）

【概况】　2022 年，济南市审计机关（含下辖区县）共完成审计项目 354 个，其中审计 301 个、专项审计调查 53 个。查出主要问题金额 7860243 万元，审计发现非金额计量问题 2901 个，出具审计报告和专项审计调查报告 562 篇。审计处理处罚金额 220843 万元，移送司法机关、纪检监察机关和有关部门处理事项 31 件。审计促进整改落实有关问题资金 926359 万元。审计提出建议 1205 条，被采纳 1036 条；推动被审计单位制定整改措施 730 项；提交审计信息 269 篇，被批示、采用 217 篇次。2020 年度章丘区级预算执行和其他财政收支情况审计项目被评为审计署优秀审计项目一等奖。济南市耕地保护和土地利用情况专项审计调查项目被评为省审计厅优秀审计项目二等奖。

【拓展深化审计管理体制改革成果】精心准备会议议题，高标准筹备召开两次审委会会议，推动审计整改纳入全市高质量发展综合绩效考核、市属国有企业总审计师制度加快落地。出台优化完善审委会及其办公室运行机制的实施意见，将市委办公厅纳入审委会成员单位，探索建立市委审计办主任会议制度。累计向审委会、省委审计办报送重要事项50余件、批示80余篇次，一系列审计成果成为市委、市政府科学决策的重要依据。

【开展审计监督】围绕黄河重大国家战略、新旧动能转换起步区、乡村振兴等重大战略，谋划开展工业强市政策落实、起步区基础设施建设、自贸试验区建设等重点审计项目，推动重大战略任务加速落地见效。研究谋划审计助力稳定经济的7个方面35项措施，组织全市审计机关围绕疫情防控、助企纾困、稳就业、保民生等开展审计监督，揭示资金不到位、不落实及滞留闲置资金34.63亿元，促进整改落实资金89.87亿元、增收节支9339万元。聚焦群众急难愁盼问题，持续深化民生领域审计监督机制，查出侵害人民群众利益问题金额11197.42万元，促进惠民利民政策有效落实。

【推动审计工作创新发展】出台《关于加强审计项目管理的实施意见》，加强审计项目计划统筹，建立审计项目动态储备库，严格执行限时管理。健全完善质量控制制度体系，推动审计审理从业务管理向业务服务转变，加大优秀审计项目培育力度，耕地保护和土地利用情况专项审计调查获评2022年全省审计机关优秀审计项目。与市委督查

**2022年济南市所辖区（市、县）审计工作统计表**

表5

| 审计机关 | 完成审计项目/个 | 审计查出主要问题金额/万元 | 审计发现非金额计量问题/个 | 审计期间整改金额/万元 | 出具审计报告和审计调查报告/篇 | 审计处理情况 | | 审计促进整改落实有关问题资金/万元 | 审计提出建议/条 | 提交审计信息/篇 |
|---|---|---|---|---|---|---|---|---|---|---|
| | | | | | | 审计处理处罚金额/万元 | 移送处理事项/件 | | | |
| 济南市本级 | 63 | 5895759 | 847 | 318908 | 100 | 22092 | 4 | 891092 | 249 | 124 |
| 历下区审计局 | 28 | 67247 | 216 | 561 | 39 | 53 | 1 | 0 | 95 | 0 |
| 市中区审计局 | 26 | 256003 | 88 | 118066 | 41 | 103 | 3 | 7 | 124 | 0 |
| 槐荫区审计局 | 17 | 333204 | 268 | 937 | 22 | 177914 | 3 | 464 | 67 | 5 |
| 天桥区审计局 | 12 | 14145 | 50 | 13464 | 16 | 0 | 0 | 31331 | 32 | 0 |
| 历城区审计局 | 20 | 48288 | 138 | 9305 | 31 | 1147 | 1 | 384 | 44 | 114 |
| 长清区审计局 | 22 | 348791 | 138 | 25 | 31 | 1056 | 3 | 1029 | 77 | 1 |
| 章丘区审计局 | 25 | 128304 | 122 | 7 | 43 | 18029 | 6 | 279 | 64 | 0 |
| 济阳区审计局 | 23 | 21498 | 129 | 14 | 35 | 0 | 0 | 0 | 73 | 0 |
| 莱芜区审计局 | 32 | 116958 | 471 | 4340 | 60 | 17 | 9 | 725 | 102 | 18 |
| 钢城区审计局 | 36 | 138237 | 277 | 0 | 59 | 431 | 0 | 273 | 132 | 0 |
| 平阴县审计局 | 36 | 148303 | 94 | 0 | 65 | 1 | 1 | 775 | 108 | 7 |
| 商河县审计局 | 14 | 343506 | 63 | 166 | 20 | 0 | 0 | 0 | 38 | 0 |

室、市政府督查室建立督审协同联动机制，形成多方协同推进审计整改工作新格局。

【健全完善规章制度体系】 坚持以系统思维推进制度建设，推动审委会出台《关于推动新时代审计工作高质量发展全力护航保障强省会建设的实施意见》一个纲领性文件，以审委会或审计办名义印发《关于全方位健全完善市委审计委员会及其办公室工作运行机制的实施意见》《关于加强审计监督与各类监督贯通协同的实施意见》《关于深入开展研究型审计全面提升审计监督服务保障能力的实施意见》《关于加强审计项目管理的实施意见》《济南市内部审计工作规定》《济南市审计整改工作管理办法》《济南市公共投资建设项目审计监督办法》《关于进一步加强全市审计系统干部队伍建设的实施意见》8个综合性文件，新制定或修订各类配套文件50余项，逐步构建形成以一个纲领性文件为统领，以8个综合性文件为支撑，以一系列配套文件为补充的规章制度体系。

【推进审计数字化改革】 成立智慧审计建设领导小组，建立“1+5+N”数字审计工作体系，即依托1个数字审计平台，完善审计对象库、常用法规库、数据分析疑点库、问题案例库、问题整改库5库建设，推广运用BIM模型算量技术、三维实景建模技术、地理信息技术、无人机红外成像等新技术新方法，不断提高审计工作效率。

【健全完善审计需求公开征询机制】 坚持问审于民、问计于民，首次面向社会征集年度审计项目计划建议，累计访问量突破40余万次，回收问卷3万余份，搭建起审计机关与人民群众之间沟通的桥梁，厚植了审计工作的群众基础。

（尚宪伟）

【概况】 2022年，市口岸物流办统筹疫情防控和口岸物流发展，推动全市口岸和物流业承压前行，保持稳中有进的良好发展态势。持续提升国际航空货运能力，新开墨西哥城、东京、特拉维夫3条航线，国际航空货邮吞吐量达5.54万吨。中欧班列总线路达13条，通达20个国家47个城市，开行量突破800列，连续三年保持全省首位。董家—黄岛铁海联运班列实现常态化运行，推出“铁海E通”信息化监管模式，董家铁路货运中心全年到发总量100余万吨，同比增长127.6%。国内班列集结能力持续提升，济南—广州线路“局内拼列、满列出局”模式探索成功，新开济南董家—成都城厢冷链集装箱班列。商贸服务型国家物流枢纽增量补短板项目正在加快推进，国家骨干冷链物流基地一期项目已建成投用。

【航空口岸建设】 抓好机场疫情防控常态化工作，共开展302次督导排查，配合完成130余个国际航班保障。稳妥有序恢复国际客运航线，新开法兰克福航线，复飞东京、中国香港、首尔航线。济南机场全年出入境航班、人员分别同比增长8.58%、44.31%。口岸营商环境进一步优化，进出口整体通关时间较2017年改革之初分别压缩66.9%、95.7%，“单一窗口”主要业务覆盖率达100%，进出口通关效率大幅提升。

【物流产业发展】 有序推进仓储物流疫情防控工作，组建应急物资保障队伍，成立物流应急物资储备库、全省首个非冷链专仓。推进物流保通保畅和助企纾困，全市物流业总体运行保持较强韧性，2022年，规上物流企业营业收入达883.5亿元，同比增长6.3%，高于全市规上服务业增速2.1个百分点。加快“十四五”现代物流网基础设施项目建设，中通山东结算中心等6个

2022年6月，济南市获评2021物流业高质量发展示范城市

（市口岸和物流办　供稿）

2022 年 9 月，举行中欧班列（齐鲁号）济南集结中心项目开工仪式

（市口岸和物流办　供稿）

项目已竣工，中国北方生活消费品分拨中心、“齐鲁号”中欧班列（济南）集结中心一期等 23 个项目陆续开工。开展精准招商，完成实际使用外资 2015 万美元、内资 5.67 亿元。发展绿色物流，推动传化物流园“绿色慧联”试点工作，整合运营新能源车辆 180 余辆，推进物流领域减污降碳。在第十七届中国国际物流节上，济南市获评“2021 物流业高质量发展示范城市”。

【打击走私综合治理】　在全国率先构建“四位一体”的泉城反走私志愿服务体系，探索“党建引领 + 政府主导 + 志愿者服务”内陆城市反走私综合治理工作模式，获全国打私办肯定。全国反走私综合治理调查研究中心山东工作站、志愿服务基地、文化研究基地均落户济南。开展“国门利剑 2022”联合专项行动。2022 年，济南海关在济南地区共查获刑事案件 9 起，案值 615 万元；行政立案 99 起，涉税 93.44 万元。

（王　斐）

【概况】　泉城海关于 2019 年 1 月 11 日正式挂牌，前身是济南海关现场业务处，负责济南市 8 区 2 县（除济南机场海关、济南邮局海关口岸现场业务及莱芜海关辖区外）海关业务。泉城海关先后获省级文明单位、全国青年文明号、山东省直机关模范机关建设工作表现突出集体、全国文明城市创建工作先进集体等称号。2022 年度，在济南市经济社会发展综合考核中获优秀等次。2022 年，监管货运量 717.6 万吨，同比（下同）增长 106.2%；进出口值 571.1 亿元，增长 18%；进出口报关单 89385 份，下降 2.4%；税收入库 17.1 亿元，增长 13.3%。年末辖区实有注册备案企业 17208 家，增长 26.3%。

【税收征管】　2022 年，上报 44 条税收风险参数建议，报送税政调研建议 25 项，审核报关数据 10 万余条，处置事后验估指令单 28 条，及时率、有效率均为 100%，计核 14 起稽核查案件税款。办理税款担保 2486 份，办理数量居关区第一位，征收保证金 1.03 亿元，在账保函及关税保证保险 1.05 亿元。申请预裁定决定书 4 份，为关区最多。税款入库 17.1 亿元，其中归类、审价补税等 102.8 万元，补税同比增长 1.5 倍。

【卫生检疫】　承接济南海关 D 级低风险特殊物品卫生检疫审批办理权限下放试点工作，开通进出口特殊物品检疫审批绿色通道，支持新冠检测试剂盒出口，压缩特殊物品卫生检疫审批时间，较规定时限缩短 90%。2022 年，完成特殊物品审批 181 批，报送的《泉城海关助力新冠病毒抗原检测盒出口跑出加速度》入选济南海关稳经济稳外贸专题案例。

【动植物检疫】　开展“国门绿盾 2022”专项行动，防范外来物种入侵。送检木质包装 36 批，检出一般性有害生物小杆线虫 20 批。开展普查踏查工作 5 次，划定济南综保区、章锦综保区和董家铁路场站 3 个普查区域，监测外来有害生物齿裂大戟、小蓬草、一年蓬、火炬树、土荆芥、刺槐突瓣细蛾，检疫性有害生物节节麦、苍耳、烟粉虱共 10 种，有效防止外来物种入侵。

【进出口食品安全监管】 开展进口食品“国门守护”行动，助力沿黄涉农企业打造农产品出口产业链。2022年，济南市出口农产品59.1亿元，同比增长1.4%。持续推进进口食品抽样检验和风险监测工作，依规退运进口食品1批次，查获进口食品标签不合格情事3起。

【商品检验】 对辖区危险品包装生产企业和出口危险品企业强化检验监管。与市应急管理局实现危化品监管信息互换，联合地方公安共同应对危化品安全监管和反恐工作。对辖区30家危包生产、危化品出口企业开展拉网式安全排查，对47处安全隐患和3起不规范作业情事督促企业整改。监管查发实际货物超出包装承重上限等存在严重安全问题的危化品及危险货物32批。及时向综保区管委传达海关安全生产工作要求，推动管理主体责任落实落细。

【中欧班列】 整合铁路作业流程与海关监管流程，山东省内率先落地“铁路快速通关”改革，支持“铁海E通”常态化运行、铁路转关模式应转尽转，指导企业进行属地申报、属地查验、属地放行，避免在口岸实施二次作业造成拥堵。支持中欧班列济南集结中心建设，用活“班列+”模式，省内率先发运“班列+冷链”“班列+跨境电商”专列并常态化运行，为山东省会城市圈及周边地区农牧业和生鲜产品进出口打通高效快捷国际冷链物流大通道，助力辖区外贸新业态快速发展。用足便利通关政策，助力大麦、葵花籽等农产品首次进口，回程商品结构有效优化。2022年10月25日，济南第2000列中欧班列在山东（济南）国际铁路货运中心顺利通关。全年监管中欧班列发行775列、63536标箱，同比分别增长1.4%、1.6%。

【保税监管】 结合“强省会”战略、“工业强市”战略、“科创济南”战略，重点支持高校科研、新兴产业、重大项目发展，推动“十四五”期间各项进口税收优惠政策落地实施。2022年，为山东大学、国家超算济南中心、济南量子技术研究院等高校和科研院所，山东航空、山东翔宇航空、山东太古飞机等飞机维修企业，中国重汽、齐鲁制药等企业，山东电力白鹤滩水电站“西电东输”、临工重机等国家支持发展项目，合计减免税款3.45亿元，近80家企事业单位享惠，业务量列关区首位。全年备案加工贸易手册206份，核销手册289份。加工贸易实际进出口值34.26亿元，同比增长17.25%；内销货值3455.34万元，税款达774.33万元，支持企业拓展国内市场效果显著。

【特殊监管区域管理】 深挖综保区新业态发展潜力，助力综保区“外贸引擎”稳增长。整合四自一简、简化进出区、便利货物流转等优惠政策，降低区内企业物流和报关成本，优化营商环境；针对疫情等原因对企业海外市场造成的影响，鼓励企业结合实际，运用增值税一般纳税人资格试点、委托加工、保税展示等政策工具拓展国内市场；打造保税维修公务服务平台，集聚森锋、浪潮等在区内开展激光雕刻机、服务器、智能手机保税维修业务，保税维修业态规模快速扩大，年内保税维修进出区货值突破11亿元；新增跨境电商企业4家，探索“保税展示+跨境电商”“线下展示+线上交易”“网站+小程序”销售等新模式，服务保障企业“双十一”等电商购物节通关顺畅，验放跨境电商网购保税一线进境商品货值突破6000万元；支持济南市首个综保区保税研发项目——壹瑞特人工肝项目顺利进行，助力企业开展全国首次基于C3A细胞的体外人工肝医疗设备临床研究，延伸区内医药企业保税研发路径。

【稽核查】 参与关区进出口危化品逃漏检、非法倒卖进口转基因大豆、出口化肥伪瞒报等多起专项行动。其间，查发危化品案件3起，查证企业非法倒卖进口大豆1450余吨，移交出口化肥伪瞒报刑事立案1起。对特殊监管区内“食糖”保税加工业务，辖区进口机电类设备、驴皮、航材、猪产品等重点行业和敏感商品加强贸易调查和直接稽查，年度办结稽查作业32起，稽查有效率达84.3%；稽查移交行政案件线索17起，涉检案件线索3起；稽查追补税242.53万元。运用“网上核查”、核查领域“采信第三方出具报告制度”试点等改革措施，开展“双随机”联合抽查工作，全年办结核查作业56起，查发问题46起，核查有效率82.14%，同比提升40个百分点；核查补税9.84万元，同比增长31.74倍；移交缉私案件2起，自主办理行政案件1起，移交稽查作业2起。

【查缉走私】 制定《泉城海关打击走私“国门利剑2022”行动方案》，每半年组织召开1次打私工作调度推进会议，督促各部门落实打私责任。行政案件方面，全年查办行政案件立案19起，办结17起，案值187.1万元、涉税1.9万元、罚款5.58万元。刑事案件方面，查发并移交出口化肥伪瞒报案件线索1起，涉及出口化肥数量合计约1010吨，货值约363.6万元人民币。

【改革创新效能突出】 推动“提前申报”“两步申报”“企财保”等通关和税款担保改革措施纵深实施，实现进出口货物读秒通关。推广便利化原产地签证，发挥原产地企业备案“两证合一”、智能审单等改革的叠加效应。签发原产地证书39449份，签证金额19.6亿美元，分别增长15.2%、54.9%，为出口商品减免进口国关税9033.7万美元。支持山东高速国际产业发展有限公司等企业适用关税保证保险，累计开证保单近1亿元，降低企业成本500万元。发展山东省商业集团财务公司等3家企业参与“企财保”改革试点，为企业备案担保金额8.5亿元。完成全国首批航材减免税商品快审模式试点改革，实现航材减免税业务“即报即审”。

【“两区优化”稳步推进】 发挥自贸试验区监管政策创新高地和综合保税区功能叠加优势，坚持“问题导向”“需求导向”，10项济南片区改革试点任务已落地8项。“5G链上自贸”监管制度创新被海关总署批复推广，作为山东省3项自贸试验区改革试点经验之一上报国务院。山左集团、绿地国际贸易公司、家家悦集团、日本乐购仕集团4家企业“上链”已开展保税展销业务，出区展销红酒、服饰、箱包等商品200余种、3000余件，吸引绿地国际商贸集团等区域总部落户济南片区，带动11家平台型贸易企业入驻济南综保区。

（泉城海关）

栏目编辑　王　炜

# 经济开发园区

## 济南高新技术产业开发区

【概况】 2022年，济南高新区全年生产总值（GDP）1619.3亿元，同比增长3.3%，领先全市0.2个百分点。规模以上工业增加值同比增长1.4%，固定资产投资同比增长14%；高新技术产业投资占比27.7%，领先全市19.7个百分点；工业投资同比增长36.1%，领先全市20.9个百分点。规模以上服务业营业收入同比增长6.7%；社会消费品零售总额实现392.2亿元。进出口总额实现1119.8亿元，增长10.3%；实际使用外资实现纳统6.96亿美元。全年一般公共预算收入实现150.5亿元，同比增长1.6%，同口径增长6.8%。全区地域税收收入实现315.9亿元，同比增长9.3%，税收总量、增速均居全市第一位。

【创新驱动】 世界首个“电磁橇”以时速1030千米创造世界纪录；世界首颗量子微纳卫星“济南一号”发射，量子技术相继实现658公里光纤双场量子密钥分发和光纤振动传感、百公里自由空间高精度时间频率传递等国际顶尖成果；基因编辑技术首次出口美国。中科院济南科创城等平台建设推进，新增3家省技术创新中心、2家省重点实验室，高新技术企业申报量首次突破千家，新增国家级专精特新“小巨人”企业占全市的1/3，省级和市级专精特新企业、省级“瞪羚”企业入选数量均居全市和全省开发区首位。出台“济高人才计划2.0政策”，制定高新区首部人才工作短期规划，完善人才引进、培育、使用、服务机制，全区人才总量突破33.6万人。

2022年8月28日，临工重机新能源矿山成套设备数字化工厂项目四证齐发暨开工活动在济南高新区举行 （济南高新技术产业开发区　供稿）

【科创金融】 制定科创金融改革试验区CTD片区实施方案，高标准建设中央科创区，挂牌科创金融大厦，推动10余家银行挂牌或筹备设立科创金融专营机构，新增金融企业8家、私募股权投资机构（基金）22家。组建济南高新科创投资集团有限公司，建设“园区通”科创金融智慧服务平台，创新推出“科创经纪人”成果转化模式，4个项目实现立项研发及科技攻关。全年技术合同成交额达到184亿元，增长20%，占全市的1/3。

【产业发展】 济南高新区省、市重点建设项目全部开工，年度投资完成率分别超额 39.9% 和 37.6%。引进比亚迪半导体和半导体研发中心项目，微医集团数字医疗业务板块新总部、中泰证券等总部项目落户，弗迪动力电池正式通线，泉意光罩开工建设，吉利智慧新能源整车工厂实现整车下线，临工重机成为济南市招商引资第一家制造业过百亿企业，山东互联网中药（材）交易中心、透明质酸谷等项目加快建设，生物医药产业连续 6 年位列全国高新区和经开区第一方阵，济南高新区进入全国生物医药重点产业园区 20 强。获批国家网络安全教育技术产业融合发展试验区，数字经济产业规模占 GDP 比例超 47%。推出工程改革“黄金 19 条”和“新规划 3 条”，弗迪动力电池二期实现“零延时”供地；机场二期改扩建工程公示期满 2 个小时即完成土地划拨、不动产登记。菜鸟、拼多多等中心仓落地，填补济南市主流跨境电商平台空白。全年新设立企业 1.63 万户、居全市首位；新增外贸企业超过 500 家，进出口企业总量突破 1500 家，进出口总额实现 1110 亿元，同比增长 8%。

**【改善民生】** 全国首创园区数字化管理，“无违建街（镇）”创建覆盖率达 100%。新增公办园学位 1080 个、中小学学位 9180 个，教学质量连续 5 年提升，初中学考连续三年领先全市，高中本科上线率达到 70.8%。市中心医院东院区如期运行，济南高新东区医院开诊运营。创建“稻香河岸”乡村振兴齐鲁样板示范区。完成遥墙一期等安置房分配 1.45 万套，惠及村民 3.4 万人。

**【厉行节约】** 落实《党政机关厉行节约反对浪费条例》，“三公”经费预算安排 129.78 万元，比 2021 年同口径减少 3.42 万元。“三公”经费支出 24.28 万元，比 2021 年同口径减少 2.12 万元，“三公”经费持续压减 8.03%。车辆落实使用登记、封存制度，坚持定点加油、维修、保险，全年车辆运行费用支出控制在总预算的 68.5% 以下。

（韩　静）

**【概况】** 2022 年，莱芜高新技术产业开发区实现规模以上工业产值 573.52 亿元，增长 2.25%；工业增加值 120.44 亿元，增长 22.02%；固定资产投资 115.22 亿元，增长 23.32%；进出口 128.21 亿元，增长 50.27%；一般公共预算收入 19.89 亿元，税收占比 98.15%。

**【双招双引】** 全年新签约建链补链项目 31 个，计划总投资 112.23 亿元，其中过 5 亿元项目 7 个、1 亿～5 亿元项目 15 个。实际使用外资 7220 万美元。组织 79 家企业参加“国聘行动”“才聚泉城”等招聘活动，引进硕士以上人才 189 人。培育科技部创新人才推进计划专家 1 人、市级以上实用人才 5 人；4 人入选泰山产业领军人才，1 人作为全市唯一人选被推荐为全国技术能手、1 人被推荐为齐鲁首席技师济南市人选；奔速电梯公司董事长李长明当选塔吉克斯坦国家科学院外籍院士；组织报送市“双创”大赛项目 52 个，获评一等奖、三等奖项目各 1 个。有省级重点项目 8 个，市级重点建设及储备项目 28 个，其中峨嵋新材料、宏济堂中药生产等一批项目相继建成投产。参与“两规一致性”、国土空间规划编制，谋划产业土地 1000 公顷，储备产业类项目 18 个，华涛中药配方颗粒等 4 个项目分别入选省新旧动能转换优选和重大产业攻关项目。

**【产业发展】** 加快重工项目建设，智能网联重卡、智能叉车累计生产约 1 万辆，产值突破 15 亿元，安道拓项目建成投产。谋划启动 10 万平方米的不锈钢制品生产基地项目，签约舜博医用不锈钢等项目 3 个，举办第三届中国不锈钢供应链企业家峰会；泰钢集团取得国家“两化融合管理体系 3A 级评定证书”，系全市唯一、省内第二家，其产品成为土耳其“硬币”原料钢。珅诺基药业“十五年磨一剑”，阿可拉定获批上市，实现全市一类创新药零的突破；济世药业研发的国家原创一类新药丹酚酸 A 片进入Ⅱ期临床；依托鲁中国际生物谷累计引进乾肽生物等高端药企 44 家。全年纳新规模以上工业企业 15 家，总数达到 193 家。其中，泰禾生化柠檬酸产品出口 80 多个国家和地区，在欧洲市场占有率保持在 70% 以上，完成产值 13.44 亿元、增长 76.85%；力创科技承建全省首家水资源计量装备测试中心，获评省“全生命周期管理”领域服务型制造示范企业，朗进科技斩获“2022 年中国储能行业十佳配套供应商奖”；莱威新材料成功突破国内超高分子量聚乙烯纤维制造“卡脖子”问题，打破美国、荷兰技术垄断；德正环保获评省十佳环保设施开放单位，为“危废类”唯一获奖单位；乾肽生物成为国内唯一实现跨物质量产的生物制造生产基地。

【科技创新】　全年新增国家高新技术企业74家以上，总数达到221家以上；入库科技型中小企业255家；实现高新技术产业产值105.39亿元，占规模以上工业总产值比重提高1.5个百分点；企业有效发明专利拥有量达到750件，增长59.2%；完成技术合同成交总额4.1亿元，占全年任务的136%。获批国家级专精特新“小巨人”企业5家，总数达到7家；省专精特新企业28家、省“瞪羚”企业15家。完成院士工作站备案2家，新增省技术创新中心1家，获批市级重点实验室5家、“绿色工厂”6家。

【深化改革】　深化系统集成改革，持续推进重点领域改革创新，总结提炼创新产业招商模式、标准引领提升企业竞争力等经验做法，11月10日，《大众日报》报道了高新区靶向招商助力争先进位的经验做法；泰嘉不锈钢为全区省委系统集成改革试点验收评估提供观摩现场。深化跨境贸易便利化改革，招引孵化跨境电商企业26家，跨境电商进出口额突破29亿元，实现目标任务的大幅翻番增长。深化“管委会+公司”管理机制，加快推进莱高控股公司治理体系和治理能力现代化，研究制定国有企业重大事项管理办法等制度23项，参与优质资产、土地盘活11处，在新加坡投资设立分公司，开展国内国际贸易，实现运营管理规范化、业务板块聚焦化，总资产规模达到96.42亿元，增长1.13倍。持续优化营商环境，在政策供给上，围绕应对疫情带来的不利影响，创新制定助企纾困9条政策，为36家企业兑现扶持资金140万元。在创业孵化上，与山东仁理私募、天勤股权投资共同成立赢创创投（种子）基金，产业基金总数达到4家、总规模33.7亿元；举办政银企对接、上市辅导等活动17次，为企业提供信贷支持3亿元。在政务服务上，推出“六个一”接待服务承诺，推行“绿色通道+服务清单”审批机制，打造形成“四专四快”政务服务品牌。

（任雯雯）

【概况】　2022年，明水经济技术开发区完成规模以上工业企业总产值867亿元，规上工业企业营业收入916亿元。现有规上企业302家，高新技术企业308家，各类工业主体8000余家。在全国230家国家级经开区考核中位列109位。

【规划引领】　落实黄河流域生态保护和高质量发展相关政策，入围第二批沿黄重点地区合规园区。推进“东强”战略落实，印发开发区“东强之声”工作简报7期，专报1期。编制完成开发区“十四五”规划；编制完成《新材料产业发展规划》《新信息产业发展规划》。完成生态环境、地质灾害、压覆矿、水土保持、防洪、水资源论证、泉水影响七大区域评估任务。

【招商引资】　2022年，外出招商考察20余次，接待来访客商40余次；新签约项目36个，合同总投资额211亿元，制造业项目占比90%，其中包括临工智能装备产业园、省属企业融越融资租赁等一批高质量项目。储备在谈项目106个，总投资450亿元。

【项目建设】　落实“项目谋划法”，推进18个重点项目，健全项目策划储备建设机制，推动“项目再提速”，工程化管理，专班推进，靠前审批，全程服务，形成项目“签、落、批、建”全生命周期管理服务。累计组织包括华润雪花啤酒项目等在内的5次集中开工。累计实施工业项目244个，完成投资85.29亿元，同比增长45.81%，其中技改项目200个，完成投资60.05亿元，同比增长34.82%。

【科技人才】　加强高新技术企业培育，建立项目库，梯次培育，全年净增高企91家。加快平台赋能，联合15家特色园区、平台成立产业技术创新联盟，打造创新联合体；落地建设精密成形国家工程研究中心山东分中心，与山东大学合作共建技术转移分中心。6家企业被认定为国家级专精特新“小巨人”，121家企业认定为省、市级专精特新和制造业单项冠军、“瞪羚”企业；5

2022 年 9 月 27 日，华润集团雪花啤酒年产 100 万千升啤酒山东生产基地项目举行开工仪式

（明水经济技术开发区　供稿）

家企业入选省级知识产权强国建设示范企业和优势企业，12 家企业入选山东省高端品牌培育企业；中材人工晶体研究院、山东先进材料联合研究院备案省级新型研发机构，迅风电子创建山东省工业设计中心，7 家企业或单位备案济南市重点实验室，14 家企业创建 2022 年省、市级“一企一技术”研发中心。组织参与各类招聘会 17 次，引进高层次人才 700 余人。

【服务企业】　启动运营企业服务中心，首创全市开发区建设企业服务中心先例。承接 35 项区级行政权力事项，实现新落地工业项目全生命周期服务办理。开通“泉惠企 · 济南市企业服务综合智慧平台”，打造惠企政策“免申即享”、涉企服务“一口办理”服务模式。全年累计办结审批事项 246 件次，帮代办 200 余次，企业满意度 100%。开展“送政策进企业”活动，实现 147 家包联企业全覆盖和政策精准推送。及时兑现工业企业蒸汽价格补贴、工业总产值奖励等惠企利企政策，累计兑现资金 6700 余万元。

【对外开放】　与青岛经开区合作共建济南青开科创产业园，建设龙山跨境电商产业园。开展援疆、援藏、援边，与格尔木昆仑经济技术开发区、西藏日喀则白朗县开展合作共建。全年实际利用外资超过 2 亿美元，进出口总额超过 100 亿元。

【公司化运营】　推进“管委会 + 公司”改革，成立山东明之星产业发展有限公司、山东国发融创控股有限公司。发挥国开发展集团市场化优势，强化 7 个特色园区服务管理，吸引 210 家企业入驻；发展外资外贸，加强与济南产发集团、青岛经开区等合作，推进山东龙山跨境电商产业基地建设，引入外资 5000 万美元，实现进出口 1.5 亿美元；突出双招双引，签约济南青开创新科技产业园、高分子隔火阻燃新材料生产等 6 个项目，总投资 14 亿元，引进市外到位资金 9.33 亿元。

（明水经济技术开发区）

2022 年 3 月 9 日，明水经济技术开发区举办企业服务中心揭牌暨“企业服务观察员”聘任仪式

（明水经济技术开发区　供稿）

【概况】 2022年，济北开发区107家规上工业企业完成产值162.61亿元，同比增长3.46%。实施技改入库项目63个，完成固定资产投资68.99亿元，同比增长21.79%，其中工业投资、工业技改投资分别完成24.3亿元、11.19亿元，分别增长73.44%、69.83%。22家规上服务业企业完成营业收入32.88亿元，同比增长9.17%。74家限上贸易单位完成销售额110.79亿元，同比增长3.29%。完成一般公共预算收入10.28亿元。

【企业建设】 顶津食品、金麒麟、汉方制药年工业产值首次突破10亿元大关，工业产值过10亿元企业达到5家，过亿元企业达到33家。汉方制药扩建中药制剂产业园项目被认定为2022年度拟支持的省新旧动能转换重大产业攻关项目；旺旺食品、汉方制药两家企业被市政府评为2021年度创新发展突出贡献企业；秦恒建设科技有限公司被省发改委认定为2022年度第一批总部企业；大旺食品、旺旺食品分别被认定为省市级农业产业化重点龙头企业。

【产业转型】 国家级高新技术企业总数达到116家。获批省市级科创平台9家，其中祥辰科技集团成为全区首家省级新型研发机构。新认定专精特新企业29家（其中国家级专精特新“小巨人”2家），瞪羚企业9家，绿色工厂4家。新增山东省创新型中小企业25家。食品饮料、智能制造、生物医药等主导产业培育加快，开发区食品饮料产业营业收入达到百亿元，济阳区获评全省“食品饮料特色优势食品产业强县（区）”称号。

【环境优化】 创优项目包挂服务机制，每一个项目明确1名包挂领导、1名局（室）负责人、1名服务专员，精准服务项目。有31个在建项目进利，其中有20个项目达到投产条件。践行“一线工作法”，开展“遍访企业”活动，解决企业所反映的流通、用工、用水、用气等问题。编印《扶持企业发展政策汇编》，为企业量身定制惠企政策包，开展送政策上门宣讲服务活动。

【对外开放】 海峡两岸新旧动能转换产业合作区（济南）管委会正式挂牌运行，增设合作区建设发展局，组建省市区三级工作专班。与济南综保控股集团合作成立济南黄河产业发展有限公司，引进东风李尔、信通汽车、延锋汽车等6个与比亚迪汽车产业的配套项目，建成投产后可形成产值约30亿元的产业集群。参加“第三届跨国公司领导人青岛峰会”“海峡两岸产业合作区建设推进会暨大健康产业合作泉城论坛”等重大招商活动，新签约秉信包装、康多宝特医食品、丹麦丰斯等项目49个，签约额131.75亿元，过亿元项目17个，制造业项目占比87.8%。完成进出口总额48.03亿元，同比增长16.55%。到位外资13362.15万美元，其中，制造业外资5764.85万美元，韩资2520万美元。

（魏法玲）

【概况】 2022年，济南临港经济开发区主导产业为智能制造与高端装备、生物医药、现代物流、新一代信息技术，总体打造“一谷四园一贸”产业发展布局。“一谷”即“济南生态智谷”；“四园”分别是：智能制造产业园、生物医药产业园、四新产业园、高端物流产业园；“一贸”即“自贸试验区济南片区历城区块”。

【招商引资】 制定《济南临港经济开发区招商引资暂行办法》《规范工业标准厂房招商项目入园工作方案》，建立项目招引和招商项目会商制度。成立产业发展基金，出台《济南临港经济开发区促进主导产业高质量发展政策措施》，建立项目招商入区政策支持体系。通过公开信息+猎头的方式，在全国范围内招聘专业人才，组建“1+N”的高水平招商团队。参加2022世界激光产业大会、中日韩制造业大会，举办开发区项目集中签约活动。赴上海、武汉等地洽谈对接，引进和储备了邦德激光全球总部基地、大图激光设备研发生产基地、深圳万顺兴工艺应用中心、华夏星光工业设计及智能制造基地等12个激光数控产业项目。

【重点项目】 加快征地供地工作，已完成征地面积15.7公顷，供地面积37.3公顷，促进山东高速“齐鲁号”欧亚班列（济南）集结中心、中国北方生活消费品（济南）分拨中心、泉康智慧金融物流园、工业4.0智能数控装备生产项目、山东盖世智慧供应链枢纽等项目摘牌落地。实行帮办代办，加快推进项目开工建设，累计对接服务50余个项目，完成山东港口等重点企业立项、设计方案联合审查、施工许可证办理等手续。全年开发区共有省、市、区级重点项目31个，其中省重大项目2个，省重大预备类项目1个，省新旧动能优选项目1个，省双招双引项目1个，市重点项目7个（高速项目既是省重大，也是市重点），区重点项目20个。

【园区发展】 围绕实现开发区港产城协调发展，以“生态智谷”为核心，编制完成开发区风貌规划和详细城市设计。跟进市区2021—2035年国土空间规划编制，开展市政专项规划编制工作，实现规划引领。启动实施十里堡路、贯达街等7条道路工程，四新产业园区、智能产业聚集区东区、南区14条道路交通设施安装工程，开发区范围内市政污水管网连接工程。对昭慧西路、虞山路东延、智信路、智义路等9条道路进行绿化提升，协调市交通运输局加快推进总投资约8.4亿元、总长度约7.1公里的高端物流商务集聚区4条道路及配套设施建设。

【对外开放】 聘请专业机构完成陆港片区规划设计方案，找准陆港在济南“四港三区”中的功能定位。建设陆港大厦国际贸易综合服务中心，引进跨境电商和内外贸运营公司20家。开通“海铁E通”信息化系统，打造国际陆港“出海口”。全年董家铁路货运中心发往乌鲁木齐局的氧化铝货运班列年发送106列3730车、国际联运班列发送181列9057车、广州内贸班列122列4288车、黄岛港的海铁联运班列试开行了90列3175车、成都冷链班列30列1038车。

（姚广斌　韩铭洋）

【概况】 2022年，山东商河经济开发区完成地方一般公共预算收入3.14亿元，同比增长9.29%；规模以上工业企业64家，累计实现工业总产值76.7亿元，同比增长15.5%，增加值同比增长11.6%；净增规模以上工业企业9家、限上批零住餐企业3家、规模以上服务业企业1家；新增外贸实绩企业19家，外贸进出口约25亿元；实际使用外资4649万美元。

【招商引资】 全年过亿元重点在谈项目30家，其中生物医药化工20家、智能制造与高端装备7家。依托红日药业、斯伯特、比亚迪等龙头企业的影响力和凝聚力，借势借力挖掘上下游项目信息。全年共签约项目19家，合同利用资金64.76亿元，投资过亿元项目11家，其中超10亿元项目2家、超5亿元项目3家。

【项目建设】 山东商河经济开发区打造项目服务专员队伍，成立重点项目服务小组，实行周调度和领导帮包推进机制，推行“两套台账”“一项目一卡片”制度。截至年底，在建项目共55个、开工项目12个，其中省级重点项目6个、市级重点项目15个、县级重点项目37个。全年新增纳统入库项目45个，固定资产投资同比增长38.11%。红日药业、建科院、中交四公局等项目持续推进，绿霸农药、万兴达等项目竣工投产。

【基础建设】 加快路网提升改造，推进开发区周边路网及枢纽升级改造，科源街、力源街、玉升路、清源街、凯源街等道路新建与提升工程完成，加速实现主干道路闭环成网，加快交通设施联网成环。强化供排水保障，提升开发区供水保障能力，开工建设南区供水管网提升项目。加快开发区污水处理厂一期续建工程建设进度。完善住房与商业等公共服务配套，推进开发区保障性租赁住房项目建设，开工建设开发区配套综合体和新城商业街项目，建设沿街配套生活区、配套公寓、综合服务中心等设施。

【营商环境】 成立物流保障工作专班，建立“对点直达、扁平高效”的沟通机制，实行24小时不停歇服务。疫情期间为园区企业办理车辆通行证1万余份。实施“纾难解困送政策进企业”专项行动。制定“政策汇编”，发布“申报日历”“人才招聘信息”，多渠道宣讲、分行业精准推送利好政策。审批流程优化提速，确保审批流程更加合理、高效。全年共受理各项审批业务195件，均在承诺时限内办结。

【创新提质】 与中科大、山大等20余所知名高校开展产学研合作，共同研发课题100余项，联建科技成果转化研发基地40余处。与济南生命科学城、济南国际医学科学中心等平台联动，统筹研发、中试和生产等产业环节，助力实现科技成果产业化50余项；为企业、人才提供科研资助、商事登记、金融、知识产权保护等“一站式”综合服务。全年共计申报人才项目8个、平台25个，其中国家级人才工程和海外引才工作站等项目各1个，实现国家级人才、平台项目申报零的突破。开展“科技创新不等贷”活动，联合省市28家银行、融担等机构，形成金融产品汇编，召开“政金企”对接会9次，帮助25家创新型企业融资23421万元。

（孟　亮）

【概况】 2022年，山东平阴经济开发区全年实现规模以上工业总产值330.73亿元，同比增长15.76%；固定资产投资78.5亿元，同比增长12.3%；实际利用内资103.52亿元，实际利用外资8415.39万美元。获批2022年度省、市工业互联网园区，是2022年全市唯一一家同时获批的省、市级工业互联网园区。

【项目建设】 全年实施重点项目27个，总投资125亿元，其中市级及以上重点项目15个。截至年底，开工建设项目25个，开工率达93%。其中，总投资15亿元的平阴山水水泥有限公司5000吨/日水泥熟料生产线暨500吨/日协同处理城市垃圾工程项目即将完工投入使用；投资6.18亿元的中电建核电装备智造基地项目1#车间正在钢结构施工，办公楼、宿舍楼正在主体施工；投资3.2亿元的山东博科生物产业有限公司二期项目完工，正在进行设备调试；投资1.8亿元的济南磐升生物技术有限公司特医食品项目6个楼主体封顶；投资9.9亿元的齐鲁高速公路股份有限公司智慧交通产业基地项目一期完成前期手续，正在进行土地整平。依托优质石灰石资源和规模化土地优势，策划包装总投资200亿元的东部产业新城项目，规划范围30平方公里，规划“一区两园”空间布局。

【招商引资】 实施“委托招商+市场化运营”招商引资新方式，与深圳紫荆产业园有限公司签订委托招商协议，开展委托招商，由平阴县城市改造投资有限公司筹集资金，提供入驻项目厂房改造等资金，该方式实现由政府主体变市场主体的转变，由政府扶持变市场化运营的转变。10月28日，总投资6.1亿元的鑫鼎弘光电产品生产基地项目、华盛联投LED、IC封测生产基地项目和华米时代新能源电池项目3个项目签约。全年共引进项目86个，其中实体项目30个，总部经济项目56个。

【市场运营】 济南平阴园区产业发展投资有限公司聚焦开发区主责主业，成立两年，公司资产已达6000万元，营收6600万元，利税200万元，员工达30余人。实施总投资5000余万元东部新城科创服务中心改造工程和玛钢智能工厂、中电建核电装备智造项目配套工程等建设项目；组建消防服务公司、物业管理公司、人力资源公司等专业化园区服务公司，服务开发区企业50余家。开展产业孵化培育，出资1000万元与社会资本合作，成立开发区产业扶持发展基金，通过低比例投资和高比例返投，实现政府性资金杠杆放大和引领带动作用。利用现有办公场所，打造3000平方米的开发区众创空间和孵化器，重点引进初创、科创型中小企业，培育新增长动能，实现入驻企业4家。

【服务企业】 创新企业服务方式，制定“分区包片”联系企业制度，优化“三代”服务模式，搭建“政金银企”对接平台，推广“金融管家”，帮助企业纾困解难。加强科技创新，推广科德智能模式，推动企业“智改数转”，实现新增专精特新企业14家、“瞪羚”企业6家，引进山东省重点区域急需紧缺型人才1人。

（葛聪聪）

【概况】 2022年，济南槐荫经济开发区“三上”企业税收收入6.5亿元，增长14.2%；固定资产投资19亿元，增长18.2%；实际使用外资2.4亿美元，增长209%；进出口总额15.64亿元，增长50.5%；高新技术企业达到68家；高端人才总量达到435人；有效发明专利总量达到1278项；产业集聚度达到95.1%。

【招商引资】 拓展产业链招商、基金招商、联合招商、重点企业招商等多元化招商渠道，对接工信部电子信息产业发展研究院、上海裕增隆等专业第三方招商平台，围绕开发区半导体、智能制造、医药健康、商贸物流四大优势产业全面实施招商突破行动。初步建立了四大优势产业链式招商重点项目储备库，全年筛选洽谈青岛晶芯半导体、西安知象光电、上海垣芯、苏州能讯半导体等优质项目85家，储备并推动赛迪集成电路、深圳大族激光晶圆切割项目、上海聚鼎半导体设备等18个重点项目，促成元山电子碳化硅功率模块项目、山东力冠微电子半导体设备华研国芯微电子氮化镓器件项目、华纳新能源钠离子电池等20余个补链延链型项目签约落地。

【重点项目建设】 加大服务力度，确保各在建项目有序推进。均和汇智港项目稳步推进，10栋楼已全部主体封顶；德迈产业园三期103#～108#已完成内外部装饰并完成交付，109#～111#号中试车间建设正在持续建设中；国网电力生产检修建设基地二期，已完成主体建设；海那城三期项目全面启动进行基坑施工，部分楼座已经施工至正负零；网源电力生产检修基地项目一期已完工。

【优化营商环境】 修订《济南槐荫经济开发区产业发展扶持政策》，编制《济南槐荫经济开发区产业发展规划》，建成使用招商引资展厅暨企业服务中心，组织政银企座谈会、高企申报培训会等各类活动10余次，发放扶持资金2200余万元，减税退税超1亿元，推动达成融资签约意向资金10.46亿元，助力企业坚定发展信心、高质高效发展。全年新增省级瞪羚企业1家，市级瞪羚企业5家，省级“专精特新”企业（含2家规模以上工业企业）8家，市级“专精特新”企业9家，天岳先进上市“科创板”。聚力高端人才招引，发挥天岳、华润等行业龙头和各类重点实验室、研发机构、山东大学医学转化中心等平台载体作用，新增高端人才95人，新增授权发明专利200余项，九阳股份位列全国上市公司专利排行榜第十七位。

【济南腾顺投资发展有限公司】 围绕济南槐荫经济开发区管委会“147”发展思路，坚持党建引领，在“搭建公共服务平台、资产运营、孵化运营”等工作方面强化工作落实，确保公司提升发展，拓展发展空间，稳步提高经济效益。党建引领方面，与办事处、开发区联合搭建完成“青槐汇美”党群服务中心，揭牌成立“青槐汇美”商圈大党委，构建“1+N+5”工作体系，打造咨询服务区、产业链党委办公室、众智汇商区、“青槐汇美”红心向党党建品牌区；资产运营方面，新增优质企业7家，众创空间使用率达81%，为企业提供了便捷高效的公共载体；孵化器运营方面，成为槐荫区首家晋级良好（B类）的国家级科技企业孵化器，在孵企业数量持续优化至63家，高新技术企业达到24家，同比增长50%，科技型中小企业27家，同比增长42%。

（李　越）

【概况】 莱芜雪野旅游区位于莱芜区北部，是省级旅游度假区。2022年，雪野旅游区立足文化旅游、会议会展、通用航空、医疗康养、科创研发等新兴业态，“省会会客厅、济南后花园”名片越擦越亮。

【经济发展】 统筹推进27个项目，实际完成投资7.8亿元。其中新建项目3个，续建项目5个，签约落户总部经济类项目9个，签约未开工项目1个；接待华润集团、乾隆国际控股集团、鼎盛和集团、山东浪潮等客商考察、洽谈30批次；配合做好齐长城国家文化公园（锦阳关段）项目，项目于4月16日举行开工仪式。新引进山东众翔通用航空驾驶员飞行培训、山东凤凰通航雪野基地市政管网巡护两个项目，服务好雪野通用机场园区14家驻场单位，安全有序开展航空应急救援、飞行培训、航空旅游等业务，全年完成安全飞行3000小时、起降35000架次，培训固定翼飞机飞行员和无人机驾驶员500余人。做好度假区问题整改提升，迎接省级生态旅游示范单位复核，启动国家级旅游度假区创建工作，以市场化运作方式，招引策划马拉松、自行车、健步走、帆船赛事等体育赛事，助推雪野旅游市场升温回暖。

【企业论坛筹备】 酒店会务保障准备工作，完成雪野湖国际会议中心项目建设，酒店于8月8日开业；完成环湖各大酒店污水处理、水、电、天然气等配套服务，实现5G信号全覆盖。优化提升雪野湖周边环境，完成14个齐鲁样板村工程建设，改造提升重点村居12个；改造提升环湖旅游厕所9个、新建4个，安装沿线120个果皮箱，更换垃圾分类箱180个，对雪野湖面及通天河、运粮河、嬴汶河河道、游步道周边等水面和河岸进行集中清理；完成立体造景及花卉组合8处，护栏和花钵挂花2300米，灯杆挂花352盏，栽植花卉5000平方米；完成1200多盏路灯检查，维修太阳能路灯160盏、用电路灯68盏，安装旅游标识标志牌80余处；对S234和S317及环湖周边景观绿化进行养护管理和改造提升。开展文旅策划宣传，全面提升雪野A级旅游景区品质，完善莱芜区旅游宣传手册，完成《莱芜区形象专题宣传片》《雪野映像专题片》；拍摄完成“莱芜 you”专题片，全方位展示四季莱芜的有、优、幽、悠魅力；开发“一部手机游雪野”微信小程序，为游客提供更直观便捷了解认识雪野的窗口和平台。

【水库管理】 健全防汛责任制，严格执行带班值班制度，加强抢险队伍建设，备足备齐防汛物料，修订完善防御洪水方案，并细化预警和“防、抢、撤”实施方案，坚持采用小调、早调、常调的方法科学合理调洪，牢牢地掌握防汛主动权。汛期水库总来水量1.97亿立方米，共调出水量1.86亿立方米。其中，7月11日19时至12日15时，水库流域普降特大暴雨，平均降雨196毫米，单点最大雨量为258.6毫米，形成洪峰流量2101立方米/秒，最大泄量600立方米/秒，最大削峰率81%，最大限度地保护了下游人民群众生命财产安全。提高水库规范化水平，工农业供水规范有序，累计工业供水2475万立方米，实现收入1873.72万元，完成农业取水许可证办理，批复996万方农业取水量。推进重点工程建设，加强灌区水毁工程维修改造，投资590万元完成东灌区倒虹吸管道建设；投资20万元实施数字河湖建设项目，构建具有预报、预警、预演、预案功能的数字水库；组织实施2022年度雪野水库维修养护项目和维修加固项目，总投资350多万元，10月开工建设，2023年汛期之前完工。

（莱芜雪野旅游区）

## 莱芜农业高新技术产业示范区

【概况】 莱芜农业高新技术产业示范区位于莱芜区西部，是国家农业科技园区、省级农高区、省级现代农业产业园。2022年，莱芜农高区大力发展高端、高效、高值农业，助推全区农产品出口额实现38.4亿元，占全市农产品出口总额70%以上，正加快创建国家级农村产业融合发展示范园。

【打造园区高位平台】 编制完成农高区产业规划（2022—2025年），重点加强“四园两基地”规划布局，明确产业定位，形成“一园一主业、园园有特色”的层级清晰、衔接有序、配套互补的核心园区。招商引资，完成招商签约15家。开展党员干部包靠企业活动，宣讲中央及省市区出台的惠企政策。与中国农业银行莱芜分行签订全面战略合作协议，联合省驻莱芜区四进工作支队，邀请省生物发酵产业协会、省国际商务联合会等10多家省商协会走进园区与企业开展座谈交流等举措，为园区企业解决产业融资、产业发展、宣传推广等方面困难。推进万兴2万吨复合调味品研发生产及仓储物流、天合光能100兆瓦乡村振兴光伏农业旅游综合体等高质量在建项目，推动农业产业提质增效。打造高水平产业园区，推进省级生态工业园区创建，争创国家农村产业融合发展示范园。加大姜蒜优势主导产业的培育和引导，省工信厅批复通过莱芜农高区省级特色优势食品产业集群（姜蒜及其制品）。

**【激发园区科技活力】** 打造科技成果转化中心，依托一禾现代农林公司开展的高效高值粮果生态农业关键技术创新及示范推广项目、科百数字农业公司开展的基于5G农业物联网系统的作物全周期数字生产管理模型开发和应用项目，发展设施农业、数字农业、立体农业等新模式。打造科技人员创新创业平台，开展农高区2022年度党委书记人才工作项目，深化与江南大学、山东农业大学、省科学院、省发酵会等科研院校单位合作，柔性引进教授及硕士、博士10名，各类专业技术人才240余人。打造科技产业孵化基地，推进山农大乡村振兴研究院等6大平台配套设施的合作共建，引导山东一禾农林开发有限公司与山东农业大学就“智慧果园大数据管理平台”“梨粮复合种植优质高效模式与关键技术”等5个课题达成重大战略合作。山东豪驰智能汽车有限公司、山东莱威新材料有限公司获批山东省“专精特新”中小企业。

**【拓宽拉长产业链条】** 突出现代化做优一产，依托杨庄、寨里高标准种植基地，加强与省水发集团、省农发集团等合作，探索推广“粮蒜套种”模式，每亩地纯收入从原来平种模式下的1500元左右提高至套种模式下7600元左右。突出精深化做强二产，引导万兴、裕源等21家市级以上龙头企业加大科技投入，推动初级产品向精深产品延伸，打造以农高区为核心、示范带动莱芜区、辐射济南乃至全省的姜蒜桑特色产业集群。培育区级示范合作社11家，家庭农场10家。突出融合化做活三产，依托第九届姜博会的举办，提高了莱芜生姜的知名度和品牌价值。拓展姜蒜特色产业内涵外延，实现农业与旅游、教育基地、红色文化、康养等产业深度融合，推动创新链、产业链、人才链、价值链、利益链“五链”协同联动发展，拓展了姜蒜产业链条。

（莱芜农业高新技术产业示范区）

栏目编辑　魏添乐

# 工业·信息产业

## 综　述

【概况】　2022年，全市工信系统规上工业增加值增速由年初的下降9.1%，之后逐步回升，全年实现增长1.6%，较年初提升10.7个百分点，分别低于全国（3.6%）、全省（5.1%）2.0和3.5个百分点。实现营业收入8139.9亿元，同比下降4.1%。全市营业收入过亿元企业达到761家，同比增加13家，福瑞达生物、临工重机、二机床、华熙生物、宏济堂、岱微电子等重点企业增速均在20%以上；新增246家规模以上工业企业；24个工业行业实现增加值同比增长，增长面58.5%。

【产业能级提升】　四大主导支柱产业支撑带动作用增强，集成电路、新能源汽车、生物医药等战略性新兴产业蓬勃发展，高新技术产业占比达到56%以上，获评国家服务型制造示范城市。章丘区入选山东省工业十强区县，新增4个省“十强”产业“雁阵形”集群和4家领军企业，总数分别达到9个和19家；新增2个省战略性新兴产业集群和2个省特色产业集群，总数分别达到4个和6个。8家企业入选2022中国制造业500强，较上年度增加2家，居全省第一位。

2022年2月25日，济南市产业人才促进会成立大会暨济南工程职业技术学院现代产业学院举行签约仪式　（市工信局　供稿）

【发展后劲积蓄】　推进技改双千工程，累计实施技改项目1115个，提前一个季度完成千项技改任务。全年全市工业投资同比增长15.2%，高于济南市固定资产投资增速11.4个百分点，拉动济南市投资增长2.1个百分点，占济南市投资比重提高1.2个百分点，制造业技改投资同比增长7.5%。成立企业技术改造服务联盟，建立技改和工业重大项目库，发布首批66个项目，计划总投资841亿元；55个项目入选市级储备项目库，居市直部门第一位。弗迪电池一期建成投产，二期项目启动建设，比亚迪、吉利新能源汽车整车下线。

【创新能力增强】　新培育省级制造业创新中心2家、省级工业设计中心22家、省级“一企一技术”研发中心37家；新认定市级“一企一技术”研发中心89家，总数达到614家。5家企业进入2022年山东省制造业创新中心培育名单，90家企业入选“山东省2022年度高端品牌培育企业名单”，总数达到235家，总量和新增数量继续保持全省首位。8个项目中标工信部产业基础再造与高质量发展重大项目，培育首台（套）重大技术装备和关键零部件77项，重汽雪蜡车、伊莱特全球最大整体环轧钢环、临工重机大型矿车等重大创新产品不断涌现。

（张　涵）

## 数字经济产业

【概况】　实施数字经济引领战略，印发实施《济南市数字经济建设方案》，推动数字产业化、产业数字化、算网一体化创新协同发展，数字经济核心产业占比达到17%以上，数字经济占GDP比重达到47%，发展水平跻身2022全国城市排名第六，在2022年度国务院督查激励中，以第一名的位次入选建设信息基础设施和推进产业数字化成效明显市推荐名单。

【数字产业化】　全年大数据与新一代信息技术产业实现营业收入5853.2亿元，同比增长15%，其中软件业务收入4382亿元，同比增长15.6%，增速高于全国4.4个百分点，大数据产业试点示范项目、首版次高端软件产品等数量均居全省第一位。深化人工智能“双区”同建，开展“AI泉城”赋能行动，推动100余家企业开展应用场景供需对接，4家企业入围国家人工智能产业创新任务揭榜挂帅名单。新增省级示范型、成长型数字经济园区3个，116个项目入选省数字经济重点项目，均居全省首位。

【产业数字化】　推进企业“上云用数赋智”，培育省级智能工厂、数字化车间12个，智能制造标杆企业6家；上云企业数量突破6万家，新增两化融合贯标企业280家；推动工业互联网创新发展，新增5个国家工业互联网标识解析二级节点，累计达到11个，新增18个省级工业互联网平台，培育20个工业互联网应用创新示范项目；两化融合走深走实，产业数字化转型提质加速，“济南市率先打造智能经济强市和数字先锋城市”案例获评2022产业智能化先锋案例。

【算网一体化】　聚焦打造黄河流域信息枢纽中心城市，加快城市新型数字基础设施建设，建成国家级互联网骨干直联点，启动全球首张5600公里确定性骨干网络，累计建设5G基站设施4万处。推进“星火·链网”超级节点建设，泛在智能感知基础设施建设应用水平提升。千兆城市建设提质增效，建成3个千兆城市示范区，宽带下载速率位列全省第一位、全国第四位。浪潮一体化大数据中心启动建设，济南超算建成“神威·蓝光”第二代产品，“山河”超级计算平台综合算力处于国际前列。

（魏翰哲）

## 消费品和轻工纺织产业

【概况】　2022年，济南市消费品行业现有规模以上工业企业有422家，全年营业收入610.4亿元，同比增长3.7%；利润总额28.9亿元，同比下降4.9%；税金总额14.9亿元，同比增长5.7%。其中，食品行业规模以上工业企业有199家，营业收入414.6亿元，同比增长7.8%；印刷包装行业规模以上企业89家，营业收入98.7亿元，同比增长2.0%；纺织服装行业规模以上企业75家，销售收入60.3亿元，同比下降5.9%。

【重点工作有序推进】　联合济南市商务局举办2022第十五届中国（山东）国际糖酒食品交易会，现场成交额超10亿元，意向成交额达24亿元。推荐山东省万兴食品有限公司等10家企业15种产品申报山东特色优质食品目录产品；培育并推荐莱芜农高区、平阴县玫瑰镇、平阴县东阿镇申报全省特色优势食品产业集聚区；推荐山东旺旺食品有限公司、山东嘉能嘉生物科技有限公司申报食品工业“三品”专项行动典型成果；组织13家企业和个人参加省政府举办的第四届“省长杯”工业设计大赛第一届纺织服装分赛，其中山东泉艺坊文化传播有限公司等4家单位获奖；推荐中车山东机车车辆有限公司产品为2022年老年用品产品推广目录产品；推荐山东永信非织造新材料股份有限公司申报全省轻工纺织行业数字化助力“三品”行动典型案例；推荐23名个人申报第六届山东省工艺美术大师。遴选发布《济南优势工业产品目录》，对734家工业企业的2500多种产品进行重点宣传推广。

【加强食盐专营管理】 定期开展食盐专营日常监督检查，指导企业做好安全生产和防洪防汛等工作；做好盐业统计工作，联合市发展改革委等部门开展食盐专营联合检查行动，责令企业限期改正存在的问题。加强与交通运输等部门的协调，帮助食盐企业解决物流运输等方面遇到的问题。下发通知要求企业加大储备，保障市场供应，市场动态食盐库存一直保持在4500吨以上，其中小包装食盐可满足全市1个月以上用量；指导企业通过省工业和信息化厅“双随机、一公开”检查。

（孟　操）

【概况】 2022年，济南市软件和信息技术服务业运行态势平稳，软件业务收入保持两位数增长。全年全市软件业务收入4382亿元，同比增长15.6%，增速高于全国4.4个百分点。

【名企名品涌现】 中创软件等10家企业获批国家鼓励的重点软件企业（累计11家），浪潮工业互联网等8家企业入选工信部工业领域数据安全试点企业，金现代等64家企业入选省级软件工程技术中心，高速信息集团等43家企业获评省第二批DCMM贯标试点企业（累计55家），13家企业入选2022年山东省总数据师制度试点企业。4个项目获评2022年工信部大数据产业发展试点示范项目（累计15个），华米大数据公司获批国家区块链创新应用（“区块链+制造”）试点企业，5个项目入选工信部2022年工业互联网APP优秀解决方案（累计18个），3个产品入选工信部2022年工业软件优秀产品，2个项目入选工信部工业领域数据安全典型案例。237个产品入选省第六批首版次高端软件产品（累计499个），229个项目入选2022年省级大数据三优两重项目（累计478个），40个产品入选省工业领域数据安全优秀产品、服务和应用解决方案。

【产业生态提升】 全年华为创新中心共服务67家企事业单位，完成43家企业、99个解决方案与鲲鹏迁移适配，推荐7家本地企业的23款应用进入华为云生态伙伴体系；算谷浪潮科技园项目正式启动（计划总投资25亿元，总建筑面积33万平方米），建成后可吸引2万多科研人才、100多家上下游企业入驻；算谷产业园一期项目基本完工，招商中心正式开放，洛克美森智能电气、金信诺等重要项目落地入园。

（王琪玮）

【概况】 2022年，全市生物医药领域（包括流通企业）拥有规上企业538家，实现营业收入2039.8亿元，同比增长33.5%。初步形成“双核双谷多园”产业布局，济南高新区作为“双核”之一，全年生物医药规上企业营业收入达到1370亿元，同比增长12%，取得一类新药临床批件16个；世界透明质酸谷作为“双谷”之一，项目总投资240亿元，将打造成千亿级医美抗衰产业集群。

【研发创新】 全年全市生物医药企业研发投入达到43亿元，重点企业研发投入占比超过10%。全市新取得药品注册批件50个，占全省的38%；新取得2～3类医疗器械批件168个，占全省的33%；通过一致性评价53个，占全省的21%；均居全省首位。获批省级重点实验室1家（山东省检验医学创新技术重点实验室），备案省级新型研发机构3家（山东祥辰科技集团、山东宏葵医学检验实验室、山东省现代农业化学产业技术研究院），省级以上创新平台达到190个。齐鲁制药位居2022中国药品研发综合实力排行榜TOP100第三位、化药研发实力排行榜TOP100第四位、生物药研发实力排行榜TOP100第八位。

【政策优化】 出台《关于加快生物医药与大健康产业高质量发展的若干政策措施》（济政发〔2022〕18号）。对《关于促进生物医药和大健康产业发展若干政策》《关于进一步促进生物医药产业发展的意见》等既有政策进行细化完善。联合市财政局下发《关于做好2022年度〈济南市关于促进生物医药和大健康产业发展若干政策〉项目资金申报工作的通知》，拟对50家企业兑现财政补贴3亿元以上。

【重点项目】 从重点调度的28个总投资额5亿元以上的项目进展情况看，12个项目一期或全部工程建设已竣工投产运行，5个项目主体建设完成正在设备调试，5个项目完成主体工程80%以上，6个项目正在进行基础建设。齐鲁制药超大规模生物制剂项目、世界透明质酸谷、国家（山东）暨山东自贸试验区（济南）食品药品医疗器械创新和监管服务大平台、山东赢城宏济堂中药生产等一批强链补链延链项目完成实施。

【双招双引】 全年市工业和信息化局洽谈生物医药与大健康产业项目13个，促成落地投资9个，投资额近5亿元。围绕医美抗衰、细胞与基因治疗、医药及防护用品等方向，探索形成高水平、高集聚、高效能的产业集聚模式，济南市医美抗衰产业集群入选山东省“十强”产业“雁阵型”集群库，济南明水经济开发区（医药及防护用品）特色产业集群被认定为山东省特色产业集群。

（孔德龙）

【概况】 2022年，全市智能制造产业获得国家级智能制造示范优秀场景企业2家，省级智能制造优秀场景7家单位36个场景，省级智能工厂7个，省级数字化车间5个，省级智能制造系统解决方案供应商15家。

【支持企业创新】 加大首台（套）技术装备及关键核心零部件项目培育和支持力度，培育产业发展新优势、新动能。全年获评省级首台（套）重大技术装备和关键核心零部件48家，认定市级首台（套）重大技术装备和关键核心零部件29家。

【冠军培育行动】 出台《济南市单项冠军培育行动计划》，加大单项冠军培育力度。全年培育沃德、朗进、九阳、威马泵业、临工重机、山东电力设备6家企业获得国家单项冠军企业（产品）；山东鸿瑞新材料、天诺光电等25家企业获评省级单项冠军（产品）。

【国家试点建设】 智慧城市基础设施与智能网联汽车协同发展试点取得阶段性成果：济南国际标准地招商产业园智慧园区与智能网联汽车示范区建设工作进入尾声；济南公交线路、公交场站、物流配送站点信息化升级工作基本完成；双智相关技术导则及标准制定有序推进，对《智能网联物流车示范应用管理规范》《公交乡村快递智能运行管理规范》进行研讨、完善；山东重工与国电投山东分公司就换电重卡开展合作，重卡智能换电试点投入运行，智慧交通、智能公交、无人配送和自动驾驶技术不断优化。

【举办2022世界先进制造业大会】 8月31日至9月2日，以“新格局 新动能 新生态”为主题的2022世界先进制造业大会在济南市召开。大会安排开幕式、高峰论坛、国际交流对接会、成果展示等多场活动，发布了先进制造业“揭榜挂帅”十大重大产业技术需求、十大领航项目、十大趋势，共征集77个签约项目，合作总金额668.23亿元，覆盖高端装备、海洋装备等多个“十强”产业领域。

（王安舟）

【华能黄台电厂】 2022年，华能黄台电厂贯彻集团公司和山东公司各项部署要求，完成发电量完成60.36亿千瓦时、供热量1297.82万吉焦，超额完成年度预算目标任务。

（刘学杰）

【安全生产】 开展“安全生产提升年”等专项活动，落实山东省“八抓20项”创新举措，制定下发厂内“三创+三提升”活动工作方案和亮点区域打造方案，以“三创”实现“三个确保”（确保人身安全、确保设备可靠、确保企业效益）的目标得到巩固。全年未发生机组一类障碍，实现连续安全生产5567天，9号机组修后连续安全运行465天；济阳生物质实现连续安全生产734天。 （刘学杰）

【提质增效】 成立现货市场工作机构，科学制定现货交易策略，主动实施切缸和低旁供热，四台机组供热季均可深调。开拓电力大客户，累计签约有效用户54家，代理电量约32亿千瓦时。完成51万吨碳排放权配额交易。储能电站以“独立储能设施”参与电力现货市场，整站效率保持在80%以上。累计采购

经济煤种 4.48 万吨。济阳生物质电站发电量完成 2.18 亿千瓦时，同比升高 3485 万千瓦时。（刘学杰）

【发展升级】 华能济南 2×9F 级燃气—蒸汽联合循环热电联产项目列入山东省首批重型燃气机组示范项目和山东省电力发展“十四五”规划，9 月获得济南市行政审批局核准批复。济阳生物质 2.2 兆瓦分布式光伏项目建成投产，实现全厂新能源项目零的突破。具有 74 个直流充电桩的电动汽车充电站项目上线运营。（刘学杰）

【改革创新】 2022 年，共计完善制度 104 项，修订完善标准 391 项。全年全厂共开展自立科技项目 3 项和华能集团科技项目 4 项；累计获得发明专利 4 项、实用新型专利 122 项、国际实用新型专利 3 项、软件著作权 8 项、省级及以上创新和管理奖 8 项、QC 成果奖 14 项，实现国际专利零的突破。“栾俊劳模创新工作室”被评为“山东省劳模和工匠人才创新工作室”和“华能创客工作室”，1 项成果获得集团公司 2022 年职工技术创新推广转化推荐成果一等奖。（刘学杰）

【国网济南供电公司】 国网济南供电公司是国家电网大型重点供电企业之一，担负着全市 10 个区、县（不含莱芜区、钢城区）的供电任务，服务客户 346.54 万户，拥有 35 千伏及以上变电站 376 座，变电总容量 3658.26 万千伏安；35 千伏及以上输电线路 523 条，总长度 5562.57 公里；10 千伏配网线路 2861 条，总长度 2.35 万公里。2022 年，全市全社会用电量 499.71 亿千瓦时，同比增长 5.14%，公司实现售电量 319.76 亿千瓦时，同比增长 3.81%，电网最高负荷 800.1 万千瓦。（刘　申）

【扛牢央企责任】 落实市委市政府和国网山东省电力公司会谈工作要求，全年完成电网投资 36.9 亿元，为新旧动能转换起步区等重点片区提供坚强电力支撑。助力全国文明典范城市创建，促成国网山东省电力公司给予 1.27 亿元专项资金支持，按期完成 1.42 万基杆塔、915 处箱站设备美化和 21 万只计量表箱隐患排查治理，服务 359 处电动自行车集中充电点快速接电，解决居民“飞线充电”问题。（刘　申）

【筑牢光明防线】 服务稳经济稳增长工作大局，向社会发布“保供电、稳经济、惠民生，助力现代化强省会建设”十项措施，推出“欠费不停供”“电 e 金服”等助企纾困硬核举措，最短时间“电”亮儿童医院树兰分院等 36 处重点防疫场所。挂牌成立“1+13”市县两级电力负荷管理中心，保障全市“无感知”迈入“千万千瓦时代”。完成党的二十大、省市党代会等 119 项重大活动保电，全年政治保电 300 余天。（刘　申）

【助力清洁低碳】 加快陇东至山东特高压“外电入济”工程进度，示范建成 220 千伏西河、西环等城市融合型变电站，全年投产重点电网工程 22 项，电网容载比等指标达到上海浦东等先进地区水平。制定“源网荷储”协同联动、科技创新加速赋能的济南能源转型“4+1”发展路径。推进“黄河兴・电先行”行动，在起步区探索建设新型电力系统示范区，创新编制国内首个零碳视角下的能源互联网规划，中国工程院王成山院士领衔的专家团队评价“达到国际领先水平”。（刘　申）

【带动产业升级】 创新用上电、用好电、不停电“宜商三电”新型服务模式，完成比亚迪、中科院科创

2022 年 12 月 31 日，黄台电厂济阳生物质分布式光伏项目（2.2 兆瓦）实现全容量并网发电 （济南华能黄台电厂　供稿）

城等258个省市重点项目送电，“三省”“三零”等办电模式累计为超过4600户企业节省办电成本近3.2亿元。发挥电力行业产业链长、带动力强等优势，全年带动720余家设备材料制造企业扩大产能。迭代升级“网上国网”等服务场景，政企协同固化提升“刷脸办电”等数字化办电模式，新装、增容等7类17项电力业务实现“无证明”办理。

（刘　申）

【赋能美好生活】　聚焦人民群众“家门口”办电需求，创新推动供电服务深度融入基层网格治理，联合社区、水务、供热等单位打造乐山小区等41个“电热水气·网格融合”便民服务示范社区，解决“电热水气”问题1405项。聚焦弃管小区“直供电”民生难题，促请国网山东省电力公司特事特办给予省会弃管小区供电改造政策和资金支持，同意国网济南供电公司承担应由产权单位出资的电气改造费用及不足部分，为913个弃管小区申请电气改造专项资金约15亿元。

（刘　申）

2022年5月26日，全市民营经济工作会议在济南龙奥大厦召开　（市民营经济局　供稿）

【概况】　2022年，全市民营市场主体148.2万户，同比增长3%，占全市市场主体总量的98.6%；民营涉税主体74.6万家，同比增长17.4%，占全市涉税主体数量的98.7%；涉税民营市场主体实现销售收入2.46万亿元，同比增长0.5%；受减税降费和留抵退税政策影响，实现税收515.48亿元，同比下降29.1%，占全市税收的40.9%；实现进出口值1416.9亿元，同比增长16.3%，占全市进出口值的64.1%；民间投资同比下降0.6%，占全市投资比重为44.5%。

【提升发展能级】　推动全市首个民营经济专项发展规划落地，开展民营经济高质量发展十大专项行动，营业收入过100亿元、50亿元、10亿元的企业分别达到9家、23家、82家；中国民企500强3家、山东民企100强9家。全市累计培育民营独角兽企业4家、省级瞪羚企业369家、省级专精特新企业1093家、国家专精特新“小巨人”企业76家。开展“济南民营企业100强”和7个产业十强发布活动，提升民营企业品牌形象。

【激发发展活力】　编发《民营经济政策指引（2022版）》1万余册，开发“政策一码通”，开展政策宣讲16期、直播云讲堂23期。实施“头雁领航、锦鲤跃升、雏鹰奋飞”企业家梯队培养工程，联合政法部门开展“民企法治护航”活动，宣讲法律法规15场。编发法治风险防范手册400余册，帮助民营企业降低法律风险。健全“五位一体”融资服务体系，依托“泉惠企”云平台、“智慧融资”、“济南民营企业投融资服务联盟”等平台，累计为企业融资84.4亿元。融合国有企业市场优势和民营企业机制灵活的特点，引导12家民企与国企合作，举办系列“活力民企”产业合作沙龙，达成合作意向50项。

【完善工作机制】　充实市县两级工作体制，调整济南市促进非公有制经济发展工作领导小组成员。全市15个区县（功能区）明确民营经济工作部门，6个区县设立民营经济发展中心等事业单位。构建“首席服务专员”“民企12345专席”“民营企业家交流中心”“民营企业服务站”“四个一”服务机制。在全省率先建立民营经济发展环境评价体系，树立服务民营经济发展鲜明导向。

（吴云杰）

栏目编辑　魏添乐

【概况】　2022年，全市涉农镇街105个，乡村总人口413.22万人、130万户，常住人口306.8万人。现有耕地33.55万公顷、永久基本农田29.57万公顷。全市第一产业增加值420.5亿元、增长3.1%，农村居民人均可支配收入23844元、增长5.6%，城乡比2.49∶1。

【重要农产品生产】　粮食生产。全市共有产量大县6个：长清区、章丘区、济阳区、莱芜区、平阴县、商河县。2022年，粮食播种面积48.46万公顷，比2021年增加953.33公顷，同比增长0.2%；粮食总产量296.19万吨，比2021年增加3.12万吨，同比增长1.1%，创历史新高；粮食平均单产407.49公斤/亩，比2021年增加3.5公斤/亩，增长0.9%。粮食面积、总产、单产连续四年“三增”。畜牧生产。2022年全年猪牛羊禽肉产量29.1万吨，增长6.5%。其中，猪肉16.9万吨，增长9.5%；牛肉2.4万吨，下降15.6%；羊肉1.9万吨，增长3.6%；禽肉7.9万吨，增长9.5%。牛奶43.4万吨，增长3.2%；禽蛋27.0万吨，下降11.5%。国家级肉羊新品种“鲁中肉羊”入选2022年中国农业农村重大科技成果。肉种鸭生产推广规模稳居全国前三、全省第一。组建国内最大的SPF鸡种蛋生产输出基地，占全国近60%。蔬菜生产。全市50亩以上“菜篮子”生产基地723个，建设完成蔬菜类“菜篮子”保供园区52个，2022年，全市蔬菜生产面积9.93万公顷、增长2.2%，总产量710万吨、增长3%，自产蔬菜有效满足全市需求，每年约有40%销往外地。评定“菜篮子”直通车运营单位32家，拥有“菜篮子”工程配送车287辆，通过社区店、电商小程序、社区团购等形式服务覆盖全市千余个居民小区，全市蔬菜产销对接紧密，稳产保供基础牢固。渔业生产。全市水产品养殖面积0.43万公顷，总产量1.5万吨。加快济南市养殖水域滩涂规划实施，重点区县水域滩涂养殖证发证率达90%以上。推动渔业资源保护工作，普查养殖主体426个，资源信息919条，建设黄河渔业资源观测站（黄河下游土著鱼类种质资源保护基地）。累计认定渔业标准园113家，建设观赏鱼企业37家，举办网络中国（济南）名优锦鲤大赛。建设9处水产类“菜篮子”保供园区，推广水产绿色生态养殖模式。政策性农业保险。20个政策性农业保险险种覆盖全部涉农区县，全年保险规模4.7亿元，实现理赔1.8亿元。推行三大主粮完全成本保险，2022年参保面积37.33万公顷，率先开展三大主粮作物完全成本保险全覆盖工作，推动农户分担保费比例由20%下调至15%，减轻农户压力。增设开展核桃种植保险、谷子种植保险和茶叶种植低温气象指数保险，推动设立设施花卉种植保险、蔬菜工厂化育苗生产及种苗质量保险，完善十二大特色产业保险体系，实现险种全覆盖，逐步实现面积全覆盖。农业疫病防控。全市开展小麦条锈病应急统防统治，有效监控玉米草地贪夜蛾，保障了粮食安全生产。做好养殖、屠宰、冷储、无害化处理、道路检查站等场所的非洲猪瘟、高致病性禽流感等重大动物疫病排查和监管工作，实现重大动物疫病“应免尽免”。代表全省以优异成绩通过无疫区建设国家评估。

【巩固脱贫攻坚成果】　2022年，全市仍有建档立卡贫困户44516户、

78853人。全市脱贫人口人均纯收入达到14091元、增长15.9%。稳定各项帮扶政策。出台巩固拓展脱贫攻坚成果同乡村振兴有效衔接的若干措施，延续执行各项帮扶政策。严格落实“四个不摘”要求，持续做好困难群众帮扶，“两不愁三保障”成果更加稳固。将3.1万名脱贫群众纳入全市农村低保和农村特困人员供养范围，为8.17万名脱贫人口办理全年免费参保手续，资助脱贫享受政策、防返贫监测帮扶对象等特殊困难学生9789人，完成206户困难群众危房改造，对9个区县农村供水保障工程进行改造提升。加强防返贫监测帮扶。健全完善防返贫监测预警机制，把具有返贫致贫风险的困难群众及时纳入监测帮扶范围，共纳入防返贫动态监测对象625户、1659人，全部进行针对性帮扶。持续增加脱贫群众收入。投入各级衔接资金6.5亿元，实施产业发展和小型基础设施项目180个，实现脱贫群众产业项目收益全覆盖，户年均增收2000元以上。开展城乡公益性岗位扩容提质行动，安排脱贫群众2943人。扶贫专岗累计安置脱贫劳动力1.48万人，培训脱贫群众5万余人次。强化区域发展水平。整合各类资金1.5亿元，开展济阳区闻韶古镇和长清区康养泉乡衔接推进区建设，脱贫群众产业项目收益实现全覆盖。全面深化与甘肃省临夏州、重庆市武隆区东西部协作，援助帮扶资金5.5亿元，实施援建项目六大类200个。深入实施省内济临帮扶协作，向临沂市拨付帮扶资金9050万元，实施协作项目7个。

**【美丽乡村建设】** 示范样板打造。全市共创建省级示范村235个、乡村振兴齐鲁样板村249个、样板线路43条，建成章丘区三涧溪村、历城区芦南村、长清区马套村、槐荫区席庄村、平阴县北市村等一批样板示范村庄。农村人居环境整治。先后开展村庄清洁行动“春夏秋冬系列战役”、薄弱村集中攻坚等行动，按照“两月一评估、两月一排名通报”机制要求，已累计开展15次评估排名，农村人居环境得到全面改善。全市累计创建清洁村庄4253个，4698个村完成弱电线缆整治，累计完成户厕改造67.7万户，涉及农村户厕改造的14个区县（功能区）均实现智能化管护，累计完成生活污水治理村3075个，农村生活垃圾无害化处理率达100%。美丽宜居乡村建设。全市共有31个城镇开发边界外安置区（不包括7个剔除完工或未开工项目），其中市中区1个、历城区2个、长清区2个、章丘区8个、济阳区4个、莱芜区8个、钢城区3个、商河县3个。31个安置区中有26个属于集中建设安置区，5个货币化安置，共涉及101个村、1.97万户。25个安置区开通天然气，14个安置区开通集中供暖。

**【农业产业发展】** 全市十大农业特色产业为平阴玫瑰、莱芜生姜、章丘大葱、历城草莓、长清寿茶、曲堤黄瓜、商河花卉、高官甜瓜、龙山小米、南山核桃、莱芜黑猪、农高种业。十大特色产业面积发展到4.67万公顷，产能200万吨，产值200亿元。各类经营主体1500余家，从业人数超70万人，加工类企业数量达200余家。组建14支“济南市十大农业特色产业科技创新团队”，攻克产业发展关键技术110余项，申请专利54项。形成平阴玫瑰——全球种植面积最大的药食同源玫瑰产区、商河花卉——江北规模最大的温泉花卉生产交易基地、济阳曲堤黄瓜——江北日交易额最高的精品黄瓜产地批发市场和历城草莓——山东规模最大的设施草莓生产基地等业界第一和隐形冠军，“雁阵形”特色产业发展集群初现雏形。现代种业。围绕打造“中国北方种业之都”，设立总规模2.6亿元的乡村振兴现代种业基金，聚力打造“一个产业园＋两个创新谷＋四大平台＋五大中心＋N个基地”的现代种业发展新格局：一个产业园是在济南新旧动能转换起步区规划建设北方种业产业园，争创国家级现代农业产业园；两个创新谷是以省农科院和长清创新谷布局的生物育种高端产业化项目为依托，组建泉城生物育种实验室，争创国家级种业实验室；四大平台是搭建国家级品种展示评价平台、省市共建种质资源共享平台、种业科技研发创新公共平台及种子种苗会展交易平台；五大中心是重点建设国家级小麦创新中心、国家奶牛种质培育扩繁示范中心、蔬菜工厂化育苗创新中心、草莓脱毒扩繁创新中心、安祖花扩繁创新中心，打造农作物种子、蔬菜种苗、畜禽良种、脱毒组培、花木种苗“五大”创制中心；N个基地是在钢城区建设国家级畜禽P3实验室、打造未来畜牧业产业基地，在历城区建设中国北方种子交易基地、暖温带珍稀树种国家种质资源基地、国家级种质资源保护中心（基地），在济南农高区建设畜禽种业科创基地，在长清区建设国家生猪核心育种基地，在济阳区建设国家区域性良种繁育基地（蔬菜），在商河县建设齐鲁现代微生物技术研究院科研示范基地。3家企业入选国家种业阵型企业。全市入库种质资源13万余份，建成2个国家农作物新品种展示示范中心，种业持证企业达104家，培育突破性新品种70余个。全市拥有国家级保种场2家，省级保种场5家，省级活体基因库3家。主要农作物良种覆盖率达98%以上。研发出具有自主知识产权的基因编辑酶，居世界领先水平。农产品加工业。全市省级农产品加工业示范县发展到5个：莱芜区、平阴县、济阳区、章丘区、商河县，省级农产品加工业示范园区3个：平阴玫瑰高端产业园、莱芜农高区农产品加工示范园、济北食品饮料城。2022年，规上农产品加工企业销售收入576.7亿元。产业发展载体建设。先后落地省级现代农业产业园项目8个，实现农业大县全覆盖。济阳区、莱芜区、钢城区已完成建设并通过省级认定；历城区、长清区已完成建设；平阴县正在建设；章丘区、商河县正在编制实施方案。全市共有6个镇列入国家农业产业强镇创建名单，国家级“一村一品”示范村镇发展到25个。全国乡村特色产业超10亿元镇6个，省级农业产业强镇18个，省级乡土产业名品村127个。建设完成18个市级田园综合体。农业品牌建设。围绕筑牢“1+10+N”品牌发展矩阵，先后开展五批授权，“泉水人家”授权企业授权产品分别达101家和309个，全市“双十佳”品牌总量达80个，推出“点赞商河”“龙山农品”“源味南山”等15个县域农产品公用品牌。全市省级以上特色农产品优势区5个；省级以上知名农业品牌61个，其中国家级4个（章丘大葱、莱芜生姜均入选中国农产品区域公用品牌目录，章丘大葱、莱芜生姜纳入农业农村部农业品牌精品培育计划，按4个计），11个农产品品牌上榜首批“好品山东”品牌发布名单。建立泉水人家社区电商服务站10处，开展各类电商产销对接活动23场。“泉水人家”广告片连续7天登上中央电视台财经频道栏目，“泉水人家”高铁冠名列车正式上线，强势打造品牌形象，传递品牌信息。农产品出口。拥有1个农业品出口产业集聚区莱芜区，面向全世界出口姜蒜，出口比例占全市七成以上。全市农产品出口企业发展到343家，其中莱芜区出口农产品企业108家。2022年，全市实现农产品出口64.8亿元，同比增长1.1%，占全市出口额的4.5%，占全省农产品出口额的4.6%；对欧盟出口农产品6亿元，同比增长16.6%。莱芜区农产品出口额47.6亿元，占全市农产品出口总额的73.5%。莱芜区对欧盟国家出口农产品3.6亿元。省级以上优势特色产业集群。全市大蒜种植面积1.43万公顷、产量31万吨、加工产能51万吨，莱芜生姜种植面积0.5万公顷、产量31万吨、加工产能100万吨。培育山东万兴、莱芜泰丰、山东一品等一批引领产业发展的农业龙头企业，加工能力强、辐射带动广，实现产前、产中、产后各环节高效连接、融合发展。

【现代农业科技装备设施建设】 农业科技发展。经省社科院测算，2022年，全市农业科技进步贡献率为68.79%，比全省高出3个百分点。发挥省农科院、山东农业工程学院等科研技术优势，选育推广优良品种，培育突破性新品种70余个，其中“济麦22”连续9年为全国第一大小麦品种，累计推广0.18亿余公顷；“济麦44”实际亩产766.62公斤，创全国强筋小麦单产纪录。引进朱健康院士团队，在国内率先研发具有自主知识产权的基因编辑酶。2022年，全市共实施30项农业应用技术创新和农业科技成果转化项目，农业主推技术到位率100%。高标准农田建设。印发《济南市高标准农田建设规划（2021—2030年）》，累计建成高标准农田25.69万公顷。农业机械化建设。累计创建全省“两全两高”（农业机械化全程、全面、高质、高效）农机化示范县6个：章丘区、长清区、济阳区、莱芜区、平阴县、商河县，全国主要农作物生产全程机械化示范县7个：长清区、章丘区、济阳区、莱芜区、平阴县、商河县、钢城区。累计创建莱芜区、平阴县、商河县3个省级“平安农机”示范县。冷链物流设施建设。建设农产品产地冷藏保鲜设施611个、新增库容58万立方米，建设大型冷链物流设施建设项目28个、新增库容10万立方米，推动构建多环节、全链条农产品冷链物流发展新格局。截至2022年年底，全市有冷库800余座，库容总量逾220万立方米，冷藏车2600余辆。数字农业建设。创新搭建“一图式”农业农村智慧管理平台，推动智慧农业应用项目（一期）建设，12个业务系统全部实现与平台的数据对接，益农信息社实现涉农行政村全覆盖。在历城区、章丘区、莱芜区、商河县开展2022年度智慧农业项目创建，新评选锦尚田生物科技等15家智慧农业应用基地，总量39家。

【农业绿色发展】 土壤污染防治。完成耕地土壤环境质量类别划分和受污染耕地安全利用工作任务，全市受污染耕地安全利用率达100%。突出做好“四减四增”工作，累计推广水肥一体化面积5.12万公顷。以小麦条锈病为主要防治对象的中后期病虫害专业化统防统治覆盖率100%，玉米统防统治覆盖率40%以上。农业废弃物综合利用及生态循环农业。全市秸秆综合利用率达98%以上。全市畜禽规模养殖场粪污处理设施配建率100%，粪污综合利用率90%以上。在全省率先落实农药包装废弃物豁免管理规定，整市域构建农药包装废弃物、废弃农膜回收体系，2022年，回收农药包装废弃物430余吨。农业标准化生产。全市共有省级农业标准化基地86个，创建农产品质量安全放心示范点6家。新认证无公害农产品102个、绿色食品55个，全市“三品一标”农产品有效用标总量1699个：无公害产品1205个、绿色食品448个、有机食品10个、地理标志农产品36个，有效用标总数连续多年位居全省首位。农产品质量安全监管。全市省级标准化示范乡镇监管机构达31家。全市88家街镇、14家区县监管机构，600名监管人员，1297家种植养殖主体纳入数字监管平台管理，初步建成全市农产品质量安全“一套目录”。2022年，全市农产品质量监测整体合格率稳定在98%以上，未发生一般以上农产品质量安全事故。农资监管。推进全市农资监管平台建设，已建成农资监管基点2274个，农资（农药）经营线上监管覆盖面达95%，农资抽检合格率平均98%。4个农药经营单位被评选为省级农药经营标准化服务试点单位，32家农药经营单位被评选为市级农药经营门店标准化管理服务试点单位。2022年，农药企业全年安全生产“无事故”。

【新型农业经营主体培育】 农业龙头企业。全市市级以上农业龙头企业发展到506家，其中国家级10家、省级79家；省级、市级农业产业化示范联合体发展到23家和30家。农民合作社。全市农民合作社共11780家，其中国家级、省级、市级示范社分别达到21家、129家、432家，从事农业社会化服务组织5000余个，其中省级、市级示范组织分别达到18家、89家。5家农民合作社入选2022年中国农民合作社500强。全面完成莱芜区、商河县农民合作社质量提升整县推进省级试点任务，稳步推进商河县农民合作社质量提升整县推进国家级试点。家庭农场。全市家庭农场注册数8063家，其中省级示范场113家、市级示范场435家，县级以上示范场总数920家。农业社会化服务。持续推进长清区、济阳区、平阴县、商河县、章丘区、莱芜区、起步区7个区县开展农业生产托管服务项目省级试点，加快推进济阳区农业社会化服务机制创新。

【农村改革及乡村治理】 农村集体产权制度改革。全部5828个村（居）均已完成清产核资、登记注册，建立农村集体经济组织，依法取得独立市场主体地位。全市累计开展集体资产股份质押贷款1.2亿元，集体经济组织成员累计分红20.8亿元。农村集体资产管理。出台进一步规范农村集体“三资”管理、农村集体资金委托代理服务等指导文件。持续做好农村集体资产年度清查，开展农村集体“三资”管理问题专项整治，清理不合规合同1891份，收回被侵占的土地资源83.92公顷，收回被侵占的固定资产7处，收回被侵占的集体资金161.77万元。农村改革平台建设。现有商河县1个省级乡村振兴政策集成改革试点县；长清区、商河县2个省级农村改革试验区。7月，济南市乡村振兴政策集成改革试点县、省级农村改革试验区均通过省级第三方中期评估。乡村治理示范建设。平阴县全国乡村治理体系建设试点县工作完成。全市成功创建国家级乡村治理示范村9个，省级乡村治理示范镇1个、乡村治理示范村4个，市级乡村治理示范镇8个、示范村24个。

（王鹏飞）

【粮食生产】 2022年，全市粮食收获面积48.46万公顷，其中小麦21.96万公顷、玉米23.60万公顷，总产296.19万吨，其中小麦139.69万吨、玉米142.1万吨，单产407.49公斤/亩，分别较2021年增加953.33公顷、3.12万吨、3.49公斤/亩，增幅0.20%、1.05%、0.86%，实现粮食面积、总产、单产三增加，其中大豆面积8380公顷，大豆玉米带状复合种植面积36.67公顷。按照每亩不低于134元标准，落实国家耕地地力保护补贴4.18亿元，补贴面积20.48万公顷。2022年为实际种粮农民发放三批一次性补贴资金1.65亿元。按照大豆玉米带状复合种植中央、省、市补贴每亩300元标准，发放复合种植补贴1637.5万元，补贴面积0.37万公顷。

【政策性农业保险】 政策性农业保险全年保险规模4.33亿元，实现理赔1.98亿元。印发《推动三大主粮作物完全成本保险和十二大特色产业保险全覆盖工作方案》，在全省率先全面推行小麦、玉米和水稻三大主粮作物完全成本保险全域全覆盖工作，进一步减轻农民保费负担，将农户保费分担比例由20%降低至15%，减少的5%比例由市级财政承担；设立开展核桃种植保险、谷子种植保险、茶叶种植低温气象指数保险、设施花卉种植保险和蔬菜工厂化育苗生产及种苗质量保险，完善十二大特色产业保险体系，实现险种全覆盖，逐步实现面积全覆盖。

（李瑞欣）

【概况】 全市共有规模养殖场1148家，其中大型养殖场591家。2022年度，全市生猪、牛、羊、禽等存栏量分别达121.2万头、16.8万头、77.7万只、2488.3万只；肉蛋奶总产量99.5万吨，其中肉类总产量29.1万吨、蛋类总产量26.9万吨、奶类总产量43.4万吨，奶类总产量同比增加3.15%，稳居全省第一梯队。全年畜牧业产值170.2亿元，可比价增速2.7%。获“全省畜牧技术推广先进单位”“省畜禽种业振兴先进单位”“第三次全国畜禽遗传资源普查省级先进单位”和“省家畜繁殖工职业技能竞赛先进单位”。

（王会波）

【推进生猪生产】 联合市发改委等5部门出台《关于促进生猪产业稳定健康发展的实施意见》，印发《济南市生猪产能调控实施方案（暂行）》《关于建立三级调控基地稳定生猪产能的通知》，2022年建立国家、省、市三级生猪产能调控基地41处。实施补贴政策，在全省率先出台生猪产能调控基地补贴政策，对生猪产能调控基地开展补贴。

（王鹏飞）

【奶牛产业发展】 济南市奶牛产业产业链完善，一、二、三产融合发展。2022年，全市奶牛存栏11.1万头，奶类总产量43.4万吨，同比增长3.2%，稳居全省第一梯队。全市共33家养殖场户，其中5000头以上生态牧场3个：商河现代牧业2.2万头、济南优然牧业9800头、济南佳宝牧业7184头。乳品加工企业6家，本地自建厂企业4家，外地来济投资建厂企业2家。

（王鹏飞）

【完成畜禽遗传资源普查】 完成莱芜猪、鲁莱黑猪、莱芜黑山羊、莱芜黑兔、鲁中山地绵羊、鲁禽1号麻鸡配套系、鲁禽3号麻鸡配套系的生产性能测定工作方案的制定和实施工作。做好新发现遗传资源鉴定工作。协助省级专家到钢城区开展莱芜黑鸡遗传资源溯源工作。开展畜禽遗传资源数据核查和回溯调查。

（赵桂省）

【畜牧科研成果】 制定大蒜秧半干袋装青贮标准；完成饲料桑发酵技术专利保护，在非常规饲草应用方面走在全省前列；授权“莱芜黑兔”遗传资源利用方面的三项发明专利；“优质高产多胎肉用绵羊繁育与饲养技术”和微生物发酵饲料生产利用技术入选2022省畜牧业主推技术；蛋鸡优质高效生产关键技术研究与示范获省农业科学院科学技术一等奖；“种猪生产性能测定技术集成与测定优秀种公猪推广应用”获省农业技术推广成果优选计划三等奖；“鲁中肉羊高效扩繁及配套技术集成推广”获省畜牧科技奖三等奖；徐云华获第二届全省“最美牧技员”。“鲁中肉羊”新品种入选2022中国农业农村重大新成果，于

12 月 16 日在北京举办的“2022 中国农业农村科技发展高峰论坛暨中国现代农业发展论坛”发布。

（赵桂省）

【蔬菜生产】 开展“菜篮子”工程建设提质增效行动，新增蔬菜类保供园区 28 个，承接实施省高效特色农业项目 4 个，推动济阳区和商河县设施农业发展提档升级，打造提升设施蔬菜规模化片区 200 公顷以上，落实支持农产品龙头生产基地建设有关扶持政策，推动莱芜区和商河县依托进一步扩大农产品龙头生产基地规模，新增生姜大蒜基地 266.67 公顷以上。2022 年，全市蔬菜播种面积 9.95 万公顷，总产量 712.6万吨，分别比同期增长 2.2%、3%，蔬菜产量实现四年连续增长。

【蔬菜应急保供】 2022 年，新认定 11 家“菜篮子”直通车承担单位，增加“菜篮子”工程配送车 80 辆。加强疫情期间“菜篮子”稳产保供助畅通工作，及时通过新闻发布会、媒体等宣传全市“菜篮子”生产形势，让市民及时了解蔬菜供应情况。组织 12 家“菜篮子”直通车企业参与应急保供任务，累计调配“菜篮子”工程配送车 690 辆次、定点服务社区 710 个、保障供应“菜篮子”产品 735 吨，保障市民正常生活需求，社区居民代表自发赠送锦旗两次。

（李书霞）

【推进渔业高质量发展】 2022 年，全市淡水养殖面积 0.43 万公顷，水产品总产量 1.48 万吨，渔业总产值 84829 万元。推进现代渔业绿色生态发展，建设现代渔业园区，开展设施化循环水养殖、养殖配套设施标准化提升、投入品依法依规使用，示范带动全市水产养殖业绿色高质量发展。

【观赏渔业发展】 推动长清区、历城区、商河县等观赏鱼骨干企业养殖设施设备更新、改良，带动全市观赏鱼养殖业发展。全市现有观赏鱼养殖企业 37 家，总养殖面积逾 159.3 公顷。举办第二届中国（济南）名优锦鲤大赛，打造济南锦鲤赛事品牌，扩大济南锦鲤知名度，推进观赏鱼产业发展。

【渔业资源养护】 投入资金 150 万元，在白云湖、小清河、腊山河、狼猫山水库、锦绣川水库、乔店水库、孟家水库等公共水域开展增殖放流活动，共投放鲢、鳙、草鱼鱼种 221 万尾，促进全市水域渔业生态恢复。

【渔政监督监管】 开展渔政系列专项执法行动，加强执法监管，畅通社会咨询、投诉渠道，共查办涉渔案件 32 起，查获涉案人员 35 人，处理各类咨询、投诉 156 件。强化水产品质量安全监督力度，开展各级水产品质量监督抽查和风险监测，抽检样品 343 个，生产环节抽检合格率 100%。开展水产品质量安全执法行动，共出动执法人员 337 人次，检查养殖单位 188 家，发放宣传材料 1500 余份。举办水产品质量安全培训班，培训渔业管理、生产等人员 550 余人次。

【渔业技术推广】 采取线上线下培训、市局官网开设“淡水渔业”版块、发布疾病防控指南等措施，提高渔业从业人员水产动物疫病防控能力。开展市县相关培训 15 次，累计培训渔业从业人员 1300 人次。组织“鱼悦泉城”志愿服务工作队，构建“推广机构 + 科研院所 + 骨干基地 + 养殖户”技术服务体系，提升服务效能。

（尹永波）

【农业疫病防控】 新创建 2 个国家级动物疫病净化场，山东鼎泰牧业有限公司国家级伪狂犬病净化场和山东赢泰农牧科技有限公司国家级羊布鲁氏菌病（非免疫）净化场。做好非洲猪瘟、高致病性禽流感等重大动物疫病排查和监管工作，实现重大动物疫病“应免尽免”。

（王庆山）

【重大动物疫病管控】 坚持全链条管控、全过程监管，持续开展基础设施、服务手段、数字防疫、交通能力、制度规范五个提升行动，有效提升基层动物防疫服务能力、快速感知识别重大动物疫病风险因素和末端发现能力。对全市所有屠宰场、无害化处理厂、诊疗机构、微生物实验室等防疫主体实行风险分级管理，对全市11家兽医实验室实行备案管理。强化检疫监督，建设完成检疫申报点101个；实行分级管理，开展“双随机、一公开”监督检查；开展联防联控，建立人畜共患病联防联控联席会议机制和疫情相互通报机制。（袁瑞农）

【病死畜禽无害化处理】 全市共建成4个无害化处理厂、14个配套收集体系、18台专用收集车辆和4套监管平台，率先实现病死畜禽及时收集区域、集中处理全覆盖，推动病死畜禽“统一收集、集中处理、保险联动、定向监管”运行模式。全年累计无害化处理病死畜禽28.2万头、7100.15吨，其中病死猪26.29万头、3607.8吨。（袁瑞农）

【饲料兽药】 市政府出台生物医药与大健康产业政策，首次将兽药纳入支持范畴，是全国首个纳入市政府层面支持兽药发展的地市。印发《2022年济南市饲料兽药规范跨越提升行动实施方案》。制定《济南市兽用抗菌药使用减量化行动方案（2021—2025年）》，将莱芜区作为“减抗”试点县，13家企业减抗试点养殖场。制定饲料兽药及药物残留监督抽检和风险检测计划，按计划完成抽样检验1030批次，协助部省级完成抽检303批次。全市新增2家部省级龙头企业，4家省市级瞪羚企业，6家省市级“专精特新”企业，8家省级饲料质量安全管理规范示范企业，3家齐鲁中兽药十大品牌企业，2家企业3个产品获“山东饲料行业提效减量节粮示范产品”，2家企业获省农林水工会“安全隐患排查竞赛优秀成果”奖。（何成云）

【加强监测帮扶】 健全动态监测帮扶机制，创新实施“4321”工作法，实行防止返贫监测“零报送”筛查制度和变化情况“一月一上报”，对有返贫致贫风险的困难群众，及时发现、及时帮扶。截至2022年年底，累计将597户、1594人纳入监测范围，全部分类落实帮扶政策。

【稳定帮扶政策】 保持脱贫攻坚期内各项政策措施总体稳定，继续对脱贫享受政策和动态监测人口进行帮扶。将3.1万名脱贫人口纳入全市农村低保和农村特困人员供养范围，为8.17万名脱贫人口办理全年免费参保手续，资助脱贫享受政策、防返贫监测帮扶对象等特殊困难学生9724人，完成277户困难群众危房改造，对9个区县农村供水保障工程进行改造提升。

【激发内生动力】 加快衔接资金项目建设，2022年各级财政投入衔接资金6.56亿元，实施产业发展和小型基础设施项目198个。抓好扶贫专岗规范提升，各区县共安排衔接资金约2020万元用于扶贫专岗补助，1.46万名脱贫人口参与扶贫专岗。抓好公益性岗位扩容提质，2022年，下达市级以上衔接资金3058.6万元，专项用于乡村公益性岗位脱贫户岗位安置，脱贫群众上岗2849人。继续推进“齐鲁富民贷”，全年发放贷款5.4亿元。抓好“孝善扶贫”扩面增效，累计3.58万名脱贫老年人受益。2022年，脱贫群众人均纯收入14091.16元，增幅15.89%。

（于新元）

【示范村和样板村打造】 完成39个省级美丽乡村示范村、129个乡村振兴齐鲁样板村和4个美丽乡村建设先行区创建任务。承办第五届山东省新旧动能转换国家战略创新峰会（论坛）项目乡村振兴济南模式创新论坛。评选出首批100个泉韵乡居，5个案例入选省农村人居环境整治提升典型案例，占入选全省案例总数的9.1%。长清区被中央农办、农业农村部评选为全国清洁村庄创建先进县。中央电视台、《人民日报》、《农民日报》等多家媒体对济南市美丽乡村示范创建和农村人居环境整治的经验进行报道。

【农村人居环境整治】 聚焦村容村貌整治提升、农村厕所革命、污水治理、生活垃圾治理、农村公路新建改造、农业生产废弃物利用等重点任务，先后开展村庄清洁行动“春夏秋冬系列战役”等行动，农村人居环境得到全面改善。2022年，全市创建1118个清洁村庄，723个薄弱村完成整治提升，清洁村庄数量累计达到4253个；不断健全农村改厕后续管护长效机制，新完成3113户农村户厕改造任务，实现智能化管护率95%以上；新增生活污水治理村851个、覆盖率58%；基本建立“户分、村收、镇运、市（区县）处理”农村生活垃圾分类体系，创建807个垃圾分类模范村庄，农村生活垃圾无害化处理率达100%。总结章丘区落实“四张清单”通过以工代赈方式建设美丽乡村、济阳区打造“四小园”提升农村人居环境等经验做法，并在全市进行推广。在国家级媒体发表文章300余篇，“全国农村人居环境”微信公众号以《把握“三个关系”放大“美丽效应”山东济南高质量推进农村人居环境整治纪实》《山东济南：提高站位 多措并举 奋力推进农村人居环境整治再上新水平》为题，对全市农村人居环境整治工作进行宣传报道。

（薛　峰）

【发展村集体经济】　出台《济南市农村集体经济组织管理规定（试行）》《关于加快全市农村集体经济发展的实施方案》等指导性文件。2022年，全市4698个行政村中，集体经济收入10万～50万元的行政村有2962个，占比63%；集体经济收入50万元以上的行政村有1736个，占比37%。

【城乡融合发展】　出台《济南市农村集体经济组织经营性建设用地入市收益分配管理办法（试行）》《济南市进城落户农民依法自愿有偿转让退出农村权益指导意见（试行）》。商河县为进城落户的农村集体经济组织成员办理农村集体经济组织成员转移备案证。截至2022年年底，累计为4430户、12545名村集体经济组织成员办理农村集体经济组织成员转移备案证。

【乡村治理示范建设】　完成平阴县全国乡村治理体系建设试点县工作。成功创建历城区鲍山街道曲家庄村、长清区文昌街道西李村、章丘区双山街道三涧溪村、平阴县孝直镇付庄村、商河县贾庄镇孟东村、天桥区桑梓店街道小寨村、长清区万德街道马套村、章丘区文祖街道文祖北村、莱芜区牛泉镇西牛泉村9个国家级乡村治理示范村，商河县玉皇庙镇1个省级乡村治理示范镇，天桥区桑梓店街道小寨村、章丘区绣惠街道施家崖村、钢城区里辛街道石家岭村、南部山区西营街道积米峪村4个省级乡村治理示范村。

（王晓彤）

【品牌农业发展】　章丘大葱和莱芜生姜公用品牌入选国家农业精品品牌培育计划，数量全省第一；商河花卉获评省级特色农产品优势区，全市省级以上特色农产品优势区5个；垛石番茄等7个品牌获得省知名品牌，全市省级知名农业品牌达57个。泉水人家电商平台服务项目获省第六届创业创新项目创意大赛冠军。举办第二届现代农业成果展暨品牌农产品嘉年华活动，150家企业的500种产品参展。组织全市42家代表企业、150余个单品参与第十九届中国国际农交会，同期举行“泉水人家品牌全国行——成都站”活动。开通泉水人家高铁冠名列车，年覆盖客流2亿余人次；在济南西站候车大厅460平方米LED超大曲面屏投放泉水人家广告，年均覆盖客流约3900万人次，打造品牌形象。

（崔　媛）

【农业对外合作】　2022年，全市实现农产品出口额64.79亿元，同比增长1.12%。落实《济南市支持打造农产品龙头企业的十条措施》，协调推动市担保集团为出口型农产品龙头企业提供融资担保服务贷款1.69亿元。农产品出口产业集聚区（莱芜）项目建设完成，新认证国际品牌2个、新发展出口备案基地1000余亩，完成质量检测500余次，1家企业获得国家生产加工型农业国际贸易高质量发展基地认定，2家企业获得省级农产品出口示范企业称号。组织17家济南企业、对接全省72家企业100余个单品，参加中国—东盟农业国际合作展会。全市15家企业、30余种产品赴澳门参加第二十七届澳门国际贸易投资展览会暨山东农产品专场推介会参展并进行推介。

（崔　媛）

【省级现代农业产业园建设】 全市共获批创建8家省级现代农业产业园，5家被认定为省级现代农业产业园，实现涉农大县全覆盖。省级以上财政补助资金达2.75亿元，累计下达了济阳区、莱芜区各3000万元、钢城区3500万元，历城区、长清区、平阴县、章丘区、商河县各1500万元。 （杨贵华）

【省级农村改革试验区】 长清区开展村级集体经济发展形式和路径探索，打造多种差异化发展模式；围绕"农旅融合背景下村集体与农户利益联结方式探索"试验任务，培树农旅融合型的"归德马套"模式。商河县完成"农村环境综合整治及种养结合循环经济示范园区建设试点"多个项目建设，"猪—鱼—菜"生态循环种养技术推广取得成效；建立起覆盖全县农业新型经营主体的信用评价体系。两区县打造出多种成熟模式，典型案例多次在省级平台推介，均于7月顺利通过省级中期评估。 （杨贵华）

【农业产业化发展】 新认定市级农业龙头企业30家、省级16家、国家级1家。新认定市级农业产业化示范联合体10家。1个镇进入国家农业产业强镇创建名单，新创建省级农业产业强镇18个；新创建省级乡土产业名品村127个，新创建中国美丽休闲乡村1个，规模以上农产品加工企业发展到353家，实现营业收入576.63亿元。 （杨 凯）

【名特优新农产品】 发掘全市优质特色农产品，新增全国名特优新农产品10个：长清区的马山桃、灵岩御菊，商河县的李桂芬梨、商河大蒜，章丘区的文祖花椒，莱芜区的莱芜小米、莱芜黑鸡鸡蛋、莱芜鸡腿葱，平阴县的平阴马铃薯，济阳区的仁风西瓜。 （杜国庆）

【促进十大特色产业发展】 下发2022年度十大农业特色产业市级专项资金6000万元。配合第三方机构完成2021年度十大产业绩效评价工作。举办2022平阴玫瑰文化节、2022中国首届草莓种业大会暨第三届中国优质草莓苗展示会、章丘大葱文化节、莱芜生姜博览会等系列活动。商河花卉入选省第五批特色农产品优势区。章丘大葱、莱芜生姜入选农业农村部2022年农业品牌精品培育计划。牵头完成黄河滩区迁建后续滩区产业发展支持政策制定。 （李瑞欣）

2022年12月22日，"泉水人家"品牌全国行推介活动成都站在成都市举办
（市农业农村局 供稿）

【种业振兴】 实施种业振兴行动，全力打造"中国北方种业之都"。开展现代种业创新发展项目申报评审工作，重点支持种质资源保护利用、现代育种科技水平提升、展示示范和会展交易水平提升，共计奖励项目11项、补助项目24项。山东鲁研农业良种有限公司、山东奥克斯畜牧种业有限公司、和康源集团入选国家种业阵型企业。打造重大生物育种科技创新平台，植物基因编辑、小麦"核不育"育种等重大项目建设成效显著。做大做强种业总部经济，打造现代种业产业园，万亩国际粮食增产减损示范区建设不断推进。建成长清区、商河县2个国家农作物品种展示评价基地。举办2022山东国际种业博览会暨蔬菜登记品种现场观摩会，打造种业会展品牌。 （李瑞欣）

【畜禽种业振兴】 全市列入国家畜禽遗传资源名录的地方品种4个，即莱芜猪、莱芜黑山羊、鲁中山地绵羊、莱芜黑兔，新品种2个，即鲁莱黑猪、鲁中肉羊，拥有国家级保种场2家、省级保种场5家、省

级活体基因库3家。奶牛育种牵头国家奶牛良种联合攻关项目，相关产品全国市场占有率达15%，居行业之首。肉种鸭生产推广规模稳居全国前三、全省第一位。建成占全国一多半的SPF鸡种蛋生产输出基地。2家企业入选国家畜禽种业阵型企业，新培育的国家级肉羊新品种鲁中肉羊，入选中国农业农村重大科技成果。

（王会波）

【数字农业建设】　智慧农业农村管理平台基本建成。12个业务系统已全部实现与农业农村智慧管理平台的数据对接。智慧农业特色小镇建设持续推动。完成2021年度智慧农业特色小镇项目验收，进行2022年度智慧农业特色小镇创建。15家基地获评为济南市2022年度智慧农业应用基地。中央电视台新闻节目和《经济半小时》栏目对智慧园区进行专题报道。推进信息进村入户工程。组织评选2021年度优秀益农信息社200家。深化泉水人家“三千益农”活动，更新完善泉水人家商学院线上课程，开展线下培训7场、线上培训14场，累计覆盖学员1800余人次，结业学员1000余人次。

（崔　媛）

【高素质农民培育】　坚持需求导向、产业主线、分层实施、全程培育，全市共培育高素质农民2739人，市县级培训超出省定任务的30%，学员在线评价率100%，学员满意度100%。2022年全市入选省级培训基地14个，含综合类2个、专业类3个、农民田间学校9个，“师傅带徒”项目试点县4个、高素质农民大师7人。

（王付强）

【科技创新成果】　推荐科技成果申报国家、省级奖励，1项成果获全国农牧渔业丰收奖成果奖二等奖，王登良、孙久明获全国农牧渔业丰收奖贡献奖；5项成果入选省农业技术推广成果优选计划，其中4个单项奖、1个合作奖。全市农业科技水平不断提升，农业科技进步贡献率达68.79%，比全省高2.99%。

（王付强）

【农业技术推广】　2022年，全市水肥一体化新增推广面积5060公顷，认定水肥一体化示范基地32家。小麦条锈病防治累计投入资金3856万元，累计监测面积1050万亩次，防治面积471.3万亩次，统防统治面积450.7万亩次，小麦“一喷三防”实现全覆盖。新评定市级农民合作社示范社60家、省级示范社39家，市级示范服务组织30家。落实“千名农技专家下乡夺夏粮丰收攻坚行动”“科技壮苗”专项行动，抓好“三夏”“三秋”生产督导，加强技术指导服务。推进7个区县开展省级农业生产托管服务项目，全年实施托管服务面积3.75万公顷，济阳区国家农业社会化机制创新试点县项目经验做法被农业农村部刊发推广。承办2022中国草莓种业大会暨第三届中国优质草莓苗展示会，来自全国20余省的业内人员参会，为提升中国草莓种业及种植技术发展水平搭建交流平台。举办2022山东国际种业博览会暨蔬菜登记品种现场观摩会，打造种业会展品牌。申报的《设施草莓优质高效安全生产技术创新与集成应用》获农业农村部2019—2021年度全国农牧渔业丰收奖农业技术推广成果奖二等奖。推荐的济南正庄农业科技有限公司、章丘绿创农业科技有限公司2家农场，获农业农村部授予的“国家级生态农场”荣誉称号。全市精选技术指导员409名，特聘农技员125名，遴选培育示范主体1453个，科技示范基地40个，遴选推介80项农业主推技术，2项技术被遴选为山东省农业主推技术，主推技术到位率100%。

（王付强　亓振国）

【济南市农科院】　由市农业科学研究院牵头完成的“济南市农作物种质资源库建设及种质资源保护与利用”成果获2022年度“全国商业科技进步奖”二等奖。因观测实验站观测监测任务成绩突出，被国家植物保护数据中心评为2021年度观测工作“先进单位”，观测团队3人获得植保数据中心“先进个人”荣誉称号，2人获得天敌等昆虫资源中心“先进个人”荣誉称号。

（赵增建）

【农业机械】　2022年，全市农机总动力594.94万千瓦，拖拉机保有量7.47万台，其中大中型2.70万台，联合收获机保有量1.73万台。大中型、复式、智能化机具比例加大，经济作物机械如水稻、薯类、大葱、大蒜、茶叶、中草药种植机械等不断增加，水产、养殖、林果、植保、农业品初加工等机械保有量也快速发展。全市农作物耕种收综合机械化率达91%，农业机械作业已涵盖农林牧副渔各个领域，主要农作物如小麦、玉米已实现全程机械化，经济作物、设施农业、特色种养、农产品加工、林果养殖等机械化程度都有较大提高，全市农业机械化已迈上全面机械化发展的高级阶段。（魏海刚）

【农机推广】 推广的生姜机械化生产模式实现耕、种、管、收标准化生产，亩均减少人工成本900元，亩增产生姜300千克。2022年12月，该生产模式被推介为全国第二批特色经济作物适宜品种全程机械化生产模式与典型案例。在高新区开展水稻全程机械化“无人驾驶”技术推广与示范，水稻耕、种、管、收各生产环节均实现自动驾驶作业，由传统农业向智慧农业迈出关键性一步。（刘 虹）

【主要农作物生产全程机械化示范县创建】 全市已创建全国主要农作物生产全程机械化示范县7个，济南市被农业农村部表彰为2022年整建制率先基本实现主要农作物生产全程机械化示范市；全省“两全两高”农业机械化示范县6个。创建全国“平安农机”示范县2个、省级“平安农机”示范县4个，全年共投入各级财政资金500万元用于创建工作，重点对高效植保和粮食烘干等薄弱环节的农机装备进行累加补贴。（魏海刚）

【农机购置补贴】 全年共争取购机补贴资金8130万元，补贴机具10315台（套），其中拖拉机1593台、联合收获机1055台、高效植保机械122台、粮食烘干机5套，受益农户及合作服务组织8101户。（魏海刚）

【农机农艺融合应用项目实施情况】争取省农机农艺融合应用试点项目资金100万元，在莱芜区实施“温室宜机化建设与改造”项目，对原有温室改造成适合机械化操作的高标准温室，配套安装使用物联网控制系统、水肥一体化系统、智能化植保系统等设施，促进设施农业机艺融合。实施市级农机农艺融合应用试点项目，安排指导性资金450万元，分别在高新区、莱芜区、平阴县组织实施水稻生产全程机械化、大蒜生产全程机械化和大豆玉米带状复合种植项目。通过对生产全过程机械化试验示范，进一步优化机械化生产工艺路线和装备，集中品种、农艺、装备、服务等生产要素，总结提炼形成相关农机农艺融合应用技术，推动全市农机化科技水平提升。（魏海刚）

【关键薄弱环节农机作业补助】 实施农机深松作业补助。争取中央财政资金559万元，补助深松作业1.24万公顷。开展粮食烘干作业补助。争取上级机械烘干作业补助资金80万元，全市补助烘干作业1.33万吨。（魏海刚）

【农作物秸秆综合利用】 指导区县抓好秸秆还田利用主渠道，促进秸秆集约化规模化利用。推广联合机收—秸秆还田—保护性耕作一条龙作业模式，夯实秸秆还田利用基础。引导合作社和农机大户发展秸秆打捆收储，拓宽利用模式和渠道，提高秸秆利用附加值。加强督导巡查，对章丘区、济阳区、商河县、高新区进行巡查督导。2022年，全市秸秆综合利用率达97%以上。（魏海刚）

【关键农时农机作业情况】 加强组织保障，“三夏”期间协助市政府建立农业生产工作协调机制，统筹抓好农机田间作业、跨区作业疫情防控、气象信息发布、应急救援、燃油供应等工作，确保夏粮能收快收足收。夏秋两季印发工作通知，指导各级做实做细机械化生产准备工作，组织开展机收作业对接全面摸排，准确掌握农机服务组织作业能力、机具装备分布等相关情况。加强机具保障，加快购机补贴政策落实进度，督促厂家及时供货，提高联合收获机、大中型拖拉机等亟需机具投放量。成立30余支农机技术服务队，深入生产一线开展技术指导和农机维修服务，夏秋两季共检修各类农业机械8万余台（套），确保农机具以良好状态投入使用。加强服务保障。设立跨区作业接待服务站8个，公布24小时咨询电话，为跨区作业农机手提供咨询、调度、维修、供油及后期服务，保障作业服务有序流动。成立60余个应急抢收服务队，随时应对突发用机需求，保障“三夏”“三秋”农业生产平稳有序。

（魏海刚）

【概况】 2022年，全市受污染耕地安全利用率继续维持在100%。印发《济南市废弃农膜回收贮运和综合利用网络建设试点方案》，济南市作为山东省废弃农膜回收贮运和综合利用网络的2个试点市之一，整市推进废弃农膜回收体系建设。章丘区、平阴县作为国家秸秆综合利用重点县项目县，整县制推进秸秆综合利用工作。平阴县入选山东省第一批农业绿色发展先行县创建名单。推进2022年全市高标准农田建设任务1.56万公顷，其中发展高效节水灌溉面积0.47万公顷。

（盖瑞 霍秀娜）

【农产品质量监管】 制定《关于进一步加强全市农产品质量安全数字监管建设的实施方案》，全市88家街镇、14家区县监管机构，1000余名监管人员，1297家种植养殖主体纳入数字监管平台管理，全市40余人次获省级“骨干监管人员”等荣誉称号。推进“百园示范、千人监管、万亩推广”数字监管进程。围绕“一村一业、一村一策”，新制修订市级农业地方标准规范30项，新认证无公害农产品102个、绿色食品55个，“三品一标”总数1699个，列全省第一位。开展农产品定量监测130余次，抽检农畜产品15724批次，与全市常住人口比例超过1.5批次每千人，合格率稳定在98%以上，未发生农产品质量安全事故。

（田 伟）

【农业综合执法】 深入推进农资打假、农产品质量安全、生猪屠宰、动植物防疫（检疫）等“绿剑护农”系列执法行动，全年全市共出动执法人员6800余人次，检查涉农主体2130余个次，禁渔期巡查河道500余千米。查办一批大案要案，会同公安机关查办的涉及济南、泰安、潍坊、聊城、滨州等市的违法生产经营玉米种子案，52人被刑事立案侦查；市、区联合查办的未经定点屠宰生猪案，现场查获涉案生猪46头，一举捣毁近年来全市最大的私屠滥宰窝点。2022年，全市共查办案件308件，其中市农业综合行政执法支队办案数量达116件，较2021年增加90%。市农业综合行政执法支队查办的济南市邵某某未取得种子生产经营许可证生产经营假、劣玉米种子案被农业农村部评为2022年农业执法保障粮食安全十大典型案例，违法经营限制使用农药案被评为市第二届行政执法十大典型案例；获全省农业行政处罚优秀案卷4个，全省渔业行政执法优秀案卷1个，全省海洋与渔业执法指导案例1个，市级教科书式执法案卷2个。

（郭 君）

【农业投入品监管】 2022年，突出抓好农资市场监督管理，联合市场监管、公安、检察院、法院等部门印发《2022年全市农资打假专项治理“清源”行动实施方案》，组织拉网式、全覆盖、常态化巡查检查，共组织检查督导50余次，出动监管执法人员1万余人，巡查农资生产经营主体2000余家。强化农药、种子、肥料、渔用投入品等农资监督抽样抽查，全市共抽取农资样品420个，合格率均在95%以上。继续推进农药经营门店标准化管理服务试点工作，创建市级试点单位32家。持续推进农资监管平台建设，建成农资（农药）监管平台基点2282个。全面创建“监管工作有人抓、农资供应有保障、违禁农药买不到、农资产品可追溯、诚信经营树形象、违法行为重惩处”的济南“六要素”农药监管模式，被省农业农村厅“三农”工作动态转发。

（郑 博）

【概况】 2022年，全市水务工作坚持“四水四定”，“供、排、蓄、引、治、保、工、管”系统治水，完成一批重点水务工程，落实最严格水资源管理制度，坚持泉水保护和开发，推进市民泉水直饮工程，统筹城乡供水，持续推进城乡水环境综合治理，加快推进数字水务建设，严格行业管理。全面完成年初制定各项工作目标，全市水安全保障、水资源管理、水生态环境建设水平不断提升。

【重点水务工程】 加快太平水库、马头山水库前期工作，建成白云水库，基本完成卧虎山—锦绣川水库连通工程、杨家横水库增容工程，完成东部水源四库连通工程、玉清湖水库—鹊华水厂调水工程年度建设任务。建成长平滩区护城堤工程，完成43座小型病险水库除险加固、115项水毁工程修复和5条河道治理工程。

【水资源管理】 落实最严格水资源管理制度，加强规划水资源论证和建设项目水资源论证，严格落实取用水过程监管，从严控制水资源开发利用。开展城区水资源精准配置研究，编制《济南市城区水资源精准配置实施方案》，实现水资源准确调配、高效利用和经济合理补源。开发济南市水资源综合管理系统平台，为水资源集约节约利用和高效保护提供信息支撑，实现财政、税务、水务三部门取用水信息共享。建设强化节水管理，加快推进节水典范城市建设，编制完成2022年济南市再生水利用工作方案，成功申报国家再生水利用配置试点城市，连续20年保持国家节水城市称号。严格落实取用水过程监管，全面推进县域节水型社会达标建设，结合“双随机、一公开”“互联网＋监管”要求，对各区县、单位开展节水监督检查，督促整改提升。开展“世界水日”“中国水周”和全国城市节约用水宣传周等节水宣传活动，营造全社会爱水、惜水良好氛围。

【城乡供水】 推进大桥、西关、临空水厂建设，加快老旧小区二次供水设施改造，新建、改造公共供水管线100千米。持续推进城区自备井封停攻坚三年行动，2021年以来，累计封闭自备井186眼，每年减少地下水开采600万立方米。完成521个村农村供水安全提升工程，建立健全长效管护机制，逐步实现城乡供水“同源、同网、同质、同服务、同监管”，让群众喝上安全水、放心水。

卧虎山水库至锦绣川水库连通工程现场 （市城乡水务局 供稿）

【城乡水环境治理】 全面启动城市排水“两个清零、一个提标”和内涝治理工作，年底前完成奥体中路片区、小清河历山北路片区等第一批5个财政投资项目；采取“专项债券＋PPP”模式推进大明湖排水分区等3个PPP项目。持续推动河长制湖长制“全面见效”，印发第8号总河长令，推广河湖物业化管理，常态化开展河湖“清四乱”，建成6条省级美丽幸福示范河湖。建成“巡河记”公众护水平台，设置有奖举报、线索反馈、河湖文苑、河湖头条、区县动态等8个主要功能版块，打造“拓宽渠道、全民参与、共治共享”社会化河湖管理新局面。科学选择污水处理模式和技术，因地制宜开展农村生活污水治理，农村生活污水治理村总数达到3134个，农村水生态环境持续改善。强化水土保持工作，实施长清区万德街道徐庄小流域、章丘区双山街道青云岭小流域等水土保持重点工程，加强水土流失事前、事中、事后的监管，治理水土流失面积110平方千米。

【防汛抗旱】 编制黄河防汛预案，修订《济南市防汛应急预案》，及时调整充实市防指成员和各级防汛行政责任人。立足断网、断电、断路的极端情况，新建6处无线对讲基站，配备103台（套）对讲系统，购置20部卫星电话，确保指挥通畅。全面开展防汛检查，完成215项防汛隐患和120处妨碍河道行洪突出问题整改。邀请水利部专家在“泉城大讲堂”开展防汛专题辅导，邀请国家、省防汛专家，采取网上远程授课等方式，对各区县防汛行政责任人开展培训。制定郑州“7·20”暴雨移植黄河“小花间”和市中心城区应对方案，开展防汛桌面推演、实战演练。汛期，加强值班值守，强化应急处置，重要时段提级处置汛情险情，召开8次防汛会商会议，发布山洪灾害预警短信 115.55 万条，提前转移可能受灾害威胁群众 7086 人，下达水库、拦河闸坝调度指令 85 次，调泄洪水 4 亿立方米，成功应对“7・12”等强降雨过程，在全力保障安全的同时，最大限度拦蓄洪水资源，实现防汛安全和抗旱蓄水双保证。

**【泉水保护】** 坚持依法保泉、精准保泉、科学保泉，趵突泉等重点泉群实现 19 年持续喷涌，泉水保护开发成效和做法被新华社《高管信息》报道。完成 10 处名泉景观提升工程。推进市民泉水直饮工程，编制发布省级标准《济南市市民泉水直饮工程技术规范》《济南市泉水直饮管理服务规范》，新建市民泉水直饮工程 30 处。

**【水务法治建设】** 加快推进《济南市名泉保护条例》修订，起草《济南市黄河流域水资源集约节约利用规定》，完成《济南市大汶河管理条例》《济南市城镇二次供水管理办法》立法调研报告，水务法规体系进一步完善。印发《济南市现代水网规划（2021—2035）》，确定“三轴四源连多点、五横十纵纳百川”市级水网总体布局，明确到 2035 年，基本建成“水源互联互通、排水通畅达标、河湖水清岸绿、泉水持续喷涌”的济南特色现代水网。印发《济南市“十四五”节约用水规划》《济南市“十四五”水土保持规划》等专项规划，水务规划体系更加完备。

**【水务行业管理】** 开展“强督导、保安全、进一线、争一流”活动，印发《济南市水务工程安全文明施工标准图集》，对重点水务工程一月一通报、一季一督查，全面落实“一线工作法”，实现安全生产检查常态化，项目管理力度进一步加大，工程安全、质量、进度管理取得显著成效，2 项工程获“国家优质工程”称号，4 项工程获省“泰山杯”称号，2 项工程获“山东省优质结构工程”称号。坚持统一标准、统一评价、统一行动“三统一”，抓实抓细工程状况、安全管理、运行管护、管理保障和信息化建设五大任务，全市水利工程平稳运行。加快推进数字水务建设，开展数字水务专题研讨，编制《济南市数字水务建设方案》，构建数字化、网络化、智能化融合发展的智慧水务体系。

（尹　涛）

**【黄河治理概况】** 黄河济南段处于窄河段上端，是山东黄河的咽喉河段，上起平阴县东阿镇后姜沟，下止济阳区仁风镇老桑家渡，流经 9 个区（县、功能区），全长 183.35 千米，纵比降约万分之一，河道上宽下窄，属受工程控制的弯曲型河道。有各类堤防 188.78 千米，险工 23 处、919 段坝（岸）；控导工程 51 处、834 段坝（岸）；水闸 18 座，其中引黄水闸 11 座，设计引水流量 225 立方米每秒。

**【服务黄河流域生态保护和高质量发展重大国家战略】** 推动市政府与山东黄河河务局签署合作框架协议，参与市委、市政府黄河专题调研活动，提供黄河行业建议，参与生态风貌带规划、起步区黄河生态廊道防护林实施方案等规划计划的研究制定。配合省委巡视组落实黄河重大国家战略专项巡视，按要求及时提供支撑材料，落实整改任务。积极配合服务，完成齐州黄河大桥、陇东—山东高压线等 6 个项目的洪评审查，督促指导京台黄河大桥、中俄东线天然气管道穿黄工程等 4 个项目施工备案，推进项目前期工作。济南黄河境内共有 9 条跨河通道同步建设。市政府投资 1.15 亿元完成的 2022 年黄河生态保护与修复工程，总面积约 213.13 公顷，包含济南百里黄河风景区中心景区景观提升项目及济南黄河防洪工程绿化提升项目，共植树 3.10 万株，种草 105.2 万平方米，修建园路 8700 米，铺设广场 1.8 万平方米。

**【防汛工作】** 2022 年，黄河济南段出现 2 次大流量过程。一是水利部黄河水利委员会（以下简称“黄委”）组织汛前调水调沙，共历时 21 天，泺口站 6 月 21 日 16 时开始起涨，7 月 11 日回落到 1100 立方米每秒，最大流量 4020 立方米每秒，发生在 7 月 1 日 23 时，对应水位 27.86 米，比发布的 2022 年防洪设计水位同流量水位低 0.99 米；与 2021 年水位相比，同是涨水期 3980 立方米每秒流量时，水位低 0.36 米。二是三门峡水库敞泄运用，历时 5 天，泺口站 7 月 19 日 16 时开始起涨，7月24日回落到1100立方米每秒，最大流量3200立方米每秒，发生在7月21日20时，对应水位27米。汛期济南段总体河势基本稳定，没有发生较大河势变化。共有10处工程20道坝出险20次，抢险动用石料10544立方米，耗资285.33万元，均为一般险情，并及时抢修完毕，危害性不大。

【落实各项防汛责任制】 严格落实防汛工作行政首长负责制，分别由各级政府主要负责人担任黄河防汛工作行政责任人；落实防洪工程、涵闸、滩区观测与防守的行政、技术、巡查“三个责任人”，滩区群众转移安置县乡村责任人，黄河洪水预警信息白名单；各级领导检查、认领责任段50人次，落实行政领导包黄河防洪工程54人，新闻媒体公布防汛责任人9人。济南河务局内部实行全员防汛责任制，形成纵向到底、横向到边的防汛责任制网络。

【防汛预案编制】 修订印发《2022年济南市黄河防洪预案》《2022年济南市黄河滩区运用预案》，首次制定印发《2022年济南河务局防汛应急预案》，编印29处重点工程防守方案，进一步细化组织保障、指挥调度、工程防守与运用、滩区群众安全等各项具体措施，确保各类防洪工程和滩区安全运用。编制《非防洪建设项目度汛方案审查指南》，对河道管理范围内所有非防洪建设项目度汛方案的编制、审查和管理做统一规范。

【防汛队伍的组织培训】 组织落实各类群众防汛队伍71810人，其中一线队伍36457人、二线队伍35353人。与各区（县）防指组织开展民兵抢险队实战演练、滩区群众迁移安置演练等，共参加、组织演练17次（其中包括滩区迁安救护演练2次）。参加黄委2022年黄河防御大洪水调度演练和山东黄河防御大洪水实战综合演练，完成演习任务。承办山东黄河防汛抢险技术大比武并获第一名。

【防汛准备】 落实国家常备物资、机关和社会团体储备物资与群众备料。落实68台（套）大型机械设备作为应急抢险力量。在63处工程安装490个照明设施，实现重点工程亮化全覆盖。开展汛前工程普查、河势查勘和根石探测等工作，全面掌握黄河济南段的工程、河势及薄弱环节。汛前对缺石较多的险工、控导工程坝岸及时抛石加固1.26万立方米。完成11项临时度汛处置、水毁修复项目。补充备防石1.5万立方米，消除所有空白坝。对水尺、遥测水位计进行除锈刷漆维护，28处人工水尺全部完成高标准改建。

【防汛值班和应急值守】 自6月15日起，启动24小时防汛值班，密切监视水情、雨情、工情发展变化。及时报送各类防汛信息。整个汛期，启动1次职能组值守，累计投入9760人次，投入各类机械157台班、车辆840辆次，确保各项防洪工程安全。

【开展防汛宣传月活动】 5月“黄河防汛宣传月”期间，共出动宣传车辆20车次、宣传人员110人次，悬挂横幅、标语40条，在沿黄各村居、街道，发放宣传材料5100余份，受教育群众达2.27万余人。利用各类新媒体平台同步开展网上防汛宣传，增强全局职工及沿黄干部群众防汛意识，普及防汛知识。

【防洪工程建设】 2022年，黄河下游“十三五”防洪工程（济南段）6个标段的合同验收和投入使用验收工作完成，征地及移民安置工作通过初验。做好黄河下游“十四五”防洪工程建设前期准备，7月9日，黄河下游“十四五”防洪工程（山东段）开工仪式在大王庙险工举办。截至年底，黄河下游“十四五”防洪工程（济南段）临建工程基本完成。2022年，济南河段涉河项目补救工程共15项，已完工5项，基本完工4项，正在建设3项，尚未开工3项。

【防洪工程管理】 2022年，济南河务局全面加强工程日常管理，签订维修养护合同7份，完成投资3792.83万元，完成土方12.26万立方米，石方1.6万立方米。全年植树2.04万株，超额完成植树任务。平阴田山控导、长清孟李魏控导及天桥泺口险工成功创建黄委示范工程。历城河务局成为全国首家通过水利部标准化管理工程评价的单位。

【引黄供水】 贯彻“四水四定”原则，建立引水总量和取水口用水

2022 年 5 月 20 日，济南河务局全力推进防洪工程水毁修复进度　（董霞　摄）

“双预警”机制，强化引水全过程监管，严控用水总量，提升用水效率。首次邀请生态环境局参与河道外生态用水项目审查，确保发挥生态功能。全年引黄供水 5.62 亿立方米，其中农业引水 2.25 亿立方米、非农业引水 3.37 亿立方米。

【依法治河】 2022 年，济南河务局开展河道巡查 1135 次，查处案件 19 起，清除违建 2.8 万立方米，清除违章种植 7650 株，清除垃圾渣土 1.9 万立方米。巩固河湖监管“五项机制”，与河长办或公、检、法部门联合巡查 132 次，联合专项行动 44 次。统筹完成妨碍河道行洪突出问题专项整治、水利部及黄委遥感监测“四乱”问题核查整改、“防汛保安”专项执法行动等工作任务，整改销号问题 76 项。历城区、章丘区、济阳区共 46.67 千米河段获评“省级美丽幸福示范河湖”。规范涉河项目审批监管，论证、审查涉河项目 6 项，督促指导办理施工备案 5 项。完成 13 个案件的行政复议。编制“八五”普法规划，开展黄河保护法大学习、大讨论。新建成历城、平阴黄河法治宣传广场，形成“一轴九区多节点”幸福河法治风貌带；创新开展法治宣传教育，普法短视频多次获水利部、山东河务局表彰。济南河务局水政处和槐荫、济阳河务局获山东黄河“七五”普法先进集体。

【科技创新】 2022 年，济南河务局成立科技创新团队，通过“黄委三新”认定 25 项；获山东黄河科技进步奖 6 项、科技火花奖 18 项。新增视频监控点 50 处、无人机 10 架、视频会议软终端 7 套，完善视频监控、无人机巡查、远程会商系统“三个全覆盖”。全面推广应用“智巡 APP”。建立防汛、工管、水政、安全等多功能一体的巡查表格，优化基层工作流程、提升工作效率。

【黄河文化保护传承弘扬】 发布“河济泉城”文化品牌，编印《济南黄河画册》《济南黄河文化遗产名录》《筑梦黄河》等系列书册，成立“济南黄河号子队”，联合槐荫区政府举办首届银杏文化艺术节；天桥河务局挂牌济南市中小学研学基地；历城河务局、山东大学土建与水利学院共建教学实习基地；章丘河务局牵头成立章丘区黄河文化研究专班。推进工程与文化融合，济南百里黄河风景区恢复国家 AAA 级风景区称号，入选水利部《红色基因水利风景区名录》，全年接待游客约 45 万人次，逐步成为黄河文化新高地。在“新黄河”“济南发布”“爱济南”“舜时针”等主流媒体 APP 开设“黄河”专栏、组织专题报道，联合举办“黄河少年行”等一系列文化宣传活动，2 次做客济南电视台等主流平台讲好黄河故事，扩大社会影响力。

（徐兴涛　安红心）

栏目编辑　谷　雪

# 商贸服务业

## 综　述

【商贸概况】　全年实现社会消费品零售总额4878.1亿元，同比下降4.8%。承办山东省“2022惠享山东消费年暨家电消费节”启动仪式等重大商务活动，系统策划开展“泉城购”济南消费季系列活动，举办重点促消费活动1000余场次，发放各类政府消费券1.71亿元，直接带动消费41亿元以上，带动商贸企业、商业综合体释放红利100亿元以上。

【新型消费升级】　出台《济南市电商产业园+基地三年培育提升行动计划方案》，聚力打造34个“电子商务产业园区+基地”，推动实体经济数字化转型，黄台电商产业园获评国家级电子商务示范基地，25家企业基地入围山东省商务厅首批电商生态链企业“白名单”，17家入围省级电商直播基地、供应链基地。举办第三届全国电商直播节、第八届电商博览会，商河、平阴电子商务进农村综合示范工作稳步推进，平阴县入围“农产品数字化百强县”。实现网络零售额1265.1亿元，同比增长22.6%，增幅居副省级城市首位。

【疫情状态办展】　制定《济南市会展业疫情防控指引》，“一会一案”科学制定疫情防控方案，举办中国非物质文化遗产博览会、中国国际文化旅游博览会、中国奶业大会、世界激光产业大会、北方消费品博览会等各类展会76场，净展览面积超过140万平方米，新增UFI认证展会项目4个，达到20个。其中，2022日本（山东）进口商品博览会参展观众突破6万人次，达成合作意向296个，签约5.8亿元；济南企业在齐鲁车展5天时间内销售车辆20062台，同比增长11.5%，实现销售额近50亿元。

【完善市场流通】　编制济南市城乡商业网点规划，提出新建住宅小区室内副食品市场配建规划，配建菜市场总面积约3万平方米。建成一刻钟便民生活圈30处，完成菜市场建设（含改造提升）20处。出台《济南市加快推进现代流通体系建设的实施方案》《济南市商品市场优化升级专项行动实施方案》，济南市被评为全国供应链创新与应用示范城市，维尔康、浪潮入选全国供应链创新与应用示范企业，山东高

2022年5月18日，“泉城购”济南消费季在济南广播电视台正式启动（市商务局　供稿）

速、世纪开元评为省级流通供应链平台，堤口果品批发市场、山东通讯城被评为省级商品市场转型升级示范基地，历下区获评“山东省现代流通强县”。

【生活物资供应】 建立完善应急保障机制和生活物资应急保障企业“白名单”，落实日监测和重点供应企业调度制度，组建10个工作组进驻重点商超、批发市场、中央厨房、线上平台保障有序供应，6个驻区县工作组联合区县合力保障重点区域供应，8个督导组开展动态督导，应对多轮次采购高峰和社区封控。增加政府储备，储备肉总量由1500吨增加到3000吨，蔬菜储备1.9万吨。

【规范市场秩序】 出台《关于进一步加强单用途商业预付卡规范管理的实施意见》，在全省率先开展单用途商业预付卡备案管理综合改革试点，通过监管平台发卡11400余张，发卡金额329万余元，监管资金160余万元。指导薛记炒货、鲁味斋等9家大型连锁企业组建济南市连锁行业协会，带动连锁企业规范化。完善家政诚信体系，90家企业在商务部平台建立企业信用记录，建立家政服务员信用记录25000多条。

【北方消费品博览会】 6月17—20日，2022北方消费品博览会在济南国际会展中心举办，博览会以“点燃消费热潮 共享品质生活”为主题，集中展销体育用品、新能源汽车、智能家电家居、预制菜、进口商品、美食调味等10个与民生息息相关的行业产品。

2022年6月17日，2022北方消费品博览会开幕式举行 （市商务局 供稿）

【第七届非遗博览会】 8月25—29日，第七届非遗博览会举办。博览会以“连接现代生活 绽放迷人光彩”为主题，设置1个主会场以及十八大以来全国非遗保护成果展、非遗助力乡村振兴展、大运河沿线非遗展、中国传统制茶技艺及相关习俗展等4大板块，选调全国31个省（自治区、直辖市）的284个非遗项目展演展示。设置2个分会场，举办“中国味道”大运河沿线非遗美食节、“华服之美”非遗服饰秀等5项非遗体验活动，以及“构建中国特色非遗理论与实践研究体系”高端论坛等4项学术研讨活动。

【第三届中国国际文化旅游博览会】 9月15—19日，第三届中国国际文化旅游博览会、首届中华传统工艺大会在山东国际会展中心举办。博览会总展览面积10万平方米，吸引20个国家驻国内文旅机构、25个省

印象济南·泉世界街区被授予“全国夜间经济示范街” （市商务局 供稿）

（区、市）、山东16市组团参展，参展商数量达2700余家，展品数量达55万件。线上同步建设交易、项目、直播、服务和宣传5大平台，打造“云上文旅博览会”。

（韩　岳）

【烟草专卖】 2022年，全市局（有限公司）系统共有从业人员1063人，总资产307758.85万元，固定资产25458.58万元，流动资产264838.66万元，资产负债率为22.76%。全年销售卷烟26.2万箱，单箱销售额36088元，实现利税23.32亿元。（李雅楠）

【卷烟经营】 实施两个“壮腰工程”，月销量120～800条，零售户占比从55%提高到93.6%；普一类到高三类卷烟销售占比从65.6%提高到83.2%。实施一类烟市场开发“一把手工程”，一类烟销售占比从18%提高到30%，鲁产一类烟销量增长137.6%。特类烟市场开发成效明显，细支烟、中支烟、雪茄烟分别增长63.8%、136%和79.4%。推动DNA精准投放、品牌培育中心、工商数据共享、扫码集条、卷烟陈列、婚喜用烟小程序等创新成果落地应用，货源订足率达到80%以上，订足面达到90%以上。工商网配全面完成，商零网配覆盖全部信息点，二星、三星云POS户占比达到25.3%，信息点准确率达到99.85%。落实“智慧烟网”总体建设规划，打造“5332”零售终端体系，建成直营终端7家、加盟终端742家、现代终端7191家、合作终端146家。开展“双区隔三规范·提升”行动，打造乡村振兴示范店21家、乡村特色小店214家。

（李雅楠）

【专卖管理】 完善“六条禁令”实施细则、真烟外流经济处罚办法、“灰名单”监管、“三部四员”协同、“大规范”等制度机制，两轮累计清理问题户1463户，查处卷烟2704万支，涉案金额2797万元。开展“齐鲁利剑”“飓风”“百日会战”“护航”等专项整治行动。集成“九部六网”建立“泉城·风雷”合成作战体系和情报研判中心，破解物流寄递监管和人、车、物轨迹分析难题。应用智慧“云眸”、“慧眼识烟”、小微案件快处、智慧办案、移动执法、智慧物管等平台系统，为执法人员配备执法记录仪、集成打印机、X射线仪、32位码识别器等信息化设备，开展“扛旗夺标争先锋”“全员练兵 尖子比武”，规范执法、精准打击水平提升。（李雅楠）

【石油供应】 2022年，济南石油分公司成品油销售总量83万吨，同比增幅2.8%，销售收入（含税）78.64亿元，非油品交易额1.67亿元，全年纳税总额5226万元。获评济南市2022年度“内部治安保卫先进集体”、2022年度“安全生产先进单位”称号。（杨雅涵）

【市场经营】 构建“人·车·生活”生态圈的服务理念，推进“六进”工作，开展“客户走访日”活动，落实“一户一策”差异化客户服务措施，全年成交客户同比增幅44%。开展特色营销活动，突出“地方特色＋品牌”，基础品类营业额同比增幅8.39%；推进智慧加油站建设，建成智慧加油站1座；融入政府氢能发展战略，布局加氢网络，推动构建充换电、光伏等网络，打造油气氢电服综合加能站1座，LNG站加气站6座。（杨雅涵）

【社会服务】 开展“厕所革命”“亮化工程”“最美星期五”等专项治理活动，全年建设综合加能站形象旗舰站4座，升级亮化加油站50座。践行中国石化“每一滴油都是承诺”“易捷万店无假货”的公开承诺。向环卫工人、快递员、货车司机等户外劳动者提供临时休息、卫生间、饮水、小药箱等爱心服务项目，建成“爱心驿站”45座、“司机之家”38座，构建“我为群众办实事”的立体矩阵。疫情期间，调度易捷便利店米面粮油、水、方便面等应急物资的备货情况，保障市民应急需求，确保“油品不断供，商品不涨价，服务不打烊”。融入乡村振兴事业，连续多年向定点村居派驻专职第一书记，为济阳姜家窑村修缮养老院，改善生活环境，投入资金5万余元。

（杨雅涵）

【概况】 全年全系统完成销售总额117.21亿元，实现利润总额

11193.95万元，分别比上年增长19.75%、62.91%。其中，8个区县社累计完成销售总额73亿元、实现利润总额895.92万元，同比分别增长28.16%、41.47%；市社8家直属企业累计完成销售总额44.21亿元、实现利润总额10298.03万元，同比分别增长8.04%、320.13%。市供销社系统所属8家直属企业，主要涉及农业生产资料、再生资源、茶叶、家具、农产品、文化用品、日用小商品、资产管理等经营领域，截至年末，直属企业资产总额8.92亿元。

【县域商贸流通体系建设】 莱芜区社、章丘区社为全国总社确定的100个“流通服务强县”，长清区社、商河县社为省社确定的30个县域流通服务网络建设示范县。建成区级集配中心7个，镇级综合服务站36个，村级综合服务社377个。推进农资、日用消费品、农产品等购销网络体系建设，累计发展各类经营服务网点2189个，其中大中型自营超市44个。与市邮政管理局共同推进供销、快递联合下乡进村，方便广大农民群众生产生活。

【农业社会化服务】 推广“土地股份合作+全程托管”服务模式，开展“土地股份合作社+全程托管服务”4700公顷。建成为农服务中心37处，为农民群众和各类农业经营主体提供智能配肥、农资直供、烘干仓储等专业化、规模化服务。实施社会化服务面积33万公顷，开展农民实用技能培训1.1万人次。

【基层组织体系建设】 累计发展基层社79个，入选全国总社基层社标杆社、示范社16个。服务小农户生产，发展各类农民合作社486个，其中农民合作社联合社43个。发展“党建带社建、村社共建”村723个，建成村级供销社14个。

【社有企业改革发展】 全年直属企业完成项目投资4532万元，占年度计划的113.3%。做大做优茶叶、文化、农资、官寺、华联5个专业市场，市场总面积达到16万多平方米、经营业户3000多户、从业人员近万人。举办中国（济南）第十六届国际茶产业博览会暨第十届茶文化节和中国（济南）第七届文房四宝暨珠宝玉石博览会。

（孙龙昶）

【舜耕山庄集团】 2022年，济南舜耕山庄坚持市场导向、需求导向、效益导向相结合，全年实现30434万元，同比提高8.33%，在全国同行业中率先提出打造文化主题饭店综合体的思路，打造舜居、舜味、舜游、舜趣四大产品系列，为宾客提供可居、可游、可工作、可生活、可体验的高品质饭店平台。舜耕山庄以行业最高分获评全国五叶级主题文化饭店称号。

【解放思想】 舜耕山庄将大讨论与山庄的疫情防控、经营管理服务相结合，共提出具有可实施性的服务创新73条，形成137项创新举措，为山庄高质量发展注入活力。

【创新传承】 舜耕山庄擦亮舜耕主题宴会品牌，打造订婚宴品牌，成立“禧福荟”沉浸式体验馆。举办16地市非遗美食节、首届“舜耕禧福荟”文化节、在澳门举办“孔子家乡，好客山东”等各种美食活动，提升品牌魅力。

【优化环境】 投入2000余万元打造特色突出的耕读系列客房32间、改造员工公寓、新建垃圾分类暂存处、维修舜耕会展中心30000平方米的桁架；改造8间客房为专属庭院的房间，使舜耕山庄成为济南首家拥有庭院客房的星级宾馆。

【项目拓展】 新管理莱芜雪野湖国际会议中心、舜耕金海酒店等9个项目，并与锦江集团、德胧集团、尼山世界儒学中心签署战略合作协议。按五星级标准建设的莱芜雪野湖国际会议中心总建筑面积20.37万平方米，是山东省最大的单体酒店。

【为民办事】 经常性地慰问一线员工，救助身患重病的员工及亲属，调整并补交员工的社会保险费；投资361.3万元，改造96间员工公寓，改善员工住宿环境；本着成熟一批落实一批的原则，解决多年未解决的事业单位编制实名制问题。

【倡导文明】 全年开展标准宣贯培训，建立文明旅游长效机制，成立“舜耕萤火”志愿者服务队，推出十项志愿服务项目，践行“公筷公勺”“光盘行动”，拒食野生动物，落实文明、安全、绿色旅游等工作，成为济南唯一一家获评省级文明旅游示范单位的星级宾馆。

【提升品质】 开展以“创新驱动增活力，提升品质促发展”为主题的优质服务月活动；进行全员大练兵，举行技能竞赛，提升业务水平；邀请专家对山庄进行明察暗访，对山庄的服务现状进行全面客观评价；推出“客房卫生清理流程可视化”“舜耕百项特色管家个性化服务”“前厅服务专员”“特色菜品讲菜师”等服务项目。5分好评率达到95.22%，网评分值达到4.94分。

（高　群）

【对外贸易】 出台《关于促进全市外贸高质量发展的若干措施》，对占全市进出口额85%以上的150家重点外贸企业进行重点帮扶，对1000家以上有进出口权但无进出口实绩的企业进行指导，新注册外贸企业2732家，新增外贸实绩企业1913家。打造济南综保区、云麓小镇、阳狮红场1952等9个跨境电商产业园区和中邮、山左、泉利等13个海外仓，乐购仕全国首个跨境电商自营中心仓开仓运营。跨境电商进出口额达到250亿元，同比增长1.08倍。推进国家级服务贸易试点，深化服务贸易创新发展试点63条举措已经落地实施，试点举措实施率超过80%，“优化增值税留抵退税确认制”等4个特色案例在全国推广。全年完成货物进出口2208.9亿元，同比增长14%，高出全国、全省6.2和0.1个百分点，增速连续12个月居副省级城市首位。

（韩　岳）

2022年7月29日，2022跨国公司（济南）高层对话会暨第二届中日产业创新发展交流大会在济南举行

（市投资促进局　供稿）

【出口贸易】 全年出口机电产品851.6亿元，增长28.8%；出口农产品64.8亿元，增长1.1%，合计占出口总值的64%。另外，全市出口纺织服装75.8亿元，下降15.3%；出口钢材89亿元，增长14.8%；出口塑料制品43.3亿元，增长20.9%；出口基本有机化学品41.8亿元，增长31.2%；出口文化产品37亿元，增长10.6%。

（韩　岳）

【进口贸易】 全年进口机电产品400.9亿元，增长3.3%，占进口总值的51.6%。其中进口自动数据处理设备及零件170.3亿元，下降2.2%；进口电子元件107.3亿元，增长20.9%。同期，全市进口铁矿砂123.8亿元，下降31.1%；进口农产品102.9亿元，增长32%；进口纸浆26.1亿元，下降6.6%；进口初级形状的塑料13.3亿元，增长13.1%。

（韩　岳）

【重点市场】 对东盟、拉丁美洲、非洲、美国分别进出口540.3亿元、218.8亿元、171.4亿元、169.4亿元，分别增长45.9%、13.1%、17.9%、8%；对欧盟（不含英国）进出口193.8亿元，下降2.6%，以上合计占进出口总值的58.6%。同期，全市对“一带一路”沿线国家进出口868.8亿元，增长30.8%，占39.3%；对RCEP其他国家进出口852.5亿元，增长22.4%，占38.6%。（韩　岳）

【对外投资】 全年全市新签对外承包工程项目93个，合同额48.9亿美元、营业额40.9亿美元，分别占全省的54.7%和45.5%。新设境外投资项目45个，实际投资17.5亿美元，同比增长0.4%，其中对“一带一路”增长297%。

（韩　岳）

【招商引资】 2022年，全市实际使用外资31.37亿美元，居全省第二，同比增长18.02%，增速分别高于全国、全省10.02和11.71个百分点。实际使用日韩资3.45亿美元，占比10.98%；实际使用欧美资1.38亿美元，同比增长39.73%；制造业实际使用外资6.64亿美元，同比增长148.27%。全市新设外商投资企业251家，累计达1695家。

（赵文平）

【项目招引】 对接头部企业，实施外企、国企、民企“三企联动”，推进瑞典斯凯孚集团、省财金投与新材料产业园基金及正泰集团光伏基地等一批重点项目的落地投产、增资扩产等事宜。助力产业集群补链强链，共组织市领导会见活动11次，自主举办招商活动8次，洽谈内资项目173个，洽谈外资项目128个，完成外资到账2.97亿美元，超额完成年度工作任务29%。

（赵文平）

【招商活动】 举办境内外招商活动30余场，依托进博会、跨国公司领导人青岛峰会等高端平台，全市重点招商引资项目智能化管理平台在库项目达2800余个。组织投促“先锋队”走出国门，赴新加坡开展招商，苏（州）济（南）经济合作联络站挂牌成立，与全球重点国家及地区的合作交往加深。开展线上推广，打造24小时“投促书房”，推出济南招商IP形象大使“小舜”“小象”，依托抖音、微博、推特、公众号等渠道展现济南市投资环境。

（赵文平）

【投资服务】 面向企业创新开展“相约下午茶”活动，通过外企直通车、投促服务大使等多种方式，上门送政策、解难题，共解决外企遇到的困难和问题6大类50余项600余件，实现企业利润再投资6.65亿美元，占全市实际使用外资总量的21.19%，工作成效得到省委统筹疫情防控和经济运行工作领导小组（指挥部）9次通报表扬。

（赵文平）

【园区建设】 全市省级以上经济开发区实际使用外资完成13.6亿美元，同比增长20%；进出口总额完成68.6亿美元，同比增长37%；固定资产投资完成795亿元，同比增长14%。指导济南高新区、济南综保区、临港经济开发区等3家开发区入选全省2022年度特色园区培育名单，推动全市省级以上经济开发区、综合保税区全部纳入合规工业园区名单。

（赵文平）

栏目编辑 魏添乐

# 财税·金融

## 财　政

【概况】 2022年，济南市一般公共预算当年收入完成1001.1亿元，剔除增值税留抵退税、其他减税降费及缓交政策影响因素后，可比增长8.1%（自然口径下降0.6%），其中税收收入完成693.2亿元，同口径税收比重为72.5%；加上级税收返还、转移支付、动用预算稳定调节基金、调入资金及上年结转收入等620.7亿元，总收入累计1621.8亿元。济南市一般公共预算当年支出1225.6亿元；加上解省支出、债务还本支出、补充预算稳定调节基金及结转下年支出等396.2亿元，总支出累计1621.8亿元，全市收支平衡。市级（含济南高新区、市南部山区、济南新旧动能转换起步区，下同）一般公共预算当年收入完成332.6亿元，比上年增长34.3%；加上级税收返还、转移支付、动用预算稳定调节基金、调入资金及上年结转收入等382.8亿元，总收入累计715.4亿元。市级一般公共预算当年支出562亿元，加上解省支出、市对下转移支付、债务还本支出、补充预算稳定调节基金及结转下年支出等153.4亿元，总支出累计715.4亿元，市级收支平衡。

【支持稳住经济】 按照“应保尽保、特事特办、急事急办”的原则，全年投入61亿元，支持核酸检测能力提升、方舱医院和隔离点建设、新冠疫苗接种，以及疫情防控各项经费需求，开辟财政绿色通道，确保疫情得到快速处置。落实新的组合式税费支持政策，累计为市场主体减负超过1000亿元，其中新增退税减税降费407.37亿元；落实助企纾困25条政策，推出“济担—纾困贷”产品，为受疫情影响经营困难的中小微企业、个体工商户提供融资贷款和担保服务，全年“纾困贷”贷款担保金额约60亿元，为6万户市场主体减少融资费用约2.8亿元。支持促进有效投资，争取新增专项债券额度449.31亿元，限额空间内专项债券额度89.06亿元，开发性政策性金融基金支持61亿元，为济莱高铁、济泺路穿黄北延隧道、国际机场二期等重点项目融通资金。落实促进消费24条措施，拨付各类消费券资金2.17亿元。

【促进高质量发展】 落实黄河重大国家战略，设立黄河流域生态保护和高质量发展（起步区）基金，统筹资金保障济南新旧动能转换起步区项目建设。落实科技创新战略，设立27亿元的科技创新资金池，重点支持中科院科创城等重大科技基础设施和国家省重点实验室建设。落实人才强省会战略，安排人才发展专项资金11.7亿元，推动人才政策“双30条”落地见效，支持打造人才集聚高地和创新高地。落实工业强市战略，投入资金63.2亿元，培育创新优势企业，助力“专精特新”中小企业高质量发展，支持实施数字经济引领战略，推动互联网、大数据、人工智能和实体经济深度融合，全方位、一体化推进数字济南建设提质增效。推动生态优先绿色发展，投入27.35亿元，加快建设国家低碳城市，保障打好蓝天碧水净土保卫战。

【聚焦改善民生】 坚持尽力而为、量力而行保障改善民生，全年民生支出占比达80%。稳就业保就业，安排25.6亿元，落实稳岗就业扶持政策，支持开展城乡公益性岗位扩容提质行动，保障重点群体就业等。坚持教育优先，安排教育资金

220.5亿元，支持基础教育向优质均衡发展，推进职业教育“高地建设”，打造驻济高校高水平大学和高水平学科建设，推进空天信息大学筹建。支持打造健康济南，投入120.84亿元，加强医疗卫生服务体系建设，落实基本药物制度和基本公共卫生项目补助政策，济南市城乡居民基本医疗保险政府补助标准提高到每人每年670元，比省补助标准高60元。健全社会保障体系，拨付36.39亿元，保障城乡居民基本养老保险待遇正常发放，做好残疾人、孤困儿童、老年人等困难群众兜底。推进乡村振兴，涉农投入70.1亿元，支持种业和现代农业产业高质量发展，保障粮食和重要农产品供给，促进农村人居环境整治提升五年行动和乡村建设行动。

【拓宽融资渠道】 成立济南市重大项目建设资金统筹工作专班，完善项目投入保障机制，利用PPP项目支出10%红线内的空间，济南市共有61个项目纳入财政部PPP综合信息平台管理库，投资额569.4亿元，工业北路快速路东延道路、中心城区雨污合流管网改造和城市内涝治理（包含3个排水分区）PPP项目，已完成财政部审核入库。用好政府引导基金，制定政府引导基金尽职免责办法，整合政府引导基金管理暂行办法，研究制定政府引导基金风险补偿机制，济南市政府引导基金及国有平台累计104只，基金总规模923.47亿元。推进济南市行政事业单位存量资产盘活利用，建立健全资产盘活工作机制，通过自用、共享、调剂、出租、处置等多种方式，提升资产盘活利用效率。

【守牢财政底线】 市直预算单位公用经费和一般性支出压减20%，“三公”经费连续9年持续下降。实施精确到月的存量资金动态清理盘活机制，对预算执行缓慢、执行效果不好的资金，按程序给予核减预算或收回。加强区县库款实时监测，指导区县财政建立“先三保，后其他”的库款保障秩序，加大财力下沉和资金调拨力度，确保基层“三保”不出问题。围绕全面防范政府债务风险，运用全口径债务监测平台，加强日常风险监测，坚决避免新增隐性债务，稳妥化解存量债务，守住政府综合债务风险底线。

【加强财政管理】 制定《关于进一步深化预算管理制度改革的实施意见》，创新开发预算管理一体化系统，实现全部预算单位、全部层级、全部资金、预算管理全链条“四个全覆盖”。完善五方协同联控机制，联合开展“黄河国家战略项目资金专项监督行动”，优先将涉及2022年度黄河国家战略的项目资金全部纳入部门预算予以保障；开展专项督导调研，推进完善济南市重点项目储备政府决策机制，提高政府专项债项目策划能力和储备水平；跟踪监督推进加快资金支出进度，有效防止资金闲置占压沉淀。在全省率先推行差旅电子凭证网上报销改革，实现市直和区县部门同步全面实施、单位人员注册“全覆盖”。聚焦财经领域八个方面重点任务，重点整治2020年以来各级审计监督、财会监督、社会监督等反映的突出违规问题。

（叶　楠）

【概况】 2022年，全市税务系统组织各项收入2768.4亿元，其中国内税收收入1327.3亿元（还原留抵退税因素后同口径增长4.5%）、非税收入699.7亿元、社会保险费收入741.4亿元。另外，海关代征两税24.3亿元，办理出口退税92.7亿元。

【退税减税降费】 落实快退税款、狠打骗退、严查内错、欢迎外督、持续宣传五措并举工作要求，探索打造集体会商制、确认制等特色经验做法，实行“预审+防范”事前止损、“审核+应对”事中阻损、“抽检+打击”事后挽损“3+工作法”，全年累计办理增值税留抵退税287.5亿元，新增减税降费100.3亿元。

【税收征管改革】 落实中办、国办《关于进一步深化税收征管改革的意见》，推进市级47项改革任务落地落细。深化服务监管一体化融合，推进全业务线上预约办理、税收风险智能识别提醒、厅所联动提前介入式服务。建立公职律师涉税争议咨询调解中心，完善税收征管岗责体系，推进巡察、审计一体化，推动实现全过程动态监管评价。创新网络货运“票e真”管理模式，获评山东省自贸区最佳实践案例和制度创新成果。

【税收监管】 开展行政执法“三项制度”抽查评估，在全省税务系统率先对留抵退税业务开展全复核，全流程防控增值税发票风险。开展内外数据关联分析和一户式综合分析。加大稽查打击力度，开展随机抽查、企业自查和重点检查。推进税收共治，推动将个税缴纳状况纳入济南市法治建设考核和文明单位创建考核，与济南市医保中心建立个税大病医疗专项附加扣除及生育津贴相关数据确认机制。推动建设济南市财源数字化基础管理系统，利用第三方商业数据，对 7 万余户企业地址信息进行真实性验证，打击虚假注册、虚开发票行为。

【社保非税管理】 承接省直社保权属调整任务，1081 户省直社保单位划转济南属地管理，占全省划转单位数量的 83.2%。在全省率先打通社保缓缴线上线下意愿反馈渠道，推动社保费线上退费，灵活就业人员和城乡居民线上参保登记缴费一站实时办结。推进非税收入征管职责划转，构建标签化分级分类管理模式。制定水土保持补偿费、工会经费等征管规范，完善土地出让类、电力能源类非税收入征管规程，提升残保金、自备电厂三项电力基金征管质效。

【纳税服务】 构建“需求响应 +”闭环管理应用机制，成立税费服务需求响应中心，拓展全市税费服务“非常满意”体验师团队，组织 97 次服务体验和需求征集活动，形成需求转化成果 84 项。建立“泉城税家”重点企业服务机制，以“专线 + 专员 + 专家”为支撑，组建市县两级税务专业团队，为重点企业打造服务快车道。连续第九年开展便民办税春风行动，推出 5 类 20 项 121 条便民办税缴费措施。创新非营利组织免税资格认定方式，推动多部门一站式电子资料网上流转，实现企业办事零跑腿。联合工商联开展助力小微市场主体发展春雨润苗专项行动，打造全省首个网上“‘一带一路’税之家”，开具全省首份美国小型企业认证申请税务证明。在 2022 年全国纳税人满意度调查中，济南市税务局获得全国副省级城市第四名。 （刘 洋）

2022 年 3 月 11 日，市税务局在工商银行龙奥支行“税银合作”网点，开展“团体体验官”授牌仪式暨“诚信助力腾飞 税企携手共治”政策宣讲活动 （市税务局 供稿）

【概况】 2022 年，全市金融业增加值完成 1029.8 亿元，同比增长 7.6%，较去年同期提高 0.1 个百分点，分别高出全国、全省增速 2 个、1.6 个百分点，拉动全市 GDP 增长 0.3 个百分点，占全市地区生产总值（12027.46 亿元）的比重为 8.6%。

【社会融资】 截至年末，全市社会融资规模余额 39598.8 亿元，同比增长 10.4%，较年初增加 3727.7 亿元，同比多增 306.4 亿元。其中银行信贷贡献社融总量超七成，金融机构对实体经济发放的贷款较年初增加 2734.5 亿元，同比多增 120.9 亿元；表外融资较年初减少 189.7 亿元，同比少减 636 亿元；直接融资较年初增加 455.7 亿元，同比少增 560.6 亿元（全市新增直接融资额 3132.28 亿元，包含股权融资 60.84 亿元，债券融资 3071.44 亿元）。

【金融业税收】 2022 年，全市金融业实现税收收入 188.5 亿元，增收 3 亿元，同比增长 3%。金融业税收占全市总税收（1327.2 亿元）的比重为 14.2%，较去年同期提高 2.2 个百分点；占全省金融业税收（905.1 亿元）的比重为 20.8%。

【存款余额】 截至年末，全市金融机构本外币存款余额 25941 亿元，居全省首位，同比增长 10.7%，占全省（146075.99 亿元）的比重为 17.8%。存款余额较年初增加 2504 亿元，增量创历史新高，同比多增 132.1 亿元，其中 12 月当月吸收引进省外机构存款 400 亿元，拉动存款余额上升 1.7 个百分点。

【贷款余额】 截至年末，全市金融机构本外币贷款余额 26112.3 亿元，同比增长 12%，为下半年增速新高，高出全省增速 0.3 个百分点；占全省（123994.82 亿元）的比重为 21.1%。贷款余额较年初增加 2799 亿元，同比多增 206.1 亿元，其中企（事）业单位贷款较年初增加 2324.7亿元，同比多增 364.9亿元。

【信贷资产】 2022 年，全市银行业金融机构不良贷款余额 234.1 亿元，较年初增加 36.98 亿元；不良贷款率 0.9%，较年初增加 0.05 个百分点，低于全省平均水平（1.27%）0.37 个百分点，信贷资产质量居全省第四位。

【企业上市】 2022 年，全市新增上市及过会企业 8 家，上市公司总数达到 56 家，股票 58 只。截至 2022 年年末，还有 7 家企业在证监会或证券交易所问询，20 家企业在山东证监局备案辅导。新三板挂牌企业 101 家，其中创新层 27 家，挂牌企业累计股权融资 154 亿元，三项指标均保持全省首位。

【私募基金】 截至年末，全市在中国证券投资基金业协会登记的私募基金管理机构 208 家，管理基金 711 只，同比增长 21.5%，管理规模 1168.44 亿元，同比增长 9.7%。

【保费收入】 2022 年，全市保险业实现保费收入 631.9 亿元，同比增长 6.2%，较去年同期提高 3.8 个百分点，高于全省 1.6 个百分点。其中，财产险保费收入 126.8 亿元，同比增长 16.1%；人身险保费收入 505.2 亿元，同比增长 3.9%。

【地方金融组织】 2022 年，全市 39 家小额贷款公司累计发放贷款 150 亿元，同比增长 38.9%；26 家民间资本管理公司累计投资 115 亿元；33 家典当行典当余额 8.34 亿元、典当总额 23.55 亿元；22 家纳入监管名单且正常经营的商业保理公司实缴资本 22.12 亿元、发放保理款余额 61.15 亿元；20 家纳入监管名单的融资租赁公司资产融资租赁总额 469.29 亿元；17 家融资担保公司在保余额 304.39 亿元，同比增长 43%；山东金融资产交易中心实现交易 369 笔，交易规模 167.48 亿元。

## 银　行

国家开发银行
中国农业发展银行
工商银行
农业银行
中国银行
建设银行
交通银行
中国邮政储蓄银行
中信银行
光大银行
华夏银行
招商银行
上海浦东发展银行
兴业银行
民生银行
平安银行
渤海银行
浙商银行
广发银行
北京银行
天津银行
青岛银行
日照银行
东营银行
齐商银行
泰安银行
威海市商业银行
恒丰银行
齐鲁银行
莱商银行
山东省农村信用社联社
济南农村商业银行
莱芜农村商业银行
山东济阳农村商业银行
山东章丘农村商业银行
山东平阴农村商业银行
山东商河农村商业银行
章丘齐鲁村镇银行
长清沪农商村镇银行
槐荫沪农商村镇银行
山东历城圆融村镇银行
山东商河汇金村镇银行

济阳北海村镇银行
济南高新北海村镇银行
平阴蓝海村镇银行
莱芜珠江村镇银行
莱芜中成村镇银行
汇丰银行（中国）有限公司
渣打银行（中国）有限公司
东亚银行（中国）有限公司
恒生银行（中国）有限公司
中德住房储蓄银行

## 保险公司

泰山财产保险股份有限公司
和泰人寿保险股份有限公司
德华安顾人寿保险有限公司
安邦财产保险山东分公司
安诚财产保险山东分公司
安华农业保险山东分公司
安盛天平财产保险山东分公司
百年人寿保险股份山东分公司
北大方正人寿保险山东分公司
渤海财产保险山东分公司
大家财产保险山东分公司
大家人寿保险山东分公司
德华安顾人寿保险山东省分公司
鼎和财产保险山东分公司
东吴人寿保险山东分公司
都邦财产保险山东分公司
复星保德信人寿保险山东分公司
富德生命人寿保险山东分公司
工银安盛人寿保险山东分公司
光大永明人寿保险山东分公司
国华人寿保险山东分公司
国任财产保险山东分公司
国泰财产保险山东分公司
国元农业保险山东分公司
合众人寿保险山东分公司
和谐健康保险山东分公司
恒安标准人寿保险山东分公司
华安财产保险山东分公司
华海财产保险山东分公司
华泰财产保险山东分公司
华泰人寿保险山东分公司
华夏人寿保险山东分公司
建信人寿保险山东分公司
交银康联人寿保险山东分公司
昆仑健康保险山东分公司
利安人寿保险山东分公司
利宝保险山东分公司
陆家嘴国泰人寿保险山东分公司
民生人寿保险山东分公司
农银人寿保险山东分公司
平安养老保险山东分公司
前海人寿保险山东分公司
太平财产保险山东分公司
太平人寿保险山东分公司
太平养老保险山东分公司
泰康人寿保险山东分公司
泰康养老保险山东分公司
泰山财产保险山东省分公司
天安财产保险山东分公司
天安人寿保险山东分公司
同方全球人寿保险山东分公司
新华人寿保险山东分公司
鑫安汽车保险山东分公司
信泰人寿保险山东分公司
幸福人寿保险山东分公司
亚太财产保险山东分公司
阳光财产保险山东分公司
阳光人寿保险山东分公司
英大泰和财产保险山东分公司
英大泰和人寿保险山东分公司
永安财产保险山东分公司
永诚财产保险山东分公司
长安责任保险山东分公司
长城人寿保险山东分公司
长江财产保险山东分公司
长生人寿保险山东分公司
招商信诺人寿保险山东分公司
浙商财产保险山东分公司
中德安联人寿保险山东分公司
中国大地财产保险山东分公司
中国平安财产保险山东分公司
中国平安人寿保险济南分公司
中国人民财产保险山东分公司
中国人民健康保险山东分公司
中国人民人寿保险山东分公司
中国人寿保险山东分公司
中国人寿财产保险山东分公司
中国人寿养老保险山东分公司
中国太平洋财产保险山东分公司
中国太平洋人寿保险山东分公司
中航安盟财产保险山东分公司
中荷人寿保险山东分公司
中宏人寿保险山东分公司
中华联合财产保险山东分公司
中路财产保险山东分公司
中煤财产保险山东分公司
中信保诚人寿保险山东分公司
中意人寿保险山东分公司
中银保险山东分公司
中银三星人寿保险山东分公司
中英人寿保险山东分公司
中邮人寿保险山东分公司
众诚汽车保险山东分公司
紫金财产保险山东分公司
建信财产保险山东分公司

## 证券公司

中泰证券股份有限公司
爱建证券有限责任公司山东分公司
安信证券股份有限公司山东分公司
渤海证券股份有限公司山东分公司
财达证券股份有限公司山东分公司
财通证券股份有限公司山东分公司

财信证券有限责任公司济南分公司
第一创业证券股份有限公司济南分公司
东北证券股份有限公司山东分公司
东方财富证券股份有限公司山东分公司
东兴证券股份有限公司山东分公司
方正证券股份有限公司济南分公司
广发证券股份有限公司山东分公司
国都证券股份有限公司济南分公司
国海证券股份有限公司山东分公司
国开证券股份有限公司山东省分公司
国融证券股份有限公司山东分公司
国盛证券有限责任公司山东分公司
国泰君安证券股份有限公司山东分公司
国新证券股份有限公司山东分公司
国信证券股份有限公司山东分公司
海通证券股份有限公司山东分公司
华宝证券股份有限公司山东分公司
华创证券有限责任公司济南分公司
华福证券有限责任公司山东分公司
华金证券股份有限公司山东分公司
华林证券股份有限公司山东分公司
华龙证券股份有限公司山东分公司
华泰证券股份有限公司山东分公司
华西证券股份有限公司济南分公司
金元证券股份有限公司山东分公司
九州证券股份有限公司山东分公司
开源证券股份有限公司山东分公司
联储证券有限责任公司山东分公司
民生证券股份有限公司山东分公司
申港证券股份有限公司山东分公司
申万宏源证券有限公司山东分公司
世纪证券有限责任公司山东分公司
首创证券有限责任公司山东分公司
天风证券股份有限公司山东分公司
万和证券股份有限公司山东分公司
西部证券股份有限公司山东分公司
西南证券股份有限公司山东分公司
湘财证券股份有限公司山东分公司
信达证券股份有限公司山东第一分公司
兴业证券股份有限公司山东分公司
英大证券有限责任公司山东分公司
粤开证券股份有限公司山东分公司
长城国瑞证券有限公司山东分公司
长江证券股份有限公司山东分公司
招商证券股份有限公司山东分公司
浙商证券股份有限公司山东分公司
中国国际金融股份有限公司山东分公司
中国中金财富证券有限公司山东分公司
中山证券有限责任公司山东分公司
中泰证券股份有限公司电子商务分公司
中泰证券股份有限公司济南分公司
中泰证券股份有限公司莱芜分公司
中天国富证券有限公司山东分公司
中信建投证券股份有限公司山东分公司
中信证券（山东）有限责任公司济南分公司
中银国际证券股份有限公司山东分公司
中邮证券有限责任公司山东分公司
中原证券股份有限公司山东分公司
华宝证券股份有限公司山东分公司
华创证券有限责任公司济南分公司

## 期货公司

鲁证期货股份有限公司
安粮期货股份有限公司山东分公司
倍特期货有限公司济南分公司
渤海期货股份有限公司山东分公司
财达期货有限公司济南分公司
财信期货有限公司山东分公司
创元期货股份有限公司山东分公司
大地期货有限公司山东分公司
大有期货有限公司山东分公司
东方汇金期货有限公司山东分公司
广州金控期货有限公司山东分公司
广州期货股份有限公司山东分公司
国金期货有限责任公司山东分公司
国泰君安期货有限公司山东分公司
国投安信期货有限公司山东分公司
国信期货有限责任公司山东分公司
海通期货股份有限公司济南分公司
海证期货有限公司山东分公司
和合期货有限公司山东分公司
恒力期货有限公司山东分公司
恒银期货有限公司山东分公司
宏源期货有限公司济南分公司
华创期货有限责任公司济南分公司
华金期货有限公司济南分公司
华联期货有限公司济南分公司
华闻期货有限公司山东分公司
混沌天成期货股份有限公司山东分公司
建信期货有限责任公司山东分公司
江海汇鑫期货有限公司山东分公司
金信期货有限公司山东分公司
金元期货股份有限公司山东分公司
津投期货经纪有限公司山东分公司
美尔雅期货有限公司济南分公司
民生期货有限公司济南分公司
南华期货股份有限公司济南分公司
瑞达期货股份有限公司山东分公司
山东港信期货有限公司山东分公司
山东齐盛期货有限公司山东分公司
山金期货有限公司山东分公司
上海东证期货有限公司山东分公司
上海中期期货股份有限公司济南分公司
盛达期货有限公司山东分公司

天富期货有限公司山东分公司
西部期货有限公司济南分公司
新湖期货股份有限公司山东分公司
兴业期货有限公司山东分公司
兴证期货有限公司山东分公司
银河期货有限公司山东分公司
永安期货股份有限公司山东分公司
云财富期货有限公司山东分公司
长安期货有限公司济南分公司
浙商期货有限公司山东分公司
中钢期货有限公司山东分公司
中辉期货有限公司山东分公司
中天期货有限责任公司山东分公司
中泰期货股份有限公司济南分公司
中信建投期货有限公司济南分公司
中信期货有限公司济南分公司
中衍期货有限公司山东分公司
中银国际期货有限责任公司山东分公司
中原期货股份有限公司山东分公司
中州期货有限公司山东分公司
江海汇鑫期货有限公司
山东港信期货有限公司山东分公司
中原期货股份有限公司山东分公司
金元期货股份有限公司山东分公司
华金期货有限公司济南分公司
华创期货有限责任公司济南分公司
长安期货有限公司济南分公司
东吴期货有限公司济南营业部
华泰期货有限公司济南营业部
恒力期货有限公司山东分公司

（王敬茂）

【概况】 2022年，济南市银行业资产总额36817.3亿元，增长9.8%，高于青岛1.8个百分点，较年初增加3280.3亿元，同比多增164.2亿元；负债总额35557.1亿元，增长10.6%，高于青岛2.6个百分点，较年初增加3393.9亿元，同比多增456.5亿元。全市银行业资产、负债存量、增量均居全省首位。（王敬茂）

【存款增量创新高】 截至年末，全市本外币存款余额25941亿元，居全省首位，15个副省级城市第九位，同比增长10.7%，占全省（146075.99亿元）的比重为17.8%，较上年下降0.2个百分点。存款余额较年初新增2504亿元，增量创历史新高。2022年，全市社会融资规模增加3727.7亿元，同比多增306.4亿元。（王敬茂）

【各项贷款高速增长】 截至年末，全市本外币贷款余额26112.3亿元，居15个副省级城市第十位，同比增长12%，较上年回落0.5个百分点，高于全省增速0.3个百分点，高于15个副省级城市1.3个百分点，居15个副省级城市第六位，占全省（123994.82亿元）的比重为21.1%。贷款余额较年初增加2799亿元，同比多增206.1亿元。

（王敬茂）

【重点领域支持力度加大】 2022年，贷款增量排名前四位的行业依次是交通运输、仓储和邮政业，租赁和商务服务业，建筑业以及电力、热力、燃气及水生产和供应业，贷款增量分别为507.3亿元、494.3亿元、198.2亿元、176.4亿元，合计1376.2亿元。制造业中长期贷款快速增长，截至年末，全市制造业中长期贷款余额932.5亿元，同比增长71.3%，高于各项贷款平均增速59.3个百分点；全市房地产贷款余额7180.3亿元，同比增长3.4%，较年初增加227.4亿元，同比少增116.1亿元；全市普惠涉农贷款余额351.49亿元，农业保险保费收入4.43亿元，同比增长33.39%，为123.49万户（次）农户提供了135.64亿元的风险保障，受益农户28.09万户（次）；全市金融机构绿色贷款余额2388.7亿元，同比增长63.4%，高于同期各项贷款增速51.4个百分点；辖内金融机构累计获得政策性开发性金融工具3.6亿元，全市金融机构对省重大项目授信684.9亿元，贷款余额86.9亿元，同比增长28.7%；对省重点项目授信112.2亿元，贷款余额39.1亿元，同比增长265.7%。

（王敬茂）

【科创金融改革试验区建设】 设立科技分（支）行等科创金融专营（特色）银行机构20家、科创小额贷款公司1家、科创金融事业部（中心）12个；全市科创板上市企业达到6家，居全省首位；驻济银行机构推出“科创贷”“投联贷”“科融贷”等44项科创企业专项信贷产品；市融资担保集团创新推出“济担—科创贷”“科创e贷”等多项科创担保产品，新增科技担保额22.35亿元；规模62亿元的齐鲁科学城科创投资基金成立，省内首单科创票据、首单科技园区CMBS、首单知识产权融资租赁业务、首单“数字经济”主题公司债券落地；本外币合一银行结算账户体系试点、数字人民币试点获批。截至年末，济南市科创企业贷款余额1242.7亿元，同比增长13.1%，高于全市各项贷款增速1.1个百分点；有贷户数占比达41.9%，远高于全省一般性企业7%左右的获贷率水平；加权平均利率3.88%、较上年同期下降38个基点。（王敬茂）

【金融服务小微企业】 截至年末，全市本外币企业贷款余额17608亿元，较年初增加2084亿元，同比增长13.4%，高出全市各项贷款平均增速1.4个百分点；普惠小微贷款“量增、面扩、价降”，全市普惠小微企业贷款余额（单户授信1000万元以下小微企业贷款、个体工商户经营性贷款、小微企业主经营性贷款之和）1966.3亿元，同比增长18%，高出全市各项贷款整体增速6个百分点。（王敬茂）

【金融辅导提质扩面】 2022年，全市209支金融辅导队累计结对辅导企业5641家，为3037户企业发放贷款702.2亿元，金融管家方面，在前期试点的基础上，新增11个区县22个金融管家试点，试点总数达到24个，实现金融管家试点全域覆盖。（王敬茂）

【中国人民银行济南分行营业管理部】 2022年，中国人民银行济南分行营业管理部学习宣传贯彻党的二十大精神、中央经济工作会议精神，锚定市委、市政府“勇当排头兵、建设强省会”的目标，带动金融力量支持济南市稳增长、促发展。截至年底，各项存贷款余额分别为25941亿元、26112亿元，同比分别增长10.7%和12%。（周 丹）

【货币政策取得时效】 落实促进房地产市场平稳健康发展政策措施，全国首创存量房“带押过户”登记模式并在人民银行系统推广。支持济南市科创金融改革试验区建设，搭建科创金融改革试验区制度框架，创设“央行资金科创贷”“央行资金科创贴”两项工具支持科创企业融资，科创贷款余额达1274.7亿元。支持绿色低碳、制造业等重点领域发展，引导金融机构实现对省级碳金融项目库、环保金融项目库对接全覆盖，带动绿色贷款余额达2296.4亿元，制造业贷款、基础设施贷款余额同比分别增长5.6%和12.5%。开展“齐心鲁力 助企惠商”等金融支持专项行动，普惠小微贷款余额1948亿元，同比增长18.3%，贷款利率处于有统计以来最低水平。推进跨境人民币业务量质齐升，支持山东自贸区济南片区发展，2022年，跨境人民币收付额850亿元。（周 丹）

【防范化解金融风险】 综合利用银行、企业和重大事项等风险监测平台，持续跟踪监测重点领域风险，健全证券、保险、信托等非银机构风险监测机制，掌握风险底数。开发气候风险压力测试工具，在全省人民银行系统和参试银行推广应用。多措并举推进存量风险处置，发挥央行评级导向作用，严格执行差别费率，全年辖区处于低风险状态。（周 丹）

【提升管理服务水平】 建立“征信修复”乱象治理监管合作机制，推动金融机构在信贷产品中应用“泉城链”并在全省推广。落实规模性减税降费政策，累计办理退税398.8亿元。推动22家金融机构完成跨省异地电子缴税升级改造。持续巩固支付手续费降费让利政策，惠及市场主体36万家、让利1.9亿元，“手机号码支付”业务量稳居全省首位。推动涉赌涉诈“资金链”治理，济南市涉案账户总量和排名实现“双降”。加强反洗钱监管，开展打击治理洗钱违法犯罪三年专项行动。完成北京冬奥会、党的二十大等重要节点网络安全保障任务，实现网络安全“零事故”。改进人民币管理服务，构建银行应急处置、辖区调剂保障、人民银行供应保障“三级应急响应”机制，保障疫情期间全市现金供应。推动济南市获批第四批数字人民币试点，截至年底，共开立数字人民币钱包8.8万个，实现交易7万笔、313万元，对接商户4115家。（周 丹）

【概况】 2022年，济南市保险业实现保费收入631.9亿元，稳居全省首位，同比增长6.2%（按照中国银保监会统一要求，2020年之后保费收入数据口径均剔除4家保险机构数据），较上年同期提高3.9个百分点。分险种大类看，财产险保费收入126.8亿元，同比增长16.1%；人身险保费收入505.2亿元，同比增长3.9%。（王敬茂）

**【保费收入增速提升】** 从全市各月分险种保费收入及同比增速来看，人身险业务保费增速从1月的-19%一路攀升至12月的3.9%。财险业务保费增速则从1月份的38.6%大幅下降近30个百分点，4月增速降至全年低点8.8%后稳步提升，8月之后增速保持在16%左右。

（王敬茂）

**【金融100户重点税源企业保险公司入围16家】** 从纳税情况看，2022年，全市金融100户重点税源企业中保险公司入围16家，纳税额排名前5位的企业分别是中国人民财产保险股份有限公司山东省分公司（1.53亿元）、中国平安财产保险股份有限公司济南第一中心支公司（1.40亿元）、中国平安财产保险股份有限公司济南市商河支公司（0.73亿元）、中国太平洋财产保险股份有限公司山东分公司（0.70亿元）、中国平安财产保险股份有限公司山东分公司（0.70亿元），合计完成税收5.06亿元。（王敬茂）

**【济南市银行保险业协会】** 2022年，济南市保险业共实现保费收入400.21亿元，同比增长6.66%。其中，财产险公司保费收入110.93亿元，同比增长14.6%；人身险公司保费收入289.28亿元，同比增长3.90 %。赔款支出134.85亿元，同比增长10.51%。赔付率33.69%。其中：财产险公司赔款66.82亿元，同比减少0.66%，赔付率60.24%；人身险公司给付68.02亿元，同比增长24.24%。给付率23.51%。（以上数据为协会统计系统获取的会员公司数据，包含财产险公司36家、人身险公司33家，不包含驻济非会员保险机构）。截至年末，济南市银行保险业协会银行会员单位各项存款余额20920.95亿元，较年初增加1957.64亿元，较年初增速10.32%；各项贷款余额18382.38亿元，较年初增加2442.82亿元，较年初增速15.33%；本年实现利润148.75亿元，较同期减少2.17亿元，较同期增速下降1.44%。

（董晓燕）

**【强消保化纠纷】** 发挥先行处理作用，分流12378监管投诉压力，实时监测“鲁众小保”，快速响应消费者诉求。累计受理有效投诉831件（其中保险方面696件，银行方面自5月从省银协移交以来共受理135件）。以上投诉，通过“12378”转办248件，占比29.8%，结案率91.1%；“鲁众小宝”平台受理264件，占比31.8%，结案率92.4%；协会自身受理318件，占比38.3%，已全部办结。设立济南市银行保险业纠纷人民调解委员会，成立调解中心，特聘11名律师作为兼职调解员，提高调解工作的公信力和成功率，为辖内银行保险机构和消费者提供更加便捷、高效、专业的纠纷调解服务。全年累计受理调解49件，调解成功16件，涉及金额85.1万。（董晓燕）

**【强自律促合规】** 截至年末，济南市车险综合成本率90.03%，较去年同期下降8个百分点，车险利润率9.34%，车险盈利5.05亿元，全市车险经营情况明显改善。开展政策性农业保险业务自律检查，规范全市农业保险承保理赔行为。落实“银行服务价格收费自律约束机制”，督促会员银行减费让利服务实体经济。稳妥有序推进银行网点优化周末节假日营业安排，提升基层员工获得感和幸福感。担负起济南市“双录”的组织和督导职责，多次开展全覆盖式调研，组织“双录”宣讲培训，强化分析研判与窗口指导，确保济南地区全面双录实施。开展“行业规范建设巩固年”活动，督促、倡导会员单位完善合规组织架构、健全内控管理体系、强化合规文化执行、坚守案防风险底线，推进合规工作的新常态。全年累计组织开展农险、从业人员信息系统使用及自律公约执行情况现场检查15家次，完成209家保险专业中介机构的调查摸底，开展现场巡查80家次，非现场巡查9家次。

（董晓燕）

**【概况】** 2022年，全市新增直接融资3132.12亿元。其中，股权融资60.68亿元（其中首发融资39.27亿元；3家上市公司通过定向增发实现再融资18.18亿元；新三板公司定向增发融资3.23亿元，同比增加24.71%）。债券融资3071.44亿元。另外，2家上市公司发行可转债94.7亿元；21家上市公司实施并购重组，涉及交易金额113.27亿元，同比大幅增加。

**【企业上市】** 2022年，全市新增上市及过会企业8家，上市公司数量连续三年保持高位增长。全市上市公司总数达到56家，股票58只，2家上市公司市值超过500亿元（山东黄金、华熙生物），15家上市公司市值超百亿元。截至2022年底，还有4家企业过会待上市，7家企业在证监会或证券交易所问询，过会及在审企业数量实现翻番。19家企业正在山东证监局备案辅导，全年现场辅导验收11家次，辅导验收受理率和通过率持续保持高位。新三板挂牌企业101家，其中创新层27家，挂牌企业累计股权融资154亿元，三项指标均保持全省首位。

【公司债券】 2022年，注册地在济南市的相关企业通过公司债券和资产支持证券融资达到1065.7亿元，年末公司债券存量规模达3187亿元，均居全省第一。新发债券平均利率3.25%，大幅低于基准利率；科创债、低碳转型债募集资金80亿元，绿色债券募集资金28亿元。公募REITs储备项目9家，2家项目取得明显进展。同期，青岛相关企业通过公司债券和企业资产支持证券融资610.35亿元，年末公司债券存量规模达2406亿元。

【私募基金】 截至年末，全市在中国证券投资基金业协会登记的私募基金管理机构208家（全省832家），管理基金711只（全省3742只），同比增长21.5%，管理基金规模1168.44亿元（全省3540.73亿元），同比增长9.7%。合格境外有限合伙人（QFLP）试点落地，中企国云星生（济南）股权投资合伙企业等2只基金已注册，管理规模16.5亿元。各类私募基金投资济南企业项目932个，在投本金712.31亿元，分别同比增长10.17%、2.65%。其中，中小企业在投项目501个，规模177亿元，高新技术企业在投项目548个，规模223.51亿元；初创科技型企业在投项目110个，规模28.4亿元。

（王敬茂）

【概况】 截至年末，济南市共有小额贷款公司39家，其中持证的36家（新增1家），暂缓发证的1家，不予发证的2家。全年实现营业收入10.1亿元，净利润4.1亿元，累计纳税1.76亿元；总运营资金101.98亿元，较上年同期增加10.18亿元，其中注册资本金73.5亿元，融入资金余额28.48亿元。

【民间资本管理公司】 截至年末，全市共有26家民间资本管理公司获批开展业务，较年初正常退出2家，注册资本共计37.1亿元，投资余额35.4亿元，累计投资金额115.7亿元。全年实现经营收入2.8亿元，上缴税收6240万元。

【融资担保业务】 截至年末，济南市融资担保公司17家，其中法人机构15家，分支机构2家；注册资本金共计61.33亿元；从业人员563人；在保余额304.39亿元，同比增长43%；全年新增担保金额217.06亿元（15家法人机构），同比增长45%，其中融资性担保金额214亿元，非融资性担保金额3.06亿元。

【典当行业发展】 截至年末，全市正常经营典当行共33家，实收资本9.52亿元，典当总额23.55亿元，年末典当余额8.34亿元。全年新增典当行1家。经积极辅导审核，2022年，全市新增典当行1家，为山东同发典当有限公司（实缴注册资本5000万元）。全年全市典当总额23.55亿元（其中动产典当9.69亿元、房地产典当8.28亿元、财产权利典当5.58亿元），同比增加9.33亿元，增长65.61%。

【农民专业合作信用社】 截至年末，历城、章丘、济阳3个区开展信用互助试点业务，现存试点合作社6家，累计发放互助资金594.8万元，较年初增加38.5万元，同比增长6.9%，试点业务规模小幅提高。

【山东金融资产交易中心】 2022年，根据最新监管政策，金交中心主动调整业务结构，发展资产挂牌类业务，成交业务266笔，占全部交易量的比重达到72%；交易规模152.6亿元，较上年增加37.05亿元，同比增长32.06%，占全部交易规模的比重为91.1%。全年实现交易规模167.48亿元，交易笔数369笔；实现收入总额8768.81万元，较去年增加338.2万元，同比增长4%。

（王敬茂）

【概况】 截至2022年底，济南金控集团资产总规模为255.36亿元，2022年，实现营业收入11亿元、利润总额3.32亿元，完成内资招商21.17亿元、外资招商1.09亿美元，融资规模达到159.1亿元。截至2022年底，济南金控集团运作股权投资基金42支，总认缴规模为252.22亿元，基金累计对外投资企业304户。济南金控集团各牌照子公司创新方式，提高放款效率，在14个业务单元领域为实体经济提供资金支持近1895亿元，信用评级保持AA+水平。

【完善金融业态】 济南金控集团期货子公司江海汇鑫收到证监会颁发的经营证券期货业务许可证，完成期货公司总部从辽宁沈阳到山东济南的迁址工作，标志着济南正式拥有第一家总部期货公司，填补了期货行业市属企业空白。

【“数字金控”注能】 济南金控集团与市工信局联合开发的云帆数字金融赋能平台“云帆计划”启动。“云帆计划”通过导入大数据、区块链、人工智能等金融科技手段，链接引入更多专业金融机构，搭建政银企合作共赢平台，为中小企业提供系统集成的“一揽子”扶持举措。“云帆计划”已在济南长清大学城设立服务站。

【践行“金融惠企”】 济南金控集团首期5亿元金控租赁资产支持专项计划发行，实现济南市市属融资租赁企业债券融资零的突破。济南市属国企首单保理供应链资产ABS产品在上海证券交易所发行，标志着济南金控集团保理板块实现济南市商业保理行业债券融资零的突破。

（济南金融控股集团）

栏目编辑 魏添乐

# 交通·邮电

## 交通运输

【概况】 全年完成固定资产投资667.3亿元，同比增长16%，其中铁路建设完成投资101.48亿元、航空建设完成投资93.59亿元、公路建设完成投资224.18亿元、水运建设完成投资4.94亿元、城市道路建设完成投资118.22亿元、轨道交通建设完成投资99.4亿元、场站建设完成投资25.49亿元。

【铁路运输】 济南市域内铁路通车里程达801.3公里，其中高速铁路411.6公里，每天约300趟高铁，通达全国254个城市。济南市域内铁路旅客发送量1822.5万人，同比减少40.17%，客运周转量47.2亿人公里，同比减少36.55%；货物发送量536.6万吨，同比增长12.94%，货运周转量199.6亿吨公里，同比增长5.97%。

【航空运输】 2022年，济南机场完成飞机保障76825架次，执飞航线180条，其中国内航线165条、国际航线14条、地区航线1条；通达城市107个，其中国内城市92个、国际城市14个、地区城市1个。济南机场完成旅客吞吐量824.2万人次，同比减少39.5%；完成货邮吞吐量13.8万吨，同比减少18.1%。总投资额498亿元的济南机场二期工程正式开工，建成后将成为国内一流的4F级国际机场；商河通用机场建成通航，全市通用机场达4处。

【公路运输】 全市公路客运量完成1438万人，同比减少28.97%；旅客周转量完成19.6亿人公里，同比减少25.34%；公路货运量完成2.4亿吨，同比减少3.3%；货运周转量完成608.8亿吨公里，同比增长5.4%。

【水路运输】 全市共完成水路客运量59.9万人，同比增长31.9%；客运周转量383.8万人公里，同比增长3.58%；完成水路货运量57.2万吨，同比减少48.72%；货运周转量4.07亿吨公里，同比减少52.72%。小清河复航工程（济南段）23.34公里航道、济南港（主城港区、章丘港区）完成主体工程建设。

【公共交通】 全市公交车7630辆，线路总条数达756条，运营线路总长度15623.2公里，BRT线路长度200.2公里，180余条公交线路实现与地铁网络的换乘接驳，客运量4.04亿人次，同比减少31.2%。

2022年9月30日，济高高速建成通车 （范瑶 摄）

全市巡游出租汽车10504辆，客运量8557.68万人次，总运营里程89365.9万公里。济南轨道交通运营线路3条，分别为1号线、2号线和3号线一期。线路总长84.1公里，配属列车76列，车站43座。全年客运量总计5455.43万人次，最高日客运量29.14万人次，最大断面客流量7542人次/小时，最大载客率58.12%；实际开行总列次28.12万列次，运营总里程达748.26万列公里；列车正点率99.99%。新开公交线路6条、调整优化线路45条，城市常规公交线路达754条、定制公交750条，持续巩固500米公交站点覆盖率100%的发展成果，推动建设黄岗、汉峪等公交场站建设，填补公交线网空白44.1公里，半数以上线路能与轨道交通线路直接接驳；发展农村公交，全市5570个建制村全部通客车，公交化改造比例100%；落实60岁以上老年人免费乘车等惠民政策，扩大人才卡办理范围，受益群体超150万人。开展省会城市经济圈班线客运公交化改造，城际公交线路累计达13条。

（李中瑞）

【公路建设】 全市公路通车总里程18294.4公里，公路密度177.7公里每百平方公里。其中，干线公路1959.3公里（高速公路795.3公里，双向六车道以上占总量的68.8%，是全省平均水平2.5倍；普通国省道1164公里，一级公路占62.3%），农村公路16335公里，跨黄通道16处。京台高速济南至泰安段（改扩建）、济南至高青高速、大西环建成通车，开工建设高青至商河、济南至微山等6条高速公路，推进济潍高速、大北环等项目建设，“二环一联十六射”高速公路网加快形成；S103旅游公路完成主体建设，经十路东延开工；开展“四好农村路”提质增效专项行动，完成新改建农村公路310公里，实施养护工程1144公里，危桥改造16座，村道安防工程103公里，公路驿站完成6个，章丘区、莱芜区获评“四好农村路”全国示范县创建单位。济南黄河凤凰大桥建成通车，开工建设国道104黄河大桥复线桥、黄岗路隧道。

2022年12月30日，济莱高铁开通运营 （徐东 摄）

【城市道路建设】 完成黄河大道一期、飞跃大道等城市主干路建设，开工建设药山南路、大魏庄东路等城市主次干路。全市城市道路总里程达4794.2公里。新建完成9.2公里综合管廊建设，全市综合管廊达104公里，获得国家发明专利2项，国家实用新型专利1项。推进城市规划、建设、管理“三位一体”综合施治，细化交通拥堵综合治理“十大行动”、50项措施，实施26处拥堵点改造，改造后路口车辆通行效率提升15%以上，行人过街效率提升20%以上。

【数字交通建设】 开发启用“济南交通”疫情防控APP，全市公路检查点安装高清摄像头，每天自动登记20余万辆入济车辆信息；200万张非实名制公交卡完成实名制登记，主城区2500部公交车配置车载高清摄像头，实现公交卡与电子健康码的“卡码融合”。建设路网优化分析与决策支持系统，对全市3500余条路段、377个交叉口和63个交通单元的拥堵状况进行科学排名，全面掌握路网拥堵规律态势。创新引入安全二维码理念，制定21项安全积分规则，对17942名从业人员、4380辆运输车辆、161家重点企业进行赋码管理，实现对“两客一危”运输企业、驾驶员及车辆运行状态的动态监测和智能考核。新建治超非现场执法设施点位19处，打造全市治超“一张网”，精准实现“线上执法”。

【绿色交通建设】 落实承担的大气环保30项任务、“四减四增”32项具体工作；发展绿色公交，中心城区公交车全部实现电动化，新建31座充电站，建成充电终端381处；开通运行6条无轨电车线路；济南公交集团正式启用全国首个由公交企业独立建设运营的加氢站，氢能源公交车已达到60辆；鼓励大宗货物公路运输转向铁路运输。

（李中瑞）

【济南轨道交通集团】 2022年，济南轨道交通集团承担地铁、高铁、有轨电车、安置房等投资项目51项，完成投资265.9亿元。三条运营线路全年累计运送乘客5445.43万人次，开行列车28.15万列次，行驶里程748.26万列公里，列车运行图兑现率达100%，正点率达99.99%。济南轨道交通高端智能盾构2.0下线并始发，完成3号线二期项目43辆车辆新造业务，自主生产的盾构机已累计下线120余台，济南轨道交通产业园已签订入园协议企业16家。全年集团获评“全国文明典范城市创建工作突出贡献集体”“2021年度山东省企业党建文化典范单位”“全市2021年度高质量发展综合绩效考核一等奖”等荣誉称号。

【济南商河通用机场正式营业】 1月7日，中国民用航空华东地区管理局为济南商河通用机场颁发A1级通用机场使用许可证，标志着济南商河通用机场具备运营条件可以正式营业。济南商河通用机场位于商河县玉皇庙镇，由济南轨道交通集团和商河县政府共同投资建设，是距离省会济南最近、等级最高的通用机场。项目占地总面积35.9公顷，由航站区和飞行区两部分组成，共设有21个固定翼停机位和3个直升机停机位。

【全球最大单体氧化铝球磨机在重工集团下线】 3月18日，济南重工生产的全球最大单体氧化铝项目主体设备“MQY6095溢流型球磨机”正式下线。球磨机是济南重工深耕几十年的中国名牌产品，先后起草产品国家标准20余项，拥有国家专利200余项，生产超过1200余台。

【2022黄河流域轨道交通高质量发展论坛在济举办】 7月30—31日，由山东轨道交通学会主办，沿黄7省11家轨道交通集团联合发起的“2022黄河流域轨道交通高质量发展论坛”在中国·雪野湖国际会议中心举办。会议以“资源共享 权责共担 市场共荣 优势互补”为主题，邀请中国科学院院士宋振骐，中国工程院院士张建云、王复明、陈湘生、李术才、马军等6名院士参会。

【济南轨道交通产业园开工】 7月31日，济南轨道交通产业园开工，标志着济南轨道交通产业发展迈入“快车道”。济南轨道交通产业园总规划面积近200公顷，建筑面积约120万平方米、基建投资总计约90亿元。项目一期产业支撑区（约10公顷）规划建筑面积约23万平方米，总投资约14亿元；主要有企业孵化器、园区展厅、标准厂房、综合服务中心、员工宿舍、商业服务等功能设施，园区建成后，可引入企业200余家。

【“爱阅之都·泉民悦读”书香地铁正式发车】 8月10日，由济南市文化和旅游局、济南轨道交通集团、

2022年7月31日，济南轨道交通产业园开工 （济南轨道交通集团 供稿）

济南出版有限责任公司、济南市图书馆等单位共同打造的济南首批书香地铁专列，宣告正式启动。“爱阅之都·泉民悦读”书香地铁主题列车共3辆，遍布当前济南地铁1、2、3号线路。市民乘坐地铁时，使用微信或云闪付扫一扫该公益数字资源服务平台二维码，将海量优质数字阅读资源装进手机、带在身边，随时随地实现数字阅读自由。

【济南轨道交通集团发行10年期中期票据】 8月25日，济南轨道交通集团完成10年期中期票据的发行工作，这是轨道交通集团首次发行10年期中期票据，本次中期票据发行金额为20亿元，发行票面利率3.92%，创市属国企10年期中期票据历史最低发行利率。发行当日，认购金额34亿元，全场倍数达1.7倍。

【济南造“智慧一号”盾构机在轨道交通6号线下线始发】 9月17日，智能盾构下线暨“智慧一号”盾构始发活动在6号线凤凰路站举行，标志着“济南造”智能盾构正式进入工程应用阶段。“智能盾构”是济南轨道交通集团联合山东大学等单位，瞄准装备智能制造前沿科技，共同研发的系列智能化集成盾构装备。

【济南轨道交通7号线一期工程开工】 12月14日，济南轨道交通7号线一期工程开工。7号线一期工程南起凤凰南路站，北至济北站，全长约30千米，估算投资约240亿元，项目批复建设工期为6年，是国内第二条、山东首条穿越黄河的地铁线路。作为二期规划建设线网中唯一一条南北向跨黄河骨干线路，连接莲花山片区、汉峪片区、CBD核心区、洪楼片区、黄台片区、新旧动能转换起步区等重点区域，项目建成后将与2号线、3号线、4号线、6号线、9号线实现换乘。

【济南至莱芜高速铁路正式开通运营】 12月30日，济南至莱芜高速铁路正式开通运营。济莱高铁是全市“米字型”高铁网8条线路中的重要一条，是济南都市圈综合轨道交通网的重要组成部分。济莱高铁线路全长117公里，设计时速350公里。

（张媛媛）

【概况】 2022年，济南公交集团拥有员工13916人，公交线路402条，营运车辆6522部，出租车1704辆。全年，企业获评“山东省高端品牌培育企业”“2021年山东社会责任企业”“山东省‘七五’普法依法治理工作先进集体”“爱涌泉城”十佳公益企业等荣誉称号；所属K101路线获评“全国工人先锋号”，K95路线获评全国“安康杯”竞赛优胜班组，“老虎山隧道救火集体”获评2021年度“山东省感动交通年度人物”。

【线网优化】 全年开通优化公交线路45条，填补公交线网空白41.7公里；实施地铁周边线路、站点优化调整，实现公交与地铁“双网融合”，有181条公交线路实现与地铁的衔接。开通561路、566路社区公交线路，累计已开通社区公交30条。新建椒山路、韩仓等8处场站，按照践行探索“15分钟生活圈”规划理念，建成济南市首个“公交+生活”城市民生综合服务港——汉峪公交首末站。完成244个站台品质提升，新增电子站牌276个，新增候车设施站点139个，建设经七路走廊候车廊亭“泉城八景”特色候车亭。

【数字赋能】 编制《济南公交数字化转型规划（2022—2025年）》《济南公交数字化转型实施方案》并通过专家评审。加快大数据、人工智能等新技术与公交行业的融合，整合高德地图等互联网平台在算力、GIS地图以及边缘计算等核心技术，融合企业内部“人—车—线—站—场”等静、动态数据，构建公交数据大脑“1+6”应用体系，实现出行分析、精准调度、线网规划、线路诊断、驾驶员行为管理、定制公交等业务的云端化与智慧化。

【绿色出行】 2022年，济南公交新能源车辆推广再度提速，车辆全面电动化之后，每年可替代燃油消耗7078万升，减少碳排放4.4万吨。6月15日，济南公交举行节能宣传周暨公交第一加氢站启用活动，这也标志着全国首个由公交企业独立建设运营的加氢站正式启用。济南公交第一加氢站运行后，可保障60辆氢能公交每年示范运行300万公里，实现零排放运行，年减碳5852吨。

【公交榜样】 2022年度“公交榜样”品牌活动共奖励600余人，发放“董事长专项奖”30余万元。B120路驾驶员张滨急停拦车救下孩子、《五旬公交驾驶员“洪荒之力”救下落水女子，老牛真“牛”！》等成为影响力巨大的“暖新闻”。

【助力疫情】 2022年疫情期间，济南公交对240余部公交车、旅游大巴进行硬隔离改造，组建300余人的应急突击队，累计投入11125车次。张贴场所码4.79万张、更换高清摄像头1043个，公交卡实名制信息登记117.7万条。完善工作流程，实现流调指令2小时内完成，累计流调线路189条，974车次。组织110余人下沉社区参与疫情防控，公交大篷车为封控区居民配送物资30余吨，服务群众5000余户。

（田　霞）

【概况】 2022年，全市邮政行业业务收入（不包括邮政储蓄银行直接营业收入）累计完成105.38亿元，同比增长6.19%。其中，快递业务收入累计完成82.07亿元，同比增长5.87%；邮政寄递服务业务收入累计完成3.61亿元，同比下降18.77%。全市邮政行业寄递业务量累计完成99988.71万件，同比下降3.79%。其中，快递业务量累计完成76856.03万件，同比下降3.37%；邮政寄递服务业务量累计完成23132.68万件，同比下降5.17%。全市同城快递业务量累计完成9106.28万件，同比下降17.39%；异地业务量累计完成67694.57万件，同比下降1.12%；国际及港澳台业务量累计完成55.19万件，同比增长16.07%。全市同城快递业务收入累计完成4.67亿元，同比下降26.62%；异地业务收入累计完成47.55亿元，同比增长0.25%；国际及港澳台业务收入累计完成2.3亿元，同比增长21.32%。

【发展提质增效】 推荐济南航空邮件处理中心工艺优化改造工程项目纳入《山东济南临沂城市群国家综合货运枢纽补链强链三年实施方案（2022—2024年）》设备更新类项目清单；推荐申通快递济南转运中心纳入城市绿色货运配送示范工程重点项目。推动将快递进村巩固提升和农村寄递物流体系建设工作纳入市第十二次党代会十项重点任务（乡村振兴）清单和各区县党政领导班子和领导干部推进乡村振兴战略实绩考核。出台《关于加快农村寄递物流体系建设的实施方案》，市财政设立“快递进村”专项引导资金1000万元。引导企业共享共建加快集约发展，全市已建成县级快递园区6家，乡镇快递共配示范中心建成40个，共设立各类农村邮政快递站点4223个。打造快递服务制造业创牌项目17个，支撑制造业产值485亿元。推进“快递进村”打通城乡双向流通渠道，培育莱芜生姜、商河地瓜、平阴玫瑰制品等超百万件项目8个，全年寄递量达4306万件，带动农业总产值10.09亿元。

【夯实监管根基】 与市公安局物流寄递侦查支队、反恐、禁毒等部门建立常态化“警邮联动”工作机制，相关工作经验被国家局《中国邮政快递报》报道推广。推进“七号检察建议”落实，抓好收寄验视、过机安检，督导企业完善安全管理内控机制。开展依法打击“黄牛”倒件、整治超许可地域范围经营等违法行为。开通市邮政管理局直接受理电话和电子邮箱，全市累计处理申诉件6743起，为用户挽回经济损失203万元，济南邮政王官庄邮电支局被评为2022年度山东省放心消费示范单位。

【提升行业治理】 联合市人社、税务等部门在推进快递员工伤保险网上办、掌上办，督促各企业为1500余名快递员优先购买工伤保险。联合市总工会、市快递行业工会联合会召开全市快递行业集体协商会议，建立快递企业规范用工制度、快递行业从业人员最低工资保障制度等，联合团市委、交警等部门为快递小哥考取摩托车驾照出台绿色通道，给予优惠政策，组织行业优秀从业人员赴青岛开展疗休养活动。指导菜鸟网络开展“绿色回收，送爱到家”绿色公益活动。全市电商快件不再二次包装率达90%，瘦身胶带使用比例达98%，采购使用符合标准的包装材料比例达到98.09%，按照规范封装比例达到98.06%，可循环箱（盒）使用数量达到6.24万个，回收复用瓦楞纸箱数790.63万个，在用新能源汽车761辆。

（王成刚）

【中国移动通信集团山东有限公司济南分公司】 2022年，济南移动打造5G精品网络，5G分流比超过47%，保持全省第一；以全国第二名成绩获得中国移动集团公司5G城市“卓越品质奖”；中国移动（山东济南）数据中心被工信部授予第一批“国家新型数据中心”，入选工信部“双名单”（2021年国家新型数据中心典型案例名单、2021年国家绿色数据中心名单），成为山东省内唯一一家同时获评两项国家级称号的数据中心。 （张 颖）

【提速降费】 济南移动发挥信息服务优势，统一给予企业宽带、互联网专线10%优惠，累计为8.2万家中小微企业“减负”。疫情期间，向防疫办、街道办、社区网格员、派出所、学校、特困学生等重点保障人员赠送1000分钟通话和20G流量累计5.9万余户，并在关键时期提供免停机，保障通信正常；为保障全市移动手机用户服务，济南移动12家旗舰店连续24小时驻厅值守，确保全市移动手机用户服务不间断；累计开通方舱医院、隔离点网络线路2.2万条、疫情专线109条，安装隔离酒店门磁1万余户、隔离点和街道防疫固话1320部。全年累计发送公益短信3190余万条。

（张 颖）

【数字技术】 2022年济南移动与187家党政军、企事业单位开展合作。1月，云上妇幼远程医疗平台建成上线，覆盖山东省156家妇幼保健机构，累计开展培训177场，参培人员5501人次，与青岛市妇女儿童医院等3家单位开展5次重要会诊，并保障完成“云上妇幼”工作走入新疆远程帮扶工作。11月，公司联合济南市消防救援支队为全市40万户家庭安装独立式联网型烟感报警器，并实现智能化识别、感知、监控和管理，为数字消防的建设提供基础保障。 （张 颖）

【警企合作】 全年涉案号卡同比下降36.8%，配合公安机关打掉“涉猫”窝点22个，济南移动获评“第一届泉城反诈先锋单位”荣誉称号，成为唯一一家获奖的通信运营商企业。年内，济南移动联合济南市公安局，在全市范围开展反诈联合宣传活动，开展反诈直播，在全市约2700个重点小区共计8.7万个单元张贴反诈联合宣传、向全市数十万下载反诈APP的市民赠送专属流量。 （张 颖）

【通信网络】 全年累计完成259场重要活动保障，其中省级以上保障42场。打造5G精品网络，5G分流比超过47%，保持全省第一；以全国第二名成绩获得中国移动集团公司5G城市“卓越品质奖”；中国移动（山东济南）数据中心被工信部授予第一批“国家新型数据中心”。数据中心二期土建项目获得山东省优质安装工程“鲁安杯”奖、集团优质土建工程二等奖。 （张 颖）

【数智化转型】 山东师范大学5G双域专网成为集团内首个全国漫游双域专网项目，开通用户数超4万户，数量居全省首位，创新实现物联网双APN、双连接功能，建成“山东省水利厅雨情监测与防洪调度”系统，打造“漱玉平民行业一体化云”系统，获得集团云业务一等奖。 （张 颖）

【优化网络】 开展网络结构优化，全年完成重载OLT分裂64台，改挂长拉远调家宽小区368处，开展“关箱理直”专项行动，进行箱体的巡查整治，集中整治弱光用户，全年完成质差终端更换12万户，完成重要专线隐患整治259处。提升装维服务能力，编制“户内组网白皮书”和上门五步法，强化“480”服务体系建立，指导一线解决用户家里Wi-Fi组网问题。 （张 颖）

【服务社会】 全年开展应急通信保障累计完成259场重要活动保障，其中省级以上保障42场，出动保障人员688人次，应急通信车216车次。完成世界先进制造业大会、中国算力大会、中国企业论坛、中国奶业大会、国家级互联网骨干直连点建成开通仪式等国家级重大会议通信保障；参与山东省第十二次党代会、山东省第16万个5G基站开通仪式、济南市第十二次党代会、济南市第十八次人代会等重要政务会议通信保障；并为山东师范大学、旺旺总厂、济南能源集团等重要政企客户的开展通信优化与保障，同时派出卫星车、无人机支援临沂、东营、德州、潍坊等兄弟公司开展应急通信保障。济南公司被评为“畅通齐鲁·2022”应急通信演练先进集体。（张　颖）

【筑智工程】 开展“5G时代市场发展与用户经营新策略、行业深耕、赢战商企、前沿关键技术”等专题战训40期、280课时，覆盖1372人次；组织内训948期、1896课时，实现全员人均每周培训1.32次。（张　颖）

【中国联合网络通信有限公司济南市分公司】 2022年，中国联合网络通信有限公司济南市分公司系统性推进新战略落地见效，纵深推进国企三项制度改革，统筹兼顾疫情防控与生产经营，完成省公司下达的目标任务。全济南联通及所属基层党组织获评“中国联通先进基层党组织”“济南市全员创新企业”“济南市五一劳动奖状”“济南市工人先锋号”等称号。（李　娟）

【精品网络】 济南联通建设形成覆盖完备、体验领先、行业领先的四张精品网络：移动精品网、宽带精品网、政企精品网、高品质算力网，2022年，集团5G行业满意度测评省内排名第一。（李　娟）

【优化变革】 济南联通加快集聚科创人才，系统化开展人才招聘，双一流院校毕业生占比39.2%，精准引进博士1人，科创人才占比达32.4%，同比2021年年底提升13PP。公司推进DICT人才队伍建设与储备，强化科创项目运营，独立设立“山东联通泉城智慧运营省级科创实验室”，专利有效申请15项，为公司降本增利。（李　娟）

【数字赋能】 济南联通强化重点场景数据赋能，全年采用多渠道推送机制，实现业务数据精准推送，大数据赋能价值提升，存量5G化渗透率同比增幅12.7PP；存量收入保有率同比增幅3.8PP。开展多场景业务自动化受理，全年累计受理业务30余万笔，节约工时9000余小时，并打造智慧运营智慧舱，实现经营数据高效展现。（李　娟）

【运营管理】 实施电费压降及网络精简，多措并举开展网络增收，协同推进盘活房产资源，全年济南联通营业利润增量贡献度25%，居全省第一位；主营业务收入增量贡献度19.7%，居全省第一位；市场毛利增量贡献、创新业务毛利增量贡献、网运成本占收比在全省均排名第一位。（李　娟）

【中国电信股份有限公司济南分公司】 2022年，中国电信股份有限公司济南分公司践行建设网络强国、数字中国和维护网信安全主力军的初心使命，主动融入服务强省会战略，收入保持双位数增长，利润持续大幅改善，全年通过“省级文明单位”复审，获得“山东省五一劳动奖状”“济南市十佳职工信赖的职工之家”“中国电信集团纪检监察系统先进集体”“中国电信山东公司干事创业好班子”等称号。（郭　晗）

【数字基础设施建设】 城市家庭千兆光纤网络覆盖率86.6%，开通济南国家级互联网骨干直联点，优化网间通信质量和效率。加大云资源及算力布局，启动中国电信黄河大数据中心和济南天翼云研发展示中心项目，推动通信网络从传统以行政区划方式组网向以数据中心和云为中心组网转变。（郭　晗）

【优化客户服务水平】 在行业内推出千兆宽带之城品牌，发布“真千兆 慢必赔，好服务 更随心”专属服务承诺，开展“满意服务进万家”大走访活动，500名智家工程师上门免费测速和网络调优服务。升级数字服务水平，参与数字济南1+4+N体系打造，帮助解决政府决策、群众服务、社会治理中的难点问题，形成区县级疫情防控平台、一体化大数据平台等典型案例，在智慧社区、数字乡村等领域打造新标杆。（郭　晗）

【打造科技型企业】 累计输出创新成果80余项，深化数字化手段在内部的场景应用，提高发展效益和效率。自研智慧城市大数据中台、教育安全防溺水管理平台、齐鲁翼盾网络安全数字平台等46项数字化平台，赋能外部千行百业数字化转型，与各级政府、头部企业客户累计签约100余个。3项国家专利、9项软件著作权、7项省级科创奖获批。

（郭　晗）

栏目编辑　魏添乐

# 城乡建设·生态环境保护

## 综述

【住房和城乡建设概况】 2022年，全市住建系统统筹疫情防控和经济社会发展，埋头苦干、勇毅前行，17项工作经验在全省、全国推广，济南市被国务院办公厅列为全国9个、山东唯一的国家“城镇老旧小区改造、棚户区改造、发展保障性租赁住房督查激励支持城市”。全年完成建筑业总产值4460.8亿元，同比增长8.1%，位居全省首位，济南市继续位列全省建筑业5强市首位。优化房地产市场政策措施，房地产市场平稳健康发展。完成“中央财政支持住房租赁市场发展试点”，3年共筹集租赁住房16.6万套。开工改造46个老旧小区项目、既有房屋加装电梯竣工336部，继续保持全省首位。棚改旧改超额完成年度任务。入选省级“城市更新试点城市”。入选“政府采购支持绿色建材，促进建筑品质提升”国家试点城市。入选首批全国“新城建”产业与应用示范基地试点城市。全域推进海绵城市建设。村镇建设扎实有效。《济南市物业管理条例》正式施行，填补行业管理空白。持续深化“泉城红色物业”建设。持续提升供热燃气保障能力。狠抓工程质量管理。严格建设工程消防验收。抓实扬尘污染综合整治，济南市在全国168个重点城市空气质量的排名进步幅度超过10个位次，为排名制度设立以来最好水平。

（关学军　刘建华）

【法治政府建设】 建立规范性文件从立项、起草、制定、审查、清理的全生命周期闭环管理制度。全年出台涉及房地产租赁市场管理、建筑工程管理、公用事业管理等方面的部门规范性文件8件，市政府出台规范性文件2件。修订市住房和城乡建设局行政复议行政诉讼应诉工作制度，建立诉前集体讨论，庭后梳理研判及败诉案件案情分析制度。参与行政诉讼行政复议案件80起，行政复议成功调解6件，负责人出庭率达100%。（邢科田）

【优化住建营商环境】 推进政务服务标准化建设，编制“四办”、容缺受理、“自助办”等事项清单。落实政务服务改革创新工作，牵头完成“住房保障一件事”“水电气暖信联合报装一件事”等“集成办”事项链条，依申请政务服务事项进厅率、网办率、满意率100%，“智惠导服”咨询回复率100%。推进电子证照应用，电子营业执照下载应用数据、总应用量均位列全省同行业第一。出台《“双随机、一公开”监管工作细则》《“双随机、一公开”监管工作指引》，市住房和城乡建设局牵头完成部门联合任务8个，部门内部“双随机、一公开”执法事项40项，抽查各类市场主体2983个。（邢科田）

【“新城建”工作】 2022年，新城建试点建设年度任务完成，CIM基础平台通过专家验收，编制完成一套技术标准体系，建设一个城市信息模型数据库，建立一个支撑二三维一体化数据和服务集成及分发的基础平台。智能建造协同管理、智慧物业管理、城市运行管理等CIM+应用平台基本建成，同步进行数据、功能融合工作。2月7日，济南市获批创建住房和城乡建设部“新城建”产业与应用示范基地，完成从“试点城市”到“示范基地”的战略升级。7月9日，市政府办公厅印发创建实施方案，以起步区绿色建设产业园为领建园区，以钢城区绿色钢结构装配式建筑产业基地、历城区智能传感器产业园为关联园区，打造协同高效的产业集群生态体系。组织认定第一批“新城建”优质企业63家，其中龙头企业7家、骨干企业22家、明星企业34家，落实“一对一帮扶”“一企一议”政策，提升“新城建”产业链的集聚性和吸引力。组建“新城建”产业链科创联盟，搭建企业交流平台。开展“新城建”示范项目征集工作，收集申报资料77套。鼓励部分区县（功能区）、市管国有企业依托现有产业基础，推广“新城建”CIM+场景应用，推动“新城建”产业链项目落地实施。全市已实施106个“新城建”产业链项目，计划投资约501亿元，累计完成投资约107亿元。

（张帅群）

【城市体检】 市住房和城乡建设局牵头开展2022年城市体检工作，形成“1+3”成果体系（即《城市体检主报告》+《社会满意度调查报告》《指标评估报告》《城市体检专项体检报告》）。按照《济南市2022年城市体检工作实施方案》，构建“69+11”泉城特色指标体系，建立“一库两员一服务队”机制，公开征集形象标识及宣传用语，开展社会满意度调查、区级体检、专项体检，升级信息平台。在多源数据采集分析基础上，查找城市问题及短板，提出有针对性的治理对策与行动建议。4月，省住房和城乡建设厅对济南市城市体检做法和成效进行宣传推广。9月，在住房和城乡建设部召开的城市体检工作交流会上，济南市作为山东省代表介绍经验做法。

【创新城市地下市政基础设施数字化管理模式】 2022年，全市共建设地下管线1205.07千米，总投资43.35亿元。已整理数据涵盖31315千米地下管线、70千米综合管廊、294个地下公共停车场、586条道路信息、74个道路病害、30个单建人防。全面贯彻落实“数字济南”建设目标，开拓城市地下市政基础设施全过程数字管理，搭建城市地下市政基础设施综合管理信息平台。

【公共停车设施建设】 全市已建成停车位1794个，累计完成投资4.32亿元。市住房和城乡建设局牵头拟定《济南市公共停车设施建设管理办法》和《济南市推动鼓励社会资本参与公共停车设施建设若干规定》。引导社会资本参与公共停车设施建设，对4个社会资本投资建设的公共停车设施项目发放财政补助资金272万元。

【绿色社区创建】 绿色社区创建行动全省领先。全市第一批301个社区被省住房和城乡建设厅等6部门命名为第一批山东省绿色社区，占全市城市社区总数的38.2%。第二批268个社区已上报省住房和城乡建设厅，待审核完成后，全市72.3%的社区将获得山东省绿色社区称号，超额完成目标任务。

（訾　远）

【建筑业】 市住房和城乡建设局联合13个部门出台《关于促进我市建筑业高质量发展的十二条措施的通知》，印发《济南市住房和城乡建设局关于印发推进建筑机器人产业发展的实施意见的通知》。2022年，完成建筑业总产值4460.8亿元，同比增长8.1%，位居全省首位。先后扶持济阳县开发建筑安装工程有限公司等31家企业取得建筑工程、市政工程施工总承包一级以及钢结构工程、建筑装修装饰工程专业承包一级等高级别资质。净增规上建筑企业160家，超额完成全年净增120家的目标任务。8家企业进入全省建筑业30强企名单，其中4家企业进入前5名、6家企业进入前10名。中国铁建股份有限公司、中铁十四局集团有限公司先后与市政府签署战略合作协议，中建三局、中建五局、中铁建工等大型央企在济全资子公司先后取得施工资质，中国建筑（山东）区域总部于11月7日在济南揭牌成立。市住房和城乡建设局与市公共资源交易中心联合印发《济南市房屋建筑和燃气、供热工程项目远程异地评标工作指引》等政策文件，优化招标投标领域营商环境。开展2022年全市建筑市场“双随机、一公开”检查，对在建工程以及企业违法违规行为加大查处力度。强化信用监管，对施工企业、监理企业以及项目经理、总监理工程师开展信用评价。（刁玉峰）

【房地产市场监管】 结合各地做法和济南市实际，5月22日、9月16日，从优化购房资格、限售条件、限购区域等方面两次调整政策，促进全市房地产市场逐步回暖和平稳运行。健全房地产市场监测体系，1—12月，济南市新建商品房销售19.38万套，面积1468.15万平方米。加强房地产市场信息系统建设，启用商品房买卖合同电子签章，联合13个部门出台《关于印发〈关于加强全市房地产开发全周期监管的工作方案〉的通知》。落实项目建设条件，加强商品房预售资金缴存管理，及时调整开发企业资质、信用和项目交付等管理规定，修订中介行业信用管理办法。开展整治规范房地产市场秩序三年行动，化解房地产领域风险隐患，逐步建立整治规范房地产市场秩序长效机制。

（徐晓波）

【培育和发展住房租赁市场试点】 持续推进试点房源建设管理，提高住房租赁综合平台管理和服务能力，出台《济南市商品住房开发项目配建租赁住房建设、移交和管理使用办法》，共筹集新建、改建、盘活租赁住房房源16.6万套，试点总体考核成绩位居全国前列。

（徐晓波）

【工程质量安全管理】 全年相继开展安全生产三年行动、异地交叉检查、安全生产大检查行动等12项各类专项整治活动。探索实施事故预防和事故赔偿保障机制，引入保险+服务模式，全面推广房屋建筑施工领域安全生产责任保险。市住房和城乡建设局联合市总工会组织开展市级安全生产特色工法竞赛、首届全市建筑施工安全讲师大赛活动，评选安全工法一等奖42个、二等奖50个、三等奖72个，组建形成济南市房屋建筑施工领域安全讲师库。2021—2022年度，济南市房屋建筑工程共有56个工程项目获山东省工程建设泰山杯奖，其中一等奖9个、二等奖21个、三等奖26个。3月3日，在全省率先出台《济南市房屋建筑工程工法管理办法》。组织开展2022年济南市房屋建筑工程工法申报工作，评选市级工法565项，市级典型工法22项。11月4日，市住房和城乡建设局制发《加强房屋建筑工程项目差异化监管十二条措施》，组建形成市级房屋建筑工程质量安全专家库。持续推广住宅工程质量潜在缺陷保险。推进美丽宜居乡村工程建设进度及质量安全监管工作，组建美丽宜居乡村建设推进专班，安排工作人员进驻现场督导，通过施工现场智慧监控系统，实现对项目质量安全的动态管理。全市11个未建成安置区提前2个月完成建设任务。承担推进建设方舱医院、“泉城驿站”暨济南首个大型集中隔离医学观察场所工作。疫情后期承担全市定点、亚定点医院建设推进工作，以最快时间完成建设任务迅即投入使用。

（刘　明）

【建设扬尘治理督查】 全年相继开展建筑垃圾专项治理“回头看”，严控拆除、土石方等易扬尘作业，做好冬奥会、二十大等重点时段空气质量保障等工作。通过常态化实地督查、一体化监管平台视频巡查、“扬尘随手拍”群众监督等方式，开展督查检查。济南市大气污染防治工作指挥部扬尘污染综合整治工作组6月28日制定《济南市2022年扬尘污染综合整治工作方案》；9月6日，市住房和城乡建设局出台《济南市建筑工地生活垃圾分类导则》，规范工地环境卫生、污水排放管理。据“济南环境”APP数据显示，年度$PM_{10}$指数较上年改善9.42%，扬尘治理成效明显，保

2022年9月6日，济南市杨柳春风白鹭郡组团举办先验房后交房活动

（市住房和城乡建设局　供稿）

障济南市空气质量排名进步幅度较上年超过10个位次，为排名制度设立以来的最高水平。（刘 明）

【勘察设计管理】 2022年，在济南市注册从业勘察设计单位692家，拥有各项勘察设计资质948项。年度“双随机、一公开”勘察设计市场和质量监督管理检查工作对34家企业进行现场随机检查，配合省住房和城乡建设厅完成300余家勘察设计单位的资质合规情况的检查。完成施工图审查项目894个，其中房建项目639个、2162.68万平方米，市政项目255个，审查强条违反数量679条。评出涵盖建筑、市政、规划、勘察、测绘、园林和BIM等8个专业优秀勘察设计作品，其中一等奖85项、二等奖210项。3月1日，印发《济南市施工图设计文件“阳光图审”实施方案》，加强对图审机构审查信息公开、实行“五公示、三报告、一承诺”等进行规范和评价监管，持续改进施工图审查工作，规范审查行为。7月13日，市住房和城乡建设局联合市财政局印发《关于进一步加强施工图设计文件审查工作的实施方案》，对施工图审查充分发挥政策性和技术性把关工作、购买服务保障及监督管理方面提出进一步要求。6月29日，市住房和城乡建设局印发《关于建设工程勘察质量信息化监管的通知》。建设全市勘察质量信息化监管平台，运行济南市工程勘察质量监管服务系统。推动建筑业发展升级。继续推进建筑师负责制试点工作，新开展济南国际医学科学中心医疗硅谷等项目试点工作；推广BIM技术应用，成功申报山东省BIM技术应用试点城市；推行数字化图纸闭环管理；9月16日，市住房和城乡建设局印发《济南市关于实行全过程数字化图纸闭环管理的工作方案》，实现设计、施工图审查、质量安全管理、消防监管等环节的全过程数字化闭环管理。

（季维伟）

2022年6月14日，第二届中国建筑节能行业助力碳达峰碳中和推进大会（山东分会场）暨济南市住建领域建筑节能与低碳宣传周系列活动启动仪式在中建五局山东公司举办

（市住房和城乡建设局 供稿）

【绿色建筑节能与科技】 加强建筑节能闭合式管理，新建建筑从设计、图纸审查、施工许可、现场监管、专项验收、竣工备案等环节严格把关。设计阶段和施工阶段新建建筑节能标准执行率均达100%。印发《关于贯彻执行〈绿色建筑设计标准〉〈绿色建筑评价标准〉〈山东省绿色建筑标识管理办法〉的通知》《济南市“十四五”绿色建筑高质量发展规划》《关于印发2022年济南市绿色建筑高质量发展工作要点的通知》《关于加强高品质建筑建设项目实施情况监督管理的通知》等文件，加强过程监管、核实，开展“双随机、一公开”检查。全年新增绿色建筑2019.69万平方米，新建民用建筑绿色建筑占比100%。印发《济南市“十四五”装配式建筑发展规划》《关于贯彻执行装配式建筑应用比例有关事项的通知》《关于对装配式建筑预制混凝土构件生产及进济供应企业开展信息登记工作的通知》，组建装配式建筑专家库，落实新建装配式建筑占比50%，推广钢结构装配式住宅，组织申报省级新型建筑工业化产业基地和国家装配式建筑产业化基地，组织济南市首届钢结构建造职业技能竞赛。全年新开工装配式建筑面积1077.6万平方米，钢结构住宅面积54.16万平方米。获“泰山杯”奖绿色建筑方向6项。申报住建科技计划项目、“双碳”目标下新型建造助推黄河流域重大工程项目建设劳动竞赛和山东省建设科技创新成果竞赛。主办第五期齐鲁建设科技

大讲堂。举办中国建筑节能碳达峰碳中和推进大会（山东分会场）暨济南市住建领域节能宣传周启动仪式，开展系列节能宣传活动。入选实施政府采购支持绿色建材促进建筑品质提升政策国家试点城市，运用政府采购政策积极推广应用绿色建筑和绿色建材，发展装配式等新型建筑工业化建造方式，全面建设二星级以上绿色建筑，形成支持建筑领域绿色低碳转型长效机制。

（刘端国）

【建设工程消防验收】 市住房和城乡建设局印发建设工程消防验收7个文件，涵盖加强工作衔接、规范工作流程、加强日常监管等方面。4月26日，市住房和城乡建设局发布《关于公布第一批济南市建设工程消防验收技术专家库专家的通知》，组建170人的市级消防验收技术专家库。6月20日，市住房和城乡建设局牵头与市自然资源和规划局联合发布《关于进一步规范济南市既有建筑改变使用功能申请消防设计审查验收工作的通知》。9月25日，市住房和城乡建设局与市总工会举办济南市首届消防工程查验技能竞赛。11月23日，省住房和城乡建设厅发布《关于印发济南市消防验收工作经验做法的通知》，在全省范围内推广济南市有关经验做法。

（陈　灿）

【推进农村厕所革命】 在2022年全省乡村振兴考核中，济南市农村改厕工作专项考核第一名。开展摸排整改“回头看”，对全市68.1万户户厕、1607座公厕完成逐村逐户逐厕摸排录入，问题户厕、公厕均建立整改台账，“回头看”工作通过国家评估检查。推广农村厕所智能化管护，14个涉农改厕区县95%以上农户实现报修报抽、粪污资源化利用一体化运营的智能化管护。推进农村改厕规范升级，全市累计建设203个改厕服务站、219座二次生态发酵池，完成“4+N”改厕任务村庄规范升级任务。全年计划改造的3113户农村户厕全部完成。

【推进农村低收入群体住房安全保障】 联合民政、财政、乡村振兴等部门印发工作方案，建立动态化农村危房改造机制，明确保障对象、工作程序、改造要求和补助标准。组织区县严格农房质量安全管理和档案管理，加大保障对象房屋安全巡查力度，对新发现重点对象的住房安全问题及时建立台账，发现一户，解决一户。2022年，全市农村危房改造计划186户，实际完成295户，占年度计划任务的158.6%。

【传统村落和历史文化名镇名村保护】 开展中国传统村落集中连片保护利用示范区建设。组织章丘区因地制宜编制传统村落保护发展规划，指导加强传统建筑保护与活化利用，以传统村落为节点，因地制宜连点串线成片确定保护利用实施区域，发挥历史文化、自然环境等特色资源优势，统筹基础设施建设和特色产业布局，章丘区入选2022年中国传统村落集中连片保护利用示范区。在全市范围内选择历史文化积淀深厚、村落格局肌理保存完整、传统建筑具有保护价值、非物质文化遗产传承良好的村落推荐第六批中国传统村落名录，全市12个村庄成功入选，数量位居全省第一。开展省级传统民居保护试点保护，指导区县编制传统民居保护试点工作实施方案和设计方案，组织76户具有一定建造年代、一定建筑艺术特征、一定历史文化价值的民居，开展传统民居保护修复工作。

（苏庆增）

【城市更新】 棚改安置房新开工8107套、基本建成31978套，连续7年提前超额完成任务。实施“棚户区改造和城镇开发边界内未建成社区安置房建设集中攻坚行动”，全年建成交付28个棚改项目和8个城镇开发边界内未建成社区项目。全市棚户区改造工作同老旧小区改造、发展保障租赁性住房再次获得国务院“督查激励支持”。指导市、区政府平台通过多种方式筹集资金，启动实施历下区义和庄、高新区孙村等7个城中村改造项目。济南市入选省级“城市更新试点城市”，市中区上新街片区入选省级“城市更新试点片区”。12月5日，济南市人民政府办公厅印发《济南市城市更新专项规划（2021—2035年）》。12月5日，济南市人民政府印发《加快实施城市更新的政策措施》。12月9日，济南市城市更新工作领导小组印发《济南市城市更新行动实施方案（2022—2025年）》，在规划、土地、资金、房源等方面强化政策措施。13个城市更新项目完成实施方案审查并加快实施。

【历史文化名城保护】 市住房和城乡建设局牵头制定全市《2022年历史文化名城保护工作要点》，明确21项重要工作举措，推进历史文化名城保护工作。全面、系统评估历史文化街区、历史建筑等保护现状，为50处历史建筑出具“健康体检报告”，指导保护责任人开展维护修缮。开展历史文化街区、历史建筑“双随机、一公开”监督检查2次。开展20处古城门标识设计工作，形成初步设计成果。12项案例入选省住房和城乡建设厅《全省历史文化保护传承示范案例和优秀研究成果名单》，数量居全省首位。

（陈洪程）

【房屋征收】 国有土地上房屋完成征收补偿6662户，建筑面积125万平方米，超额完成年度任务。协调各区实施轨道交通4号线、6号线各站点房屋征收工作，为各站点进场创造施工条件。城市更新项目房屋征收工作有序推进，中央商务区西片区项目完成签约2021户，签约率96.2%；上新街片区项目完成签约386户，签约率95.3%，作出补偿决定16户。成立专班积极服务黄台联络线、济莱高铁和济郑高铁等铁路建设项目房屋征收工作，保障项目顺利实施。组织实施济南遥墙国际机场二期改扩建项目征收工作，满足济滨高铁、轨道交通3号线临港站和机场道路项目开工用地需求。指导济南新旧动能转换起步区依法实施征收项目，崔寨北1片区征收项目完成扫尾清零，崔寨北2片区征收项目完成签约77户，签约率92.8%。

（吕天宇　高帅）

【保障性租赁住房】 市政府办公厅印发《关于加快发展保障性租赁住房的实施意见》。编制印发《济南市“十四五”保障性租赁住房发展规划》，成立市保障性租赁住房工作领导小组，印发“保障性租赁住房项目认定”等多项配套政策。全年筹集40129套（间）保障性租赁住房。建立联审联动机制，为58个项目、5.9万套（间）保障性租赁住房发放认定书，对发放认定书的项目落实税费减免、水电气暖优惠价格等支持政策。范村车辆基地等3个项目已获中央预算内投资补助资金约1.5亿元，起步区崔寨片区等项目共发行债券90.56亿元，争取到建设银行300亿元长期低息贷款，缓解了项目资金压力。创新搭建“泉城安居信息平台”，将保障性租赁住房项目全部纳入平台统一管理。住房和城乡建设部《建设工作简报》专刊介绍济南市保障性租赁住房工作经验，5项工作做法被住房和城乡建设部列入《发展保障性租赁住房可复制可推广经验清单（第二批）》，济南市获国务院办公厅督查激励、山东省住房城乡建设领域督查激励，配合住房和城乡建设部在济南市组织地市级分管副市长参加的发展保障性租赁住房专题研究班。

【保障人才安居】 推进高层次人才购房补贴申请审核工作，全年审核通过高层次人才3404名，核准资金3.77亿元。结合保障性租赁住房工作，推进租赁型人才住房房源筹集。拟定《济南市市级统筹人才公寓分配及使用管理规定》。

【公租房及租赁补贴】 推进租赁住房补贴发放，全年累计为2.6万户发放租赁住房补贴，超额完成年度任务。市政府办公厅印发《济南市新市民、青年人租赁住房补贴保障标准及办理程序的规定》，将多孩家庭、技能型人才纳入保障范围，优化申请方式。自5月25日开展公租房常态化受理以来已完成2批次摇号选房，累计有640户低保、特困、低收入特殊困难等家庭获得保障。

（周广成）

【直管公房管理】 完善全市直管公房产权产籍管理、租赁管理、修缮管理等工作，完成维修、翻建房屋255处，约4.4万平方米，实现连续16年直管公房安全度汛，让1.1万户承租户宜居乐居。开展危旧房屋整治，完成山大路123号D级危房的拆除工作。对承租直管公房的小微企业减免6个月租金，共计460余万元。

【住房制度改革】 做好住房制度改革各项工作，全心服务城市更新涉及的房改工作。集中对除市内6区外其他县区房改数据开展数据整理和审核工作，在全市基本实现房改信息一键通查、一网通办。完成房改审批1274件；归集售房资金5814万元，划转维修资金271.3万元；收缴退房款1260.91万元，冻结售房资金104.12万元。

（任玉清）

【老旧小区改造和加装电梯】 年内开工改造46个老旧小区项目、518万平方米，惠及居民57284户。因老旧小区改造工作成效突出，6月，济南市被国务院评为国家“城镇老旧小区改造督查激励支持城市”。推进既有住宅增设电梯工作，年内增设336部。

【泉城红色物业建设】 2022年，市物业管理联席会议组织印发《关于加快推进住宅小区业主委员会建设工作的意见》《关于进一步规范和加强物业企业党建工作的通知》等指导意见。年内超额完成“红色物业”建设工作指标，形成“党建引领、部门主管、基层主抓、共建共治”的社区物业服务管理新格局。全面实现市、区县、街道、城市社区四级物业管理机构全覆盖，建立“市物业服务行业党委、区物业服务行业党委、街道物业党建联盟”三级红色物业党建工作体系。济南市物业管理行业协会被济南市民政局、济南市社会组织综合党委评定为“5A”级社会组织、“五星”党支部，被中共济南市委非公有制经济组织和社会组织工作委员会命名为“市级两新组织党建工作示范点”。

【《2021济南物业管理行业年鉴》】《2021济南物业管理行业年鉴》正式发布，2021年，济南物业服务综合实力、管理面积、营业收入、履行社会责任领先企业研究结果同时发布。该年鉴填补了济南市物业服务行业发展史的空白，提供的各类分析数据为社会各界了解和研究济南物业管理行业现状和发展趋势起到借鉴作用。

（魏　涛）

【城市燃气】 2022年，全市管道天然气用户331.6万户，管道燃气普及率达95.6%，天然气消费量20.5亿立方米，瓶装液化石油气消费4.1万吨。中压及以上压力级别干线燃气管道8922千米。完成全市83家燃气企业和104座燃气供应站点的燃气经营许可年度登记检查工作，组织各类燃气从业人员培训考核13批次、通过人员2839人。加快LNG储气调峰设施建设，济南曹范LNG储配站（二期）4万水立方建成投产。加快推进天然气高压外环管网建设，高压东、北环线已基本完工。

【城市供热】 全市集中供热企业26家、集中供热面积3.36亿平方米。继续推进全市供热“一张网”，实施匡山热力中心、绿园供热公司550万平方米服务区域和5.5万户居民用户接管。组织济南能源集团按照既定的分批次三年改造计划，完成剩余314个自管站（网）改造，3年共涉及供热面积2500万平方米。加快推进丁字山热源厂、大学城热源厂、长清热电厂扩建项目建设，新增供热能力约700万平方米。实施历山北路管网扩容、舜耕路管网改造等重点配套管网工程，热源保障及管网输配能力不断提升。2021—2022年采暖季延长供热8天。

【清洁取暖建设】 2022年，全市完成清洁取暖改造2.7万户。8月2日，市政府办公厅印发《济南市2022年平原地区冬季清洁取暖改造实施方案》，8月3日、9月6日、9月14日、9月29日，市政府先后召开视频会议，统筹安排清洁取暖建设工作。组织开展多轮清洁取暖建设帮扶督导，督促区县加快工程建设进度，市财政局预拨市级建设补贴资金4900万元，加强工程建设资金保障。

【海绵城市建设】 以规划管控、顶层设计、系统治理为抓手，科学规划和统筹实施城市水系、园林绿地、道路交通、建筑小区四大系统建设，运用低影响开发措施，系统化全域推进海绵城市建设。全市累计建成海绵城市达标面积约224.2平方千米，完成2022年省定目标任务。

（石　岩）

## 园林和林业绿化

【概况】 2022年，市园林和林业绿化局聚焦强省会建设目标，探索推进“公园城市”建设，加强生态资源保护，发展林业产业，各项工作取得新成效、呈现新亮点。把全面贯彻黄河重大国家战略作为重要政治任务，高质量实施黄河防洪工程绿化提升、百里风景区中心景区景观提升213.13公顷，高效能推进济西、白云湖、玫瑰湖等6处湿地公园保护修复，严格林木采伐管理，沿黄生态系统质量和稳定性不断增强。

【生态保护与修复】 坚持保护优先，“公园城市”实践取得新进展。新建市中区兴隆公园、槐荫区国际医学中心体育公园、高新区贤文公园等各类公园55处，建设历下区扁石山—老君崖—半边山绿道、天桥区工商河开埠文化风貌带绿道、钢城区镜湖公园绿道等130千米，大千佛山风景区与奥体文博片区绿道互联互通工程实现新突破，《中国绿色时报》等媒体以“山东济南打造游览观光绿道”点赞济南绿道建设。制定出台《加强科学绿化十条措施》，完成全市造林绿化空间调查评估，实行造林绿化落地上图，完成造林773.33公顷，森林抚育5333.33公顷，打造市绿化示范村100个。章丘区等精准实施造林绿化，森林后备资源总量稳步提升。

【城市绿化品质提升】 践行“绿色园林”理念，建设提升历城区春晖路、高新区花椒山西路、起步区黄河大道（一期）等特色景观道路100条，完成历下区龙奥南路、市中区阳光东路、槐荫区济齐路等120条道路基础破“硬”和行道树复壮，培育大树1万株，绿化提升历下区友谊苑小区、天桥区西苑小区等老旧小区12万平方米。加强绿地养护管理，常态化治理杨柳飘絮，节俭务实抓好重要节日、重大活动景观环境保障工作。历下区、高新区等绿地精细管理成效明显。

百里黄河风景区中心景区景观提升 （市园林和林业绿化局 供稿）

【森林资源保护】 深化完善“全民参与、全域防火”工作格局，连续3年实现森林“零火灾”。抓好美国白蛾等有害生物防治，连续3年保持防控态势平稳。推进自然保护地、风景名胜区整合优化，编制整合优化预案报国家林草局待批。完成湿地生态监测评价。推进森林督查整改，整改案件126件，恢复植被4.67公顷。强化古树名木保护管理，在省内率先以市政府名义公布首批二级保护古树名录。开展鸟类等陆生野生动物资源调查，强化野生动物疫源疫病监测防控和收容救治，严厉打击违法行为。

【林业产业发展】 培育南山核桃、平阴玫瑰、商河花卉等特色优势产业，加强经济林新品种引进，完成低产低效园改造686.67公顷。食用林产品质量安全监管持续加强，长清区加强协管员队伍建设，钢城区、平阴县在完成省市监测的基础上，自主开展区县级监测，全市抽检合格率连续3年保持99%以上。

【行业改革创新】 制定古树名木健康诊断技术规程等6个济南市地方标准，填补全省古树名木保护技术标准空白。完成集体公益林委托国有林场管理试点1466.67公顷。“推动公园景区国有资产高效运营”获全省典型案例。《山东济南建立食用林产品治理五大体系》被国家林草局发文推广。建立“林长＋检察

市中区七里山小区绿化提升　（市园林和林业绿化局　供稿）

长”工作机制，绩效评价连续2年获“优秀”等次，2021年度总分全省第一名。章丘区、南山区、莱芜区2022年林长制工作绩效评价位列全市前三名。

【园林和林业执法】　印发“十四五”园林和林业绿化发展规划，编制行道树整治提升等专项规划，制定各类标准规范20余项。《济南市绿化条例》发布实施，起草完成《济南市绿化条例（实施细则）》等3个规范性文件。坚持数字引领，成立数字化专班，加快打造“智慧园·林”。开展风险隐患排查治理，安全生产考评成绩连续3个季度居市直部门第一位。畅通民意诉求渠道，12345热线工单办理满意度达99.9%。

（释　冰）

【概况】　2022年，济南市城市管理局（以下简称市城管局）全力打造“日清日新、洁净有序”全国一流的文明典范城市，城市“颜值”“品质”得到持续提升。3个垃圾分类教育基地入选全国首批示范名录，1个执法案例入选住房城乡建设部“2022年第一批安全监管典型执法案例”，国内首创的城市家具一体化综合保洁模式进一步深化，主次道路深度保洁面积、建成区公厕密度居全省首位，生活垃圾处置实现“零填埋”走在全省前列，基层中队规范化建设标准和城市道路照明养护标准成为全省行业标准的制定者、创新者和引领者，济南市在山东省城市品质提升行动成效评价中位列全省第一。

【统筹推进城市品质提升】　2022年，市城管局牵头贯彻落实《山东省城市品质提升三年行动》，抓住创建全国文明典范城市、城市管理效能评价等重要契机，发挥城市综合管理委员会职能，统筹多部门、多行业、多领域，推进城市“微整形”、打造特色街区风貌、规范照明亮化、持续增绿赋美、治污治脏治乱等工作，提升城市品质，在省直多部门组织开展的联合评价中，济南市16项以上二级指标在全省得分第一。以在济南举办的国际、全国、全省重大会议、会展、赛事、经贸交流等重大活动为契机，统筹治理市容环境秩序，在完成80余次保障任务的同时，城市品质实现常态有进步、一年迈大步。

【推进创新突破】　2022年，市城管局坚持把贯彻落实黄河流域生态保护和高质量发展战略的具体举措落实落细，构建生活垃圾分类“全链条”闭环体系，创新打造的国内领先、江北最大、山东省首座“全链条、长工艺”的厨余垃圾处理项目提前建成运营，发挥省市一体化发展优势，打通与新泰、肥城、邹平等周边5个城市垃圾焚烧设施共享渠道，全市原生生活垃圾实现“零填埋”和全量焚烧。商河县生活垃圾焚烧发电项目正式运营，结束垃圾外运处理的历史。3处分类投放点改造提升项目入选住建部为民办实事典型案例在全国推广，3处垃圾分类示范教育基地入选全国第一批名录，7个典型案例在全省推广，中央电视台、《中国建设报》等多级媒体专题报道。开展黄河流域“清废行动”，拓宽综合利用和消纳，产生外运的1956.26万吨建筑垃圾全部消纳利用。落实新能源车推广应用，创新融资模式，一次性解决84辆新能源环卫车辆更新问题。

【强化数字赋能】　2022年，济南市

城市运管服平台建成，汇聚城市管理领域15个相关部门业务数据，接入40个信息化管理系统。完善“网格化+数字化+路长制”工作机制，纵向与国家、省、市、区、街、居6级联通，横向联动26个市直部门、359个区直部门和街办，对18类163项城市管理问题进行综合巡查、统一交办、快速处置。智慧环卫、渣土监管、垃圾分类等信息化系统不断升级，城市管理科技化、精细化、智能化水平不断提高。探索环卫作业智慧升级，5G无人驾驶机扫车成功试点。

【改进综合执法效能】 2022年，市城管局推进基层中队规范化建设，推进中队办公用房、执法装备、信息化等“硬件”建设和组织生活、行为规范、执法纪律、队伍作风等“软件”提升，全市169个基层执法中队的“硬、软”两建实现史上首次统一，人员素质、队伍形象、办案质量、执法效能、基层活力等实现多重提升。住房城乡建设部、司法部分别带队调研，相关经验在全省推广。在统筹推进疫情防控和经济社会发展形势下，围绕发展需要，对35项轻微违章行为事项实施“首违不罚”“轻微不罚”，推出一批安全监管典型执法案例、全省住建领域“优秀行政处罚卷宗”和“教科书式行政执法案卷”。

【办好民生实事】 2022年，市城管局持续实施“照亮回家路”工程，全年新增路灯1631盏，增亮8590盏，解决一批“有路无灯、有灯不亮”民生问题，全市平均亮灯率为99.46%，事故修复及时率100%，济南城管主导制订的《城市道路照明设施养护维修服务规范》成为山东省地方标准在全省范围内实施。以智能化、人性化、便民化、多功能化为目标，建设改造二类及以上标准公共卫生间129座，超额完成为民办实事的指标任务，公共卫生间设置密度在全省位居首位。在全市主城区637个社区内普遍设立“城管工作站”，使城市管理工作小事不出社区、难事不出街道、大事三级联动，打通服务群众“最后一百米”。连续13年设置应季西瓜临时经营便民疏导点。2022年，共设置应季西瓜临时经营便民疏导点314处。探索在支路街巷设置337处疏导点实行划线经营，努力让城市管理更加惠民便民，占道经营投诉率呈连续下降趋势。排查建档55万余个窨井盖，整治1.9万余个病害井盖和5万余个无主井盖，增设7万余套防坠网。以城市管理进社区为抓手，在全市推广“小巷管家”模式，探索化解社区停车难、出行难、保洁难、维护难、绿化难等问题。

【探索“大城众管”管理模式】 2022年，市城管局坚持“人民城市人民建，人民城市为人民”原则，探索“大城众管”管理模式，开展作家记者“走城管一线”、“城管一线岗位体验”、城管开放日等社会动员活动40余场次，现场参与人员达3000余人；组织“环卫工人节主题活动”“夏送清凉”“冬送暖阳”等关心关爱环卫工人活动，动员社会各界捐助爱心物资价值165万余元；开展志愿服务活动，共同搭建“大城众管”新时代文明实践志愿服务平台；依托“圆桌对话”“城市管理进社区”“全民城管促进会”“门前五包”等载体和途径，动员社会各界、广大市民直接参与到城市管理中来，让市民群众理解城管、认可城管，达到众管城市目标，努力构建全民共商共建共享的城市管理一体化格局。

【提升文明典范城市创建实力】 市城管局持续深化城市家具一体化综合保洁，完成10048万平方米道路和40余万处城市家具一体化综合保洁任务，机扫率、洒水率均达100%，全市主次干道省级示范道路占比99.9%，深度保洁道路面积位居全省第一。全市域集中整治非法小广告40万余处，整治市场周边、学校周边和城市窗口1200余处，整治提升广告牌匾2.9万余处，清理卫生死角3.2万余处；按照“一街一特色”思路，在全市打造21条特色街区，1619条路段维护出新16万平方米，完成和谐广场和山大路环境综合整治项目。规范899栋楼体亮化运营模式，完成44批次重要节日和重大活动公益宣传工作，用电量较2021年同比下降42%。深化建筑垃圾运输车辆名录管理联动机制，联合交警部门处理违法违规建筑垃圾运输车982辆，占全市纳入名录信息平台车辆数（3533辆）的27.7%。

（顾吉琼）

【概况】 2022年，济南市新增住房公积金缴存职工23.43万人，同比下降7.92%，占全省总量的19.62%。缴存住房公积金399.07亿元，同比增长15.95%，占全省总量的21.87%。全年发放贷款3.34万笔139.07亿元，分别同比下降21.6%、15.47%，分别占全省总量的19.13%和17.77%。全年提取公积金253.72亿元，占全省总量的22.05%，其中租房提取13.68万人13.15亿元。各项业务指标居全省首位。

【牵引黄河流域住房公积金一体化发展】 济南住房公积金中心主动落实黄河重大国家战略，按照“济南市—省内黄河流域城市—全国黄河流域主要城市”三个维度，分步实施“数字黄河链”建设，建成黄河流域骨干数字通道，建立起高效的数据要素流通渠道。住房公积金“数字黄河链”已成为国内跨度最长，跨区域最广的区块链应用场景，链上可申请包括公积金信息在内的各类证明、证照及数据资源达170多项，全年完成个人公积金信息查询12.69万人次。与20多家商业银行共享数据，全年累计数据授权次数46万人次，发放贷款532.21亿元，其中小微企业贷款30.1亿元，涉及企业7224户。山东省大数据局将住房公积金“数字黄河链”纳入2022年省级大数据创新应用场景。2022年10月27日，济南住房公积金中心牵头举办首届黄河流域住房公积金高质量发展研讨推进视频会，住建部、9省区住建厅、23个城市公积金中心共同参加。

【打造住房金融发展智库】 筹建黄河住房金融研究院，吸纳全国市长研修学院、高校、银行、科技公司、沿黄城市公积金中心加入，汇聚优势资源，探索构建新时代住房金融体系，成为全国首个住房金融研究的智库和住房公积金制度的研究平台。研究院已承担住建部3项研究课题。

【助企纾困】 济南住房公积金中心发挥联系金融机构的优势，主动服务经济社会发展大局，联动政府、园区、企业和金融机构搭建融资平台，开展银企对接活动，常态化解决企业发展问题。全年组织11个县区、园区政银对接会，协调金融机构向园区和企业发放贷款约186亿元。

【全国首创住房公积金租房贷】 率先创新推出以公积金缴存数据为依据的公积金租房消费贷，支持公积金缴存人一次性贷款支付阶段性租金，全年发放500余笔、累计授信1650万元。与房屋租赁主体合作，优选房源用于定向服务，公积金缴存人可享受租房九折优惠，帮助缴存人以优惠租金租到环境优、设施全的长租住房。该项目被评为全省自贸区制度创新项目，在全省推广。

【全国首创推出二手房“带押过户”新模式】 联合济南市自然资源和规划局等单位创新推出二手房“带押过户”登记新模式，对于存在抵押的房产要上市交易的，无须提前还贷或垫付资金就可以完成过户、重新抵押并发放新的住房贷款。“带押过户”简化二手房交易环节，缩短交易时间，降低交易成本，活跃了房地产市场。

（王松岩）

【概况】 截至2022年年底，济南城市建设集团有限公司（以下简称建设集团）总资产达3356亿元，同比增长8.08%；实现投资约452亿元，完成率达174%；实现营收约275.36亿元，完成率达106%；实现利润总额约16.6亿元，完成率达138%；完成融资约622亿元，完成率达124%；招商引资完成内资约106亿元，完成率达184%，引进外资约1.98亿美元，完成率达221%，均超额完成市委、市政府下达的年度目标任务。集团获评“第三届山东省全员创新企业”，连续三年获济南市高质量发展综合绩效考核一等奖。承建项目获“WAN Awards”（世界建筑新闻大奖）国际级奖项1项，“中国建设工程鲁班奖”“中国公路交通优秀勘察设计奖”等国家级奖项118项。

【重点项目建设】 跨黄桥隧项目凤凰大桥建成通车，黄岗路隧道正式开工，济泺路北延隧道、济南黄河大桥扩建项目按节点计划推进。

黄河大道　（吕鹏辉　摄）

起步区项目　累计开工安置房260多万平方米，租赁房9.5万平方米；黄河大道一期11.8千米通车；山大二院起步区新院主体结构封顶，提前2个月完成节点目标；黄河生态廊道防护林及苗圃工程、青宁沟流域生态治理及截污一期工程开工。

科创城项目　电工所项目试验区及科研区园区竣工；理化所一期工程进入收尾阶段，部分投入使用；生态所项目单体建筑全部封顶；空间应用中心一期开工。高研院主院区项目整体竣工移交。

片区开发项目　长清大学科技园安置三期北区开工；西客站片区“印象济南”获评国家AAAA级旅游景区和省级示范步行街，山东最大“第四代”万达广场落户片区；华山片区奥体中路、奥体西路跨小清河桥梁完工并达到通车条件，景观绿化和道路提升完成；北湖、边庄、泺口片区4657套安置房竣工交付；累计出资96.48亿元保障机场二期项目建设，确保省级重点项目如期推进。

【推进企业改革】　完成国企改革三年行动任务。组建集团改革专班，细化10类45项改革任务，统筹调度，合力攻坚，集团改革三年行动圆满收官。加强董事会建设。建立外部董事履职保障体系，组建董事会各专门委员会，制发权属企业外部董事管理办法，符合条件的子公司实现外部董事占多数，完善企业法人治理结构，促进董事会规范运行。统筹推进制度改革。制定经理层任期制和契约化管理实施方案，出台《选聘职业经理人试点工作暂行办法》，拟订子公司《中长期激励梳理评估工作方案》。完成绩效考核三年行动任务。推进“一企一策”“分类考核”，初步形成集团绩效考核总体指标体系。做强做大自身产业。新组建产业发展部，谋划转型发展，优化产业布局，启动开展产业战略规划、产业论证导入等工作；深化子公司改革，金衢公司成功申报“科改示范行动”企业；加强园区经营管理，初步形成以“湿地生态、华山文化、园博园活力”为主题的产业发展模式。

建设中的山大二院新院　（孟家辉　摄）

【集团管理】 优化提升内控体系。开展“成本管控、运营提升年”活动，通过事前成本控制、规划策划前置、预算刚性管理、信息化系统建设等手段，企业生产运营成本明显降低、质量进一步提升。制定《集团分级分类管控清单》，厘清决策议事范围和事项。配备集团安全总监，健全工程管理、内部审计、法务管理、项目经营管理等制度，内部管控体系更趋完善。全力化解遗留问题。做强工作专班，集中力量攻坚，全年累计破解工程移交、资产处置、手续办理等6项遗留问题。加快盘活存量资产。分类梳理集团闲置资产并建立盘活台账，量身定制盘活计划，完成东郊浮桥机械设备处置、部分楼宇挂牌公开招租等工作。开拓创新融资模式。持续维护良好资信水平，国际信用评级提升为穆迪“Baa1”，信用评级展望“稳定”。获批跨黄桥隧、高速公路、保障性住房等项目合计48.15亿元专项债，机场二期项目52.28亿元国家政策性开发基金，保障重点项目建设资金需求。推行资产证券化，发行5.14亿元供应链ABS，盘活存量资产；发行两期上海自贸区债券共12亿元，为长三角地区外首单自贸区债券；发行15亿元可续期公司债，创省内5+N年期票面利率历史新低。

（徐国辉　陈瑞）

【概况】 2022年，济南城市投资集团（以下简称“集团”）统筹推进疫情防控和生产经营，创新融资渠道，加快产业发展，持续推进国企改革走深走实。集团全年实施固定投资项目32个，完成固定资产投资295.82亿元，超额完成年度投资任务，完成率为120.25%，缴纳税费6亿元，始终保持项下债务履约率100%，主体信用等级长期保持AAA等级。

中央商务区日益成为济南高质量发展的新引擎、经济新高地　　（济南城投集团　供稿）

【重点片区建设】 打造“东强”战略策源地。全面完成中央商务区土地熟化及基础设施建设，片区“五年树标杆”初期目标已完成，“十年定格局”目标初步呈现；完成济钢去产能资金260亿元支付任务，片区基础设施建设日趋完善，为产业招商落地奠定基础。奋战“西兴”战略主战场。集团共承建项目46个，交付质子中心、山东第一医科大学、山东中医药大学国际眼科与视光医学院、中国科学院微生物研究所等重点项目23个，同步完成体育公园及27千米市政道路建设。马山片区160万平方米的安置房建设基本完工，迎来首批入住居民；举办第二届“中国名优锦鲤大赛”，形成区域赛事规模及经济效益；抢抓“西兴”历史机遇，实施文昌老城更新改造，拆除该片区房屋面积115万平方米，开工建设安置房80万平方米，可安置村民约1.50万人。为“中优”战略注入强心剂。《商埠区“一园十二坊”保护规划及周边地块规划设计》已完成，按照“留、改、拆”的总体策略完成地块策划；加快推进商埠区一期保护性改造工作，完成济南宾馆项目摘牌并开工建设，启动经四小纬二、中山公园项目策划及动迁工作。

【投融资工作】 发挥集团资金结算中心资金归集使用作用，统筹资金计划，严格把控大额资金支付，降低融资数额和成本，提升集团整体资金运作能力和使用效率。为保障重点项目资金需求，城投集团以精细化管理、风险管控为主线，着重抓好私募、公募公司债券及项目收益票据的注册发行工作，逐步建立科学、高效、合理的融资体系。通过发行租赁住房类 REITs、供应链 ABS、项目收益票据、商业房地产抵押贷款支持证券等融资产品，直接融资比例逐步增加。集团成功发行山东省首单租赁住房类 REITs 产品，山东省内全品种资产证券化融资利率、全国范围内城投供应链 ABS 发行利率均创历史新低。多种融资产品的成功发行，对优化直接融资结构、加速资金周转、提高资产证券化水平起到推动作用。

【数字化赋能】 集团聚焦数字经济赛道，借助“新城建”发展机遇，强化“新城建”技术应用和成果积累，从内部系统管理、产业培育层面较早地开展数字化探索、技术体系建设，跻身济南市首批“新城建”产业链龙头企业。集团所属智耘科技公司凭借自主研发的 CIM 数据引擎、数据重建、智能决策算法为主的核心技术，被评选为济南市首批“新城建”产业链明星企业，先后获得世界智慧城市治理与服务大奖等多项荣誉。借助科技手段，通过推进厂站、管网、水表应用智慧化三大层级智慧化建设，实现管网管理从智能化向智慧型转变，实现从源头到龙头各环节全链条、全过程的智慧化动态管理，实现供水从“自动化”“智能化”向智慧化节能供水方式迈进。注重科研创新，建设全国一流、技术领先的水质中心，开展工艺优化、水质提升、农饮水、泉水直饮等课题研究，以技术实力支撑企业发展。

【招商引资】 聚焦重点片区开发建设，突出“招大引强”，兼顾产业落地和开发建设良性互动，对入驻产业业态严格甄选把关，实现片区健康有序发展。2022 年，集团引进市外投资总到账内资 195 亿元；总到账外资约 1.5 亿美元，超额完成任务 6000 万美元，超额完成率为 67.4%。

旅游路水厂 （济南城投集团 供稿）

【民生保障】 全面落实黄河重大国家战略，紧扣市委、市政府对水务事业“管好源头水，供好自来水，治好排放水，用好再生水”的工作总方针，谋划推进水务产业一体化资源整合，聚力将水务板块打造成为支柱产业和新的经济增长极。截至 2022 年年末，供水服务面积 2100 平方千米，全市供水管网长度 5387 千米，供水服务人口 450 万人，平均日供水量突破 100 万立方米。2022 年 10 月，出资设立城投排水集团，补齐集团水务板块的排水业务缺项，作为政府出资人代表有序推进雨污合流管网改造 PPP 项目，打造全市排水“一张网”，实施污泥处置中心项目、通沟污泥处理站项目，拓展水环保领域业务。济南市“获得用水”在参与国家营商环境评价的 96 个城市中取得全国第十一名的优异成绩，入围“全国标杆城市”，在全省营商环境评价中名列第一名。攻坚“市民泉水直饮工程”，累计建设完成 66 处泉水直饮项目，可实现年供水 4 万吨，用户约 4 万户，服务人口约 20 万人。攻坚“二次供水改造移交”，821 处二次供水站点纳入统一管理。攻坚“东部水源四库连通”，满足东部城区经济发展和生态保护用水需求。攻坚“南部山区农饮水安全工程”，解决 16 万村民饮水难问题。推动 1.3 万套（约 110 万平方米）新建、改建住房租赁建设，所有项目已全部开工，基本实现“正负零”关键节点，部分楼宇完成主体施工。

（李萌萌）

【概况】 2022年，济南市生态环境局全面落实黄河重大国家战略，打好污染防治攻坚战，推进绿色低碳发展，强化生态环境保护，多项指标达有监测记录以来最好水平。空气质量方面，综合指数2021年在全国168个重点城市排名退出“后20”位，2022年退出“后30”位，连续两年实现两位数提升，综合指数和同比改善率均列全省7个通道城市第一名；$PM_{2.5}$年均浓度37微克/立方米，为全省通道城市最低，同比改善7.5%；优良天数比例同比提高2.8个百分点；重污染天气同比减少7天。水环境质量方面，国省市控河流考核断面及饮用水水源地水质全部达标，国控断面好三水体比例连续两年达100%，水质指数全省第一；小清河辛丰庄出境断面均值历史性达二类标准，实现自2019年以来的“四连升”。土壤环境质量方面，受污染耕地安全利用率达100%，重点建设用地安全利用有效保障。

【污染防治】 打好蓝天保卫战。强化工业污染深度治理，开展工业污染深度治理专项整治“回头看”，升级改造治污设施99套，取缔低空排烟设施107处；对4256家工业源和1989处扬尘源实施差异化管控，实现重污染天气应对科学精准化。强化移动源污染管控，在全省率先实施国二及以下标准老旧汽油车提前报废更新补贴政策；依法处罚427起冒黑烟上路行驶等违法行为，检测111台排放不达标非道路移动机械并责令维修，发现250个油气回收问题并督促整改完成。强化清洁取暖改造，市政府办公厅印发《济南市2022年平原地区冬季清洁取暖实施方案》，协调推动2.6万户清洁取暖改造工程。强化精细化监管，每月组织对161个镇街空气质量、1426条路段颗粒物情况排名通报、资金奖惩。打好碧水保卫战。聚焦流域水质提升，监测考核全市70个市控断面，发放市级地表生态补偿资金1812.9万元。聚焦汛期水质反弹防范，累计出动5000人次，开展水污染隐患拉网式排查。聚焦入河排污口治理，完成899个入河排污口整治和127个城镇污水集中处理设施排污口、工业生产废水排污口标志牌树立工作。聚焦饮用水水源地保护，加强保护区规范化建设，树立规范化标志牌992块。打好净土保卫战。持续推进土壤污染风险防控，完成295个地块土壤污染状况调查，督促济南油墨厂等4个污染地块实施风险管控和治理修复。持续开展农村环境保护，完成农村黑臭水体治理34处、农村环境整治村庄64个。持续深化地下水保护，开展13个地下水国控点位监测巡查，发现5个问题并整改，强化16个化工集聚区地下水污染防治。

【推进黄河流域生态环境改善】 改善黄河流域环境质量。印发《济南市贯彻落实〈山东省黄河流域生态环境保护专项规划〉实施方案》，推进黄河流域生态环境改善。督促实施北大沙河综合治理等重点项目，黄河干流泺口国控断面水质稳定达到地表水Ⅱ类标准。持续推进黄河流域“清废行动”，整改758个固废问题。保障黄河流域生态稳定安全。联合开展自然保护地生态破坏问题排查整治专项行动，完成《济南市生物多样性保护战略与行动计划》编制；深化生态文明创建，市中区、历城区获国家生态文明示范区称号，历下区等5个区县获省级“两山”实践创新基地和省级生态文明建设示范区；历下区、商河县获省级生态强县称号及2000万元奖励；成为2023年中国生态文明论坛年会承办城市。开展生态环境领域安全生产拉网式排查，整改隐患问题747个。安全处置医废3.21万吨，其中涉疫医废1.03万吨。整改完成中央、省级环境保护督察反馈问题241项，11个整改案例入选省级典型案例。推进绿色低碳发展。沟通完善项目方案，智慧生态黄河示范项目加快推进。印发《济南市“无废城市”建设实施方案（2022—2025年）》，推进“无废城市”建设。在全省率先开展重点行业企业碳排放盘查工作，在全省首个开展“十四五”控制非二氧化碳温室气体排放路径研究，在全国走在前列。国家“低碳日”在济南举办。国家生态环境大数据超算云中心入选全国自由贸易试验区加强生态环境保护推动高质量发展案例。

【服务经济发展】 出台《助企纾困服务高质量发展的20条措施》，将38个行业169类项目纳入环评豁免正面清单，创新制定非重大变动无需环评清单，为企业纾困减负；将省市重点项目纳入“绿色通道”，完成434个重点项目、15个已确定的政策性开发性金融工具项目环评办理；实行“两个容缺”助推项目落地，完成17个省级以上开发区合规园区认定和74个园区规划环评（跟踪评价）审查。挖掘并完成88个污染物减排项目，全市范围内统筹调剂总量指标，全力保障比亚迪新能源汽车等省市重大项目顺利落地。起步区新型建材行业清洁生产集体审核试点成为国家首批创新试点，平阴县安平镇环保管家服务项目、莱芜区环境管理综合服务项目成为省级环境管家服务项目试点。争取上级资金5.4亿元，提报37个项目进入中央生态环保项目库，申请资金约6.44亿元。

**【创新智慧监管】** 推进碳监测试点工作，强化污染源自动监控安装联网，新建96套自动监控设施；创新打造“1+12”模式，实现区县分中心实验室监测能力“全覆盖”。深化智慧环保平台建设应用，推送各类数据异常报警信息1.3万余条；组织网格巡查29万余次，发现问题并督促整改3.7万余个；成为全国首个国省市三级空气质量预报预警智慧会商试点城市。提前完成1596家排污许可证质量审核及593家执行报告审核，推送排污许可证到期延续预警等2.27万条信息，执行报告年报和季报按时提交率达100%。实施差异化监管执法，正面清单企业增加至265家，同比增加41%，对清单内企业开展非现场检查1437次，减轻、从轻和免除行政处罚162件，减免罚金1775万元。

（薛　洁）

栏目编辑　王　炜

# 教育

## 综述

【概况】 2022年，市教育局在“均衡而有特色，公平而有质量”上精准施策，多项工作走在全省乃至全国前列，群众的教育获得感、幸福感、安全感逐年提升，“有温度有品质的济南教育”品牌深入人心。全年完工中小学校30所，新增学位5万余个，完成率全省第一；开工新建改扩建中小学幼儿园83所，超额完成市政府为民办实事任务。编制完成起步区教育专项规划，启动建设省实验中学鹊华校区。空天信息大学建设纳入《山东省“十四五”高校设置规划》，筹建工作取得重大进展。

【为民办事】 至2022年11月底，全市完工中小学校30所，完成投资35.4亿元，竣工校舍68万平方米，新增学位50310个。全市新建改扩建中小学校幼儿园83所，完成率103.75%。义务教育薄弱环节改善和能力提升工作走在全省前列。2022年全市规划项目657个，规划投资12.32亿元，规划项目、投资数占比全省最高。其中，建设类项目涉及学校58所，规划项目112个，规划投资10.53亿元，项目开工率达100%，全省排名第一；计划竣工项目39个，实际竣工项目72个，完成率184.6%。

【服务黄河重大国家战略】 印发《推动黄河流域生态保护和高质量发展实施方案》，建立教育服务和融入黄河重大国家战略联动机制，10大任务、20项举措落实落地。“起步区”建设率先成势。6项牵头任务圆满完成，省实验中学鹊华校区开工建设，省实验小学起步区分校建成开学招生，新建12所中小学校幼儿园，新增学位7710个。指导完成《济南新旧动能转换起步区教育高质量发展“十四五”规划及2035年远景目标纲要》《起步区教育专项规划2035年》《起步区“十四五”教育事业发展规划》。

【教师职称制度改革、资格认定、编制核定】 推动中小学职称制度改革，率先在全省实施“定向评价、定向使用”基层中小学职称制度。2022年，共有2436名教师晋升职称，其中正高级教师60人，正高级讲师10人，基层正高级教师6人，高级教师1334人，基层高级教师27人，高级讲师90人，中级职称498人，初级职称411人。18名教师迈入“三级教授”行列。完成3月和6月两批次中小学教师资格认定工作，认定高级中学教师资格和中等职业学校教师资格5985人，初中以下教师资格13833人。11月开展全市中小学教师资格定期注册工作，完成市教育局直属学校教师资格定期注册538人，组织协调各区县完成中小学教师资格定期注册审核3495人；完成全市中小学教师资格定期注册复审4033人。开展新一轮公办中小学教职工编制核定工作，全市共核定中小学教职工编制60812名。

【增加教育经费投入】 2022年，全市教育经费总投入为343.44亿元，约增长12.42%。其中，财政性教育经费271.33亿元，约增长15.5%；全市非财政性教育经费收入72.11亿元，约增长2.2%。全市一般公共预算教育经费和各类学校生均一般公共预算教育经费逐步增长。全市一般公共预算教育经费247.44亿元，比2021年增长15.55%，一般公共预算教育经费增长高于财政经常性收入增长比例。全市各类学校生均一般公共预算教育经费增长情况如下：幼儿园 8414.96 元，比 2021 年增长 11.41 %；普通小学 15275.93 元，比 2021 年增长 7.61 %；普通初中 24644.1 元，比 2021 年增长 9.63 %；普通高中 28503.36 元，比 2021 年增长 18.94 %；中等职业学校 22980.45 元，比 2021 年增长 9.89 %；普通高等学校 22569.50 元，比 2021 年增长 5.26%。全面落实各项学生资助政策，共资助家庭经济困难学生 15.72 万人，拨付各类奖、助、免、补、贷等学生资助资金 4.73 亿元。其中，学前教育阶段共资助 1.22 万人，补助资金 1641 万元；义务教育阶段寄宿生生活补助受助学生 1.32 万人，补助资金 1651 万元，非寄宿生生活补助受助学生 2.52 万人，补助资金 2012 万元；高中学生资助共资助学生 9300 人，补助资金 1850 万元；中职学生资助人数 4.96 万人，补助资金 1.16 亿元；高等教育政府奖助学金受助学生 3.19 万人，补助资金 1.96 亿元。

【安全防控体系建设】 制定《济南市教育安全生产专业委员会组成及其工作制度和工作规则》；印发《关于调整济南市教育局安全工作领导小组的通知》；制定出台《济南市教育局 2022 年学校（幼儿园）安全稳定工作考评方案（试行）》；推进《济南市中小学校幼儿园安全管理规定》宣传贯彻，全市中小学幼儿园专职保安员配备、校园封闭化管理、一键报警及视频监控系统建设、“护学岗”设置等安全防范“四个 100%”全面达标，完成“消除 60 岁以上保安员问题”年度目标任务；启用全市学生防震减灾教育实践基地、消防安全教育实践基地；推进“泉校安”学校安全风险防控平台应用。派出市级检查组 22 个，检查学校 118 所，排查整治问题隐患 277 个，省市联动、部门联合督查驻济高校 55 个校区、中小学幼儿园 70 所，排查整治问题隐患 329 个；委托第三方专业机构开展学校安全检查评估指导，实施初查评估和整改复核闭环管理；开展“同心防溺水”专项行动；协同省教育厅，会同专家检查组对 47 所高校、12 所中小学幼儿园燃气安全整治情况进行专项督导。

【促进学生全面发展】 持续推进“双贯通”思政课改革，成立济南市大中小学思政课一体化联合教研与协同创新中心，举办“学好用好《习读本》”“二十大精神进课堂”等 3 场全市研训活动。提升思政课教学实效，组织济南市第二届思政课教学大赛；组织第二届班主任育人关键能力展示提升活动；举办全市班主任全员培训，完成第一届“立德树人双领军团队”培养和考核工作；完成学生社会情感能力国际测评试测工作，举办测评反馈会、座谈会、培训会，全面启动全市学生社会情感能力培养工程；举办生活德育“家庭三个践行”行动推进会；出台《济南市实施强德固本行动，推进学校美德教育实施方案》；制作《传统文化·人·成长》传统文化两创课程，对 200 名种子教师开展培育。在全省率先建立“医教结合”学生心理健康教育促进中心；建强济南市学生心理健康教育指导中心，开发“吾心你好”精品系列主题视频，编办《心理热线简报》《济南市中小学生居家学习心理健康自助手册》，举办“师生共健康，携手创未来”心理健康主题活动。拓展优化心理健康 24 小时热线关爱功能，共接听有效热线 26159 通，总时长 175756 分钟，上报并化解重大心理危机 39 起。印发新时代学校体育工作方案，实施体育教学改革等五大行动。成立校园体育竞赛指导委员会，规划 30 类 54 项赛事，完善四级联赛体系，打造“周周有比赛，人人都参与”的校园竞赛机制。推进全国青少年校园足球改革试验区建设，历城二中女足获首届全国青少年足球联赛冠军。完善艺体特长生招生，增加足篮排后备人才试点项目。印发新时代学校美育工作方案，实施美育教学改革等五大行动。举办中小学班级文化艺术节；举办黄河文化优秀艺术作品评选；20 所学校参与非遗传承与校园教育融合工程；泉城教师合唱团获省教师合唱展演一等奖；原创舞蹈《黄河岸边芦花开》在全国中小学艺术展演开幕式展演。

【教育职责评价】 开展对 14 个区县政府履行教育职责评价工作，顺利完成省对市政府履行教育职责评价迎查工作，并在省评价中获得优秀等次，30 人被评为省级优秀督学。推进教育督导体制机制改革，建立市委、市政府主要领导联系教育制度，推动全市区县政府教育督导机构设置覆盖率 100%。推进市级教育督导专业队伍建设，调整责任督学、督导员、视导员236人，建立14个市级督导责任区。指导长清区、平阴县41所学校完成国家和省级义务教育质量监测。4月，平阴县被教育部评为首批义务教育优质均衡先行创建县。完成教育部教育国情调查样本抽测、中小学（幼儿园）食堂配餐整治工作专项督查、幼儿园规范办园行为督导和职教高地建设、民办学校办学条件等专项督导。济南市被教育部确定为首批国家中小学幼儿园校（园）长任期结束综合督导评估工作试点城市，历下区、槐荫区、历城区和莱芜区为试点区县。

【推进学校及社会语言文字规范化建设、普及与普通话测试工作】 实施“‘童语同音’学前学会普通话”和“‘规范写、写规范’中小学生汉字书写”两项行动；开展幼儿园教师及保育员350人次和小学书法骨干教师50余人次的培训；举办“童语诵同音，推普筑未来”幼教系统普通话和“传承黄河优秀文化，书写泉城时代华章”第二届中小学师生规范汉字书写比赛活动；建立省市“童语同音”幼儿园联系点42个、“规范写字”小学联系点45个；组织开展幼儿教师和保育员普通话水平等级测试，共测试5209人，达标率94%；完成194所学校和幼儿园的语言文字规范化达标验收工作，全市语言文字规范化达标校（园）总数3275所。与商河县教体局联合开展“强镇筑基、推普助力”推广普通话宣传，开展普通话知识专题培训；帮扶新疆、西藏两地汉字教育，做好东西部协作工作，提升当地教师普通话水平；开展以“推广普通话，喜迎二十大”为主题的第25届“推普周”活动；把推广普通话与传承弘扬红色文化、黄河文化、“二安”文化、泉水文化等泉城特色文化相结合，讲好济南故事，传播城市文化。

【开展对外交流与合作】 全力保障首批赴巴西里约中国国际学校支教的3名教师完成两年支教任务，平安健康归国。指导首批支教教师归国后开展新学期线上教学，确保教学不间断。选派优质师资，继续支持学校教育教学。按照教育部要求，再选派4名优秀教师赴巴西里约中国国际学校任教一年。严格落实《山东省学校招收和培养国际学生管理办法的规定》，指导督促全市203所招收国际学生的中小学和幼儿园完成备案；完成2022年度外籍师生数据统计工作，为做好外籍师生管理提供准确数据支撑。2022年，在济南外籍教师117人，在济南国际学生676人。完成建设托马斯外籍人员子女学校的4个高级实验室，指导帮助学校引进8名优质外教。指导山东省济南第三中学与南澳州普林顿国际学校携手开展“云上”文化交流活动；组织20余所中小学的76个团组参加教育部第三届“中外人文交流小使者”展示活动；帮助国外2所学校与济南市学校新建友好关系；联合市外办打造教育“类海外”环境。济南职业学院与印尼·巴厘岛旅游与国际商务学院合作项目暨济南职业学院海外分院完成线上签约，建成学院首所海外分院；莱芜职业技术学院持续推进中泰国际教育学院暨莱芜职业技术学院海外分校建设。推荐选派13名优秀教师为3所印尼海外华文学校进行线上教学；组织出国留学人员培训，指导学生注册教育部“平安留学”培训平台，完成线上行前培训；做好海外利益安全保护工作，切实维护境外师生安全；组织出国留学人员参加省侨办主办的“雏鹰守护——2022山东省留学人员行前辅导”。

【打造高教资源集聚区】 筹备召开驻济高校座谈会，梳理各高校提出的问题建议175个；驻济高校与全市各区县签署合作协议4个，与驻济企业共建产业学院9个。推动山东第一医科大学、山东交通学院、山东体育学院、山东开放大学等高校聚焦服务黄河国家战略，牵头成立医学教育、交通运输科技创新等4个领域联盟（共同体）；举办黄河商学院、黄河盐生植物研究院等5个研究机构（智库）。推动黄河流域生态“数据立方”基础设施项目建设，为弘扬黄河文化提供数据支撑。山东大学与市政府签署共建济南市疾病预防控制中心、济南市儿童医院合作协议；山东财经大学联合济南市举办“2022东亚文化之都·中国济南活动年”系列活动；山东师范大学与槐荫区政府签署共建“中国3H校园欺凌防治示范区”“教师教育创新实验区”“基础教育国际化建设合作区”协议。支持山东师范大学与俄罗斯赫尔岑国立师范大学合作举办赫尔岑国际艺术学院，获教育部批复。推动齐鲁工业大学、山东女子学院等3所高校与新西兰东部理工学院、韩国国立群山大学等高校签署合作协议5个。

【2022济南教育十件大事】　“2022年度济南教育十件大事”分别为：济南市率先实施“泉引桥”基础教育全学段衔接工程；未来卓越教师计划搭建新时代济南教师专业成长路径；“全环境育人”市中经验向全省推广；济南工程职院入选“国家级创新创业实践基地”建设单位；25项国赛大奖，全市职业院校技能大赛成绩实现新突破；历下区“名校+”战略引领教育优质均衡发展；全市义务教育优质均衡发展取得突破性进展；超额配建全员育心校医配备，济南教育交出“为民办实事”答卷；历城二中女足代表济南市获首届中国青少年足球联赛冠军；打造青少年研学实践活动样板。

【促进五育融合发展】　深化德育综合改革，成立大中小学思政课一体化建设联合教研和协同创新中心，“双贯通”改革成果获山东省基础教育教学成果一等奖，11个方案获省优秀德育工作实施方案。出台加强和改进新时代体育、美育工作实施方案，省中运会捧回“省长杯”，历城二中女足获首届青少年足球联赛全国冠军。开展全国儿童青少年近视防控改革试验区建设，青少年近视防控工作获央视点赞。推进劳动教育，印发《济南市幼儿劳动启蒙教育实施方案》，在全国率先实现基础教育层面劳动教育“全学段、全链条”整体推进。

【基础教育公平优质】　义务教育优质均衡。集团化办学、弹性学区、城乡联盟、跨学段学区化管理、名校托管等多元办学体制，推进优质教育资源带动共享。推进乡村振兴，遴选市级第三批8个“强镇筑基”试点乡镇。平阴县入选国家义务教育优质均衡先行创建县。高中教育特色多样。深化普通高中育人方式改革，制定拔尖创新后备人才培养“登峰计划”，遴选济南市第二批普通高中特色学科基地13个学科24所学校。民办教育规范有序。“公参民”整治持续规范民办义务教育。深入推进“双减”改革，强化校外培训资金监管和“黑白名单”信息化常态化监管，风险保证金缴纳率100%。

【教研格局一体化】　印发《关于加强和改进新时代基础教育教研工作的实施意见（试行）》，绘制基础教育教研路线图。48项基础教育教学成果获评省级奖项，获奖项目占全省11.91%。聚焦新高考提升教育质量，2022年夏季高考清华、北大录取55人，保送国内知名大学151人，占全省保送生总人数的95%，近500名学生被世界前100名高校录取，三项指标连续三年稳居全省第一。截至11月底，2022年全国中学生奥林匹克竞赛已获20金25银。

【加强干部教师队伍建设】　落实全市新时代年轻干部“海右计划”，启动第二批优秀年轻干部培养工程，构建年轻干部全链条培养机制，全市及四个区获评全国中小学幼儿园校（园）长任期结束综合督导评估工作试点城市和试点县区。落实师德师风第一标准，持续实施“锻铸师魂、涵养师德、提升师能、激励惠师”四大行动，启动济南未来卓越教师成长共同体和新一期名师优管建设工程，386人获评省特级教师、齐鲁名师名校长，404人成长为济南名师和优秀教育管理者。推动中小学职称制度改革，率先在全省实施“定向评价、定向使用”基层中小学职称制度，352名乡村中小学教师取得基层中小学正高级、副高级职称。持续推进校长教师交流轮岗，建立市域内教师跨区域交流平台，2.4万名校长教师参与交流。加强班主任育人核心能力培养，2022年山东省普通中小学班主任基本功大赛，济南市推荐13位班主任全部获奖，获奖人数及成绩均居全省首位。

【聚焦教育服务】　“泉家共成长”家庭教育工程获省委、省政府主要领导批示，家校社协同育人新样态入选教育部第四批“双减”典型案例。落实为民办实事项目，深化“全员育人、全员育心”心理健康教育品牌，全省首家设立“医教结合”学生心理健康研究促进中心，学生心理关爱热线获评首批济南市“五为”文明实践志愿服务示范项目。优化升级课后延时服务，开发一批促进五育融合和学生个性特长发展的课后服务课程，打造全市统一的教育数字基座和平台服务体系，持续推进基础教育学段知识图谱优化和“数智化”场景应用。在全省率先启动“泉引桥”基础教育全学段衔接工程，助力学生和家长快速适应不同学段的差别，首创特色化全学段协同育人机制。

【服务城市发展】 全面实施市校融合发展战略，出台《关于启动新一轮高校集聚区建设提升行动的意见》，统筹安排1亿元专项资金支持驻济高校高质量发展，立项实施95个市校合作项目，支持高校新建产业学院8个；牵头招引各类项目52个，新注册市场主体38家。开通高层次人才子女入学“绿色通道”，设立济南一中初中部等4处高层次人才子女入学“定点储备校”，助力全市招商引资和招才引智工作。

【招生考试工作】 普通高校招生考试。普通高校招生外语听力考试报名53697人；普通高校招生艺术类统考报名4353人；春季高考报名6643人；夏季高考报名48264人、高考外语口试报名11701人；高等教育专科升本科考试报名31413人。完成驻济高校本科走读生计划1350名。其中，济南大学700名、山东财经大学350名、山东建筑大学300名；招收飞行学员65人。研究生招生考试。硕士研究生考试报名62925人，较2021年增加14051人。中学业水平考试。完成初中学考试题命制、印刷、考试、阅卷及成绩发布等工作任务，共有182697名考生报名参考。7月，完成高中阶段学校录取工作。济南市（不含莱芜区、钢城区）：普通高中最低录取资格线为375分；“3+4”对口贯通分段培养高职志愿填报资格线为385分；五年制高等师范教育志愿填报资格线为300分；五年制高等职业教育、“三二”连读高等职业教育志愿填报资格线为150分。莱芜区、钢城区：公办普通高中志愿填报资格线为519分，民办普通高中志愿填报资格线为485分；普通高中招生音乐专业志愿填报资格线为469分，美术专业志愿填报资格线为465分；五年制高等师范教育志愿填报资格线为400分；五年制高等职业教育、“三二”连读高等职业教育志愿填报资格线为180分。全市普通高中共录取42204人，职业类学校共录取新生17453人。普通高中学业水平考试。高中学业水平考试报考152602人（夏季报考100118人，冬季报考52484人），较2021年增加1931人。高等教育自学考试。上半年自学考试因疫情原因，推迟至下半年一并举行，共报名63041人。全年共注册新生14605人；组织两次毕业申报工作，共申报6197人，取得专、本科学历的共有5814人，通过率为93.8%。成人高考和非学历社会证书考试。成人高考报名104043人，较2021年增长6749人；非学历社会证书考试报考670159人。

（蔺立华）

【概况】 2022年，全市幼儿园2190处，在园幼儿36.2万人，其中公办幼儿园在园幼儿21.2万人，普惠性幼儿园在园幼儿33.2万人。公办幼儿园在园幼儿占比超过55%，普惠性幼儿园覆盖率超过89%，提前超额完成国家“十四五”学前教育发展80%和50%的目标任务。承接山东省第11个学前教育宣传月启动仪式暨幼小衔接推进会，点击量达280万人次。完成省《幼儿园保育教育服务规范》系列标准制订编写，2022年年底通过专家委员会审议。

【增加普惠资源】 加大对普惠性幼儿园资金投入，2022年，市本级财政投入1.75亿元，全市普惠性幼儿园覆盖率超89%。新建、改扩建15处幼儿园，新增学位5000余个。扩充优质学前资源。加大学前教育优质发展力度，组织对提质幼儿园的检查和指导力度，选派园长驻园开展相关培训。2022年，全市新增省级一类园217处，提高优质园覆盖面。落实普惠性民办园纾困政策。对为教职工购买五险及五险一金的普惠性民办幼儿园，按照每人每月500元标准给予补贴，440余处幼儿园补贴符合政策的教职工7550人次。

【创新劳动启蒙教育】 制定《济南市幼儿劳动启蒙教育实施方案（试行）》，填补国内空白，教育部微言教育予以宣传，央视网、央广网、新华社均予以报道，省教育厅予以推广。

【加大教师培训力度】 遴选71个单位为市幼儿教师培训实践基地。围绕幼小衔接家园共育举办四期培训，累计收看超过50万人次，家长参与专家互动 30 万余次。开展幼儿园高质量发展和中层干部成长培训，受众 3 万人次。

【实现幼儿园网格化动态管理】 实行网格化触点管理及动态调整，2022 年，设有网格组 513 个，网格组长单位负责日常组内安全管理工作。为激励网格组落实责任、争先创优，评选镇街、幼儿园网格组 20 个，专项奖励 500 万元。通报表扬 50 名“学前教育之星”。

【招生“一网通办”】 348 处公办幼儿园全部使用招生平台，审核报名 33729 名幼儿，通过政务云平台查询户籍接口共调用 85919 次，查询不动产接口共调用 28162 次，查询购房合同接口共调用 40333 次，查询无房证明 25978 次。

【开展“规范管理年”活动】 制定规范管理年工作要求，在“坚持正确办园方向、规范园务管理、规范办园秩序”等 8 个方面设定 17 项工作任务。梳理政策、征集典型，印发《济南市幼儿园三集四册管理资料汇编》，用于幼儿园日常培训、师德强健和安全检查，确保幼儿园办园实现基本规范。下发《关于开展幼儿园名称规范清理工作的通知》，对各级各类幼儿园进行全面摸排，15 处幼儿园名称不符合规范，均完成整改。

【实现家长“安心接”】 解决家长安心工作的“最后一公里”，推动公办幼儿园延迟离园时间改革，集中分层离园时间由原来的 16：30 推迟到 17：00，并为家长提供晚值班免费暖心服务。

（蔺立华）

【规范公平发展】 规范民办义务教育发展。以市委教育工作领导小组名义出台专项工作方案，完成“公参民”学校治理年度任务。全面落实“双减”政策。提高作业设计和课堂教学水平，完善课后服务经费保障机制，开展课程服务精品课程资源推介，实现资源匹配、过程监管数字化应用。央视《朝闻天下》元旦特别节目报道济南“双减”经验。推行疫情时期“港湾”式服务。生活服务“一站到底”、心理服务“点面有护”、学习服务“云端上新”、家庭教育服务“养教有方”等做法得到人民网、中国网等 15 家省级以上媒体报道。

【科学配置资源】 优化集团化办学路径。2022 年，全市各类基础教育集团 181 个，覆盖 14 个县区 790 所学校，覆盖率达 86.06%，打造出一批优质学校群，实现“新建校办一所成一所、薄弱校改一所强一所、城郊校抓一点带一片”集团化办学目标，产生示范一方、影响全国的领航效能。深化“强镇筑基”行动，打造乡镇中心区优质均衡战略支点。推进省、市和县三级教育强镇筑基试点乡镇建设，从办学条件、教育教学、队伍建设、信息化建设、办学体制、质量评价等方面指导推进，带动乡镇基础教育质量全面提升。长清区马山镇、章丘区垛庄镇和莱芜区茶叶口镇 3 个乡镇被评为第三批山东省教育强镇筑基试点。

【提升育人质量】 推进基础教育全学段科学衔接。全国首创“泉引桥”基础教育全学段衔接工程品牌，出台《基础教育全学段衔接“泉引桥”工程的指导意见（试行）》，构建从幼儿园到高中的基础教育学习立交桥。组织 2022 年市基础教育教学成果奖评选。推进基础教育教学改革，推报 65 项参加省级遴选，共获奖 48 项，获奖率 73.85%，占全省的 11.91%。承办省全环境育人实验区试点。济南市市中区和济南市辅仁学校、济南市槐荫区润元实验学校、高新区东城逸家初级中学、莱芜区陈毅中学、济南市天桥区宝华小学、商河县孙集镇中心小学、济南市长清区石麟小学纳入省级全环境育人实验区和全环境育人规范校试点，树立全省标杆。推进普通高中特色多样发展。深化高中育人方式改革，引导普通高中特色办学、多样发展，遴选培育济南市第二批普通高中 13 个学科 24 所“学科基地”，济南西城实验中学、山东省济钢高级中学、济南市章丘区第四中学被认定为第二批省级普通高中学科基地；实施特色课程（项目）培育计划，14 所普通高中探索多样化特色化招生，满足学生个性化全面发展的需求。

【打造“泉融和”特殊教育济南品牌】 夯实经费保障。特教学校生均公用经费率先提高至12000元每生每年，高于省标准4000元，领先实现“全学段、全免费”。深入推进融合教育，省教育厅命名2个省级随班就读示范区、22所示范学校。举办全市首届特教教师基本功大赛，济南市特等奖在全省占比20%，位居全省第一。承办全省职业技能大赛首届中职特殊教育组比赛，为搭建全省中职残疾学生成长平台做出贡献。

（蔺立华）

【概况】 2022年，济南市共有中等职业学校31所，在校生49880人；附设中职班的院校共15所，注册中职学籍人数15033人。截至2022年，济南市共建成国家中等职业教育改革发展示范学校5所、省示范性及优质特色中职学校8所、省高水平中职学校8所、省规范化中职学校13所，全市共有18所学校进入或达到省规范化以上序列，占比58%。

【产教融合】 落实立德树人根本任务，2022年，300名学生获批齐鲁工匠后备人才，5所学校获省红色文化传承示范学校，4名职教教师入围山东学校优秀思政课教师，占全市入围教师总数的40%。推进产教融合，实施岗课赛证综合育人。校企共建产业学院51个，共建规模以上实训基地1161个，5个实训基地被评为省新旧动能转换公共实训基地，2个项目入选省级校企一体化合作项目，5个产教融合项目入选教育部产教融合典型案例，1个典型案例入选国家《新时代中等职业教育发展蓝皮书》，4所学校入围省级乡村振兴示范校。人才培养体系不断健全。“三二”连读专业点总数达到129个，年内招生12113人，占中职招生总数的50.4%，分别比2021年、2020年提高10.8%、17.2%，6897名高职生升入本科，分别比2021年、2020年提高13.9%、87.4%。实施职教赋能计划，开展“双创”教育和高校毕业生就业行动，毕业生就业率97%以上，本地就业率81%。央视、新华社、《光明日报》等中央媒体先后4次以《产教融合崛起“济南样板”》等主题报道济南市产教融合建设经验、点赞济南职业教育。

【聚能创新发展】 成立区域联盟。2022年，牵头成立黄河流域产教联盟和智能建造、医疗康养2个专业联盟，举办3次高峰论坛，发布5个联盟运行机制，奏响新时代职业教育“黄河大合唱”。数字赋能。建成全国首个技术技能人才供需对接平台，构建智慧化产业人才数据中心，提高技术技能人才供需对接的精准性，直接服务企业总数1240家，服务学生13.1万人。双元制创新。率先在全省以市为单位开展双元制制度创新，形成校企协同育人济南范式。AHK—济南项目入选山东教育“品牌系列”，作为省内唯一学校项目入选全国“奋进新时代”主题成就展。

【国际交流合作】 对外合作项目156个，3个项目入选教育部“汉语桥”线上团组交流项目。举办对话泉城·中国（济南）国际商协会产业对话、黄河流域—湄公河区域产教融合项目对话、东南亚境外办学联盟会议，签署促进RCEP区域职业教育发展合作协议，成为全省职业教育对外开放发展的重大突破。AHK五项职业技能纳入国（境）外职业技能认定项目，打造国际化输出品牌。

（蔺立华）

【巩固校地合作】 优化完善顶层设计，出台《关于启动新一轮高校集聚区建设提升行动的意见》，章丘、历城等区县制定实施方案5个。筹备召开驻济高校座谈会，梳理各高校提出的问题建议175个，形成推进落实台账，已解决教育部门牵办落实的问题困难49个。驻济高校与全市各区县签署合作协议4个，与驻济企业共建产业学院9个，围绕全市产业发展需求自设二级交叉学科30个，校企合办专业43个。

【服务国家战略】 推动山东第一医科大学、山东交通学院、山东体育学院、山东开放大学等高校聚焦服务黄河国家战略，牵头成立医学教育、交通运输科技创新等4个领域联盟（共同体），举办黄河商学院、黄河盐生植物研究院等5个研究机构（智库）。推动黄河流域生态“数据立方”基础设施项目建设，为弘扬黄河文化提供数据支撑。

【打造亮点工程】　山东大学与市政府签署共建济南市疾病预防控制中心、济南市儿童医院合作协议；山东财经大学联合济南市举办“2022东亚文化之都·中国济南活动年”系列活动；山东师范大学与槐荫区政府签署共建“中国3H校园欺凌防治示范区”“教师教育创新实验区”“基础教育国际化建设合作区”协议。

【支持高校双高建设】　立项建设驻济高校高水平大学和高水平学科建设项目52个，支持经费5390万元。支持驻济高校建设与济南市产业密切相关的产业学院23个，11个入选省首批现代产业学院名单。驻济高校新增博士授权学位高校1家，增设博士、硕士学位授权点8个，山东大学和济南大学等2所驻济高校进入2022年度中国高校技术发明贡献50强。

【聚焦区域创新发展】　支持山东师范大学与俄罗斯赫尔岑国立师范大学合作举办赫尔岑国际艺术学院获教育部批复。推动齐鲁工业大学等3所高校与新西兰东部理工学院、韩国国立群山大学等高校签署合作协议5个。大学城高校围绕产业发展新增光电信息材料等二级交叉学科专业7个。

【筑牢高校疫情防线】　为保障驻济高校安全稳定，牵头建立高校“五必管”工作机制。机制建立以来，累计向驻济高校发出疫情防控等各项指令150余条，检查高校1100余所（次），督促高校整改问题1800余个，为维护驻济高校安全稳定大局做出贡献。“五必管”工作获省委领导批示在全省推广。

（蔺立华）

【为民服务】　为拓展群众身边公共文化服务空间，市教育局、市文化和旅游局依托民办艺术类培训机构，坚持民校为民，确定首批28家“泉城文化驿站”名单。驿站面向社区居民免费开放文化活动空间，提供便民利民服务。挖掘培育热心基层群众文化事业并有一技之长的文化骨干人才，以志愿服务的形式组织开展群众文化活动，帮助社区建立一支稳定、有专业能力的群众文化队伍，也使社区群众文化活动从单纯的“娱乐”型向多功能型转变。

【校外培训机构监管】　加强校外培训机构日常办学行为监管，建立健全校外培训机构监管长效机制，制定《济南市校外培训机构积分管理办法》，11月1日起在全市正式施行，由正面行为管理、负面行为管理组成，根据校外培训机构正负面办学行为进行积分变动，积分结果作为校外培训机构年度检查是否合格和确定“黑名单”“白名单”“重点监督名单”重要依据。自实施以来，校外培训机构的办学行为得到有效规范，各区县针对校外培训机构的日常监管工作也初见成效。市教育局上报教育部的《积分管理提质增效 细致落实赋能“双减”》案例被评为全国“双减”工作优秀案例。市教育局对历下区学易达教育咨询有限公司无证开展学科类培训的违规行为进行立案查处，针对其违法行为的性质依法罚款83789元，开出全市对校外培训机构违法办学的第一张罚单；联合市场监管局，对11家涉嫌价格欺诈、虚假宣传等违法行为的培训机构进行检查。在各行各业选聘校外培训社会监督员，组建公众监督队伍参与校外培训治理。截至2022年年底，全市共有1名国家级社会监督员、5名省级社会监督员、42名市级社会监督员，为进一步强化校外培训的社会监督提供保障。

【全民学习服务】　市全民学习服务中心持续打造线下+线上的学习支持服务体系，继续做好全民学习平台“泉城学习网”课程更新，做好“学习平台”微信小程序推广利用工作。面向社区群众尤其是针对老年人组织开展智能技术应用培训，在全市建立60个老年人智能设备学习试点服务网点，让老年人初步掌握智能设备的操作使用，提高老年人智能技术应用能力。

（蔺立华）

【概况】　7月8日，在山东教育融

媒体大会上市教育局被确立为首批山东教育融媒体建设试点单位，并予以授牌。两件电视作品在全国行业电视评比中获奖。在2022年度中国电视艺术家协会行业电视专委会组织的行业电视评比活动中，教育电视台选送的电视作品《从村官到思政教师》获纪录片类好作品奖，《老商埠（1）》获科教类好作品奖，获奖数量层次居省会城市教育台前列。1项改革被评为教育综合改革和制度创新典型案例。“一张网赋能高效教育环境，让评价指挥棒转向”获得2022年济南市教育综合改革和制度创新十大典型案例之一。

【高清频道开播】 2月18日，济南教育电视台举行高清频道正式开播仪式。与会领导共同启动高清频道开播，并为济南教育融媒体中心14个区县分中心代表授牌。随着教育融媒体分中心的成立，在“济南教育”APP开辟14个区县专区，济南教育融媒体中心将更好地发挥纽带作用，助推济南教育高质量发展。

【济南教育全媒体系格局基本形成】 济南教育融媒体中心基本建成“一台多网一端一矩阵”全媒体格局。一台：济南教育电视频道；多网：市教育局、教育电视台、教育资源公共服务等网站；一端：“济南教育”APP；一矩阵：济南教育政务新媒体矩阵，主要包括济南市教育局“三微”、抖音、快手、今日头条、齐鲁壹点等12个新媒体号；“济南教育电视台”微信、微博2个新媒体号；对接的“学习强国”济南平台、山东海看IPTV济南教育专区、山东教育发布3个平台。做优主平台、做强主账号，新媒体矩阵用户和粉丝总量超过140万。

【评为全国网络学习空间应用优秀区域】 连续四年被教育部确定为全国网络学习空间应用优秀区域。在教育部开展的全国网络学习空间应用普及活动中，济南市历下区被评为2021年全国网络学习空间应用优秀区域，市内5所学校被评为优秀学校。继济南市、天桥区、长清区后，济南市所属区域连续第四年被评为全国网络学习空间应用优秀区域。

【智慧教育示范区创建】 长清区教体局被确定为省第二批省智慧教育示范区创建单位。根据省教育厅要求，组织各区县进行第二批山东省智慧教育示范区创建申报，长清区、历城区有关工作获得专家一致好评，继历下区、天桥区被确定为首批智慧教育示范区后，长清区教体局被省教育厅确定为第二批智慧教育示范区创建单位（全省第二批共15个智慧教育示范区），历城区教体局被确定为第二批省智慧教育示范区培育单位。

【智慧校园示范校】 评审确定50所智慧校园示范校暨“国家智慧教育公共服务平台”应用示范校。继续在全市中小学校深入推进“智慧校园示范校”的建设与探索。结合《推广运用“国家智慧教育公共服务平台”促进济南教育高质量发展实施方案》，组织2022年中小学智慧校园示范校暨“国家智慧教育公共服务平台”应用示范校申报认定及智慧教育应用典型案例暨“国家智慧教育公共服务平台”应用典型案例征集工作，经过专家严格评审，确定50所学校为全市智慧校园示范校暨“国家智慧教育公共服务平台”应用示范校、100个案例为2022年智慧教育应用典型案例暨“国家智慧教育公共服务平台”应用典型案例。

【推进信息技术深度融合应用】 开展全市中小学生信息素养提升活动评选，共计提报作品3827件，468件获得市级奖励。开展2022年教师教育教学信息化交流展示评选活动，参赛作品5183件，1342件获得市级奖项。经过市级推荐，136件获得省级奖项，10件被推荐参加全国遴选。推进教师信息技术应用能力提升2.0工程，开展全市教师信息技术能力培训提升活动，参训教师7.52万人次。

（蔺立华）

【深化教育教学研究改革】 深化教学关键环节的双减落实。组织义务教育新课标培训，开展单元整体教学和大概念教学改革实践研究，深化“双新”落地。探索“双减”背景下减负提质有效方法，提高课堂效率和教学质量，发布作业设计与实施指导意见，加强全学段一体化课程教学改革研究，优化学科建设。精准把握学情，完成中考命题及阅卷工作，全力保证学考的连续性、稳定性和适度创新性。

【深化新高考、新课程、新教材研究】 创新教研个性化指导服务，完善高三教学工作指导意见和提质培优工作方案，依托大数据分析科学精准备考，做强高考备考“登峰计划”“百名冲击”“强基计划”项目。2022年全市高考再创佳绩，特招线和一段线上线率持续提升，高分段人数分布逐年提高，学优生人数全省“三连冠”，清北录取55人，位居全省第一。

【推进职业教育教学提质升级】 构建“校企研”协同的现代职教教研体系，以课程标准为引领，推动中职公共基础课教学改革。深化中职“岗课赛证”融通育人机制，组织职业技能大赛、教学能力和班主任能力比赛，开展“专业技能抽测+理论知识网测”市域教学质量评价模式研究与实践。研究春考改革，2022年春考本科上线人数646人。

【信息技术与教研融合应用】 打造现代数字教研环境，启动建设数字教研中心，深化大数据分析在教研创新、教育评价等重点领域和关键环节的应用。推进信息化教学实验区建设，提高教研队伍信息素养及数字化教研能力，推进信息化应用与教学改革深度融合。构建线上教学研究、管理反馈机制，提供全学段空中课堂资源，打造线上教学“济南样板”。

【教育评价改革研究】 深化新时代教育评价改革，修订完善济南市义务教育质量综合评价指标体系，依托现代信息技术建立科学、智能、高效的抽样、问卷、报告生成等评价监测系统。发挥教育评价促进教育发展功能，推进区域学校增值评价、义务教育质量监测和青少年社会与情感能力测评，全市教育评价经验获省教科院推介。

【规范教科研管理】 强化教科研引领，开展教科研专项督导，汇编《科研十年》，总结推广全市教科研管理经验。推动课题研究创新，聚焦国家教育改革重大政策和义务教育新课标学习，组织课题申报立项130余项、鉴定验收140余项。聚焦黄河流域教育高质量发展、乡村学校发展主题开展专题研究，促进典型经验转化提升，更好地发挥辐射带动作用。

【打造教研新机制】 完善区域、学校教研共同体，探索学科融合教研，发挥送教送研、帮扶共建品牌辐射效能，以学术支撑助力“济南—临夏”“济南—武隆”教研融合。加强教科研专业提升机制建设，完善常规教研、学术交流和评价考核机制，提升教研队伍学术力。呈现教研学术引领新样态，发挥院学术委员会“思想库”作用，运行维护院官微公众号，举办明湖论教学术论坛，创新改版《济南教育》，指导一线教学实践，传播好济南教研“好声音”。

（蔺立华）

栏目编辑　谷　雪

# 科学技术

## 综　述

【概况】　2022年，全社会研发投入306.7亿元，研发投入占GDP比重2.68%，比全省指标高0.34个百分点。全市规模以上科学研究和技术服务业主营业务收入508.6亿元，高出规模以上服务业平均增速9个百分点。济南市首次进入“自然指数全球科研城市”50强，列第三十六位。全市创新能力在国家创新型城市中排名第十三位，首次提升为“创新策源地”城市。

【科技自强自立】　世界首个电磁推进地面超高速试验设施运行，创造世界最高速度纪录。研制出8英寸以上晶体毛坯，是目前国内外报道的最大尺寸等级。“大气霾化学”基础科学中心获批环境领域唯一国家级基础科学中心项目。规模62亿元的“齐鲁科学城”科创母基金完成签约。推动合肥国家实验室济南基地建设，世界首颗量子微纳卫星“济南一号”发射。获批首批全国重点实验室5家。3家省实验室运行机制和治理架构日趋完善，组建院士领衔的科研团队70余个，启动科研项目150余项，引进储备各类高层次人才340余人。新认定10家省重点实验室、总数达112家，备案市重点实验室97家。高水平建设省级技术创新中心30家、省级创新创业共同体11家、省级新型研发机构71家。

【核心技术攻关】　科技型中小企业入库7613家，同比提高31%。高新技术企业数量突破5700家。入选省科技领军企业36家、科技“小巨人”企业94家。355个项目获批2022年度山东省科技型中小企业创新能力提升工程计划。聚焦四大主导产业重点方向发布15项需求榜单，面向全国征集优质科创资源，带动社会资本投入1.65亿元。争取省重大科技创新工程项目23个、省级资金2.42亿元，立项数和资金额连续4年居全省首位。“氢进万家”“北斗星动能”“服务器高端芯片”等科技示范工程推进。

【成果转移转化】　新支持项目129项，推动驻济高校开展重大创新平台和大科学装置建设。吸引国内外知名高校院所、科研机构或企业在济设立研发或成果转移转化机构21家，累计达218家。打造济南科技成果转化平台，建设黄河技术转移中心，培育技术经纪人队伍，全年备案省科技成果转化贷款资金23.71亿元（805笔），全市技术合同成交额达613.64亿元。举办中德、中日、中巴科技合作交流活动，推进中日韩孵化器和科技合作园区建设，组织沿黄九省绿色科技成果对接活动。

【优化创新生态】　高质量建设科技企业孵化器64家，众创空间139家，获批建设省级“众创空间—孵化器—加速器”科技企业孵化链条试点2家，起步区获批建设省级开放式大学科技园。推荐164家中小微企业参加第十一届中国创新创业大赛，获评“科创之星”企业数量居全省第一，2家企业获国赛优秀企业称号。实施系列人才工程，20人入选泰山产业领军人才工程项目。推进全省唯一国际顶尖科学家工作室建设，新引进两个俄罗斯院士团队。

【提升惠民效能】　舜丰生物自主研发植物基因编辑工具，突破基因编辑“卡脖子”技术，在国内首次实现技术出口。实施社会民生专项和

济南量子技术研究院 （市科技局 供稿）

临床医学研究计划项目96项。支持医学研究中心项目建设，拥有省级医学研究中心数量占全省总量的85%。加快建设中科院大气所碳中和北方中心，构建区域大气温室气体监控系统，已在全国16个试点城市布设运行20个碳监测站点。

【济南市综合科技创新实力持续提升】英国《自然》增刊《2022自然指数——科研城市》，分析了全球主要城市和都市圈2021年在自然指数追踪的82种自然科学期刊中的科研产出。数据显示，在全球科研城市百强名单中，济南位列第三十六位，相比去年排名提升二十一位，济南首次进入“自然指数全球科研城市”50强。

【世界首个电磁橇设施成功运行】10月，济南市齐鲁中科电工先进电磁驱动技术研究院承建的电磁推进地面超高速试验设施加快建设，阶段性成果“电磁撬”项目完成一期630米轨道试验段关键技术验证，最高测试速度达到1030千米/小时，创造大质量超高速电磁推进技术的世界最高速度纪录。

【“济南一号”“泉城一号”卫星发射】7月27日12时12分，济南量子技术研究院参与研发的世界首颗量子微纳卫星“济南一号”在酒泉卫星发射中心搭载“力箭一号”运载火箭发射，将使中国在世界上首次实现基于微纳卫星和小型化地面站之间的实时星地量子密钥分发，构建低成本、实用化的天地一体化量子保密通信网络。9月6日10时，命名为“泉城一号”的快舟一号甲固体运载火箭在酒泉卫星发射中心点火升空，以“一箭双星”方式将微厘空间低轨卫星导航增强系统S3/S4试验卫星送入预定轨道。

【齐鲁科学城科创母基金正式签约】8月26日，齐鲁科学城科创母基金签约仪式在山东大厦举行。在中科院与山东省、济南市达成共建中科院济南科创城合作协议的整体框架下，国科控股联合山东高速集团有限公司、山东省新动能基金管理有限公司、济南市财政投资基金控股集团有限公司共同发起设立齐鲁科学城科创母基金。

【第五十四届亚太先进网络学会（APAN）学术会议在济南成功举办】8月23日，清华大学主办，泉城实验室承办的第五十四届亚太先进网络学会（APAN）学术会议在济南举行。APAN是亚太地区影响力最大的教育科研网络学会，致力于推动亚太地区互联网技术及应用协同发展和协作研究。每年举办两次学术交流会，迄今已举办53次。

【“科创引领·智造未来”2022中德科技创新合作大会举办】9月20日，2022中德科技创新合作大会在济南举办。大会以“科创引领·智造未来”为主题，采取线上线下相结合的形式，在济南和慕尼黑设两个主会场，邀请两国科学技术界专家进行视频连线对话。会上发布首批对德科技创新合作技术与成果46项，并展示了德国资源对接60余家机构。中德双方10位科技界专家进行了重点技术推介。

（李明强 纪元 刘倩）

## 科技成果

【智能化医养融合服务平台关键技术及应用】 完成单位：山东众阳健康科技集团有限公司。项目简介：该项目在智能化医养融合服务研究上取得重要理论创新与技术突破，首创基于双边资源整合的医养融合服务模式，创新医养融合服务动态优化组合方法，突破智能服务匹配、多源多模态医养大数据治理与信息物理融合、智能辅助诊疗与智能服务机器人等关键技术。获发明专利25件，申请发明专利116项，软件著作权130项，论文65篇。近两年，成果新增销售收入12.297亿元、利税5.83亿元；服务超过6亿余人次，覆盖1.26亿人；入选国家发改委“中国互联网+行动百佳实践”案例。

**【高品质轴承钢洁净化生产平台关键技术研发及推广应用】** 完成单位：山东钢铁股份有限公司。项目简介：该项目系统研发高品质轴承钢的夹杂物检测技术、夹杂物稀土改性技术、脉冲外场抑制水口堵塞技术和显微组织调控技术，降低轴承钢中大尺寸夹杂物的发生概率，国内首家实现稀土轴承钢5炉连浇。该项目形成洁净化生产等关键技术，提升轴承钢产品质量，实现省内轴承钢在某些应用领域的国产化替代。相关成果已应用到其他生产线和特殊钢产品，保障了高端制造用钢铁材料，近两年新增产值8.4亿元，利税1.4亿元。申请发明专利15项，授权5项；申请并授权实用新型专利7项，发表文章4篇，制定团体标准2项。

**【直接接入750千伏、1000千伏电网换流变压器关键技术及应用】** 完成单位：山东电力设备有限公司。项目简介：该项目突破复杂多场综合调控技术、绝缘性能优化技术、高抗震性应用等核心技术研究，形成具有自主知识产权的直流系统直接接入送端750千伏、受端1000千伏电网换流变压器关键技术，解决尺寸受限、多场耦合绝缘快速老化、绝缘占空比大、高频高烈度振动机械约束失效等技术瓶颈，研制成功世界首台直接接入750千伏、1000千伏电网换流变压器，并实现工程应用，填补国内外空白，技术经行业专家组鉴定达到国际领先水平。获国家授权专利15项，其中发明专利4项，制定行业标准1项，发表SCI、EI核心论文3篇。该技术成果应用于酒泉—湖南、扎鲁特—青州、上海庙—临沂、昌吉—古泉等4个特高压直流输电工程中。

**【中药饮片智能包装关键技术及应用】** 完成单位：山东协和学院。项目简介：该项目面向国家“关于小包装中药饮片推广使用试点”需求，突破环保包装材料制备、中药饮片智能检测、中药饮片智能包装等关键技术，发明研制出中药材中异物检测与高速高精度称量机器人、药品分拣机器人等自动化生产线装备，国内首次实现中药饮片包装过程的环保化与智能化。授权专利48项，发表SCI论文54篇，在产业化和推广应用方面取得了显著的成效，为提高中国小包装中药饮片装备自动化技术研发水平、促进相关产业发展做出了重要贡献。

（张根生）

**【概况】** 2022年，济南市地震监测中心获全省市级防震减灾工作考核第一名，全省震情趋势会商报告获评九连冠。省、市领导5次对济南市防震减灾工作作出批示，中国地震局陈小军副局长、省地震局姜金卫局长莅临济南市指导防震减灾工作。

2022年5月12日，济南市党员干部防震减灾现场教学基地在济南市地震科普馆正式启用

（市地震监测中心 供稿）

2022 年 6 月 24 日，2022 年济南市防震减灾科普讲解大赛表彰总结会在济南市地震科普馆召开 （市地震监测中心 供稿）

【完善机制】 落实山东省防震减灾工作领导小组《关于进一步健全完善地方防震减灾救灾体制机制的意见》，压实区县主体责任。市政府印发重点监视防御城市工作方案，细化部门责任，落实重点监视防御城市防震减灾工作任务。制定印发《济南市防震减灾“十四五”规划》目标任务分工表，协调推动落实 2022 年度工作任务目标，起步区地震台建设、地震灾害风险普查、长清区活断层探测等重点项目取得进展。

【创新试点】 作为全省唯一试点，中心自主研发的“抗震设防要求审批监管系统”获批山东省工程建设项目审批制度改革“揭榜挂帅”创新成果。该系统 2022 年在区县开展试点并全域推进建设应用。率先在全省将“地震安全性评价”纳入工程建设项目土地资源用地清单，为 44 个用地项目、154 个地块、453.83 公顷土地出具地震安评开展意见。

【地震预警】 发挥全省地震预警试点示范效应，市地震预警信息发布中心、起步区分中心“双中心”建设完成，86 处预警台站稳定运行，130 余套预警终端服务于涉灾部门、人员密集场所以及轨道、燃气、煤矿等重点行业。推动地震监测预警信息与“智慧泉城”“市应急广播系统”对接，为地震预警信息及时有效向社会市民推送奠定基础。

【起步区建设】 起步区地震台建设取得进展，确定选址并完成土地预审、可研报告编制评审、初步设计等前期准备工作，市政府批复三年建设资金 3496.2 万元。完成起步区地震灾害风险普查，落实关于加强起步区抗震设防要求管理相关措施。

【风险防治】 推进全市地震灾害风险普查，完成济南市和 14 个区县（功能区）地震灾害致灾调查评估，摸清全市地震灾害风险底数。实施城市活动断层探测项目二期工程，为长清区规划建设提供抗震设防基础支撑。

【震情监测】 更新 3 处前兆观测站流体设备，全市 10 个测震台、16 个强震台、17 个数字化前兆监测站、90 个宏观观测点以及省内周边 100 多个台站健康运行，监测数据连续率达 99.762%。开展震情会商 70 余次，进行高质量地震趋势判定，年度震情趋势会商工作再获佳绩。

【防震宣传】 创建全市党员干部防震减灾现场教学基地、全市大中小学生防震减灾教育实践基地 2 个基地。联合组织防震减灾科普讲解大赛、防震减灾科普作品比赛，开展防震减灾科普小传播师、院校宣传志愿者及“宣传形象大使”遴选，建成济震融媒体矩阵，推送信息、视频 1300 余条，总点击量超过 300 万次。

（董付兰 夏俊芝）

【概况】 2022 年，济南市降水偏多、气温偏高，灾害性天气多，共出现 12 个暴雨日、23 个短时强降水日、28 个高温日、2 次台风过程、6 个冰雹日，1 小时降水量超过 50 毫米的短时强降水出现 11 次，最大小时雨强达 92.1 毫米。全市年平均降水量 839.8 毫米，为 1951 年有气象记录以来第 10 位多值，较常年多 169.8 毫米，偏多 25.3%；全市年平均气温 14.8℃，与 1998 年、2014 年并列为 1951 年有气象记录以来第 4 位高值，较常年偏高 1.0℃。全年共发布重要天气报告 69 期、灾害性天气预警信号 132 期、临近预报 121

期、中（高）考气象服务专报11期、春运气象服务专报40期、春耕春播等为农气象服务产品95期。

【气象服务】　制作发布精细化寒潮天气预报，针对济南7个未设气象机构的区（功能区），首次开展分区预警信号发布，共发布8期。推动落实《关于进一步做好气象灾害预警信号发布与传播工作的通知》和极端天气灾害熔断机制。将济南应急气象服务平台接入智慧泉城指挥大厅，将预警信号推送嵌入城市运行管理服务平台，推动气象服务融入济南数字政府建设。建立年、月、周、天、小时天气气候报告制度，开展灾害性天气过程每小时一次临近预报和实况快报，开展灾害性天气复盘总结和多模式不同天气系统的对比检验。与农业农村局联合发布农业气象灾害影响预报10期，合作开展设施农业等"菜篮子"服务。开展章丘大葱、平阴玫瑰等"一县一品"直通式特色服务。在泉水涵养区开展常态化人工增雨（雪）作业321轮次，《济南启动人工增雨缓解旱情、增雨保泉》在央视新闻播出。完成市党代会、国际文化旅游博览会等重大活动气象保障。济南气象科普馆利用"全国防灾减灾日""全国科技活动周""科技工作者日"以及二十四节气等主题开展抖音线上云直播活动。

【气象业务与现代化建设】　中国气象局将济南纳入"十四五"全国12个大城市气象保障服务试点城市之一，"三项任务"纳入中国气象局和省政府战略合作协议，明确在济南建设大城市综合气象观测试验基地。中国气象局专家16人次、省气象局专家50余人次到市气象局指导工作。新建激光雷达、云雷达、微波辐射计等新型探测设备，升级8个国家级天气站。实现环保188个站点气象要素、防汛161个视频监控等数据共享，环境监测站加装雨量传感器。成立泰山山脉气象科学实验团队，启动开展一山一河一城对济南不同尺度天气系统影响研究。加强科技成果在业务中的应用，组织申报省气象局课题5项，1项中国气象局创新发展专项子课题、4项省气象局课题通过验收。在核心期刊发表论文4篇、SCI收录1篇。

【气象法制建设】　完成全市气象部门事业单位机构数和人员编制数核定，印发《济南市国家气象系统事业单位改革试点实施方案》。推动纪检监察体制改革试点工作，建立全市气象部门纪检监督专班，修订完善《中共济南市气象局党组纪检组工作规则》等制度。2项立法工作列入市人大立法计划。

【气象"十四五"规划重点工程开局起步】　黄河流域中心城市气象灾害精细化监测预报工程纳入全市"十四五"重点项目，市政府主持召开2次会议专题安排部署工程建设。济南局地强天气监测预警能力建设工程作为子项目纳入济南城市安全运行工程。

【济南市气象局完成2021年济南市生态气候监测评价报告】　济南市气象局选取济南市具有代表性的104个地面气象观测站资料、气象卫星遥感资料，结合重点区域高分辨率卫星资料，对济南市2021年生态气候条件、生态人居环境、主要水体面积等开展监测评价。结果显示，2021年，热岛强度平均值为+1.8℃，为1998年以来第2位低值。2009年开始城市快速发展，但热岛强度呈下降趋势，这很大程度上得益于城市规划布局建设更加科学合理。2021年，全市热岛强度≥+3℃的热岛面积为626.2平方千米，较2020年增大363.2平方千米。2021年，热岛范围有明显的东扩西伸，这与城市新建成区分布和城市规模不断扩大趋势是一致的。2021年，南部山区≤-3.0℃、≤-5.0℃的冷岛面积分别为571.0平方千米和41.9平方千米。

【做好台风"暹芭"和"7·12"暴雨等灾害性天气气象服务保障】　6月16—22日，济南出现持续性高温热浪天气。济南市气象台15—17日连续三天发布高温橙色预警信号，18—22日连续五天发布高温红色预警信号。6月16—22日连续7天最高气温均超过35℃，其中20日市区国家气象观测站最高气温达到40.0℃，为1951年有气象记录以来第13位高值，为历史同期（6月中旬）第二位高值。区域自动气象观测站16—17日连续2天最高气温超过37℃，18—22日连续5天最高气温超过40℃，其中19日最高气温为43℃。此次高温天气持续时间长、温度高，为近15年来最强高温热浪。

（殷　青）

栏目编辑　魏添乐

【概况】 2022年，市文旅局围绕“举旗帜、聚民心、育新人、兴文化、展形象”使命任务，推动文化繁荣兴盛，新时代文化强市建设迈出坚实步伐。2部电视剧在央视播出，26个舞台艺术作品获国家级省级大奖，“2022东亚文化之都·济南活动年”被文旅部领导批示要求宣传推广，“全民阅读济南模式”成为全国创新成果实践案例，“考古前置”创出全省经验，非遗名城建设走在全国前列，文旅志愿服务获全国青年志愿服务金奖，旅游经济总量稳居全省前列，济南市成为全国首个城市应急广播系统建设试点城市。

【文学艺术】 推出一批艺术精品。话剧《英雄山》、莱芜梆子《烽火绝恋》等多部作品登上舞台，京剧电影《邓恩铭》摄制完成，杂技剧《泉城记忆》等5个节目入选全国杂技展演，曲艺小品《老搭档》入围中国曲艺牡丹奖决赛，《账本》《生日惊喜》入选文旅部首届黄河流域戏曲演出季，市杂技团张云峰入选“全国魔术领军人才培养计划”名单。推出“金秋襄盛会·戏苑绽芳华”喜迎二十大优秀剧目展演、第五届“泉荷奖”优秀青年演员艺术比赛，以“共生世界”为主题的2022济南国际双年展开幕。举办第六期大师之光吴天明青年编剧高级研习班，电影《牛王》获第三十五届中国电影金鸡奖提名，《吴来朝》获第四届中国戏曲电影展优秀电影奖，《麦豆的夏天》入选中国儿童电影百年百部经典，5部电影全国首映，13部电影备案通过。28件作品在全省“美好山东”短视频大赛获奖，4部作品列为省广播电视和网络视听精品奖励项目。

【公共文化服务】 健全现代公共文化服务体系。编制《济南市公共文化设施专项规划（2021—2035年）》。市博物馆（新馆）完成规划选址。新增公共图书馆面积4.6万平方米，新建泉城书房6个、新型阅读空间23个，打造最美公共文化空间20个、泉城文化驿站28家，济南公共文化云平台上线运行。5个区县被命名为中国和山东省“民间文化艺术之乡”，评定市级乡村文化建设样板镇（街道）10个、样板镇村（社区）20个。建成市级和13个区级应急广播平台，4家单位获全省县级广电媒体融合先进典型，济南市做法在全省作典型交流发言。

【丰富群众文化生活】 举办第十二届“书香泉城”全民阅读节，推出“泉民悦读”免费数字阅读、市民荐书、“泉城共读一小时”、图书借阅权限提升等四大行动，打造“爱阅巴士”“书香地铁”等文化新名片，开展各类阅读活动1200余场次，17家实体书店入选省最美书店。累计建成农家书屋4482个，开展“一村一年一场戏”演出4650场，放映农村公益电影50909场，疫情防控期间，开展“云端”文艺活动120余场，为全市有线电视用户免费开放海量视频点播内容。

【文化遗产保护利用】 加强文物系统保护。获批全国重点文保项目计划11项、省级文保项目计划7项、省级以上文物修缮保护方案18项，争取上级资金1835万元实施9项文保工程。完成大峰山古建筑群等一批修缮保护项目，实施齐长城定头崖西山段保护展示工程，建成市级齐长城安全监控平台，洛庄汉王陵列入首批省级考古遗址公园立项名单。召开全市国家文化公园建设推进会，加快推进黄河、齐长城两大国家文化公园建设，编制《齐长城国家文化公园（济南段）文旅研究》，齐长城（锦阳关段）保护利用项目争取中央财政资金8000万元。持续推进考古前置改革，全年完成考古调查勘探发掘340余项，出土文物1314件，考古发掘深度融入文化遗产保护利用的新实践项目获省政府文化创新奖，济南元代家族墓项目获全省五大考古新发现奖。创新文物活化利用。建立红色文化保护传承工作协调机制，完成首批87处不可移动革命文物建档，开展红色文化主题月活动252场，5处革命文物列为第六批省级文保单位。推进非遗活态传承。举办视频直播家乡年、非遗购物节、非遗技能比赛和创意设计大赛等10余项展示展销活动。实施非遗进校园工程，10个项目评为省级非遗传承教育实践基地。认定54家非遗工坊，开展108个省级非遗项目保护单位评定。市中区成为省级“非遗在社区”示范点。承办第七届中国非遗博览会、全国非遗工作会议，非遗名城建设经验得到文旅部主要领导肯定并在全国推广。

【文旅产业发展】 扶持市场主体发展。推出文旅领域助企纾困13条政策措施，建立企业融资需求库，与金融机构合作设立“文化银行”，推出“文创贷”“文旅贷”特色金融产品，78家文化企业获贷款19.8亿元。争取政策红利，2个项目争取专项债券26亿元，9家企业成功申请国家文旅贷款财政贴息，对53家文化企业实施产业资金奖补，累计为300余家旅行社暂退质保金1.4亿余元。全市出版产业集群获省级奖励120万元，27家印刷企业获“绿色印刷中国环境标志产品认证”，1家印刷企业获评国家印刷示范企业。丰富文旅产品供给。爱奇艺、一千零一夜、9363军工文化产业园等一批文旅项目签约落地，明水古城、宋风古城等项目有序推进。百年宏济堂和力诺阳光成为国家级工业旅游示范基地，莱芜区成为首批省级文旅康养强县。推出29条“四季泉城·大美黄河”特色旅游线路、40条四季自驾游线路、25家精致露营地、8条寻泉线路。创建评定全国乡村旅游重点镇1个、国家级旅游休闲街区1个、AAA级以上旅游景区5家、“泉城人家”精品民宿单体165个、旅游民宿集聚区7个、研学基地7个、省级乡村旅游重点村5个、省级景区化村庄33个。激发文旅消费潜力。举办第六届文旅惠民消费季，发放消费券2050余万元，直接带动消费8206万元。推出“泉城夜八点”活动，点亮文旅“夜经济”，获评1个国家级、3个省级夜间文旅消费集聚区。金融助力文旅产业、“泉城手造行”文旅惠民消费活动等做法被文旅部工作专刊录用转发。

【文旅交流与合作】 办好重大活动。开展“2022东亚文化之都·济南活动年”百场系列活动，举办承办网络视听国际传播系列活动暨2022国际短视频大赛、第十一届全国杂技展演开幕式、中华“二安”文化旅游节、2022济南露营季、第八届国际定向寻泉赛等特色节事活动，城市文化旅游影响力不断扩大。加强推介宣传。赴澳门、内蒙古等地开展文旅推介交流活动，成立中国（澳门）影视制作济南工作站，开启文化走出去新模式。联合山东广播电视台推出《诗画72泉》微纪录片，纪录片《城子崖》在央视和省卫视播出。参加央视“品牌强国工程”，在《新闻联播》《朝闻天下》重点时段开展“泉城济南”城市文旅品牌宣传。打造新媒体传播矩阵，在全国地级文旅新媒体传播力指数中，市文化和旅游局新媒体矩阵位列第一。深化区域合作。发起举办省会经济圈文旅航拍大赛、文旅资源线上推介等活动，加快推进省会经济圈文旅一体化发展。加强与内蒙古、甘肃等沿黄博物馆馆际交流，推出《阿拉善蒙古族民俗文物精品展》《临夏史前文化展》《济南市博物馆藏印章珍品展》等精品文物展览。

【文化市场监管】 推进法治文旅建设。严格履行推进法治建设第一责任人职责，举办习近平法治思想专题宣讲活动，开展《济南市旅游促进条例》立法调研，制定《行政执法职权分解和行政执法责任确定目录》。持续优化营商环境，梳理推进“五不”问题解决，行政许可事项实现清单化管理，政务服务事项、依申请办理事项实现“一网通办”“一窗办理”。社会艺术水平考级备案线上办理250余件，覆盖8000余人。强化行业监管治理。加强广播电视宣传管理，组织安全播出大检查，播出秩序不断规范。引导电影市场健康发展，电影票房达

2.5亿元。严格落实新闻媒体审读制度，完成2622家印刷、出版物批发零售企业年度核验，核验换发新闻记者证850个，全市新闻出版统计工作受到中宣部表扬。数字济南文旅建设加快推进，文旅综合监测平台实现省、市、区三级共享，成为全省新型智慧城市特色案例。提升文旅行业服务质量，获评省级文明旅游示范单位3家，评定互联网上网服务营业场所三星级单位15家，评定复核三星级以上饭店22家，举办旅游饭店行业技能竞赛、旅行社从业人员服务质量提升等培训比赛活动。做好打击整治养老诈骗、扫黑除恶、市域社会治理、平安济南建设等工作，开展私设“景点”专项整治行动。严格落实常态化疫情防控措施，筑牢行业疫情防控屏障。全市出动执法人员7万余人次，检查经营单位1.9万余家次，办结案件265起，受理举报145件并全部办结。文化市场综合行政执法支队被授予全国查处重大侵权盗版案件有功集体。守牢安全生产底线。落实安全生产“一岗双责”，制定安全生产提升年行动方案，联合多部门开展安全督导检查408次。开展冬春火灾防控和自建房排查行动，举办行业防灾防汛应急演练，在全市安全生产考核中名列前茅，全市文旅系统全年无安全生产事故。联合多部门开展打击“黑广播”犯罪活动，查缴“黑广播”设备37座。净化网络空间，查处违法违规网站57家，9家单位获评第六批全省“扫黄打非”进基层示范点。协助市纪委开展“泉城清风——庆七一廉洁文化系列活动”等全市性廉洁文化建设活动15项，“市博物馆馆藏廉洁文化主题文物展”观展5万人次。

（刘贵民）

【2项展览分获第六届全省博物馆十大陈列展览精品奖和优秀奖】 市文化和旅游局组织全市博物馆参与第六届全省博物馆十大陈列展览精品评选活动。济南市博物馆等7家文博单位联合举办的《我从汉朝来——文物世界中的汉代济南》获得全省博物馆十大陈列展览精品奖，章丘区博物馆打造的《石上千秋——章丘石刻艺术展》获全省博物馆十大陈列展览优秀奖。

（鹿　云）

【12家乡村（社区）博物馆入选全省首批乡村（社区）博物馆名单】 按照省文化和旅游厅《关于开展2022年全省乡村（社区）博物馆备案认定工作的通知》要求，指导各区县开展认定工作，共推荐20家类博物馆参加全省审核初评。经综合会议评审、现场检查等工作环节，章丘区三涧溪村博物馆等12家乡村（社区）博物馆入选首批山东省乡村（社区）博物馆名单，数量位居全省第一。（鹿　云）

【博物馆设立备案】 2022年市文化和旅游局开展博物馆设立备案工作，研究制定博物馆设立明白纸和指导手册，召开全市博物馆工作会议，培训业务骨干50余人，现场指导类博物馆20余家，全年新增设立备案博物馆11家，其中国有行业博物馆4家，非国有博物馆7家。

（鹿　云）

【“5·18”国际博物馆日宣传活动】 2022年5月18日是第46个国际博物馆日，围绕国际博物馆日主题“博物馆的力量”，市文化和旅游局采取线上线下相结合的方式开展多样宣传活动。联合《济南时报》刊发《释放“博物馆的力量”，赋能济南软实力》国际博物馆日专题报道，开展“百名博物馆长讲宝藏”主题短视频活动和“济南博物馆地图”系列直播活动。全市博物馆共举办70余项主题展览和社会教育活动，营造全民参与博物馆事业浓厚氛围。（鹿　云）

【组织参展第九届中国博博会】 9月1—4日，第九届中国博物馆及相关产品与技术博览会在郑州举办，市文化和旅游局组织全市博物馆参加此次博博会，搭建以“古韵泉城”为主题的济南展区，集中展示全市博物馆事业发展成就，彰显东亚文化之都济南“文润古今 泉甲天下”独特魅力。济南市博物馆获得弘博网评选的第九届博博会最佳展示奖等奖项。（鹿　云）

【馆际交流活动】 2022年，市博物馆引进《阿拉善蒙古族民俗文物精品展》《彩陶风韵——临夏史前文化展》《济淄同城文化巡展：黄河之子 大家妙笔——纪念乍启典先生诞辰100周年书画展》等展出，分别向阿拉善、临夏、临沂输送《奇石妙章——济南市博物馆藏印章珍品展》《博物馆里的宝——济南市博物馆藏精品图片展》《一指定乾坤——济南市博物馆藏扳指臻品展》，博物馆馆际交流进一步扩大。发挥省会经济圈一体化博物馆联盟作用，推出市博物馆《浅谈书画鉴定》线上公益讲座，受到广泛好评。贯穿全年的馆际交流活动进一步促进省会经济圈和黄河流域的文化合作。

（鹿　云）

【打造“泉城文化驿站”】 市文化和旅游局、市教育局创新思维，探索实践，由市文化馆、市成人教育协会具体承办，联合开展“泉城文化驿站”共建行动。确定七色光艺术培训学校等社会机构以及盒阅空间·魏家庄共28家单位入选2022年度首批泉城文化驿站。

（邢　杰）

【开展乡村文化建设样板镇村评选】 为深入实施乡村振兴战略，提升全市乡村文化建设水平，发挥典型示范带动作用，市文化和旅游局组织开展济南市乡村文化建设样板镇村评选工作。最终评选章丘区枣园街道等10个镇（街道）为济南市乡村文化建设样板镇，商河县袁窦村等20个村（社区）为济南市乡村文化建设样板村。

（邢　杰）

【开展群众性小戏小剧创演工作】 开展全市群众性小戏小剧作品征集活动及“喜迎二十大 奋进新征程”——群众性小戏小剧“大擂台”活动，全市共征集创作各类小戏小剧作品近70件，组织专题辅导培训118场次，开展各类线上线下展演活动400余场次。推选优秀作品参与省群众性小戏小剧征集作品评选，获一等奖1个，二等奖1个，三等奖2个。《走过的路》和《秧歌情》两部作品获省群众性小戏小剧“大擂台”活动金奖和铜奖。

（邢　杰）

【推进最美公共文化空间建设】 开展济南市最美公共文化空间评选活动，经过单位申报、区县推荐、专家评审和研究审定，从70余家申报单位中择优选择20家评定为济南市最美公共文化空间，并推选10家单位参评“山东省最美公共文化空间”。“南丰戏楼·国风文化创意馆”获最美公共文化空间大奖，位列全国前20名。另有11家优秀空间分别获得百佳公共文化空间奖、优秀公共文化空间案例和网络人气奖。

（邢　杰）

【开展第十二届“书香泉城”全民阅读节】 推出“泉民悦读”免费数字阅读、市民荐书图书馆采购、“泉城共读一小时”、读者图书借阅权限提升四大全民阅读提升工程亮点行动，创新推出“读·立”沉浸式家庭读书会、阅读+剧本体验、亲子帐篷阅读马拉松等多个全新阅读推广活动形式，全市共计开展各类阅读活动1172场次，更好满足市民群众多样化、品质化、个性化文化需求。

（邢　杰）

【推进泉城书房建设】 2022年全市新建成泉城书房6个，新建成的商河县图书馆市民中心分馆、起步区中科科创园分馆等6个泉城书房陆续对外开放。全市已建成44家泉城书房，累计接待读者430余万人次，借还图书50余万册次，举办各类阅读推广等公益活动2500余场次。

（邢　杰）

【开展群众文艺创作演出活动】 组织全市群众性小戏小剧的创演征集工作。市文化馆舞蹈《梧桐树下》入选第十九届全国群星奖舞蹈类复赛，商河县文化馆广场舞《大河之声》入选第十九届全国群星奖广场舞类决赛，并参加现场展演，市文化馆“群星艺术团”羽商人声乐团获由省文旅厅主办的“喜迎二十大 放歌新时代”山东省群众合唱展演活动二等奖。

（邢　杰）

【开展“2022年暑期艺术服务活动季”活动】 整合暑期公共文化资源，发挥市、区县、街镇三级联动活动效应，以各级各类公共文化场馆和社区综合性文化活动中心为主要活动场地，面向青少年开展包括阅读推广、艺术展演、非遗体验、博物美术展览、公益培训、文化赛事等不同类别的公共文化艺术活动1000余场次，活动期间共推出相关新闻报道110期、510余篇，吸引线上线下300余万名群众参与关注，群众文化满足感不断提升。

（邢　杰）

【5家县乡被命名“山东省民间文化艺术之乡”】 省文化和旅游厅开展“山东省民间文化艺术之乡”评审命名工作。商河县、章丘区、济阳区及其仁风镇、钢城区辛庄街道5家县乡被命名为2021—2023年度“山东省民间文化艺术之乡”。其中商河县位列省“省级民间文化艺术之乡”前十。

（邢　杰）

**【话剧《英雄山》、莱芜梆子《烽火绝恋》搬上泉城舞台】** 2022年5月14日，市舞台艺术创作重点扶持项目——话剧《英雄山》在群星剧场演出，得到各级领导、专家和观众一致好评，国家、省市媒体给予高度关注和报道。该剧由济南市儿童艺术剧院创作排演，以中共济南党史上真实发生却又鲜为人知的革命先驱为原型，以1931年“四五烈士”、1940年长清卧牛寨十五壮士、1948年济南战役三段史实为背景，通过一对出生于济南革命家庭的姐弟在峥嵘岁月中的成长轨迹，讲述济南的党组织的革命斗争和发展壮大的艰辛历程。8月，该剧入选省“十四五”重点文艺创作项目。7月1日，济南市舞台艺术创作重点扶持项目、大型革命题材舞台项目——莱芜梆子《烽火绝恋》汇报演出在莱芜梆子演艺剧场上演。该剧由济南市莱芜梆子艺术传承保护中心创作排演，通过高亢激昂的莱芜梆子唱腔、质朴醇厚的演艺风格，讲述抗日战争期间小铁匠“山子”逃婚参加革命与新娘“英子”战场寻夫、生死相随的动人故事，两人从“被迫结婚”到“彼此牵挂”再到“悬崖赴死”，谱写了一段荡气回肠的旷世绝恋，生动展现鲁中地区人民英勇杀敌，不畏牺牲的家国情怀。

**【文化惠民演出活动】** 2022年，市属7家国有文艺院团完成各类演出1395场，实现演出总收入1457万元。其中，以城市剧场为主要演出阵地，举办“戏聚周末”“亲子剧场”“曲山艺海星乐汇”等“泉城大舞台”品牌演出210场；采取政府购买服务方式，组织市属7家文艺院团深入全市15个区县和功能区举办“深入生活·扎根人民”公益演出走基层活动399场，超额完成2022年度演出任务。开展济南市“一村一年一场戏”免费送戏工程。全年共举办“一村一年一场戏”演出4901场，其中进行政村演出4792场，年度演出覆盖率100%。

2022年5月14日，市舞台艺术创作重点扶持项目——话剧《英雄山》在群星剧场汇报演出

（市文化和旅游局　供稿）

**【莱芜梆子《家住小清河》入选2022年度山东省舞台艺术青年人才创作项目】** 11月16日，省文化和旅游厅印发《关于公布2022年度山东省舞台艺术青年人才创作扶持项目入选名单的通知》，济南市莱芜梆子艺术传承保护中心（莱芜梆子剧团）申报的大型戏剧——莱芜梆子《家住小清河》榜上有名，这是自该项目启动以来，济南市连续5年有优秀舞台艺术作品入选。莱芜梆子《家住小清河》是一部大型现实题材舞台艺术作品，讲述了家住小清河边的船工许航河在经历了小清河新船试航的辉煌、河水断流的沮丧、航线停运的失落以及妻子内涝时丧生和小妹自惩式不婚等人生坎坷后，面对新世纪小清河的综合治理、新时代小清河的涅槃重生，许航河以其坚韧、包容、不屈的品格，影响、带动、改变着自己及家人的种种选择，最终走向美好未来的感人故事。该剧从平凡人物、普通家庭着眼，结合山东本土对黄河流域生态保护和高质量发展重大国家战略的推进，从百姓生活中提取出“一方水土一方人”的人文价值，讴歌时代，赞美生活，努力实现现实题材戏剧观照现实的艺术价值。

**【入选“厚道齐鲁地 美德山东人”主题情景小剧征集活动】** 5月，省文化和旅游厅公布“厚道齐鲁地 美德山东人”主题情景小剧创作展示活动10部推荐剧本，并买断剧本版权，面向全省公开发布，组织开展优秀作品征集活动。市文化和旅游局申报的小戏《磨剪子嘞戗菜刀》和《生命颂歌》两个剧本入选。9月15日，省文化和旅游厅公布活动获奖名单，济南市曲艺团创排的小品《生命颂歌》被评为“厚道齐鲁地 美德山东人”主题情景小剧优秀作品，济南市莱芜梆子艺术传承保护中心的小戏《磨剪子嘞戗菜刀》、济南市吕剧院的小戏《磨剪子嘞戗菜刀》和济南市儿童艺术剧院的话剧短剧《生命颂歌》被评为“厚道齐鲁地 美德山东人”主题情景小剧入围作品。

**【青年戏曲演员获戏曲红梅大赛一等奖】** 6月26日至7月1日，由中国（黄河流域）戏剧联盟、省文学艺术界联合会、聊城市政府共同主办的第五届中国（黄河流域）戏曲红梅大赛在山东聊城举办。来自济南市属国有文艺创作演出单位的4位优秀青年演员获第五届中国（黄河流域）戏曲红梅大赛一等奖。济南市京剧院刘珊珊表演的京剧《白蛇传》“断桥”一折、济南市吕剧院何瑞雪表演的吕剧《铡刀下的红梅》“壮志迎朝阳”选段、济南市莱芜梆子艺术传承保护中心（莱芜梆子剧团）李伟表演的莱芜梆子《江姐》“寒风扑面卷冰霜”选段以及济南市豫剧团（济南市山东梆子剧团）刘元新表演的《仇亲》改判一折，分获大赛一等奖。

**【京剧小戏《账本》和莱芜梆子小戏《生日惊喜》参加2022年首届黄河流域戏曲演出季展演】** 2022年首届黄河流域戏曲演出季由文化和旅游部艺术司、省文化和旅游厅、东营市政府共同主办。6月28日，市京剧院京剧小戏《账本》和市莱芜梆子艺术传承保护中心的莱芜梆子小戏《生日惊喜》在百花剧院亮相。京剧小戏《账本》获济南市第十届精神文明建设“文艺精品工程奖”优秀作品奖、2015年度国家艺术基金资助项目、2017年度国家艺术基金小型剧（节）目作品滚动资助项目。《生日惊喜》入选2020年度山东舞台艺术青年人才创作扶持项目，获2021年山东文化艺术节“优秀小型剧节目”奖。两部剧主题突出，立意明确，都来自基层，以基层观众喜闻乐见的形式和语言，贴近观众、贴近生活，具有一定的观赏价值和教育意义。

**【济南9部剧目入选“喜迎二十大 奋进新征程”全省优秀剧目展演】** 省文化和旅游厅定于党的二十大召开前后，举办“喜迎二十大 奋进新征程”全省优秀剧目展演。经地市推荐，专家评审，全省共55部剧目入选“喜迎二十大 奋进新征程”全省优秀剧目展演。济南市有9部剧目入选，入选数量居全省首位。入选剧目分别为济南市京剧院《邓恩铭》，济南市莱芜梆子艺术传承保护中心《红柳绿柳》《烽火绝恋》，济南市儿童艺术剧院《宝贝儿》《英雄山》，济南市歌舞剧院音乐剧《不一样的焰火》，济南市杂技团杂技剧《红色记忆》，济南市吕剧院《逼婚记》《生命日记》。既有缅怀革命先烈、传承革命精神的红色题材作品，又有扎根火热生活、讴歌伟大时代的现实题材作品，彰显济南市文化形象，丰富市民文化生活。

**【举办“泉荷奖”济南市第五届优秀青年演员艺术比赛】** “泉荷奖”济南市第五届优秀青年演员艺术比赛由市文化和旅游局、市总工会、市妇联、团市委共同举办，面向市属艺术院团、市文化馆、各县区文化馆从事表演艺术的青年专业人员，首次向驻济高等院校的青年教师、在校研究生和应届毕业生敞开大门。大赛分预赛、初赛和决赛三个轮次，预赛由各参赛单位自行组织，初步筛选并录制视频，推荐参加全市初赛。共有259名选手参加初赛，初赛采取邀请专家审看录像视频的方式进行，最终遴选出198人进入决赛；10个艺术门类的11场决赛先后在群星剧场、宝贝剧场、莱芜梆子演艺剧场、省会大剧院、铁路文化宫举办，评出一等奖57人、二等奖72人、三等奖57人。在此基础上遴选出11名十佳演员，并授予李超“泉荷奖”大奖演员称号。

**【举办“金秋襄盛会·戏苑绽芳华”喜迎党的二十大济南市优秀剧目展演】** 8月下旬至9月下旬，济南市举办“金秋襄盛会·戏苑绽芳华”喜迎党的二十大济南市优秀剧目展演。展演由市委宣传部、市委市直机关工委、市总工会、市文化和旅游局联合主办，济南市属7家国有文艺院团和济南市文化馆共同承办。展演遴选话剧《英雄山》，莱芜梆子《烽火绝恋》《新娘》，音乐剧《不一样的焰火》，京剧《邓恩铭》，杂技剧《红色记忆》等10台市属国有文艺院团创排的讴歌党、讴歌祖国、讴歌人民、讴歌英雄的优秀舞台艺术作品，分别在省会大剧院、群星剧场、宝贝剧场、莱芜梆子演艺剧场、铁路文化宫等各大剧场上演16场，营造全市喜迎党的二十大良好氛围。

【实施“济南市文化艺术优秀人才百人行动”】 根据省文化和旅游厅相关艺术人才政策和全市艺术人才工作实际需求，对现行“引进培养扶持文化艺术优秀人才百人行动计划”进行修改调整。2022年8月，“济南市文化艺术优秀人才百人行动”纳入市委、市政府颁布的“济南市人才政策双30条”，内容包括“艺术大师”“艺术名家”“高层次艺术人才”“青年艺术之星”“优秀民间艺人”和“优秀艺术人才团队”六类项目，其中单个项目最高扶持资金300万元。9月，正式启动实施“济南市文化艺术优秀人才百人行动”，从全国引进并成立于魁智艺术大师工作室，从全省引进并成立杨琨、翟萍、赵宇、张美娟、姚忠贤、李长生、孟兆庆、孔铁8个艺术名家工作室，从全市国有艺术创作演出单位认定邢寒冰、陈胜平、王栋、李赛、马良、杨天阳、张明亮、赵窍窍、靳雨蒙、孝楠10名青年艺术之星。

（陈树娟）

【提升文物保护质量】 加强重点文物保护。争取中央、省级资金1835万元，用于支持灵岩寺千佛殿屋顶保护修缮工程等9项文物保护工程。获批全国重点文物保护单位文物保护项目计划11项、省级文物保护项目计划7项。完成大峰山古建筑群修缮保护工程、洪家楼天主教堂修缮保护工程，五峰山洞真观古建筑群等文物保护工程正在实施。开展乡村文物保护工程。完成北桥观音堂、西田广龙王庙、靳庄真武阁、田东古墓修缮保护工程。推进考古遗址公园建设。城子崖遗址西城垣保护展示项目方案编制完成并获审批通过；城子崖遗址北城壕东段保护修缮设计方案在修改完善中。城子崖遗址南城垣4号探沟保护修缮工程项目计划获国家文物局批复。大辛庄考古遗址公园项目用地完成考古调查勘探，遗址保护规划在编制中。洛庄汉王陵考古遗址公园被评定为第一批省级考古遗址公园立项名单。组织编制文物修缮保护方案，加强文物项目储备。津浦铁路局济南机器厂旧址等18项省级以上文物修缮保护方案编制完成并审批通过。（赵英梅）

【加强齐长城保护利用】 齐长城重要点段长清区定头崖西山段保护展示工程启动施工。完成齐长城遗址隐患和安全排查工作，编制6项抢救性保护申请计划书上报省文化和旅游厅。推进市、区齐长城安全监控平台建设。市级和章丘区、长清区、南部山区、莱芜区等区级监控平台建设完成。新设立齐长城保护标志碑3处，世界文化遗产标志碑1处，界桩11个。与市人力资源和社会保障局联合开展齐长城巡护公益性岗位开发工作，共招聘264名公益性岗位。（赵英梅）

【考古前置工作】 做好考古前置工作。出具供地意见303个；实施完成考古调查293项，面积2587万平方米；完成考古勘探41项，324万平方米；发掘项目完成9项，出土文物1724件。考古发掘深度融入文化遗产保护利用的新实践项目获省政府文化创新奖，济南元代郭氏家族墓地项目获山东省五大考古新发现奖。

（赵英梅）

【强化文物基础工作】 联合市住建局、自然资源局下发《关于在城乡建设中做好历史文化保护传承工作的通知》，部署区县加强历史文化保护传承监管。小广寒电影院旧址等4项文物保护利用成果获文物建筑保护和活化利用示范案例。开展全市石刻文物拓印清查整治行动和碑刻石刻文物摸底调研，遴选推荐名碑名刻32处。向自然资源等8个部门函告全国重点文物保护单位保护范围和建设控制地带及市级以上文物保护单位最新信息。组织参加省文物职业技能竞赛暨全国文物行业职业技能大赛山东省选拔赛，获优秀组织奖，市考古研究院邢琪获考古探掘项目二等奖。（赵英梅）

【举办第七届中国非物质文化遗产博览会】 8月25—29日，第七届中国非物质文化遗产博览会在济南举办。博览会设有“新时代新成就”党的十八大以来全国非遗保护成果展等4个板块，举办构建中国特色非遗理论与实践研究体系高端论坛、非遗策展论坛暨传播案例分享会等学术交流活动及分会场活动，共有全国各地332名非遗传承人、284个非遗项目参展参演。在人员限流的情况下，5天时间内近10万人次参与线下活动，直播观看、话题互动、媒体阅读等线上参与累计1.48亿人次，新华社、《人民日报》、央视《新闻联播》、《光明日报》等国家级媒体给予关注报道。同期举办全国非遗工作会，全国各省市非遗工作者、专家120余人参会。

（吴晓雪）

**【举办参与大型非遗展示传播活动】** 举办“2022视频直播家乡年”活动。全市共有86位非遗传承人在活动中通过抖音、微博等平台开设125个账号发布短视频或进行直播。各级非遗项目传承人创作的与“年文化”相关短视频，浏览总量达380万人次，点赞量高达3万人次。举办“济南非遗购物节”。2022年“文化和自然遗产日”暨济南非遗购物节，各区县共遴选500余种产品，涉及60余种非遗项目，110余个店铺参与活动，75家经营者参与现场展销活动，参与非遗购物节店铺线上、线下累计销售额近千万元。组织参加2022山东省旅游发展大会“山东手造 济宁好礼”文创旅游商品展。共推荐75件（套）文创旅游展品参展，得到领导好评。举办济南市非遗宣传月活动，配合第七届中国非遗博览会，举办非遗技能比赛、非遗创意设计大赛等活动，近千人参与，设6个级别10个赛道，评选出117个获奖作品，提升济南非遗影响力。组织10个非遗项目参加龙湖天街庙会，推进非遗与时尚融合，走进青年人生活。指导

2022年8月25—29日，由文化和旅游部、省政府共同主办的第七届中国非物质文化遗产博览会在济南举办

（市文化和旅游局 供稿）

县区、单位举办特色展示活动。与市非遗保护协会合作，组织14个项目入驻大观园，打造大观园非遗展示基地；指导天桥区开展“文化济南——泉城行”暨“文化天桥——非遗行”传统文化主题活动；春节、元宵节期间，平阴玫瑰小镇举办的“乡村过大年 民俗体验季”活动和翟庄村举办的第二届黄河河灯艺术节，较好地展示黄河历史文化，提升了黄河文化影响力。（吴晓雪）

**【推进非遗工坊建设】** 2022年，指导12个区县完成非遗工坊认定工作，54家非遗工坊经区县文化和旅游局、乡村振兴局、人力资源和社会保障局联合认定。在此基础上，市级三部门联合公布35家市级非遗工坊项目库，“济南友谊葫芦非遗工坊”“山歌糊香花生油非遗工坊”入选山东省首批省级非遗工坊。“济南友谊葫芦非遗工坊”入选文化和旅游部非遗工坊典型案例。

（吴晓雪）

**【成立东亚文化研究智库及三大交流平台】** 1月1日，“东亚文都·天下泉城”“2022东亚文化之都·济南活动年”东亚文化研究智库及交流平台成立仪式在省会大剧院举行。该次活动在文化和旅游部指导下，由省文化和旅游厅、市文化和旅游局、市政府外事办公室、中国共产主义青年团济南市委员会、韩国庆州市文化艺术科、日本大分县艺术文化体育振兴科、山东财经大学中日韩研究院主办。市文化和旅游局与山东财经大学共同成立东亚文化研究智库，已拥有中日韩20余个成员单位。活动现场，“2022东亚文化之都·中国济南活动年”三大交流平台先后成立。“东亚文化之都”城市新媒体联盟，在推动中华文化走出去的同时，向世界传

递东亚文化，表达东亚声音，传播东亚形象，成为亚洲命运共同体重要推动力。中国对外文化集团中演山东分公司联合境内外有关合作单位共同发起成立亚洲剧院艺术交流联盟，推进优秀演出作品“走出去”，传播中国文化，讲好中国故事，并在成员单位间充分发挥“融合”作用，为城市搭建国际交流与合作的平台和走出去的舞台。“东亚文化之都”高校青年文化交流志愿者联盟从自身做起，加强文化认同、开阔文化视野、提升文化自信，积极参与中外文化交流活动，用国际传播通用语言和符合用户习惯的叙事方式，创新国际文化“传播路径”，促进互相理解、互相尊重和达成共识。

【迪拜世博会中国馆“山东活动周·济南日”】 3月23日，迪拜世博会中国馆“山东活动周·济南日”开幕，活动主题为“魅力济南，泉映世博”，是济南首次以“城市日”形式登上世博会舞台。市文化和旅游局举办线上推介，向世界展示济南“山、泉、湖、河、城”的诗情画意和文脉绵长。开幕式上，济南市情宣传片《最好的济南》以画面语言讲述泉城故事，展示泉城人文风貌、科技发展、特色产业、投资环境和发展前景，趵突泉、五龙潭、大明湖、雪野湖、华山湖、千佛山、百花洲以及龙山文化、灵岩寺、四门塔、辛弃疾、李清照、秋柳诗社、老舍，瑞蚨祥、宏济堂、泉城书房、民宿等诸多济南文旅元素一一呈现。

【“2022东亚文化之都·中国济南活动年”开幕式】 开幕式于4月26日举行，中日韩各界人士和东亚文化之都成员城市相关代表通过线上同步参与。开幕式上还分别为山东手造中日韩交流基地和东亚文化之都交流活动基地授牌。两处交流基地将推动城市文化体系建设、城市文化与旅游空间建设、城市形象塑造，充实城市文化内涵，提升城市文化品质，增强城市文化自信，推动城市有机更新和转型升级。

【国际青年交流大会】 5月13日，首届国际青年交流大会在济南举行。大会以“青春山东、共享未来”为主题，旨在搭建全球青年深化交流的常态化高端平台，更好发挥全球青年力量，促进落实全球发展倡议、安全倡议，服务构建人类命运共同体。大会采用线上线下相结合方式举办，全程线上直播。除济南主会场外，北京市和山东省16个城市均设置了分会场，线上开通260余个端口，为中外各界朋友共叙友谊、共谈合作、共话未来架起桥梁。

【黄河湾国际青年经济论坛】 5月13日，“黄河湾国际青年经济论坛”在济南开幕。该论坛旨在打造国内综合性国际青年交流平台及“永不落幕”的国际青年交流盛会，与会专家学者就青年发展、全球化进程新方向、气候变化等议题分享智慧观点，碰撞思想火花，共同推动全球可持续发展。

【中国（山东）跨境电商交易博览会】 6月16—18日，首届中国（山东）跨境电商交易博览会在济南举行。首届中国（山东）跨境电商交易博览会、山东省海外仓综合服务平台启动。大会以“跨境新通道 内外双循环”为主题，邀请广东亚太电子商务研究院院长陈海权、阿里巴巴集团副总裁张阔分别围绕“跨境电商行业趋势及发展机遇”“数字出海 货通全球 打造数字化出海口”主题进行分享，来自纵腾集团、中国建设银行、中国邮政集团、安克创新、山东外贸职业学院等单位嘉宾围绕“海外仓助力中国企业布局国际营销体系”主题进行对话交流。

【中国—加勒比发展中心揭牌成立】 7月6日，中国—加勒比发展中心揭牌仪式暨中国—加勒比发展交流会在山东大厦举行。活动发布3个合作项目，分别是中国—加勒比发展中心向加勒比国家提供抗疫物资、中心与圭亚那开展海洋渔业培训合作、中心国际信息交流平台上线。

【2022日本（山东）进口商品博览会】 作为“2022东亚文化之都·中国济南活动年”重要活动之一，7月15日，为期4天的2022日本（山东）进口商品博览会开幕。博览会以“抢抓发展机遇、共创美好未来”为主题，助力济南市创建国际消费中心城市，激发消费增长动能，增强省会消费吸引力和辐射力；进一步夯实济南和日本交融互鉴的深厚基础，不断扩大山东省与东亚地区特别是与日本的经济贸易合作，推动济南在更高水平开放的基础上形成良性循环。

2022 年 9 月 15 日至 19 日，第三届中国国际文化旅游博览会在山东国际会展中心举办

（济南文旅发展集团　供稿）

**【“韩潮忆夏 舞动泉城”中韩建交 30 周年特别活动】** 8 月 27 日，“韩潮忆夏 舞动泉城”中韩建交 30 周年特别活动在济举办，多个健身操广场舞表演团队惊艳“亮相”。活动现场，韩旅局为大家准备平行时空的沉浸式服装拍照区、韩剧中的明洞美食体验区、创意时尚手作区、传统游戏体验区、飞盘游戏竞技区以及以 ESG 理念为引导的亲环境展示区。现场还设有 60 余张韩国代表性景点照片展，游客们体验了一次不出国门的穿越旅行。活动为疫情之后中韩民间交流的复苏延展奠定基础。

**【第三届中国国际文化旅游博览会】** 9 月 19 日，第三届中国国际文化旅游博览会、首届中华传统工艺大会在济举行，由中国文化产业协会、中国旅游协会主办，省文化产业发展协会、省旅游行业协会承办。以“博览中华手造、共享文旅盛会”为主题，设置山东国际会展中心、山东手造展示体验中心两大会场，众多颇具特色的中华文创品牌展出最具代表性的文化元素；来自法国、尼泊尔、加纳、土耳其等 20 余个国家的手造精品和特色文化产品也集中亮相，让观众纵赏全球不同文化风情。

**【第十届济南国际泉水节】** 9 月 6 日，济南国际泉水节拉开帷幕，活动时间历时一个月，是历届国际泉水节举办周期最长的一次。该届国际泉水节由市政府主导，市委宣传部指导，济南日报报业集团牵头主办，济南广播电视台、济南文旅发展集团有限公司联合主办，市城乡水务局、市文化和旅游局、市政府外事办公室特别支持。从多个角度综合考虑，确定“助创典范城 彰显软实力”主题。花车巡游是泉水节的经典品牌项目，也是每年国际泉水节颜值担当，在抖音热榜同城榜单中，关于济南国际泉水节花车巡游的视频热度近 200 万人次。特别是 9 月 10 日中秋夜的花车夜巡，色彩绚烂的花车与圆月完美融合，将花车巡游活动推向高潮。作为敬泉盛典系列活动之一，“‘泺源论坛·泉畔对话’——中外推荐官眼里的济南”活动是 2022 年国际泉水节的新亮点，以泉为媒，邀请中外“泉城推荐官”汇聚一堂，感受泉城之美，畅谈“泉城之变”，全面客观地向世界介绍济南、推介泉城。四位中外“泉城推荐官”围

2022 年 9 月 6 日，“涌泉相报”2022 敬泉盛典在济南趵突泉畔举办　（魏　华　摄）

绕“山、泉、湖、河、城”独一无二的泉水文化，就护泉保泉、泉水与城市的关系、泉水文化对外传播等话题展开探讨。特别策划“千泉之旅休闲体验游”活动。邀请市民通过“游泉打卡”微信小程序实地打卡济南名泉，使用微博“来济南寻泉吧”参与话题互动，以线下寻泉觅泉、线上打卡分享相结合的方式体验泉水生活。全民线上“诵泉诗”、千名“泉娃”传诵泉文化、“济南泉·城文化景观”考古成果图片展、“千泉之城”系列图书发布暨济南名泉影像展、拜月大典、汉服秀、定向寻泉、星座健康跑、泉水制香等活动，遍及五龙潭、府学文庙、大明湖、黑虎泉、玉符河、大观园、印象济南、泺口黄河，给市民和游客带来欢乐体验。

【参加第十八届“世界历史都市会议”】 11月14—16日，第十八届“世界历史都市会议”在韩国安东举行，作为2022年东亚文化之都当选城市，济南市受邀参加。世界历史都市联盟成立于1987年，由日本京都市倡议，有65个国家和地区的122个会员城市。世界历史都市大会（世都会）原则上由会员城市每两年轮流主办一次。该次联盟会议以“线上＋线下”相结合形式进行。山东财经大学校长、山东财经大学中日韩研究院院长，东亚文化研究智库首席专家赵忠秀发表以“可持续发展的未来型历史城市”为题的主旨演讲，共同交流探讨历史文化遗产保护利用问题，进一步增进各城市间的相互了解、互学互鉴。

（侯　静）

## 新闻出版

【落实农家书屋内容】 2022年，对全市农家书屋情况进行彻底摸底、统计，全市有行政村庄4797个，建成农家书屋4482个。在槐荫区召开农家书屋正规化建设现场会，实地参观槐荫区农家书屋，学习农家书屋4项指标、标准化设施、科技联网、正规划管理等方面情况。筹措书籍，共捐书1408册，发放到各区县农家书屋。得到省委宣传部版权处支持，为济南市捐赠108包新书《习近平扶贫故事》，价值20.22万元，满足农家书屋需求。先后4次组织省内记者作家、读书会成员到农村农家书屋中分享读书对生活的影响和意义。开展“中国农家书屋”微信活动“我的书屋我的梦”“新时代乡村阅读季”等活动，共发微信4万余条推文信息，向“中国农家书屋”微信公众号发稿件300余篇。协调《法制文萃报》对莱芜区、章丘区、长清区、平阴县4区县、12个村庄的农家书屋进行采访报道，在《法制文萃报》发专题报道5篇，扩大济南农家书屋影响。组织参加《我的书屋我的梦》中、小学艺术比赛，以各区县农家书屋为平台，共征集参赛作品560余件，从中推荐60余件作品报送。

（版权处）

【加强版权宣传普及】 推进版权强国建设，做好2022年知识产权宣传周相关工作。在第22个世界知识产权日，充分利用市文化和旅游局微信公众号、微博、抖音公众号播放版权公益广告的形式开展宣传，围绕“全面开启版权强国建设新征程”主题宣传版权保护的重要意义，宣传“十四五”期间版权工作的思路、目标、任务和举措，提高企业和社会公众知识产权保护意识。在市民中开展版权保护知识答题活动，宣传版权保护相关知识，为版权宣传周营造良好氛围。

（版权处）

【济南日报报业集团】 济南日报报业集团（以下简称“济南报业”）以习近平新时代中国特色社会主义思想为指导，深入学习贯彻党的二十大精神，充分发挥党报集团主力军、主渠道、主阵地作用，全面落实“1+395”工作体系，加快推进媒体深度融合，聚力服务全市中心工作，加快高质量发展，各项工作迈上新台阶，包括“理响泉城”品牌矩阵建设、“领航——济南市学习宣传贯彻党的二十大精神巨报展”、济南国际泉水节、济南国际传播中心建设、“新黄河”客户端全国影响力打造等工作被写入市委十二届二次全会工作报告和2023年市政府工作报告。各媒体紧紧围绕党的二十大、习近平总书记考察济南4周年、省市党代会、四级两会、提升城市软实力等重大主题，做好新闻宣传和舆论引导工作。新闻宣传质量不断提升，2022年再次获得国内新闻界最高奖——中国新闻奖，创造济南报业历史上两件作品同时登榜的新纪录。

（鹿振林　郭歌　鞠鹏）

【完成党的二十大宣传报道任务】 选派骨干采编力量作为大会注册记者进北京参与党的二十大报道工作，开设“直通北京·现场声”等数十个专题、专栏，创新推出近百个新媒体产品，各媒体全网发布稿件4700余篇，总点击量达4.18亿人次，阅读量达“十万+”“百万+”“千万+”新闻产品不断涌现。策划推出《领航——济南市庆祝党的二十大胜利召开特别报道》，连续出版7天，共148个版；二十大闭幕后，立即推出228个版的《领航——济南市学习宣传贯彻党的二十大精神巨报展》，先后在泉城广场、龙奥大厦北大厅展出，并开展“二十大精神在基层”区县融媒·发布汇巡访活动，举办济南市学习宣传贯彻党的二十大精神知识竞答活动，推动全市党员干部群众认真学习宣传贯彻二十大精神。《新黄河·济南时报》以新媒体手段落实“正能量实现大流量”目标要求，通过央视频、微博、微信、头条号、澎湃号等全媒体矩阵发布形式多样新闻产品，打造出一批内容精良、形式创新、传播有力的精品，原创产品全网点击量超3亿人次，多个原创话题阅读量破千万人次。舜网开设网中网报道专区和9个大型融媒体专题，累计发布稿件近千篇，点击量1500万人次。爱济南新闻客户端（以下简称“爱济南”）精心策划推出《AI播报》，上线虚拟主播“泉小荷”，打造虚拟演播室，辅以“画中画”和权威解读文案，数字化、可视化解读二十大报告。

（鹿振林　郭歌　鞠鹏）

【推出习近平总书记考察济南4周年系列报道】 《济南日报》推出“牢记嘱托担使命 开创新局走在前”全媒体系列报道，高标准采写制作一系列综述报道、成就回顾、理论专访、图片专版，创新推出“济南答卷”视频综述产品及手绘互动长卷。《新黄河·济南时报》开设“走在前 开新局”大型专题报道，推出海报集、长图、动画、短视频等新媒体产品，累计刊播报道235篇，总点击量超2亿人次。舜网推出“沿着总书记的足迹”等主题报道，策划制作专题专栏46个，累计访问量超过3700万次，营造浓厚网络舆论氛围。“爱济南”在头条频道显要位置开设“沿着总书记的足迹”专题，综合运用文图直播、短视频、深度报道等方式唱响主旋律。

（鹿振林　郭歌　鞠鹏）

【完成省市党代会和各级两会宣传报道】 济南日报社抽调骨干力量组成报道团队，首次策划出版市党代会特刊《新征程 走在前——中国共产党济南市第十二次代表大会特别报道》，刊发46个版，彰显党报担当作为；完成四级两会宣传报道任务，推出极简版政府工作报告等；结合融媒呈现形式推出《向人民汇报》特刊。全国两会期间，《新黄河·济南时报》特约10位全国政协委员成为“新黄河特约委员记者”；与国内头部媒体联动推出H5产品“江山如此多娇 沿着总书记的足迹看中国”，全网阅读量突破1.3亿人次，获赞7000余万次，得到中宣部认可和表扬；省市两会期间，推出的“一路解会”“新黄河AI读报告”等特色内容备受好评。“爱济南”与12家副省级城市党端一道，共同推出“春风十万里 奋进看中国”大型融媒体联动活动，覆盖人群超5亿人次，微博话题阅读量近3000万人次。

（鹿振林　郭歌　鞠鹏）

【战“疫”报道】 济南报业组织调度各媒体平台做好疫情防控宣传报道工作，形成战“疫”宣传报道强劲合力。高标准报道好省、市疫情防控新闻发布会，及时准确发布省委省政府、市委市政府有关疫情防控的决策部署以及确诊病例、流调信息等，深入报道各级各部门抗疫情保民生促发展举措，发稿3.3万篇，点击量破5.1亿人次。

（鹿振林　郭歌　鞠鹏）

【助力城市软实力提升】 济南日报根据“十大之城”重点工作，分10个方面，每天采取“1个述评稿+1个整版解读稿”形式发稿；“理响泉城”栏目在重要版面和位置策划刊发“城市软实力专家谈”系列访谈；“济南发布”客户端设立专题，同时制作新媒体产品进行宣传。新黄河·济南时报推出“城长”大型融媒报道专题，开展“十大之城”街采系列报道，推出两大融媒精品栏目《济南记忆》和《海右电台》。舜网制作并上线“提升软实力 创建典范城”专题，累计浏览量110余万次。“爱济南”开设专题专栏，点击量420余万人次，重点稿件在“学习强国”、今日头条、新华网等平台发布，总点击量过千万人次。

（鹿振林　郭歌　鞠鹏）

【共建强省会活动】 济南报业以实际行动深入贯彻落实省市党代会精神、全市“提升城市软实力 创建文明典范城”动员大会精神，策划开展“社长总编走基层”活动，由社长、总编辑带队，通过大走访、大调研，深入了解各区县（功能区）在强省会建设中破题起势的具体举措和实际成效，并通过全媒体报道做好大调研、大走访各项成果展示。启动“共建强省会”企业服务基地系列活动，与济南建工集团、城发集团、文旅发展集团等分别联手打造“共建强省会”企业服务基地，在项目、产业、活动等方面进行更深入合作，集聚更多优质资源，展现国企集团在强省会建设中的担当作为。

（鹿振林　郭歌　鞠鹏）

【打造“理响泉城”品牌矩阵】“理响泉城”品牌矩阵正式发布并启动，打造由市、区县（功能区）、乡镇（街道）三级联动全新格局，为党的理论创新开辟一条新途径。智库持续优化扩容，平台汇聚近300名国内、省内专家学者，形成一大批高水平研究成果、决策参考意见和专业理论支撑。发挥品牌矩阵“学习宝库”“决策智库”优势，与市委党校等开展融媒共建合作。加强理论宣讲，讲好济南故事，平台在市级层面总统筹，成立领导干部宣讲团、党史学习教育宣讲团等10支宣讲队伍，举办“中国梦·新时代·新征程”百姓宣讲比赛1258场次，培养和涌现出一大批会讲济南故事的优秀宣讲人才。加大融媒产品开发、创意和传播力度，打造微信大V号，邀请国内知名媒体人、相关专家学者撰写雄文，将传统媒体报道在大V号进行二次创作，使之更具可读性、传播力。推进党的二十大精神研究宣传阐释工作，策划选题，组织权威专家，开设专栏进行解读、阐释，拍摄“云课堂”短视频，让党的二十大精神入脑入心。

（鹿振林　郭歌　鞠鹏）

【开设品牌栏目】创设《海右新论》品牌栏目，聚焦全市中心工作、重点任务、重大事件以及市民群众关心的热点问题，用新媒体的语言、市民化的表达、多媒体的形式来评论，创作一批接地气、群众喜闻乐见的新闻作品。进一步擦亮“趵眼”时政品牌，“趵眼”深度观察团队进一步提高站位、提升标准，从政治高度、报道主题、采写形式、行文内容等方面严格要求、开拓创新，做好时政深度报道，传递党报声音。孵化培育网络大V，打造“五柳岛主”“说政事儿”“躬耕历山”三个公众号品牌，为讲好济南故事、塑造济南形象发挥重要作用。

（鹿振林　郭歌　鞠鹏）

【深度推进媒体融合】济南报业依托自身宣传优势、平台优势、资源优势等，加快推进媒体深度融合，打造新型主流媒体。对媒体融合分类施策多元探索，积极构建全域全媒新生态，深度嵌入省市经济和社会发展。截至2022年年底，已形成以“六报一网五端三中心”（《济南日报》《济南时报》《都市女报》《当代健康报》《人口健康报》《经济观察报》，舜网，“新黄河”客户端、“爱济南”客户端、“济南发布”客户端、“舜时针”客户端、“健康山东 Healthy”客户端，济南融媒体中心、济南市新时代文明实践中心、济南国际传播中心）为核心，以运维的百余个微信公众号、微博、网站、客户端、微信小程序为辅助，以遍布济南城区的地铁平面及车体广告资源、党报阅报栏和电子屏、广场大屏等为线下支持的全媒体矩阵，总粉丝量过亿人。

“新黄河”客户端下载装机量突破5200万次，全媒体矩阵用户7160万人，直播分发媒体417个，每日全网阅读数超1.6亿，记者的采访足迹和报道触角覆盖北京、上海、天津、河南等全国10余个省（直辖市）。

《济南日报》整合新闻采编资源，打造一体策划、一次采集、多种生成、全媒传播的采编体系，初步形成以济南日报为龙头，以“济南发布”客户端、微信公众号、抖音号、强国号等融合传播的全媒体矩阵；在抖音平台开设“济南记忆”新媒体账号，在文史领域做大做强影响力，连续数月位居济南文史领域抖音号热度第一。

舜网形成集PC网站、手机移动站、手机报、微博、微信、舜网小程序、“舜时针”客户端、5G消息在内的自有传播矩阵；研究新技术，持续推动媒体融合新发展，开发完成“舜网积分商城SaaS平台”和“舜网智能化新媒体内容风控监测与治理平台”等；内容风控平台的智能审核能力达到生产可用，已接入“爱济南”评论审核工作；打造5G消息融媒服务台，以5G消息作为行业场景的入口，凭借用户群体的高覆盖和简捷的操作流程，成为党和政府联系群众、服务群众、凝聚群众的重要渠道。

“爱济南”作为全国最具影

响力主流媒体新闻客户端十强，向着“济南政务信息第一移动发布平台”“智慧济南的移动便民服务平台”等目标稳步迈进，以央媒工作站、城际联动为代表的传播矩阵和运营模式更加成熟，与全国副省级城市党端联动的各类活动和栏目让客户端影响力、传播力扩大至全国；上线“飞卡阅读”模式，实现新闻“轻读”与“深度阅读”相结合。

教育事业部大力推进媒体平台融合，确定“视频新闻化、新闻视频化”工作思路、“对内挖潜、对外赋能”实施路径，以视频内容生产为事业部的改革发展赋能；推出《庆冬奥·过大年》融媒报道专题，与市委宣传部、市教育局联合出品济南市中小学生开学第一课《一起向未来》，推出“新学期，向未来！济南市中小学春季开学融媒直播报道”，制作教育系统抗“疫”专题片《云深处》，产生良好社会反响。

当代健康报加快媒体融合发展，对所属新媒体进行合并改造，推出改文风、换头面、声影加持三项改革。“我们的健康节日”“二十四节气说养生”全媒体专栏相继上线，“健康姐妹花”融媒访谈改版升级，《当代健康报》视频版正式亮相，《当代健康报》有声报纸让报纸更“声”动。

人口健康报将“健康山东Healthy”客户端提档升级，注册开通抖音号、视频号、人民号和新华号等第三方平台，包括运营的“山东省卫生健康委员会”官方微信、微博，打造“一报两微一端四号”健康融媒阵营。推出一批诚信医疗、疫情防控、信息播报的短视频产品，承办省卫生健康委组织的“走在前 开新局”16市卫健新闻发布会图文直播，建立媒体融合策划制度，媒体融合进一步向“新闻+服务+商务”模式发展。

（鹿振林　郭歌　鞠鹏）

【打造“码上商量”协商平台】 与市政协共同研发，全国首创民主协商线上平台“码上商量”，实现“指尖上的协商民主”。作为一个沉浸式、闭环式、一站式、线上线下相结合的移动平台，“码上商量”平台2022年共开设68个话题，访问量超过200万人次，留言1.1万条。“码上商量”工作经验在全国政协干部培训班上得到推广，《光明日报》、人民网、《人民政协报》对此予以报道。

（鹿振林　郭歌　鞠鹏）

【上线“一键响应”云聚合平台】 开通“一键响应”抗“疫”问询热线，邀请相关专家进行线上集中答疑，协调办理市民在疫情期间遇到的各类问题，在宣传防控举措成效、畅通社情民意渠道等方面发挥重要作用，实现“民众提问—记者帮问—完成回复”全闭环。上线“健康姐妹花 帮您问专家”融媒栏目、“济南战‘疫’，融媒出击，报业总编1+医”大型融媒直播节目。上线济南市“一键响应”双招双引云平台，对内开发建设“我要投资”便捷通道等8个子栏目，对外一键通达济南市重点招商引资项目智能化管理平台等10余个全市招商平台。（鹿振林　郭歌　鞠鹏）

【强化技术引领】 举办技术创新大会暨黄河奔流·青蓝计划启动仪式，对集团优秀技术人员、项目进行表彰，17名行业专家受聘为首批媒体融合智库专家，三代报业技术人发起《青蓝计划倡议书》。依托专业人才优势推动新技术研发与行业应用，发出济南第一条5G消息，成立5G融媒实验室，开展大数据、云计算、人工智能、5G等新技术新应用研究，探索机器视觉等基于深度学习的人工智能技术，在5G应用、“5G+4K”直播、AR/VR、裸眼3D等技术上持续创新。屡获国内权威技术奖项，4个创新案例入选2022年中国报业媒体融合经典案例，1人获得“中国报业十佳技术工作者”称号；在中国新闻技术工作者联合会2022年学术年会暨“王选新闻科学技术奖”颁奖大会上，5篇论文分获一、二、三等奖；舜网先后取得“一种基于HTML的稿件审核编辑器的实时留痕标注方法及装置”等授权发明专利6项、外观设计专利4项、软件产品3件；云宣融媒体业务系统、人工智能辅助内容生产系统、基于5G消息的新闻传播智能交互平台等获评山东省优秀数字产品，入选济南优势工业产品目录；“基于云计算的济南都市圈文化产业服务平台”通过省科技厅组织的山东省科学技术发展计划项目验收；牵头完成的省市一体化新媒体技术平台研究入选济南市科技创新智库优秀调研课题；舜网5G消息项目参加工信部主办的第五届“绽放杯”5G消息专题赛，从全国400个项目中脱颖而出，作为唯一的地方媒体晋级20强决赛，获得商用方向三等奖，并获应用解决方案赛道优胜奖。规划数字报业建设，助力数字济南建设，制定《济南日报报业集团关于推进实施数字济南建设的指导意见》，探索数字报业适用技术、应用模式和发展途径。

（鹿振林　郭歌　鞠鹏）

【打造国际传播平台】　不断拓展内容传播的平台建构，逐步拓展主流媒体的话语传播路径，进行网上网下立体化多维传播，形成内宣外宣多维联动机制。5月24日，济南国际传播中心成立仪式在济南报业大厦举行。济南国际传播中心成为全省第一个，也是全国市级城市第二个成立的国际传播中心。该中心融合“内容生产、平台运营、全域传播、素材版权、交流互动、国际舆情”六大功能于一体，旨在让世界更多人听到济南声音。截至2022年年底，中心已与美联社、环球新闻在线、谷歌新闻等全球1000余家海外媒体合作搭建海外新闻传播矩阵，累计发稿1408篇；建立海外社交平台矩阵，海外关注人数共计26.5万人，官方推特账号被中国驻日本、美国芝加哥、法国、西班牙等国家大使馆、总领馆等50余家驻外机构关注，浏览量、互动量等综合数据在全省名列前茅；主办、参与大型外宣活动20余项，从海外友人、华人华侨、港澳人士、专家学者、名人大V和各界精英中聘请76人为“泉城推荐官”，向全国、向世界推介济南；创作《新时代泉边故事·习近平新时代中国特色社会主义思想在济南的实践案例》等系列主题外宣视频221部，海内外累计总观看量逾1亿人次；作品获中国外文局“第三只眼看中国”优秀作品奖、优秀短视频二等奖等。

（鹿振林　郭歌　鞠鹏）

【举办系列品牌活动】　济南报业依托自身传播力、引导力、公信力、影响力，以融合赋能为驱动，举办系列品牌活动，深度参与社会治理，服务全市工作大局。主办第十届济南国际泉水节，首次线上举办泉水节启动仪式，打造“泉与河的对话”系列活动，以百姓视角、国际视野向国际社会传播济南好声音。济南国际传播中心策划“泺源论坛·泉畔对话——中外推荐官眼里的济南”活动，邀请“泉城推荐官”作为“济南城市形象推介大使”。创新举办30项主要活动和5个区县分会场活动，截至9月30日，全网累计刊发稿件6000余篇，点击量超20亿人次，取得良好舆论宣传效果。提档升级“影响济南”评选系列活动。创新引入首届十佳商（协）会特色奖项，筹办第十四届“影响济南”经济人物评选、第四届“影响济南”科技人物评选活动，营造尊重企业、尊重企业家的氛围，提振企业发展信心，提升企业家美誉度。举办中华“二安”文化旅游节系列活动，包括线上诗词闯关大赛、宋风游园会等。抖音发起的“中华二安文化旅游节”“漫步济南邂逅二安”“如果李清照也有朋友圈”等话题，总阅读量近300万人次。“青鸟招聘”实现提档升级。云端推介企业、线上发布岗位、隔空互动交流，为青年人才求职精准搭建“空中”连心桥和“线上”直通车。举办区县“云推广云签约”活动，采取“主会场+分会场”“云推介+云签约”线上线下联动举行，全景式展示济南经济社会发展情况及投资环境等发展优势，推动招商引资模式向“云上”转型，推出“云”探工系列报道，“360度”展现复工复产情况，凝聚社会信心。完成山东省暨济南市深化“五为”文明实践志愿服务活动启动仪式，举办三场“我们的中国梦——文化

2022年5月24日，济南国际传播中心在济南报业大厦举行成立仪式

（济南日报报业集团　供稿）

进万家”活动，主办第三届济南电商直播节、“我们的中国梦——文化进万家”活动，承办2022国际生物多样性日济南主场活动，助力城市提升软实力。此外，“振兴路上 乡约为莱”大型主题活动、抗“疫”榜样朗诵会、鲁中党建成就展等大型活动，均得到社会广泛关注和积极参与。

（鹿振林　郭歌　鞠鹏）

【助力典范城创建】 打造“爱涌泉城”公益矩阵，设立十大公益项目，开展“一城大爱满泉城”系列活动。持续擦亮泉城义工品牌，泉城义工获中宣部第七批全国学雷锋活动示范点，为全省唯一入选的志愿服务组织。与市公安局联合建立并持续壮大爱济南泉城义警队伍，截至2022年年底，已发展到21万人。在爱济南打造“智慧泉城”为民服务平台，首批集纳41个智慧为民服务项目，市民群众动手点击就能享受便捷服务。与市卫健委合作共建“健康济南”为民服务平台，把济南市的医疗卫生信息资源、医师资源、掌上挂号功能进行系统化智慧聚合，为全市人民提供全方位健康服务。舜网联合爱济南融媒制作中心推出“泉甲天下”4K/8K超高清城市形象宣传平台，将镜头对准泉水及“山泉湖河城”浑然一体的城市风貌、生态优势，通过济南报业全媒体矩阵及“学习强国”、央视频、今日头条等平台全网传播。

（鹿振林　郭歌　鞠鹏）

【完成建设济南记忆影像资料馆暨济南市委机关报报史馆展览布展项目】 依托“济南记忆影像保护工程”阶段性成果，启动“济南记忆影像保护工程”。截至2022年年底，济南记忆影像资料馆已收集自清末以来的济南历史影像逾200万张，老照片（含底片）逾10万张，是国内最大的济南历史影像收藏库，同时创济南元素照片总数量、新中国成立前济南元素老照片存量、济南元素老照片时间跨度三个“全国第一”。该馆是济南市目前唯一以历史影像为主题的展览馆，也是国内最早的城市影像博物馆之一，济南报业致力于将其打造成为济南文化建设的新地标、济南文史研究的新阵地，为“文化济南”建设助力。济南市委机关报报史馆是为深入学习贯彻习近平总书记在庆祝中国共产党成立100周年大会上的重要讲话精神和“用好红色资源、赓续红色血脉”的重要指示要求的具体体现，也是济南报业开展党史学习教育的实际行动。济南日报报史馆与济南记忆影像资料馆一并，先后被列入《济南市国民经济和社会发展第十四个五年规划和二〇三五年远景目标纲要》中要求实施的“泉城记忆”建设行动、济南市政府工作报告、《“十四五”文化济南建设规划纲要》。（鹿振林　郭歌　鞠鹏）

【济南出版有限责任公司】 2022年，济南出版有限责任公司紧紧围绕“举旗帜、聚民心、育新人、兴文化、展形象”责任使命，深刻践行习近平总书记关于坚持以人民为中心出版导向，落实市委、市政府提出的纵深推动新旧动能转化、城市软实力建设提升、倾力创造高品质生活等工作部署，聚焦出版产业高质量发展，注重社会效益和经济效益相统一，为新时代现代化“强省会”建设做出贡献。将疫情影响降到最低，保持经济平稳运行，2022年，实现年度收入4.36亿元，净利润4305万元，国有资本保值增值110%。现有市场动销图书2600余种，2022年，出版图书490余种，版权引进23种，61种图书及融合项目获国家及省市级奖项。出台《济南出版有限责任公司高质量发展五年规划（2023—2027）》。以

济南日报报史馆　（何延海　摄）

“做强出版主业，发展文化产业”为思路，走专精特新和轻资产运营之路，锚定打造业内一流现代文化产业集团目标，做强出版、会务会展、创意设计、影视传媒、公共文化服务、商业贸易六个板块。实施主题出版精品工程。坚持内容为王，聚拢优质作者建立出版名家资源库，入库名家突破100名。出版的《制度自信与制度之治》《中华元典学术史》入选国家“十四五”时期出版业发展规划项目；《中华优秀传统文化大家谈·第二辑》入选国家出版基金资助项目；《党的百年奋斗历史经验丛书》入选中宣部2022年主题出版重点出版物目录；策划的《小学生小古文100课》，年销售收入突破1000万元。以科技化为支撑。《红色印记》图书开发元宇宙应用场景，增加现场体验感。《数学帮》《老城市》等200余种图书开发电子阅读模式，实现挂牌交易，提升图书附加值。《青岛之恋》《泰山石敢当》开发了有声剧。围绕《生物学》教材实施的虚拟现实展示项目，获评中国新闻出版研究院颁发的首届虚拟现实新闻出版创新应用案例；“融合出版赋能元宇宙文化济南新生态”项目获评济南市第二届“惮逸群”创新奖。深入挖掘城市底蕴。出版《济南故事》《济南简史》《济南味道》《莱芜印象》《二安词选》《名家笔下的老济南》等图书，为介绍济南、宣传济南贡献力量。围绕出版关联产业，延伸产业链，进一步拓展发展空间。会展会务提质增效。不断提升文案策划、视觉设计、数字会展等核心竞争力，承办第七届中国非物质文化遗产博览会、中国—加勒比发展中心揭牌仪式暨绿色发展交流会等20余场国家级、省市级重点会展会务，会展会务总体规模超过2021年。组建专门队伍，完成省、市多个重要展厅的设计施工。打造的“奋进新百年——济南工运史数字云展厅”“探源中华文明：济南黄河文化传承基地”“大国长安：沉浸式总体国家安全观主题教育智慧融媒展馆”获第二届“惮逸群”创新奖。聚焦“内容+影视”“内容+演义”“内容+文创”的IP形象品牌打造，作为出品方参与制作40集电视连续剧《老兵荣耀》，并入选省2022—2024年第一批重点电视剧选题名单。短视频《中东人在济南》《东亚文化之都》获首届“美好山东”短视频大赛一等奖。围绕城市公共文化需求，拓展服务内容形式，提升城市品质。打造“趵突视角”“泉涌视频”新媒体平台，立足第三方视角为济南发声，累计推出宣传文章40余篇，策划的《济南有高人》《济南的野心与底气》单篇阅读量突破“10万+”。策划的《爱上济南》城市形象宣传视频被新华网报道。助力城市软实力建设提升，和中国社科院哲学院研究所进行战略合作，开展城市软实力研究，为提升城市软实力提供智力支持。围绕承接的“文化惠民消费季”、济南市泉城书房、电视老年大学、“金牌喂养”等为民办实事项目，不断提升服务质量和能力，其中电视老年大学项目已拓展到临沂、潍坊等地。

（姜　萌）

**【济南广播电视台】** 2022年，在市委、市政府领导下，济南广播电视台以迎接学习宣传贯彻党的二十大为主线，深入贯彻落实省市十二次党代会精神，聚焦聚力黄河重大国家战略和强省会战略，围绕中心、服务大局，完成新闻宣传、舆论引导和二十大安全运行保障等任务，推出新节目，加强内容输出，注重技术赋能，举办多种文化活动，打造城市文化品牌。

**【新闻宣传】** 推进主题主线宣传。围绕迎接宣传贯彻党的二十大这一重大主题，开设《在习近平新时代中国特色社会主义思想指引下》等多个专栏，推出《奋进新征程 建功新时代》等系列综述和大型融媒体直播节目。习近平总书记视察济南四周年之际，推出《沿着总书记的足迹》专题报道。《讲习时间》《学习吧！青年》推出《二十大精神解读》《微党课》等节目。会同市委组织部、团市委，联合沿黄九省省会城市台发起“学习吧 青年——沿黄九省省会城市青年阅读马拉松挑战赛”，800万人次参与。精心谋划深入学习宣传省市第十二次党代会精神，大力推进黄河重大国家战略和强省会战略、省市两会等重大主题，开设《两会深1度》等专栏，推出《100秒看党代会》等短视频、《街坊》大型直播。围绕“优化营商环境”“创建文明典范城”，策划

2022年11月14日，“学习吧 青年——沿黄九省（区）省会城市青年阅读马拉松暨泉城年轻干部阅读马拉松挑战赛”启动仪式在济南广播电视台举办　　（王啸　摄）

实施6场电视问政直播，组织“喜迎党的二十大 共创文明典范城市”公益广告征集活动，取得良好社会效果。1—11月，全台累计在央视央广发稿500余条，其中100余条在《新闻联播》《新闻和报纸摘要》等重点栏目播发，向世界讲述新时代济南故事。

【舆论引导】　巩固壮大主流思想舆论，统筹开展疫情防控和经济社会发展宣传舆论引导。根据疫情防控形势变化情况及时调整内容，主动策划设置话题，吸引公众参与。推出《最美守夜人》等系列短视频，以及反映党员干部下沉基层的特别报道《民情日记》近百篇。大型融媒体特别节目《疫情防控进行时》，点击量突破600万次。“天下泉城”“叮咚FM”客户端开通疫情防控市民服务平台。举办《作风监督热线》惠企政策宣传推广月特别直播节目，单期关注量达70余万人次，助力企业复工复产。

【推出新节目】　与市委宣传部、市委政法委共同推出省内首档社会治理全媒体节目《共治》。联合市委组织部、市委宣传部和市文明办启动“泉城发布厅”权威发布平台；开展济南市“出彩型”好干部好团队、济南最美教师、济南最美职工、泉城最美税务人等典型事迹发布。打造“城在北纬36度”“经十路上一块砖”等网络大V，开展网络评论创作。推出《泉城清风》《黄河监督哨》等新节目，全台6件作品获中国广播电视大奖提名奖，1件作品获第二十九届中国国际广告节公益广告大赛黄河奖银奖，5件作品获山东新闻奖一等奖，41件作品获山东广播影视大奖一等奖，百集系列片《济南红色街巷》成为山东省党史教育学习小组宣讲典型案例。大型电视调解栏目《有话好好说》再获司法部点赞，电视生活频道作为唯一非政法系统单位获全国普法工作先进单位荣誉称号。

【打造城市文化品牌】　完成中国企业论坛、驻济省属国有企业座谈会、第三届跨国公司领导人青岛峰会济南城市推介会等重要活动济南城市宣传片。推出济南首部4K超高清济南泉水宣传片《泉之城》，在香港无线电视公司（TVB）频道播出。推进《从河说起》等重大题材创作生产。举办2022济南广电嘉年华、“泉声曲韵”京剧名家名段演唱会十周年演出、“唱响泉城”济南城市主题歌曲征集活动等文化活动；持续开展绿丝带爱心助考等志愿服务活动，赋能城市软实力提升。姊妹花爱心支教志愿服务项目获评全省学雷锋志愿服务“四个100”先进典型宣传推选活动最佳志愿服务项目。

【内容提质升级】　加强内容产品策划，200余篇阅读量达“1万+”，30余篇达“10万+”，《观察员上线了》等短视频赢得好评。做好自有平台的同时，加强在微信公众号、视频号、微博、今日头条、网易新闻等平台分发。策划130余个正能量话题登上微博热搜榜，180余篇报道登上今日头条济南热搜榜。

【技术赋能】　在技术研发与应用领域发力，升级鹊华云技术平台，持续推动全台新媒体后台一体化。全新启用交广直播间，上线智慧路况主播。创新实现电视《济南新闻》《有么说么新闻大社区》AI手语播报，济南广播电视台虚拟主播“灵泉儿”项目获评国家广电总局第二届广播电视和网络视听人工智能应用创新大赛虚拟数字人应用优秀奖，仅有两家全国城市台获评此奖项。加快4K/8K超高清内容制作技术应用，成功试播4K超高清电视频道，电视少儿频道获国家广电总局批复高标清同播，全台7个频道已全部实现高清化播出。超高清媒体应用协同创新试验平台入选国家广电总局电视和网络视听产业发展项目库。“基于4K应用的流媒体聚合分发平台”项目获国家广电总局第二届高新视频创新应用大赛三等奖。完成起步区黄河大道会展中心地道和黄河大道体育中心地道调频覆盖。按照市“十四五”规划，开展“黄河V谷”5G+超高清视频产业基地规划论证。

【技术运用】 建设运营济南现代影像数据中心，与各县区签署济南现代影像数据中心（市档案馆数字影像分馆）共建协议，打造全国一流城市影像资源数据库，获评第四届中国新媒体发展年会主流媒体影像数据应用十大典型案例。在市委宣传部和市文明办指导下，设计开发“创嘟嘟”文明创建监督平台和“问嗒嗒”民意调查平台。8月6日，省委常委、市委书记刘强调研文明创建智慧平台建设情况并给予充分肯定。

【加快推进全国首个城市应急广播体系建设试点】 4月6日，国家广电总局批复同意济南市开展城市应急广播系统建设试点工作。克服疫情影响，在全省率先建成市级应急广播平台，一期投入1000余万元建设十大应用场景，6月底完成信号测试，在宣传引导、疫情防控、应急防汛等方面发挥重要作用。

【完成党的二十大全媒体报道】 济南广播电视台组建全媒体报道组，赴京参加党的二十大报道，及时传递二十大的“济南声音”，推出《聚焦二十大》《二十大时光》等一批全媒体节目，第一时间、第一现场展示二十大盛况，宣传党的二十大精神。新闻综合广播推出大型新闻融媒专题“喜迎二十大”。广播、新媒体“叮咚FM”在重要时间段开设“走在前，开新局”“领航中国”“喜迎二十大”“非凡十年”“二十大时光”“来自一线的奋斗报告”等10余个专栏，集纳原创重要稿件2000余篇，点击量“1000万+”。推出系列短视频《这十年这十秒》《我的乡愁回来了》等一批正能量作品。融媒直播党的二十大开、闭幕会及新闻发布会，会后推出“学习宣传贯彻党的二十大精神”“二十大代表在基层”“新时代新征程新伟业”等专栏。

【完成市第十二次党代会及市两会宣传报道】 2022年，市第十二次党代会和市十八届人大一次、二次会议，市政协十五届一次、二次会议等五场大会召开。济南广播电视台新闻综合频道强化与技术部门联动，在前方搭设移动高清新闻编辑机房，前后方紧密联动、会内外同步发力，高质量完成各项报道任务。市第十二次党代会期间推出大型融媒报道“奋进新征程，再创新辉煌”，推出“代表声音”“报告解读”等专栏，全面解读党代会精神，会后推出“走在前，开新局”大型主题报道，全方位报道济南各行业贯彻落实党代会的精神风貌和措施。两会期间，推出“两会快讯”“两会解读”等专栏，聚焦高质量发展、聚焦民生，全面反映济南贯彻落实习近平新时代中国特色社会主义思想的生动实践。

【打造“泉城发布厅”品牌】 创新典型宣传形式，联合市委宣传部和市文明办启动“泉城发布厅”权威发布平台，通过聚焦新时代公民道德建设和经济社会高质量发展两个层面，对涌现出的时代楷模、最美人物、道德模范、济南好人、“出彩型”好干部、好团队等先进典型，以及全市各行业各领域评选出的优质品牌进行统一发布、集中推广。同时，依托济南广播电视台全媒体矩阵搭建全网传播平台，进行立体式宣发，将媒体宣传和典型宣传深度融合，让正能量产生大流量，为做好新时期先进典型宣传工作提供可借鉴新路径。

【推出“城在北纬36度”公众号】 3月，济南广播电视台依托“天下泉城”客户端团队，打造推出民间大V号“城在北纬36度”，围绕济南时政热点、民生话题等内容进行正能量创作和传播。这是新形势下，主力军挺进主战场的一项具体举措，也是创新舆论引导方式的有益探索。

【山东省庆祝中韩建交30周年活动月开幕式暨2022对话山东——韩国·山东产业合作交流会】 8月17日，由济南广播电视台承办的“共

赢三十载 一起向未来”山东省庆祝中韩建交30周年活动月开幕式暨2022对话山东——韩国·山东产业合作交流会在山东大厦举行，来自山东和韩国的各界人士相聚线上线下，共谋发展，推动山东与韩国地方合作再上新台阶。

【推出全媒体理论节目《学习吧！青年》】 5月，市委宣传部、共青团济南市委、济南广播电视台共同推出全媒体理论节目《学习吧！青年》。节目由济南新闻综合广播承制，以贯彻学习党的二十大精神为主线，推出9个大单元节目，邀请高校思政教师作为“青春分享人”走进典型场景，以全国“人民满意的公务员”称号获得者江昊杰、党的二十大代表张海燕等典型人物（团体）的真实故事、现实体验为串联，深入解读理论内涵，生动诠释理论精神，打通习近平新时代中国特色社会主义思想在青年群体中入脑入心的“最后一米”，走出一条融政治性、思想性、艺术性为一体开展思政课堂的全媒体理论节目新路径。节目在“学习强国”客户端、“叮咚FM”手机客户端、鹊华视频号、济南新闻综合广播视频号等平台分发，累计浏览量突破5000万人次，实现有效思想引领。节目获2022年度山东省优秀广播电视网络视听节目新媒体品牌专栏一等奖；入选2022年第三、四季度山东省优秀广播电视创新创优节目。

【“好看CLUB·创作之城颁奖盛典”】 7月24日，由济南广播电视台承办的好看CLUB·创作之城颁奖盛典，在济南市齐鲁软件园举行。此次活动聚集全国1419位创作者参与线上线下创作，活动专属话题下发布9281条优质视频，全站内话题播放量突破1.3亿人次，微博热搜话题“济南的夏天绝绝子”位居同城热榜TOP3，霸榜时长超72小时，话题阅读量超2亿人次，整体活动全网曝光量超5亿。颁奖盛典活动现场评选出最佳作品、优秀团队等5个奖项，聘请济南首批“泉城推荐官”，提升泉城济南的知名度、美誉度和影响力。

【“红动泉城·强国复兴有我”济南市第四届红色故事讲解大赛颁奖暨分享会】 10月12日，由市委宣传部、济南广播电视台共同主办的“红动泉城·强国复兴有我”济南市第四届红色故事讲解大赛颁奖暨分享会在济南广播电视台举行，省市相关领导出席。活动评选出济南市优秀志愿讲解员、小小讲解员等奖项，通过红色故事分享，赋能城市未来。

【《有话好好说》获山东省首届“十佳人民调解案例”】 司法部主管的《人民调解》杂志刊登《电梯加装难 有话好好说》一文，着重介绍济南广播电视台《有话好好说》栏目通过调解，成功化解因老旧小区加装电梯而引发矛盾的案例。在省司法厅联合齐鲁晚报·齐鲁壹点共同开展的山东省首届“十佳人民调解案例”评选活动中，济南广播电视台《有话好好说》栏目“深入调解破芥蒂，共圆加装电梯梦”案例获评山东省首届“十佳人民调解案例”。

【推出《泉之城》泉水宣传片】 由市委宣传部、济南广播电视台联合打造的4K超高清济南泉水宣传片《泉之城》于1月1日推出。全片分为“泉源”“泉涌”“泉润”三个部分，片长10分30秒，通过泉水航拍、地拍及水下摄影等4K超高清拍摄制作技术，由泉及城，由泉及河，展现新旧动能转换起步区让泉城济南迈出更广阔、更强劲发展步伐，黄河流域生态保护和高质量发展国家战略在济南落地生根，泉城济南迎来历史新机遇、担起时代新责任的美好图景。

【大型历史纪录片《齐长城》正式启动】 4月11日，大型历史纪录片《齐长城》摄制组拍摄省政协副主席段青英调研齐长城青石关、锦阳关活动，标志着纪录片《齐长城》正式开始拍摄。在5月16日召开的省政协“齐长城国家文化公园月度协商会”上，《齐长城》摄制组播放精编版宣传片，并做重点推介发言，《齐长城》项目受到高度关注和点赞。6月《齐长城》被省广电局列入2022年电视类精品创作项目。8月22日，《探寻齐长城》摄影展开幕。11—12月，组建齐长城海外摄制团队，对已流失到日本和加拿大的与齐长城有关的重要文物驫羌编钟进行拍摄。

【推出系列纪录片《济南古村落》】 济南市传统村落资源丰富，拥有国家级及省级传统村落47个。系列纪录片《济南古村落》是一部反映济南古村落风貌、弘扬济南历史文化传承、展现济南人民人文精神及风俗文化的电视纪录片。该片以传统村落的保护为载体，深入挖掘历史传统文化，展示古往今来生活在这片土地上的人们的精神传承及沧桑变迁，是对外宣传济南的一个重要选题。12月17日22：00，《济南古村落——古风德蕴》《济南古村落——大道儒商》两部纪录片在济南电视台新闻频道播出。

**【“鹊华视频”上线暨济南现代影像数据中心（济南档案馆数字影像分馆）启用】** 立足济南广电30万小时的优质音视频资源，推出的全国首个城市影像数据综合服务平台——“鹊华视频”，6月上线。“鹊华视频”视频号打造优质内容IP，先后推出《毛泽东在济南》《星火》等系列短视频，二十大献礼作品《济南荣誉档案》，累计阅读量突破2500万人次，赋能城市软实力提升。获得第四届中国新媒体发展年会颁发的“主流媒体影像数据应用十大典型案例”，同时，获第二届“恽逸群创新奖”。建设数字版权交易平台、视音频创作的服务平台，推动数字济南建设。

**【承办“泉城购”2022济南消费季活动】** 打造“泉城购”2022济南消费季活动“N365”系列活动，创作推出吉祥物“多多”和“花花”，举办“万店开播 嗨购泉城”新兴消费板块等系列活动，助力市政府派发消费券1.28亿元，带动直接消费约33亿元。

**【举办“唱响泉城”——2022城市主题歌曲征集活动】** 由中国音乐家协会指导，市委宣传部、省音乐家协会、济南广播电视台主办的“唱响泉城”——2022济南城市主题歌曲征集活动面向全国全网词曲作者公开征集作品，邀请全国全网词、曲作者和广大音乐爱好者，为泉城济南代言，为时代精神讴歌。活动自8月底启动，采用定向邀约和公众投稿相结合方式，为济南量身创作音乐作品，用美好的歌声唱响济南、传播济南。活动共收到投稿作品1168首。金志文团队、丁于、梁芒&栾凯、张帅等音乐人也分别为济南创作出体现济南精神、济南情怀和济南格调的高水平音乐作品，展示泉城深厚的历史文化。

**【“天下泉城”合唱团】** “天下泉城”合唱团打造“爱乐之城”专场音乐会，参演“时光与爱”中国顶尖合唱团2023新年音乐会、山东新年文艺晚会合唱专场、山东电视综艺频道喜迎二十大特别节目《唱响新时代》、第八届济南国际合唱节开幕展演、“放歌新时代 梨园颂芳华”第六届济南电视戏曲春晚等多场高规格演出。合唱团创作的合唱新作《人世间》《风儿吹过黄河水》《鹊华春色图》《泉城我的家》等歌曲的视频在各新媒体平台迅速传播，树立自身品牌形象的同时，也为助推中国合唱事业的发展贡献力量。

**【举办“童”迎二十大，友好向未来——济南市第八届小小演说家少儿口才大赛】** 8月17日，由市妇联、市精神文明建设委员会办公室、市教育局、济南广播电视台、济南市关心下一代工作委员会主办，FM105.8济南新闻综合广播、FM104.3济南故事广播、市妇女儿童活动中心承办的“童”迎二十大，友好向未来——济南市第八届小小演说家少儿口才大赛启幕，引导参赛少年儿童溯源历史、品读当下、展望未来。活动吸引上万名少年儿童报

2022年9月17日，由中共济南市委宣传部、济南广播电视台主办的“泉声曲韵”——2022京剧名家名段演唱会在山东省会大剧院鸣锣开唱　　（济南广播电视台　供稿）

名，通过讲述济南的泉水文化、名士文化、黄河文化、红色文化，创造性地描绘对儿童友好的未来畅想、对美好生活的无限向往。

**【“泉声曲韵”京剧名家名段演唱会】** 9月17日，由市委宣传部、济南广播电视台主办的“泉声曲韵”——2022京剧名家名段演唱会在省会大剧院开唱。名家新秀同台演绎，经典唱段轮番亮相，让观众赞不绝口，京剧艺术的博大精深和无穷魅力得到彰显。作为济南广播电视台精心打造的一张文化名片，“泉声曲韵”始终秉持高水准艺术定位，打造人民喜爱的艺术精品，极大地丰富泉城市民文化生活，成为享誉全国的戏曲文化品牌和戏迷心目中的“金字招牌”。

**【民谣济南——2022星光季】** “民谣济南”项目由市委宣传部、共青团济南市委、济南广播电视台联合主办，项目征集原创歌曲并组织演出，用民谣的方式唱济南美丽的城市、深厚的文化、淳朴的民风。为助力夜经济，丰富市民夜生活，7—9月，“民谣济南”集结本土音乐人，特别推出“2022星光季”系列演出活动。共举办民谣音乐会40余场，现场观众超过20万人，网络浏览量超过60万人次。

**【“绿丝带飘起来，畅行赶考路”大型爱心助考公益行动】** “绿丝带飘起来，畅行赶考路”是济南交通广播发起的爱心助考公益行动，已连续举办22年。2022年公益行动由市委宣传部指导，济南广播电视台、市公安局交通警察支队、市教育局联合发起，共青团济南市委、市城市管理局、市城乡交通运输局、市疾病预防控制中心、市急救中心、济南静态交通集团共同主办，FM103.1济南交通广播创意执行。项目围绕中高考，从6月到7月持续一个月的时间，分为绿丝带进校园、绿丝带启动仪式、绿丝带助考行动、高考公益讲座、绿丝带分享会，全方位为中高考生保驾护航。随后成立大家帮公益联盟，让绿丝带的志愿服务精神得以延伸与扩展。

（张翠丽）

**【概况】** 2022年，市档案馆坚持以习近平新时代中国特色社会主义思想为指导，深入贯彻落实习近平总书记对档案工作的重要批示，深入贯彻实施《档案法》和档案事业“十四五”发展规划，聚焦档案“存史、资政、育人”根本任务，推进“1+1234”工作体系，统筹疫情防控和各项业务工作开展，档案事业发展取得新进展新成效。市档案馆获中国档案报宣传先进集体、全省档案宣传先进集体、省技能竞赛优秀组织奖。3个党支部被评为市直机关“示范党支部”或“五星级党支部”。1人入选全国青年档案业务骨干，1人入选国家级档案专家储备专家。2人被记三等功，4人次获得全市改革创新表现先进个人、抗疫优秀退役军人、中国档案报宣传先进个人等荣誉，2人获省技能竞赛一、二等奖。《2021年黄河流域城市高质量发展档案数据集萃》和《档案资政参考》获市领导批示肯定。

**【开展济南荣誉档案建设】** 结合“喜迎二十大·档案颂辉煌”主题活动，开展济南荣誉档案建设。接收省级以上荣誉档案1529项，实物原件38件，建立专题档案资源库，并建立长效机制。与济南电视台联合推出“开启荣誉档案·回首荣誉足迹”专题报道，制作《济南荣誉档案》纪录片和《全国文明城市》《全国先进基层党组织》系列短视频，被“学习强国”平台、济南电视台、鹊华视频、济南网、天下泉城等新媒体，《中国档案报》、中国档案资讯网等行业媒体播出、转载、报道，点击量近4万人次，并在《济南日报》推出专版。

**【记录新时代新变化新成就】** 继续推进脱贫攻坚和疫情防控“两类档案”归集工作，跟进收集市疫情防控指挥部各工作组档案。与济南广播电视台联合建设全国首家“数字影像档案馆”，在全国率先实现档案、广电“数字影像共享、统筹合理利用”，新增馆藏数字影像档案资源30余万分钟。全年接收归集档案160余万卷（件、条），电子档案条目增长55.4%，整理馆藏档案目录1490册、建立全宗卷109个。

**【服务黄河重大国家战略】** 围绕服务黄河重大国家战略，市档案馆发起，黄河流域各省会城市、各设区城市档案馆联动，巩固“1+9+49”黄河流域城市档案馆战略合作格局。

2022 年 6 月 9 日，济南现代影像数据中心（市档案馆数字影像分馆）揭牌仪式在济南媒体港大厦举行（市档案馆 供稿）

建成 49 个城市高质量发展专题档案数据库，编印《2021 年黄河流域城市高质量发展档案数据集萃》。出版《照片里的黄河故事》。与省档案馆联合举办“黄河记忆”专题档案文献展。

**【服务“数字济南”建设】** 围绕加快建设网络强国、数字中国的要求，推进档案信息化建设和数字化转型。聚焦全市“数字机关”建设，助力机关运行“无纸化”、政务服务“一体化”、政府治理“数字化”，实现归档由“线下”向“线上”转变，档案管理由“双套制”向“单套制”转变，电子文件由数据向档案转变。完成市行政审批服务平台与市档案馆电子档案管理系统对接，实现电子文件即时归档、在线利用。全市 3 家档案室获批电子文件归档与管理国家级试点，列全国申报城市首位。

**【档案利用】** 在全省率先实现市及各区县国家综合档案馆公布开放档案目录全覆盖。市档案馆档案开放审核“分级管理、协同推进、分类实施”工作法在全省推广。档案利用实现“网上查”“掌上查”。省“档案查询利用平台”部署至各区县，市“区域数字档案馆信息共享利用系统”延伸至部分街（镇）。承担国家“沪鲁通办”试点，成功进行系统运行和异地跨馆查档测试。“一对一”民生档案“异地查询，跨馆出证”协作城市达 110 个。市档案馆民生档案可共享数量增长超过 41%。年内提供档案利用 7041 人次、56334 件次，满意率 100%。

**【档案资源开发】** 提升档案利用服务质效，围绕党委政府中心工作编印《档案资政参考》4 期，继续推进《抗日战争档案汇编》编纂工程。对馆藏特色张海迪书信档案 288 卷近 3 万封进行整理，编印《张海迪书信档案选辑》（影印本），启动张海迪档案特藏室建设。继续升级完善党史资料陈列展，与共青团济南市委联合举办济南青年运动历史展。建成专题档案数据库 5 个，总量 3.5 万余条。完成数字化扫描 367 万页，馆藏档案数字化总量超过 4000 万页，数字化率近 90%。

**【加强档案安全和科研工作】** 组织实施《“十四五”档案保护与开发专项规划》。与省档案馆联合编写《档案保护实战手册》。更新库房温湿度调控设备，实施中心机房升级改造，网络安全等保达到三级。组织全市档案系统修裱技能竞赛。“大数据时代下智能查档模式与应用研究”科研项目通过国家验收。“山东省社会力量参与和从事档案事务现状调查研究”项目获省档案科技项目立项。

**【编辑出版《2021 年黄河流域城市高质量发展档案数据集萃》】** 该书共 30 余万字、130 余幅图片，全面反映各参与城市在政治、经济、城市建设、生态保护等领域高质量发展的风采，为研究新时代黄河流域各城市生态保护和高质量发展情况提供可靠依据，也为黄河流域各城市在持续发展中因地制宜、扬长补短、走出适合本地区实际的高质量发展之路提供更多有益借鉴。

（赵国健）

**【济南市社会科学界联合会】** 2022 年，市社科联深入学习贯彻党的

二十大精神，学习贯彻习近平总书记对山东、对济南工作的重要指示要求和关于哲学社会科学的重要论述，进行应用对策研究，开展社科普及活动，评选社科优秀成果，完成各项工作目标，在服务新时代社会主义现代化强省会建设中展现社科担当、贡献社科力量，获评2022年度全国大中城市社科组织先进单位，6人获全国、省、市表彰。

（韩建玲）

【济南市社会科学界联合会第五届委员会第二次全体会议】 8月18日，市社科联五届二次全委会召开。会议全面总结五届一次全委会以来的主要工作，并对下一步工作进行安排部署。会议选举调整了主席、副主席，通报了市社科联五届委员会委员调整情况。（韩建玲）

【应用对策研究】 10月25日，举办山东社科论坛2022——济南文旅产业创新发展研讨会，搭建政府部门、专家学者、文旅企业、金融企业等多方沟通的平台。论坛线上线下同步进行，3.2万人线上收听收看，被评为山东社科论坛2022十佳研讨会和省社科联系统工作创新案例。市委常委、宣传部部长戴龙成对论坛成果作出肯定性批示，市政府主管部门专题研究成果转化事项。统筹组织省市专家共同开展“防止返贫动态监测和扶持机制研究”，列入2022年度山东社科智库沙龙重大调研咨询项目。参与《济南市哲学社会科学“十四五”规划》编制，组织推荐社科工作者参加省市人文社会科学课题申报，190余项课题获准立项。（韩建玲）

【社科普及活动】 举办山东省暨济南市第十九届社会科学普及周，向泉城书房等基层单位赠送各类社科图书4000余册，被省社科联评为优秀组织单位。举办“奋进新征程·喜迎二十大”主题图片展，走进机关、社区、农村、学校、部队，集中展出10余场次，3万余人观展，同步推出网络版，线上线下互促，得到一致好评。开展全市社科普及优秀项目征集，3个项目获2022年山东省新时代文明实践社科普及“五为”志愿服务重点项目，2项成果获2022年山东省社会科学普及优秀成果，3项活动被评为省第十九届社会科学普及周优秀创新活动。举办“‘社科有约’走基层”社科普及志愿服务活动，推出“红色课堂进基层”“百场红色故事”宣讲等社科普及志愿活动百余场次。推动优秀传统文化“两创”，制作“我们的节日”科普短视频，在中央省市“学习强国”平台、大众网等省市主流媒体转播，被评为省社科普及优秀视频。“我们的节日——在传统节日中品读优秀传统文化”被评为全市宣传思想文化工作创新案例。（韩建玲）

【社科阵地建设】 指导市哲学学会等4家学会换届，抓好10个学会（研究会）和3个民办非企业单位的专项整治工作，成立济南工程职业学院社科联，为社科发展注入新活力。深化社会组织管理和提升，举办2期社科界理论骨干培训班，提高社科工作者的理论素养和业务能力。济南市汶水琴社获全市宣传思想文化工作创新团队。推进社科普及示范基地建设，新增省级社科普及示范区1个、示范街道5个、示范村（社区）40个。指导基层学会、社科普及基地等结合自身优势，开展特色鲜明的活动，评选出济南市“十佳”社会科学普及项目10个。组织参加全国社科普及基地讲解员大赛获一等奖。新开设“明湖小鱼儿”微信公众小号和今日头

2022年8月5日，山东省暨济南市第十九届社会科学普及周开幕式在市中区舜玉公园广场开幕

（市社科联 供稿）

条号，推出各类推文100余篇。

（韩建玲）

**【《济南社科论坛》编辑工作】** 牢牢把握舆论导向，做好《济南社科论坛》编辑工作。全年编辑出版《济南社科论坛》6期，刊登理论文章117篇，30余万字。（韩建玲）

**【山东省暨济南市第十九届社会科学普及周活动】** 8月，以“奋进新征程 喜迎二十大”为主题，举行山东省暨济南市第十九届社会科学普及周活动开幕式及主题活动启动仪式，全面启动全市社会科学普及周活动，举办“奋进新征程 喜迎二十大”主题图片展，近千人参展；举行赠书活动，向泉城书房、社区群众赠送各类社科图书近千册；开展“社科有约·遇见济南”之“济南革命文物”故事讲述社科普及志愿服务活动等内容。科普周期间，各基层组织、社科普及基地立足自身优势特长，集中开展社科普及主题图片巡展、“社科有约”走基层、“五为”文明实践社科普及志愿服务等线上线下活动70余项。

（韩建玲）

**【社科优秀成果奖评选】** 11月16—17日，济南市第37次社科优秀成果奖评选工作会议召开，评选出优秀成果82项，其中一等奖10项、二等奖21项、三等奖51项。

（韩建玲）

**【济南社会科学院】** 坚持以习近平新时代中国特色社会主义思想为指导，以市十二次党代会提出的“要推动文化繁荣兴盛，全面提升城市软实力”为主线，聚焦做好“三个服务”（服务黄河重大国家战略、服务全面提升城市软实力、服务新时代现代化强省会建设），深入研究重大理论和实践问题，聚力打造科研创新、学术精品、高端论坛、决策服务工作品牌，推动社会科学工作高质量发展取得新进展新突破。

（侯　岩）

**【社科研究成果】** 策划完成《济南市人口生育状况调研报告》《济南城市国际化发展报告（2022）》《济南市人才发展研究》《济南巨野河历史文化调研报告》《党史学习教育长效机制研究》等30项院课题，其中重大课题3项、重点课题10项、一般课题16项、专项课题1项。获批2022年度山东省社科规划课题《黄河与近代山东社会生态变迁研究》1项；完成2021年度市社科规划课题《历史文化视阈下“文化济南建设”研究》等5项，获批2022年度市社科规划课题《习近平总书记关于黄河流域生态保护和高质量发展重要论述研究》等4项；完成市委宣传部委托重大课题《济南市“十四五”时期哲学社会科学发展规划研究》。论文《社区文化：新时代道德治理的有效载体》《济南市实施乡村建设行动的基本思路和策略建议》分别获第37次市社科优秀成果奖一等奖、三等奖。编辑出版《舜城济南》《黄河生态文明论》《扁鹊与济南》《济南城市软实力研究报告（2022）》4部著作。（侯　岩）

**【《舜城济南》出版】** 1月，与市舜文化学会联合省大舜文化研究会共同编纂的《舜城济南》由齐鲁书社出版。《舜城济南》包括学界论济南大舜文化、济南大舜文化景观和济南大舜文化文献资料选辑三部分，共计39万余字，系统全面地记述济南舜文化的起源、发展和现状。《舜城济南》的出版是践行习近平总书记坚定文化自信、“讲好中国故事”重要指示、将中华优秀传统文化创造性转化和创新性发展的重要举措，对推动“文化济南”建设具有重要现实意义。（侯　岩）

**【《黄河生态文明论》出版】** 由中国社科院生态文明研究所和济南社会科学院共同编著的《黄河生态文明论》，由中国环境出版集团出版。该书是践行习近平生态文明思想、贯彻落实黄河生态保护和高质量发展重大国家战略的力作，是全国第一部系统论述黄河生态文明的著作。主要内容是在2018年济南社科院主办的“黄河文化与黄河流域协作高质量发展”高端论坛，2019年、2020年、2021年连续三年与中国社科院合作主办的“生态文明范式转型”“黄河生态保护和高质量发展”“黄河生态文明”三个国际论坛专家发言的基础上，编著而成，分为“共同谱写新时代黄河流域生态保护和高质量发展新篇章”“生态文明总论”“黄河文化论”“黄河流域生态保护和高质量发展”“国际交流与合作”5个篇章，共35万字。该书内容丰富，理论性和实践性兼具，权威性强，为推动黄河流域生态保护和高质量发展提供学术支撑。

（侯　岩）

**【《扁鹊与济南》出版】** 济南社会科学院编撰的《扁鹊与济南》由济南出版社出版。《扁鹊与济南》设“扁鹊里籍考证”“扁鹊医学”“扁鹊学术思想研究”“扁鹊文化”“扁鹊与中医药文化”等篇章，共收录文章48篇，约30万字。该书的编撰出版，为论证扁鹊里籍在济南提供重要历史依据；对推动济南扁鹊中医药文化资源的保护、开发和利用，促进中医药文化创造性转化、创新性发展，具有较高文献价值和较强实践指导价值。（侯　岩）

【《济南城市软实力研究报告（2022）》出版】《济南城市软实力研究报告（2022）》是贯彻落实市第十二次党代会精神，深化城市软实力理论研究，探索新时代全面提升城市软实力的实践经验和推动路径的综合性成果。该书设置“专家视野”“专题研究”“区县动态”“交流互鉴”四大板块，共收录研究报告23篇，为济南全面提升城市软实力提供理论指导和可行路径。（侯　岩）

【应用对策研究】编辑《科研要报》4期，其中《济南市出生人口：现状、原因与对策建议》获市委市政府主要领导肯定性批示。科研信息《乡村振兴背景下济南民宿业发展对策建议》《关于提升政府消费券政策效应的几点建议》被《每日信息》《济南信息》采用。《济南市推进公共文化服务高质量发展研究》被收入《山东文化蓝皮书》，《济南市实施乡村建设行动的思路和策略》等5篇论文在《济南日报》理论版发表。（侯　岩）

【黄河生态文明国际论坛】12月15日，由中国社会科学院国家高端智库、中共济南市委、市政府主办，济南社会科学院具体承办的“中国社会科学论坛（2022年·经济学）：黄河生态文明国际论坛”在北京和济南采取线上线下相结合方式举行。论坛以“生态文明建设推进中国式现代化，共同谱写黄河流域中国式现代化新篇章”为主题，设一个主论坛和五个分论坛。来自中外政界、学界、经济界知名人士以及智库和国际组织的专家、政府部门和企业界代表200余人参加会议。与会专家学者聚焦论坛主题，深入交流研讨，分享智慧成果。《人民时报》、人民网、《人民日报》海外版等30余家媒体给予报道。（侯　岩）

【黄河流域省会城市“提升城市软实力”论坛】11月25日，由济南社会科学院具体承办的黄河流域省会城市“提升城市软实力”高端论坛在济南以线上线下相结合的形式举行。来自中央党校、中国社会科学院、北京大学、山东大学、山东省委党校、上海政法学院等单位的专家学者围绕深入学习宣传贯彻党的二十大精神、全面提升城市软实力、增强城市核心竞争力、加快新时代社会主义现代化强省会建设进行研讨交流。（侯　岩）

【“黄河流域生态保护和高质量发展”论坛】11月25日，济南社会科学院联合沿黄9个省会城市社科院（联）、省会经济圈6个社科院（联），以线上线下相结合的方式共同举办“黄河流域生态保护和高质量发展”论坛。来自中国社会科学院、省委党校、山东社会科学院、沿黄省会城市社科界、山东省省会经济圈社科界、济南市发改委等单位的领导和专家学者在线上线下参加会议。与会专家学者聚焦黄河流域生态保护和高质量发展重大理论和现实问题，围绕沿黄省会城市经济社会发展中共同关注的热点问题、黄河文化保护传承、黄河流域区域协作等议题展开深入研讨交流。会上成立黄河国家战略省会城市智库联盟、山东省省会经济圈智库联盟，同时发布《沿黄省会城市社科界服务黄河国家战略行动倡

2022年11月27日，“文化济南建设与城市文化软实力提升”研讨会在济南以视频会议形式召开
（济南社会科学院　供稿）

议》，为主动融入服务黄河重大国家战略贡献社科力量。（侯　岩）

【“文化济南建设与城市文化软实力提升”研讨会】 11月27日，由济南社会科学院举办的“文化济南建设与城市文化软实力提升”研讨会以视频会议形式召开。来自省内高校、社科研究机构、市直有关部门专家学者50余人参加会议。与会专家围绕文化济南建设和提升城市文化软实力主题深入交流，对加快文化济南建设、提升城市文化软实力提出建设性意见和建议，会上成立济南历史文化研究中心作为学术交流平台。（侯　岩）

【省市一体化合作论坛】 6月，承办由省委党校主办的“黄河流域生态保护和高质量发展”学术座谈会，6位院士齐聚济南为落实黄河重大国家战略建言献策。11月3日，济南社会科学院与山东社科院共同主办华东六省一市社科院院长论坛，参加全省社科院系统学习贯彻习近平总书记关于哲学社会科学重要论述暨《国家“十四五”时期哲学社会科学发展规划》座谈会、学习贯彻党的二十大精神座谈会等，交流学习工作经验，促进社会科学事业发展。（侯　岩）

【方特·东方神画入选国家级夜间文旅消费集聚区】 8月16日，文化和旅游部发布《关于公布第二批国家级夜间文化和旅游消费集聚区名单的通知》，济南市方特·东方神画入选。（赵　超）

2022年7月2日，中华“二安”文化旅游节·宋风游园会在济南启幕

（市文化和旅游局　供稿）

【济南首家国家级工业旅游示范基地诞生】 11月14日，文化和旅游部发布《关于确定北京市751园区等53家单位为国家工业旅游示范基地的公告》，山东省百年宏济堂和力诺阳光工业旅游基地入选。济南百年宏济堂和力诺阳光工业旅游基地内有力诺阳光工业园、宏济堂中医药文化产业园、武汉力诺化工产业园等多个绿色产业园区。园区拥有完整的旅游业态体系，涵盖吃、住、行、游、购、娱六大要素，形成了集工业观光游、研学科普游、康养体验游于一体的旅游业态格局。（赵　超）

【2022中华“二安”文化旅游节】 市委宣传部、市文化和旅游局联合以“‘二安’与我们的城市”为主题，举办2022中华“二安”文化旅游节。6月13—26日为线上诗词闯关大赛，有4万人参与；配合线上诗词闯关活动，发起抖音仿妆挑战赛，有30.2万人次参与。宋风游园会7月2—3日在大明湖超然楼举行。活动内容包括诗词擂台赛、汉服秀、文创市集、二安诗词寻踪、宋风小剧场演出、二安文化知识讲座和荐书活动等。抖音发起的“中华二安文化旅游节”“漫步济南邂逅二安”“如果李清照也有朋友圈”等话题，总阅读量近300万次。微博发起的“中华二安文化旅游节”话题，阅读量23.6万次，“二安”话题同城热搜第五。（王　辉）

【2022国际短视频大赛】 由国家广播电视总局、省政府指导，中国网络视听节目服务协会网络视听国际交流与传播工作委员会、省广播电视局、市政府主办，市委宣传部、市文化和旅游局承办。9月29日，大赛启动仪式在济南举办；10月31日，“美好生活 走进山东”短视频品牌外宣活动在济南启动，6位

国内外网络短视频达人，通过沉浸式打卡方式探索齐鲁大地，感受山东风土人情；11月6日，创作营在济南雪野湖开营，来自中央广播电视总台等单位的7位专家学者为近200名短视频创作者进行实战型授课分享。11月8—10日，线下参训学员打卡济南13处网红打卡地，用镜头记录济南城市变迁、产业发展、乡村振兴、文化繁荣和人民幸福生活。（王　辉）

**【济南文旅发展集团有限公司】** 简称“济南文旅集团”，成立于2017年6月，是市委、市政府成立的唯一一家国有文旅产业专业化运作平台，主要负责文旅资源开发建设、文旅产业资产运营、文旅领域投资融资。2022年，集团聚焦高质量发展主题，坚持“一手强发展、一手控风险”，“活力文旅”建设取得新突破。截至2022年年底，资产负债率47.4%，营业收入17.6亿元，整体实现扭亏为盈。7人获“国企楷模”等称号，集团及权属单位获“山东省青年文明号”等10余项荣誉。板块整合重组。实施权属企业调整重组，将原20个产业板块、114家子公司整合形成会展、莱芜、物业、建设、体育、资产、文化传媒、旅游景区、投资融资等9大主业板块、65家全资控股子公司，实现板块强强联合、互动融合、联动发展。运营提质增效。全面推行“12335”资产运营思路，推动实现综合效益整体性提升，2022年，盘活无效低效资产3.9万平方米，各板块整改完成资产收入合计4800万元，同比增长13.6%。模式不断创新。奥体中心经营权、管理权划归集团，创新实施“资产园区化、园区平台化、平台证券化”资产管理模式，强化首店经济，新引进米其林新荣记品牌等高层次项目9个，年度营收达6000万元。实施俱乐部运营改革，全面开展市场化运营，山东泰山足球俱乐部获2022年中超联赛亚军、足协杯三连冠，男乒、女乒获2022年乒超联赛团体双冠王。破解融资难题。聚力资产规模提升、现金流增加、利润转正3个重点，推动信用评级从AA-调升至AA+。构建多元化、结构化融资渠道，与齐鲁银行、中泰证券等金融机构建立全面战略合作。扩充融资渠道、置换高息贷款，有效降低综合融资成本，2022年，新增融资成本为4.49%，较2021年降低2.3个百分点。做好对重大文旅项目的持续投资，支持东部埠村、西部五峰山片区和中部奥体中心、天下第一泉片区发展，重点扶持一批系列提升项目，加快构建与城市发展相匹配、市级战略相契合的文旅产业布局。2022年度计划投资2.46亿元，实际完成投资2.79亿元，完成年度计划投资的113.52%。抓紧抓实资金管控。建立集团资金结算中心，围绕“收回资金、融资资金”，从“全资子公司、控股子公司、参股公司”3个层面，通过成立专班、制定方案、考核督导、督办督查，全面加强内部资金监管，统筹把控资金支付风险。推进外部应收款清欠工作，2022年下半年以来累计清欠回收资金约0.6亿元。严控投资经营风险。坚持“资金流转有痕”导向，全面抓好国资管控，深度查摆子公司运营情况，有序推进挂名、亏损、低效公司退出处置。严控涉法涉诉风险。开展20家所属企业内审、内巡，做好7大类27项经责审计问题整改，逐个化解近200份涉法涉诉合同风险，依法依规加快处置中润项目等重大风险项目。开展内部控制体系建设，新建及修订制度113项，有效补齐

2022年12月11日，山东鲁能乒乓球女队、男队携手获得2022年中国乒乓球俱乐部超级联赛团体冠军，图为女队获奖场景（刘新锋　摄）

制度漏洞。严控安全生产风险。严格落实安全生产“八抓 20 条”，累计开展安全检查、培训演练活动 550 余次。全年化解“百日攻坚”信访事项 6 件。　（王广福）

**【文旅项目建设】** 深度谋划重点片区项目。谋划济南埠村国际旅游度假区、五峰山国际文体康养度假区等重大片区项目并推动落地。其中，济南埠村国际综合旅游度假区项目一期占地面积约 60.53 公顷，总投资约 81 亿元，规划建设综合演艺剧场、冰雪水世界主题乐园、特色主题商街、旅游度假酒店等，已与章丘区、山东中建城发公司达成战略合作协议，全面加快项目进度。主动承担重点政府项目，承担济南市气膜核酸检测实验室项目、济南市方舱医院（二、三期）后勤保障等重点任务。其中，济南市气膜核酸检测实验室项目建设凸显“文旅速度”，当月即建成运行，在常态化核酸检测中发挥主力军作用，已累计检测近 600 万管、覆盖 1 亿余人次。抓好其他储备项目。数智文旅云平台、奥体中心产业园区化、中德农旅生态产业示范园、泉城宴·明湖印象等一批优质项目正加速实施。　（王广福）

**【打造文旅品牌】** 全面开展企业文化建设和品牌创建，初步完成“八个一”企业文化体系建设，打造“天下泉城 活力文旅”文化品牌。借承接和服务第五届中国企业论坛、第三届中国国际文化旅游博览会、首届中华传统工艺大会等大型会议会展契机，开展品牌宣传和形象提升工作，打造具有泉城特色、一流品质的城市品牌，央视对集团资源报道 40 余次。春节假期期间，围绕“惠享济南文旅 畅游泉城新春”主题，部署谋划新春系列宣传活动，在国家级、省级、市级媒体共计发稿 91 篇，总阅读量突破千万人次，在提升品牌传播量方面取得明显成效。

（王广福）

**【文化市场综合行政执法】** 2022 年，全市共出动执法人员 72310 人次，检查经营单位 19291 家次，立案 163 起，办结案件 265 起，罚款金额 107 万余元，受理举报 145 件，办结 145 件。市文化执法支队被国家版权局评为查处重大侵权盗版案件有功集体，4 人被国家版权局评为查处重大侵权盗版案件有功个人。市“扫黄打非”领导小组办公室获 2022 年全国“扫黄打非”先进集体。支队参与办理的“4·21”销售盗版教材案、“7·02”侵犯著作权案、“8·23”侵犯著作权案、“济南一品书苑图书有限公司销售侵权盗版图书案”被中宣部版权管理局、全国打击侵权假冒工作领导小组办公室、全国“扫黄打非”工作小组办公室、公安部食品药品犯罪侦查局、文旅部文化市场综合执法监督局、最高检知识产权监察办公室等六部委联合挂牌督办；“7·02 侵犯著作权案”“8·23 侵犯著作权案”被省“扫黄打非”办公室、省公安厅评为山东省“扫黄打非”十大案件；查办的“济南一品书苑图书有限公司销售侵权盗版图书案”入选省版权局、省高级人民法院联合发布的“山东省著作权保护十大案件”，督办案件数量居全省首位。

（宋晓园）

**【普法宣传】** 打造“网络直播 + 执法”宣传新模式，联合省广播电视台直播查处“黑广播”执法全过程，执法人员现场进行普法宣传，全年共组织网络直播 3 期，累计吸引 300 余万人次在线观看，平台短视频播放量近 2000 万次，获得点赞 30 余万次。在“3·15”消费者权益保护日、“5·19”中国旅游日等时段开展线上线下法治宣传活动；联合旅游啄木鸟深入社区开展打击整治养老诈骗宣传活动，有效提高老年人防骗意识；及时在公众媒体公布典型指导案例，发挥教育示范和警示震慑作用；开展泉城旅游法律大讲堂，为老年人开展以“反炸云端科普 守护最美夕阳”为主题的线上公益普法课，提高社会公众法律意识。　（宋晓园）

**【“扫黄打非”进基层】** 联合市教育局、共青团市委开展“泉城护苗”杯创意大赛，征集标语口号、诗歌、海报、手抄报、短视频等作品 5000 余份。在“4·23 世界读书日”“4·26 知识产权日”开展线上“绿书签行动”宣传 20 余场。在中小学校暑假前夕，开展“绿书签行动”“预防网络沉迷”“拒绝有害出版物及信息”等主题宣传活动 20 余场，发放书包、笔记本、三折页等学习用品和宣传品 1 万余份，受

众1.2万余人。9家基层单位获评第六批全省“扫黄打非”进基层示范点，数量居全省首位。（宋晓囡）

【文旅市场管理】 全市具有合法经营资格的文化旅游市场经营单位共1057家。其中，娱乐场所156家，艺术品经营单位35家，互联网上网服务营业场所309家，经营性互联网文化单位40家，各类演出团体及演出经纪机构119家，旅行社398家。市文化和旅游局立足市场行业监管实际，充分发挥市场管理职能，持续提升行业服务质量，进一步优化行业营商环境，做好行业安全生产，统筹推进疫情防控和企业纾困发展，全面推进文明创建，叫响文明旅游服务品牌。（蒋　波）

【泉城导游义工志愿服务项目获全国赛金奖】 第六届中国青年志愿服务项目大赛由共青团中央、中央文明办、民政部、水利部、文化和旅游部、国家卫生健康委员会、中国残疾人联合会联合中共山东省委、山东省政府共同主办。泉城导游义工志愿服务项目最终进入全国1000强比拼获得金奖。此奖项是该届大赛全国范围内旅游类两个金奖项目之一，是历届大赛中导游行业唯一金奖项目，也是全省文旅系统在该项赛事中获得的唯一金奖项目。市文化和旅游局将泉城导游义工志愿服务项目作为新时代文明实践的有效载体和抓手，从群众实际需要出发，采用“线下＋线上”全方位、立体式活动方式，通过开展文明旅游宣传、公益讲解、线上直播、旅游咨询、中小学公益研学等形式多样的公益活动，让文化扎根群众心中，融入现代美好生活。（蒋　波）

【完成私设“景点”专项整治】 按照文旅部、省文旅厅等四部门在全国、全省部署开展私设“景点”问题专项整治工作要求，联合市自然资源和规划局、生态环境局、市场监管局印发《私设“景点”问题专项整治工作方案》，严厉打击违规为游客提供游览服务、违规开展旅游经营活动的行为。针对文旅部暗访线索清单，组成专项检查组，对区县相关景区景点进行实地核实检查，排查核实各类风险隐患，指导经营单位规范经营。排查整治文旅部暗访反馈线索18条、省文旅厅督办线索2条，进一步规范旅游市场秩序、保护生态环境、维护游客权益。（蒋　波）

【互联网上网服务场所星级评定试点工作】 重视全国互联网上网服务营业场所星级评定试点工作，成立由行业协会、重点企业负责人及相关行业专家组成的济南市互联网上网服务营业场所星级评定委员会，进行星级评定工作培训，学习《互联网上网服务营业场所服务等级评定实施办法》，进一步研究规范评定工作程序、方法及标准要求。经企业报名、材料初核及现场评定，拟推荐参评单位34家，五星3家、四星10家、三星21家，最终评定三星级单位15家、四星级单位7家、推荐五星级单位2家。

（蒋　波）

栏目编辑　谷　雪

# 医疗健康

## 综　述

【卫生健康】　2022年，全市卫生健康系统始终坚持“人民至上、生命至上”根本宗旨，全面落实“疫情要防住、经济要稳住、发展要安全”要求，聚焦聚力新冠肺炎疫情防控和卫生健康事业产业发展，全力攻坚、力求突破，全市卫生健康各项工作取得显著成效，健康济南建设迈出新步伐。广安门医院济南医院获批国家中医类别区域医疗中心。获批省医药卫生重点学科6个、省医药卫生重点实验室3个。卫健信息化治理水平列直辖市、副省级省会城市组第8位。千人口育儿托位数4.15个，居全省首位。建成全国示范性老年友好型社区8家、省医养结合高质量发展创新引领区1个。宫颈癌综合防治项目试点成绩全国第一。截至2022年年底，辖区内共有各级各类医疗卫生机构7668所，其中三级医疗机构46所，委属医院（含门诊部）20所，县区属医院22所；妇幼保健机构15所，疾病预防控制机构14所，卫生监督机构14所，采供血机构2所，专科疾病防治院（所、站）7所，社区卫生服务机构397所（其中，社区卫生服务中心129所，社区卫生服务站268所），乡镇卫生院45所，村卫生室3704所。辖区内共有床位7.64万张，卫生技术人员11.35万人，执业（助理）医师4.4万人，注册护士5.19万人。全市医疗机构完成总诊疗人次7136.78万人次（含部、省属医疗机构床位、人员、诊疗人次数）。

（崔新杰）

【医疗保障】　2022年，全市医疗保障水平进一步提高。济南市参加基本医疗保险人数达854.73万人，比2021年净增11.6万人，增量居全省第一。其中参加职工医保352.82万人、居民医保501.91万人。全市医保统筹基金总收入177.50亿元、支出167.95亿元。其中职工医保统筹基金收入125.42亿元、支出111.75亿元，当年结余13.67亿元；居民医保基金收入52.08亿元，支出56.20亿元，当年倒挂4.12亿元。全市医保基金收支处于合理区间，运行安全平稳。新华社《要情动态》以《济南医保数字化改革“三年观察”》为题刊登济南市经验，省、市相关领导给予批示肯定。《人民日报》等先后点赞全市医保改革成效。

（褚兴鲁）

【医养健康产业】　2022年，全市医疗康养产业主营业务收入约1750亿元，规模以上企业658家。济南市医药流通服务业集群入围山东省第四批“十强”产业“雁阵形”集群储备库，华润山东医药有限公司入围山东省“十强”产业集群领军企业库。4家医养健康产业龙头企业进入省级支持高质量发展奖励资金候选企业名单。莱芜区入围“省级文旅康养强县”激励名单。“鲁粤澳中医药协同出海模式”获评全省可推广的最佳实践案例之一；2个课题获批省中医药新产品研发推广项目。2家省中医药特色医养结合示范基地通过验收。加大企业对接与展会推介力度，年内共引进内资项目25个，到位资金89亿元，同比增长212%；外资项目5个，到位资金1亿美元，同比增长127%。

（崔新杰）

【健康济南建设】　开展爱国卫生运动70周年系列活动，宣传素材被全国爱卫办选用。新申报国家卫生乡镇8个，省级卫生乡镇2个，省级卫生单位200家，省级卫生村945个，市爱卫办被授予全国爱国卫生70周年先进集体，济南市在全国爱国卫生运动大会上作典型发言。无烟机关、无烟学校、无烟医院创建率均为100%。二级以上医疗机构全部设置戒烟门诊，《济南市公共场所控制吸烟条例》进入二审程序。全市居民健康素养水平达33.24%，位居全省首位。长清区、平阴县和市中心医院分获2022年山东省健康促进县区、医院优秀案例。完成工作场所职业病危害因素监测314家；职业健康体检11.04万人，网络直报率达100%。获评省级健康企业7家，省级职业健康达人25人，获评国家卫健委健康企业典型案例2个。 （崔新杰）

**【在健康城市建设推动健康中国行动创新模式试点工作评估中获国家通报表扬】** 全国爱国卫生运动委员会办公室、健康中国行动推进委员会办公室联合印发《关于2021年度健康城市建设推动健康中国行动创新模式试点工作评估结果的通报》，济南市评估成绩在全国15个试点城市位居第一，获国家通报表扬。在2022年度全国爱国卫生运动大会上，会议对济南市等10个国家首批健康城市建设推动健康中国行动创新模式试点城市进行表扬。济南市副市长王桂英在健康城市主题分会上连线分享济南市在健康城市建设推动健康中国行动创新模式试点工作中的经验做法。

（崔新杰）

**【完善资源规划布局】** 印发《济南市“十四五”卫生与健康规划》，编制《济南市“十四五”医疗卫生服务体系规划》。市中心医院东院区启用，市第三人民医院医疗康养综合楼、市中医医院东院区等项目主体封顶；广安门医院济南医院、市妇幼保健院新院区、市第五人民医院康养中心启动建设。

2022年1月12日，济南市政府与山东大学共建济南市疾病预防控制中心、济南市儿童医院签约仪式在山东大学举行 （市卫生健康委　供稿）

**【提升诊疗服务水平】** 2022年，投入1.6亿元，实施泉城优势临床专科集群建设行动计划，培育临床整合医疗中心14个、临床重点专科16个。山东大学附属儿童医院正式揭牌。首都医科大学宣武医院济南医院通过第五批国家区域医疗中心现场评估。市中心医院心血管内科获批国家临床重点专科建设单位，5个单位通过首批国家胸痛救治单元验收。

**【强化基层服务能力】** 2022年，基层医疗卫生机构“优质服务基层行”基本标准、推荐标准达标率分别为91.12%、31.36%，建成社区医院58家，位居全省首位。济南市获批基本公共卫生服务数据联通质控和数字化常态监管评价国家试点。推进“三高共管六病同防”医防融合慢性病管理试点，建成三高中心16家、三高基地140家、三高之家3027家，并入选省基层卫生创新发展案例。

**【广安门医院济南医院入选第四批国家区域医疗中心建设项目】** 国家发展改革委、国家卫生健康委、国家中医药管理局联合公布第四批国家区域医疗中心建设项目名单，中国中医科学院广安门医院济南医院入列，成为全省唯一一家中医类国家区域医疗中心建设项目。该项目位于济南国际医学科学中心医疗硅谷核心区域，建设占地面积5.13公顷、1000张床位的三级甲等中医医院。

**【山东第一医科大学附属中心医院东院区正式启用】** 9月28日，山东第一医科大学附属中心医院（济南市中心医院）东院区启用活动举行。此项目是省、市两级重点项目，于2020年10月开工建设，总规划设置床位1497张，规划总用地面积约14.47公顷。该项目具备满足国际医院的标准定位，重点发展器官移植、肿瘤防治、急诊急救、心脑血管、健康保健等特色专科，将满足济南东部地区医疗卫生保健需求，建设智慧医院及济南国际医疗科技园。

（崔新杰）

【完善体系建设】 2022年，公共卫生“六大中心”主体封顶。市疾控中心与企业合作建成15万管核酸检测通量气膜实验室。10家区县疾控中心启动迁改扩建，在全国首创功能区疾控中心独立设置、市属区管模式；二级以上公立医院全部成立公共卫生工作管理委员会。市疾控中心与省公共卫生临床中心等7家医疗机构建立“医防融合”合作机制，山东大学附属济南市疾病预防控制中心正式揭牌。

【重点疾病防控】 全市适龄儿童免疫规划疫苗全程接种率达95.75%；建立全省首家特殊健康状态人群预防接种咨询评估与接种门诊。历下区和历城区成功创建省级慢性病综合防控示范区，章丘区和莱芜区入选全省首批“三减控三高”特色项目区。

【提升应急能力】 配备市、区县、基层三级卫生应急队伍3314人。印发《济南市洪涝灾害卫生应急预案》，组织全市防汛卫生应急救援演练；新申报4所市级紧急医学救援基地，做好事故灾难或敏感事件紧急医学救援15起。

（崔新杰）

【推动公立医院高质量发展】 2022年，全市公立医院平均住院日同比下降0.71天；全市次均门诊费用、住院次均费用同比分别下降4.43%、3.26%，群众就医负担持续减轻。市中心医院在2021年度国家公立医院绩效考核中获评A+等级。

【巩固基本药物主导地位】 率先开展基本药物制度综合试点，196家政府办基层医疗卫生机构和3473家村卫生室实现基本药物制度全覆盖；基本药物在基层使用品种比例保持75%以上。

【加强医疗卫生综合监管】 开展卫监“攻坚突破年”活动，组织医疗乱象、医疗废物等专项检查16项，人均办案14.55件。四项执法工作入选省卫监“揭榜挂帅”项目，数量居全省首位；历城区医疗服务“综合监管一件事”改革试点，获评全省卫生健康系统“全省重点民生领域揭榜挂帅改革试点”唯一创新成果。

【提升信息化能力】 市全民健康信息平台通过互联互通五级乙等现场测评，市人民医院、市第一人民医院通过四级甲等现场测评。卫生健康信息化发展总指数列全省首位。“互联网＋护理服务”试点实现区县全覆盖，获评省优质护理服务优秀案例2个。

【中医药传承创新发展】 广安门医院济南医院获批国家区域医疗中心。66.7%的区县中医医院达到国家医疗服务能力推荐标准。“省会经济圈1+6中医药一体化发展联盟”拓展至46家单位。出台全国首个《智慧中药房建设与运行规范》地方标准，建成智慧中药房7家，日煎煮能力2.1万张处方，服务超380万人次；在100家中医诊所开展中医云HIS及辅助诊疗系统试点。备案制中医诊所发展模式、“互联网＋医疗”打造智慧中药房服务模式，分别获评省、市自贸区制度创新成果。入选国家、省级中医药人才项目50余人，国家、省级继续教育项目29项、省中医药科技项目18项，省中医药重点学科和重点实验室各1个；7家医院21个专科入选第二批齐鲁中医药优势专科集群，市中医医院脾胃病科入选牵头专科建设单位。开展“扁鹊文化泉城行”活动120余场次，受益16万人次。1家医院、2家社区卫生服务中心分别入选“第三批山东省中医药文化宣传教育基地、第二批省级中医药健康文化知识角建设单位”名单。

【出台全国首个智慧中药房地方标准】 出台《智慧中药房建设与运

行规范》，于2月1日正式实施，围绕智慧中药房的组织机构与人员、场所与设施设备、主要技术要求、信息化处方流转、质量管理等内容，明确标准和规范。这是全国首个智慧中药房建设与运行地方标准，为全省乃至全国智慧中药房的有序建设和良性竞争提供较为成熟的借鉴。

（崔新杰）

【健全医疗保障制度体系】 提高基本医保待遇水平。居民医保方面，财政补助标准提高到670元每人，省部三级医院住院报销比例提高5%，普通门诊报销限额由400元提高至500元；职工医保方面，普通门诊年度支付限额由3000元提高到4500元，一、二、三级医院报销比例均提高10个百分点，“大额医疗费”二次报销起付线由1万元降至8000元；生育保险方面，职工生育医疗费报销比例提高到100%，居民生育医疗费提高到3000元，对新出生二孩、三孩参保费用给予全额补助。强化困难群体帮扶。完善重特大疾病医疗保险和救助制度，强化政策延续性，为15.36万人次困难群众办理参保手续，资助参保金额5102.2万元，报销各类合规医疗费用6622.06万元；将门诊慢特病纳入救助范围，救助人次增长1.4倍。提升长期护理服务质量。推进长期护理保险国家试点，实现参保人群全覆盖。实施定点机构区域化管理，开展农村集中护理服务，建机制、立标准、强队伍、优服务，确保精准发力，累计为3.5万名失能人员结算长护待遇8.83亿元，有效减轻失能家庭经济负担和照护压力。优化商业保险补充衔接。指导发布“齐鲁保2022”，将基本医保门诊慢特病纳入保障范围，目录外药品增至2000种、新特药增加到27种、罕见病增加到11种，对基本医保形成有益补充。

【深化医保制度改革】 推动国家和省集采的427种药品、17类高值耗材在济落地，价格平均下降50%；开展医保基金与药企直接结算9.05亿元，回款周期由3个月以上缩短至1个月；承担全省16市集采基金结余留用工作，返还医疗机构结余留用资金11亿元。推进按疾病诊断相关分组（DRG）付费改革，试点医院职工住院次均费用减少1318.35元，降低7.72%；居民住院次均费用减少448.43元，降低3.17%，济南市在全国新开展改革地区评估中获第1名。建立医疗服务价格动态调整机制，2022年，调整价格4800余项，降低检查检验类项目价格，提高手术等体现医务人员劳动价值的项目价格。助推中医药传承创新发展。推动省际中药（材）采购联盟落地济南，推进全国首次中药饮片联盟采购，首批21个品种平均降价29.5%，最大降幅56.5%，覆盖15省、110市、6050家医疗机构。将宏济堂、扁鹊智慧中药房纳入医保定点，支持处方流转，实现中药饮片统一煎煮、配送上门。

【加强基金监督管理】 完善监管机制。在全省率先出台《医疗保障基金使用监督管理办法》，创新开展省市区三级联合稽核，建立医保、医药机构、专家组“三方合议”制度。持续推进医保智能监控系统建设。建立提醒数据与结算数据比对分析机制，覆盖1560家定点医疗机构，实现事前提醒、事中预警、事后审核的全链条监管。做好国家飞行检查配合保障工作。先后开展“长期护理保险专项治理”“基层医疗卫生机构基金使用管理‘回头看’督导”等专项稽核行动，对欺诈骗保行为形成强大震慑。全年

2022年6月12—15日，济南市医保电子凭证全流程和移动支付工作推进会议分别在长清区、济阳区、山东大学齐鲁医院召开

（市医保局　供稿）

累计检查定点医药机构4611家，处罚、限期整改413家，约谈677家，曝光典型案例9起，追回医保基金3713.07万元。

【完善医保服务体系】 打造四级医保服务体系。建成383家医保工作站和6413家医保工作点，基本覆盖所有社区（村）。将收件初审等20项高频医保业务下沉基层，培育医保经办人员、医药机构人员、网格员等“医保明白人”9000余人，确保群众在家门口“找得到人、问得清楚、办得成事”，开发“帮办代办”小程序，为群众特别是行动不便的老年人上门办理相关医保业务。优化医保服务方式。提供网办、掌办、邮寄办、视频办等多种服务方式，持续优化“一窗通”系统，近60项业务实现线上办理，不见面办理率达98.4%。开发“智能答复+人工客服”协同系统，群众通过微信即可发起咨询和经办需求，运行半年累计服务33万余人次。持续优化互联网医院线上问诊、慢病续方、医保结算、送药上门的“一站式”服务模式，指导建设“泉城药易购”等支持个账结算的网上购药平台，形成涵盖19家互联网医院、1000余家定点药店的线上服务矩阵，累计服务患者30余万人次。提升群众就医体验。持续推动医保电子凭证全流程应用和移动支付，打造就医全流程掌上结算模式，群众可使用手机自助办理门诊就医、住院建档、医保结算等业务，有效缩短人均就医等待时间。

（褚兴鲁）

栏目编辑　谷　雪

# 体育

## 综述

【概况】 2022年，市体育局构建完善体育公共服务体系，深入实施全民健身国家战略，促进群众体育和竞技体育全面发展，快速推进体育产业转型升级，加快建设体育强国，新时期体育强市建设迈出坚实步伐。市体育局机关党委被评为“山东体育强省建设先进集体”，市全民健身中心被认定为“一星级全国青年文明号”。

【打造全民健身服务体系】 全面完成全民健身“十百千万”为民办实事项目建设。印发《济南市全民健身实施计划（2021—2025年）》《济南市全民健身设施补短板行动计划》等，为建设更高水平全民健身公共服务体系提供政策支持。推进全民健身设施提升改造，新建智能全民健身驿站10处、乒乓球长廊9处，完成100处农村（社区）健身设施更新。加快推进体育公园建设，联合市发改委，制定《济南市体育公园建设方案》，明确“十四五”期间体育公园建设的发展目标和工作任务，年内新开工体育公园1处，改扩建体育公园3处。开展全民健身活动，通过线上线下相结合模式，举办第十二届全民健身运动会、社区运动会等市级全民健身赛事活动105项次，区县级全民健身赛事活动255项次。加强社会体育指导员培训，组织培训班32期，培训二、三级社会体育指导员2250人。开展“体育惠泉城 健康生活”全民健身志愿服务，完成1000个全民健身示范站点评选工作，成立一支由1万名社会体育指导员组成的志愿服务队伍，进驻各级新时代文明实践站，开展志愿服务指导。开展体质监测大篷车、防溺水讲座、射击项目进校园等专项全民健身志愿服务173场，直接服务市民群众3万余人次。

【增强竞技体育实力】 2022年，在全面做好疫情防控工作前提下，有序组织全市运动健儿参加国际、全国及省级比赛，取得优异成绩。在国际比赛中，获得2枚金牌、2枚银牌；在全国比赛中，获得19枚金牌、19枚银牌、20枚铜牌；在日照举办的省第二十五届运动会上，市代表团1600余名运动员参加除帆船帆板外的31个大项比赛，获得258枚金牌、181枚银牌、191枚铜牌，共计630枚奖牌，奖牌总数和团体总分均列全省首位。

【推进体育产业发展】 开展2022年第一届济南市体育惠民消费券发放活动。出台《济南市体育消费券发行活动工作方案》，共计220家体育门店、5家大型体育服饰商场参与活动。累计优惠券发放536.02万元，企业让利400.88万元，带动消费2896.5万元。策划2022年沿黄九市体育产业协作联盟系列活动，持续打造黄河体育赛事品牌，完善赛事活动协同机制，举办山东沿黄九市垂钓邀请赛、青春洋“奕”2022山东沿黄九市国际象棋锦标赛暨等级赛沿黄国际象棋锦标赛、第二届山东沿黄九市铁人三项赛等系列赛事。利用济南“山、泉、湖、河、城”等自然优势，整合文化、旅游、赛事和冰雪项目资源，策划精品体旅线路，春节期间推出“济南的冬天”和“冬日之美，美在济南”2022春节黄金周体育旅游线路，两条线路均获评省冰雪主题2022年春节黄金周体育旅游精品线路。春节期间，九顶塔、跑马岭、卧虎山等滑雪场接待游客数量实现同比大幅增长。做好体彩工作，截至2022年年底，济南市体彩总销量31亿元，市场份额达79%。

（李振国）

【全民健身“十百千万”工程】 完成2022年政府工作报告民生实事“全民健身‘十百千万’工程”建设，即全市新建10处智能化全民健身驿站，举办100项全民健身赛事活动，命名1000个全民健身活动示范站点，组织1万名社会体育指导员进基层开展志愿服务。

【加快推进体育公园建设】 与市发展改革委等6部门联合，先后到平阴县、长清区等7个区县开展体育公园联合调研工作，实地考察平阴县环秀公园等12处公园规划建设情况，出台《济南市“十四五”体育公园建设方案》，明确“十四五”期间体育公园建设的发展目标和工作任务并扎实推进。2022年，新开工建设10万平方米以上体育公园1处、改扩建体育公园3处。

【印发《济南市全民健身实施计划（2021—2025年）》】 为深入实施全民健身和健康中国国家战略，全面提升全民健身公共服务水平，更好满足人民群众健身和健康需求，2月10日，印发《济南市全民健身实施计划（2021—2025年）》。《实施计划》聚焦全市全民健身事业发展中的关键领域、重点区域和短板弱项，坚持高点定位、高点谋划，围绕“构建更高水平的全民健身公共服务体系”目标，提出具有济南特色的任务措施。

【“跃动青春，活力泉城”居家AI运动会】 为献礼中国共产主义共青团建团100周年，5月4日至8月12日，市体育局举办“跃动青春，活力泉城”居家AI运动会，采取线上打卡积分赛形式，通过“济南市智慧体育”“天天跳绳”APP体智云平台举行，持续100天，共计22588个家庭报名，活动参与次数达33.6万次，引导青年增强科学健身意识，打造青年特色文化体育活动品牌，营造健康文明、昂扬向上良好氛围。

【2022掷球进社区系列推广赛】 7月29日，“喜迎二十大”2022掷球进社区系列推广赛事活动济南站开幕。作为国家体育总局小球运动管理中心、中国掷球协会设计打造的贯穿全年的掷球推广项目，济南站活动在举办省第十二届全民健身运动会地掷球比赛、市第十二届全民健身运动会地掷球比赛暨市中区第十二届全民健身运动会地掷球比赛的同时，还设有指弹球、九宫球、桌上太极球等休闲体育运动体验环节，致力于通过进社区、下乡镇、入广场等多种形式，把掷球赛事活动带到群众身边，推动掷球运动普及发展，让更多人享受掷球运动带来的健康与快乐。

【济南市第二届社区运动会】 9月10日，市第二届社区运动会开幕式暨杨柳春风社区运动会开幕，活动开幕后采取线上与线下比赛相结合的方式，在济南市15个区县同步展开，举办100场比赛，覆盖老中青各个年龄段群体，打造全社会参与、多项目覆盖、多层级联动的“全民社区运动会”。在第一届基础上实现三大突破：比赛场次上有突破，由第一届的30场增加到100场；组织形式上有突破，除设置全民皆可参与的运动项目外还增加了一定场次特色项目展演赛；参赛范围上有突破，运动会真正走进城、乡、村、镇，把比赛送到市民群众身边。

【济南市第十二届全民健身运动会线上启幕】 9月30日，市第十二届全民健身运动会开幕式以线上、线下相结合的方式在长清区全民健身中心举行。活动以“喜迎二十大健身向未来”为主题，由市体育局、市总工会、市妇女联合会、市教育局、市民政局、市农业农村局、市文化和旅游局、市卫生健康委员会、市体育总会、长清区政府主办，长清区教育和体育局承办。开幕式上，健身爱好者们带来全民健身节目展演，展演分为《奏响新时代》《全民建新功》《欢庆盛世年》3个篇章，首次采用连线的方式进行展演，倡导广大市民携起手来、行动起来、积极参与，营造全民动员、全民参与、全民健康、全民共享浓厚氛围。

【推广冰雪运动】 2022年，通过线上线下相结合模式，整合全市最优冰雪资源，在全市开展一系列群众身边举步可就、喜闻乐见、便于

2022 年 9 月 30 日，市体育局在长清区全民健身中心举办济南市第十二届全民健身运动会
（市体育局 供稿）

参与的冰雪赛事、冰雪进校园、社会体育指导员冰雪项目培训、冰雪消费券发放等活动，持续推动冰雪运动高质量发展。其中，“我心目中的北京冬奥会”书画征文评选活动，全市中小学生参赛作品达 1 万幅，总访问量突破 1430 万次，总投票数 673 万次，单日最高访问热度 300 万次，单日活动覆盖最高 203 万人次。

【加强全民健身器材配建管理】 实施全民健身设施智能化提升改造。将“智能化提升”纳入全民健身设施建设重点工作进行推进，形成符合实际的配建模式，建立长效机制，逐步实现全民健身设施智能化。推动全民健身助力乡村振兴，落实市第十二次党代会工作任务目标，贯彻实施全民健身和乡村振兴两大国家战略，促进全民健身和乡村振兴融合发展，加快农村体育设施更新和提档升级。强化公共体育设施管理维护。落实《济南市室外公共健身设施管理办法》，夯实各单位在公共健身设施规划与建设、使用与维护、监督与检查等方面职责，对市区六区室外公共健身设施进行日常巡检维护。2022 年，新建智能全民健身驿站 10 处、乒乓球长廊 9 处，完成 100 处农村（社区）健身设施更新。

【开展体育志愿服务】 加强社会体育指导员队伍建设。通过分级培训模式不断扩大社会体育指导员数量，提升指导和服务技能。全年开展二级、三级社会体育指导员培训 32 期，共培训社会体育指导员 2250 人，推荐国家级社会体育指导员培训人员 18 名、一级培训社会体育指导员 80 名，并首次设立乡村振兴、体医融合、非遗保护与传承等培训版块。联合市文明办开展“体惠泉城·健康生活”全民健身志愿服务活动。完成 1000 个全民健身示范站点评选工作。成立一支由 1 万名社会体育指导员组成的志愿服务队伍，进驻各级新时代文明实践站，累计开展全民健身志愿服务 173 场，直接服务市民群众 3 万余人次。推动居家科学健身新时尚。疫情防控期间，联合各单项体育协会，组织各级社会体育指导员制作发布居家健身方法相关视频、图文链接及“泉心城意 居家抗疫”全民健身倡议书及“战胜疫情动起来”系列健身指导课程 100 余期。

（李振国）

【参加世界级、洲际和全国比赛情况】 在做好疫情防控工作前提下，组织运动员参加国际、全国比赛，取得优异成绩。在国际比赛中，全市取得 3 枚金牌、2 枚银牌，其中排球运动员刘濛在男排亚洲杯比赛中取得第一名，射击运动员李越宏在射击世界锦标赛中获男子 25 米手枪速射团体第一名；在全国比赛中，全市获得 26 枚金牌、30 枚银牌、26 枚铜牌。

【参加省运会情况】 省第二十五届运动会在日照市举行，市代表团组织 1656 名运动员参加除帆船帆板外 31 个大项的比赛，共获 258 枚金牌、181 枚银牌、191 枚铜牌，共计 630 奖牌，奖牌总数位列全省首位、团体总分并列全省首位，获得省第二十五届运动会比赛总分成绩奖第一名、比赛金牌成绩奖第二名、优秀运动员组金牌总分成绩奖第三名、金牌成绩奖第二名、总分

## 2022 年济南籍运动员全国及以上比赛成绩统计表

表 6

| 项目 | 姓名 | 性别 | 比赛名称 | 比赛时间 | 比赛地点 | 成绩 |
|---|---|---|---|---|---|---|
| 排球 | 刘　濛 | 男 | 2022 年男排亚洲杯 | 2022 年 8 月 | 泰国佛统府 | 1 |
| 射击 | 李越宏 | 男 | 2022 年射击世界锦标赛 | 2022 年 10 月 | 埃及开罗 | 1 |
| 羽毛球 | 徐化雨 | 男 | 2022 年世界青年羽毛球锦标赛 | 2022 年 10 月 | 印度尼西亚 | 1 |
| 排球 | 刘虹菲 | 女 | 第十四届 U18 亚洲少年女排锦标赛 | 2022 年 6 月 | 泰国 | 2 |
| 排球 | 王文涵 | 女 | 2022 年女排亚洲杯 | 2022 年 8 月 | 菲律宾马尼拉 | 2 |
| 射箭 | 李梦麒 | 男 | 2022 年全国室外冠军赛 | 2022 年 3 月 | 海南东方 | 1 |
| 射箭 | 孙　权 | 男 | 2022 年全国室外冠军赛 | 2022 年 3 月 | 海南东方 | 1 |
| 帆船 | 单梦媛 | 女 | 2022 年全国帆船冠军赛 | 2022 年 4 月 | 海南海口 | 1 |
| 帆船 | 单梦媛 | 女 | 2022 年全国帆船冠军赛 | 2022 年 4 月 | 海南海口 | 1 |
| 田径 | 胡丽月 | 女 | 2022 年全国竞走冠军赛 | 2022 年 7 月 | 辽宁锦州 | 1 |
| 摔跤 | 杨歌迪 | 女 | 2022 年全国 U17 国际式摔跤锦标赛 | 2022 年 8 月 | 重庆荣昌 | 1 |
| 体操 | 任国阳 | 男 | 2022 年“体总杯”全国体操团体锦标赛 | 2022 年 8 月 | 山东乐陵 | 1 |
| 蹦床 | 周楚惟 | 男 | 2022 年全国蹦床锦标赛 | 2022 年 8 月 | 山东青岛 | 1 |
| 蹦床 | 黄成鹏 | 男 | 2022 年全国蹦床锦标赛 | 2022 年 8 月 | 山东青岛 | 1 |
| 蹦床 | 武浩然 | 女 | 2022 年全国蹦床锦标赛 | 2022 年 8 月 | 山东青岛 | 1 |
| 蹦床 | 刘锦昊 | 男 | 2022 年全国青少年蹦床锦标赛 | 2022 年 8 月 | 江苏金湖 | 1 |
| 篮球 | 张子宇　张雨薇<br>赵紫婷　张　林<br>杨苇佳　刘亦梵<br>李希诺　张艺馨<br>钱林堉　何一鸣<br>亓禹璇　关　屹 | 女 | 2022 年全国 U15 青少年篮球联赛<br>（烟台赛区） | 2022 年 8 月 | 山东烟台 | 1 |
| 射箭 | 齐翔硕　李梦麒 | 男 | 2022 年全国室外锦标赛 | 2022 年 9 月 | 江苏南京 | 1 |
| 田径 | 刘　鹭 | 女 | 2022 年全国 U18 田径锦标赛 | 2022 年 10 月 | 湖北黄石 | 1 |
| 射箭 | 李梦麒 | 男 | 2022 年全国射箭总决赛 | 2022 年 11 月 | 浙江湖州 | 1 |
| 射箭 | 李梦麒 | 男 | 2022 年全国射箭总决赛 | 2022 年 11 月 | 浙江湖州 | 1 |
| 皮划艇 | 贾世承 | 男 | 2022 年全国激流回旋锦标赛 | 2022 年 11 月 | 贵州下司 | 1 |
| 皮划艇 | 柏　慧 | 女 | 2022 年全国激流回旋锦标赛 | 2022 年 11 月 | 贵州下司 | 1 |
| 赛艇 | 张元泽 | 男 | 2022 年全国赛艇锦标赛 | 2022 年 11 月 | 浙江丽水 | 1 |
| 赛艇 | 李庆堯 | 男 | 2022 年全国赛艇锦标赛 | 2022 年 11 月 | 浙江丽水 | 1 |
| 乒乓球 | 李芯毅 | 女 | 2022 年全国少年乒乓球锦标赛 | 2022 年 11 月 | 辽宁沈阳 | 1 |
| 射击 | 梁小丫 | 女 | 2022 年全国 U18 射击锦标赛 | 2022 年 11 月 | 江苏南京 | 1 |
| 拳击 | 刘云秀 | 女 | 2022 年全国青年拳击锦标赛 | 2022 年 12 月 | 安徽黄山 | 1 |
| 跆拳道 | 温兴祖 | 男 | 2022 年全国青年跆拳道锦标赛 | 2022 年 12 月 | 重庆荣昌 | 1 |

续表 6

| 项目 | 姓名 | 性别 | 比赛名称 | 比赛时间 | 比赛地点 | 成绩 |
|---|---|---|---|---|---|---|
| 跆拳道 | 王雅茹 | 女 | 2022 年全国青年跆拳道锦标赛 | 2022 年 12 月 | 重庆荣昌 | 1 |
| 跆拳道 | 刘朝阳 | 男 | 2022 年全国跆拳道锦标系列赛第三站 | 2022 年 12 月 | 江苏无锡 | 1 |

成绩奖第二名、体育道德风尚奖六个奖项。体操项目创造全市在省运会二十余年来的最好成绩；射击项目创造了市射击队建队以来省运会最好成绩，其中女子手枪、飞碟双向包揽两个小项的全部金牌；乒乓球项目蝉联三届省运会该项目金牌榜榜首；跳水项目创造济南代表团省运会金牌历史最好成绩；短道速滑项目创造济南市短道速滑项目新的历史，开启济南冰雪项目新的征程；跆拳道项目取得自建队以来在省运会上的最好成绩；拳击项目创造全市拳击项目建队以来省运会最好成绩；射箭项目创造建队以来历届省运会最好成绩；柔道项目取得济南柔道队 20 年来最好成绩；橄榄球项目首次实现男女双冠；击剑项目创造建队以来最好成绩。

【国家二级运动员授予情况】 根据国家体育总局颁布的《运动员技术等级管理办法》和《运动员技术等级标准》，2022 年，共授予 293 名运动员“国家二级运动员”称号。“国家二级运动员”等级称号不仅是对运动员运动成绩的认定，也让运动员获得参加体育专业考试单独招生资格，有利于拓宽继续教育和就业门路。

（李振国）

【产业规模发展情况】 2022 年，全市体育产业总规模 480.65 亿元，增加值 187.87 亿元，占同期 GDP 比重达 1.8%，近五年来增加值年均增长率为 24.06%，远高于同期 GDP 增速。

【体育产业基础发展情况】 2022 年，全市体育场地面积不断拓展，全市人均体育场地面积 2.63 平方米。全市体育产业基本单位 9062 家（主营 4331 家，兼营 4731 家），“四上企业”387 家（主营 36 家，兼营 351 家），“准四上”48 家（主营 29 家，兼营 19 家），高新技术企业 259 家（主营 9 家，兼营 250 家），专精特新企业 97 家（主营 5 家，兼营 92 家），瞪羚企业 9 家（均为兼营），数量分别是 2020 年的 0.6 倍、38.6 倍、32.5 倍、10 倍。启动 2022 年第一届济南市体育惠民消费券活动，累计优惠券发放 536.02 万，联动企业让利 400.88 万元，带动消费 2896.47 万元。牵头举办山东沿黄系列品牌赛事和体育旅游赛事，通过体育赛事活动加强沿黄城市间的交流与合作。组织开展沿黄九市垂钓赛、国际象棋锦标赛，铁人三项公开赛、超级越野挑战赛和“齐鲁地标·泉城济南”城市定向赛等体育旅游赛事。

【各级各类创建工作】 “济南的冬天”“冬日之美 美在济南”“泉城济南”冰雪体育旅游线路获评省体育旅游精品线路。历城区获评 2022 年山东省体育产业示范基地。山东乐动产业发展集团有限公司获评 2022 年省体育产业示范单位。济南贵购物中心（领秀城店）、济南融创文旅城获评 2022 年省体育服务综合体。组织申报工业和信息化部、国家体育总局智能体育案例，智慧百姓健身房、职业足球比赛管理系统、智慧游泳馆、“防溺水”智能芯片等 8 个项目进入全国评审。16 家体育健身俱乐部、8 家体育技能培训机构进入全省体育服务业品牌创建工作复核。组织近 20 家优质体育企业参加第三届山东体育用品博览会、2022 北方消费品博览会，达成合同额超过 1000 万元。

（李振国）

栏目编辑 谷 雪

【婚姻登记】 创新打造“泉城·爱帮”婚姻登记品牌，继续推广亲人见证婚礼式颁证服务，2022年依法办理内地结婚登记52501对、离婚登记17776对，涉外结婚登记40对、离婚登记9对。在全省率先启用婚姻电子证照，推进“跨省通办”婚姻登记试点，实现“婚育户”集成办。编辑出版并免费发放全国首部新时代婚姻家庭辅导用书《护航幸福婚姻》，持续提升婚姻家庭辅导服务质量。

【收养登记】 2022年，依法办理国内收养登记57例。

【殡葬管理】 完成清明节等重要节点祭扫服务保障任务，常态化落实惠民殡葬政策，常态化开展免费基本殡仪服务，为1662名逝者提供生态安葬服务。

（李　涛）

【促进重点群体就业】 全年实现城镇新增就业17.4万人，全市就业形势持续稳定。实施离校未就业高校毕业生服务攻坚行动、“选择济南·共赢未来”系列招聘会、“公共就业服务进校园”等专项活动，完成159名高校毕业生“三支一扶”计划招募工作，开发就业见习岗位2.2万余个，拓展高校毕业生发展空间。2022届离校未就业高校毕业生登记率和服务率均达100%，就业率达94.2%。为1.46万人次高校毕业生落实小微企业招用高校毕业生社保补贴等五项补贴5727万元，为2304人落实新增高校毕业生一次性扩岗补助345.6万元。深入推进城乡公益性岗位扩容提质行动，制定出台实施方案及系列配套政策措施，创设岗位五大类型150余种。加快推进零工市场规范化建设和零工公寓建设，出台济南市零工市场和零工公寓两项标准化建设实施意见，为零工人员找活、住宿提出一揽子、系统化、全面性解决方案。举办就业援助月、残疾人云招聘、暖心行动等活动，不间断送政策、送岗位、送服务。为5.23万名

2022年7月27日，“选择济南　共赢未来”2022年黄河流域优秀大学生就业创业“泉城行”训练营开营仪式在济南举行　　（市人力资源和社会保障局　供稿）

就业困难人员发放社保和岗位补贴3.69亿元，零就业家庭保持动态清零。推进脱贫攻坚和乡村振兴有效衔接，开展“情系农民工”“春风行动”“春暖行动”等系列活动，促进农村劳动力就地就近转移就业。开展黄河滩区迁建和易地扶贫搬迁安置区就业帮扶工作，帮助2.26万名安置区居民实现就业。

【鼓励创业带动就业】 建立创业担保贷款“创贷+商贷”新模式，扶持群体扩大到14类人群，推出“阶梯式”创业补贴办法，创业扶持政策实现迭代升级。全年发放创业担保贷款4.6亿元，落实一次性创业补贴4054.5万元，扶持市场主体6379家。开发并上线创业指导服务线上平台，打造“创业导师+线上线下平台”服务模式，累计为4362名创业者提供服务。指导起步区建设黄河流域大学生创业孵化基地，完善市级创业孵化载体认定及管理办法，新认定市级创业孵化基地14家，复审合格20家，全市市级及以上创业孵化基地达到69家，在孵企业达1.08万户，带动就业10万人以上。创新举办市级创业大赛，推荐13个优秀项目参加省创业大赛，获1个特等奖、1个一等奖共7个奖项，占全省获奖项目的十分之一，并有2个项目进入全国总决赛。开展“十大创业之星”评选活动，推荐1名农民工成功入选省“十大返乡创业农民工”。

【做好职业培训】 组织4.2万人次城乡公益性岗位安置对象开展岗位适应能力和岗位专业技能培训。突出企业培训主体地位，鼓励部分企业结合自身实际灵活开展职工岗前培训3700人次，发放补贴2561.4万元。全市遴选50家培训机构纳入创业培训机构目录清单，建设并更新四大类共48套创业培训考试题库，培训选拔90名讲师充实到创业培训讲师队伍，全年完成创业培训1.8万人次。遴选出覆盖100余个专业（工种）的A类线上培训平台10家，并完善线上培训流程，全年开展线上培训4.22万人次。围绕济南市急需紧缺的高技能人才，面向社会征集十大类164个项目制培训项目，深入推进“一区（县）一项目”工作。

【保障重点企业用工】 深入实施企业用工保障专项行动，分级建立企业诉求快速响应机制，搭建线上线下两个招聘平台，摸准缺工企业、人力资源供给、用工服务专员“三张清单”，实施跨区劳务协作、院校顶岗实习、人力资源机构助企“三大行动”，组织人社用工服务专员进企帮包，“一企一策”动态保障企业用工。发挥济南市在省会经济圈中的牵头作用，先后5次与德州、聊城、菏泽等周边地市开展对接调研，组织比亚迪举办跨区招聘会、联合招聘会、专场招聘会232场，为比亚迪解决用工1.91万人，为全市重点企业重点项目保障用工4.1万人。调查发布2301家规模以上工业企业急需紧缺职业（工种）目录，引导供给侧与需求侧精准对接。推进“智慧就业”全天候服务大厅建设，上线运行就业智能问答，推广“招蓝天下”等“互联网+零工服务”新模式，研究规划数字就业平台，上线“泉城就业码”，实现扫码登记掌上就业，为企业和办事群众提供“零跑腿”就业服务。创新实施“直播带岗”“云探厂”等招聘方式，线上线下累计举办“泉城春暖”、重点企业用工保障、民营企业招聘月、大中城市联合招聘高校毕业生、百日千企网络招聘专项行动、送岗促就业等专项招聘活动473场，提供岗位41.9万个，达成就业意向7.8万人次。落实失业保险稳岗返还政策，采取“免申即享”的方式，为8.1万家符合条件的企业发放稳岗返还资金6.03亿元，稳定岗位135万个。

【规范劳动用工管理】 推广应用电子劳动合同平台，注册规模企业847家，签署电子劳动合同4万份。5家企业被认定为“山东省劳动关系和谐企业”，2个园区被认定为“山东省劳动关系和谐工业园区”，2家企业被命名为“全国和谐劳动关系创建示范企业”。

【提升劳动监察效能】 2022年，受理劳动监察咨询投诉1.8万人次，立案查处406起，到期结案率100%。在工程建设领域开展劳动保障守法诚信等级评价工作，评选劳动保障守法诚信等级评价A级企业355家、B级企业48家、C级企业31家。市和区（县）两级工会组织、人社部门联合设立劳动法律监督工作站，提供法律咨询服务4955人次，调解劳动纠纷1240起。

【劳动人事争议处理】 推广要素式

办案模式，全面优化办案程序，完善“调裁审援”一体化工作机制，统一仲裁与诉讼标准。全市劳动人事争议立案1.41万件，仲裁结案率97.56%，调解结案8915件，调解成功率77.92%。

【公共服务】 深入推行综合柜员制，推广“不打烊”服务模式，有效解决群众“上班时间没空办、周末时间没处办”问题。开展“创一流服务”主题活动，全面提升人社基层平台服务质效。梳理惠企政策大礼包，成立14个工作指导组，把人社政策送上门、讲到位，把企业遇到的问题分析透、解决好。获取国家和省部门数据88项，打通与医保、教育、民政、公安等20余个部门数据通道，实现人社领域数据全覆盖。140余项业务实现“全程网办”，43项业务实现“秒批秒办”，54项业务实现“全省通办”和“跨省通办”。

（王 帅）

【城乡最低生活保障和特困人员供养】 城乡低保标准分别提高到995元每月、770元每月，城乡特困人员供养标准分别提高到1492元每月、1356元每月，均居全省前列。五个区实现城乡社会救助标准一体化，发放低保金6.8亿元，保障9.3万人；发放特困人员供养救助金3.1亿元，保障1.5万人。出台民政领域服务民生促发展若干措施，梳理推出29项惠民利民举措，助力“六稳”“六保”。投入432万元为15109名特困供养人员购买商业保险，特困供养人员医疗费用可通过居民医保、大病医疗保险、医疗救助、补充医疗保险全部解决。下发加强疫情期间社会救助工作紧急通知，发布疫情期间临时救助指引，做好疫情期间困难群众救助工作，发放临时救助金2131万元，救助1.84万人次。修订完善低保管理办法，出台低保边缘家庭认定办法，适度拓展低保范围，优化审核确认程序，低保管理工作更加规范。落实社会救助政策主动告知、信息主动公开、对象主动发现“三主动”机制，实施低收入人口动态监测和常态化救助帮扶，建立政府救助与慈善救助衔接机制，实施“情暖夕阳”经济困难失能老年人关爱项目，打造“泉心共助”社会救助服务品牌。

（李 涛）

【阳光救助】 制定《关于印发全市民政领域聚焦“五项重点”整治群众身边腐败和不正之风工作方案的通知》，重点对低保领域审核不严、违规发放等问题进行全面排查，及时对93983名低保人员、15162名特困人员、7429名低保边缘人员实施动态监测预警，解决困难群众急难愁盼问题。

（李 涛）

【专项社会救助】 2022年，向443377名困难群众发放价格临时补贴2268万元，为全市80744户困难家庭发放取暖补贴7359万元，并按照每立方米7.2元的减免标准为8133户集中供暖的城市低保家庭减免取暖费用。 （李 涛）

【流浪乞讨人员救助】 开展救助管理服务质量大提升行动，在全省率先搭建“1+166+N”救助网络，不断加强与公安、城管等执法部门协同配合，救助1124人次，护送返乡128人，成功寻亲27人，“泉城避风港”服务品牌得到民政部肯定。

（李 涛）

【福利彩票发行】 2022年，全市共销售福利彩票8.29亿元，同比增长8.28%。 （李 涛）

【慈善事业】 发展慈善事业，新增慈善组织22家，总数达99家，数量居全省首位。慈善信托项目备案15笔，信托合同规模8711.46万元，均为全省最高。出台推动社区基金发展意见，试点设立社区基金27个。拓展“幸福家园”村社互助工程，设立村社互助基金562个，募集资金3800余万元，全国“幸福家园”村社互助工程现场观摩暨总结推进会在济召开，向全国推广“济南范本”。 （李 涛）

【养老服务】 完善政策体系，印发“十四五”养老服务体系规划，出台政策文件13件，联合15个部门建立养老服务联席会议制度，加强养老服务工作的组织领导和统筹协调。济南市入选全国首批积极应对人口老龄化重点联系城市，历城区、平阴县获评全省县域养老服务体系建设创新示范区，1个单位获评全国养老服务先进单位。优化社区居家养老，发布社区式日间照顾机构工作指引，建立困难失能老年人居家照料和集中托养服务制度，1982处长者助餐站点日均服务2万余人次，完成880户经济困难老年人家庭适老化改造，发放经济困难老年人补贴4910万元。市中区、槐荫区、历城区获评全省首批示范性居家社区养老服务网络建设地区。提升养老服务质量，开展养老服务“政校社”战略合作，组织“泉心慰老”公益讲堂21期，举办养老护理员技能大赛，培训养老护理人员8187人。制定养老机构预付费管理办法，在养老机构设置“四员一岗”，完成养老机构消防安全隐患“清零”和燃气、防雷等专项排查行动，做好疫情防控工作。发放养老机构运营补贴774.03万元，遴选设立5个市级养老服务组织（企业）库，助其连锁化、品牌化发展。（李　涛）

【留守儿童关爱保护和孤儿保障】 2022年，加强孤困儿童关爱，提高孤困儿童基本生活保障标准，发放资金4243万元，保障孤困儿童2762人。实施孤儿助学工程和医疗康复“明天计划”，在全省率先建立事实无人抚养儿童助学长效机制，资助206名孤困儿童入学就读，组织孤儿健康体检。发布困境儿童分类保障和关爱服务工作指引，培训儿童督导员、儿童主任6287人，全省率先建成困境儿童信息数据比对模型，儿童精准化保障精细化服务专项行动扎实开展。加强未成年人保护，开展留守未成年人、困境未成年人生活状况等级评估，推动区县未保中心、街镇未保站规范管理，投入330余万元购买儿童福利和未成年人关爱保护服务，开展关爱活动590余场，惠及2万余人次。历下区入选全国未成年人保护示范区，历下区、市中区、槐荫区入选全省未成年人保护试点区。（李　涛）

【残疾人保障】 为10万余名残疾人提供社区精准康复服务，将一、二级和三、四级困难残疾人生活补贴标准分别提高到182元每月、146元每月，一、二级重度残疾人护理补贴标准提高到167元每月，发放残疾人“两项补贴”2.85亿元，惠及13.5万人。（李　涛）

【推进全民参保登记】 按照“兜底线、织密网、建机制”要求，构建覆盖全民、城乡统筹、权责清晰、保障适度、可持续的多层次社会保障体系。开展全民参保登记工作，重点做好农民工、被征地农民、新型业态从业人员、灵活就业人员等群体的保险保障工作，全市城镇职工基本养老保险、城乡居民基本养老保险、工伤保险、失业保险参保人数分别达到488.62万人、307.37万人、314.9万人、235.43万人，社保覆盖面持续扩大。（王　帅）

【推进社保待遇调整】 在确保各项社保待遇按时足额发放基础上，持续提高离退休人员基本养老金待遇，沿用定额调整、挂钩调整和适当倾斜“三结合”办法，实现企业和机关事业单位挂钩调整因素和挂钩调整标准“双统一”，惠及全市76.1万名退休人员。提高居民养老保险基础养老金标准，每人每月由160元提高到170元，惠及106.1万名按月领取待遇参保居民。工伤保险费根据行业类别确定基准费率八个档次，稳步提高工伤职工伙食补贴和1～4级工伤定期待遇。继续执行阶段性降低工伤保险、失业保险费率政策，用人单位工伤保险费率下调20%，失业保险单位缴费比例为0.7%，个人缴费比例为0.3%。（王　帅）

【推进社保数智平台建设】 深化“社银合作”服务模式，打造社保便民服务圈，实现社保业务“就近能办、多点可及”，全市社保卡持卡人数达845万人，电子社保卡累计签发401万张，设立602家社保卡即时制卡网点和101家社银合作便捷服务网点，布设370台社保自助服务终端。完善社保待遇静默认证平台，以省会经济圈建设为突破口持续推进跨地市协同，已覆盖全市186.5万名社保待遇领取人，静默认证率99.75%。完善基于区块链的“社银直连”社保待遇发放平台，推动部门间数据共享应用，各项待遇补贴利用社保卡信息实现精准发放，线上协同数据校验，减少证明材料，推进社保数据在教育、住建、行政审批等多个民生领域的共享应用。升级社保热线专席，创新打造集AI客服、语音应答、智能外呼、人工辅助为一体的全维度社保智能导服矩阵，将“云呼叫咨询服务平台”升级为问办一体的社保智能服务“云窗口”。（王　帅）

【推进社保基金监管】 深入开展社会保险基金管理提升年专项行动，上线运行社保风险防控系统，一体推进“四防”体系建设。规范企业职工特殊工种提前退休管理，全面实行特殊工种岗位人员信息备案制

度。深化社会保险基金管理问题专项整治，开展疑点数据和服刑人员违规领取养老待遇问题核实核查，确保基金安全。（王 帅）

【概况】 2022年，市退役军人事务系统深入学习贯彻党的二十大精神和习近平总书记关于退役军人工作重要论述，严格落实退役军人各项政策规定，全面做好退役军人安置就业、军休优抚、褒扬纪念、双拥共建、思想引领、权益维护等工作，不断增强退役军人和其他优抚对象的获得感、幸福感、荣誉感。

【优化服务体系】 深化全国示范型退役军人服务中心（站）创建活动，1898个服务对象30人以上的村（社区）服务站全部达标，7家服务中心（站）评定为“全省百优服务中心（站）”。推进服务数字化，5421个服务中心（站）实现网络定位查询。

【开展法律宣传】 2022年，全市退役军人事务系统开展《退役军人保障法》《民法典》等主题宣讲会200余场，发放宣传手册4万余份、明白纸10万余份、普法海报9700余张。梳理退役军人工作10个方面186条政策点，推动政策法规落实落地。

【服务保障】 推进“互联网＋退役军人服务”，6大类服务事项施行“一网通办”，23项政务服务事项实现网上信息展示，6个依申请事项实现网上办理，3项“全链条一件事”实现跨部门“并联办理”。“八一”、春节等节点走访慰问退役军人和其他优抚对象，进行年度常态化联系。

【开展志愿服务】 组建退役军人应急救援、思想引领、法律支援、心理咨询志愿服务“四支队伍”。济南革命烈士陵园、莱芜战役纪念馆发挥红色教育主阵地作用，接待团体8300余个，服务群众65.7万人次。

【思想引领】 评选宣传“泉城最美退役军人”等先进典型，举办发布仪式，发挥示范引领作用。全市各级各部门组织退役军人座谈会565场次，宣讲政策、征求意见、体现尊崇。开展“倾听红色故事 照亮成长之路”“老兵永远跟党走”等主题宣讲1156场，33万余人次参与；举办网上思想政治和普法宣传大讲堂11场，190万人参与。55名退役军人事迹录入省、市两级地方志。

【维护合法权益】 开展“政策清零”“百日攻坚”行动，办理“12345”热线2257件，解答“8181”服务平台咨询2684件；办结退役军人信访事项1108件，信访量同比下降43.7%；攻坚化解退役军人信访积案134件，按时办结率100%。

【落实安置政策】 市委常委会专题研究退役军人安置工作，审议安置计划，强调安置纪律，推动安置落实；对接军人退役政策变化，做好政策衔接配套，科学制定安置计划，提高安置质量；坚持“四公开一监督”“阳光安置”模式，确保公开、公平、公正。

【组织教育培训】 落实退役士兵教育培训有关政策，510名大学生士兵复学；确定24家退役士兵职业技

2022年6月25日，济南市举行“倾听红色故事 照亮成长之路”主题活动启动仪式

（市退役军人事务局 供稿）

能培训承训机构，设置专业32个，开展年度培训、自主就业退役士兵适应性培训、转业军官岗前培训。发挥政校企三方优势，开展订单式、定岗式培训，推动“培训即上岗，上岗即就业”。

【深化就业帮扶】 2022年，共组织“春风行动”“军岗日”等退役军人专场招聘会96场次，推介岗位2.96万个。打造“军得港”数字化服务平台，为退役军人建立求职信息台账，将364家企业纳入招聘信息库，实现求职招聘线上实时对接。

【支持创新创业】 依托高职院校，建立退役军人创业学院、就业创业指导站；推进孵化基地增量扩容，筹建鲍山、临港、唐冶军创园区，总面积20万平方米。发放创业扶持贷款，为军创企业解难纾困。济南“蓝贝易书”军创项目获第二届全国退役军人创业创新大赛第一名。

【军休服务管理】 推进军休干部老旧小区基础设施改造升级，安装电梯24部。4家军休机构获评“山东省五星级军休机构”，3家军休机构获评“山东省四星级军休机构”，9家军休机构获评“山东省三星级军休机构”。

【落实军休干部待遇】 推广使用军休APP，提高服务效率。为多名军休干部落实医疗保障待遇，换发离退休证件，组织获二等功以上军休干部荣誉疗养，组织军休干部健康体检。

【开展文体活动】 承接退役军人事务部重点任务，排演全国首部退役军人题材话剧《兵心》，3000余人次观看。济南军休老年大学开设15个专业，29个班级，9980人次参加学习，济南军休大厦活动场馆年度接待军休干部13万人次。

【推进重点任务】 济南市优抚医院改造提升工程全面动工，新建荣军楼、康养综合楼，规划床位760张，满足全市2.1万名轮流休养对象需求。投入717万元，整修管护烈士纪念设施1267处；承办全国县级以下英雄烈士纪念设施整修工作总结会议，济南作典型发言。举办“9·30”烈士公祭，开展“2022·奋进·网上祭英烈”活动，参与群众31万人次。

【为烈士寻亲】 通过DNA技术为无名烈士寻亲，科学构建“提取、鉴定、比对、筛查、核对、确认”规范工作流程；先后开展5次实地寻访，行程2万余千米，为49名无名烈士找回姓名、找到亲人。9月24日，高规格举办集中立碑仪式，在全社会营造崇尚英雄、缅怀英烈浓厚氛围，新闻点击量超4.2亿人次。

【拥军支前】 支持部队练兵备战，完成与边防部队结对共建任务；支持部队建设改革，为驻济部队协调解决土地置换、营区建设、市政工程配套等实际问题；投入资金提升济南军供站建设水平，加强供应保障。

【深化双拥宣传】 深化“情系边海防官兵”春节专项慰问活动，组织区县拍摄“书记话双拥”访谈节目；举办“十佳好军嫂”评选表扬活动、“爱我国防”大学生演讲比赛、全民国防教育主题灯光秀展播、“以红领巾之名，致敬戍边英雄”、“红色故事宣讲进军营”等活动，营造浓厚拥军氛围。

（秦东亮）

栏目编辑　谷　雪

【概况】　历下区位于济南市东部，地理位置介于北纬 36° 35′ 34″ ～ 36° 42′ 30″，东经 117° 0′ 16″ ～ 117° 10′ 24″，东与济南市高新技术开发区相接，南北与历城区相接，西、西北与市中区和天桥区相邻。春秋战国时属齐国，因在历山（今千佛山）之下而得名。1955 年 9 月始称历下区。

**中共历下区委**

书　记　江　山*
　　　　杨传军
副书记　杨传军*
　　　　杨福涛
　　　　纪　亮*
　　　　王海清*
　　　　徐法贤
常　委　江　山*　杨传军　杨福涛　纪　亮*
　　　　王海清*　徐法贤　杜宝现*　李乐军*
　　　　李　克*　武　毅　赵冬梅（女）
　　　　王树刚　贾　文*　殷保钦*
　　　　朱英涛（女）　毕经海　苏圣泳
　　　　刘俊刚

**历下区人大常委会**

主　任　韩宏伟（女）*　纪　亮
副主任　栾　杰（女）*　郭向平（女）*
　　　　荆甫荣*　陈仕学*　杜宝现
　　　　刘　佳（女，满族）　王文利
　　　　李素婷（女）　吴　强

**历下区人民政府**

区　长　杨传军*　杨福涛
副区长　刘　佳（女，满族）*　张　涛*
　　　　赵　琳（女）*　王　锐*
　　　　刘兰设（挂职）*　武　毅
　　　　赵冬梅（女）　王若曦
　　　　于　杰　洪　露（女）李　伟

**政协历下区委员会**

主　席　曹　辛*　陈贯鹏
副主席　房玉萍（女）　刘　岩（女）*
　　　　刘　军（回族）　石永先
　　　　曾素燕（女）　王振东　金　辉

**中共历下区纪委**

书　记　王树刚

**历下区监委**

主　任　王树刚

**历下区人民法院**

院　长　牟宗伟*　赵悦红（女）

**历下区人民检察院**

检察长　刘爱国

全区总面积 100.89 平方千米，辖 14 个街道办事处（舜华路街道由济南市高新技术开发区管理）、138 个社区居委会。年末常住人口 106.3 万人。完成地区生产总值 2282.94 亿元，增长 4.5%。其中，第二产业增加值 476.78 亿元，第三产业增加值 1806.16 亿元。

说明：组织机构名单由各相关单位提供，统计时间截至2022年年底。*表示2022年内离职。

完成一般公共预算收入161.72亿元，一般公共预算支出96.14亿元，社会消费品零售总额990.10亿元，其中限额以上社会消费品零售额460.34亿元。全区货物进出完成127.5亿元，增幅10.4%。服务外包离岸执行额完成5.2亿美元，服务外包在岸完成5.8亿美元，服务贸易直报完成6亿美元，继续保持全市领先。

全区共有商务楼宇179座，新增纳统楼宇4座，新增面积20万平方米，新增入驻企业37家。2022年完成外资任务63767万美元，增幅12.03%。全区全年上报实际使用内资项目95个，实现到资631.9亿元。全区新引进市外过亿元投资项目118个。实施招商项目“倍增”计划，全年共洽谈招商项目506个，落地120个。新设立（含增资）来自中国香港及日本、新加坡等国家和地区外资项目19个。加大龙头科技企业招引力度。新引入市外过亿元项目4个。引进高端人才项目、大学教授项目6个，院士项目1个。

新增城镇就业4.39万人，超资13.5%完成全年目标任务，向1.3万家企业发放稳岗返还补贴7650余万元，涉及职工17.82万人，惠及企业数量全市领先。城镇居民基本养老保险参保人数达3.83万人，支付养老金共计3731.42万元。低保对象、孤困儿童、残疾人等7类困难群众救助保障标准普提10%，共发放各类救助金3860余万元，惠及8.5万余人次。投入80万元省级资金加装500户老年人“亲情E联”紧急呼叫设备。全区共有小学35所、初中10所、九年一贯制学校13所、十二年一贯制学校2所、特殊教育学校1所。全区共有义务教育阶段在校生92126人。全区教职员工6712人（含非编教职员工）。其中，高级教师744人，全国优秀教师6人，齐鲁名校长11人，省级名优教师78人，市级名优教师650人，区级名优教师2653人。全区有公共图书馆1所，社区分馆73家，文化馆1个，泉城书房5处和122处社区文化中心。全区国家AAAAA级旅游景区1家，AAAA级旅游景区1家，AA级旅游景区1家，全年接待国内外游客1208.82万人次，实现旅游总收入152.16亿元。

2022年，山东手造（济南）展示体验中心被中华人民共和国工业和信息化部、山东省工业和信息化厅列入工信部2022年新型信息消费示范项目及省重点项目名单。历下区被山东省财政厅和山东省生态环境厅评为全省首批生态文明强县（区）。历下区文体档案中心被国际奖项协会（International Awards Associate）评为2022美国MUSE设计大奖。历下区被山东省委宣传部、山东省委统战部、山东省民族宗教事务委员会评为全省民族团结进步示范区。历下区被山东省生态环境厅评为第二批省级“绿水青山就是金山银山”实践创新基地。

**【疫情防控与经济社会发展高效统筹】** 落实国家和省市各项优化措施，有序调整转段，扩容医疗资源，历下医院完成改造。关注企业经营发展，压减政府部门一般性支出15%以上，完成留抵退税82.2亿元，出台助企纾困政策15条，兑现各类补贴资金1200余万元，净增上规入库企业180余家，市场主体达14.4万户，实有企业数量全市第一。开展“乐购历下”系列促消费活动30场，创建国家级信息消费体验中心。发放稳岗返还补贴7600余万元，惠及企业1.3万家、职工17.8万人；发放就业困难人员各类补贴3730万元。

**【产城融合新格局】** 中央商务区西片区仅用时3个月签约腾房率达98%。古城片区项目征收稳步实施，筹措安置房源1300余套，签约率已达67%。完成13个片区、198.5万平方米老旧小区改造提升，惠及居民1.8万户。绿地、华润、平安超高层楼房实现封顶，金石中心等23栋、106万平方米载体建成交付。高端产业加快集聚，吸引全区65%的落地项目、80%的总部企业和90%的金融机构，汇聚各类优质企业6500余家，其中世界500强18家，位列中国商务区综合竞争力20强第13位。

**【数字历下建设】** 贯彻落实数字济南建设“1+4+N”工作体系，建成5G基站5670个，网络覆盖率达100%，宽带下载速率全市第一。推进数字产业化与产业数字化，两化融合贯标试点企业、上云标杆企业达52家，400P算力的济南人工智能计算中心启动建设，“星火·链网”超级节点作为全省唯一国家级区块链基础设施即将上线运营，华为“三个创新中心”累计服务5大行业、163家本地企事业单位，中建“云采”平台等项目入驻发展。在全国率先探索建立“米均效益”楼宇评价体系，运用数字孪生技术，搭建市场主体全信息、全链条线上虚拟模型，精准化服务企业的

“经济网格”逐步完善；对标一线城市，高标准推进“一网统管”社会治理改革试点，城市运行综合指挥中心启动提标升级，试点打造“五个一”智慧社区，人、车、房相适的数字化、网络化、智能化精准管理服务新模式逐步构建，精细化服务居民的“社会网格”更加完善。数字政府加快建设，应用电子证明事项近900项，个体和企业设立全程电子化率超99%；文件移动签批、公务人员掌上政务办公全面铺开，管理部门78个信息系统在云端部署，实现政务信息系统“应上尽上”。

**【甸柳新村街道办事处获评全国“人民满意的公务员集体”】** 2022年8月30日，全国“人民满意的公务员”和“人民满意的公务员集体”表彰大会在北京举行，甸柳新村街道办事处被中共中央、国务院表彰为全国“人民满意的公务员集体”，是济南市唯一获此殊荣的集体，也是山东省唯一获此殊荣的街道办事处，甸柳街道党工委书记周海霞代表甸柳新村街道办事处参加表彰大会。近年来，甸柳新村街道领导班子带领广大党员干部抢抓机遇、攻坚克难，注重强党建、树品牌，不断提升社会治理“新效能”；注重强保障、勇创新，持续推动服务质量“大提升”；注重筑防线、提效能，坚决打赢全面发展“攻坚战”，辖区经济社会发展焕发勃勃生机，人民群众幸福指数节节攀升，日益成为蓬勃发展、充满活力、宜居宜业的“仁和乐居”之地。街道先后获评全国和谐社区建设示范街道、国家级街道社区综合服务标准化试点项目、山东省先进基层党组织、山东省抗击新冠肺炎疫情先进集体、泉城优秀公务员集体、济南榜样——基层先锋等。

（李燕 刘佳）

**【概况】** 市中区位于济南市市区中部，地处北纬36°35′36″～36°40′04″，东经116°54′29″～117°02′01″之间，东邻历下区，西靠长清区、槐荫区，北依天桥区，南接历城区。全区总面积281.5平方千米，辖17个街道、139个社区、77个行政村。2022年年末，户籍人口69.9594万人。

**中共市中区委**

书 记 刘 科

副书记 翟立波* 鞠正江 任启民

常 委 刘 科 翟立波* 鞠正江 任启民 闫培胜* 王书信* 王云刚* 王 蒙* 李海永 孟庆顺 顾朝霞（女） 徐广利 范立振 李常青 张同园 栾长征

**市中区人大常委会**

主 任 邵登功* 秦光强

副主任 王盛元* 赵延生* 董德海* 殷继明 苗 萌（女） 蒋春雷 周 杰 王宝安

**市中区人民政府**

区 长 翟立波* 鞠正江

副区长 李咸梁* 孟庆顺 付 华（女）* 殷继明* 刘 松（挂职）* 张同园 刘宜武 周 晨 张 源（女） 张 健 张永虎（挂职）

**政协市中区委员会**

主 席 王其广* 王书信

副主席 陈淑平（女） 管延勇* 刘 健* 李秀芳（女） 杨文华（女） 贾汝兴* 闫 勇 牛兴军 张诗春

**中共市中区纪委**

书 记 王 蒙* 栾长征

**市中区监委**

主 任 王 蒙* 栾长征

**市中区人民法院**

院 长 温 磊* 毕惠岩

**市中区人民检察院**

检察长 赵性雨

全年实现生产总值1275.6亿元，比上年增长3.1%。其中，第一产业增加值1.8亿元，同比增长3.3%；第二产业增加值334.9亿元，同比下降2.9%；第三产业增加值938.9亿元，同比增长5.3%。三次产业结构为 0.1∶26.3∶73.6。固定资产投资同比增长 4.4%，地方一般公共预算收入 89.2 亿元，地方一般公共预算支出 63.3 亿元，社会消费品零售总额 551.3 亿元，同比增长 1.4%，净增限额以上批零住餐企业 77 家。规模以上服务业营收总量 359 亿元。引进中建国际山东总部等招商项目 249 个，实际使用外资 4.8 亿美元，实现进出口总额 112 亿元。实现跨境电商进出额 3.85 亿元，同比增长 70%；完成服务贸易进出口额 3.08 亿美元，同比增长 3 倍；全年完成对外投资 1542.2 万美元，同比增长 77%。金融业增加值 261.9 亿元，增速 9.61%，占全区 GDP 总量的 20.53%，占全市金融业增加值的 25.43%。全年金融机构本外币贷款余额为 4602 亿元，同比增长 14.7%，金融机构本外币存款余额 5847 亿元，同比增长 17.2%；证券交易额同比增长 36.9%，保费收入同比增长 10.1%。银行业区域总部 8 家，保险业区域总部 32 家，证券期货业总部及区域总部 31 家，资产管理公司、财务公司 3 家；基金管理公司 92 家，其中已登记注册 37 家，基金 107 只，注册总规模 1450.9 亿元，其中已备案 35 家，注册规模 584 亿元。全区共有上市企业 4 家，新三板挂牌企业 2 家，齐鲁股权交易中心挂牌企业 13 家，上市后备资源企业 43 家。

农林牧渔总产值 3.3 亿元，可比价增长 4.5%。全区粮食播种面积 0.4 万公顷，粮食总产 1.95 万吨。肉、蛋、奶总产 0.62 万吨。现代高效农业增加值 0.28 亿元，占农林牧渔业增加值 14.8%。全区新型农业经营示范主体 50 家，规上农产品加工企业营业收入 7 亿元以上。全区花卉、多肉等特色种植面积和品种数量 10 余万平方米、3500 余个品种（花色），年收益 9000 余万元。石崮现代农业综合体成为近郊休闲旅游网红打卡地，获评省级“绿水青山就是金山银山”实践创新基地、齐鲁乡村之星等称号，年收益 5000 余万元。对 55 个农村供水工程进行 2 轮全覆盖巡查巡护，对党家街道西渴马西村等 12 个村实施饮水安全提升工程，总投资 4556.95 万元。投入资金 4100 余万元，实施小庄村等 5 个齐鲁样板村和袁庄省级美丽乡村示范村建设项目。全部工业增加值 235.2 亿元，比上年下降 6.6%。规模以上工业增加值下降 32.8%，实现主营业务收入 371.2 亿元，实现利润 4.7 亿元。全区有资质的建筑企业 172 家，完成建筑业总产值 346.8 亿元，同比增长 8.0%，实现增加值 99.7 亿元。

完成征收拆迁 62.1 万平方米，开工建设安置房 2171 套，建成保障性租赁住房 2616 套；改造老旧小区 134 万平方米。省棚改项目安置房实现开工建设 1350 套，按计划推进安置房建设 2158 套；开工建设保障性租赁住房 2616 套；完成租赁住房补贴审核发放 2037 户、高层次人才购房补贴 396 户、保障性租赁住房泉城安居卡审核 2760 户（家）。完成清洁取暖改造 1286 户，完成天然气居民用户灶具连接软管升级改造 12.6 万户。完成杨台村北路、吴寨路等 12 条、18.42 千米农村公路改善提升。完成机动车道沥青修补 70942.07 平方米，人行道修补 16956.58 平方米，盲道整治 2057.08 米，无障碍清理 46 处。加固更换防沉降井盖 195 座，井篦 240 座，检查井提升 380 座，桥梁整治 134 处。创新渣土管理运行机制，设立建筑垃圾消纳场，经验做法在全省推广；340 个无物业小区纳入城市综合保洁体系；新建改造公共卫生间 17 处，垃圾分类主题公园 1 处，垃圾分类房 12 座，城管驿站 4 处。推进建筑垃圾再生利用项目，全年累计接收可再生利用建筑垃圾 33808 吨，资源化处理 32118 吨。开展垃圾死角和“四大堆”专项整治行动，全年共清理垃圾死角及“四大堆”9000 余处、7000 余立方米。实行广告牌匾全域监管，录入牌匾标识 8300 处。实施 103 省道、英雄山路亮化整治 2 期工程；实施万达广场周边楼体亮化工程，对建行济南营业部、丝绸大楼进行楼体亮化提升；对纬二路沿线周边 13 处节点进行景观亮化提升。完成森林修复保护 133 公顷，森林覆盖率达 30.7%，建设兴隆公园和 4 处口袋公园、社区公园。全区良好以上天数 243 天。新建党杨路两侧绿化工程，完成馒头山、双山顶山体公园 6 公里绿道项目，对 10 条道路绿化景观进行建设提升。在重要节点对纬一路、英雄山路沿线、玉函路安全岛及分车带等 21 处道路点位添置各类花卉，共使用造型插草 53 万株、鲜花 237 万盆。对 13.2 万平方米绿地实施智能灌溉，智慧园林管理平台覆盖面积达 367 万平方米。对全区 13 处黑臭水体进行治理，实现全部清零。

全区有区属中小学 81 所，其中小学 56 所，在校生 53664 人；初中 11 所，13287 人；九年一贯制学校 14 所，29311 人；特殊教育学校 1 所，在校生 105 人。

全年新开工中小学及幼儿园 6 所，新投入使用中小学 3 所。全年共评选区优秀教师 209 人、优秀教育工作者 106 人、最美教师 10 人；1 人当选济南市先进工作者，3 人当选济南市教书育人楷模。全年组织申报高新技术企业 192 家，新认定高新技术企业 145 家，新增市级以上专精特新、“瞪羚”企业 73 家。新备案省级新型研发机构 2 家，市级众创空间 4 家，科技孵化器 1 家，市级重点实验室 3 家，市级产业技术创新联盟 2 家，组织申报市科技特派员示范基地 1 家，组织申报市级众创空间 1 家，省级众创空间 2 家，省级科技企业孵化器 1 家。共引进科创类企业 15 家，注册资金 1.7 亿元；组织申报科技部人才火炬计划 3 项；组织申报市高端外专人才计划 9 项，组织 7 个项目参加济南市第五届中国济南新动能国际高层次人才创新创业大赛，其中 3 个项目获奖并落地。新引进知名院士 2 名，引育国家级人才 5 名，入围“青年人才首选山东 20 强城市”。全区有档案馆 1 个，公共图书馆 1 个，图书馆分馆 43 个，泉城书房 3 家，文化馆 1 个，文化馆分馆 17 个。建设泉城文化驿站 10 家，建设历史文化展示工程示范点 5 处，建设新型阅读空间 3 处。地上不可移动文物 87 处，其中国家级文物保护单位 10 处、省级 20 处、市级 14 处、区级 7 处、登记保护 36 处；博物馆 7 处，其中国有行业博物馆 2 处、非国有博物馆 5 处。医疗卫生机构 657 家，共有床位 5802 张，医疗卫生技术人员 12716 人。全年安装健身器材 200 余件，举办群众性体育活动 20 余次。

全区居民人均可支配收入 67729 元，城镇居民人均可支配收入 69342 元。新增城镇就业 23844 人，登记失业人员再就业 5999 人。发放稳岗、创业、青年见习等补贴 1.95 亿元，发放失业金及失业补助金 1.16 亿元，发放创业担保贷款 1965 万元，职业技能培训 9843 人。举办“春风行动”、直播带岗、高校专场等线上线下招聘活动 257 场，为 2572 家企业发布用工岗位信息 7 万余个，参与求职人数 4 万余人。开发大学生公共服务性岗位 50 个，开发城乡公益性岗位 1701 个。组织 105 家企业参加“才聚泉城”名校行引才行动，引进人才 1.97 万人，其中博士 36 人、硕士 1400 人、海外留学人员 226 人、青年人才 1.8 万人；完成各类人才补贴审核，发放各类补贴 2846.05 万元。办理发放专业技术人员初级职称证书 541 本。居民养老保险参保人数 10.82 万人，养老保险保费征缴 4.22 亿元，发放退休金 5.55 亿元。发放工伤保险待遇 2602.1 万元，做出工伤认定 432 件。医疗保险参保人数 55.69 万人，其中职工医保 30.71 万人，居民医保 24.98 万人；全年支出医保基金 5.53 亿元，其中职工医保统筹基金支出 3.06 亿元，职工医保个人账户基金支出 1.74 亿元，居民医保基金支出 0.73 亿元，公费医疗经费支出 517.98 万元。拨付医疗救助资金 247.18 万元，救助 4775 人次。全区有医保定点医疗机构 218 家，定点药店 279 家，长期护理定点机构 47 家。新建医保工作点 206 个，新增定点医保机构 56 家，社区卫生服务中心(站)中医科覆盖率达 100%。城镇最低生活保障人数 1.9 万人，城乡低保每人每月 995 元，城乡特困人员供养补助每人每月 1560 元。开展“暖居工程”，投资 270 万元为低保特困人员开展内墙粉刷、电线改造、安装烟感器等。全区有各类养老服务机构 16 家，街道综合养老服务中心 19 个，日间照料中心 128 个，农村幸福院 73 个，各类养老床位 5400 余张。实施养老机构“银龄管家”试点 75 处，安置符合条件的专职城乡养老公益性岗位人员共 175 人。

2022 年，市中区被生态环境部授予第六批“生态文明建设示范区”，被民政部办公厅确认为“深化乡村地名服务 点亮美好家园”试点地区。获评全省“安全生产月”活动优秀组织单位、全省加强乡村地名管理工作试点单位、全省基层治理实验区、全省婚姻登记信息数据质量提升试点、第二批山东省社区社会组织创新发展基地、全省首批示范性居家社区养老服务网络建设地区、山东省首批全环境育人实验区、山东省未成年人保护试点单位。

**【加快现代产业体系构建】** 金融改革深入推进，提出科创金融改革试验区建设 20 项重点任务，齐鲁银行市中分行成立全区首个科创信贷专营机构，市中财金集团、市中城投集团设立 3 只科创基金。新金融拓维升级，山东新金融产业园新引进中泰财金中小企业发展基金等金融、类金融项目 21 个，园区注册机构达到 230 余家，其中股权投资机构 200 余家，管理基金注册规模超过 1800 亿元。金融服务提质增效，建立“银行网点—社区网格”金融辅导联动体系，结对辅导企业 245 家，全区新增省级后备培育企业 10 家。齐鲁银行、农商行办理“济担—纾困贷”“复工专享贷”12.3 亿元。制造业加快转型，谋划“中材城”、绿色制造产业链和中德栋梁都市工业 4.0 等实体项目，山东电力设备启动实施省级重点研发计划项目，山东栋梁集团成为省级制造业单项冠军。高新产业稳步提升，规上工业企业研发人员全时当量增长 58.2%，新认定高新技术企业 150 家，高新技术产业产值占地区生产总值比重持续领跑全市。“生力军”培育再创新高，获评国家级专精特新“小巨人”企业 1 家，新增市级以上专精特新、“瞪羚”企业 73 家。数字产业化深入推进，山东未来网络研究院省级重点研发计划项目启动实施，爱信诺航天信息落户山东科创大厦，商汤北方区域智算中心实现签约。产业数字化持续提速，新认定省级两化融合贯标试点单位 4 家，新增上云星级企业 6 家；成功获评 2022 年度济南市千兆城市示范区，新建 5G 基站 793 处，新认定 8 个市级 5G 应用优秀案例及储备项目，入选数量全市第一。完成信息传输、软件和信息技术服务业营收 131.4 亿元，增长 10.5%。能源互联加速集聚。战略联盟会员单位发展到 136 家，国家管网集团山东总部等项目相继落地。创新策源力不断提升，山东省智能电网技术创新中心和山东省电能智慧应用技术创新中心相继落户，国网山东电科院突破关键技术项目 4 项，碳电（山东）能源科技等 20 家企业完成注册。产教融合体系不断完善，首批 65 位校外研究生导师聘任到位，山东电力设备关键技术研究项目进入“揭榜挂帅”榜单，中碳能源互联网研究院产业项目获得“海智计划”资助。商贸业态加快转型，领秀公馆美丽汇等 6 个商贸综合体加快建设，融汇济南老商埠文化旅游休闲街区荣获省级夜间经济消费集聚区，市级总部企业达到 22 家。对外贸易平稳增长，新增备案和外贸实绩企业 100 家，跨境电商对外贸易额增长 1.5 倍。

山东能源互联网仿真防御实验室　　（JSPA 创作组　供稿）

【建设山东省首批全环境育人实验区】　济南市市中区先后被评为全国家长学校实验区、山东省家庭教育现代化实验区、山东省家庭教育示范基地、济南市现代家庭教育试验区、济南市家庭教育先行区，2022 年被认定为山东省首批全环境育人实验区，坚持进行家校社协同育人机制探索。出台《关于创建山东省“全环境育人”改革实验区实施意见》，成立由市中区委书记、区长任双组长领导小组，擦亮市中教育“金字招牌”。全区 23 个部门、17 个街道办事处与中小学幼儿园深度协同，设立 105 所社区家长学校、10 处博物馆研学基地、25 处中小学社会实践暨传统文化体验基地、79 处校外劳动实践基地、1 处检察官校园驿站，协同开展实践活动 500 余场。组建 8 大主题项目研究团队，打造“合育人”项目品牌，建立中小学幼儿园家长学校 136 个；“教育·家”大讲堂开讲座 1800 余场，惠及家长 60 余万人次；“乐享童年游戏 100 例”“和谐陪伴亲子 100 例”“德育目标微课 100 例”等实践成果面向全社会发布。

【构建市中区智慧养老新格局】　以“互联网＋养老”模式为依托，搭建线上养老服务平台。市中区民政局首次推出线上智慧健康养老平台，以信息化系统为基础，融入大数据等技术手段，开展创新性服务，使线上智慧健康养老平台成为连接政府、老年用户、养老服务商和社会资源的枢纽。全区共有 200 多名提供居家服务的服务人员，为老年人提供实实在在的养老服务。围绕多元化居家养老需求，以解决养老服务"痛点"为主攻方向，推出"爱老三宝"服务项目。全区"爱老三宝"安装1125户，帮助老年人解决生活问题，用实际行动关心关爱老年特殊群体。配备"7×24"小时全天候呼叫中心，为老年人提供养老政策咨询、养老服务监管以及养老需求对接、养老院推荐、与街道互通互联等多项服务，满足老年人"一键式拨打""一站式服务"。全年平台服务派出订单数17969人次，平均通话量为1113次/月，服务质量满意率97%，处理反馈满意率100%。

（李　伟）

【概况】 槐荫区位于济南市区西部，地处北纬36°37′～36°45′、东经116°47′40″～116°59′之间，东与天桥区、市中区接壤，南与市中区相邻，西与长清区相连，北与德州市齐河县隔黄河相望。1955年，将以槐树命名的街巷较多的第六区改称为槐荫区。

**槐荫区人民政府**

区　长　孙常建* 刘敬涛

副区长　胡民安* 张新村　谷长军　朱　军（女）*　潘兴华* 陈　锐　闫明立* 李　昱（挂职）*　逯　明（女）　肖　波　肖　兵　傅海卫

**政协槐荫区委员会**

主　席　徐　宾* 韩　军

副主席　赵宏海* 马厚强* 吕红艳（女）*　李庆甲* 朱　军（女）　李咸梁　米卫东（回族）　李宗孝* 卢　林　郭　芳（女）　陈　飞（女）

**中共槐荫区纪委**

书　记　李　强* 鹿　霆

**槐荫区监委**

主　任　李　强* 鹿　霆

**槐荫区人民法院**

院　长　刘文明* 李元宏

**槐荫区人民检察院**

检察长　郭一星（女）*　王海龙

**中共槐荫区委**

书　记　李国强* 孙常建

副书记　孙常建* 刘敬涛　周　敬（女，回族）*　李　强

常　委　李国强* 孙常建　刘敬涛　周　敬（女，回族）*　胡民安* 熊高翔* 赵晨光* 李　强　韩卫英（女）　张新村　李国华*　徐冬梅（女）　高太吉　刘惠恩*　鹿　霆　王永华　王振国　谷长军

**槐荫区人大常委会**

主　任　孟宪伟* 熊高翔

副主任　董传师* 刘惠恩* 汪　浩*　吕红艳（女）　朱庆胜　李　刚* 张　怡　齐　敏（女）

2022年，全区土地总面积151.61平方千米，辖16个街道，93个村、112个社区。年末常住人口数68.7万人。

全年实现生产总值746.8亿元，比上年增长3.5%。其中，第一产业增加值2.5亿元，第二产业增加值213.0亿元，第三产业增加值531.3亿元。固定资产投资同比下降35.1%。地方一般公共预算收入50.1亿元，地方一般公共预算支出43.9亿元，社会消费品零售总额580.5亿元，进出口总额52.9亿元。

农林牧渔业增加值2.5亿元，比上年增长3.1 %。全区粮食播种面积2153.42公顷，粮食总产13557.2吨。

全年全部工业增加值110.7亿元，比上年增长17.3%。规模以上工业增加值增长32.3%。全年规模以上工业企业完成营业收入207.4亿元，全年规模以上工业企业完成利润总额21.7亿元，增长38.5%。

全区有资质的建筑企业92家，完成建筑业总产值99.2亿元，同比增长10.3%。全年建筑业增加值102.6

亿元，比上年增长 0.5%。

国家 A 级旅游景区共 6 处，其中国家 AAAA 级旅游景区 2 处，国家 AAA 级旅游景区 4 处；全年接待国内外游客 517.96 万人次，实现旅游消费总额 58.2 亿元。

有中等职业学校 1 所，在校生 2777 人。义务教育阶段学校 72 所，在校生 74781 人，其中初中 11 所、九年一贯制学校 13 所、小学 47 所（含民办小学 1 所）、特殊教育学校 1 所；初中在校生 18684 人、小学在校生 56003 人、特殊教育学校在校生 94 人。

槐荫区“齐鲁之窗”省市区一体化市民服务中心　（槐荫区行政审批服务局　供稿）

档案馆 1 个，公共图书馆 18 个（市图书馆 1 个、区图书馆及分馆共 17 个），文化馆 2 个（市文化馆 1 个、区文化馆及分馆共 1 个），全国重点文物保护单位 1 个，省级文物保护单位 13 个，市级文物保护单位 11 个，区级文物保护单位 9 个。

医疗卫生机构 629 所，共有床位 12718 张，卫生技术人员 1.88 万人。

城镇居民人均可支配收入 62472 元。年末职工基本医疗、生育保险参保人数分别达 22.45 万人、17.09 万人；居民基本医疗保险参保人数 20.04 万人。城镇最低生活保障人数 14181 人次，保障标准每人每月 995 元；农村最低生活保障人数 5255 人次，保障标准每人每月 995 元。全区各类养老服务机构 18 个，养老服务设施 163 个，各类养老床位 4500 张。

2022 年，槐荫区获评首批国家知识产权强县建设示范县，获国务院“全国根治拖欠农民工工资工作先进集体”称号，被认定为全省首批医养结合高质量发展创新引领区、全省基层治理实验区，获全市农村人居环境整治突出区县等荣誉。

**【2022 年槐荫区黄河流域生态保护和高质量发展暨“双招双引”推介大会举行】** 7 月 2 日，2022 年槐荫区黄河流域生态保护和高质量发展暨“双招双引”推介大会在京沪会客厅举行。“爱济南”客户端对大会进行全程直播。市政协主席雷杰，市人大常委会副主任刘大坤，副市长王桂英等出席会议，60 余家企业代表参会议。现场签订重点合作项目 40 个，项目涵盖基础设施、医养健康、信息技术、金融科技等多个重点产业领域，预计总投资 152.5 亿元。

**【省市区一体化市民服务中心大联盟格局基本形成】** 2022 年，槐荫区“齐鲁之窗”省市区一体化市民服务中心“跨域通办”签约覆盖面拓展，完成“省会经济圈”6 市 59 区县、省内黄河流域 23 区县签约，京沪沿线 23 市已签约 11 市，全国黄河流经 68 地市州已签约 35 个，现“跨域通办”41 个事项“一站办”。入驻 40 项省市级事项、25 项区级高频事项，涵盖市场准入、卫生医疗、市政交通、教育培训、人力资源、工程建设等领域。该中心设置 11 台智能服务终端，实现 806 项省市区三级政务服务事项“自助办”，“7×24”自助服务“全时办”，审批服务“云端办”。

**【山东中医药大学国际眼科与视光医学院启用】** 8 月，位于济南国际医学科学中心医疗硅谷的山东中医药大学国际眼科与视光医学院竣工投入使用。该校占地面积约 12 万平方米，总建筑面积约 11.1 万平方米，总投资约 12.7 亿元。院区划分为教学区和生活区两大功能区，包含教学实验、教学配套、行政办公、体育活动以及师生公寓等五大功能模块。

（彭丁山）

【概况】　天桥区位于济南市区北部，地理坐标为36°40′00″～36°45′00″、东经116°56′15″～117°03′00″，跨黄河两岸，区境四周与济南市历下区、历城区、市中区、槐荫区、济阳区及德州市齐河县相邻。因横跨胶济、津浦两铁路的立交桥——天桥而得名。

**中共天桥区委**

书　记　韩　伟

副书记　亓　伟*　张庆国　刘小兵*　赵　博

常　委　韩　伟　亓　伟*　刘小兵*　程　松*　韩卫英*　张建明*　张庆国　赵　博　张永强*　尹少华*　周晓军　刘敬涛*　李国华　曲京鹏　李盛利　蒋绪平　王　欣（女）　周红文（女）　王德东*

**天桥区人大常委会**

主　任　张昭森*　闫培胜

副主任　宋光强*　刘可鑫　李　建（回族）*　陈乐敏（女）*　侯庆水*　滕培汤　刘群群（女）　孙启明　李圣坤

**天桥区人民政府**

区　长　亓　伟*　张庆国

副区长　刘敬涛*　刘可鑫*　李向峰（女）*　蒋绪平　周红文（女）王洪新（女）*　缪利军　孙培梁　张小帆*　王永春　焦霄黎

**政协天桥区委员会**

主　席　樊　瑞（回族）*　张建明

副主席　马敬民*　陈乐敏（女）　仲　涛*　王洪新（女）*　上官生　陈士阳　刘群群（女）*　崔泽花（女）　李传贵　杨胜强

**中共天桥区纪委**

书　记　赵　博*　李国华

**天桥区监委**

主　任　赵　博*　李国华

**天桥区人民法院**

院　长　孙维民

**天桥区人民检察院**

检察长　封　政

2022年，全区总面积258.97平方千米，辖15个街道（其中大桥街道于2018年6月6日起由济南新旧动能转换先行区管委会代管），148个社区，120个行政村，年末常住人口72.94万人，城镇化率96.70%。

全区实现生产总值713.29亿元，同比增长0.30%。其中，第一产业增加值1.56亿元，第二产业增加值243.88亿元，第三产业增加值467.85亿元。固定资产投资同比增长15.10%，地方一般财政预算收入30.37亿元；一般财政预算支出29.55亿元，社会消费品零售总额457.70亿元，进出口总额47.40亿元。

全区农业增加值1.57亿元，同比增长3.20%。全区粮食播种面积1.24万公顷，粮食总产7.03万吨，同比增长0.44%；蔬菜产量0.43万吨，同比增长3.60%；畜牧业稳定发展，肉、蛋产量分别为5495吨、8015吨；猪、牛、羊存栏分别为17470头、580头和46539只。全部工业增加值54.71亿元，同比增长2.40%。规模以上工业增加值同比增长1.50%，实现营业收入182.63亿元，实现利润4.20亿元。实现税收总额43.53亿元。全区净增高新技术企业105家，高新技术企业达到383家，科技型中小企业评价入库534家，完成技术合同成交额84.60亿元。新增省级新型研发机构1家，市级以上研发机构达到101家。市级各类科技项目10个，获项目资金310万元。

全区资质以上建筑业企业80家，实现建筑业增加值189.39亿元，同比增长2.90%；建筑业总产值同比增长8.50%；利税37.41亿元，同比增长8.60%。房屋施工面积1381.34万平方米，同比下降33.20%；房屋新开工面积191.01万平方米，同比下降64.50%；房屋竣工面积287.37万平方米，同比增长20.40%，其中住宅181.63万平方米，同比增长52.20%。

全区公路通车里程302公里，其中农村公路通车里程113公里，城市道路通车里程189公里。全区空气质量良好以上天数达到249天，城区环境空气中可吸入颗粒物（$PM_{10}$）年均浓度79微克/立方米，细颗粒物（$PM_{2.5}$）40微克/立方米，二氧化硫12微克/立方米，二氧化氮36微克/立方米。2022年区域环境噪声昼间平均值52.70分贝，道路噪声平均值67.90分贝。

全区各类学校在校学生98864人，同比增长1.47%。基础教育专任教师6955人，同比增长1%；普通中学专任教师1405人，同比增长2.33%；小学教师3083人，同比下降1.82%；幼儿园教师2278人，同比增长1.33%；特殊教育学校教师22人，与上年持平。2022年新建中学3所，新增初中学位3600个；新建、改扩建小学3所，新增小学学位4320个；新增幼儿园1所，新增幼儿园学位180个。越来越多的市民选择天桥教育，一年级新生随迁子女录取人数占录取总人数的19.10%。有博物馆3个，档案馆1个，公共图书馆1所，文化馆1个，全国重点文物保护单位2处，省级文物保护单位10处，市级文物保护单位8处。全区共有卫生机构602个，其中医院38个。城区社区卫生服务机构55家。2022年卫生专业技术人员12169人，其中执业医师和执业助理医师4711人，注册护士5636人。新建公共健身场地3个。

全体居民人均可支配收入58068元，同比增长4.30%。其中，城镇居民人均可支配收入60779元，同比增长3.40%；农村居民人均可支配收入22278元，同比增长5.30%。全区居民养老保险参保人数5.60万人；居民基本医疗保险参保人数20.10万人。全年享受城镇最低生活保障的城镇居民2.40万户次、3.10万人次；发放城镇最低生活保障金2763万元。享受农村最低生活保障的农村居民2479户次、5331人次；发放农村最低生活保障金315万元。对城乡低保及低保边缘对象中的大病患者按照一定比例实施医疗救助，累计支出医疗救助金320.62万元，救助5290人次。全区各类养老服务机构和设施167个，各类养老床位2984张，安置残疾人员就业260人。

2022年，天桥区被中国科协命名为“全国科普示范区”，被中华慈善总会授予“全国幸福家园工程示范区”牌匾，被中共山东省委全面依法治省委员会办公室、中共山东省委宣传部、山东省人力资源和社会保障厅、山东省司法厅表彰为“全省法治政府建设先进集体”。

**【“四新”聚力电商产业发展】** 天桥区推进5G、工业互联网、数据中心等新型基础设施建设，加快电子商务创新发展，推动天桥电子商务持续保持高增长态势，并向专业化、规模化、产业集聚方向发展。特别是运用工业互联网新模式新业态推动企业加快数字化网络化智能化转型，形成了具有天桥特色的电子商务发展模式和路径。2022年全区网络零售额达187亿元，位列全市各区县第二，获评“国家电子商务示范基地”“省级电商直播基地”。

**【“天桥e家”激活家庭教育】** 天桥区作为济南市中心城区之一，集中了全市半数以上的外来务工人员子女。天桥区坚持“均衡、公平、内涵、特色，办人民满意的优质教育”的发展理念，将家庭教育、学校教育、社会教育有机结合，以“有明确的办学目标、有专业的师资队伍、有系统的课程设计、有精进的教学研讨、有配套的跟进作业、有完善的学习评价、有广泛的参与层面、有先进的技术支撑”八有特色为指引，推进家庭教育改革，探索成立“天桥e家”家长学校。

**【实践探索城市更新有机模式】** 天桥区城市更新着眼“完善城市功能、改善人居环境、传承历史文化、促进绿色低碳、激发城市活力”，推动老旧小区改造、老旧厂房改造、功能核心区域更新以及其他城市更新类型等，更加注重软硬实力提升建设、协同集成，推动生产、生活、生态相互融合，功能、形态、环境相互促进，把更多的城市更新区域变成引领未来，在全面提升城市软实力进程中打造现代化建设转型样本。

（魏富丽）

【概况】　西汉前元四年（前 153 年）设历城县，因处历山（千佛山）下而得名。境域位于济南市区东、南部。2022 年，全区总面积 1301 平方千米，年末常住人口 112.5 万人。

**中共历城区委**

书　记　张　军

副书记　续　明　孟　帅

常　委　张　军　续　明　孟　帅　张庆国*　任启民*　李成刚*　孟祥民*　申世平（女）*　郭　凯*　魏宏新　桑逢德　闫立彬　张　霞（女）　于　涛　卫　军　徐好成　高　博

**历城区人大常委会**

主　任　孙德顺*　韩宏伟（女）

副主任　王连平*　张宝贤*　宋士奎*　李云爱（女）　吕大海　高恒心　马小豹　王　健

**历城区人民政府**

区　长　续　明

副区长　张庆国*　郭　凯*　李金国*　付修琍（女）*　闫立彬　高　博　赵　锋　耿汝年　丁　一（女）　唐振涛　杨克建（挂职）　于文海（挂职）

**政协历城区委员会**

主　席　寇少杰*　潘广臣

副主席　贺光幸*　王钢城*　时连勇*　吕大海*　李金国　付修琍（女）　陈　军　张传淼　司宗国

**中共历城区纪委**

书　记　桑逢德

**历城区监委**

主　任　桑逢德

**历城区人民法院**

院　长　李忠林*　牟宗伟

**历城区人民检察院**

检察长　刘　建*　王枢栋

全年实现生产总值 1240.8 亿元，比上年增长 3.6%。其中，第一产业增加值 24.6 亿元，第二产业增加值 342.2 亿元，第三产业增加值 874.0 亿元。地方一般公共预算收入 126.1 亿元，地方一般公共预算支出 99.2 亿元。社会消费品零售总额 672.45 亿元，进出口总额 189.9 亿元。城镇居民人均可支配收入 57821 元，农村居民人均可支配收入 26917 元（不含高新区、南部山区）。

全区 175 家规模以上工业企业完成工业总产值 398 亿元，同比增长 20.7%。营业收入 429 亿元，同比增长 20.4%。按区域分：董家 26 家，荷花路 23 家，港沟 19 家，王舍人 19 家，华山 18 家，唐王 14 家，郭店 13 家，全福 10 家，鲍山 10 家，东风 7 家，唐冶 7 家，洪家楼 4 家，山大路 3 家，彩石 2 家。按规模分：年主营业务收入过 5000 万元企业 88 家，其中，过亿元企业 54 家，过 5 亿元企业 17 家，过 10 亿元企业 10 家。全区有技术创新项目 81 个，其中国际领先项目 1 个，国际先进项目 14 个，国内领先项目 29 个，国内先进项目 37 个。拟申请专利数量 167 个，拟申请发明 54 个，拟授权专利 149 个，拟授权发明 33 个，拟研究与制定标准数量为 6 个。大数据、智能制造、空天信息等战略性新兴产业持续壮大，力诺阳光等 10 个项目完成数字化转型和智能化改造，12 个新上工业项目竣工投产，济钢集团重回全国 500 强，齐鲁制药在中国医药工业百强榜中升至第五。

全年农林牧渔增加值 26.18 亿元，增幅 4%；农村居民人均可支配收入 26917 元，增幅 5.9%，排名全市第二。全区（包括高新区、南部山区）粮食作物种植总面积 19767.66 公顷，总产量 104761.6 吨。其中，夏粮面积 5808.18 公顷，夏粮总产 34776.5 吨；秋粮面积 13959.48 公顷，秋粮总产 69985.1 吨。农机总动力 51.8 万千瓦。其中，柴油发动机动力 34.43 万千瓦、汽油发动机动力 10.3 万千瓦、电动机动力 16.3 万千瓦。拖拉机拥有量 7147 台、合计总动力 19.65 万千瓦。新认证 4 家市级农业龙头企业，2 家市级农业产业化联合体。全区市级以上农业龙头企业保有量达到 46 家，其中国家级 1 家，省级 8 家，市级 337 家。全区规模以上农产品加工企业 25 家，营业收入 49.37 亿元，同比增速 25.27%。城乡融合发展试验区建设监测评价排名第六。

全年社会消费品零售总额 672.4 亿元，增速 1.2%；完成限上零售额 251.8 亿元，增速 6.2%；完成限上销售额 1547.7 亿元，增速 11.6%。实现网络零售额 110.7 亿元，同比增长 68.3%，总量排名全市第四，增速排名全市第二。服务贸易在岸执行金额 30854.65 万美元，离岸执行金额 16335.94 万美元。落实各类减税退税降费政策超过 60 亿元，市场主体增长 3.4%、总量达到 21.7 万户，均居全市第一。历城金融大厦等 3 个楼宇被认定为市特色产业楼宇。现代服务业占 GDP 的比重达到 32%，四新经济占 GDP 的比例达到 33%。聚焦"科技服务、现代金融、文化旅游、新型消费"等重点领域，实施服务业企业倍增计划，新增规上服务业企业 55 家，规上服务业营业收入达到 226 亿元、增长 6.2%，现代服务业增加值占服务业的比例提升到 46%。

境内有国道 1 条（309 线）8.4 千米；省道 1 条（102 线）13.7 千米；城市道路 319 条，长度约 377 千米、面积约 1067 万平方米；农村公路 358 条，长度约 652.02 千米（其中县道 3 条，69.89 千米；乡道 24 条，123.18 千米；村道 331 条，458.98 千米）；桥梁 164 座（其中国道桥梁 4 座，城市桥梁 111 座，农村桥梁 49 座）。全区共有道路普通货运业户 2343 家（其中普货企业 540 家，个体工商户 1803 家），危化品运输企业 5 家，旅游包车客运企业 9 家、营运客车 161 部，长途汽车客运站 1 个，客运接驳站 1 个，水路运输企业 1 家，驾培企业 16 家，车辆维修经营备案企业 459 家，小微型客车租赁备案企业 23 家、经营车辆 76 部，开通运行及过往的公交路线 162 条。

境内国控点 $PM_{10}$ 同比改善 9.76%，$PM_{2.5}$ 同比改善 9.09%，环境空气质量综合指数改善 8.63%，优良天数达到 244 天。全区空气环境质量在全市考核第一单元 8 个区排名中，现状第五名，改善第二名，综合第四名，连续两年实现 2 个位次进位；市控以上河流断面及饮用水水源地均稳定达标，全区共 1 个省控水质断面、6 个市控水质断面，考核要求均为地表水 V 类。封停自备井 99 眼，打造节水型单位 75 个。启动 2 处破损山体治理，完成 19 处废弃矿山生态修复治理。抚育森林 333.3 公顷，提升小区绿化 2 万余平方米，新增 10 公里绿道，完成南卧牛山等山体绿化 35 公顷。

新建 19 处中小学、幼儿园，新增学位 1.7 万个。前沿科学研究引领发展，山东高等技术研究院成为国际大科学工程重要数据中心，济南超算新一代山河超级计算机登顶国际超算大会榜单，全社会研发投入增长 21%、占 GDP 比例达到 3.1%，助力济南荣膺全球科研城市百强。科技创新队伍日益壮大，778 家企业进入国家科技型中小企业库、增长 46%，新增高新技术企业 174 家、总量达到 555 家，新增国家重点实验室 3 家、省级新型研发机构 2 家、"小巨人"企业 3 家、瞪羚企业 40 家、专精特新企业 95 家，中物九鼎成功备案国家级科技企业孵化器，3 人入选国家级重点人才工程，10 人入选"泰山"系列人才工程。科技成果转化提速增效，全年技术合同交易额突破 75 亿元，在全省"技术转移先进区"绩效评价中位列第一。

开展历城创业大赛，新增城乡公益性岗位 2680 个，新增城镇就业 1.7 万人。新建 28 处社区老年人日间照料中心、13 处农村幸福院，新建残疾人之家 15 家。新东站等 5 个安置房项目有序推进，港沟村等 10 个保障房项目启动建设。新增保障性租赁住房 2775 套，发放住房补贴 3200 余万元。

2023 年，历城区获评中国工业百强区、第六批国家生态文明建设示范区。

**【超算数字经济生态创新圈】** 以传感器产业为引领，打造超算数字经济生态创新圈，加快塑造"两心四区五园"空间布局。中国算力峰会永久落户历城。智能传感器（济南）创新中心获批住建部首批"新城建"示范基地。举办济南（上海）智能传感器产业精准推介活动。工业互联网标识解析二级节点平台暨忽米华北总部、和普威视等 60 余家优质企业签约落地，齐鲁智芯轻量化生产制造中心、集成电路综合生产基地加快建设。济钢防务空天信息产业园加速产业集聚。国内首条拥有完全自主知识产权的空间行波管自动化生产线通过验收。企业上云数量超过 8000 家，4 个项目入选全省数字经济重点项目。数字经济规模增长 30% 以上。

【生物医药集聚】　围绕“医药、医疗、医养”三条主线，加快构建“一院多区”产业布局。联合山东第一医科大学组建济南生物医药产业研究院，搭建公共技术和信息数据平台。以自贸区生物医药科技园为研发生产区，以唐冶北国际医疗健康城为医疗康养区，以临港生物医药产业园为生产制造区，全面构建涵盖研发、制造、流通的生物医药全产业链。签约国药山东总部等 56 个重点项目，规上生物医药企业工业总产值增长 20% 以上。

济莱高铁历城站　　（历城区委党史研究中心　供稿）

【贸易物流提质增效】　打造“一核一港两翼多联”的区域性综合贸易枢纽，济南陆港大厦智能化物流产业园开通运营，济南国际贸易中心启动建设，中国北方生活消费品分拨中心、欧亚班列济南集结中心等重点项目加快推进。铁海联运班列累计到发 7200 标箱，增长 448%。菜鸟、大龙、创之明等电商企业高速成长，跨境电商进出口额达到 16 亿元。新增规模以上物流企业 10 家，AAAAA 级物流企业达到 6 家，规上物流企业营业收入超过 106 亿元。

【科创金融增长】　参与设立 14 只产业基金，规模达到 120 亿元。创新开展限售股减持，成立全省首个保险产业创新联盟。历城控股成功并购入主 A 股首家监理行业上市公司。济南农商行总部迁址入驻，引入农发行历城支行、方正证券等 57 家金融机构，金融业增加值增长 8%。信息软件、科学技术研究等现代服务业高速增长，成为经济结构转型升级强劲动力。

【济莱高铁历城站启用】　12 月 30 日，全国第一条市内高铁—济南至莱芜高速铁路正式开通。济莱高铁历城段 33.6 公里，途经历城区鲍山、唐冶、港沟、彩石 4 个街道。同步启用的历城站是济莱高铁新建 5 座车站中的最大车站（济南东站为既有建成车站），位于港沟街道文旅城东侧，北临经十路，东临绕城高速公路，南临旅游路，建筑面积 105774.69 平方米，站台规模 3 台 7 线，预留济枣高铁接入条件。

（李国靖）

【概况】　长清区位于山东省西部，省会济南西南，黄河下游东岸，泰山西北麓。地理坐标为，北纬 36° 14′ 37″～36° 41′ 50″，东经 116° 30′ 38″～117° 4′ 14″。北邻济南市槐荫区，东北接济南市中区，东接济南市历城区，东南与泰安市岱岳区相连，南与肥城市为邻，西南与平阴县相接，西与西北濒黄河，隔河与东阿县和齐河县相望。隋开皇十四年（594 年）始置长清县，以境内齐长城和清水而得名。2001 年 6 月 26 日，经国务院批准，山东省撤销长清县设立济南市长清区。

**中共长清区委**

书　记　赵居安* 肖　辉

副书记　肖　辉* 王士强　王友进* 董泽勇

常　委　赵居安* 肖　辉　王士强　王友进*

李广霞（女）* 曲京鹏* 魏宏新*
潘建军* 梁艳玲（女）* 董泽勇
李向峰（女） 戴雪峰 周克鹏
刘　磊 张广大 刘兴文 刘振强
赵　国

**长清区人大常委会**

主　任 李明军* 程　松
副主任 李本文* 时华勤（女）* 卢云成*
周　杰* 呼　强* 梁艳玲（女）
张　勇 王庆波 郝兆林
李　伟（女）

**长清区人民政府**

区　长 肖　辉* 王士强
副区长 潘建军* 刘永亭* 周　波* 丁　勇*
董泽勇* 张广大 黄治修* 赵　国
赵　鲁 陈　楠（女）
穆洪军（挂职）

**政协长清区委员会**

主　席 周培成* 白　涛
副主席 马训生* 张　勇* 郭卫东*
赵　洁（女） 张春阳 刘宝林*
时军华 王少辉（回）
刘福云（女） 殷　晓（女）

**中共长清区纪委**

书　记 刘　磊

**长清区监委**

主　任 刘　磊

**长清区人民法院**

院　长 严琳琳（女）

**长清区人民检察院**

检察长 景　科

全年实现生产总值378.8亿元，比上年增长（按可比价格）0.5%。其中，第一产业增加值40.4亿元，增长3.5%；第二产业增加值171.1亿元，下降1.5%；第三产业增加值167.3亿元，增长1.9%。三次产业比例由上年的10.5∶46.6∶42.9调整为10.6∶45.2∶44.2。全年人均生产总值5.97万元。固定资产投资同比增长4.1 %。地方一般公共预算收入23.4亿元，比上年增长–20.9%；地方一般公共预算支出38.5亿元，比上年增长–32.8%。社会消费品零售总额114.3亿元，比上年下降6.1%。限额以上单位实现零售额29.7亿元，比上年下降6.2%。限额以上单位销售额126.6亿元，比上年下降5.5%。完成进出口总额30.7亿元，比上年增长78.9%。其中，出口30.2亿元，增长82.2%；进口0.5亿元，下降13%。跨境电商出口额达10.8亿元，增长1.15倍。年末金融机构人民币存款余额557.16亿元，比上年增长5.2%，其中居民存款余额469.49亿元，比上年增长12.89%；年末金融机构人民币贷款余额344.71亿元，比上年增长2.3%。

全年实现农林牧渔业总产值71.35亿元，其中农业产值51.22亿元、林业产值3.32亿元、牧业产值16.13亿元、渔业产值0.68亿元。粮食播种面积4.42万公顷，粮食总产26.51万吨。蔬菜播种面积8086.67公顷，蔬菜产量56.21万吨。全年生猪、牛、羊、家禽年存栏量分别为15.91万头、2.00万头、6.13万只、241.30万只，其中奶牛存栏0.76万头。肉、蛋、奶产量分别达到2.46万吨、3.82万吨、5.86万吨。全区农机总动力54.14万千瓦，农机总值4.03亿元。全年全部工业增加值83亿元，比上年下降5.7%。规模以上工业企业完成营业收入234.9亿元，实现利润4.9亿元。全区有总承包和专业承包资质的建筑业企业114家，完成建筑业总产值290.6亿元，累计施工面积1560.2万平方米，缴纳建筑业总税款6.25亿元。房地产开发投资57.9亿元，商品房销售面积69.3万平方米。

全区通车总里程1752.028公里，其中高速公路111.82公里。完成移动通信收入2.37亿元，电信业务收入3962万元，邮政业务收入1.04亿元。全年实现服务业（第三产业）增加值167.3亿元，增长1.9%。全年规模以上服务业企业实现营业收入33.1亿元，实现利润总额3.2亿元。全区城镇化率达59.88%。空气质量指标$PM_{2.5}$、$PM_{10}$、二氧化氮、二氧化硫平均浓度分别为37、71 、29、10微克/立方米，比上年分别改善9.8%、7.8%、3.3%、持平；优良天数共243天，空气质量优良率66.58%；空气污染综合指数为4.43，比上年改善4.32%。全区共有国家A级旅游景区12处，其中灵岩寺、园博园为AAAA级旅游景区，五峰山、大峰山、莲台山、马套将军山、济南泉城茶博园、龙凤庄园、灵岩大佛山、金谷文化产业园为国家AAA级旅游景区，圣虎山庄、山东人文纪念公园为国家AA级旅游景区，全年接待游客367.39万人次，实现旅游总收入38.8亿元。

有普通高等学校13所，在校生20万人。全区共有各级各类学校192所，在校生7.35万人，教职工6219人，其中专任教师5547人。全年研究与试验发展(R&D)经费投入13.4亿元，比上年增长11.2%；R&D经费投入占GDP比例为3.6%，比上年提高0.04个百分点。全年净增高新技术企业45家，共有215家；科技型中小企业入库245家。全区高新技术产值占规模以上工业总产值比重为64%，比上年高出12.4个百分点。全区有效发明拥有量2648件，有效商标注册量1.05万件，马德里国际商标39件。全区共有各级文物保护单位253处，其中全国重点文物保护单位6处（孝堂山郭氏墓石祠、灵岩寺、齐长城遗址、汉济北王墓、长清莲花洞石窟造像、明德王墓），省级文物保护单位17处，市级文物保护单位24处。全区拥有二级医院2处，卫生院6处，社区卫生服务中心4处，疾病预防控制中心1处。卫生技术人员3690人，医疗卫生机构床位1600张。全年总诊疗22.1万人次，出院人数3.1万人。在全国青年拳击锦标赛中获金牌1枚，在全国女子橄榄球锦标赛中获金牌1枚；在第二十五届山东省运动会中共获金牌17枚、银牌9枚、铜牌12枚。

2022年8月30日，济南市委党史研究院与长清区委联合主办的“缅怀峰山英烈　传承红色基因”纪念抗日战争胜利77周年红色文化论坛在长清区举行

（长清区委党史研究中心　供稿）

全年城镇居民人均可支配收入48800元，增长3.9%；城镇居民人均消费性支出29306元，人均居住面积42.8平方米。农村居民人均可支配收入23858元，增长5.5%；农村居民人均生活消费支出14397元，人均居住面积50平方米。全年新增城镇就业3811人，年末城镇登记失业人员746人，安置城乡公益性岗位4265人。年末职工基本养老、职工基本医疗、失业、工伤保险参保人数分别达10.38万人、7.74万人、6.34万人、8.14万人。全区居民养老保险参保34.78万人，缴费人数23.27万人，收缴保费6192.61万元。全区居民医保参保38.03万人。全区共有城乡低保对象6527户1.07万人，下发城乡低保、分类施保资金和各类补贴共8017.27万元。按比例安置残疾人就业单位98家，共安置残疾人298人。

2022年，长清区获山东省第三批省级生态文明建设示范区，万德街道被评为第二批全国乡村旅游重点镇，五峰山街道入选全国“一村一品”示范村镇，张夏街道入选省级文化生态名镇。

**【长清区被命名为第三批省级生态文明建设示范区】** 12月25日，山东省生态环境厅发布《山东省生态环境厅关于命名第三批省级生态文明建设示范区的公告》，其中济南市长清区被命名为第三批省级生态文明建设示范区。消除重污染天气，完成清洁取暖替代2741户，燃气设施改造3.43万户，煤炭消费总量同比减少3.5万吨，全年空气良好以上天数221天，同比增加15天。深入推进水污染防治，实施“两个清零、一个提标”行动，5个市控以上河流断面全部达到地表水Ⅳ类水质标准，入黄河口国控断面水质首次达到地表水Ⅲ类水质标准；保障农村饮水安全，实施农村供水保障工程27个村庄，完成农村生活污水治理149个，农村自来水普及率达98.47%。全面落实土壤污染防治，完成土壤污染状况调查34个地块，严厉打击矿产资源非法开采行为，取缔非法矿山加工点9处，完成矿山生态修复9个，治理面积33.3

公顷；持续推进荒山绿化、低效林改造及森林抚育，完成森林抚育面积200公顷，绿化面积66.7公顷。

**【“缅怀峰山英烈，传承红色基因”纪念抗日战争胜利77周年红色文化论坛在长清区举行】** 8月30日，由济南市委党史研究院与长清区委联合主办的“缅怀峰山英烈，传承红色基因”纪念抗日战争胜利77周年红色文化论坛在长清区举行。与会有关领导和专家，以及革命英雄后代代表齐聚一堂，回望大峰山革命根据地创建历史，讲述长清人民抗战故事。

**【江北最大厨余垃圾处理项目正式投入试运行】** 7月28日，济南市厨余垃圾处理项目首车垃圾进场仪式在长清区马山镇光大生态环保（济南）有限公司举行。该项目位于长清区马山镇省道104线以东、第三生活垃圾填埋场以西、规划污水处理厂北侧，总投资4.48亿元，占地面积7.1公顷，为江北最大、山东省首个、独立非协同的厨余垃圾处理项目。

**【中国（长清）扁鹊中医药文化节暨山东中医药大学附属医院大学城医院开业典礼举行】** 9月13日，由山东中医药大学与济南市长清区人民政府主办，山东中医药大学附属医院大学城医院承办的中国（长清）扁鹊中医药文化节暨山东中医药大学附属医院大学城医院开业典礼在山东中医药大学附属医院大学城医院广场举行。山东中医药大学附属医院大学城医院位于大学路以南，济广高速公路以东，轨道交通R1线以西，占地面积15公顷，规划建筑总面积22万平方米，设置床位1200张，按照三级甲等综合性医院规划设计。

**【济南绕城高速公路二环线西环段项目（济南大西环）长清张夏至齐河刘桥段建成通车】** 12月30日，济南绕城高速公路二环线西环段项目（济南大西环）长清张夏至齐河刘桥段提前12个月建成通车。济南大西环项目途经德州禹城市、齐河县和济南市长清区，全长103.9千米，投资概算209.75亿元，双向六车道高速公路标准建设，设计速度120千米/小时。本次通车的长清张夏至齐河刘桥段全长58千米，包括互通立交7处、收费站4处、服务区1处；其中长清段通车里程为31.3千米。

**【京台高速公路济南至泰安段改扩建项目建成通车】** 10月12日，京台高速公路济南至泰安段改扩建项目通车仪式在京台高速长清区崮山大学路出入口举行。京台高速济泰段改扩建项目是交通运输部2020—2021年公路水路重点项目，项目全长53.26千米，采用“两侧拼宽为主、局部路段中分带偏移”的改扩建方式，是全国首条国高网“6改8”改扩建高速公路。长清段全长41.46千米，总投资50亿元，沿线设特大桥1座、大桥7座，枢纽立交3处，服务区1处、匝道收费站2处，提前18个月建成通车。

（边绍林）

2022年9月，山东中医药大学附属医院长清大学城医院建成投入使用 （曹建民 摄）

【概况】　章丘区位于山东省中部，济南市区东部，泰山东北，黄河南岸；地理坐标为北纬 36° 25′ ～ 37° 09′，东经 117° 10′ ～ 117° 35′。西邻济南市历城区，东连淄博市周村区、淄川区，南接泰安市岱岳区、济南市莱芜区，东北与滨州市邹平市接壤，西北隔黄河与济南市济阳区相望。章丘因章丘山（女郎山）而得名。2022 年，全区总面积 1719 平方千米，辖 18 个（街道、镇），592 个村（居）。年末常住人口 104.9 万人，人口自然增长率 -2.9‰。

**中共章丘区委**

书　记　马保岭*　马志勇

副书记　边祥为　王　勇

常　委　马保岭*　马志勇　边祥为　王士强*

李宝燕（女）*　魏志胜　刘红军*

王　勇　黄凯东　李　琦　曹士亮

吴继鹏　赵　琳（女）　徐法贤*

张新建　黄洪占

**章丘区人大常委会**

主　任　王继民*　王长军

副主任　程秋霞（女）*　李兴贵*　李忠新*

柴启德*　王　勇　王　健

任　军（女）　李长永　韩惠民

**章丘区人民政府**

区　长　边祥为

副区长　王士强*　黄凯东　李　琦　滕培汤*

王玉洁（女）　黄洪占*　李屹东*

刘　勇（挂职）*　赵淑新　丁兆方

王志栋

**政协章丘区委员会**

主　席　赵立元*　李宝燕（女）

副主席　韩　军　林　虎*　刘乃娟（女）*

牛凤学（女）*　李会德

王　琳（女）

李轶锋（副主席提名人选）

李　俊　李树忱

**中共章丘区纪委**

书　记　魏志胜*　曹士亮

**章丘区监委**

主　任　魏志胜*　曹士亮

**章丘区人民法院**

院　长　赵悦红（女）*　田越洋（女）

**章丘区人民检察院**

检察长　赵建新*　张红广

全年实现生产总值 1120.7 亿元，比上年增长 0.1%。其中，第一产业增加值 97.6 亿元，第二产业增加值 559.1 亿元，第三产业增加值 464.0 亿元。固定资产投资 529.7 亿元，地方一般公共预算收入 54.2 亿元，地方一般公共预算支出 83.4 亿元，社会消费品零售总额 308.4 亿元，进出口总额 113.6 亿元。年末金融机构本外币存款余额 1163.2 亿元，年末金融机构本外币贷款余额 1027.7 亿元。

农林牧渔服务业增加值 5.7 亿元，其中农业增加值 97.6 亿元，比上年增长 3.9%。全区粮食播种面积 10.8 万公顷，粮食总产 63.3 万吨。全区有效“三品一标”认证产品新增 21 个，总数达到 248 个，其中无公害农产品 165 个，绿色食品 72 个，农产品地理标志 11 个。肉、蛋、奶总产 11.8 万吨，水产品总产 0.17 万吨。全区拥有农业机械总动力 103.3 万千瓦，农作物耕种收综合机械化水平达 97.4%。全部工业增加值 477.8 亿元，比上年增长 -5.1%。规模以上工业增加值增长 -14.9%，实现主营业务收入 1098.1 亿元，实现利润 43.6 亿元，实现利税 70.6 亿元。高新技术产业产值占规模以上工业总产值比例达 75.1%。全区有资质的建筑企业 81 家，完成建筑业总产值 137 亿元，实现增加值 81.6 亿元。

全区公路通车里程国省道 239.9 千米、农村公路 2260.2 千米，其中高速公路通车里程 69.0 千米。公路旅客运输量 1829.2 万人次，货物运输量 3300 万吨左右。全年电信业务总量 5778 万元，邮政业务收入 2.2 亿元。做好第二轮中央及省级生态环境保护督察、黄河流域生态保护和高质量发展专项督察反馈问题整改。开展工地扬尘、工业炉窑、移动源污染等综合治理，全年空气质量良好以上天数达到256天，优良率70.1%，同比增长3个百分点。绣江河、东巨野河等4条市控以上河流断面水质达标率100%。加强土壤污染源头防控，严格建设用地准入管理。扎实开展砂石资源扎口运营管理，新增荒山造林133公顷，实施森林抚育0.1万公顷，裸土覆绿7.2万平方米。埠庄镇获评省级“绿水青山就是金山银山”实践创新基地。国家A级旅游景区15家，有博物馆1个，公共图书馆1所，文化馆1个，全国重点文物保护单位6个，省级文物保护单位12处，市级文物保护单位47个。全年接待游客797.7万人次，同比增长-17.6%，实现旅游总收入94.4亿元，同比增长-26.2%。

有普通高等学校13所，在校生14万人。中等职业学校1所，在校生6262人。普通中学34所，在校生4.6万人；小学31所，在校生6.5万人。档案馆2个。医疗卫生机构29所，共有床位6651张，卫生技术人员7800人。

城镇居民人均可支配收入48013元，农村居民人均可支配收入28226元。年末职工基本养老参保人数19.9万人、职工医疗参保人数19.9万人、失业参保人数15.2万人、工伤参保人数16.3万人、生育保险参保人数14.8万人。居民基本养老保险参保人数54.4万人，居民医疗保险参保人数71.7万人。截至年底，城市最低生活保障563人，最低生活保障平均标准995元/人·月；农村最低生活保障17704人，最低生活保障平均标准770元/人·月。全区养老服务机构550个，养老服务机构床位总数为15141张。

2022年，章丘区获评全国综合竞争力百强新城区、全国综合实力百强区、全国工业百强区、全省新旧动能转换重大工程先进县、全省工业十强县、全省科技创新十强县、全省民营经济高质量发展先进区。

**【电视剧《三泉溪暖》原型三涧溪村、纪录片《城子崖》在央视热播】** 5月25日，在章丘拍摄的电视剧《三泉溪暖》在央视一套播出。该剧为广电总局22部脱贫攻坚题材重点电视剧之一，并被列入山东省2018—2022年重点影视剧目。该剧讲述了章丘区三涧溪村女党支部书记高云溪密切联系群众，克服重重困难，最终带领村民迈入小康时代的动人故事。11月25—27日，大型历史文化纪录片《城子崖》在中央电视台纪录频道播出。该片以习近平总书记关于考古工作的重要指示精神为指引，用通俗的语言和生动的影像经典，再现城子崖遗址发掘研究历程和各阶段取得的重要学术成果。纪录片共3集，历时1年时间创作完成，是一部思想性、艺术性、观赏性俱佳的精品力作。

**【文祖街道石子口村获“2022年中国美丽休闲乡村”】** 2022年中国美丽休闲乡村推介活动举行，经各省遴选推荐、专家评审和网上公示，11月10日，农业农村部发布结果，山东共有10地入选，其中章丘区文祖街道石子口村榜上有名，获评“2022年中国美丽休闲乡村”。

**【吉尼斯认证官宣全球最大整体锻环纪录】** 8月5日，世界上最大整体锻轧钢环在济南市章丘区伊莱特能源装备股份有限公司下线，该环直径为15.673米，远超其他企业能承受的直径10米的极限，创造一项新的吉尼斯世界纪录。

伊莱特能源装备股份有限公司制造的全球最大整体锻环获得吉尼斯官方认证

（章丘区委的党史研究中心　供稿）

**【章丘南站正式通车运营】** 12月30日，章丘高铁南站正式启用。章丘南站的设计主题是“龙山文化，泉韵章丘”，外形根据济南兴国寺设计，背靠锦屏山旅游度假区，北邻济南动植物园，具有花园式站点的特点。站房面积约1万平方米，广场分地下地上两层，地上是喷涌的墨泉造型，地下为两条通廊，承载公交、出租和社会车辆运营和停放。

**【百脉泉酒文化旅游区晋升“国家AAAA级旅游景区”】** 1月11日，百脉泉酒文化旅游区“国家AAAA级旅游景区”举行揭牌仪式。百脉泉酒文化旅游区成为济南市第一家以工业旅游为主题的AAAA级旅游景区。百脉泉酒业自觉践行新发展理念，主动转型、多元发展，把工业旅游作为企业长远发展的重要支撑之一，修复利用工业遗址和老旧厂房，挖掘整理历史文化和企业文化，形成工业、研学、康养、休闲等多功能旅游形态，成为工业旅游和文旅融合的新地标。

（杜晓媛）

**【概况】** 济阳区位于济南市东北部，因位于古济水之北而得名。全区总面积777.67平方千米，辖7个镇（街道）、608个村（社区）。2022年年末，户籍人口42.07万人。

**中共济阳区委**

书　记　吕灿华*　秦　蕾

副书记　黄晓广　张　鹏

常　委　吕灿华*　秦　蕾　黄晓广　张　鹏
　　　　李　莉（女）*　呼廷贵*　宋　琳*
　　　　张　方*　李红雨*　李光耀*　王云刚
　　　　车金星　邓洪刚　白宝强　主如学
　　　　牟晓丽（女）　梁甲猛　董法明

**济阳区人大常委会**

主　任　孙良才*　刘红军

副主任　王向军*　张　方　杨玉美（女，回族）
　　　　董树村*　李　勇　陈忠心　赵元乾

**济阳区人民政府**

区　长　黄晓广

副区长　白宝强（回）　董法明　纪东明*
　　　　李宪亮　陈　潇（女）　李佃文
　　　　林　景　谭海宁（挂职）*

**政协济阳区委员会**

主　席　任道胜*　呼廷贵

副主席　张海军　张学兰（女）　卢士平*
　　　　魏长亭*　乔红兵　于爱华（女）
　　　　毕义忠　孙经周

**中共济阳区纪委**

书　记　李红雨*　王云刚

**济阳区监委**

主　任　李红雨*　王云刚

**济阳区人民法院**

院　长　韩　刚*　王鸿翔

**济阳区人民检察院**

检察长　张传文

全年实现生产总值237.2亿元，同比增长3.2%。其中，第一产业增加值39.6亿元，第二产业增加值114.1亿元，第三产业增加值83.5亿元。地方一般公共预算收入23.6亿元，税收收入17.5亿元，财政收入中税收比重为77.1%，一般公共预算支出36.4亿元，下降24.7%。社会消费品零售总额86.2亿元，进出口总额45亿元，实际使用外资11809万美元。年末金融机构各项存款余额413.2亿元，比年初增长12.2%；年末金融机构各项贷款余额330.0亿元，比年初增长12.0%。

农林牧渔增加值40.57亿元，比上年增长4.1%。全县（区）粮食播种面积10.1万公顷，粮食总产62.59万吨（含起步区太平、崔寨、孙耿街道）。全年现代高效农业增加值9.44亿元，比上年增长10.7%。新培育市级以上农业龙头企业5家、家庭农场4家、合作社4家，新认证“三品一标”农产品6个，总数达到58个。全部工业增加值58.25亿元，比上年增长8.9%。150家规模以上工业企业，增加值增长2.6%；高新技术产值70.9亿元，同比增长3.6%。实现主营业务收入200.1亿元，增长7.5%；利润总额17.6亿元，增长23.9%。固定资产投资项目199个，其中亿元及以上投资项目74个，投资增长33.8%。全年资质内建筑业企业55个，新增企业9个，建筑业总产值110.4亿元。

全区机动车保有量15.11万辆，增长3.42%；公交线路16条、公交营运车辆67辆；公路客运量188.33万人次，公路里程1619.58千米。邮政业务总量7154万元，下降11.2%。固定电话用户3.35万户，增长91.4%。移动电话用户48.69万户，增长2.2%；互联网宽带用户18.10万户，增长4.3%。

全社会经费内部支出2.10亿元，全年新增高新技术企业54家，促成科技成果转化19项，技术合同成交额3.38亿元，年末有效发明专利数量376个。入库国家科技型中小企业251家，比去年净增96家。新增市级及以上研发机构和创新平台8家，山东祥辰科技集团有限公司成为全区首家省级新型研发机构。吸引国内外知名高校院所、科研机构在济阳设立研发或成果转化机构3家。年末全区共有中小学学校50所，在校学生7.14万人，比上年增长1.7%；教职工总数5390人，其中专任教师4997人，新增学位5010个。年末全区现有文物保护单位34个，非物质文化遗产代表性项目47个，文化馆（站）及群众艺术馆8个，博物馆2个，档案馆1个，公共图书馆9个，全年公共文化场馆服务次数1365次。全年实现旅游总收入20.29亿元、接待游客191.45万人次。年末全区拥有各类卫生机构611个，卫生机构床位2788张。卫生技术人员3315人，其中执业医师1121人、执业助理医师317人。年末全区拥有体育场地734个，篮球场228个，足球场51个，羽毛球场90个，乒乓球场460个，等级裁判员178人。

居民人均可支配收入27662元，增长4.9%。其中，城镇居民人均可支配收入39216元，增长3.5%；农村居民人均可支配收入22453元，增长5.7%。全年全区新增城镇就业3596人，开发公益性岗位3747个，发放稳岗返还及创业贷款4258万元。年末享受城镇居民最低生活保障812人，城镇居民最低生活保障标准995元/月；享受农村居民最低生活保障6.45万人，农村居民最低生活保障标准770元/月。年末城乡居民基本养老保险参保人数28.06万人，城乡居民基本医疗保险参保人数42.66万人。城镇职工基本养老保险参保人数9.61万人，城镇职工基本医疗保险参保人数9.20万人。失业保险参保人数8.47万人。

**【济阳区两家文保单位入选“省级文物保护单位”】** 1月17日，山东省人民政府发布《关于公布第六批省级文物保护单位、第一批水下文物保护区的通知》，三官庙汉墓群、邝家遗址被列为“山东省第六批省级文物保护单位”。三官庙汉墓群位于济阳街道三官庙村西300米北，2018年12月发现。邝家遗址位于太平街道邝家村西南约200米处，面积约1.6万平方米，文化堆积最深达6米，保存较好。该遗址包含新石器时代至汉代的遗存，其中，以龙山文化至商周时期遗存较为丰富，是济南市黄河以北地区重要的古文化遗存之一。

**【“智慧微厅”书写乡村振兴“大文章”】** 济南市首个乡镇级税银合作“智慧微厅”——国家税务总局济南市济阳区税务局曲堤自助办税服务点落地，吸引曲堤街道及其周围各镇街的纳税人缴费人前来体验、使用“智慧微厅”办税终端。“智慧微厅”自助办税设备采用人工智能和大数据技术，对办税服务厅业务进行有机整合，涵盖发票申领、发票代开、完税凭证出具、涉税信息查询、新办纳税人套餐服务、政策查询和文书打印等功能；办税服务厅业务延伸到镇街，满足基层纳税人缴费人涉税费业务需求，方便涉税费事项就近办理、自助办理、智能办理，有效降低时间和经济成本，打通纳税服务“最后一公里”。

**【济阳人社“暖1℃”：优化环境“揭榜挂帅”】** 5月19日，山东省人力资源和社会保障厅下发《关于公布优化营商环境“揭榜挂帅”改革创新试点任务的通知》，济阳区被列为全省“揭榜挂帅”“人社服务暖1℃”改革创新项目试点单位。济阳区人社局对照国家和省市优化营商环境最新要求，聚焦“人社服务暖1℃”项目“一体化”智慧服务、“一门式”暖心服务中心任务，成立项目推进领导小组，主要领导“挂帅”，分管负责人盯上靠上指挥，对“人社服务暖1℃”改革创新试点工作进行专题研究、安排部署，制定《人力资源和社会保障创新提升行动实施方案》《“人社队伍职业素质提升年”活动实施方案》《“党员先锋岗”评选标准》《“青年文明岗”评选标准》《星级服务员评选办法》等文件，为打造线上、线下双渠道融合“内循环”服务模式，推动“无证明城市”建设，深化综合柜员制改革等工作提供政策支撑，确保改革创新试点项目高质量、按节点完成任务。

**【全国“人民满意的公务员”江昊杰】** 8月30日，江昊杰获评全国“人民满意的公务员”称号，并与全国各行业领域的公务员优秀代表一同在人民大会堂得到习近平总书记亲切接见。江昊杰，女，汉族，1987年3月生，中共党员，山东淄博人，中国海洋大学研究生，济北街道党工委委员、党建工作办公室副主任。2014年作为选调生入职济北街道，先后在汇鑫苑社区、安大社区、滨湖社区工作，逐步由普通社区工作人员成长为居委会主任、党委书记。

**【“济阳有轨电车”开工】** 9月27日，新建至济阳区（起步区）有轨电车工程（以下简称“济阳有轨电车”）开工活动在济阳区举行。济阳有轨电车途经历城区、起步区和济阳区，是连接济南中心城区与济阳区、起步区的重要轨道交通线路，被列为省市重点工程。项目线路起自济南东站，沿凤凰路、黄河大道、G220、光明街、正安路走行，止于济阳北站，全长约36.1千米，设站16座，建设济阳北车辆段1处。

**【《光明日报》点赞济阳黄瓜产业】** 《光明日报》对曲堤黄瓜产业补齐短板谋发展的好做法进行宣传报道，对济阳加大工作力度，创新举措、补齐短板，进一步做强做优黄瓜产业助力乡村振兴的好做法进行点赞。2022年，济阳曲堤街道种植黄瓜大棚2.6万个，成为“全国最大的优质黄瓜种植基地”，被誉为“中国黄瓜之乡”。黄瓜产业覆盖的85个村集体经济收入全部达到10万元以上，曲堤街道菜农存款额超过18亿元。

**【黄河历史文化研究成果发布会暨“讲好黄河故事 弘扬黄河文化”诗文歌咏会】** 11月7日，济南市黄河历史文化研究成果发布会暨“讲好黄河故事 弘扬黄河文化”诗文歌咏会在济阳区文化馆举办。活动分两个阶段进行，一是黄河文化成果发布会，发布《历代黄河变迁图考》《济水之阳·黄河故事》两项文化研究成果。二是黄河文化诗文歌咏会，有故事讲述《总书记点赞曲堤黄瓜》《孔子闻韶的故事》，评书《门前那条河》，诗朗诵《黄河颂》《新中国的诞生，黄河人的献礼》《我骄傲，我是黄河的子孙》，独唱《黄河岸边一座城》等节目。

（刘 璐）

**【概况】** 莱芜区位于济南市东南部，地处北纬36°02′46″～36°33′10″，东经117°19′04″～117°58′05″之间，东靠淄博市博山区，西连泰安市岱岳区，南接济南市钢城区和泰安市所辖的新泰市，北临济南市章丘区。因地处莱芜谷而得名。全区总面积1740平方千米，辖15个镇（街道）、867个村（社区）。年末常住总人口98.26万人，人口自然增长率–2.9‰。

**中共莱芜区委**

书　记　焦卫星

副书记　李光辉　于炳基

常　委　焦卫星　李光辉　于炳基　高学常　王　宁　付　华（女）　吴慎宝　马秉军　牟高飞　彭　敏（女）　弭学峰（回族）

**莱芜区人大常委会**

主　任　王清军

副主任　李文汇　李娅丽（女）　宋景章　卞性善　朱立军

**莱芜区人民政府**

区　长　李光辉

副区长　高学常　付　华（女）　王静媛（女）　赵　锋*　田　冲　徐曰飞　张立军（挂职）　韩　冰

**政协莱芜区委员会**

主　席　张富林

副主席　尚翠芹（女）　孙晓昕（女）

朱爱莲（女）　　贾文峰　吕云生
高　华（女）

**中共莱芜区纪委**

书　记　彭　敏（女）

**莱芜区监委**

主　任　彭　敏（女）

**莱芜区人民法院**

院　长　胡世涛

**莱芜区人民检察院**

检察长　杨雪梅（女）

全年实现生产总值1005.3亿元，比上年增长3.4%。其中，第一产业增加值73.91亿元，第二产业增加值429.3亿元，第三产业增加值502.09亿元。地方一般公共预算收入41.67亿元，地方一般公共预算支出75.06亿元，社会消费品零售总额376.15亿元，进出口总额163.74亿元。年末金融机构人民币存款余额1166.11亿元，年末金融机构人民币贷款余额897.49亿元。

农林牧渔业总产值133.29亿元，比上年增长4.9%。农林牧渔业增加值75.89亿元，比上年增长3.6%。全区粮食播种面积3.15万公顷，粮食总产19.49万吨。无公害农产品、绿色食品、有机农产品和农产品地理标志有效持证数量187个。肉、蛋、奶总产10.29万吨。全区拥有农业机械总动力72万千瓦，农作物耕种收综合机械化水平达90%。现代农业提质增效，“莱芜生姜”入选国家农业品牌精品培育计划，牛泉镇跻身国家农业产业强镇，获批国家级农产品产地冷藏保鲜实施区。全部工业增加值388.71亿元，比上年增长7.6%。规模以上工业增加值增长18.1%，实现营业务收入1491.52亿元，实现利润6.33亿元，实现利税26.1亿元。全区有资质的建筑企业149家，完成建筑业总产值78亿元，实现增加值40.96亿元。

全区公路通车里程3863.78公里，其中高速公路通车里程127.25公里。公路旅客运输量2144.27万人次。全区常住人口城镇化率达60.05%，开工建设保障性租赁住房795套，村镇建设投资14.5亿元。生态环境持续改善，全年空气质量综合指数为4.69，$PM_{2.5}$和$PM_{10}$浓度分别改善9.1%和8.8%，优良天数比例65.5%；嬴汶河徐家汶断面、牟汶河贺小庄断面平均水质达到地表水Ⅱ类水质。街镇污水处理厂实现全覆盖，市控以上断面水质稳定达标。国家A级旅游景区20家，其中国家AAAA级旅游景区3家、AAA级旅游景区15家、AA级旅游景区2家，全年接待国内外游客995万人次，实现旅游消费总额54.7亿元。

全区有中等职业学校1所，在校生0.26万人。普通中学26所，在校生2.87万人；小学55所，在校生4.47万人。共取得重要科技成果国家级6项、省市级43项，新增省级研发平台6家。发明专利申请量1037件，授权专利248件。泰山钢铁集团有限公司、山东朗进科技股份有限公司成为国家知识产权优势企业。有博物馆1个，档案馆1个，公共图书馆1所，文化馆1个，全国重点文物保护单位3处，省级文物保护单位16处，市级文物保护单位30处。国家级非物质文化遗产名录5项、省级24项、市级非遗项目150项。医疗卫生机构1001所（含市属市管医疗机构），共有床位4847张，卫生技术人员7759人。

城镇居民人均可支配收入43049元，农村居民人均可支配收入22663元。年末职工基本养老、职工基本医疗、失业、工伤、生育保险参保人数分别达39.14万人、28.29万人、18.49万人、18.16万人、17.13万人。居民基本养老保险参保人数39.45万人，医疗保险参保人数60.59万人。城镇最低生活保障人数1355人，月保障标准995元；农村最低生活保障人数16870人，月保障标准770元。全区各类养老服务机构和设施528个，各类养老床位0.7万张。安置残疾人员就业1154人。

2022年，莱芜区获评山东省民营经济高质量发展先进区、全省乡镇商贸中心建设引领区、全省首批“三减控三高”特色项目区、山东省文旅康养强区、山东省全域旅游示范区，上榜2022年全国综合竞争力百强新城区。

**【山东重工绿色智造产业城】** 山东重工绿色智造产业城项目是莱芜区和山东重工集团共同规划建设的产业新城。规划总占地面积30.52平方公里，计划总投资1535亿元，建设周期5～8年，规划布局智能网联重卡、智能叉车、大型挖掘机等整车整机项目。智能制造与高端装备产业蓄势成峰，智能网联重卡、智能叉车累计生产1.3万余辆、产值突破22亿元，安道拓项目建成投产、实现产值1亿元，德马泰克一期等4个项目加快推进，富兴能源等14个项目签约入驻，“汽车零部件+整车+物流”的全产业链条集聚成势。

【项目引建成效显著】 2022年，莱芜区聚焦水利等5大领域和生物医药等9大行业，坚持全领域谋划，系统谋划40个基础设施类项目和47个产业类项目。坚持全链条招引，紧盯重点产业，解构链条、细分领域，洽谈引进项目210个，引进市外资金232亿元，实际使用外资6045万美元，峨嵋冶金材料等9个项目实现当年引进、当年投产。实施区级以上重点项目100个，18个项目列入省重点、47个项目列入市重点，孟家储能电站等52个项目竣工投产。

【现代农业提质增效】 2022年，莱芜区建设高标准农田1333公顷，推广水肥一体化866公顷，打造种业繁育基地7个；新增省级农产品出口示范企业2家，新认证“三品一标”农产品18个，举办“农民丰收节”、第九届姜博会，“莱芜生姜”入选国家农业品牌精品培育计划，牛泉镇跻身国家农业产业强镇，获批国家级农产品产地冷藏保鲜实施区。

【莱芜区被评为山东省民营经济高质量发展先进区】 2022年，莱芜区上榜全国综合竞争力百强新城区；泰钢、九羊入围“中国民营企业500强”，总数居全市第一，5家企业入围“山东省民营企业100强”，总数居全市第一，12家企业入围“济南市民营企业100强”，总数居全市第二。全区民营市场主体达到12.2万户，增幅8.1%，涉税民营市场主体5.7万户，增幅14.3%，实现销售收入3331亿元，税收28.5亿元。

【济莱高铁建成通车】 济莱高铁为全国第一条市域高铁，该项目于2019年9月18日开工建设，线路全长117.49公里，设计时速350公里，莱芜区境内设雪野站、莱芜北站2个站点。2022年12月30日10时38分，G9230次首发动车组列车从雪野站开出，标志着济南至莱芜高速铁路正式开通运营，济南至莱芜最快运行时间42分钟，结束了莱芜区不通高铁的历史。

（刘少波 韩丽）

【概况】 济南市钢城区位于山东省济南市东南部。地理坐标为北纬35°59′32″～36°17′16″，东经117°40′56″～117°58′07″。北面、西面接济南市莱芜区，东连沂源县，南邻新泰市。因境内有国有大型钢铁企业——莱芜钢铁总厂而得名。

**中共钢城区委**

书 记 郅 颂（女）
副书记 程学锋 刘燕飞* 陈庆宏
常 委 郅 颂（女） 程学锋 刘燕飞*
张富林* 毕泗柏* 孙秀梅（女）*
陈庆宏 史秀卫 阴 浩 范盛海
王 璞 高 宇 范晓琨 张晓龙
靳玉波（女）

**钢城区人大常委会**

主 任 王纪青* 高永胜
副主任 张 勇* 吴加庆 侯尚俭 郭本忠*
曹凤英* 崔玉玲（女） 亓成华
管冉军

**钢城区人民政府**

区 长 程学锋
代区长 程学锋*
副区长 程学锋* 张富林* 李秀芳（女）*
史秀卫* 吴加庆* 王 璞 高 宇
李轶锋* 郭玉华（挂职）*
段瑞兰（女） 张合峰 崔 波
房 星

**政协钢城区委员会**

主 席 李全义* 亓 永
副主席 邹 峰* 孙秀梅（女） 张明三*
吴金学 尚翠芹（女）*
张卫静（女） 刘汉兵 李 明
潘长喜* 陈为顺

**中共钢城区纪委**

书　记　陈庆宏* 阴　浩

**钢城区监委**

主　任　陈庆宏* 阴　浩

**钢城区人民法院**

院　长　张信林

**钢城区人民检察院**

检察长　张红广* 王宜为

2022年，全区总面积506.42平方千米，辖5个街道、243个村（社区）。年末常住人口28.68万人。

全年实现生产总值356.39亿元，比上年增长2.1%。其中，第一产业增加值12.5亿元，第二产业增加值240.12亿元，第三产业增加值103.77亿元。固定资产投资140.6亿元，地方一般公共预算收入21.98亿元，地方一般公共预算支出23.81亿元，社会消费品零售总额100.6亿元，进出口总额41.7亿元。年末金融机构本外币存款余额287.49亿元，年末金融机构本外币贷款余额256.50亿元。

农林牧渔业增加值12.98亿元，其中第一产业增加值12.5亿元，农、林、牧、渔专业及辅助性活动增加值0.48亿元。全区粮食播种面积4325公顷，粮食总产2.46万吨。完成无公害农产品、绿色食品和有机农产品认证6个。肉、蛋、奶总产4.1万吨，水产品总产227吨。全区拥有农业机械总动力19.32万千瓦，农作物耕种收综合机械化水平达90%。全部工业增加值227.29亿元，比上年增长2.5%。规模以上工业增加值增长1.6%，实现主营业务收入1012.5亿元，实现利润-3.09亿元，实现利税12.09亿元。高新技术产业产值占规模以上工业总产值比重达38.99%。全区有资质的建筑企业80家，完成建筑业总产值24.6亿元，实现增加值13.48亿元。

全区公路通车里程1061.56公里，其中高速公路通车里程36.09公里。公路旅客运输量165.82万人次，货物运输量4385万吨。完成电信业务总量1262万元。全区城镇化率达70%，开工建设保障房583套，村镇建设投资3.63亿元。2022年，钢城区环境空气质量综合指数4.33，细颗粒物平均浓度38微克/立方米，良好以上天数比例75.9%，优良天数277天，现状位列全市第四名。水环境质量指数在全省149个县市区中排名第五位，水环境质量改善考核在全市排名第三位，第二单元排名第一位。有AAA级旅游景区1处，为山东巧夺天工红木博物馆，AA级景区2处，分别为大汶河国家湿地公园和棋山风景区。全年实现旅游消费总额10.07亿元。

普通中学12所（含高中1所、中学6所、九年一贯制学校5所），在校生1.1万人；小学23所，在校生1.6万人。共取得重要科技成果200项，获得市级及以上科学技术奖1项。有博物馆4个，档案馆1个，公共图书馆2所，文化馆1个，全国重点文物保护单位2处，省级文物保护单位5处，市级文物保护单位7处。医疗卫生机构247所，共有床位205张，卫生技术人员2693人。新建公共健身场地30个。

城镇居民人均可支配收入50122元，农村居民人均可支配收入24002元。年末职工基本养老、职工基本医疗、失业、工伤参保人数分别达9.2万人、10.12万人、6.8万人、6.28万人。居民基本养老保险参保人数10.34万人，医疗保险参保人数16.28万人。城镇最低生活保障人数600余人，年人均保障标准10023.61元；农村最低生活保障人数3600余人，年人均保障标准7324.12元。全县（区）各类养老服务机构和设施256个，各类养老床位2000余张。超比例安置残疾人就业企业8家，安置残疾人员就业560人。

**【加快建设“北方种业之都”】** 由山东省农业科学院联合山东高速集团、钢城区政府共同建设的山东未来畜禽种业国家现代农业产业园项目是加快打造“北方种业之都”，服务山东建设畜禽种业强省的务实举措。项目规划占地面积116.4公顷，总投资约17.3亿元，将建设国家畜禽种业互联网中心、科技创新区、产业集聚区、保种繁育区，着力构建“种质资源+集成创新+中试研发+产业培育”畜禽种业全产业链生态圈，打造世界畜禽前沿科技示范展示基地、中国畜禽种业产业共享创新样板、山东畜禽产业链新科技策源地、一、二、三产业深度融合的国家现代化产业园。

**【中建交通建设集团山东分公司落户钢城】** 中建交通建设集团山东分公司经营区域覆盖山东省全境，业务覆盖铁路、公路、轨道交通、市政、城市综合交通枢纽、大型公共建筑等基础设施领域。钢城区人民政府与中建交通建设集团山东分公司的战略合作签约，既有效填补了钢城大型建筑企业的空白，提升基础设施建设水平，推动城市建设升级，又有助于中建交通打造示范工程、拓展市场范围，逐步把钢城总部打造成为辐射带动鲁中南建筑市场的“桥头堡”。

【城市品质全面提升】　城市交通，年内启动9条主次干道的改造提升，50条市政道路的集中整修，建成“全域公交 智慧出行”体系。城市管理，推动城市立面品质提升，启动“照亮回家的路”路灯安装工程，推动规范市场建设运营，建成汶水路智慧农贸市场，设立南湖夜市，统一管理城区公厕、主次干道保洁，市容环境质量实现新提升。园林绿化，以公园的布局、造景方式，对部分裸露山体进行生态修复治理，建设黄羊山公园、青年公园、栾家岭公园，建设绿道7.7公里。提升艾山公园、双龙山公园等10处公园、游园和城区内8条道路的绿地覆盖面积、基础设施质量，绿化面积约77.5万平方米。城市更新，将城区划分为7个城市更新单元，涉及3个街道、1个功能区，7281户，19655人。拆除建筑面积120万平方米，规划建设面积415万平方米，总投资266亿元。其中，将南北城子坡片区作为第一个更新单元启动建设，编制完成南北城子坡片区控规，谋划了10大类43个项目的城市更新项目库。

（高　涛）

【概况】　平阴县位于济南市西南部，地处北纬36° 1′～36° 23′、东经116° 12′～116° 37′，是济南、泰安、聊城3个市的交会地，东北至济南67千米，东南至泰安72千米，西至聊城63千米。因地处古东原之阴而得名。

**中共平阴县委**

书　记　杨旭东* 王秀成

副书记　王秀成* 潘建军　赵治文

常　委　杨旭东* 王秀成　潘建军　赵治文　尚海成* 刘忠亮* 张吉忠* 乔　梁　张海军* 李培振　张世军　李吉宏　张本才　姜爱文　张　伟　凌　丽（女）　许　芳（女，挂职）

**平阴县人大常委会**

主　任　宋广炎* 尚海成

副主任　陈士新* 付　丽（女）* 邢学忠* 李文波　陈万昌　刘广兰（女）　贾红霞（女）　孙久锁

**平阴县人民政府**

县　长　王秀成* 潘建军

副县长　张海军* 张　军* 李培振　李吉宏　许　芳（女，挂职）　丁　芳（女）　刘江亭（挂职）* 陈　剑　李仁锋　赵　鹏

**政协平阴县委员会**

主　席　赵敬成* 刘忠亮

副主席　宫建泉* 李希义* 陶庆福　韩保良　刘广兰（女）* 崔衍秀（女）　王培河　张　茜（女）

**中共平阴县纪委**

书　记　乔　梁* 张本才

**平阴县监委**

主　任　乔　梁* 张本才

**平阴县人民法院**

院　长　刘学宽（女）

**平阴县人民检察院**

检察长　杜晓涛* 赵双民

2022年，全县总面积715平方千米，辖2个街道、6个镇，308个村、30个居委会（含8个村改居和22个城市社区）。年末户籍人口36.65万人，人口自然增长率-7.95‰。

全年实现生产总值278.81亿元，比上年增长2.7%。其中，第一产业增加值41.25亿元，第二产业增加值156.3亿元，第三产业增加值81.26亿元。固定资产投资增长9.7%，地方一般公共预算收入30.01亿

元，地方一般公共预算支出34.29亿元，社会消费品零售总额87.67亿元，全年进出口（海关口径）110.95亿元。年末金融机构本外币存款余额342.6亿元，年末金融机构本外币贷款余额214.6亿元。

粮食总产量19.87万吨。建设高标准农田2666公顷。新增家庭农场25家，专业合作社35家。新获证"三品一标"主体3家，新认证产品总数11个，续展绿色产品5个。省第七批知名农产品企业产品品牌1个。创建省级农业产业强镇1个、市级农业重点龙头企业2家、省级乡土产业名品示范村14个。培育省市农业龙头企业38家。入选国家级农村三产融合先导区，成功创建省农产品加工示范县、"新六产"示范县、绿色发展先行县。集中打造"玉带河农旅休闲""浪溪河古镇泉乡"精品线路2条，建成乡村振兴齐鲁样板村12个，省级美丽乡村示范村4个。全县拥有农业机械总动力47.43万千瓦，拖拉机7511台，配套农机具1.49万台（套）。编制玫瑰产业标准化"十四五"规划，平阴玫瑰获批中国地理标志产品示范品牌，40项产品标准制定出台，品牌价值达到30.28亿元。

规模以上工业增加值增长2.2%，实现营业收入414.37亿元，实现利润32.13亿元。6家企业入选济南民营100强，玫德集团获评市高端装备和智能制造产业第一名；碳素电极产值增幅超过40%，成为县内第2个过百亿产业集群。推广科德智能模式，举办首届精益制造暨数字化转型论坛。承办第七届全国铸造行业职业技能竞赛。促进优势产业"上云用数赋智"，上云企业达1100余家，新增国家级"小巨人"企业3家、国家知识产权优势企业3家、省"专精特新"企业10家、省瞪羚企业3家。福胶集团入选济南生物医药和大健康产业十强。国家高新技术企业71家，入库科技型中小企业90家，高新技术产业产值占规模以上工业总产值的比重达到69%。

全县有资质的建筑企业48家，完成建筑业总产值19.11亿元，实现营业收入17.33亿元。签订合同额26.37亿元，同比下降28.3%，其中本年新签合同额12.91亿元，同比下降6.3%。房屋施工面积141.24万平方米，同比下降24.1%；房屋竣工面积7.06万平方米，同比增长82.2%。

全县公路通车里程1045公里。营运载货汽车2490辆，总吨位为56211；营运载客汽车40辆，总客位为1056。邮政业务总量5406万元，报刊流转额611万元。县城建成区面积24.26平方千米，城市道路长度和面积分别达到109千米和233万平方米。新建改建道路12条，城区道路雨污分流管网覆盖率达到93%；完成14条道路绿化提升；拆除违建1.9万平方米，剪除城区市政主次道路空中飞线26条；新建改造5处便民市场，整治提升牌匾3200平方米；修补破损路面8700余平方米、修补人行道花砖4500平方米，维护更换、新加装窨井盖防坠网3500余个。老旧小区改造35个，安置房新建3105套、交付1500套。管道天然气供气量5541万立方米，用气人口13.11万人。集中供热面积763万平方米。全年自来水供水量1150万吨。城乡居民生活用电2.49亿千瓦时。环境空气中$PM_{10}$、$PM_{2.5}$、二氧化硫、二氧化氮平均浓度（标况）分别为78微克/立方米、45微克/立方米、14微克/立方米、35微克/立方米，空气质量综合指数同比改善5.2%。空气质量优良天数240天，同比增加11天，优良率65.8%，同比提高3%。洪范池镇获评省"绿水青山就是金山银山"实践创新基地。建立健全"河长+检察长"工作机制，累计巡河1.86万次，排查整改问题52处。锦水河下游水质净化、北市生态清洁流域治理等项目顺利实施，94个村庄生活污水治理工程全面完成。全年接待游客130万人次。全域旅游大数据平台正式运营，芳蕾·玫瑰花乡景区获评国家AAA级旅游景区。

有普通高中在校学生8174人，中等职业学校在校学生3875人，初中在校学生9298人，小学在校学生19531人。成功创建省级绿色学校15所，获评市级智慧校园示范校3所。锦泽职业学院加快建设，打造产学研用创"五位一体"办学模式。39家企业获省级研发补助，3家企业获评市首批重点实验室，省级以上研发平台达到19家。全年登记的科技成果6项，获批绿色低碳技术成果1项。成立西兴人才发展集团、玫瑰产业技术研究院等引才引智平台，发放人才贷1000万元，引进"带编入企"紧缺人才28人，培育市级领军人才11人，新增青年人才1700余人。有博物馆1个，档案馆1个，文化馆1个。建有泉城书房2处，图书馆2处，分馆8处，服务点43处。组织文化活动500余场次，放映公益电影3696场，服务观众22万人次。图书馆年接待入馆市民25.46万人次，年借阅量6.57万余册，年内办理借阅卡0.6万张。医疗卫生机构263个，共有床位2491张，卫生技术人员2607人。平阴县人民医院成为国家卫健委首批“千县工程”示范单位，2家县级医院全部达到三级医院管理标准。接纳各类健身人群20余万人次，指导12个体育协会开展各级各类全民健身活动82项次。平阴县运动员在市级以上比赛中获奖牌21枚，其中亚洲金牌1枚，国家级金牌1枚，省级金牌13枚。

城镇居民人均可支配收入35918元，农村居民人均可支配收入19957元。全年城镇新增就业2760人，城镇登记失业率控制在0.3%以内；开展创业培训和技能培训2548人。全县参加企业养老保险人数7.43万人，参加机关事业单位养老保险人数1.55万人，参加城乡居民养老保险人数22.2万人，基本医疗保险参保人数31.46万人。失业保险审核通过604人，为8647名失业职工支付失业保险金。城镇最低生活保障人数158人，年人均保障标准11940元；农村最低生活保障人数4011人，年人均保障标准9240元。集中供养床位1378张，农村特困供养救助人员1504人，入住农村特困供养机构607人，失能人员集中供养率达63%，每人每年基本生活标准达到16272元。新增残疾人就业175人。健全残疾人托养服务机构11处。

2022年，平阴县被确定为“全国义务教育优质均衡先行创建县”，入选2021年全国“农产品数字化百强县”榜单、“幸福家园”村社互助工程首批全国联动区域慈善协同示范县创建名单，入选山东省首批地理标志产品保护示范区，获评2017—2020年度“平安山东建设示范县（市、区）”。

**【平阴县被确定为“全国义务教育优质均衡先行创建县”】** 4月，平阴县被教育部确定为“全国义务教育优质均衡先行创建县”，是济南市唯一获此殊荣的县区。近年来，平阴县实施教育优先发展战略，成立平阴县义务教育优质均衡发展工作领导小组，形成以政府为主导、多部门联动的义务教育均衡发展体系。全面优化县域内义务教育学校布局规划建设，同步强化完善基础设施建设，加快学校食堂建设，打造智慧教室，试点智慧黑板，提升校园无线网覆盖质量，实现镇村校车全覆盖，典型做法先后被评为2020年和2021年“济南教育十件大事”。

**【第七届全国铸造行业职业技能竞赛在平阴县举办】** 7月16—17日，第七届全国铸造行业职业技能竞赛在平阴县举办。来自山东、辽宁、广东等16个地区的231名选手参加比赛。本次竞赛设置三大工种，共有铸造型芯工、熔炼浇注工、模具工压铸组、模具工金属型木型组四套理论考试试卷，由嘉宾现场抽题公布试卷类别。实操比赛在玫德集团有限公司、济南二机床铸造有限公司、济南市平阴县玛钢厂等10家企业进行。经过一番激烈比拼，来自中车戚墅堰机车车辆工艺研究所有限公司的段文恒获得熔炼组第一名，来自中车大连机车车辆有限公司铸锻分公司的夏士强获得模具组第一名，来自玫德集团有限公司的张海获得造型组第一名。

**【平阴玫瑰获批“中国地理标志产品示范品牌”】** 9月3日，在联合国世界知识产权组织中国办事处主办、国家知识产权局支持的世界地理标志品牌服务大会上，平阴玫瑰获批“中国地理标志产品示范品牌”。近年来，平阴县立足“特色提升”，推行玫瑰产业“链长制”，稳定提高玫瑰种植面积，支持玫瑰企业研发拳头产品，实现玫瑰种植标准化、研发品种多元化、产品营销电商化，加速一二三产融合发展。

**【孔村余热进城项目竣工并投入供暖】** 11月，孔村余热进城项目竣工并投入供暖。该项目由济南万瑞炭素有限责任公司、济南龙山炭素有限公司、济南澳海炭素有限公司、山东平阴丰源炭素有限责任公司共同出资，由济南鑫盛昌能源科技有限公司负责具体实施。项目自2022年9月中旬开工建设，分为热源收集和管线施工（含隔压站）两项工程，至11月竣工。孔村端建设换热首站8座、中继加压泵站1座，余热收集管道11.5千米。县城端青龙路隔压站至孔村总循环泵房长输管线总长度10.6千米，建成省内最大隔压站1座，占地面积8000平方米。

**【《于慎行资料汇编》印刷出版】** 12月，《于慎行资料汇编》印刷出版，是平阴县古籍整理方面取得的又一项重要成果。《于慎行资料汇编》由《生平家世卷》《作品卷》《研究卷》三个分卷组成，近百万字。其中，《生平家世卷》主要收录有关于慎行生平家世的文献资料，包括平阴县博物馆馆藏国家一级文物《东阁衣冠年谱画册》、山东省图书馆馆藏《东阿于文定公年谱》抄本、于慎行家族史料、于林老照片等珍贵资料；《作品卷》主要收录于慎行《谷城山馆文集》《谷城山馆诗集》中有关平阴及周边泰安、济南、聊城、济宁地区的诗、文、碑记等代表作品；《研究卷》主要收录研究于慎行及其作品的部分论文，包括聊城大学文学院教授李庆立、兰州大学文学院教授王传明、浙江财经大学人文与传播学院副教授范知欧等于慎行研究专家的成果。

（葛聪聪）

【概况】 商河县位于济南市东北部，地处北纬 37° 06′ 47″ ～ 37° 32′ 12″，东经 116° 58′ 36″ ～ 117° 26′ 18″。北靠德州市乐陵市；西与德州市临邑县毗邻；东与滨州市惠民县、阳信县接壤；南以徒骇河为界，与济阳区隔河相望。因由滴水流经而得名。

**中共商河县委**

书　记　袁长奎

副书记　刘小兵　王　磊

常　委　袁长奎　刘小兵　王　磊　张成伟　王　帅　王光芹（女）　王　菲（女）　张恒峰　吴春峰　路来光　谌　浩　李俊卿（挂职）

**商河县人大常委会**

主　任　陈晓东

副主任　张　勇　刘晓春（女）　阮爱军　田海峰　陈　勇

**商河县人民政府**

县　长　刘小兵

副县长　张成伟　王光芹（女）　李俊卿（挂职）　李友忠　路来勇　旦增曲央

**政协商河县委员会**

主　席　张才林

副主席　李和敏　康建华（女）　李孝玉　张元刚　许秀芳（女）

**中共商河县纪委**

书　记　王　菲（女）

**商河县监委**

主　任　王　菲（女）

**商河县法院**

院　长　司继月

**商河县人民检察院**

检察长　刘　军

2022 年，全县总面积 1162.4 平方千米，辖 11 个镇、1 个办事处、541 个行政村、25 个居委会。年末户籍人口 63.46 万人，户籍人口自然增长率 -3.45‰。

全年实现生产总值 231.01 亿元，比上年增长 5.7%。其中，第一产业增加值 58.00 亿元，第二产业增加值 77.69 亿元，第三产业增加值 95.32 亿元。固定资产投资 153.68 亿元，地方一般公共预算收入 20.12 亿元，地方一般公共预算支出 40.07 亿元，社会消费品零售总额 65.55 亿元，进出口总额 36.4 亿元。年末金融机构本外币存款余额 322.92 亿元，年末金融机构本外币贷款余额 217.25 亿元。

农林牧渔服务业增加值 4.34 亿元，其中农业增加 58.00 亿元，比上年增长 3.4%。全县粮食播种面积 183.21 万亩，粮食总产 81.18 万吨。无公害农产品、绿色食品、有机农产品和农产品地理标志获证企业分别 343 家、26 家、3 家、4 家。肉、蛋、奶总产分别 5.3 万吨、4.1 万吨、22.3 万吨。全县拥有农业机械总动力 97.36 万千瓦，农作物耕种收综合机械化水平达 96.45%。全部工业增加值 62.75 亿元，比上年增长 8.9%。规模以上工业增加值增长 8.5%，实现主营业务收入 194.84 亿元，实现利润 11.52 亿元，实现利税 17.00 亿元。高新技术产业产值占规模以上工业总产值比重达 43.0 %。全县有资质的建筑企业 39 家，完成建筑业总产值 16.0 亿元，实现增加值 14.96 亿元。

辖区国省干线公路全长 85.93 千米。其中，国道 45.36 千米；省道 40.57 千米。全县货运周转量

149039.73 万吨公里，客运周转量 4846.26 万人公里。全县城区绿地面积 932.11 万平方米，绿地率 44.12%，绿化覆盖率 46.92%，人均公园绿地面积 22.99 平方米 / 人。开工建设保障房 1000 套。环境空气质量综合指数 4.33，同比下降 7.5%，饮用水水质较好。国家 A 级旅游景区 6 家。

全县有中等职业学校 1 所，在校生 0.3 万人。普通中学 16 所，在校生 3.2 万人；小学 43 所，在校生 3.9 万人。共取得重要科技成果 12 项，获得市级及以上科学技术奖 0 项，授权专利 1077 件。有博物馆 1 个，档案馆 1 个，公共图书馆 1 所，文化馆 1 个。省级文物保护单位 16 处，市级文物保护单位 9 处。医疗卫生机构 451 所，共有床位 2541 张，卫生技术人员 3134 人。

城镇居民人均可支配收入 34808 元，农村居民人均可支配收入 19924 元。年末职工基本养老、职工基本医疗、失业、工伤、生育保险参保人数分别达 6.90 万人、6.73 万人、3.95 万人、6.5 万人、3.9 万人。居民基本养老保险参保人数 38.22 万人，医疗保险参保人数 46.21 万人。城镇最低生活保障人数 346 人，年人均保障标准 11940 元；农村最低生活保障人数 13992 人，年人均保障标准 9240 元。全县各类养老服务机构和设施 436 个，各类养老床位 7170 张。安置残疾人员就业 453 人。

2022 年，商河县入选第三批国家农村产业融合发展示范园认定名单，成为济南市第一个也是唯一一个认定的国家级农村产业融合发展示范园。商河县被交通运输部授予"'四好农村路'全国示范县"。商河县被国家知识产权局授予"国家知识产权强县建设试点县"。

**【济南商河机场正式开航】** 1 月 17 日，民航山东监管局为济南商河机场颁发使用许可证，标志着济南商河机场正式开航，实现与周边通用机场的互联互通，也为商河县与其他地区实现互通，翻开济南通用航空产业发展新的篇章。

**【商河县非遗活力值全省排名第一】** 4 月 18 日，2021 年"文旅中国·百城百艺"非遗传播活力 TOP100 名单公布，济南市商河县以 6936 的成绩排名全省第一位（全省共入围 14 个区县），全国第十二位。

**【商河县出台 36 项助企纾困政策】** 6 月 2 日，商河县研究制定加大减税降费力度、强化企业帮扶支持、加大金融支持力度、促进供需对接合作、加速消费市场回补包含五个方面的 36 项《商河县应对疫情冲击助企纾困若干政策措施》，全力应对疫情冲击，提振市场信心，帮助各类市场主体纾困解难、平稳发展。

**【商河县一企业入选山东省服务型制造示范企业】** 12 月，省工信厅公布 2022 年山东省服务型制造企业示范名单，山东创伟外墙保温材料集团有限公司名列其中，实现商河县省级服务型制造示范企业"零的突破"。

（李增花）

栏目编辑　魏添乐

**丁惟云** 男，中国重型汽车集团有限公司总工程师、重型商用车总设计师，工程技术研究员，中重卡研发团队的核心骨干和领军人物，全国汽车标准化技术委员会委员。多年来始终战斗在产品研发工作一线，主导开发的中国重汽不同阶段核心主打车型累计产销近千亿元。其中，HOWO系列重型车连续主销16年，累计销售过百万辆，创造了国内单一系列重型汽车销售之最，为中国重型汽车和山东汽车工业发展做出了积极贡献。

丁惟云他带领部门人员完成 400 余项攻关项目，50 余项质量改进，2 项重点项目开发，参与 20 余项企业标准制定；《NS-07 新型后悬架系统开发》等多项技术创新项目荣获中国汽车工业科学技术奖。先后获济南市五一劳动奖章、济南市第七届杰出工程师、改革开放 30 年中国汽车工业杰出人物等称号。2022 年，获得全国五一劳动奖章。

**栾　俊** 男，1978年出生，中共党员，正高级工程师，中国电力设备管理协会高级专家。连续20年扎根工作在生产一线，长期从事火力发电厂汽机、供热设备管理工作。作为济南市示范性劳模和工匠人才创新工作室的领衔人才，及华能集团公司级“栾俊劳模创新工作室”负责人，秉承新发展理念，成功实施先进汽轮机通流、高背压供热、低压缸零出力供热等重大节能创新技术改造。尤其是大机组高背压循环以及超临界机组低压缸零出力技术的应用，获得重大技术突破。

栾俊在国内核心刊物上发表多篇论文，获 25 项已授权的实用新型专利以及 1 项软件著作权，省级以上创新成果 15 项，参编华能集团公司汽机反事故措施、供热监督标准。当选济南市十一次党代会代表，获山东省富民兴鲁劳动奖章、华能集团公司劳动模范等称号。2022 年，获得全国五一劳动奖章。

**史秀宝** 男，汉族，1977年出生，中共党员，现为山东泰山钢铁集团有限公司不锈钢事业部设备管理员。参加工作20多年，从一名普通的技校生成长为一名电焊工高级技师。熟练掌握不同钢种的焊接方法，具有丰富的焊接经验和高超的焊接技能。发表的自制TS21钢末在炼焦配煤中的应用与研究成果获省企业技术创新优秀成果二等奖；一种光谱分析控样成果获莱芜市质量成果一等奖；《炼钢用加料溜管》《一种炼钢结晶器可拆卸式板式换热器安装夹具》《一种蜡件组合用修补蜡条的制作装置》3项成果获国家实用新型专利。

史秀宝于 2011 年 2 月获“山东省技术能手”称

号。2012 年 3 月，获“山东省首席技师”称号。2018 年 11 月，被选树命名为“齐鲁工匠”，并领衔组建创新工作室，同年 12 月被授予“山东省富民兴鲁劳动奖章”。2022 年，获得全国五一劳动奖章。

**张海燕**　女，1989年出生，济南超意兴餐饮有限公司仓储物流中心主任。2011年5月参加工作以来，

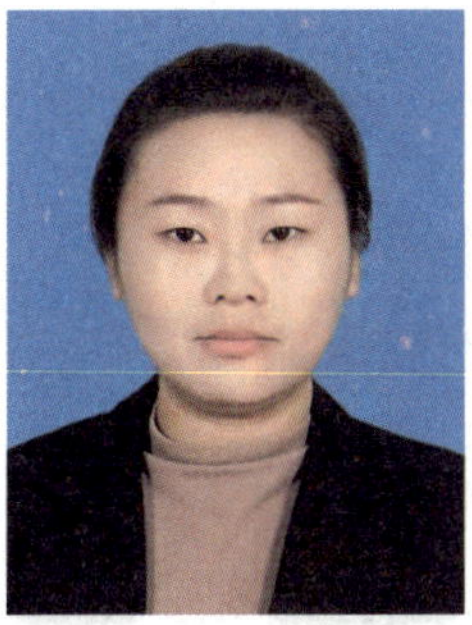

工作踏实认真积极进取，在公司店长班以优异成绩毕业，于2013年2月担任分店店长，2015年9月加入中国共产党。

张海燕始终牢记一名共产党员的使命，在工作中吃苦在前，发挥模范带头作用，积极面对工作中的困难，2015 年到泰安开辟新市场，一年半的时间内取得扭亏为盈的胜利，为超意兴品牌拓展外围市场打下良好基础。2017 年 7 月担任仓储物流中心主任，在工作中不断创新和改进工作方法，使仓库工作更加高效严谨地运转，降低了劳动强度提高了准确率。2020 年春节疫情期间积极加入抗疫先锋突击队，为白衣战士提供餐饮保障。

张海燕先后获全国优秀农民工、山东省五一劳动奖章、济南市五一劳动奖章、济南市十佳最美职工等称号。2022 年，获全国五一劳动奖章。

（市总工会）

### 全国五一劳动奖状获得集体名录

济南阳光大姐服务有限责任公司

### 全国工人先锋号获得集体名录

济南西门子变压器有限公司电磁计算班组
山东省建设建工（集团）有限责任公司肖衡项目部

### 山东省五一劳动奖状获得集体名录

济南市总工会
济南历下控股集团有限公司
中建安装集团有限公司一公司
山东省冶金科学研究院有限公司
济南市城肥清运管理一处
九阳股份有限公司
山东汇富建设集团有限公司
世纪金榜集团股份有限公司
济南市殡仪馆
济南能源集团有限公司

### 山东省工人先锋号获得集体名录

中国重汽集团国际有限公司非洲部
济南轻骑标致摩托车有限公司制造部烤漆线
山东力创科技股份有限公司技术研发 3 组
山东万豪肥业有限公司脲甲醛缓释复合肥生产班组
山东矗峰重工机械有限公司技术部
山东福牌阿胶股份有限公司制胶车间
山东太古飞机工程有限公司客改货车间

（市总工会）

### 2022 年全国五一劳动奖章获得者名单

来　俊　华能济南黄台发电有限公司汽机队副主任
张海燕（女）　济南超意兴餐饮有限公司仓储物流中心主任
史秀宝　山东泰山钢铁集团有限公司设备管理员
丁惟云　中国重型汽车集团有限公司总工程师、重型商用车总设计师

（市总工会）

## 鲁班首席工匠获得者名录

刁统武　中国重汽集团济南卡车股份有限公司维修钳工、首席技师，高级技师

## 齐鲁工匠获得者名录

杜　斌　山东中烟工业有限责任公司济南卷烟厂卷包车间包装机维修主管，高级技师
李光民　山东汇金股份有限公司铸造技术员，技师
张　宁　济南二机床集团有限公司铸造有限公司造型班班长，高级技师
朱国军　国网山东省电力公司济南供电公司带电作业中心带电作业班班长，高级技师
赵忠杨　中建八局第一建设有限公司数字科技项目经理，高级技师
张进军　济南市平阴县玛钢厂铸造车间一线技术员，高级技师
庄铭慧　山东中烟工业有限责任公司济南卷烟厂首席雪茄卷制师、助理工程师
黑伟钰　济南舜耕山庄经理

## 山东省五一劳动奖章获得者名录

王美贤　中国重汽集团有限公司应用工程开发总监
王辉云　国网山东省电力公司济南供电公司带电作业中心副主任
王　琪（女）　济南市职工文化事业发展中心副主任
刘利达　山东润一智能科技有限公司董事长
刘家昌　山东三箭集团有限公司总经理、党委副书记
伊希豪　金雷科技股份公司助理工程师
李　虎　济南轨道交通集团有限公司总工程师
张　羽　源动力餐饮管理有限公司董事长
张　迎　中国石油化工股份有限公司济南分公司主任技师
张　杰　山东汇金股份有限公司总工程师
张龙江　中国联合网络通信有限公司济南市分公司云网中心技术主管
张进军　济南市平阴县玛钢厂技术员
陈　伟　济南公共交通集团有限公司维修分公司修理工
周娜娜（女）　济南市社会福利院护士长
孟　景　山东九羊集团有限公司高炉炼铁工
赵丽美（女）　伊莱特能源装备股份有限公司技术研发中心副总经理
赵景春　济南市公安局交通警察支队交通科学研究所技术服务中心主任
姜冬子　山东中烟工业有限责任公司济南卷烟厂维修工
高月锋　济南市历城第二中学教师
康　鹏　山东鲁冶瑞宝电气自动化有限公司电工
燕照顺　山东泰山钢铁集团有限公司轧钢工
丁　灏　中建八局第二建设有限公司总经理、党委副书记
刘文凭　济南市生活废弃物处理中心机械班高级工
孙　哲　华电国际电力股份有限公司莱城发电厂副总工程师、生技部主任
邢慧堂　济南重工集团有限公司总经理助理
陈金丽　山东省济南泉城中学教师
杨宏伟　中建八局第一建设有限公司总会计师
周春雨　中建八局第一建设有限公司副总经理
张怀国　山东国鲁律师事务所主任
李瑶瑶（女）　济南城市建设集团资产运营管理有限公司专员
王君毅鹏　山东金旭乒乓球俱乐部有限公司教练
彭惠迪（女）　济南市残疾人体育协会运动员
王　聪　济南市残疾人体育协会运动员
胡付博　济南市公安局网警支队一级警员
刘新鹏　山东恒安威信科技有限公司网络安全研究实验室主任
王爱国　济南市历城区金融事业发展中心党组书记、主任
申海福　国网山东省电力公司济南供电公司党委委员、副总经理、工会主席
牛化宪　中建八局第一建设有限公司总经理、党委副书记

（市总工会）

## 2022 年济南市获得三等战功、一等二等功、省部级（战区级、二级）以上退役军人名录

姚树汉　战时三等功（两次）
李朝文　战时三等功
张宁东　战时三等功、全省民兵报废弹药销毁处理工作先进个人

张　勇　一等功、二等功（两次）
徐保坤　二等功
李　刚　二等功
徐俊亭　二等功
宋远启　二等功
康群力　二等功
王晓红　二等功
杨绪利　二等功（两次）
王　阳　二等功、全军自学成才先进个人
刘　荣　二等功、全军文化艺术工作先进个人
高习智　二等功
杨金波　二等功
徐小杰　二等功、全军先进档案工作者、全军保密工作先进个人（三次）、全军档案工作先进个人
刘卫东　二等功
李景昌　二等功
高　敏　二等功
宋　军　二等功
李　克　二等功
于　航　二等功
刘振坤　二等功
刘鹏军　二等功、武警部队第四届“十大标兵士官”
殷铭章　二等功
魏传富　二等功、“士官标兵”
韩立建　二等功、中国人民解放军士官优秀人才奖三等奖
庄向永　二等功
王勇飞　二等功（两次）、全军优秀指挥军官
黄　钊　二等功

葛春明　“劳动模范”称号
韩继亮　全军“菜篮子”工程三年建设先进个人、部队“菜篮子”工程建设先进个人
黄尉初　全军除害灭病规划先进个人、“十五”期间全军爱国卫生工作先进个人
郝　清　优秀共产党员
李蔡华　全军财务管理先进个人
韩洪革　中国人民解放军士官优秀人才奖一等奖
陈俊青　陆军优秀旅团主官
高志城　优秀专业技术人才奖
刘元东　“十一五”全军爱国卫生工作先进个人
潘广忠　武器装备管理先进个人、优秀专业技术人才奖
熊泽森　防治非典先进个人

（秦东亮）

栏目编辑　王　炜

## 2022年济南市国民经济和社会发展统计公报[1]

济南市统计局
国家统计局济南调查队

2022 年，面对复杂严峻的国内外形势和多重超预期因素冲击，市委、市政府团结带领全市上下坚持以习近平新时代中国特色社会主义思想为指导，深入学习宣传贯彻党的二十大精神，坚决落实习近平总书记对山东、对济南工作的重要指示要求，完整、准确、全面贯彻新发展理念，主动服务和融入新发展格局，着力推动高质量发展，落实省委、省政府各项决策部署，锚定“勇当排头兵、建设强省会”，高效统筹疫情防控和经济社会发展，高效统筹发展和安全，全市经济总体呈现承压回升、逐步向好态势，综合实力再上新台阶，动能转换取得新突破，重大国家战略加快落地见效，居民生活持续改善提升，新时代社会主义现代化强省会建设迈出坚实步伐。

图1　2012-2022年地区生产总值

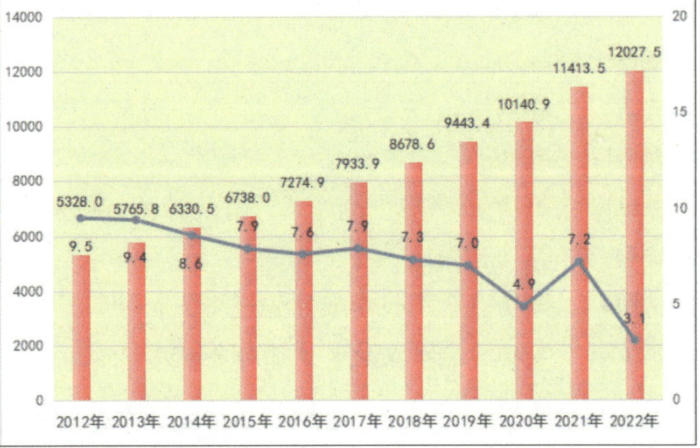


图 2　2012 年和 2022 年三次产业比重

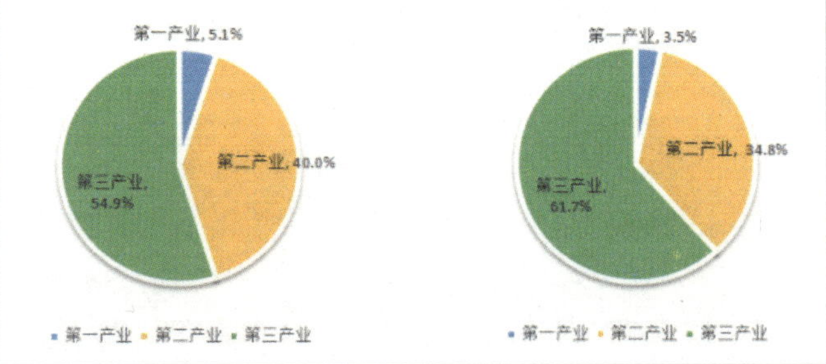


### 一、综合

经济总量迈上新台阶。根据市级生产总值统一核算结果，2022 年全市地区生产总值[2]为 12027.5 亿元，按不变价格计算，增长[3]3.1%，其中，第一产业增加值为 420.5 亿元，增长 3.1%；第二产业增加值为 4180.2 亿元，增长 3.2%；第三产业增加值为 7426.7 亿元，增长 3.0%。三次产业构成比为 3.5∶34.8∶61.7。

人口集聚效应持续显现。年末常住人口 941.5 万人，比上年末增长 0.8%，其中，城镇常住人口 699.8 万人，占总人口比重（常住人口城镇化率）为 74.3%，比上年末提高 0.1 个百分点。户籍人口 819.95 万人，增长 0.4%。全年申报出生率为 7.9‰，申报死亡率为 9.7‰，人口自然增长率为 -1.9‰。全年人才流入 32.6 万人，净流入 15.8 万人。

就业形势保持总体稳定。市场主体增至 149.8 万户，“四上”[4] 单位总数 13055 家，净增 1060 家。全年新增城镇就业 17.4 万人，发放各类稳岗补贴 6 亿元。实施离校未就业高校毕业生攻坚行动，举办 2022 年黄河流域优秀大学生创业就业“泉城行”活动，建强创业孵化平台，累计带动就业超过 10 万人。

居民消费价格涨势平稳。全年居民消费价格指数（CPI）上涨 1.4%，比上年回落 0.1 个百分点。从居民消费的八大类商品及服务项目价格构成看，呈“七涨一降”态势，其中，除居住价格小幅下降 0.2% 外，交通通信、食品烟酒、生活用品及服务、衣着、其他用品及服务、教育文化娱乐、医疗保健价格分别上涨 4.3%、2.3%、1.6%、1.0%、0.7%、0.6%、0.4%。新建商品住宅销售价格同比指数较去年同期涨幅收窄，环比指数小幅波动。

**表 1　2022 年居民消费价格比上年涨跌幅度表**

| 指　标 | 比上年增长（%） |
|---|---|
| 居民消费价格指数 | 1.4 |
| 食品烟酒 | 2.3 |
| 衣着 | 1.0 |
| 居住 | –0.2 |
| 生活用品及服务 | 1.6 |
| 交通通信 | 4.3 |
| 教育文化娱乐 | 0.6 |
| 医疗保健 | 0.4 |
| 其他用品及服务 | 0.7 |

图3　2022年新建商品住宅销售价格指数

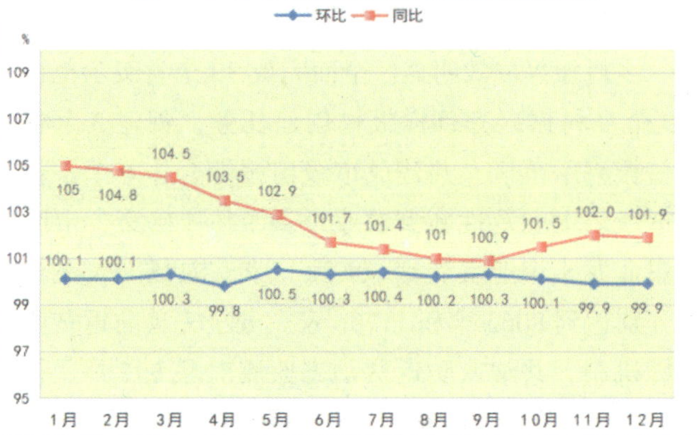


重大国家战略加快落地见效。深入落实黄河流域生态保护和高质量发展战略，黄河下游“十四五”防洪工程（济南段）开工建设，黄河防洪工程绿化提升和黄河百里风景区中心景区景观提升工程顺利完工，入选国家再生水利用配置试点城市。济南新旧动能转换起步区加速起势，发展规划获批实施，“1+4+16+N”规划体系逐步完善，创新推出产业正面清单、产业机会清单、重点产业示图、产业准入机制等“四张清单”，黄河大道一期（青银高速以南段）建成通车，山大二院起步区新院、黄河体育中心等公共服务项目加快推进，中科新经济科创园、国际招商产业园等高端平台加快布局，零碳智慧创新运营中心项目荣获“全球人居环境规划设计奖”，比亚迪新能源乘用车项目整车下线，累计签约 136 个高端优质项目。科创金融改革试验区建设全面推进，设立科技分（支）行等科创金融专营（特色）银行机构 20 家、科创金融事业部（中心）12 个，全市科创板上市企业达到 6 家，齐鲁科学城科创投资母基金成立，省内首单科创票据、首单科技园区 CMBS、首单知识产权融资租赁业务、首单“数字经济”主题公司债券成功落地，本外币合一银行结算账户体系试点、数字人民币试点相继获批。数字济南建设全面铺开，构建起“1+4+N”总体框架体系，统筹数字机关、数字政府、数字经济、数字社会一体推进，入选全国首批数字化绿色化协同转型发展综合试点城市。

新旧动能转换提档升级。创新驱动、智能制造、数字赋能成为加快转型、提升竞争力的核心要素。“四新”经济增加值达到 4683.7 亿元，占 GDP 比重为 38.9%，占比提高 1.2 个百分点。“四新”经济投资增长 16.8%，增速高于全市 13.0 个百分点，占全市投资比重为 40.1%，占比提高 4.5 个百分点。全市规模以上高技术制造业实现增加值增长 11.1%，领先规模以上工业平均增速 9.5 个百分点。现代服务业[5] 实现增加值 4492.3 亿元，增长 3.7%，领先全部服务业增速 0.7 个百分点，占服务业增加值比重为 60.4%。

## 二、农业、农村

农林牧渔业总产值稳步增长。全年农林牧渔业总产值 784.2 亿元，按不变价格计算，增长 4.5%，其中，农业总产值526.0亿元，增长4.7%；畜牧业总产值170.2亿元，增长2.7%。农林牧渔业增加值441.6亿元，增长3.6%。

表2　2022年农林牧渔业总产值表

| 指　标 | 单位 | 产值（亿元） | 比上年增长（%） |
| --- | --- | --- | --- |
| 农林牧渔业总产值 | 亿元 | 784.2 | 4.5 |
| 农业 | 亿元 | 526.0 | 4.7 |
| 林业 | 亿元 | 32.0 | 0.4 |
| 畜牧业 | 亿元 | 170.2 | 2.7 |
| 渔业 | 亿元 | 8.5 | 6.0 |
| 农林牧渔服务业 | 亿元 | 47.5 | 10.9 |

表3　2022年主要农产品生产情况表

| 指　标 | 单位 | 面积／产量 | 比上年增长（%） |
| --- | --- | --- | --- |
| 粮食总播种面积 | 万亩 | 726.9 | 0.2 |
| 棉花种植面积 | 万亩 | 4.4 | -8.9 |
| 油料种植面积 | 万亩 | 26.4 | 0.3 |
| 蔬菜种植面积 | 万亩 | 149 | 2.0 |
| 实有果园面积 | 万亩 | 57.4 | -0.3 |
| 粮食总产量 | 万吨 | 296.2 | 1.1 |
| 棉花产量 | 万吨 | 0.4 | -8.1 |
| 油料产量 | 万吨 | 6.6 | 0.4 |
| 蔬菜产量 | 万吨 | 712.6 | 3.0 |
| 水果产量 | 万吨 | 62.0 | 0.2 |
| 生猪出栏 | 万头 | 209.6 | 9.2 |
| 牛出栏 | 万头 | 11.1 | -19.4 |
| 羊出栏 | 万头 | 136.2 | 7.4 |
| 猪肉产量 | 万吨 | 16.9 | 9.5 |
| 牛肉产量 | 万吨 | 2.4 | -15.6 |
| 羊肉产量 | 万吨 | 1.9 | 3.6 |
| 禽肉产量 | 万吨 | 7.8 | 9.5 |
| 禽蛋产量 | 万吨 | 27.0 | -11.5 |
| 牛奶产量 | 万吨 | 43.4 | 3.2 |
| 水产品产量 | 万吨 | 1.5 | 5.1 |

农业生产稳中有升。粮食产量再创历史新高，全年粮食播种面积726.9万亩，增长0.2%；粮食总产量296.2万吨，增长1.1%。全年蔬菜总产量712.6万吨，增长3.0%；油料总产量6.6万吨，增长0.4%；水果总产量62.0万吨，增长0.2%。

林业生产保持平稳发展。全年完成造林面积773.3公顷，森林抚育面积5333.3公顷，打造市绿化示范村100个；高质量实施黄河生态保护与修复工程3197亩；大力培育特色优势林业产业，加强经济林新品种引进，改造低产低效园686.7公顷。

畜牧业生产整体向好。全年生猪出栏209.6万头，增长9.2%；牛出栏11.1万头，下降19.4%；羊出栏136.2万头，增长7.4%。全年猪牛羊禽肉总产量29.1万吨，其中猪肉产量16.9万吨，增长9.5%。全年蛋产量27.0万吨，下降11.5%；奶产量43.4万吨，增长3.2%。全年水产品产量1.5万吨，增长5.1%。

现代农业质效提升。全年现代高效农业增加值75.5亿元，增长6.7%，占农林牧渔业增加值比重为17.1%，提高0.6个百分点。全年新建“菜篮子”保供园区32个，生猪规模化养殖场达到351家。新建高标准农田27.5万亩，同步发展节水灌溉面积6万亩，水肥一体化推广面积达73.5万亩。省级以上农业知名品牌达到57个，全市“三品一标”农产品有效用标总量达到1699个。特色农产品发展势头良好，章丘大葱、莱芜生姜入选农业农村部农业精品品牌培育计划。长清茶叶、仁风西瓜、曲堤黄瓜、历城草莓等特色农产品不断发展壮大，全年茶叶产量31.3万公斤，大葱71.5万吨，生姜32.3万吨，西瓜29.9万吨，黄瓜120万吨，草莓9.9万吨。聚力种业大发展，全力打造“中国北方种业之都”，全市持证农作物良种企业数量达到73家。

乡村振兴成效明显。全面完成39个省级示范村和129个乡村振兴齐鲁样板村创建任务，创建3个省级乡村振兴示范区。共建成市级田园综合体6个，新认定市级以上示范性新型农业经营主体171家，市级以上农业龙头企业发展到506家，家庭农场、农民合作社分别达到8063家和11796家。健全完善防返贫监测预警机制，共纳入防返贫动态监测对象597户、1594人，全部进行了针对性帮扶。将3.1万脱贫群众纳入全市农村低保和农村特困人员供养范围，全市 987 个脱贫村全部实现“五通十有”[6]。

## 三、工业和建筑业

工业加快转型升级。全年全部工业增加值 2869.0 亿元，增长 2.4%。规模以上工业[7]增加值增长 1.6%，分经济类型看，公有制经济下降 1.4%，非公有制经济增长 4.1%；分轻重工业看，轻工业增长 7.7%，重工业下降 0.1%。41 个大类行业中，24 个行业实现增加值增长，增长面为 58.5%；六大重点行业中，通用设备制造业增长 15.4%，石油煤炭加工业增长 14.2%，医药制造业增长 12.4%，计算机通信设备制造业增长 3.1%，黑金属压延加工业、汽车制造业分别下降 10.9%、46.7%。

工业企业质效逐步恢复。全年规模以上工业企业完成营业收入 8139.9 亿元，下降 4.1%，年内降幅震荡收窄；利润总额 332.5 亿元，下降 14.8%；营业收入利润率 4.1%。41 个大类行业中，营业收入超百亿的行业

**表 4　2022 年规模以上工业重点行业营业收入增长速度表**

| 行业名称 | 比上年增长（%） |
|---|---|
| 黑色金属冶炼和压延加工业 | -13.5 |
| 计算机、通信和其他电子设备制造业 | 11.3 |
| 汽车制造业 | -44.6 |
| 非金属矿物制品业 | 7.3 |
| 电气机械和器材制造业 | 14.3 |
| 石油、煤炭及其他燃料加工业 | 31.3 |
| 医药制造业 | 10.6 |
| 通用设备制造业 | 2.2 |
| 化学原料和化学制品制造业 | 5.6 |
| 金属制品业 | -2.6 |
| 专用设备制造业 | 9.2 |
| 电力、热力生产和供应业 | 20.2 |
| 农副食品加工业 | 10.3 |
| 黑色金属矿采选业 | -10.3 |
| 食品制造业 | 4.4 |
| 燃气生产和供应业 | 26.9 |

达到 16 个，合计占规模以上工业企业营业收入的比重为 91.6%。黑色金属冶炼和压延加工业营业收入超过千亿规模。

工业产品稳定供应。全年规模以上工业产品产销率 97.6%。所生产的 306 种工业产品中，有 123 种产品产量实现增长，增长面 40.2%。其中，增幅超过 20% 的产品有 59 种，占比 19.3%。轿车、新能源汽车产量分别达到上年同期的 5.1 倍、3.8 倍，充电桩增长

**表 5　2022 年规模以上工业企业主要产品产量及增长速度表**

| 产品名称 | 单位 | 产量 | 比上年增长（%） |
|---|---|---|---|
| 鲜、冷藏肉 | 万吨 | 16.5 | 42.3 |
| 乳制品 | 万吨 | 50.5 | -5.9 |
| 饮料酒 | 万千升 | 26.3 | -0.5 |
| 合成氨（无水氨） | 万吨 | 20.7 | -54.0 |
| 聚丙烯树脂 | 万吨 | 12.1 | 15.0 |
| 初级形态塑料 | 万吨 | 78.0 | 2.7 |
| 中成药 | 吨 | 7903.6 | 8.3 |
| 水泥 | 万吨 | 1354.5 | -12.2 |
| 石墨及碳素制品 | 万吨 | 209.1 | 12.1 |
| 钢材 | 万吨 | 2021.4 | -4.2 |
| 锻件 | 万吨 | 128.3 | 6.3 |
| 粉末冶金零件 | 万吨 | 1.3 | -2.9 |
| 发动机 | 万千瓦 | 1772.9 | -56.6 |
| 数控金属切削机床 | 台 | 4235 | -27.5 |
| 气动元件 | 万件 | 783.3 | -22.4 |
| 矿山专用设备 | 万吨 | 4.2 | 3.1 |
| 工业机器人 | 套 | 3746 | 32.3 |
| 载货汽车 | 万辆 | 16.0 | -49.9 |
| 铁路货车 | 辆 | 3765 | 20.7 |
| 变压器 | 万千伏安 | 15872.3 | 3.7 |
| 太阳能电池（光伏电池） | 万千瓦 | 4.0 | -28.5 |
| 电子计算机整机 | 万台 | 77.5 | -32.6 |
| 服务器 | 万台 | 77.1 | -32.2 |
| 集成电路 | 万块 | 28964.0 | 70.7 |

65.3%；卫生防疫用品加速供应，医用口罩7.7亿只，增长47.4%；高附加值产品中，逻辑芯片、锂离子电池产量达到上年同期的5.4、12.9倍，工业机器人增长32.3%。

建筑业实现较快增长。全市具有总承包和专业承包资质的有工作量的建筑业企业1371家，增加189家。全年签订合同额13217.8亿元，增长16.7%，其中新签合同额6500.9亿元，增长1.8%。实现建筑业总产值4460.8亿元，增长8.1%，其中国有及国有控股企业产值3430亿元，增长10.5%。房屋施工面积19970.9万平方米，增长2.9%。

## 四、服务业

新兴服务业引领发展。全年服务业增加值7426.7亿元，增长3.0%。规模以上服务业[8]营业收入增长4.2%，其中互联网和相关服务、软件和信息技术服务业、专业技术服务业分别增长32.1%、18.2%、15.5%，成为拉动服务业增长的主要力量。新增国家AAAAA级物流企业2家，总数达19家，装卸搬运和仓储业、多式联运和运输代理业营业收入分别增长73.1%、16.8%。

交通运输业承压企稳。年末公路通车里程数18294.4千米，其中，高速公路里程数795.3千米，增长7.8%。公路货运量2.4亿吨，下降3.3%；货运周转量608.8亿吨千米，增长5.4%。全年累计完成航班起降7.9万架次，下降30.1%；旅客吞吐量824.2万人次，下降39.5%；货邮吞吐量13.8万吨，下降18.1%。年末拥有民用机动车369.2万辆，其中，民用汽车320.3万辆，增长5.9%。公交线路756条，线路总长度15623.2千米，旅客运输量4.0亿人次。轨道交通运营线路3条，长度84.1千米，年客运量5456万人次。

表6　2022年规模以上服务业分门类营业收入情况表

| 门　类 | 1—12月累计营业收入（亿元） | 增速（%） |
|---|---|---|
| 总计 | 3631.2 | 4.2 |
| 交通运输、仓储和邮政业 | 1500.3 | -1.8 |
| 信息传输、软件和信息技术服务业 | 786.8 | 17.2 |
| 房地产业（不包含房地产开发经营） | 163.4 | -0.8 |
| 租赁和商务服务业 | 436.1 | 11.4 |
| 科学研究和技术服务业 | 508.6 | 13.2 |
| 水利、环境和公共设施管理业 | 64.2 | -4.7 |
| 居民服务、修理和其他服务业 | 24.1 | -8.4 |
| 教育 | 24.7 | -27.5 |
| 卫生和社会工作 | 50.9 | 2.4 |
| 文化、体育和娱乐业 | 72.2 | -7.7 |

邮政业、电信业平稳运行。邮政行业全年业务收入（不包括邮政储蓄银行直接营业收入）105.4亿元，增长6.2%；业务总量93.3亿元，增长4.4%。快递业务收入82.1亿元，增长5.9%；业务量7.7亿件，下降3.4%。年末移动电话用户1266.0万户，增长4.0%，其中5G移动电话用户685.2万户，增长47.9%。互联网宽带接入用户501.4万户，增长8.3%。

旅游业、会展业稳步复苏。全年接待国内游客6565.6万人次，恢复到上年同期的80.2%。实现国内旅游收入711.6亿元，恢复到上年同期的72.3%。A级旅游景区85家，其中，AAAAA级旅游景区1家，AAAA级旅游景区18家。省级旅游度假区2家。推出“泉城夜八点”活动，点亮文旅“夜经济”，获评1个国家级、3个省级夜间文旅消费集聚区。全年举办展会76场，展览面积140万平方米。

## 五、固定资产投资

投资规模持续扩大。全年固定资产投资增长3.8%，其中，第一产业投资下降2.8%；第二产业投资增长15.1%；第三产业投资增长1.9%。年末亿元以上固定资产投资项目1653个，增加118个，完成投资增长12.4%，其中五十亿元以上项目43个，完成投资增

表7　2022年三次产业投资增速及占比表

| 产　业 | 比上年增长（%） | 占固定资产投资比重（%） |
|---|---|---|
| 固定资产投资 | 3.8 | 100.0 |
| 第一产业 | -2.8 | 0.4 |
| 第二产业 | 15.1 | 15.5 |
| 第三产业 | 1.9 | 84.1 |

长 13.2%。民间投资占全市投资比重为 44.5%。基础设施投资增长 17.0%。社会领域投资增长 26.5%，高于全市投资增速 22.7 个百分点。

房地产市场低位运行。全年房地产开发完成投资 1830.8 亿元，下降 5.0%，其中，住宅完成投资 1247.6 亿元，下降 7.7%。房屋施工面积 8604.9 万平方米，下降 15.3%，其中，住宅施工面积 5338.5 万平方米，下降 18.8%。房屋竣工面积 715 万平方米，下降 35.9%，其中，住宅竣工面积 488.0 万平方米，下降 38.0%。商品房销售面积 1241.9 万平方米，下降 19.8%，其中，住宅销售面积 907.1 万平方米，下降 30.2%。商品房销售额 1514.6 亿元，下降 22.6%，其中，住宅销售额 1221.7 亿元，下降 29.0%。

## 六、国内贸易

消费品市场受疫情扰动明显。全年社会消费品零售总额 4878.1 亿元，下降 4.8%，其中，商品零售 4194.1 亿元，下降 4.5%；餐饮收入 684.0 亿元，下降 7.0%。分城乡看，城镇社会消费品零售额 4312.2 亿元，下降 4.9%；乡村社会消费品零售额 565.9 亿元，下降 4.0%。

表 8　2022 年限额以上批发和零售业单位主要商品零售额及增长速度表

| 商品类别 | 零售额（亿元） | 比上年增长（%） |
|---|---|---|
| 粮油、食品类 | 182.5 | 8.1 |
| 饮料类 | 17.7 | 18.1 |
| 烟酒类 | 43.3 | 2.4 |
| 服装、鞋帽、针纺织品类 | 96.5 | −19.1 |
| 化妆品类 | 64.1 | 33.8 |
| 金银珠宝类 | 43.3 | −13.2 |
| 日用品类 | 34.2 | −38.4 |
| 家用电器和音像器材类 | 117.2 | −9.6 |
| 中西药品类 | 74.1 | 12.6 |
| 文化办公用品类 | 44.2 | −17.5 |
| 通信器材类 | 53.9 | −37.2 |
| 石油及制品类 | 174.6 | −7.3 |
| 汽车类 | 576.5 | −1.2 |

必需类商品需求稳定。限额以上单位商品零售额中，粮油食品类商品实现零售额 182.5 亿元，增长 8.1%；饮料类商品实现零售额 17.7 亿元，增长 18.1%；烟酒类商品实现零售额 43.3 亿元，增长 2.4%；中西药品类商品实现零售额 74.1 亿元，增长 12.6%。

线上消费蓬勃发展。限额以上批发和零售业单位通过公共网络实现的商品零售额 315.8 亿元，增长 17.4%，占全市限额以上单位零售额的比重为 18.1%，占比提高 3.1 个百分点。

新能源汽车增势较好。限额以上单位新能源汽车实现零售额 104.1 亿元，增长 87.5%，占全市限额以上单位零售额的比重为 6.0%，占比提高 3.3 个百分点。

## 七、对外经济

进出口保持较快增长。全年货物进出口总额 2208.9 亿元，增长 13.9%，其中出口 1431.8 亿元，增长 22.0%；进口 777.1 亿元，增长 1.5%。对东盟进出口增长 45.9%，对欧盟（不含英国）进出口下降 2.6%，对拉丁美洲进出口增长 13.1%。对“一带一路”沿线国家和地区进出口增长 30.8%，占进出口总额的 39.3%。出口商品中，机电产品出口 851.6 亿元，增长 28.8%；农产品出口 64.8 亿元，增长 1.1%。进口商品中，机电产品进口 400.9 亿元，增长 3.3%；农产品进口 102.9 亿元，增长 32.0%。全年经济外向度 18.4%，提高 1.4 个百分点。

利用外资规模显著提升。全市实际使用外资 31.4 亿美元，增长 18.0%，其中制造业使用外资 6.6 亿美元，增长 148.3%；第三产业使用外资 21.9 亿美元，增长 4.9%。全年实现合同外资 78.4 亿美元。新批准外商投资项目 251 个，总投资过亿美元项目 22 个，总投资过亿美元项目合同外资 24.7 亿美元。

对外合作领域不断深化。全年对外承包工程新签合同额 48.9 亿美元，完成营业额 40.9 亿美元。备案设立境外企业（机构）45 家，实际完成投资 117.7 亿元。派出各类劳务人员 4489 人。

## 八、财政和金融

财政收支基本平衡。全年一般公共预算收入1001.1亿元，可比增长8.1%，自然口径下降0.6%。其中，税收收入693.2亿元，可比增长1.0%，自然口径下降10.7%，税收比重为69.2%。一般公共预算支出1225.6亿元，下降5.2%。其中，教育支出251.8亿元，增长18.3%；卫生健康支出134.8亿元，增长20.8%；交通运输支出28.4亿元，增长16.8%，重点事务保障有力。

表9　2022年一般公共预算收入和支出情况表

| 指　标 | 总量（亿元） | 增速（%） |
|---|---|---|
| 一般公共预算收入 | 1001.1 | –0.6 |
| 税收收入 | 693.2 | –10.7 |
| 增值税 | 198.8 | –25.8 |
| 企业所得税 | 115.4 | –12.6 |
| 一般公共预算支出 | 1225.6 | –5.2 |
| 教育支出 | 251.8 | 18.3 |
| 卫生健康支出 | 134.8 | 20.8 |
| 交通运输支出 | 28.4 | 16.8 |

存贷款余额增量再创新高。年末金融机构本外币各项存款余额25941.0亿元，增长10.7%，较年初增加2504.0亿元；金融机构本外币各项贷款余额26112.3亿元，增长12.0%，较年初增加2799.0亿元。

证券市场稳步发展。年末上市公司数量达到56家，股票58只，全年新增上市及过会企业8家。完成证券交易额5.8万亿元，增长3.1%。在中国证券投资基金业协会登记的私募基金管理机构208家，管理基金711只，管理基金规模1168.4亿元，增长9.7%。

保险业企稳向好。全市保险业实现保费收入631.9亿元，增长6.2%，提高3.8个百分点。其中，财产险保费收入126.8亿元，增长16.1%；人身险保费收入505.2亿元，增长3.9%。

信贷资产质量平稳可控。全市银行业金融机构不良贷款余额234.1亿元，不良贷款率0.9%，低于全省平均水平0.4个百分点。

## 九、科技、教育、文化、卫生和体育事业

研发投入持续增长。全年研究与试验发展（R&D）经费[9]投入306.7亿元，增长15.5%，其中，基础研究26.8亿元，增长44.9%；试验发展241.3亿元，增长17.4%。R&D经费投入占GDP比重为2.7%，提高0.1个百分点。新认定国家级企业技术中心1家，总数达到30家。新认定省级企业技术中心16家，总数达到236家。

创新能力不断增强。全年万人有效发明专利拥有量48.9件，增长27.5%。发明专利授权量11853件，增长44.4%。技术合同实现交易额613.6亿元，增长29.6%。获得省科学进步奖共90项，其中，自然科学奖二等奖16项，技术发明奖一等奖3项、二等奖4项，科技进步奖一等奖17项、二等奖44项、青年奖5项、国际合作奖1项。全市国家知识产权示范企业、优势企业共计107家。新获批全国重点实验室5家，省级重点实验室10家，新备案省级院士工作站10家，新增省级技术创新中心7家；新备案省级新型研发机构14家，总数达71家；国家科技型中小企业库入库企业达到7613家，增长31%。申报省重大科技创新工程项目立项23项，争取省级财政经费2.4亿元。实施科技型中小企业创新能力提升工程，争取省级项目335项。

教育事业高质量发展。全市普惠性幼儿园覆盖率超过89.0%，公办幼儿园就读幼儿占比超过55.0%。完工中小学校30所，新建学位5万余个。开工新建、改扩建中小学校、幼儿园83所。11所学校斩获全国

表10　2021年教育事业基本情况表

| 学校类别 | 学校数量（所） | 在校生（万人） | 专任教师（万人） |
|---|---|---|---|
| 驻济高等学校 | 52 | 67.1 | 4.2 |
| 中等职业学校（不含技工学校） | 37 | 6.5 | 0.4 |
| 技工学校 | 32 | 8.5 | 0.5 |
| 普通中学 | 334 | 42.1 | 3.6 |
| 小学 | 608 | 64.4 | 4 |
| 特殊教育学校 | 13 | 0.1 | 0.1 |
| 幼儿园 | 2190 | 36.3 | 2.7 |

职业院校技能大赛25个奖项。立项实施市校合作项目95个，支持高校新建产业学院8个。

文化事业稳步推进。年末拥有国有艺术表演团体14个，文化馆（站）174个，公共图书馆14个，公共博物馆13个。市级以上文物保护单位437处，其中国家级30处。城市可统计票房数字影院69家，观众637.6万人次，票房收入2.7亿元。电视人口混合覆盖率为100%，广播人口混合覆盖率为99.7%。建成泉城书房42处，基层综合性文化服务中心覆盖率为100%。

医疗卫生服务能力持续提升。年末共有医疗卫生机构7670个。其中医院283个，在医院中有公立医院99个，民营医院184个；基层医疗卫生机构7293个，其中镇卫生院49个，社区卫生服务中心（站）399个，门诊部184个，诊所（卫生所、医务室）3073个，村卫生室3588个；专业公共卫生机构54个，其中疾病预防控制中心14个，卫生监督所（中心）14个。年末卫生技术人员11.4万人，其中，执业医师和执业助理医师4.4万人，注册护士5.2万人。医疗卫生机构床位7.6万张，其中，医院6.6万张，镇卫生院0.4万张。全年总诊疗人次7136.9万人次，出院人数225.9万人。建成社区医院58家，千人口育儿托位数4.15个。中国中医科学院广安门医院济南医院入选国家区域医疗中心项目。济南市入选首批全国婴幼儿照护示范城市和首批健康中国行动创新模式试点城市。

群众体育基础进一步夯实。全年新成立体育社会组织10个，培训社会体育指导员2250人。组织各类全民健身活动（赛事）360次，参与人数300万人次（含线上活动）。获省级及以上金牌287枚，银牌213枚，铜牌217枚。

## 十、能源、环境、城市建设和安全生产

能源结构不断优化。规模以上工业综合能源消费量下降3.1%，其中，规模以上工业煤炭消费2847.8万吨，增长1.7%；焦炭消费812.7万吨，下降9.4%；天然气消费10.1亿立方米，增长9.8%。规模以上企业风力发电量21.9亿千瓦时，太阳能发电量3.0亿千瓦时，垃圾焚烧发电量9.5亿千瓦时，生物质发电量6.6亿千瓦时，以上合计发电量占规模以上企业发电量的比重为12.9%，增加0.5个百分点，新能源发电稳步提升。

**表11　2022年规模以上企业能源生产情况表**

| 指　标 | 单位 | 生产量 | 比上年增长（%） |
|---|---|---|---|
| 原煤 | 万吨 | 48.9 | –33.0 |
| 发电量 | 亿千瓦时 | 318.2 | 0.8 |
| 火力发电量 | 亿千瓦时 | 293.3 | 0.8 |
| 垃圾焚烧发电量 | 亿千瓦时 | 9.5 | 0.0 |
| 生物质发电量 | 亿千瓦时 | 6.6 | 26.6 |
| 风力发电量 | 亿千瓦时 | 21.9 | –0.1 |
| 太阳能发电量 | 亿千瓦时 | 3.0 | 11.9 |

**表12　2022年规模以上工业能源消费情况表**

| 指　标 | 消费量 | 比上年增长（%） |
|---|---|---|
| 煤炭（万吨） | 2847.8 | 1.7 |
| 天然气消费量（亿立方米） | 10.1 | 9.8 |
| 焦炭（万吨） | 812.7 | –9.4 |
| 汽油（万吨） | 0.4 | –10.2 |
| 柴油（万吨） | 3.6 | –7.5 |

全社会用电量稳步增长。全社会用电量499.7亿千瓦时，增长5.1%。其中，居民生活用电量97.6亿千瓦时，增长12.8%。分产业看，第一产业用电量3.5亿千瓦时，增长5.3%；第二产业用电量273.8亿千瓦时，增长2.6%；第三产业用电量124.7亿千瓦时，增长5.4%。工业用电量263.0亿千瓦时，占全社会用电量比重为52.6%，增长2.5%。

**表13　2022年全市用电情况表**

| 指　标 | 用电量（亿千瓦时） | 比上年增长（%） |
|---|---|---|
| 全社会用电 | 499.7 | 5.1 |
| 城乡居民生活用电 | 97.6 | 12.8 |
| 第一产业用电 | 3.5 | 5.3 |
| 第二产业用电 | 273.8 | 2.6 |
| 工业用电 | 263.0 | 2.5 |
| 第三产业用电 | 124.7 | 5.4 |

生态环境持续改善。空气质量综合指数为4.47，改善4.9%；优良天数比率为65.5%，提高2.8个百分点；细颗粒物（$PM_{2.5}$）浓度为37微克/立方米，改善7.5%；可吸入颗粒物（$PM_{10}$）年均浓度71微克/立方米，二氧化硫11微克/立方米，二氧化氮31微克/立方米。国控断面好Ⅲ类水体比例达到100%；小清河出境断面辛丰庄化学需氧量浓度12.8毫克/升，氨氮浓度0.3毫克/升，年均水质首次达到地表水Ⅱ类标准。区域环境噪声昼间平均等效声级55.0分贝，市区道路交通噪声昼间平均等效声级65.5分贝。

城市建设加快推进。年末城市建成区面积853.9平方千米，增加12.7平方千米。建成区绿地率为37.5%，人均公园绿地面积12.95平方米。全年天然气供气量19.8亿立方米，增长9.9%；液化石油气供气量3.8万吨，增长52.9%。集中供热面积3.3亿平方米，增长9.0%。自来水供水量5.1亿吨，增长1.9%。当年开工建设泉水直饮工程30处，累计完成市民泉水直饮工程56处。生活垃圾无害化处理率为100%。

社会治安保持良好。全年共破获刑事案件19151起，命案现案破案率保持100%，连续12年实现命案全破；八类严重暴力案件破现案率达98.6%，“两盗”案件破案率达75.6%，抓获各类逃犯1693人；打掉黑社会性质组织1个、恶势力犯罪集团7个、恶势力团伙8个。

安全生产形势稳定。全市发生各类生产安全事故134起，下降49.2%，死亡104人，下降35.4%。未发生较大及以上生产安全事故。

## 十一、居民生活和社会保障

居民收入稳步增长。全市居民人均可支配收入48827元，增长4.5%，分城乡看，城镇居民人均可支配收入59459元，增长3.5%；农村居民人均可支配收入23844元，增长5.6%。农村居民收入增速比城镇居民收入增速快2.1个百分点。城乡居民人均可支配收入比值为2.49，下降0.05。城镇居民恩格尔系数[10]为23.8%，农村居民恩格尔系数为30.5%。

社会保障体系更加完善。年末城镇职工基本养老保险参保人数488.6万人，增加15.9万人；职工医疗保险参保人数352.8万人，增加16.6万人；失业保险

**表14　2022年城镇、农村居民人均可支配收入及增长速度表**

| 指　标 | 城镇居民 | | 农村居民 | |
|---|---|---|---|---|
| | 2022年（元） | 增长（%） | 2022年（元） | 增长（%） |
| 可支配收入 | 59459 | 3.5 | 23844 | 5.6 |
| 工资性收入 | 34694 | 3.4 | 13138 | 5.8 |
| 经营净收入 | 3249 | 3.3 | 8746 | 5.5 |
| 财产净收入 | 10078 | 3.6 | 506 | 4.8 |
| 转移净收入 | 11437 | 3.7 | 1455 | 5.2 |

**表15　2022年末每百户居民家庭主要耐用消费品拥有量表[11]**

| 指　标 | 单位 | 城镇居民 | 农村居民 |
|---|---|---|---|
| 家用汽车 | 辆 | 66 | 46 |
| 电冰箱（柜） | 台 | 101 | 97 |
| 洗衣机 | 台 | 99 | 93 |
| 热水器 | 台 | 100 | 90 |
| 空调 | 台 | 175 | 97 |
| 彩色电视机 | 台 | 103 | 102 |
| 照相机 | 台 | 27 | 6 |
| 计算机 | 台 | 79 | 42 |
| 移动电话 | 部 | 239 | 236 |

参保人数235.4万人，增加8.5万人；工伤保险参保人数307.4万人，增加13.9万人；生育保险参保人数245.6万人，增加9.9万人。居民养老保险和医疗保险参保人数分别达到314.9万人和501.9万人。

最低生活保障稳步提升。城市居民最低生活保障标准为995元/月，保障城镇居民0.8万户、1.1万人，发放保障金及各类补贴1.3亿元；农村居民最低生活保障标准为770元/月，保障农村居民5.9万户、8.3万人，发放保障金及各类补贴6.6亿元。城市特困人员基本生活标准为1492元/月，农村特困人员基本生活标准为1356元/月。照料护理标准按照自理、半自理和完全不能自理分别为255元/月、424元/月、847元/月，城市特困保障860人，农村特困保障1.4

万人，共发放特困供养救助金及补贴 3.4 亿元。

救助帮扶有序推进。全市共有社会救助综合服务机构 13 处，其中救助管理站 1 处，未成年人救助保护中心 1 处。培训残疾人 3770 人次，安置残疾人员就业 2770 人，帮扶救助残疾人投入资金 2.7 亿元。

注释：

[1] 2022 年统计数据为统计快报数或初步核算数，正式数据以出版的《济南统计年鉴（2023）》为准。部分数据因四舍五入影响，存在总计与分项合计不等情况。

[2] 全市地区生产总值、各产业增加值绝对数按现价计算，增长速度按不变价格计算，当年数据为初步核算数。根据年度核算，对国内生产总值、各产业增加值等相关指标的历史数据进行了修订。

[3] 本公报中的增长，如无特殊表述，均为本期数据较上年同期数据的增长率。

[4] “四上”企业指规模以上工业、有资质的建筑业、限额以上批发和零售业、限额以上住宿和餐饮业、房地产开发经营业、规模以上服务业。

[5] 现代服务业包括：信息传输、软件和信息技术服务业，金融业，房地产业，租赁和商务服务业，科学研究和技术服务业，水利、环境和公共设施管理业，居民服务、修理和其他服务业，教育，卫生和社会工作，文化、体育和娱乐业。

[6] 省扶贫工作重点村“五通十有”是指通路、通电、通水、通广播电视、通信息，有旱涝保收田、有致富项目、有办公用房、有卫生室服务、有农村垃圾处理、有学前教育、有文化活动室、有健身场所、有良好的生态环境、有就业保障措施。

[7] 规模以上工业企业指年主营业务收入 2000 万元及以上的工业法人单位。

[8] 规模以上服务业包括：交通运输、仓储和邮政业，信息传输、软件和信息技术服务业，房地产业，租赁和商务服务业，科学研究和技术服务业，水利、环境和公共设施管理业，居民服务、修理和其他服务业，教育，卫生和社会工作，文化、体育和娱乐业。

[9] 研究与试验发展（R&D）经费投入相关指标错年使用 2021 年数据。

[10] 恩格尔系数是指食品支出在消费支出中的比重。

[11] 数据来自住户收支与生活状况调查。

资料来源：本公报中黄河流域生态保护和高质量发展战略、企业技术中心数据来自发展改革部门；教育数据来自教育部门；科技数据来自科技部门；电信相关数据来自工业和信息化部门；户籍、社会治安、民用机动车数据来自公安部门；城乡最低生活保障、特困人员救助供养相关数据来自民政部门；财政数据来自财政部门；城镇新增就业、城镇职工保险参保数据来自人力资源和社会保障部门；环境保护相关数据来自生态环境部门；城市建设相关数据来自住房和城乡建设部门；交通运输数据来自交通运输部门；泉水直饮工程建设数据来自城乡水务部门；水产品产量、农业数据来自农业农村部门；林业数据来自园林和林业部门；进出口、展会、新设境外企业、外派劳务人员数据来自商务部门；旅游、文化数据来自文化和旅游部门；卫生数据来自卫生健康部门；安全生产数据来自应急管理部门；知识产权数据来自市场监管部门；体育数据来自体育部门；医疗保险类数据来自医疗保障部门；金融数据来自地方金融监督管理部门；招商引资、外资数据来自投资促进部门；市场主体数据来自行政审批服务部门；物流数据来自口岸物流部门；残疾人保障数据来自残联；邮政、快递数据来自邮政管理部门；居民收入与支出数据、恩格尔系数、价格指数、粮食畜牧数据、城乡家庭主要耐用消费品拥有量来自国家统计局济南调查队；济南新旧动能转换起步区数据来自济南起步区管委会；其他数据均来自市统计局。

栏目校对 谷 雪

# 索　引

说明：

本索引为综合性主题索引，标示正文部分类目的内容。索引标目按汉语拼音字母顺序，同音字按声调顺序，同音同声调者按笔画顺序排列。标目后数字为页码。同一主题的内容在文中多处出现的，在其标目后用不同的页码标明。

## 数字及其他

## A



## B



## C

## D

## F

## G



## H

## J

## K

## L



## M



## N



## P

## Q



## R



## S

## T

## W



## X

## Y



## Z